HUMAN
RESOURCE
MANAGEMENT

디지로그시대의 인적자원관리

이경근 전명숙 채준호 채연주 최용득

박영사

■ 제6판 머리말 ■

「디지로그시대의 인적자원관리」의 제호를 달고 이 책이 출간된 지 벌써 17년이 지났다. 그 동안 여러 부족함이 있었음에도 많은 분들의 관심과 격려에 힘입어 이제 제6판을 발간하게 되었다. 이 책의 초판본이 발간될 무렵에는 아직 스마트폰도 출시되기 이전이었지만 '디지털혁명'과 '지식정보화사회'가 그 시기를 대표하는 시대적 정의가 될만큼 한국 사회는 IT분야가 가져 올 새로운 변화에 직면하고 있었다. 그러나 이제 우리 사회는 '디지털혁명'이니 '지식정보화사회'이니 하는 용어를 더 이상 현 시대를 대표하는 개념으로 생각하지 않는다. 이제 그 자리를 '4차 산업혁명', '인공지능(AI)', '빅데이터', '초연결사회' 등과 같은 아주 익숙한 표현들이 대체하고 있다.

다보스 세계경제포럼 회장인 클라우스 슈밥(Klaus Schwab)에 의하면 '4차 산업혁명'은 유전자, 나노, 컴퓨팅 등 모든 기술이 융합하여 물리학, 디지털, 생물학 분야가 상호 교류하여 파괴적 혁신을 일으키는 혁명이다. 현 시점에서 이와 같은 파괴적 혁신의 결과가 어디까지 영향을 미칠 것인지 예측하는 것은 무리일 것이다. 이미 인간의 단순노동을 대체하는 수준을 넘어 이제 정교화된 알고리즘과 인공지능 덕분에 정신노동과 일부 감정노동의 영역에까지 인간에 의존할 필요성이 줄어들고 있으며, 그에 따라 일자리 유형과 특성, 일하는 형태나 방식, 사람에게 요구되는 능력 등 많은 것이 바뀌고 있다.

그러나 그러한 변화의 중심에는 사람이 있다. 변화를 이끄는 것도 사람이지만 변화 가운데 항상 생각해야 할 것 역시 사람인 것이다. 이는 변화와 경쟁이 치열해질수록 조직 경쟁력의 원천으로서 사람의 가치는 더욱 높아질 수밖에 없다는 점에서 인재주의(talentism)를 위한 인적자원관리가 더욱 요구된다는 점이며, 그와 더불어 인간노동의 가치와 존엄성을 존중하는 인적자원관리가 이루어져야 한다는 것이다. 그와 같은 시대적 요구와 상황에서 'COVID-19'시대를 지나 4년 만에 출간하게 되는 제6판에서는 다음과 같은 몇 가지 점에서 변화가 이루어졌다.

우선 전반적인 맥락에서 인적자원관리를 둘러싸고 이루어지는 최근의 상황 변화와 흐름을 포함시킬 수 있도록 하였다. 기업조직의 주요 인적자원기능 영역과 관련하여 최근의 흐름 및 법적·제도적 내용변화의 모습을 담고자 노력하였으며 최신의 통계자료로 관련내용의 업데이트가 이루어졌다.

둘째, 인적자원관리를 보다 체계적으로 학습하고 도움을 받을 수 있는 도서가 되도록 노력하였다. 인적자원관리를 공부하는 학생뿐 아니라, 경영현장에서 인적자원관리를 다루는 실무진의 입장에서도 실제적인 도움이 될 수 있도록 전반적인 내용에 대한 재검토와 더불어 경영현장의 다양한 이슈와 사례를 인적자원관리 기능과 실제적으로 연계하여 설명하고자 하였다.

셋째, 가장 큰 변화는 새로운 집필진의 참여이다. 이 책의 출발은 현 집필진의 은사 또는 선배교수이신 전남대학교 박성수 교수와 전북대학교 황호영 교수의 고민과 열정으로 이루어졌다. 따라서 초판에서부터 현재에 이르기까지 두 분의 인적자원관리에 대한 학문적 열정과 학자적 고민이 많은 부분에 녹아들어 있다. 그동안 함께 하였던 두 분께서 새로운 개정판의 집필에 맞추어 후학들을 위하여 새로운 필진에 자리를 비워주었다. 책임감과 열정만으로 두 분의 자리를 대신할 수 있을까 두려운 마음을 감추기 어려운 가운데 최용득 교수와 채연주 교수가 새로운 공저자로 참여하게 되었다.

초판부터 현재의 개정판에 이르기까지 저자들이 가지고 있었던 가장 큰 원칙은 인적자원관리에 대한 시스템적 접근과 더불어 실천적 학문으로서의 특성, 그리고 조직과 사람 모두를 위한 인적자원관리가 이루어질 수 있는 기반을 독자들에게 제공할 수 있도록 하는데 있었다. 새로운 개정판의 출간에 즈음하여 집필진들이 추구하였던 원칙이나 노력이 독자들의 기대를 충족하기에 부족하다는 느낌을 지우기 어렵다. 다만 이 책이 인적자원관리 분야에 관심이 있는 많은 이들에게 다소나마 도움이 될 수 있기를 기대한다. 끝으로 지난 오랜 기간 동안 이 책이 지속적으로 새로운 모습을 선보일 수 있도록 많은 관심과 지원을 보내주신 박영사와 관계자 분들께 깊은 감사를 드린다.

2024년 2월
저자들과 함께 인사드림

제프리 페퍼(J. Pfeffer)의 역작 「사람이 경쟁력이다」(Competitive Advantage Through People)라는 역작이 국내에 소개됨에 따라 사람을 통하여 경쟁우위를 확보하는 일이 더없이 중요하다는 인식이 널리 확산되었다. 이를 계기로 우리나라 산업계에는 '사람을 존중해야 기업이 성공할 수 있다'는 경영패러다임의 구축이 시급한 과제로 등장하였다.

최근 발표한 세계의 신 7대 불가사의(不可思議)에서 가장 많은 지지를 받은 중국의 만리장성이나 고대 7대 불가사의에서 유일하게 남아 있는 나일강가의 피라미드 또한 인간의 협동 노하우의 위대한 산물이라 할 수 있었던 것처럼, 오늘날 21세기 지식기반의 정보화사회에서도 사람이 갖는 위력은 날로 커지고 있다. 끊임없는 혁신을 통하여 성장해가는 초우량기업들을 보면 결국 기업의 경쟁력과 기업혁신의 원동력이 사람이라는 것에 대해 재론의 여지가 없어 보인다.

우리는 흔히 사람의 경쟁력을 키우기 위해서 무엇보다도 적재적소(the right man for the right place)의 원칙을 강조한다. 적재적소 원칙에 합당하고 적합한 인재는 우수한 역량(competency)을 지닌 인적자원을 확보하고 키워 내는 데서 비롯됨을 볼 때, 우리나라의 앞서 가는 기업 총수들이 세계를 누비며 발 벗고 나서서 훌륭한 인재를 찾고 다니는 모습은 이해가 가고 남는다. 바야흐로 지금은 인재전쟁의 시대가 아닌가? 아울러 최근 들어 인적자원개발(human resource development)을 위해 많은 기업들이 앞을 다투어 교육훈련에 대한 투자를 늘려 나가는 경향 또한 바람직해 보인다. 결국 인적자원관리 활동에 총체적인 노력을 경주하는 기업일수록 치열한 글로벌 경쟁에서 비교우위를 점할 수 있는 가능성은 그만큼 커진다고 볼 수 있다.

이와 같이 최근 인적자원에 대한 시각과 중요성이 과거에 비하여 한층 높아진 상황에서 그동안 제각기 다른 대학에서 인적자원관리분야를 연구하고 강의해 온 저자들은 어떻게 하면 학생들에게 인적자원관리의 이론과 실제를 알기 쉽게 설명해 줄 수 있을까 하고 부심해 왔다. 특히 아무리 디지털시대라고 하지만 인간을 주요 대상으로 하는 인적자원관리는 무엇보다도 아날로그적 감성을 소홀히 할 수 없으며, 사람이 조직목표 달성을 위한 수단이 아닌 주체로서 존중되어야 한다는 큰 시각을 심어 주고 싶었다. 그러던 지난해 가을 우연히 만난 자리에서 서로가 고민을 토로하다가 의기투합하여 본 저서를 내 놓기로 한 것이다.

아무리 강조해도 지나침이 없는 인적자원관리를 되도록이면 알기 쉽게 풀어 쓰고 한 학기 동안 학습할 수 있는 분량으로 과감히 조정하여 학생들 손에서 떠나기 어렵도록 만들어 보고자 하였다. 아울러 본 저서를 읽는 사람으로 하여금 '사람이 경쟁력이다'라는 확신을 갖도록 생동감 있고 풍부한 자료를 제시하고자 하였다. 또한 우리가 잘 알고 있는 것처럼 우리나라는 짧은 산업화과정에서 서구 선진국의 경영이론에 힘입은 바가 컸으므로 이제는 법고창신(法古創新)의 노력을 통하여 한국형 인사관리의 모델을 만드는 데 주안을 두면서 저술하기로 뜻을 모았다.

그러나 이처럼 원론적으로는 동의했지만, 각론에 들어가서는 생각에 차이가 있어 이를 조율하느라 힘들었던 것도 사실이다. 그리고 책의 출판을 다짐했던 때와는 달리 정작 원고를 집필하고 완성해 가는 과정에서 저자들의 의지나 의도가 생각과는 달리 많은 어려움에 직면하기도 하였다. 또 막상 원고를 탈고하고 보니 아쉬운 감을 떨치기 어려운 것도 사실이다. 따라서 앞으로 저자들은 새로운 지식과 정보를 담금질하여 농축된 내용의 저서가 될 수 있도록 부단히 보완하고 개선하는 노력을 경주할 것을 약속드린다.

어려운 출판환경하에서도 이 책의 출판을 허락하여 주신 박영사 임직원, 특히 편집부 직원들에게 감사드리고, 박영사의 무궁한 발전을 기원하는 바이다.

2007년 7월
저자들을 대표하여
박성수 드림

Human Resource Management

▪ 차 례 ▪

01부 인적자원관리의 이해

CHAPTER **1** **인적자원관리의 의의와 환경**

제 1 절 인적자원관리의 본질 ·· 5
  1. 사람인가, 조직인가 / 5
  2. 이제는 사람이 경쟁력이다 / 7
  3. 인사관리에서 인적자원관리로 / 9
  4. 인적자원관리의 변천 / 11

제 2 절 인적자원관리의 환경 ·· 15
  1. 일반환경 / 15
  2. 노동시장환경 / 19
  3. 내부환경 / 20

제 3 절 인적자원관리의 체계와 과제 ··· 23
  1. 인적자원관리의 체계 / 23
  2. 인적자원관리의 학습방향 / 30

CHAPTER 2 직무관리

제 1 절 직무관리 ·· 41
1. 직무의 요건과 직무관리 / 41
2. 직무관리의 핵심영역 / 42

제 2 절 직무분석 ·· 43
1. 직무분석이란? / 43
2. 직무의 구조 / 43
3. 직무분석의 효과 / 45
4. 직무분석의 절차와 방법 / 47

제 3 절 직무평가 ·· 55
1. 직무평가의 의의 / 55
2. 직무평가요소와 가중치의 결정 / 56
3. 직무평가의 방법 / 58
4. 직무등급의 결정 / 60

제4절 직무설계 ··· 61
1. 직무설계의 개념과 목적 / 61
2. 직무설계의 방법 / 62

CHAPTER 3 인적자원계획

제 1 절 인적자원계획의 의의와 과정 ··· 77
1. 인적자원계획의 의의와 중요성 / 77
2. 인적자원계획의 과정 / 78

제 2 절 인적자원의 수요예측 ·· 80
1. 인적자원 수요예측이란? / 80
2. 인적자원 수요예측방법 / 80

제 3 절 인적자원의 공급예측 ·· 84
1. 인적자원 공급예측이란? / 84
2. 내부공급예측 / 85
3. 외부공급예측 / 89

제 4 절 인적자원 수요와 공급의 대응 ·· 91

　　1. 수요와 공급대응의 절차 / 91

　　2. 수요가 공급을 초과하는 경우 / 91

　　3. 공급이 수요를 초과하는 경우 / 93

제 5 절 정원관리 ·· 94

　　1. 정원관리의 의의와 기능 / 94

　　2. 정원계획 / 95

　　3. 정원산정의 방법 / 96

02 부   확보관리

CHAPTER 4   채용관리

제 1 절 채용관리 ··· 107

　　1. 채용관리의 의의 및 중요성 / 107

　　2. 채용 시 고려사항 / 109

제 2 절 모집활동 ··· 112

　　1. 모집의 의의 및 중요성 / 112

　　2. 모집전략 / 113

　　3. 모집활동 / 117

제 3 절 선발관리 ··· 123

　　1. 선발의 의의 / 123

　　2. 선발의 기준 / 124

　　3. 선발의 절차 / 125

　　4. 선발시험과 면접 / 129

　　5. 선발도구의 합리적 조건 / 141

제 4 절 배치관리 ··· 143

　　1. 배치관리란? / 143

2. 적정배치의 방법 / 143

제 5 절 **채용관리의 새로운 이슈** ·· 147
1. NCS기반 채용관리 / 147
2. 역량면접 / 149
3. 직무에세이 / 150
4. 창의성 면접 / 150

CHAPTER 5 인사이동

제 1 절 **인사이동의 의의와 목적** ·· 159
1. 인사이동이란? / 159
2. 인사이동의 목적 / 160
3. 인사이동의 구분 / 161

제 2 절 **전환관리** ·· 163
1. 전환관리란? / 163
2. 전환관리의 목적 / 164
3. 전환의 유형 / 164
4. 전환관리의 원칙과 실시 / 167

제 3 절 **승진관리** ·· 171
1. 승진관리란? / 171
2. 승진의 방침과 유형 / 172
3. 합리적 승진관리를 위한 제안 / 178

제 4 절 **징계관리** ·· 180
1. 징계관리란? / 180
2. 징계관리의 효과 / 181
3. 징계관리의 설계 / 181
4. 징계의 형태 / 182

제 5 절 **이직관리** ·· 185
1. 이직의 개념과 효과 / 185
2. 자발적 이직의 관리 / 186
3. 비자발적 이직의 관리 / 188

03부　개발관리

CHAPTER 6　인사평가

제 1 절　인사평가의 본질 ··· 201

　　1. 인사평가의 개념 / 201

　　2. 인사평가의 목적 / 202

　　3. 인사평가에 대한 다양한 쟁점 / 204

제 2 절　평가관리시스템의 설계와 운용 ································· 207

　　1. 평가관리시스템과 평가관리절차 / 207

　　2. 평가기준과 평가표준의 결정 / 209

　　3. 평가시기 / 213

　　4. 평가주체와 평가자 오류 / 213

　　5. 평가방법 / 222

　　6. 평가결과의 조정 / 233

　　7. 평가결과의 피드백과 조치 / 234

제 3 절　부서(팀)단위의 평가 ··· 237

　　1. 조직평가의 필요성 / 237

　　2. 조직평가체계 / 238

　　3. 조직평가와 개인평결과의 결합 / 239

제 4 절　효과적인 평가관리를 위한 관점과 주의사항 ·············· 240

CHAPTER 7　교육훈련 및 개발

제 1 절　교육훈련의 본질 ··· 251

　　1. 교육훈련의 의의와 중요성 / 251

　　2. 교육훈련의 목적과 기대효과 / 253

제 2 절　교육훈련의 주체와 대상 ··· 254

　　1. 교육훈련의 주체 및 형태 / 254

2. 교육훈련의 대상 / 257

제 3 절 교육훈련의 방법 및 평가 ·· 261
1. 교육훈련의 방법 / 261
2. 교육훈련의 평가 / 265
3. 교육훈련의 바람직한 방향 / 268

제 4 절 인적자원개발의 의의 ·· 270
1. 개발의 정의와 훈련과의 차이 / 270
2. 개발의 기대효과 / 271

제 5 절 인적자원개발의 과정 ·· 272
1. 인적자원개발 절차 / 272
2. 개발필요성 분석 / 273
3. 개발방법과 선택 / 275

CHAPTER 8 경력관리

제 1 절 경력관리의 이해 ·· 289
1. 경력관리의 의의 / 289
2. 경력관리의 목적 / 290
3. 경력관리의 필요성 및 효과 / 291
4. 경력의 유형들 / 291
5. 경력개발의 기본원칙 / 295
6. 경력개발활동 및 시스템 / 296

제 2 절 개인차원에서의 경력관리 ·· 300
1. 개인적 차원에서의 경력계획 / 300
2. 경력선택에 영향을 미치는 요인 / 301
3. 경력관심의 변화 / 303

제 3 절 조직차원에서의 경력관리 ·· 306
1. 조직차원의 경력관리의 정의와 절차 / 306
2. 조직차원의 경력관리의 한계와 필요성 / 307
3. 조직과 개인의 경력욕구의 조정과 통합 / 309

제 4 절 경력개발의 제도와 실천기법 ··· 310
1. 경력개발의 제도 / 310

2. 경력개발의 실천기법 / 313

제 5 절　경력관리의 성공요건과 최근 이슈 ··· 314

1. 경력관리의 문제점과 성공요건 / 314

2. 경력관리의 최근 이슈 / 315

04부　보상관리

CHAPTER 9　임금관리

제 1 절　임금관리의 의의 ·· 329

1. 임금관리의 중요성과 목표 / 329

2. 임금의 정의 / 332

3. 임금관리의 기본원칙 / 337

제 2 절　임금수준의 적정성 ··· 339

1. 임금수준의 의의 / 339

2. 임금수준의 결정원리 / 340

3. 임금수준의 관리전략 / 342

제 3 절　임금체계의 공정성 ··· 344

1. 임금체계의 의의 및 구성 / 344

2. 기본급의 관리 / 345

3. 부가적 임금 / 351

4. 임금구조 / 353

제 4 절　임금형태의 합리성 ··· 354

1. 임금형태의 의의 / 354

2. 임금형태의 유형 / 355

제 5 절　임금관리의 최근 이슈 ··· 362

1. 연 봉 제 / 362

2. 임금피크제 / 366

3. 경영자 보상 / 369

CHAPTER 10 복지후생

제 1 절 복지후생의 의의와 효과 ··· 381
1. 복지후생의 의의 / 381
2. 복지후생의 효과 / 383

제 2 절 복지후생제도의 유형 ··· 385
1. 법정 복지후생 / 386
2. 법정 외 복지후생 / 394

제 3 절 복지후생 실시전략과 효율적 관리 ··· 397
1. 복지후생제도의 설계 / 397
2. 새로운 복지후생제도의 모색 / 400
3. 복지후생제도의 효율적 관리 / 406

05 부   유지관리

CHAPTER 11 안전보건관리

제 1 절 안전보건관리와 산업재해 ··· 419
1. 안전보건관리의 의의 / 419
2. 한국의 산업재해 현황 / 420
3. 산업재해의 원인과 예방 / 423

제 2 절 산업안전관리 ·· 425
1. 산업안전관리의 접근방법 / 425
2. 산업안전관리의 유의사항 / 428

제 3 절 보건관리 ·· 430

1. 보건관리의 의의 / 430

2. 보건관리의 대상 / 430

3. 보건위생에 대한 대책 / 432

CHAPTER 12   노사관계관리

제 1 절 노사관계의 의의와 발전과정 ··· 439

    1. 노사관계와 고용관계 / 439

    2. 노사관계의 당사자 / 440

    3. 노사관계의 발전과정 / 440

제 2 절 노동조합의 기능과 유형 ··· 442

    1. 노동조합이란? / 442

    2. 노동조합의 기능 / 444

    3. 노동조합의 유형 / 445

    4. 숍 제 도 / 449

    5. 노동조합과 관련된 주요 제도변화 / 450

제 3 절 단체교섭과 단체협약 ·· 452

    1. 단체교섭의 개념과 기능 / 452

    2. 단체교섭의 유형 / 453

    3. 단체협약의 체결 / 456

제 4 절 노동쟁의와 쟁의행위 ·· 457

    1. 노동쟁의란? / 457

    2. 우리나라의 쟁의조정제도 / 458

    3. 쟁의행위 / 460

    4. 부당노동행위 / 462

제 5 절 경영참가 ··· 464

    1. 경영참가란? / 464

    2. 경영참가의 유형 / 465

06부   인적자원관리의 과제

CHAPTER **13**   **국제화시대의 인적자원관리**

제 1 절 국제인적자원관리의 과제 ·· 475

제 2 절 국제인적자원관리의 영역 ·· 479

　　　1. 국제인적자원관리의 접근방법 / 479

　　　2. 국제인적자원의 관리대상 / 486

　　　3. 국제인적자원의 관리활동 / 490

　　　4. 국제인적자원관리와 문화 / 498

CHAPTER **14**   **인적자원관리의 최근 이슈**

제 1 절 비정규직의 인적자원관리 ·· 507

　　　1. 비정규직 근로자의 정의 / 507

　　　2. 우리나라 비정규직 근로자의 고용형태 / 510

　　　3. 비정규직 고용의 효과 / 511

　　　4. 비정규직 문제해결을 위한 정책적 대응방향 / 514

제 2 절 다문화 사회에서의 인적자원관리 ································· 518

　　　1. 외국인 근로자의 활용과 현황 / 518

　　　2. 우수 외국인 인력 유치 필요성 / 521

　　　3. 외국인 근로자 고용상의 문제점 / 523

　　　4. 외국인 근로자 고용과 인적자원관리 / 524

제 3 절 고령화시대의 인적자원관리 ·· 526

　　　1. 고령사회의 도래 / 526

　　　2. 고령화로 인한 사회·경제적 변화 / 528

　　　3. 중고령자 인적자원관리의 요건 / 530

제 4 절 AI·빅데이터 시대의 인적자원관리 ······························ 534

　　　1. 4차 산업혁명과 동인 / 534

2. 4차 산업혁명과 노동환경의 변화 / 536
3. 4차 산업혁명과 인적자원관리 / 541

찾아보기 ·· 550

제 1 부

인적자원관리의 이해

제1장 인적자원관리의 의의와 환경
제2장 직무관리
제3장 인적자원계획

Human Resource Management

CHAPTER 1

인적자원관리의 의의와 환경

제1절 인적자원관리의 본질
1. 사람인가, 조직인가
2. 이제는 사람이 경쟁력이다
3. 인사관리에서 인적자원관리로
4. 인적자원관리의 변천

제2절 인적자원관리의 환경
1. 일반환경

2. 노동시장환경
3. 내부환경

제3절 인적자원관리의 체계와 과제
1. 인적자원관리의 체계
2. 인적자원관리의 학습방향

Warming-up

'사람'은 한자어가 아니다. 한자가 아니므로 언제 어디서 어떻게 쓰여도 그 뜻이 자명할 듯하다. 하지만 이 경우도 얼마든지 사람들을 헷갈리게 할 수가 있다. 예컨대 누가 "저 사람, 요즘 왜 저래?"라고 말한다고 하자. 말하는 나는 흠 잡을 데가 없는 지극히 정상적인 사람이다. 이런 나는 많이 있으면 있을수록 좋다. 반면 화제의 나는 말하는 나만이 아니라 주위 사람들로부터 눈초리를 받을 만한 이상한 사람이다. 이런 나가 적으면 적을수록 좋다. '사람'이란 말로 대상을 지시하면서 쉽게 정상과 이상을 가를 수 있다. 나아가 그런 사람과 가까이한다면 나도 그렇게 닮아갈 수 있으므로 주의를 해야겠다는 경계 자세를 취하게 만든다.

또 있다. "사람이 사람이라고 다 사람이냐. 사람이 사람다워야 사람이지!" 이 말은 원래부터 널리 쓰이는 말이지만 영화 <조폭마누라 3>에 나와서 더욱 사람들의 입에 오르내리게 되었다. 서기(아령 역)가 이범수(기철 역)의 집에서 사람 인(人)자가 여섯 개나 나란히 쓰인 액자를 보고서 그 뜻이 궁금해서 물었다. 옆에 있던 오지호(꽁치 역)가 위와 같이 풀이를 해주었다. 위의 말을 보면 사람이 모두 여섯 번 쓰인다는 것을 알 수 있다.

위의 이야기를 통해서 우리는 몇 가지 사실을 알 수 있다. 첫째, '사람'이 한자어도 아니면서 다양한 뜻으로 쓰일 수 있다. 둘째, 우리는 '사람'이란 말을 어떤 기준과 상식 안에 있는 사람과 밖에 있는 사람을 가르는 방식으로 사용한다. 셋째, 우리는 같은 '사람'이란 말로 해부학적으로 누구나 비슷하게 가진 꼴과 인간미 있는 인격을 나타내기도 하고, 심지어 잘생긴(예쁜) 사람과 못생긴(보기 흉한) 사람을 말하기도 한다. 우리는 '사람'으로 누구라도 가져야 하는 공통의 자격을 묻기도 하고, 다른 사람들이 가지지 못한 특별한 자질을 구분하는 방식으로 쓰는 등 다소 복잡하게 '사람'을 쓰고 있다.

<자료> 신정근(2011). 사람다움이란 무엇인가, 글 항아리, pp. 31-33.

CHAPTER 1

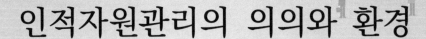

인적자원관리의 의의와 환경

제1절 인적자원관리의 본질

1 사람인가, 조직인가

오늘날의 경영환경에서 성공하기 위하여 가장 중요한 요소는 무엇일까? 그것은 바로 우수한 인재들을 확보하고 지속적으로 보유하는 것이다. 전 세계적으로 유명한 컨설팅업체인 매킨지 컨설팅(McKinsey & Company)은 이러한 상황을 '인재전쟁(the war for talent)'으로까지 표현하기도 한다. 매킨지는 "탁월한 인재를 확보한다는 것은 기업의 경쟁력을 결정하는 가장 기본적인 전제 조건이 될 것"이라고 주장한다. 또 한 경제전문가는 오늘날 나타나고 있는 신경제체제에서 각 기업들은 전 세계 기업들과 치열한 경쟁을 벌여야만 하고 자본공급의 기회가 엄청나게 늘어나는 한편, 새로운 아이디어를 개발하는 비용과 소요시간은 줄어들고 있다고 지적하였다. 과거와는 달리 사람들은 필요할 경우 수시로 직업을 바꾸는 것을 꺼리지 않는다. 이러한 환경에서 가장 중요한 것은 바로 우수한 인력이다. 우수한 인력만 있으면 경쟁에서 승리할 수 있다고 많은 학자들과 실무자들은 말한다.

제4차 산업혁명의 시대에 들어서게 되면서 '인재주의(talentism)'란 개념이 등장하였는데, 이는 기업이 자본이 아닌 인재를 확보하는 것이 전략적 우위 및 경쟁력 확보에 큰 영향을 미친다는 것을 의미한다. 많은 기업에서는 인재가 중요하다는 사실을 깨닫게 되면서, 이제 기업들은 인터넷을 이용한 인력 확보, AI를 활용한 면접 같이 첨단기술을 인재 확보 및 선발 하는 데 사용하고, 연봉을 인상하고 보다 쾌적한 근무환경이나 복리후생을 제공하는 방법을 통하여 우수한 인재들을 지속적으로 보유하려는 노력을 끊임없이 하고 있다.

언뜻 보기에 이러한 논리는 너무나 당연하게 보인다. 오늘날 우리는 과거와 같이 물리적인 자본보다는 지식이 더욱 중요하게 평가받는 세상에 살고 있다. 따라서 생산성을 높이고 새로운 제품과 서비스들을 개발하며 더 나아가 그 속도를 크게 향상시킬 수 있는 우수한 인재들이 필요하다. 따라서 이러한 논리는 이론(異論)의 여지가 없어 보인다.

그러나 우리는 그러한 생각에 동의하지 않는다. 물론 성공을 원하는 기업에는 인재가 필요하고, 그러한 인재들을 선발하고 계속적으로 확보하는 것이 무엇보다도 중요하다. 그러나 기업들에게는 우수한 인재를 확보하는 것보다 더욱 중요하면서도 실제로 얻기가 훨씬 힘든 무엇인가가 필요하다. 그것은 인재들이 자신들의 능력을 마음껏 발휘할 수 있는 조직문화 및 경영시스템을 구축하고 모든 직원들이 훌륭한 성과를 거둘 수 있도록 만들어주는 경영기법을 마련하는 것이다. 불행하게도 우수한 인재는 전체의 10%에 불과하다. 따라서 기업들은 선택을 해야만 한다. 소수의 인재들을 확보하기 위하여 서로 치열한 쟁탈전을 벌일 것인가? 아니면 더욱 효과적이면서도 다른 기업들이 쉽게 모방할 수 없는 차별화된 방법을 택할 것인가? 다시 말하여, 평범한 보통 직원들도 우수한 인재들처럼 훌륭한 성과를 거둘 수 있는 기업 조직을 만들 것인가?

혹시 여러분 중에는 불가능하다고 생각하는 사람들도 있을지 모른다. 그러나 한 번 생각해보자. 분명히 여러분들도 직원들은 모두 능력 있고 의욕적인데도 불구하고 실력을 마음껏 발휘할 수 있도록 만들지 못하여 실적이 매우 저조한 기업에서 직접 근무하거나, 아니면 주변에서 그러한 이야기를 들은 경험이 있을 것이다. 그리고 별로 중요하지 않은 일들을 처리하느라 정작 자신의 능력을 100% 발휘하지 못하는 경우들을 직접 겪어본 적도 있을 것이다. 직원들의 능력 발휘를 막는 요소들을 그 기업들이 모두 없앤다면 어떠한 결과가 나타날 것인지 한 번쯤 생각해 볼 필요가 있다.

반면에, 언뜻 보기에는 직원들이 특별히 똑똑하거나 더 열심히 일하는 것도 아닌데 탁월한 성과를 나타내는 기업들을 볼 수 있다. 아니면 과거에는 조직구성원들이 자신의 능력을 제대로 활용하지 못했는데, 나중에는 조직구성원들이 자신들의 잠재력을 계발하고 능력을 100% 발휘하도록 만드는 조직을 보았을 것이다. 우수한 인재를 확보하고 계속적으로 유지한다는 것은 매우 중요하다. 그러나 기존 직원들의 잠재력을 계발하고 그들의 잠재력을 100% 활용할 수 있는 조직을 구축하는 것은 그보다 더 중요하다.[1)]

제4차 산업혁명의 영향력-인재주의

기업은 '인재주의(talentism)'(2016년 세계경제포럼에서 처음으로 언급된 용어. 단순한 개념의 '인재주의'가 아닌, 기업에 적합한 인재를 영입해 그들이 창의력과 혁신을 펼칠 수 있도록 한다는 개념으로, 이 과정에서 조직문화의 개편이 필요하다-옮긴이 주)의 개념을 수용할 필요가 있다. 인재주의는 경쟁력 확보를 위해 가장 중요하게 여겨야 할 새로운 개념이다. 인재가 전략적 우위의 주요한 형태이기 때문에, 조직의 구조적 특성에 대해 다시 생각해야 할 것이다. 유연한 계층 문화와 직원의 성과를 측정하고 보상하는 새로운 방식, 그리고 능력 있는 인재를 영입하고 유지하는 새로운 전략이 기업의 성공을 좌우하게 된다. 기업이 민첩하게 움직일 수 있는 능력을 갖추기 위해 우선순위 설정과 유형 자산 관리에 힘을 쏟는 것처럼, 직원의 동기부여와 소통에도 그 이상의 투자가 필요하다.

<자료> 클라우스 슈밥(2016). 클라우스 슈밥의 제4차 산업혁명, 새로운 현재 p. 102.

2 이제는 사람이 경쟁력이다

우리가 인간을 '만물의 영장'이라고 부를 수 있는 것은 협동의 슬기를 갖고 있기 때문이라고 한다. 개미나 기러기는 함께 일하는 것처럼 보이지만 결코 협동을 아는 것은 아니다. 이는 무엇보다도 동물들은 사람처럼 필요해서 조직을 만들고 원해서 단체에 가입하는 의지력을 갖고 있지 않기 때문일 것이다. 그래서 사람은 동서고금을 막론하고 협동시스템인 조직을 만들어 냈다. 역사는 우리 인간이 힘만 합하면 엄청난 성과를 거둘 수 있다는 것을 보여 주고 있다.

그런데 우리가 필요해서 만든 조직들 간에는 경쟁을 피할 수 없다. 지금까지 이러한 경쟁은 인류역사에 있어 발전의 원동력이 되어 왔기에 비교우위를 달성하기 위해 많은 노력을 기울여 왔다. 누가 얼마만큼 경쟁력을 확보하느냐에 따라 조직의 흥망성쇠가 결정되기 때문에 서로가 자생력을 키워내느라 안간힘을 쏟아 부었다. 그래서 결국 이제는 사람이 경쟁력일 수밖에 없다.

결국 인간은 협동을 통한 목표달성을 위해 조직을 만들었고, 그와 같은 조직은 인간

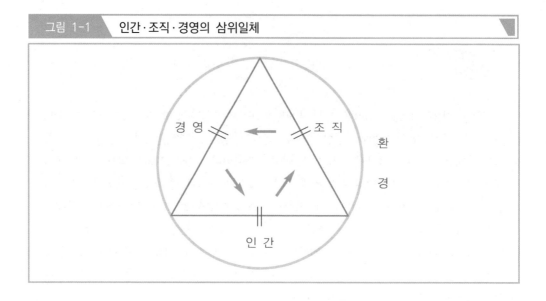

그림 1-1 ┃ 인간·조직·경영의 삼위일체

에 의해 경영됨으로써 조직의 효과성을 달성하기 위해 끊임없이 노력한다. 즉, 조직도 인간이 만든 것이요, 그와 같은 조직을 운영하는 주체 또한 인간이라는 점에서 조직성과를 높이기 위한 경영의 중심적 위치에는 인간이 있는 것이다. 이것이 조직과 경영과 인간의 삼위일체가 필요한 이유이다.

한편 사람경쟁력은 〈그림 1-2〉와 같이 조직구성원의 질적 수준, 과학기술자, R&D 종사자에 의해 창출되는 기술·지식수준, 기업가 및 지식근로자의 창의·창조정신, 높은 수준의 신뢰와 협동에서 창출되는 노동생산성이라고 할 수 있다.

높은 수준의 학력·기술기능을 지니고 있는 근로자, 과학기술자, R&D 종사자, 혁신가들은 지식작업(knowledge work)에 종사하는 사람, 즉 지식근로자라고 할 수 있다. 이들은 고도의 전문성을 갖기 위해 치열하게 경쟁하는 한편, 공동목표를 위해 서로를 신뢰하고 협력하는 윤리규범을 갖고 있다. 한 마디로 사람경쟁력은 이들 지식근로자들이 신뢰와 협동의 네트워크 속에서 창의적 마인드를 발휘할 때 나오는 생산성의 증가분이라고 할 수 있다.[2]

그림 1-2	사람경쟁력의 개념

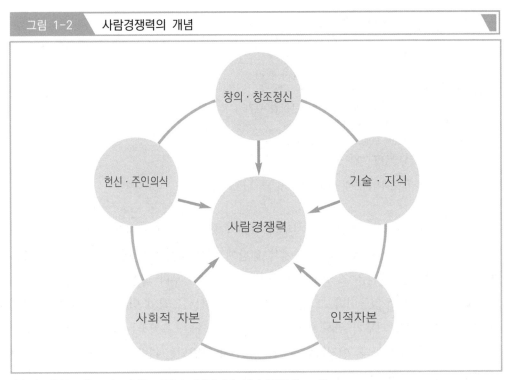

〈자료〉 신봉호 외(2005). 이제는 사람이 경쟁력이다, 한겨레신문사, p. 99.

3 인사관리에서 인적자원관리로

흔히 "人事가 잘되면 萬事요, 잘못되면 亡事"라고 한다. 이는 사람관리가 우리 일상
생활에서 얼마나 중요한지를 잘 알 수 있다. 잘못된 인사가 이루어질 경우 개인적인 문제
에 그치지 않고 조직전체의 성과에 부정적인 영향을 미칠 수밖에 없다는 점에서 조직에
게도 불행한 일이다. 인사(personnel)란 어원적으로 볼 때 어떤 개인(personal)의 문제를 다
루기보다 조직에 고용된 일련의 사람들 또는 물질(material)과 구별된 인간들에 관련된 문
제를 다룬다는 뜻을 가진 프랑스 말에서 나온 것이다.[3]

전통적으로 경영관리의 한 분야로서 인사관리(personnel management)는 개인, 조직의
목표가 성취될 수 있도록 인력의 확보부터 이직까지의 과정을 계획, 조직, 지휘, 조정, 통
제하는 관리과정으로 이해할 수 있을 것이다.

그러나 오늘날에는 인사관리 대신 인적자원관리(human resources management)의 개념
으로 대체되고 있다. 미국의 루즈벨트(F. Roosevelt)대통령이 "인적자원의 보존"(conservation

표 1-1	인사관리 용어의 변천

- 노동관리＝생산관리
- 노무관리(Labor Management)＝공장노동자 관리
- 노무관리＝생신관리＋사무관리
- 인사관리(Personnel Management)＝사무직원 관리
- 인사관리＝노무관리＋노사관계관리
- 인적자원관리(Human Resource Management)
- 전략적 인적자원관리(Strategic HRM)＝인사＋노사＋전략

〈자료〉 임창희(2014). 인적자원관리, 비엔엠북스, p. 15.

of human resources)이라는 말을 쓰면서부터 사용되기 시작한 「인적자원」이라는 용어는 국가 전체적인 측면에서나 조직의 측면에서 인간에 대한 중요성을 새로이 인식하게 하는 계기가 되었다. 인적자원은 조직이 채용하여 여러 가지 직무나 과업 및 기능 등을 수행하도록 하고 그 대가로 임금이나 그 밖의 보상을 지급하는 조직의 인력이다. 인적자원관리란 조직의 효과성을 거두기 위해 이러한 인적자원을 개발, 유지하는 활동과 관련된 포괄적인 관리활동을 의미한다. 인적자원은 다른 자원과 구별되는 다음 특징으로 인해 효과적인 개발과 관리의 필요성이 더욱 요구되고 있다.[4]

- 능동성: 인적자원으로부터의 성과는 인적자원의 욕구와 동기, 태도와 행동 그리고 만족에 따라 결정되고 인적자원의 동기행동과 만족감은 경영관리에 대한 반응으로 나타나게 된다.
- 개발가능성: 인적자원은 자연적인 성장과 성숙은 물론 장기간에 걸쳐 개발될 수 있는 많은 잠재력과 자질을 보유하고 있다.
- 전략적 요소: 조직체의 성과와 가장 밀접한 관계를 갖고 있는 것이 인적자원이므로 어느 자원보다도 가장 전략적인 요소로 작용한다. 효과적인 인적자원 관리는 모든 우수기업의 공통적 특성이라는 사실도 여러 연구결과에 의하여 입증되고 있다.
- 소진성: 인적자원은 어떤 이유에서든 간에 고용되지 않거나 활용되지 않는다면 그들의 능력이 소진되고 말기 때문에 다른 자원처럼 비축해 둘 수가 없어 각별한 관리가 요망된다.
- 존엄성: 인적자원은 생명이 없는 물질과 다르고 동물 가운데서도 만물의 영장으로서 존엄성(dignity)을 가지고 있다. 조직의 효과성과 능률 증진을 위한 도구로 전락

해서는 안 되며 조직의 이익을 위한다는 명목하에 희생되지 않도록 인간 본연의 존엄성은 지켜져야 한다.

따라서 인적자원관리가 과거의 인사관리와 비교하여 지니는 가장 큰 차이점은 조직구성원을 조직경쟁력의 원천으로 인식한다는 점이다. 이는 비단 기업뿐만 아니라, 국가와 지역사회 등 거의 모든 조직영역에 해당된다.

이와 같은 점에서 현대 기업경영에서 인적자원관리는 전통적인 인사관리와 비교할 때 그 지향점에서 다른 성격을 가지고 있다. 인사관리는 조직구성원들을 통제, 감시하고 잘잘못을 가리거나, 업적에 대한 상벌 시행을 위주로 운영되어 왔다. 특히 조직의 경제적 효율성 달성에 중점을 두어 비용측면에서 노동력을 바라보았기 때문에 개인의 욕구를 무시하고 개인을 통제하고 활용하는 데에만 관심을 두고 조직구성원의 순응을 강조하는 경향이 컸다.

그러나 현대 기업의 인적자원관리는 조직구성원들의 능력개발이나 육성을 통해 개인과 조직의 목표를 일치시켜 나가는 개발 지향적 성격을 가지고 있다. 즉, 개개인의 욕구와 개성을 중시하면서 조직에서의 사람을 자산으로서의 인적자본 또는 인적자원으로 인식하여 개발하는 것에 초점을 둔다. 다시 말하면 과거에는 조직구성원을 생산수단의 비용요소로 인식해 왔으나 이제는 조직구성원 한 사람 한 사람을 지적 자산 또는 파트너로 인식한다. 따라서 오늘날 인적자원관리기능의 중요한 영역들은 과거에는 찾아보기 어려운 핵심인재의 확보, 조직구성원 능력의 개발과 활용, 공정한 평가와 보상과의 연계성 제고 등 기업의 전략적 측면과의 관련성은 더욱 높아지고 있다.

4 인적자원관리의 변천

다음에서는 역사적으로 인적자원에 대한 시각 및 관리상의 주요 관심이 어떻게 변화되어 왔는지를 세 가지 차원으로 나누어 봄으로써 오늘날 인적자원관리의 목표를 어디에 둘 것인지를 살펴보고자 한다.

1) 생산중심의 관점

생산중심의 시대에 있어 사람은 기업의 생산활동에 필요한 노동력을 소유하고 있는

그림 1-3	인적자원관리의 발전단계

생산중심의 관점   인간중심의 관점   생산과 인간중심의 관점

도구적 가치 이상의 의미를 크게 뛰어넘지를 못하였다. 즉, 노동력은 하나의 생산수단에 불과하였다는 점에서 노동관리가 중요한 문제였다고 할 수 있다. 이에 따라 산업혁명 이후 생산현장을 지배하던 기계생산에 예속된 존재로서 인간의 노동력을 얼마만큼 효율적으로 사용할 수 있느냐 하는 것이 경영자나 관리자들의 주요한 관심이었다고 할 수 있다.

미국에서는 산업혁명 이후 급속한 기계화의 과정에서 나타나는 노동자들의 만성적이고 조직적인 태업을 해결하는 것이 중요한 문제로 부상하였으며, 테일러(F. W. Taylor)는 이를 시간연구, 동작연구와 같은 과학적인 수치에 의한 표준작업량의 책정, 이와 연계된 차별성과급제도와 같은 새로운 임금제도를 통하여 해결하고자 하였다. 또한 다음의 사례에서 보는 것처럼 미국 자동차산업의 새 장을 열었던 포드(H. Ford)는 작업조직의 철저한 합리화에 의하여 작업의 동시진행을 기계적으로 실현하고 이에 따른 경영관리를 자동적으로 전개하려고 시도했다. 특히 그가 적용한 3S, 즉 단순화(simplification), 표준화(standardization), 전문화(specialization)의 개념은 당시 경영의 표준이 되었다. 따라서 이 시기에는 비용의 논리(logic of cost)에 따라 인간을 경제인(economic man)으로 보고 생산성 향상의 도구 이상의 가치를 크게 부여하지 않았다.

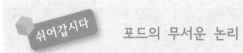

쉬어갑시다   포드의 무서운 논리

분업에 대한 포드의 생각을 읽을 수 있는 글이 그의 자서전에 나온다. 1908년 모델 T를 생산할 무렵, 한 대의 차를 완성하는데 무려 7,882개의 공정을 거쳐야 했다. 뒷날 포드는 자서전에서 이 7,882개의 공정에 대해서 다음과 같은 주석을 달았다.

"공정 중에서 949개는 육체적으로 강한 숙련공이 필요하다. 3,338개의 공정은 보통 체력의 남자면 되고, 나머지 공정은 여성이나 어린아이라도 할 수 있다." "또 이 가운데 670개의 공정은 두 다리가 없는 노동자도 충분하며, 2,637개의 공정은 한 쪽 다리가 없는 노동자도 할 수 있다. 두 팔이 없는 직공이 할 수 있는 공정은 두 개 있으며, 715개의 공정은 외팔이 직공이라도 된다. 눈먼 직공이 할 수 있는 공정은 10개나 있다."

<자료> 이재규(2006). 기업과 경영의 역사, 사과나무, p. 153.

2) 인간중심의 관점

인간의 노동에 대한 도구적 시각이 지배하였던 생산중심의 시대를 지나면서 산업현장에서 생산성의 극대화라는 본질적인 목적은 달성할 수 있었지만 노동의 주체로서 인간의 가치상실에 따른 문제가 크게 나타나기 시작하였다. 1936년에 제작된 채플린(C. Chaplin)의 무성영화 모던타임스(Modern Times)는 그와 같은 문제가 그 당시에도 얼마나 크게 인식되고 있었는지를 알 수 있게 한다.

이와 같은 상황에서 메이요(E. Mayo) 교수가 중심이 되어 수행한 호손 실험(Hawthorne experiment)은 노동현장에서 인간의 근본적인 욕구와 가치의 문제를 인식할 수 있는 기회를 제공하였다. 메이요 교수는 수년간의 실험과 연구를 통하여 객관적인 생산조건뿐만 아니라 작업장에서 조직구성원의 주관적이고 사회적 욕구를 충족시킬 수 있는 작업계획을 세울 것을 제시하였다. 즉, 인간관계의 중요성을 인식하고 공장은 경제적인 면뿐만 아니라 사회적인 차원까지도 고려해야 한다는 것을 제시하였다.[5]

따라서 인간성 시대의 인사관리는 감정의 논리(logic of sentiment)에 따라 인간을 경제인이 아닌 사회인(social man)으로 규정하고, 온정적이고 가부장적인 종업원관을 기초로 개인의 감정이나 태도와 같은 인간적 요소를 중시할 것을 강조하였다. 하지만 이 당시의 관리형태는 종업원들에게 절대적으로 필요한 다양한 복리후생시설을 제공함으로써 종업원의 만족감을 높이고자 하였으나 이러한 의사결정은 어디까지나 부모가 자식에게 대하는 것과 같은 온정적이고 일방적인 방식이었다.

3) 생산과 인간중심의 관점

테일러의 생산중심의 관점이나 호손실험 이후의 인간중심의 관점은 모두 올바른 것이었다 할지라도 생산성과 인간성 또는 기업목표와 개인목표의 어느 한 쪽만을 추구했다는 문제점을 갖고 있다. 이는 무엇보다도 현대 산업사회에서 중요시되는 것은 일과 인간, 성과와 만족이 별개로 취급되는 것이 아니라 동시적이고 조화적으로 추구되어야 한다는 점이다.

기업의 입장에서는 비용절감과 유연성의 확보, 유능한 인력의 확보, 조직에 대한 조직구성원들의 충성심도 중요한 문제이겠지만, 조직구성원들이 지니고 있는 다양한 개인적 욕구와 목표들, 예컨대 성장과 자아실현의 욕구, 중요한 존재로서 인정받고 싶어하는 욕구, 일 속에서 기쁨과 성취감의 느낌, 공정성, 경력개발 등과 같은 부분들이 같이 충족되었을 때 조직의 지속적인 성장과 발전을 이룰 수 있는 것이다.

따라서 오늘날 현대 기업에 요구되는 인적자원관리는 시스템이론이나 상황이론에서 설명될 수 있는 것처럼 개방시스템 아래에서 환경에의 적합 여부를 모색함으로써 효과성을 추구해야 하는 어려움에 직면해 있다. 그러므로 지난날처럼 인간을 단순히 경제인이나 사회인으로 규정할 수만은 없다. 오늘날의 근로자는 변화하는 현실에 맞추어 유연하게 행동함으로써 복잡한 전체적인 상, 이른바 복잡인(complex man)으로 파악할 수 있다. 당연히 현대 인적자원관리는 조직구성원과 경영자와의 관계가 상호 신뢰의 바탕 위에서 서로를 동반자로 받아들여 주는 협동적 경영시스템으로 전개되어야 한다.

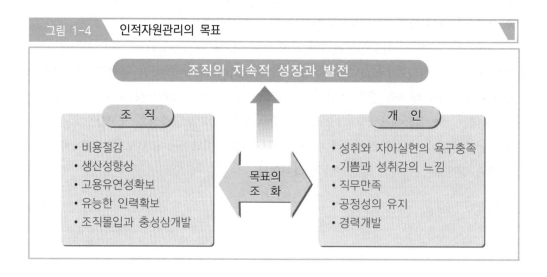

그림 1-4   인적자원관리의 목표

조직의 지속적 성장과 발전

조 직
- 비용절감
- 생산성향상
- 고용유연성확보
- 유능한 인력확보
- 조직몰입과 충성심개발

목표의 조화

개 인
- 성취와 자아실현의 욕구충족
- 기쁨과 성취감의 느낌
- 직무만족
- 공정성의 유지
- 경력개발

제2절   인적자원관리의 환경

오늘날 인적자원에 대한 중요성이 매우 강조되는 것은 급변하는 경영환경에서 인적 자원이 지닌 중요성과 가치가 매우 중요하게 인식되기 때문이다. 따라서 최근에는 기업이 지닌 중·장기 경영전략과 인적자원관리를 연계시켜 전략적 차원에서 인적자원관리를 시 도하는 전략적 인적자원관리의 중요성이 매우 높아지고 있다. 즉, 연구개발, 재무, 마케 팅, 생산 등과 같은 기업의 기능적 활동을 지원하는 보조적 활동이 아닌 이러한 주요 기 능적 활동과 밀접한 상호연계성을 가지며, 기업의 전략적 목표달성을 지원하는 주요기능 으로 역할 하는 기능적 활동으로서의 '인적자원관리'가 강조되고 있다.[6]

따라서 이와 같은 차원에서 기업의 인적자원관리자는 기업의 중·장기적 경영목표와 관련된 주요 인사기능에 영향을 미칠 수 있는 경영환경요소를 파악하고 환경의 변화를 미리 준비하고 대응하는 자세가 필요하다. 예컨대, 기업이 수년 내에 새로운 사업을 전개 할 계획을 지니고 있는 경우 필요한 인적자원의 규모와 질적 수준, 인적자원의 공급력 예 측, 핵심인력을 내부에서 양성할 것인가?, 외부에서 조달할 것인가?, 내부에서 양성할 경 우 어떤 교육훈련 프로그램을 도입·전개할 것인가? 등은 기업의 경영전략과 관련된 매우 중요한 의사결정이 될 것이다.

이와 같은 차원에서 인적자원관리자가 관심을 두어야 할 주요 인적자원관리환경의 범주에 대하여 알아보자. 인적자원관리와 관련된 환경은 여러 가지 기준에 의해 구분할 수 있지만, 여기에서는 일반환경과 노동시장환경, 그리고 내부환경으로 구분하여 살펴 보자.

1 일반환경

일반환경은 경영상의 전반적인 활동에 직접적이고 즉각적인 영향을 행사하지는 않지 만 점진적으로 변화를 일으키거나 영향을 미치는 외부환경요인을 의미한다. 일반환경에 는 정치·법률적 환경, 경제적 환경, 사회·문화적 환경, 기술적 환경, 그리고 자연적 환경 등이 있다.

출산율의 감소가 노동력의 확보에 미치는 영향이나 인구의 고령화에 따른 내부 노동력 구조의 고령화와 같이 대부분의 일반환경은 점진적인 특성을 지닌다. 일반환경의 가장 큰 특징은 다른 환경요인들과는 달리 경영자가 기업경영에 유리하도록 통제나 협상을 하는 것이 어렵다는 것이다. 따라서 이러한 환경의 변화는 통제하기보다는 차라리 그러한 변화에 신속하게 대응하는 것이 유리한 경우가 많다.

1) 정치·법률적 환경

정치적 환경 및 법률적 환경은 인적자원관리의 방향에 영향을 미치는 주요한 요인이다. 정부는 기업과 근로자와의 관계에서 양자 간의 관계형성과 기업의 인적자원운용 및 관리에 영향을 미치는 정책이나 법률을 제정한다. 예를 들어 2010년 이후 실시된 복수노조 허용이나 노조전임자 임금지급 금지 등은 기업의 노사관계시스템에 매우 중요한 영향을 미쳤다. 또한 퇴직연금제도의 도입, 임금피크제 도입 등은 기업의 임금관리체계에 큰 변화를 요구한다. 뿐만 아니라 직장 내 고용관계의 민주화와 근로자에 대한 존엄한 처우의 필요성은 소위 직장 내 괴롭힘 금지법(근로기준법 제76조 2)을 통하여 법제화되고 이에 따라 기업은 종업원에 대한 불리한 처우를 방지하고 개선하기 위한 여러 조치들을 취하도록 요구받고 있다.

또한 정치권에서 제정하는 각종 법률 또한 기업의 인적자원관리에 매우 큰 영향을 준다. 최저임금제는 기업의 임금관리정책이나 인력확보정책에 영향을 미치고, 주 52시간제 도입 등 근로기준법 등을 비롯한 각종 노동관계법은 새로운 인사제도나 정책을 실시하기에 앞서 반드시 검토해야 할 요인들이다. 아울러 비정규직 근로자 관련법은 기업의 비정규직 근로자의 채용과 유지에도 많은 영향을 미친다.

2) 경제적 환경

기업이 처한 경제적 상황은 기업과 사회의 관계를 결정하는 중요한 요인이며, 인적자원관리에 미치는 영향도 크다. 일반적으로 경제가 호황국면일 경우 기업의 인적자원관리는 비교적 여유를 가지고 진행된다는 점에서 조직구성원에 대한 보상의 폭이나 교육훈련의 운영에 많은 여유가 발생한다. 하지만 불황기에 접어들면 기업은 고용을 축소하고, 가용인력을 줄이며, 조직 구성원이 다기능을 수행하도록 요구한다. 또한 구조조정과정을 통하여 기업의 낭비를 제거하고 조직의 규모를 줄이는 시도를 할 수도 있다. 따라서 경제의 흐름 또한 인적자원관리의 방향에 중요한 영향을 미치는 요인이다.

3) 사회·문화적 환경

오늘날의 다원적 사회에서는 참여자들의 공동선(共同善)을 구현하는 일이 중요함에도 불구하고 이해관계자들의 대립과 갈등으로 구성원들의 다양한 욕구를 충족시키는 것이 어렵다. 과거에는 거의 동질적이고 유사한 가치관과 성장환경을 바탕으로 개인보다는 조직에 대한 기여를 더 중요시하는 기업문화가 지배하였지만, 불과 수십 년도 되지 않아 한국사회는 매우 다양하고 다변화된 가치관과 신념, 태도를 지닌 노동력이 공존하는 사회가 되었다. 이에 따라 한 직장 내에서도 노동력의 다양성을 인정하고 그에 맞추어 변화할 것을 요구받고 있으며, 이에 적응하지 못한 사람들 간의 갈등과 충돌이 자주 발생한다. 최근 직장인 약 13,000여 명을 대상으로 이루어진 대한상공회의소의 조사에서는 직장인 63.9%가 세대차이를 느끼는 것으로 응답하였으며, 이와 같은 차이의 강도는 40대와 50대 등 연령대가 높을수록 더 높아지는 반면, 그에 따른 업무에 대한 부정적 영향의 느낌은 20대와 30대에서 더 높은 것으로 조사되었다.[7] 또한 직장과 일에 부여하는 가치관과 태도의 세대 간 차이도 여러 조사에서 확인되고 있다.

또한 인구고령화와 정년연장에 따라 산업현장에서 노동력의 고령화추세는 더욱 높아지고 있다. 통계청의 자료에 따르면 2022년을 기준으로 우리나라 근로자의 평균연령은 43.8세로 10년 전인 2013년의 40.5세와 비교하면 약 3.3년, 그리고 지난 1974년의 36.3세과 비교하면 약 7.5년 정도 증가한 것으로 나타나고 있다.[8] 이에 따라 기업은 임금부담과 함께 신규고용을 줄이고 인력구조조정을 상시화하며, 비정규직의 고용을 늘리는 모습을 지속적으로 보이고 있다.

더욱이 교통과 통신기술의 발달에 따라 세계화·국제화가 빠르게 진행되고 있으며 다양한 문화 간의 노동력 이동은 이질적인 사회문화가 초래하는 갈등을 더욱 증대시키고 있다. 전통적으로 유지되어 왔던 연공중심의 조직문화는 능력과 성과중심의 인사정책을 요구하는 환경변화에 의해 점차 설자리를 잃어가고 있으며, 외국인 근로자들이 증가하고 있다. 한 예로 2021년을 기준으로 우리 나라에서 일하는 합법적 체류자 기준 외국인의 규모는 84만 3천여명으로 전체 취업자의 약 3%를 차지하고 있다. 이에 따라 기업의 인사정책 또한 새롭고 다양한 가치관, 문화 및 사고를 지닌 구성원들의 요구를 수용할 수 있는 방향으로 바뀌고 있다.

4) 기술적 환경

기술적 환경이 인적자원관리에 미치는 영향은 크게 세 가지 측면에서 찾아볼 수 있다.

첫째, 지식정보화사회 및 4차 산업혁명시대에 접어들면서 첨단과학기술이 기업의 경영성과에 미치는 영향과 차지하는 비중이 매우 높아지고 있다. 이에 따라 많은 기업들이 전통적인 산업영역에서 탈피하여 성장동력이 될 수 있는 새로운 신기술 사업영역의 발굴에 애쓰고 있으며, 그에 따라 기업이 필요로 하는 역량을 지닌 핵심인재발굴에 많은 노력을 기울이고 있다. 이에 따라 그와 관련된 전문인력의 수요가 증가하고 있으며, 이들에 대한 개발·대우·유지뿐만 아니라 작업수단·작업조건·작업내용·작업구조 등에 크게 영향을 주고 있다. 이들에 대한 배치전환·교육훈련·인간관계관리·이직관리 등은 매우 중요한 인적자원관리 영역에 속한다. 아울러 기존의 인력과 전문인력 간의 조직 내에서의 관계와 갈등관리 역시 중요한 문제이다.

둘째, 기술적 환경의 변화는 기업의 인력구조나 커뮤니케이션에도 영향을 미치는 중요한 요인이다. 예를 들어 스마트 팩토리 등 자동화 도입에 따라 반복적인 작업을 담당하는 인력의 필요성을 축소시키고 있으며, 인공지능을 근간으로 하는 기술영역에서의 진보는 단순노동력뿐만 아니라, 인간의 정신노동의 영역에까지 그 활동영역을 확대하고 있다. AI상담사와 같은 경우 24시간 쉬지 않고 고객의 필요에 대응하고 있으며, 많은 금융기관들이 현장의 점포수를 축소하고 단순기능을 비대면거래의 영역으로 돌리고 있다. 그에 따라 2021년 말을 기준으로 우리나라 국내 은행의 점포수는 6,094개로 1년 전에 비하여 311개나 감소하였다.[9] 뿐만 아니라 정보통신 기술 발달(informations and communications technologies, ICT) 및 초연결사회의 등장은 조직 내의 커뮤니케이션 방식에도 많은 영향을 미치게 된다. 지난 2020년 시작되어 수년간 전세계적으로 인간의 삶에 큰 영향을 미친 COVID-19는 재택근무를 더욱 활성화시키고, 일하는 형태와 방법을 다양화시켰으며 의사소통 방식에도 많은 변화를 가져왔다.

셋째, 조직의 성격에 따라 달라지는 핵심기술영역 또한 조직의 인적자원관리기능에 영향을 미친다.[10] 예컨대, 제조업체와 서비스업체 간에 채택하고 중요시하는 기술의 내용과 범위는 매우 다르다. 이에 따라 조직구성원의 채용기준, 교육훈련의 방법, 보상시스템, 노사관계 등은 매우 다르게 전개된다.

2   노동시장환경

최근 경제문제에서 가장 큰 이슈 가운데 하나는 바로 고용과 관련된 문제라고 할 수 있다. 이는 여러 가지 원인이 있지만 크게 세 가지 정도로 요약할 수 있다.

첫째, 세계화 및 국제경제환경의 변화, 우리나라 산업구조의 변화에 따라 과거와 같은 고도경제성장이 더 이상 유지될 수 없음에 따라 고용의 지속적인 확대가 이루어질 가능성이 한계에 이르고 있다.

둘째, 기업의 고용축소를 받쳐주는 생산혁신, 아웃소싱, 스마트 팩토리 등이 산업전반에 확산됨에 따라 경제의 고용흡수력이 급격히 떨어지면서 고용 없는 성장이 가속화되고 있다.

셋째, 노동시장의 유연화가 확산됨에 따라 고용의 불안정성과 비정규직의 확산이 초래되는 등 다양한 요인들이 앞으로 노동시장에서 고용의 불안정성을 더욱 가속화시킬 것으로 예측되고 있다. 또한 앞으로는 노동시장개혁의 일환으로 미국이나 유럽처럼 저성과자나 근무태도가 불량한 직원들을 해고할 수 있도록 하는 일반해고의 가능성도 높아질 전망이다.

이와 같은 다양한 이유로 최근 우리나라의 노동시장은 매우 불안정한 구조를 유지하고 있다고 할 수 있으나, 특히 기업의 입장에서 보았을 때 기업의 인력수급에 영향을 미칠 수 있는 노동시장요인에 대한 분석은 매우 중요하다.

노동력의 공급구조에 영향을 미치는 우리나라 노동시장의 특징 가운데 대표적인 요인은 다음과 같다.

- 출산율 저하 및 인구증가율 둔화에 따른 노동력 공급규모의 감소
- 노동력의 고학력화와 질적 향상
- 인구구조변화와 청소년층의 경제활동참가 지연에 따른 노동력의 중고령화
- 여성의 경제활동참여 증가에 따른 노동력의 여성화
- 노동력의 고령화 가속화와 중고령 근로자의 효율적 활용문제
- 비정규직 근로자의 비중확대와 정규직과의 노동시장 격차해소

한편 노동력의 수요구조 또한 산업구조의 변화, 생산기술의 변화, 생산요소가격의 변화에 따라 지속적인 변화가 나타나고 있다. 특히 지난 1997년 IMF 외환위기를 겪은 이후 기업의 고용전략의 변화와 생산방식의 변화, 기술혁신체계는 '고용 없는 성장'을 유발할

정도로 노동력 수요의 위축을 가져오고 있다. 보다 구체적으로 다음과 같은 요인이 노동력의 수요구조에 변화를 가져오고 있다.

- 서비스부문 취업자 비중의 지속적 증가
- 자본 및 지식집약적 산업구조로의 변화와 기술변화에 따른 고용흡수력의 저하
- 상시고용체계의 확산과 경력자중심의 고용증가
- 기업의 구조조정과 경쟁력 강화 차원에서의 지속적인 인력감축

3 내부환경

기업의 내부환경은 기업내부에 존재하는 여러 가지의 강점과 약점으로서 내부적으로 통제 가능한 요인을 말한다. 이 같은 내부환경은 외부환경의 변화속도가 심할수록 그 영향을 크게 받는다. 이와 같은 내부환경이 튼튼하면 그 기업의 강점이 되고 그 자원 중 하나가 약하면 그 기업의 약점으로 작용한다.

기업의 인적자원관리에 영향을 미치는 내부환경으로는 기업의 목표와 전략, 조직문화, 노사관계 등이 있다.

1) 기업의 목표와 전략

전략(strategy)이란 기업이 시장경쟁에서 승리하고 경쟁적 우위를 확보하기 위하여 세우는 계획 및 정책들을 말하는 것으로 경영계획상의 여러 가지 목적을 달성하기 위해 기업이 지닌 자원을 조직화하고 활용하는 것을 의미한다. 따라서 경영전략은 미래 기업이 도달하고자 하는 목표와 밀접한 관련성 하에서 수립된다는 점에서 기업의 인적자원관리의 방향과 흐름에도 영향을 미친다.

기업이 시장에서 경쟁해 나가고 미래 도달하고자 하는 목표를 어떻게 설정하는가에 따라 기업이 취할 수 있는 전략적 행동의 방향은 결정되며, 기업의 인적자원관리기능은 그와 같은 전략적 결정을 효과적으로 지원할 수 있어야 한다. 따라서 기업이 어떠한 기업전략 내지 사업전략을 취하는가에 따라 인적자원관리는 영향을 받게 된다. 예컨대, 기업이 설정하는 중장기적인 목표와 비전은 기업의 경영전략에 영향을 미치게 되고 그에 따라 당연히 인적관리의 대부분의 영역, 즉 채용관리, 인사이동, 교육훈련, 인사평가, 보상

관리 등 다양한 영역에서 이를 뒷받침할 수 있는 체계로의 변화가 요구된다.

2) 조직문화

조직문화(orgnaizational culture)란 한 기업의 구성원들이 공유하고 있는 가치관, 신념, 이념, 관습 등을 총칭하는 것으로서 기업과 구성원의 행동에 영향을 주는 기본적인 요인이라고 할 수 있다. 즉, 조직문화는 조직의 전통 및 기본적 가치와 밀접한 관계가 있다.

조직문화는 조직구성원들에 대해 조직 내에서의 행동방향 및 지침을 제공한다. 이는 조직이 기대하는 행동패턴 및 조직이 지향하는 바를 암시하기 때문이다. 또한 조직문화는 조직구성원의 행동에 정당성을 제공함으로써 조직의 결속 및 협동체계를 강화하는 역할을 한다.

많은 연구들에 따르면, 조직문화가 잘 정착되어 있을수록 구성원들의 직무에 대한 만족, 조직에 대한 몰입, 조직에 대한 동조성과 애사심을 높여 구성원들의 행동양식에 일정한 준거틀을 제공할 뿐 아니라, 외부인들의 그 조직에 대한 이미지를 높이고, 그 조직에 일관성 있는 가치를 부여하게 되는 것으로 알려지고 있다.

그러나 이러한 장점이 조직문화를 정립함으로써 확보되어질 수 있다는 사실도 중요하지만, 계속 변화하는 경영환경 하에서 기업이 올바른 위상을 정립하고, 계속적인 성장과 발전을 이루기 위해서는 조직 내에 구성원 모두가 함께 누릴 수 있는 가치체계를 형성하는 것이 매우 중요하다.

조직의 인적자원관리기능은 해당 기업의 조직문화로부터 직접적인 영향을 받는다. 강한 조직문화를 가지고 있고 강한 조직문화를 계속 지속하고자 하는 기업은 그와 같은 조직문화에 적합한 사람을 선발하고자 할 뿐 아니라, 지속적으로 조직문화와 개인의 적합성을 유지할 수 있도록 교육훈련 및 개발을 실시하고 보상시스템 역시 조직문화와 일치하는 방향으로 설계·운영하고자 한다는 점에서 조직문화는 인적자원관리기능에 중요한 영향을 미치게 된다.

3) 노사관계

노사관계 역시 인적자원관리에 영향을 미치는 중요한 내부환경요인이다. 특히 노사관계의 당사자로서 노동조합과의 관계는 기업의 인적자원관리 전반에 걸쳐 주요 의사결정에 많은 영향을 미치게 된다.[11] 예컨대, 임금결정, 복리후생의 확대, 인력방출, 그리고 작업조건의 결정 등에 노동조합은 조직구성원의 의사를 제시하고 반영되도록 요구한다. 또한 노사관계는 기업의 생산성과 경영성과에도 중요한 영향을 미치는데, 이는 노사관계가 불안정할 경우 교섭과정에서 노사 간의 신뢰기반의 상실, 지나친 교섭에 따른 상호 간의 역량낭비, 직무몰입 하락, 분규에 따른 조업도의 하락 등과 같은 부정적인 효과를 피할 수 없기 때문이다.

따라서 많은 기업들은 노사관계를 기업의 경영성과에 영향을 미치는 요인으로서 매우 중요시하고 있으며, 이에 따라 기업의 인적자원관리기능의 주요 초점과 흐름이 영향을 받게 된다. 그러나 우리나라의 노조조직률은 1989년 19.8%를 정점으로 하락세로 반전하여 1997~2001년 12%대, 2002년~2003년 11%, 2005년 10.3%, 2009년 10.1% 그리고 2010년에는 9.8%까지 하락하였으며, 그후 조금씩 증가하여 2021년 현재 14.2%에 이르렀지만 다른 선진국들과 비교하여 전반적으로 낮은 조직률을 보이고 있다. 최근의 노조조직률의 증가는 비교적 높은 공공부문 노조조직률의 영향을 받은 것으로(공공부문 70.0%,공무원부문 75.3%, 교원부문 18.8%), 민간부문에서의 노조조직률은 11.2% 수준에 그치는 것으로 파악되고 있다.[12] 이와 같은 추세는 우리나라뿐만 아니라 미국과 독일, 영국, 일본 등 다른 국가들에서도 공통적으로 발견되고 있다. 이에 따라 노사관계가 인적자원관리에서 차지하는 비중은 점차 축소되어 갈 것으로 보이며, 반면에 인적자원에 대한 전략적 접근의 필요성은 더욱 높은 비중을 차지하게 될 것으로 예측된다.

디지로그[13] 선언

아날로그와 디지털의 분단과 그 양극화에 대해서는 아는 사람도 걱정하는 사람도 드물다. 그렇기 때문에 아날로그의 문화코드와 디지털 문화코드를 읽는 학습이 절실히 필요하다.

엇비슷이라는 한국말을 알면 미래 세상이 보인다. '엇비슷'의 '엇'은 '엇박자'처럼 서로 다른 것의 이질성을 나타내는 말이다. '비슷'은 더 말할 것 없이 엇과 반대로 같은 것의 동질성을 의미한다. 이렇게 다른 것과 같은 것의 대립 개념을 하나로 결합한 것이 한국어 고유의 '엇비슷'이라는 말이다. 그러므로 '엇'은 1과 0의 디지털과 같고 '비슷'은 일도양단으로 끊을 수 없는 연속체의 아날로그와 같다. '엇비슷'에서 '엇'만 보는 사람이 디지털인이고 '비슷'만 보는 사람이 아날로그인이다. 양자를 함께 보는 인간만이 디지로그의 미래형 인간이 된다.

디지로그형 인간이 어떤 사람인지 알려면 시골아이들에게 "너희 어머니 어디 가셨니?"라고 물어보면 안다. 일본과 중국 애들은 외출했다고 하고, 영어를 하는 아이들은 "쉬 이즈 아웃" (밖에 있다)이라고 할 것이다. 그런데 유독 한국 아이만은 "나들이 가셨어요"라고 할 것이다. 나들이는 '나가다'와 '들어오다'의 대립어를 한데 합쳐놓은 말이다. 그러고 보니 정말 어머니의 외출은 '나가면서 동시에 들어오는 행위'가 아닌가. 그런게 아니라면 영원히 돌아오지 않는 가출이다. '지금', '여기'의 시점에서 벗어나 차원이 다른 눈으로 보면 분명 나가는 것과 들어오는 것은 하나다.

<자료> 이어령(2006). 디지로그 선언, 생각의 나무.

제3절 인적자원관리의 체계와 과제

1 인적자원관리의 체계

오늘날 지식경영시대와 디지털경영시대를 맞이하여 기업경쟁력의 원천은 창의력과 속도에 있다. 단순히 비용의 차원에서 인사관리를 하던 차원에서 벗어나 기업의 핵심인력을 개발하고 이를 어떻게 활용하는가가 기업의 생존과 경쟁력을 결정짓는 시대가 된 것이다. 따라서 앞서 제시한 것과 같이 현대 기업의 인적자원관리는 핵심인재의 선발과 아울러 조직구성원들의 능력개발과 육성을 통하여 개인과 조직의 목표를 어떻게 효과적으로 일치시켜 나갈 것인가에 초점을 두고 있다.

그러나 중요한 것은 인적자원관리 역시 조직유효성의 확보에 기여하는 하나의 경영관리기능으로서 조직목표달성을 위해 인적자원을 활용하는 관리과정이라는 점이다. 따라서 인적자원관리를 구성하는 주요 체계와 내용을 통합적으로 바라보고 시스템적으로 인적자원관리활동이 전개되도록 하는 것이 매우 중요하다.

이러한 면에서 인적자원관리는 하나의 과정(process)이라고 볼 수 있다. 즉, 경영관리활동의 하나로서 인적자원관리는 〈그림 1-5〉와 같이 조직 내 인적자원의 확보와 개발, 보상 및 유지라는 하나의 큰 흐름 아래 이루어진다. 각각의 인적자원관리기능의 범주에는 이를 구성하는 보다 구체적인 활동들이 자리 잡고 있으며, 이와 같은 활동들은 상호 밀접한 관계를 지니고 조직목표달성과 성공에 기여한다.

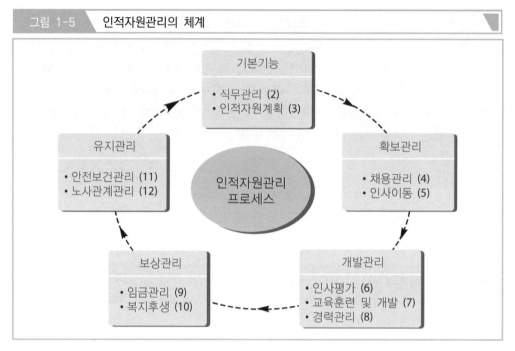

그림 1-5 인적자원관리의 체계

* ( )의 숫자는 해당 장의 표시임.

1) 기본기능

인적자원관리의 기본기능이라 함은 인적자원관리를 구성하는 각각의 기능적 영역과 세부관리활동에 기초를 제공하면서 영향을 미치는 기능들을 의미한다. 이와 같은 관리기능에는 직무관리와 인적자원계획이 있다.

조직의 목표달성을 위해 요구되는 다양한 직무들을 체계적으로 설계하고, 분석하며, 평가하여 합리적인 인사관리를 위한 기초를 제공하고자 하는 것을 직무관리라고 한다. 이 책에서는 이와 관련하여 제2장에서 직무분석, 직무평가, 직무설계의 세 가지 영역을 살펴볼 것이다. 이 세 가지의 활동은 서로 밀접하게 연결되어 있다. 특히 직무분석은 인적자원관리의 출발이라 일컬어진다. 기업에서 수행되는 직무가 명료하지 않으면 합리적인 인적자원관리를 기대하기란 사실상 불가능하다. 이는 인적자원관리의 첫 단계라고 할 수 있는 직무분석이 선행되지 않고서는 기업의 인력을 계획, 선발, 배치, 평가, 이동, 훈련, 보상하는 등의 일련의 활동이 효과적으로 수행될 수 없기 때문이다. 또한 직무평가는 보상의 공정성뿐만 아니라 최근 도입의 필요성이 강조되는 직무급제도의 도입과 활용을 위해서는 반드시 필요한 인사기능이다.

인적자원계획은 현재 또는 중장기적인 차원에서 요구되는 인력의 규모를 사전에 예측하고 결정하는 한편, 이를 충족시킬 수 있는 기업 내외부의 공급인력을 예측하고 계획하는 인적자원관리기능을 의미한다. 이를 통하여 기업은 중장기적인 차원에서 기업의 전략과 연계하여 인적자원의 효율적 운용계획을 수립할 수 있을 뿐 아니라, 인적자원의 확보 및 개발을 위한 기준과 세부계획을 마련할 수 있다. 제3장에서 인적자원계획의 중요성과 함께 인적자원의 수요와 공급예측을 위한 기술적 방법, 그리고 그 결과에 따른 대응방안에 대해서 다루어지고 있다. 그리고 정원관리의 중요성과 방법에 대해서도 함께 살펴볼 것이다.

2) 인적자원의 확보관리

조직이 원하는 유능한 인력의 확보는 경영성과를 결정짓는 중요한 요인이다. 따라서 인적자원계획을 통해 요구되는 인력의 규모와 요건이 결정되면 필요한 인적자원을 확보하는 과정이 따르게 된다.

인적자원의 확보는 조직 외부에서 새롭게 충원할 수도 있으며, 내부경로를 통해 사내에서 충원될 수도 있다. 필요한 인적자원을 외부에서 조달할 것인가, 아니면 사내에서 육성할 것인가 하는 문제는 기업의 인사정책에 따라 달라질 수 있으나, 각각의 방법은 장·단점을 지니고 있는 만큼 충분한 준비가 필요하다. 이 책에서는 이와 관련하여 제4장에서 인적자원의 외부조달에 초점을 두고 필요한 인적자원을 조직외부에서 모집하고 선발하며, 적소에 배치하는 일련의 과정, 즉 채용관리에 대해 다루고 있다.

한편 인사이동은 보상과 더불어 조직구성원들의 관심이 가장 높은 영역이라 할 수 있다. 즉, 조직 내에서의 신분을 결정하는 주요 과정이기 때문이다. 뿐만 아니라 인사이동을 통하여 조직의 생산성 향상과 유연성 제고, 구성원의 능력개발, 모티베이션 향상, 매너리즘 타파, 그리고 직무만족의 향상 등 다양한 목적을 추구할 수 있다. 전환, 승진, 징계 등 인사이동과 관련된 내용과 다양한 이슈들이 제5장에서 다루어지고 있다.

한편 최근에는 채용관리 이상으로 이직관리에 대한 중요성이 높아지고 있다. 그럼에도 지금까지 우리나라 많은 기업들에서는 우수한 사원들을 모집하고 선발하는 데는 많은 관심을 두어 왔으나 이직관리에 대해서는 그 중요성에도 불구하고 많은 관심을 두지 않아온 것이 사실이다. 이직관리가 효과적으로 이루어질 경우 기업에서는 우수한 조직구성원이 회사에서 이탈하는 것을 방지하는 한편 체계적인 이직관리를 통하여 조직의 신진대사를 활성화시킬 수 있다. 또한 조직구성원의 의사와는 상관없이 기업의 강제에 의하여 이루어지는 퇴직, 해고관리를 어떻게 전개하는가에 따라 기업과 조직구성원 모두에게 도움이 되는 상생적 이직관리를 전개할 수 있다. 이를 위해서는 무엇보다 조직구성원들의 퇴직을 기업이 중심이 되어 도와주는 전직지원제도의 활성화가 필요하다.

3) 인적자원의 개발관리

인적자원의 개발이야말로 기업이 가장 초점을 두어 실행하여야 할 중요한 인사기능이다. 성공한 기업들은 인적자원의 개발에 꾸준한 투자와 관심을 통하여 조직구성원의 현재 및 잠재적 능력을 향상시키고자 노력한다는 특징이 있다. 이는 인적자원에 대한 투자는 곧 기업의 경쟁력과 직결된다는 것을 인식한 결과이다.

또한 앞서 살펴본 것과 같이 현대 인적자원관리의 근본적인 목표는 조직과 개인이 지닌 목표의 조화를 통하여 조직의 지속적인 성장과 발전이 이루어질 수 있도록 인적자원관리기능을 전개하는 데 있다. 사람들은 직장생활을 통해 경제적 욕구와 안전의 욕구 같은 기본적인 욕구도 해결하지만 그와 아울러 자아실현과 같은 고차원적인 욕구를 꾸준히 추구한다. 그와 같은 과정에서 자신이 조직 내에서 점차 성장하고 있다는 느낌, 능력이 꾸준히 개발되어가고 있다는 느낌, 자부심, 성취감, 만족감 등은 대단히 중요한 영향을 미치게 된다. 이것이 인적자원의 개발관리가 중요한 또 다른 이유이다.

인적자원에 대한 개발을 위해서는 조직구성원의 현재 및 잠재능력과 강·약점을 파악하는 것이 무엇보다 우선되어야 한다. 이와 같은 면에서 조직구성원에 대한 인사평가는 단순히 보상결정을 위한 자료수집의 목적으로서 뿐만 아니라 조직구성원 개발을 위한 중요한 기초를 제공한다. 인사평가의 근본적인 목적에 맞게 인사평가제도가 운영되기 위해서는 합리적인 평가관리시스템을 구축할 필요가 있으며, 동시에 평가자의 평가오류도 최소화할 수 있는 기법의 개발과 보완책이 마련되어야 한다. 최근에는 단순한 능력이나 업적평가를 벗어나 우수한 인재의 전체적인 역량개발에 초점을 맞춘 인사평가가 이루어지고 있으며, 개인평가와 더불어 소속된 조직평가를 같이 함으로써 조직 내부의 전체적인 노력이 조직의 비전 및 전략과 이어질 수 있도록 하고 있다. 이와 같은 이슈를 중심으로 제6장에서는 인사평가가 다루어지고 있다.

한편 교육훈련은 기업이 직무수행에 필요한 기술과 지식 등과 같은 조직구성원의 능력과 높은 성과를 달성하고자 하는 조직구성원의 의욕을 향상시켜 맡겨진 직무를 보다 잘 수행할 수 있도록 인재를 양성하는 과정으로서 앞서 제시한 것과 같이 기업과 조직구성원 모두에게 득이 되는 활동이다. 특히 다양한 차원에서 급속한 변화가 이루어지고 있는 기업환경의 변화는 교육훈련의 중요성을 더욱 높이고 있다. 교육훈련은 체계적으로 이루어져야 하는데, 일반적으로 교육훈련체계는 진단과정, 훈련실시과정, 훈련평가과정 및 피드백 과정으로 구성된다. 아울러 교육훈련은 학습원리에 따라 이루어지므로 교육훈련 과정의 설계 및 시행 시 구성원의 학습의지, 전체학습, 강화, 행동수정, 즉각적 확인, 실습, 훈련전이 등에 주의를 기울여야 한다. 이 책에서는 제7장에서 교육훈련의 체계적 관리와 관련된 내용을 살펴보고 있다.

나아가 최근에는 신입사원에 대한 교육훈련도 중요하지만 조직구성원이 조직생활을 통하여 생애전반에 걸친 계획적인 능력향상이 이루어질 수 있도록 하기 위한 경력관리가 요구되고 있다. 최근 들어 많은 직장인들은 평생직장 개념보다는 자기 경력관리를 위해서 이직은 필수적이라고 생각하는 경향이 두드러지게 나타나고 있는 실정이다. 또한 현재 회사에서의 경력이 자신이 미래에 큰 도움이 되지 않을 것으로 판단할 경우 쉽게 이직을 선택하는 모습도 나타난다. 때문에 이들의 경력을 어떻게 관리할 것인가에 대한 조직차원과 개인차원의 고민이 깊어지고 있다. 이러한 측면에서 제8장에서는 별도로 장을 달리하여 경력관리의 이슈가 다루어지고 있다.

오늘날의 인적자원개발은 급변하는 경영환경과 경쟁의 심화로 인해 자기개발, 관리역량, 평생학습 등 개발주체와 내용 및 개발시기에 변화가 일어나고 있다. 또한 조직구성원 개개인은 자신의 인생 전체에 걸친 직무관련 직위의 연속적 총체라 할 수 있는 경력을 관리하는 노력을 기울이게 되는데, 개개인의 경력에 대한 관심은 조직의 인적자원관리에 영향을 미치기 때문에 조직 역시 관심을 기울여야 한다. 따라서 조직은 개개인이 경력을 선정하여 관리해 나가는 과정과 요인을 파악하여야 하며, 이를 근거로 조직구성원의 경력관리 및 개발에 도움이 되는 방안을 구축하여야 한다.

4) 인적자원의 보상관리

보상은 신분과 아울러 조직구성원들이 가장 관심을 많이 갖는 부분이다. 조직구성원들에 대한 보상은 금전적 보상과 비금전적 보상으로 구성된다. 금전적 보상은 보상의 형태가 임금이나 복지제도와 같이 가시적으로 금전적인 형태로 제공되는 경우를 말하며, 비금전적 보상은 조직구성원들이 직무수행과정에서 느끼는 만족감이나 성취감, 보람 등과 같은 내재적 보상을 의미한다. 금전적 보상은 다시 임금보상을 중심으로 한 직접적 보상과 복지후생을 중심으로 한 간접적 보상으로 구분되는데, 전자와 관련된 부분은 제9장에서, 그리고 후자와 관련된 부분은 제10장에서 다루어지고 있다.

임금은 경영자에게는 생산비용이 되지만, 조직구성원들에게는 주된 소득의 원천이라는 면에서 경제적, 사회적 지위를 나타내며, 조직구성원들의 욕구를 자극하는 동기부여 요인으로도 작용한다. 따라서 임금은 적정성·공정성·합리성 원칙에 입각하여 지급되도록 해야 한다. 임금의 적정성 관리를 위한 임금수준은 생계비, 기업의 지불능력 그리고 기타 노동시장요인에 의해 결정된다.

임금의 공정성 관리를 위한 임금체계의 구성요소는 기본급, 수당, 상여금, 퇴직금 등이 있고, 개별임금격차에 가장 큰 영향을 미치는 기본급은 연공급, 직무급, 직능급 등으로 구분된다. 임금의 많고 적음을 떠나 임금결정 및 배분과정에서의 공정성 유지가 임금체계 관리의 핵심적 문제이다. 또한 종업원에 대한 인사평가의 결과가 임금보상과 어떻게 합리적으로 연결될 수 있도록 할 것인가에 따라 기업의 생산성은 영향을 받는다. 아울러 임금의 합리성 관리를 위한 임금형태에서는 시간을 단위로 지급되는 고정급과 업적을 단위로 지급되는 변동적인 성격의 성과급에 대한 문제가 중심적으로 다루어진다. 또한 최근 기업의 환경변화와 생산성 향상 결과를 보상에 반영하는 성과주의 이념의 확산으로 관심이 커진 연봉제와 경영자 보상, 그리고 고용안정과 고령자고용과 관련된 임금피크제 등도 임금관리의 중요한 이슈이다.

한편 복지후생은 조직구성원과 그 가족의 생활수준 향상을 위해서 시행하는 간접적인 보상으로 임금 이외의 여러 급부를 뜻하며, 노동의 대가인 임금을 보완해 준다는 점에서 부가급부라고도 한다. 최근에는 복지후생제도가 조직구성원의 사기와 충성심을 높이고 기업 이미지를 향상시킬 뿐만 아니라 우수인재를 확보하기 위한 주요 수단으로 활용될 수 있기 때문에 그 중요성이 더욱 강조되고 있고, 그에 따라 조직구성원에 대한 전체 보상 중 복지후생비의 비중도 과거보다 현저하게 커지고 있다. 따라서 복지후생에 대한 체계적인 관리 또한 보상관리의 중요한 문제이다.

특히 최근 기업의 복지정책이 '생애복지' 차원에서 다양하게 발전함에 따라 기업들은 카페테리아식 복지후생, 홀리스틱 복지후생, 라이프사이클 복지후생 등 다양한 복지후생 제도를 시행하고 있다. 그러나 기업의 복지후생은 무조건 그 시설이나 제도를 확충하는 것만이 최선의 관리방법이라 할 수 없다. 따라서 기업의 복지후생관리가 효율적으로 운영되도록 복지후생제도의 3원칙으로서 적정성, 합리성, 협력성의 원칙이 적용되도록 제도가 설계·운영되어야 하며, 관리상의 유의점으로 효과적인 커뮤니케이션, 창출적 효과, 조직 구성원의 참여, 불만의 해소, 복지후생비용의 파악이 전제되어야 한다.

5) 인적자원의 유지관리

인적자원관리자의 임무는 조직구성원을 채용하고, 교육훈련시키며, 보상을 제공하는 것으로 끝나지 않는다. 건강과 아울러 강한 공헌의지를 지닌 조직구성원의 유지를 위한 관리활동이 인적자원관리의 유효성을 결정짓는 중요한 요인이라고 할 수 있으며,[14] 이것이 인적자원의 유지관리가 필요한 이유이다. 따라서 인적자원관리과정의 마지막 프로세스는 인적자원의 유지와 관련된 이슈로서 제11장에서는 안전보건관리를 다루고 제12장에서는 노사관계관리를 다룬다.

오늘날 경제적 관점은 물론이고 조직구성원의 기본적 권익과 생명보호라는 인본주의적 입장과 기업의 사회적 책임 관점에서 안전보건관리는 갈수록 그 중요성이 높아지고 있다. 우리나라의 산업재해율은 다른 국가에 비해서도 꾸준히 높은 수준을 유지하여 정부에서도 지난 2021년부터 '중대재해처벌 등에 관한 법률'을 통하여 업무현장에서 근로자 및 시민의 안전과 보건을 확보하기 위한 강제적 노력을 강화하고 있다. 따라서 기업의 생산비용 절감과 조직구성원들의 건강한 직장생활을 위하여 예방적인 차원의 안전관리와 함께 작업환경 및 위생과 건강을 다루는 보건관리활동이 합리적으로 이루어져야 한다.

노사관계관리 역시 유지관리의 중요한 부분이다. 노조가 조직된 기업의 경우 조직구성원은 종업원이자 노동조합원으로서 두 가지의 신분을 동시에 지니게 된다. 따라서 사용자와 개별적인 고용계약을 통해 형성되는 관계측면에서는 종업원의 위치가 경영목적달성을 위한 경영자의 지휘·명령·통제를 받는 수직적 관계로 인식될 수 있다면, 노동조합과 사용자 간의 관계는 수직적 관계가 아닌 수평적 관계, 즉 대립과 협력의 관계로서 양자 간의 관계가 형성된다. 따라서 건전하고 상생적인 노사관계의 형성이야말로 인적자원관리활동의 유효성을 결정짓는 중요한 요인이다.

6) 인적자원관리의 과제

추가적으로 조직을 둘러싼 환경이 끊임없이 변화함에 따라 효과적 인적자원관리를 위해 관리자들이 해결해야 하는 인적자원 관리의 과제가 발생한다. 환경의 변화에 적응하지 못하는 기업은 결국 도태되기 마련이다. 따라서 인적자원관리자는 끊임없이 변화에 따라 인적자원을 적응시키기 위해 노력해야 한다. 특히나 인적자원관리자들은 제13장에서 다루는 국제화시대의 인적자원관리 및 제14장에서 다루는 인적자원관리의 최근이슈에 관심을 갖고 변화를 따라갈 수 있도록 노력해야 하며, 관련한 문제가 발생하면 이를 해결해야 한다.

국제화 시대에는 이제까지 조직이 겪었던 것보다 더 높은 수준의 다양성이 요구되고, 더 많은 외부적 요인에 의해 영향을 받고 더 큰 위험을 겪고 있다. 따라서 문화적 차이를 극복하고 다양성을 보장할 수 있는 다양한 관리방법이 필요할 것이다.

또한 최근에는 고용환경의 변화와 일에 대한 관점이 달라짐에 따라 다양한 형태로 일하는 비정규직 근로자의 비중이 높아지고 있으며, 외국인 근로자에 의존하지 않으면 안 되는 기업의 비중도 점차 늘어나고 있다. 또한 급속한 저출산과 고령화는 노동시장에서 고용과 관련된 다양한 문제를 발생시키고 있으며, 그런 한편에서 많은 일자리가 인공지능과 로봇으로 대체되고 있다. 따라서 인적자원관리에서 이와 관련한 이슈들을 효과적으로 관리하고 기존의 패러다임이 아닌 새로운 시각과 관점에서 이를 다루어야 할 필요성이 높아지고 있다.

2 인적자원관리의 학습방향

1) 인적자원관리의 학습을 위한 준비

어떠한 방식으로 인적자원관리론을 공부할 수 있을까? 인적자원관리론을 학습하고 배우는데 있어 학습자에게 도움이 될 수 있는 몇 가지 사항들을 제시하면 다음과 같다.

(1) 인적자원관리의 목적을 명확하게 이해하자

오늘날 경영조직에서 인적자원관리의 궁극적인 목적은 우수한 인재의 확보와 지속적인 인적자원에 대한 투자와 개발, 동기부여를 통하여 조직의 목적을 달성함과 동시에 하나의 인격체로서 자아실현동기를 지닌 조직구성원들의 개인적 성장과 발전목적이 효율적으로 양립될 수 있도록 하는데 있다. 따라서 인적자원관리를 학습하는데 있어서는 기업의 입장과 조직구성원의 입장을 균형 잡힌 시각에서 바라봄으로써 일과 인간, 성과와 만족이 별개로 취급되는 것이 아니라 동시적이고 조화적으로 추구될 수 있도록 하는 것이 인적자원관리의 궁극적인 목적이라는 점을 이해하는 것이 필요하다.

(2) 인적자원관리활동을 시스템적 관점에서 인식할 수 있도록 하자

이는 인적자원관리를 학습하는데 있어서는 특정 주제나 개별적인 문제에 초점을 맞출 것이 아니라 기업의 주요 경영활동으로서 인적자원관리를 구성하는 주요 체계와 내용을 통합적으로 바라보고 시스템적 관점에서 조망할 수 있어야 한다는 것이다. 예컨대 앞서 인적자원관리의 체계에서 제시한 것과 같이 인적자원관리는 직무관리와 인적자원계획으로부터 출발하여 확보관리, 개발관리, 평가관리, 보상관리, 유지관리로 이어지는 하나의 프로세스로 이루어지며, 각각의 인적자원관리기능의 범주에는 이를 구성하는 보다 구체적인 활동들이 존재한다. 통합적인 관점에서 인적자원관리활동을 이해할 수 있다면 각각의 기능들이 서로 어떻게 연결되는지를 인식할 수 있기 때문에 인적자원관리론을 공부하는데 큰 도움이 된다.

(3) 한국적 인적자원관리에 대한 이해와 현장에서의 적용능력을 기르자

어느 학문분야이든 이론과 실천이라는 두 가지의 측면에서 인식할 수 있지만, 특히 이 두 가지는 인적자원관리론을 떠받치는 두 개의 중요한 기둥이다. 많은 경우에 인적자원관리는 이론보다는 실무와 경험이 중요하다고 생각하는 경향이 있으나 이론과 논리가 뒷받침되지 않으면 인적자원관리자는 자신의 판단과 결정이 적절하고 타당한 것인지를 확신할 수 없기 때문에 자신감을 잃는 경우가 많다. 또 새로운 인사제도를 설계하고 도입하는데 있어서도 이론적 뒷받침은 필수적이다.

한편 이론과 논리에 밝으나 그것을 어떻게 경영현장에 접목하고 활용할 수 있을 것인지 모른다면 그 역시 큰 문제라 할 수 있다. 따라서 인적자원관리를 공부하는데 있어서는 단순히 단편적 이론과 지식을 학습하는데 치중할 것이 아니라 그와 같은 지식이 어떻게 경영현장에 접목될 수 있는지, 또 실제 기업현장에서는 어떻게 활용되고 있는지를 알기 위한 노력도 기울여야 한다. 특히 그와 같은 과정에는 최신의 이론과 지식이 우리나라의 상황에서 어떻게 경영현장에 효과적으로 도입되고 적용될 수 있을 것인지에 대한 깊이 있는 검토가 있어야 한다. 수많은 서구의 최신 경영기법들이 유행식으로 도입되었다가 성공하지 못한 채 사장되는 경우가 많다. 특히 사람을 다루는 인적자원관리에 있어서는 한국인들의 가치관, 문화, 사회·경제적 특성과 조건들에 대한 이해가 필수적이다.

2) 인적자원관리자의 조건[15]

성공적인 인적자원관리자가 되기 위해서는 다음과 같은 부분에 관심을 갖고 유념해야 한다.

(1) 상황적응적 접근방법(contingency approach)

효율적인 인적자원관리를 위해서는 먼저 조직의 내적·외적 상황요인을 충분히 검토

한 후 최선의 대안을 찾아야 한다. 지식경영시대와 디지털경영시대로 이어지는 경영환경
은 갈수록 인적자원관리방식의 변화를 요구하고 있다. 종신고용제와 같은 용어들은 더 이
상 경영현장에서 찾기 어려워지고 있고, 그 대신 인적자원의 확보와 개발, 보상, 유지 등
전반적인 영역에서 새로운 인적자원관리기법과 방법들이 도입·활용되고 있다.

(2) 라인(line)과 스태프(staff) 간의 갈등해결

조직에 있어 라인과 스태프는 근본적으로 갈등의 소지가 많다. 왜냐하면 전문적인 지
식을 갖고 있는 스태프가 라인보다 고학력일 경우가 많으며 현장에서 숙련도가 높은 라
인의 경우 스태프보다 나이가 많은 경우가 흔하다. 게다가 스태프는 라인에게 권고, 조언,
조력하는 입장에서 변화를 요구하는 데 반해, 라인은 현장에서 계속해서 해 오던 직무수
행방법을 고수하는 입장에 서는 경우가 많기 때문이다. 이상과 같은 라인과 스태프가 빚
기 쉬운 갈등을 어떻게 해결해 나갈 수 있는지를 염두에 두고 학습해야 한다.

(3) 개인목표와 조직목표 달성의 균형

앞서 살펴본 것과 같이 현대의 인적자원관리는 인간성과 생산성을 동시에 추구하게
된다. 인간성의 추구는 조직에 참여하는 조직구성원의 욕구를 충족시키는 측면에서 이루
어지기 때문에 인간관계 지향적인 관리방식을 택하게 된다. 한편 조직목표의 달성은 과업
지향적 관리방식을 택하여 생산성 향상을 도모하게 되어 서로 간에 추구하는 목표 간에
격차가 나타날 수 있다.

개인목표와 조직목표 간의 균형은 양 목표 간의 격차를 어떻게 줄이느냐에 달려 있
다. 인적자원관리자는 개인의 목표와 조직목표 모두를 달성할 수 있도록 조정하여 양쪽
모두를 만족시킬 수 있도록 해야 한다.

(4) 연공주의와 능력주의의 조화

인적자원관리를 행함에 있어 항상 문제가 되는 것은 연공과 능력의 조화라 할 수 있
다. 특히 조직구성원의 신분과 직결되어 있는 승진과 노동의 대가로 지급 받는 보상의 경
우 두 요소 간의 합당한 고려가 필요하다.

급변하는 경영환경 하에서 치열한 경쟁을 이겨내기 위해서는 능력중심의 인적자원관
리로 이행되는 것이 요즘의 추세이기는 하지만 연공서열중심의 전통문화를 간직해 온 우
리의 현실로서는 하루 아침에 능력주의로 바꾸기는 쉽지 않다. 특히 우리나라의 경우 지
나친 능력주의의 인사정책은 조직을 경직화시키고 개인의 스트레스를 증대시킬 우려가
있기 때문에 능력과 연공의 조화를 염두에 두고 인적자원관리를 추진하여야 할 것이다.

(5) 일과 삶의 균형(work-life balance) 추구

워라밸이라고도 불리는 일과 삶의 균형이란 개인의 일과 생활이 조화롭게 균형을 이루고 있는 상태를 의미한다. 일과 삶의 균형은 조직구성원들의 직무만족, 조직몰입뿐만 아니라 건강이나 사기 등을 높이는 개인과 조직 모두에게 긍정적인 영향을 미친다. 따라서 많은 조직에서는 일과 가정생활의 균형을 위한 프로그램이나 제도를 만들고 있으며, 정부에서도 지원본부를 만들어 돕고 있다. 특히나 밀레니얼 세대 같은 젊은 세대는 가치관 및 라이프 스타일 변화에 따라 높은 일과 삶의 균형에 대한 관심을 보이기 때문에 인적자원관리 차원에서의 이에 대한 대응이 필요하다.

(6) 양극화 현상 및 불확실성 심화

AI 기술 발달, 로봇의 도입, 스마트 팩토리 구축 등과 같은 기술 발전에 따라 복잡하고 전문적인 지식이나 창의성을 필요로 하는 일자리의 수요는 점점 높아지는 데 반해 단순하고 고도의 지식을 필요하지 않는 일자리의 수요는 낮아지고 있다. 이에 따라 보상도 양극화되는 등 일자리 양극화 현상 및 불평등이 심화되고 있다.

아울러 많은 조직에서 기술변화 및 환경변화를 예측하기가 어렵게 되면서 장기계획에 따라 안정적으로 기업을 운영하기가 어려워지면서 장기고용을 줄이고 단기고용을 늘려나가고 있다. 이에 따라 많은 조직구성원들은 불확실성 심화에 따른 불안증상이나 변화에 대한 저항을 보이고 있어서 이에 대한 대응이 요구된다.

Post-Case　기업윤리, 인적자원관리자의 또 다른 역할

최근 수년 동안 한국사회의 부정적인 모습을 나타내는 대표적인 단어를 들라면 바로 '갑질사회'일 것이다. '갑질'은 갑을 관계에서 파생된 말이다. '갑을'은 원래 계약법에서 계약체결의 당사자인 갑방(甲方)과 을방(乙方)을 가리키는 개념이다. 계약은 정의상 둘 이상의 독립적인 개인이 자유의사에 의해 대등한 자격으로 체결하는 합의임에도 불구하고, 갑이 거래관계에서 차지하는 우월한 지위를 이용하여 을에게 공정치 못한 행위를 저지르는 일이 발생하곤 하는데, 이것이 바로 '갑질'이다.[16] 거래관계상에서만 존재할 것 같은 이와 같은 '갑질'은 이제 한국사회에서 불평등한 개인과 집단, 조직 간의 불평등한 교환관계를 나타내는 대표적인 표현으로 자리잡았다. 대학전공서적이라는 점에서 그 사례를 공개적으로 밝히기는 어렵지만, '갑질'은 경영자와 종업원 사이, 상사와 부하 사이, 고객과 종업원 사이, 모기업과 하청기업 사이, 원청업자와 납품업자 사이 등 조그마한 권력이라도 생길 수 있는 여지가 있다면 모든 곳에서 발생할 정도로 한국사회 전반에서 발견되는 고질적인 병폐이다. 최근에는 원청기업의 직원들이 하청 또는 납품기업의 경영자나 직원들을 대상으로 막말을 하거나 언어적 폭력을 행사하는 사례가 다수 뉴스거리가 된 적이 있고, 또 기업내부에서 경영자나 상사의 종업원과 부하직원에 대한 권력남용과 비인격적 처우가 많이 이루어지는 것으로 밝혀지고 있다.

사실 이와 같은 문제는 모두 기업의 윤리의식 또는 윤리수준과 밀접한 관련이 있다. 윤리는 어떤 행동이 옳고 그른 것인지를 판단할 수 있는 도덕적인 기준으로 시대와 사회의 변화에 따라 달라질 수 있지만 우리는 이 사회에서 어떻게 생각하고 행동하는 것이 옳고 그른 것인지에 대한 나름대로의 합의를 이루고 있다. 그럼에도 최근 보여지는 수많은 부도덕하고 비윤리적인 기업구성원들의 행위는 인적자원관리자의 또 다른 중요한 역할을 제시하고 있다. 사실우리는 기업구성원의 '갑질'을 접하고 그 사람을 비난하지만, 그 저변에는 그와 같은 '갑질'을 가능하게 만드는 회사의 문화와 분위기, 그리고 경영자가 있다. 경영진이 직접적으로 고객을 속이고, 하청업체를 협박하라고 시키지는 않지만 지나친 성과주의와 성과를 바탕으로 하는 보상체계, 그리고 저성과자를 무시하고 강압하는 경영자는 종업원들의 비윤리적 행동을 이끄는 원인이 된다.

최근의 한 연구결과에 따르면 미국 기업의 경쟁력을 약화시키는 주 요인이 조직구성원들의 낮은 윤리의식이라고 지적하고 있다.[17] 뿐만 아니라 그와 같은 행동은 종업원 개인적 문제에 따른 것일 수 있지만 조직구성원들의 많은 행동은 조직 내에서 학습되고 길러진 것이다. 연구에 따르면 상사로부터 부당한 비인격적 처우를 경험한 부하들은 자신의 부하나 동료들을 대상으로 공격성을 보이거나[18] 심지어 가족 또는 고객에 대한 침해행동(undermining behavior)을 나타내는 것으로 밝혀지고 있다.[19] 또 경영자나 상사의 '갑질'을 경험한 종업원들은 인격적 모욕을 참고 견디며 낮은 직무만족과 조직몰입을 보이고, 강요된 성과에 힘들어 하지만, 학습될 경우 그것을 자연스럽게 조직문화의 한 모습으로 수용하는 경향을 보인다.

결국 윤리는 가르친다기보다 행동을 보고 배우는 것이다. 최고경영자들의 리더십과 모범행동이 종업원들에게 기업의 도덕적 가치를 공유하게 만들 수 있으며, 종업원과 경영자 간의 어떠한 협력과 신뢰도 공정함, 정직성, 개방성, 도덕적 청렴함에 기반을 두고 있다.[20] 이와 같은 과정에서 인적자원관리자는 윤리적 행동을 촉진하고 장려하며 보상하는 분위기와 제도를 설계하고 운영하는 역할을 수행할 수 있어야 한다. 인적자원관리자는 최고경영자의 윤리경영의지를 실천하고 추진하는데 매우 중요한 역할을 한다. 종업원들의 윤리의식과 윤리적 행동을 강화시킬 수 있는 교육훈련 프로그램의 설계와 운영, 비윤리적인 행동에 대한 객관적인 조사와 공정한 조치, 윤리적 행동이 인정받고 보상받을 수 있는 인사제도의 설계와 운영은 모두 인적자원관리자의 역할이다.

제1장 학습문제

1. 최근 기업경영에 있어 인적자원의 중요성이 더욱 강조되고 있는 것은 무엇 때문입니까?

2. 인적자원이 다른 경영자원과 비추어 지닌 특징은 무엇입니까?

3. 현대 인적자원관리에서 조직과 개인의 목표의 조화를 강조하는 이유는 무엇 때문입니까?

4. 인적자원관리에 영향을 미치는 주요 환경과 그 영향에 대해서 설명하시오.

5. 인적자원관리는 하나의 프로세스임을 고려할 때 인적자원관리의 주요 체계는 어떻게 형성되어 있습니까?

6. 성공적인 인적자원관리자가 되기 위해 어떤 부분을 고려해야 하는지 설명하시오.

7. 기업의 윤리경영에 인적자원관리자는 어떠한 책임과 역할을 지니고 있습니까?

참고문헌

1) 찰스 오레일리·제프리 페퍼(2009). 숨겨진 힘-사람, 김영사, pp. 27-29.

2) 신봉호·조우현·윤원배·이장원(2005). 이제는 사람이 경쟁력이다, 한겨레신문사, pp. 98-99.

3) 양창삼(1994). 인적자원관리, 법문사, p. 17.

4) 김종재·박성수·정중부(2004). 인적자원관리, 법문사, p. 7.

5) 이재규(2006). 기업과 경영의 역사, 사과나무, pp. 345-350.

6) Fisher, C. D., Schoenfeldt, L. F., & Shaw, J. B.(2003). *Human resource management*, 5th ed., Hourhton Mifflin, pp. 58-59.

7) 대한상공회의소(2020), 직장 내 세대갈등과 기업문화 종합진단 보고서

8) 고용노동부(2022), 고용형태별근로실태조사.

9) 한국금융연구원 보도자료, 2022.3.31.

10) DeNisi, A. S. & Griffin, R. W.(2001). *Human resource management*, Hourhton Mifflin, pp. 53-54.

11) 박경규(2006). 신인사관리, 제2판, 홍문사, p. 741.

12) 고용노동부(2022), 2021년 전국 노동조합 조직현황

13) 개념이 서로 다르거나 대립된 것을 한 데 합쳐 쓰는 혼성어들이 요즘 많이 유행하고 있다. 에듀테인먼트, 스모그 등이 대표적인 예이며 디지로그도 예외는 아니다. 처음에는 디지털과 아날로그는 대립적인 개념이었으나 점점 디지털 기술이 성숙해질수록 아날로그 감성이 점점 뒷받침되야 한다는 의식이 생겨나면서 디지로그라는 혼성어가 요구되는 지경에 이르렀다.

14) Fisher, C. D. Schoenfeldt, L. F. & Shaw, J. B.(2003). *op. cit.*, p. 17.

15) 김종재·박성수·정중부(2004). 전게서, pp. 16-18.

16) 이승환(2016). '갑질', 끝나지 않은 신분제 사회의 유습, 네이버 열린연단.

17) Nickels, W. G., McHugh, J. M. & McHugh, S. M.(2012). 경영학의 이해, 제9판, 권구혁 외(역), 생능출판사, p. 118.

18) Aryee, S., Chen, Z. X., Sun L-Y. & Debrah, Y. A.(2007). Antecedents and outcomes of abusive supervision: Test of a trickle-down model, *Journal of Applied Psychology*, 92, pp. 191-201; Tepper, B. J.(2007). Abusive supervision in organizations, *Journal of Management*, 33, pp. 261-289.

19) Hoobler, J. M. & Brass, D. J.(2006). Abusive supervision and family undermining as displace aggression, *Journal of Applied Psychology*, 91, pp. 1125-1133.

20) Nickels, W. G., McHugh, J. M. & McHugh, S. M.(2012). *op. cit.*, p. 121.

Human Resource Management

CHAPTER 2

직무관리

제1절 직무관리
  1. 직무의 요건과 직무관리
  2. 직무관리의 핵심영역

제2절 직무분석
  1. 직무분석이란?
  2. 직무의 구조
  3. 직무분석의 효과
  4. 직무분석의 절차와 방법

제3절 직무평가
  1. 직무평가의 의의
  2. 직무평가요소와 가중치의 결정
  3. 직무평가의 방법
  4. 직무등급의 결정

제4절 직무설계
  1. 직무설계의 개념과 목적
  2. 직무설계의 방법

이 장에서는 직무관리에 대하여 알아본다. 조직 내에서 이루어지는 다양한 업무들을 조직목적에 맞게 체계적으로 설계하고, 분석하며, 평가하여 합리적인 인사결정을 위한 기초를 제공하고자 하는 것을 직무관리라고 한다. 직무관리는 크게 직무분석, 직무평가, 직무설계의 세 가지 부분으로 구성되어 있다.

직무분석은 흔히 '인적자원관리의 출발점'이라고 한다. 직무분석은 조직 내의 다양한 직무의 내용과 아울러 책임과 권한의 범위, 수행단계 및 방법, 직무담당자의 인적 요건 등을 분석하는 것으로, 직무분석을 통하여 인적자원의 모집과 선발, 정원의 관리, 교육훈련, 직무설계, 인사평가, 보상관리 등 인적자원관리의 핵심적인 기능들을 위한 다양한 정보와 기초자료를 제공받을 수 있다. 최근에는 직무분석의 중요성이 널리 인식되면서 기업조직뿐만 아니라 정부조직, 공기업 등에서도 직무분석을 실시하는 조직이 많아지고 있다. 직무분석은 여러 가지 방법을 통해 이루어질 수 있지만, 방법이나 절차 이상으로 중요한 것은 최고경영자 및 조직구성원의 적극적인 지원 및 참여와 아울러 직무분석의 목적을 이해하고 그것을 체계적이고 적극적으로 활용하려는 조직의 의지와 실행이 중요하다.

직무평가는 직무분석의 결과를 기초로 다양한 직무들 간의 상대적인 가치를 분석·비교·평가하는 과정을 의미한다. 이 때 직무가치의 상호비교를 위해서는 숙련도, 난이도, 노력과 책임수준, 작업환경, 조직기여도 등 다양한 요소들을 활용할 수 있다. 직무평가를 실시하는 가장 우선적인 목적은 어떤 직무가 다른 직무에 비하여 상대적으로 더 높은 가치를 지니고 있는지를 평가하여 직무담당자에 대한 보상의 차별성을 두기 위한 것이다. 우리나라의 경우 직무의 가치보다는 연공이나 근속연수, 학력 등과 같은 인적 요소에 기초하여 보상관리가 이루어지는 사례가 많아 직무에 기초한 인적자원관리를 어렵게 하고 조직의 경쟁력 저하의 원인이 된다는 지적들이 있어 왔다.

마지막으로 직무설계는 직무담당자가 작업의 주도자로서 직무수행과정에서 스스로 만족과 보람을 느끼도록 직무를 설계함으로써 직무만족과 생산성의 향상이 동시에 이루어질 수 있도록 하자는 것이다. 과거에는 직무전문화 등을 통하여 세분화된 작업들을 반복적으로 수행토록 하는 것이 생산성을 올릴 수 있다고 보았지만, 최근에는 직무담당자들에게 직무수행절차와 방법에 대한 자율권과 아울러 권한과 책임을 주는 것이 무엇보다도 중요하다는 인식이 높아지고 있다.

CHAPTER 2

직무관리

제1절 직무관리

1 직무의 요건과 직무관리

　직무란 개별종업원에게 부여된 전체적인 업무를 구성하는 과업, 임무, 책임의 집합이라 할 수 있다. 모든 조직은 조직이 달성하고자 하는 목적을 지니고 있으며, 그와 같은 목적을 효과적으로 달성하기 위해 조직 내에서는 다양한 업무들이 종업원들에 의해 수행되어진다.

　직무는 조직의 변화와 함께 지속적으로 생성 및 변화되는 속성을 띠며, 시대의 변화에 맞춰 전문화, 다양화되고 있다. 어제는 중요했던 직무가 오늘은 별로 중요하지 않은 직무로 변하거나, 이전까지 다루어지지 않았던 직무가 새롭게 추가되는 경우는 허다하다. 또한 조직이 속한 산업이나 운영하는 업종에 따라 수행되는 직무는 서로 다르며, 심지어 같은 분야에서 경쟁하는 기업이라 할지라도 조직의 전략, 가치, 고객니즈의 인식 정도에 따라 수행되는 직무의 내용에는 차이가 나게 된다. 이는 자연스레 해당 직무를 수행하는 사람에게 요구되는 지식, 기술, 능력, 경험의 수준 등에서 차이를 가져오며, 결과적으로 인적자원관리 전반에 걸쳐 영향을 미친다.

　기업이 속한 산업과 업종의 특성에 따라 사내에서 이루어지는 업무와 그에 요구되는 인력의 조건이 달라지는 만큼, 인적자원계획의 수립 및 선발, 활용에 앞서 무엇보다도 조직 내에서 요구되는 직무의 유형과 조건이 무엇인지를 명확히 파악할 필요가 있다. 특히 직무는 공통적으로 다음과 같은 조건을 충족시킬 수 있어야 한다.

- 종업원이 담당하는 직무의 내용은 명확해야 한다.
- 해당 직무를 가장 효과적으로 수행할 수 있는 능력과 자질을 갖춘 사람에 의해 수행될 수 있어야 한다.
- 조직목표 달성에 공헌할 수 있어야 한다.
- 직무담당자가 직무수행과정에서 만족과 의미를 느낄 수 있어야 한다.
- 합리적인 보상관리를 위한 기초를 제공할 수 있어야 한다.

여기에서 첫째와 둘째 부분은 직무분석에 의해, 셋째와 네 번째 부분은 직무설계에 의해, 그리고 마지막 부분은 직무평가에 의해 구체적으로 파악될 수 있는데 이와 같은 일련의 과정이 조직 내에서의 직무관리를 구성한다.

2 직무관리의 핵심영역

직무분석과 직무설계, 그리고 직무평가는 서로 분리되어 독자적으로 이루어지는 것이 아니라 상호 밀접한 관련을 가진 체계적인 과정이다. 즉, 조직 내에서 이루어지는 주요 직무의 특성과 아울러 해당 직무의 수행에 요구되는 인적자원의 요건을 분석(직무분석)함으로써 각각의 직무가 조직 내에서 지니는 상대적 가치와 기여도를 평가(직무평가)할 수 있

그림 2-1   직무관리의 핵심영역

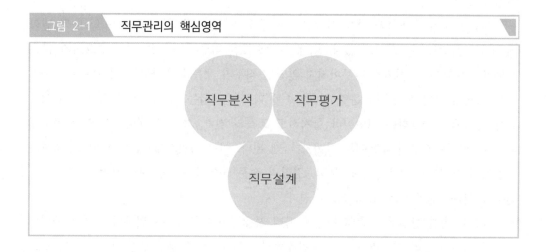

으며, 이를 기반으로 공정하고 합리적인 인적자원관리체계를 만들 수 있다. 또한 직무수행의 주체로서 직무담당자가 직무수행과정에서 역할을 발휘하고 다양하고 고차원적인 욕구를 충족시킬 수 있도록 하기 위해서(직무설계) 직무분석은 매우 중요한 정보를 제공한다. 기존의 직무에 대한 정보는 새로운 직무를 도입하거가 기존의 직무를 재설계하는데 효과적으로 사용되어질 수 있다.

제2절   직무분석

1 직무분석이란?

"인적자원관리의 출발은 직무분석으로부터"라는 말이 있다. 이는 조직 내에서 인적자원관리가 효과적으로 이루어지기 위해서는 무엇보다도 종업원들이 담당하는 직무에 대한 정확한 정보를 획득하는 직무분석이 우선되어야 한다는 것을 의미한다.

만약 직무에 대한 정확한 정보를 알고 있다면 직무에 가장 적합한 사람을 선발할 수 있고, 직무수행능력을 높이기 위해 어떠한 교육과 훈련이 필요한지도 알 수 있으며, 승진과 인사이동을 위한 적절한 기준을 마련할 수 있다. 더 나아가 종업원 간 보상의 공정한 차이를 둘 수 있는 합리적인 기준도 마련할 수 있다.

이와 같은 다양한 목적을 달성하기 위해 조직 내 직무에 대한 정보를 얻기 위한 일련의 활동을 직무분석(job analysis)이라 한다. 즉, 직무분석은 직무의 내용, 직무가 수행되는 맥락, 직무수행자의 인적 요건 등에 대한 정보를 수집하고 분석하기 위한 체계적인 과정이다. 어떠한 정보를 얻을 것인가는 직무분석의 목적에 따라 달라질 수 있으나 기본적으로 두 부분, 직무의 수행목적과 내용(직무기술서) 그리고 직무수행자의 요건에 대한 정보(직무명세서)는 직무분석에서 빠지지 않는다.

2 직무의 구조

우리가 일반적으로 말하는 직무라는 개념은 다양한 하위개념들로 구성되어 있다. 따

라서 직무분석에 앞서 직무를 구성하는 다음과 같은 다양한 요소들에 대해 알아둘 필요
가 있다.

직무(job)는 작업의 종류와 수준이 유사한 직위들의 집단을 의미하며, 직위(position)는
특정한 사람에 의해 수행되는 과업(task)의 군을 의미한다. 유사한 직위가 없을 경우에는
하나의 직위만으로 직무가 형성되기도 하지만, 하위직으로 내려갈수록 다수의 직위가 하
나의 직무를 형성하는 것이 일반적이다. 직무와 직위 개념은 혼동되는 경우가 잦은데, 예
를 들어 상품판매직과 상품개발직에 각각 3명씩 근무하는 조직의 직무는 2개이고 직위는
6개로 구분된다. 즉, 직위 개념을 작업자 중심으로 보면 좀 더 쉽게 이해할 수 있다.

한편 과업(task)은 특정 목적을 위해 수행되는 하나의 구체적인 작업활동을 의미한다.
마지막으로 요소작업(element)은 작업이 나누어질 수 있는 최소단위를 지칭하는 것으로,
어떤 업무를 분리된 동작·운동, 정신적 과정 등으로 분해하지 않고 세분화할 수 있는 가
장 작은 실제적인 단위이다. 따라서 과업수행과정 및 수행주기에 따라서 요소작업의 내용
은 크게 영향을 받기 때문에 경우에 따라서는 요소작업의 분석이 대단히 복잡하고 어렵
게 된다.

예컨대, 간호사라는 직업을 생각해 보자. 종합병원에서 근무하는 간호사는 같은 간호
직이면서도 수술실, 중앙공급실, 외래, 병동, 보험심사실 등과 같은 각기 다른 장소에서
각기 다른 직무를 수행한다. 이 때 병동에 근무하는 간호사는 입원환자의 모니터링, 주사
처치, 투약과 같은 다양한 과업을 수행하며, 이와 같은 과업들이 모여 해당 간호사의 직
위를 구성한다. 그리고 이 때 환자에 대한 주사처치를 위해서는 의사의 처방전의 확인,
주사처치를 위한 약품의 준비, 주사처치, 결과확인 등과 같은 다양한 요소작업들이 필요
하게 될 것이다.

그림 2-2   직무의 구조

일반적으로 직무분석으로 직무의 구조와 내용을 명확히 밝혀내게 된다. 그리고 이러한 정보를 바탕으로 조직은 조직 내에서 이루어지는 인적자원의 충원, 교육훈련, 보상, 노사관계 및 직무설계 등과 같은 인적자원관리의 가장 기본적인 기능적 활동들의 기준과 원칙을 마련할 수 있게 된다. 결과적으로 직무분석은 조직 내 인적자원관리를 위해 가장 중요한 지원활동이라고 할 수 있다.[1]

3 직무분석의 효과

그럼 직무분석을 통해 구체적으로 얻을 수 있는 이점은 무엇일까? 직무분석이 효과적으로 이루어질 경우 직무분석은 인적자원관리와 관련하여 다음과 같은 구체적인 기능을 수행한다.[2]

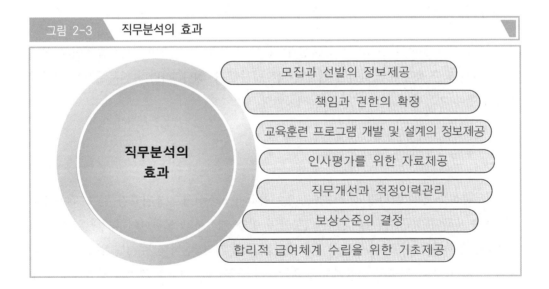

그림 2-3   직무분석의 효과

1) 모집과 선발의 정보제공

직무분석은 조직 내에서 어떤 직무가 필요한지, 그리고 그 직무를 수행하는데 필요한 사람은 어떤 지식, 기술, 능력, 경험 등을 가지고 있어야 하는지에 대한 정보를 제공해 주기 때문에 모집·선발에 유용한 자료원이 된다.

2) 책임과 권한의 확정

직무분석을 통해 그 직무에 적합한 직위(position)를 부여하고 그 직위에 맞는 책임과 권한을 명확히 할 수 있다. 불분명한 책임과 권한부여는 직무담당자 간 갈등의 심화와 스트레스를 제공하는 요인으로 작용하여 직무만족과 생산성의 저하를 가져온다.

3) 교육훈련 프로그램 개발 및 설계의 정보제공

직무분석은 직무를 수행하는 데 어떤 종류의 지식과 기술, 능력이 필요한지 구체적으로 제시해 주기 때문에 교육훈련 프로그램을 개발하거나 설계하는데 중요한 정보로 이용된다.

4) 인사평가를 위한 자료제공

직무분석을 통하여 경영자는 표준성과수준을 결정할 수 있으며, 이를 종업원의 실제성과와의 비교를 통하여 합리적인 인사평가를 실시할 수 있다. 따라서 직무분석은 종업원의 승진이나 이동에도 중요한 자료를 제공한다.

5) 직무개선과 적정인력관리

직무분석을 통해 밝혀진 직무내용은 업무합리화(표준화)의 기초자료가 된다. 직무분석정보를 이용하여 업무운영상의 결점을 찾아내 이를 개선하고 보완하여 종업원의 업무처리능력을 향상시킬 수 있다. 아울러 직무분석을 통해 개인별, 팀별, 부서별 업무량을 산정할 수 있으며, 이를 기초로 조직에서 필요한 적정인원규모, 인력의 과잉과 부족상태에 대한 판단을 할 수 있다.

6) 보상수준의 결정

직무분석을 통해 확인된 자료는 적정한 보상수준의 결정을 위한 기초자료로 활용되기도 한다. 직무의 상대적 중요도를 알 수 있기 때문에 능력에 맞는 보상수준을 결정하는데 유용하다.

7) 합리적 급여체계 수립을 위한 기초제공

직무분석을 기초로 이루어진 직무평가자료는 조직 내 개별 단위직무들의 상대적 가치를 비교, 결정해 주기 때문에 이들 자료는 직무급 산정의 기초자료로 활용되어 객관적 근거를 가진 합리적 급여체계 수립이 용이하다.

위와 같이 직무분석은 광범위한 용도로 사용되고 있으며, 더 나아가 인사상담자료, 원만한 노사관계, 노동력 보전과 안전보건관리를 위한 자료, 동기부여 등에도 널리 활용되고 있다.

4 직무분석의 절차와 방법

직무분석의 목적과 대상에 따라 직무분석절차 및 방법, 그리고 분석수준이 달라질 수 있기 때문에 모든 직무분석과정에 적용될 수 있는 공통적인 틀이나 체계가 있는 것은 아니다. 다음에서는 실무적인 차원에서 보편적으로 활용될 수 있는 직무분석절차를 몇 단계로 나누어 살펴보기로 하자.

1) 예비단계

예비단계는 본격적인 직무분석이 이루어지기 이전까지의 단계로서 예비단계에 있어서 검토하여야 할 중요한 사항들을 살펴보면 다음과 같다.[3]

- 직무분석팀의 구성: 팀의 구성, 조직 내·외부 전문인력의 참여수준 결정, 직무분석을 위한 소요예산에 따라 참여인력의 양적 수준 등을 결정한다.
- 조직에 대한 기초자료의 분석: 직종별·직급별·성별·부서별 인력현황 및 구조, 조직구조, 업무분장 관계자료, 내부규정집 등과 같은 공식적 자료, 인건비·매출액·손익규모 등의 회계관련 자료, 생산성관련 자료, 재무관련 자료 등에 대한 기초분석을 실시한다.
- 예비조사의 실시: 예비조사를 통하여 조직분위기, 최고경영자의 경영철학과 경영방침, 조직의 인사제도에 대한 조직구성원들의 인식, 조직내부의 역학관계, 직무분석에 대한 조직구성원들의 인식도, 구성원들의 고충, 직무분석에 따른 기대성과 등을

파악한다.

- **직무분석대상 및 일정의 계획수립:** 직무분석의 목적과 대상, 직무자료 수집 및 분석 방법, 추진일정 등에 대한 전반적인 계획을 수립한다.
- **직무분석 지원체계의 구축:** 이 과정을 통하여 최고경영자의 확고한 의지 및 지원, 직무분석을 위한 내부지원부서 및 지원인력의 규모, 직무분석을 위한 지원시설 및 장비의 확보가 이루어지도록 한다.
- **홍보활동의 실시:** 본격적인 실시에 앞서 종업원 또는 노조와의 회합, 직무분석관련 교육실시, 홍보포스터나 게시판 등을 이용한 공시, 최고경영자와 직무분석팀 명의의 서신 등을 활용한 홍보활동을 실시한다. 홍보활동과정에서는 직무분석의 취지와 목적을 명확히 이해시킴으로써 직무분석에 대해 지닐 수 있는 불안감과 오해, 저항 등을 줄이고 자발적인 참여를 유도할 수 있는 분위기를 조성하는 데 중점을 둔다.
- **직무자료 수집방법의 결정:** 직무분석의 방법을 결정한다.
- **본조사를 위한 최종준비상황 검토:** 이 과정에서는 지금까지의 과정을 검토하고 예비단계에서 불충분한 부분이 없었는지를 확인·점검하여야 한다. 최종준비상황의 검토과정에서 대상조직의 분위기나 준비상태를 점검하는 것은 대단히 중요한 과정이다. 시기적으로 보았을 때 분기나 연도의 시작과 끝, 조직변화가 이루어지기 위한 준비 및 진행과정 또는 조직변화 직후는 직무분석이 실시되지 않는 것이 바람직하며,[4] 만약의 경우 조직 내에서 인사이동, 노사 간 갈등, 조직변화가 발생한다면 최고경영층과의 논의를 거쳐 본조사를 연기하는 것이 오히려 바람직하다.

2) 직무정보 수집방법의 선택과 준비

직무에 대한 정보 수집방법은 직무의 성질이나 분석기간 등에 따라 달라지며 일반적으로 다음과 같은 방법들이 활용되고 있다.

(1) 질문지법

질문지법은 대단위의 직무에 대하여 일시적으로 자료확보가 용이하다는 측면에서 가장 일반적으로 활용된다. 질문지는 그 형태에 따라 타당성이 어느 정도 입증된 구조화된 질문지(structured questionnaire)와 분석목적과 대상에 적합하게 개발된 비구조화된 질문지(unstructured questionnaire)로 구분할 수 있다. 구조화된 질문지는 특별한 준비 없이 확립된 질문지를 구입하여 활용하거나[5] 외부 자문을 받는 경우 자문단의 질문지를 활용할 수 있다. 자료의 처리, 가공, 분석이 용이하다는 점에서 활용상의 매력은 있으나 개별 조직의 특수성을 고려하지 못한 정보수집은 실효성이 떨어지기 때문에 분석목적, 분석대상 및 방법, 확보하고자 하는 자료의 성질 등을 면밀히 검토하여야만 한다.

대표적인 방법들로는 파인(S. Fine)이 개발한 기능적 직무분석(functional job analysis: FJA), 맥코믹(E. J. McComick) 등에 의하여 개발된 직위분석질문지(Position Analysis Questionnaires: PAQ), 토르노와 핀토(W. W. Tornow & P. R. Pinto)에 의해 개발된 관리직위기술질문지(Management Position Description Questionnaire: MPDQ), 직무의 기술과 군집화를 목적으로 미공군에서 개발한 작업목록분석법(Task Inventory Comprehensive Occupational Data Analysis Program: TI-CODAP) 등이 있다.[6] 직무의 내용과 직무수행자의 수행요건 등에 관한 체계적인 자료를 단시일 내에 수집할 수 있다는 장점은 있으나 질문지 설계의 시간과 비용 그리고 질문지가 과도하게 길어져 오히려 효과적인 정보수집을 저해할 수 있는 단점도 있다.

(2) 관찰법

이 방식은 분석대상이 되는 조직구성원의 작업을 직접 관찰함으로써 직무에 관한 정보를 획득하는 방법이다. 이는 일이 단순하고 주기가 짧은 경우에 정확한 정보를 얻을 수 있지만 일이 복잡하고 주기가 긴 경우에는 정확한 자료수집이 곤란하다.[7] 관찰법의 경우 직접관찰에 따른 한계와 저항을 줄이기 위해 직접관찰 대신 비디오카메라 등을 이용한 간접관찰을 실시할 수도 있다. 그러나 이때에도 직무분석 윤리상 카메라가 설치되어있다는 것을 관찰대상자가 모르게 할 수 없으므로 관찰에 대한 반감과 의도적인 행동왜곡을 줄일 수 있도록 세밀한 주의를 기울여야 한다.

(3) 면접법

작업자와 면담을 통해 직무에 관한 정보를 수집하는 방법이다. 비교적 정확히 직무를 파악할 수 있으나 정신적 작업의 직무에는 적용하기가 곤란하다. 면접법은 관찰법과 함께 질문지법의 보조방법으로 사용되는 것이 일반적이나 질문지법에 의해 수집한 자료를 분석·정리하는 과정에서 면접이 요구되는 경우가 많다. 따라서 질적 특성이 강한 직무나 관리직 등의 직무에 대해서는 체계적인 면접에 의한 자료확보계획을 미리 수립하여 놓는 것이 좋다. 특히 면접에 의한 자료확보 과정에서는 확보된 자료의 타당성 검토를 위하여 2인 이상에 의한 집단면접 또는 교차면접을 실시하고 그 결과를 비교하는 것도 효과적이다.

(4) 작업일지분석법

많은 경우 직무담당자는 자신의 업무일지 내지 작업일지를 작성하는데 이와 같은 일지에 대한 분석을 통하여 해당 직무수행자의 담당직무에 대한 정보를 얻을 수 있다. 장기간에 걸쳐 작성된 작업일지는 주요 작업의 내용과 흐름 등에 대한 정보를 담고 있기 때문에 정보의 불충분성에도 불구하고 보완적 방법으로 활용될 수 있다.

3) 본조사단계의 절차 및 요건

본조사단계에서 가장 중요한 부분은 직무자료의 수집과 이를 분석하는 작업이다.

(1) 직무자료 수집과정

직무자료의 수집에서 어떤 방법을 사용하든 수집자료의 정확성을 높이기 위해 노력해야 하는데, 이를 위해 다음의 사항을 염두에 두어야 한다.

가) 직무의 양과 질에 대한 동시분석이 이루어지도록 한다.

조직 내에서 수행되어지는 많은 직무들은 그 수만큼이나 다양한 특성을 지니고 있다. 예컨대 어떤 직무는 수많은 단위업무와 세부업무로 구성되어 있지만 그다지 특별한 전문적 지식이나 직무수행능력 및 기술을 필요로 하지 않는 반면, 어떤 직무는 소수의 세부업무로 구성되어 업무수행에 많은 시간을 필요로 하지는 않지만 업무진행준비 및 추진과정에서 많은 노력과 기능, 특별한 지식을 요구하는 경우도 있다. 따라서 자칫 양적인 측면에 초점을 두고 직무분석이 이루어질 경우 직무 간에 존재하는 상대적인 질적 차이를 놓칠 수 있는 위험이 클 뿐만 아니라, 요구되는 인적 요건을 평가하는 데 있어서도 오판을 내릴 수 있는 가능성이 높아지게 된다.

나) 각각의 직무분석방법이 지니고 있는 한계를 고려하도록 한다.

예컨대 질문지법은 응답하는 사람, 즉 직무수행자의 표현능력과 의도에 크게 영향을 받기 때문에 불완전하고 일관성이 없거나 잘못 작성되는 경우가 많다. 또한 관찰법이나 면접법과 같은 경우에도 대상자가 자신이 관찰 내지 평가되고 있음을 지각함에 따라 자신이 수행하는 직무의 양이나 어려움을 과장하는 경향이 있다.[8] 또한 수집대상자에 따라서도 직무자료에 오차가 발생하기도 한다. 직무자료 수집방법에 대한 한 연구결과에 따르면 상하급자 간에 직무 내에 포함된 특정과업의 수행 여부에 대해 16.4%, 과업수행에 요구되는 기술수준에 대해서는 무려 67.2%의 차이가 있었음을 제시하고 있다.[9]

다) 직무분석의 목적에 맞는 통제활동이 이루어지도록 한다.

직무분석이 조직 내의 인적자원관리를 위한 객관적 기준과 원칙을 마련하는 데 도움을 주는 것은 사실이지만 모든 인적자원관리 기능에 보편화시킬 수 있는 직무분석의 결과를 이끌어내기란 상당히 어려운 일이다. 따라서 직무분석의 결과를 어떠한 분야에 우선적으로 활용할 것인지가 예비단계에서 먼저 결정되어져야 하며 본조사 과정에서는 직무조사가 계획화된 방향에서 벗어나지 않도록 지속적으로 통제활동이 이루어질 필요가 있다.

(2) 직무자료의 분석과정

가) 단위직무의 결정

어떠한 분석방법을 활용하였든 직무분석의 과정에서는 단위직무의 결정이 중요한 위치를 차지하고 있다. 이는 직무의 특성과 수행요건의 명확화를 위해서는 공통적인 업무특성과 요건을 갖추고 있는 직위별로 군집화시켜 조직 내의 직무구조를 밝혀내는 것이 일차적인 과제가 되기 때문이다. 직무 간 구분을 위해서는 다음과 같은 기준을 고려하여야 한다.

- 직위에서 수행되는 일의 종류와 성질(범위)이 같은가?
- 직위의 일을 수행하는 데 필요한 경험, 지식, 능력의 종류와 정도가 같은가?
- 직무의 요구수준 및 책임의 정도가 같은가?

나) 분석항목의 내용

직무자료의 분석을 통하여 어떠한 정보를 확보할 것인지는 직무분석의 목적과 활용방안에 따라 다르다. 그러나 분석과정에서 주로 분석되는 내용들을 포괄적으로 나타내면 다음과 같다.

표 2-1	직무분석항목의 내용

직무특성 관련내용
  담당업무의 종류 및 내용과 양
  업무진행순서와 방법
  표준업무량과 근무시간, 업무능률
  업무간의 상호연관성과 빈도
  구성원들간의 인간관계 및 커뮤니케이션의 과정

책임과 권한 관련내용
    직무배분기준과 역할
    직무수행결과의 기대효과
    직무수행규칙과 그 기준
    책임과 권한의 균형성
    전결권과 의사결정 재량권의 범위
    책임성과에 따른 상벌 내용

업무태도와 동작기준, 정신적 작용 관련내용
    업무태도와 자세, 기본동작과 주요 동작내용
    업무강도와 계속시간, 표준동작시간과 여유시간
    감각기관의 집중도와 그 지속성
    분석력, 이해력, 추진력 등의 정신작용력과 지적능력정도 및 활용시간

숙련도와 기능축적도 관련내용
    동일업무 지속시간과 숙련과정
    동일업무 반복횟수 및 기능축적과정
    유사업무수행에 따른 관련업무 수행능력 함양관계
    동일업무의 장기수행에 따른 신체적·정신적 변화과정

직무담당자 자격요건 관련내용
    기초지식, 전문지식, 교양의 수준과 필요기준
    기능과 기술, 필요자격증 현황
    직무수행에 요구되는 경험과 경륜
    체격 및 체력조건, 건강상태 등의 신체적 조건
    성별의 기준과 연령범위

근무지 환경조건 관련내용
    근무시간, 교대시간, 협동 및 공동작업과정, 단순작업 등의 근무환경조건
    사무실 및 작업장의 크기, 위치, 온도, 습도, 소음, 분진 등의 물리적 환경조건
    안전사고 발생빈도와 건수, 위험도의 정도
    직업병의 발생빈도와 발생가능성

〈자료〉 편의상(1992). 직무분석 어떻게 할 것인가, 서울: 옴마니, pp. 162–164.

4) 정리단계의 절차 및 요건

정리단계에서 수행되어야 할 과제는 크게 다음과 같이 구분할 수 있다.

(1) 직무분석결과의 정리

직무분석을 통해 확보된 자료를 체계적으로 정리하는 단계로, 주요 분석결과에는 직무분석의 목적과 부합된 결과 및 대안제시가 포함되어져야 하며, 신·구 조직기능도, 업무

분장관계의 변화, 신·구 인원편성결과의 비교, 직급 및 인원조정결과, 정원산정결과 등과 같은 보조적인 결과들도 포함된다. 아울러 직무분석결과를 통해 나타난 조직 내의 기타의 문제점을 분석하고 그에 대한 대안제시도 같이 이루어질 필요가 있다.

(2) 직무기술서의 작성

직무기술서는 직무분석의 최종산출물이라 할 수 있다. 직무분석의 목적이 무엇이든 직무분석은 직무기술서로 완성된다. 직무분석은 크게 과업지향적 접근과 인간지향적 접근의 두 가지 방향에서 실시될 수 있다. 통상적으로 과업중심의 분석결과를 직무기술서로, 직무담당자중심의 분석결과를 직무명세서로 구분한다.

직무기술서(job description)는 각각의 직무에 내재된 과업, 임무, 책임 등을 정리한 것이며, 직무명세서(job specification)는 각각의 직무를 성공적으로 수행하기 위해 직무담당자에게 요구되는 지식(knowledge), 기술(skill), 능력(ability), 기타 요구되는 개인적 성격특성 등을 정리한 것이다. 그러나 최근에는 직무분석결과의 정리 및 관리의 효율성을 고려하여 이 양자를 결합하여 하나의 직무기술서로 나타내는 것이 보편화되고 있다. 〈표 2-2〉는 통합된 직무기술서의 사례를 보여주고 있다.

직무기술서의 정리를 위한 규범화된 형식은 없다. 그러나 어떠한 형식을 취하든 정리 과정에서는 다음과 같은 몇 가지 점을 항상 고려하여야 한다.

가) 사용자(user) 지향적인 직무기술서의 정리가 이루어져야 한다.

아무리 직무분석이 성공적으로 이루어졌다 할지라도 그 결과가 조직의 측면에서 효율적으로 활용될 수 없다면 직무분석의 가치는 사라지고 만다. 따라서 직무기술서를 정리할 때는 직무기술서를 읽는 사람이 해당 직무의 특성과 요건을 명확히 알 수 있는 형태를 취해야 한다.

표 2-2	통합된 직무기술서 예시		
직군	영업	직렬	구조물 영업
직무명	구조물 영업 Master		
직무목적	구조물 제작이 원활이 이루어질 수 있도록 사급 자재관리, 수주계획, 조선소 및 제작부서의 지원업무, WORK SCOPE 검토 및 관리 등의 영업관리 제반활동을 총괄함		
주요활동 및 책임	수주계획 총괄(년 1회, 월 1회)(H)(20%) 연간 수주계약 및 매출계획 확정 월별사업계획(수주/매출/납품 등) 작성 및 경영진 보고		

	<u>영업 총괄(수시)(H)(20%)</u> 고객으로부터 접수된 사양(POR)에 의한 견적서 작성 및 제출을 총괄 고객으로부터 발주받은 장비에 대하여 당사의 공급범위를 책정하여 계약통보서 발행 작업 범위(Work Scope) 검토 및 관리 <u>대 고객 관련 Communication 총괄(수시)(H)(15%)</u> 고객 불만사항 및 요청사항 접수 및 처리 납기준수를 위한 사업소와 고객간 Communication <u>신규영업 총괄(수시)(M)(15%)</u> 신규 Item 영업을 위한 내부 기술 검토 신규 고객 확보를 위한 자료 수집 및 방문 활동 <u>선적 후 기성 마무리 총괄(월 2회)(M)(15%)</u> 납품 및 검사 완료된 호선에 대해 정산 업무, 수급업무관리 총괄 <u>사급 자재 관리 총괄(수시)(H)(15%)</u> 호선별 원활한 공정 진행을 위해 조선소 및 제작 업체와 사급 자재 입고 일정 조율
직무요건	1) 4년제 대학 졸업 이상 2) 조선 관련 학과 3) 영업실무(8년 이상), QM, 생산, 자재관리, 설계 등의 경험(8년 이상) 4) 선종별 필요 System 교육, Diagram 도면 판독 교육 5) 자재 사양에 관한 이해, 외국어 능력, 조선 관련 지식

〈자료〉 노동부(2007). 직무분석 및 직무평가 가이드북, p. 21.

나) 일관적이고 동일한 형식의 기술방식을 취해야 한다.

일반적으로 직무분석은 직무분석에 대해 전문적 지식과 기술을 지닌 분석가들 사이의 분업에 의해 이루어지는데, 그 과정에서 직무기술서의 정리형식과 문장의 형식 등에서 일관성이 결여되기 쉽다. 이와 같은 문제를 해결하기 위해서는 사전에 마련된 구체적인 지침에 따라 정리하고, 그 결과는 소수의 팀원들에 의해 최종적으로 편집되는 방식을 취하는 것이 바람직하다.

다) 정확하고 완전하되 지나치게 세부적인 형태는 피한다.

지나치게 세부적인 직무기술서의 정리는 오히려 불필요한 자료를 나열해 놓은 결과만 가져올 뿐 직무에 관한 정보제공원으로서의 기능을 상실할 우려가 있다.

(3) 직무담당자 및 관리자의 검토와 확인

직무기술서가 실제 직무의 내용을 담고 있는지 다시 한 번 검토 및 확인하는 과정을 거치며, 이때는 직무기술서뿐만 아니라 직무분석 과정에서 도출된 그 외의 주요 결과들까지 포함된다. 직무분석 결과를 효과적으로 활용하기 위해서는 조직구성원들의 합의와 수용이 전제되어야 하기에 검토 및 확인 과정은 수반될 필요가 있다.

(4) 직무분석의 유지방안제시

직무분석 결과를 지속적으로 유지·관리하기 위해서는 형식적 수준에 머물러 있는 직무분석활동을 조직 내에 명확한 기능적 활동으로서 자리 잡도록 하여야 하며, 이 또한 직무분석팀의 중요한 역할이라 할 수 있다.

제3절   직무평가

1   직무평가의 의의

직무평가(job evaluation)란 기업 내에서 각각의 직무가 차지하는 상대적 가치(the relative worth of jobs)를 결정하는 것으로 각각의 직무가 지니는 책임, 업무수행상의 어려움, 복잡성, 교육수준과 경력 등 기업이 보상을 줄 가치가 있다고 판단되는 보상요인들을 활용하여 이루어진다.[10] 따라서 직무평가는 어디까지나 조직 내에서 차지하는 직무 그 자체의 가치를 판단하는 것이지 직무담당자를 평가하는 것이 아니다.

직무평가를 위해서는 올바르고 정확한 직무분석이 선행되어야 한다. 직무평가가 이루어지면, 조직 내에서 수행되는 각 단위직무가 지니는 상대적 가치에 근거하여 직무등급을 정할 수 있게 된다. 따라서 조직 내에서 동일한 가치를 가지는 직무에 대해서는 동일한 임금을, 보다 높은 가치를 가지는 직무에 대해서는 더 많은 임금을 책정하는, 즉 임금관리의 공정성을 기할 수 있는 기초자료로 활용할 수 있다. 또한 조직 내에서 공정하고 객관적인 이동관리를 통하여 사원들의 근로의욕을 높일 수 있으며, 임금을 결정하는 데 빈번하게 나타나는 노사 간의 갈등을 해결할 수 있는 기준을 제공해 줄 수 있다.

2 직무평가요소와 가중치의 결정

1) 직무평가요소의 중요성과 요건

어떠한 직무평가방법을 활용하든 어떤 요소를 평가할 것인가를 결정하는 것은 직무 평가에 있어서 가장 중요한 과정이라 할 수 있다. 따라서 다소 시간과 비용적 투자가 이루어지더라도 이 부분에 대한 면밀한 검토가 이루어져야만 하는데, 池川 勝은 평가요소가 갖추어야 할 조건으로 다음과 같은 점을 제시하고 있다.[11]

- 대상직무 전체에 공통적으로 존재하는 요소이어야 한다.
- 선정한 요소가 각 직무의 직무특질을 형성하는 중요한 요소이어야 한다.
- 선정된 요소가 조직 내에서 충분히 이해되고 납득될 수 있는 것이어야 한다.
- 직무수행상 중요한 지표가 되는 것이어야 한다.
- 각 요소 간에 중복되는 것은 선정되지 않아야 한다.
- 객관적으로 관찰 및 판단이 가능한 것이어야 한다.

이와 같은 기준에도 불구하고 보편적으로 활용가능한 공통된 평가요소는 존재하지 않기 때문에, 조직 및 직무의 특성에 따라 가장 중요하다고 보여지는 평가요소를 나름대로 설정하는 것이 바람직하다. 그럼에도 조직 및 직무의 특성에 따른 평가요소의 선정이 생각만큼 용이한 것은 아니다.[12] 특히 직무의 특성이 다른 다양한 직종이 평가대상이 될 경우 평가에서의 혼란은 가중된다. 일반적으로 고려할 수 있는 평가요소로는 다음의 4가지를 들 수 있으나 이 역시 조직의 상황에 따라 다르다. 주요 직무평가요소와 하위항목을 구성하는 내용들의 사례는 〈표 2-3〉과 같다.

- 기술(skill): 교육수준, 경험, 창의적 기교, 지식, 기민성, 판단력, 정신적 기술
- 노력(efforts): 육체적 노력, 정신적 노력
- 책임(responsibility): 설비와 공정에 대한 책임, 원재료와 제품에 대한 책임, 안전에 대한 책임, 작업에 대한 책임
- 작업조건(job condition): 작업조건, 위험도

표 2-3	직무평가요소 및 하위항목의 예			
구 분		기 술	노 력	책 임	작업조건
주요 컨설팅사	Mercer	지식	의사소통, 혁신	• 영향력	
	Hay	기술적 노하우 관리적 노하우 대인관계기술	사고의 환경 사고의 도전도	• 행동의 자유도 • 성과책임에 대한 　영향력의 규모 • 성과책임에 대한 　영향력의 특성	
	Towers Watson	기능적 지식 대인관계기술 사업전문성	문제해결능력	• 리더십 • 영향력의 범위 • 영향력의 특성	
보건의료산업	영국 NHS (National Health Service)	교류 및 관계기술 지식, 훈련, 경험 분석기술 기획 및 조직기술 육체적 기술	육체적 노력도 정신적 노력도 감정적 노력도	• 환자/치료의 책임 • 정책 및 서비스 개발 책임 • 금융, 물적자원 책임 • 정보자원에 대한 책임 • 연구 및 개발에 대한 책임 • 행동의 자유	작업조건
	일본 보건의료산업	지식, 기능 커뮤니케이션 문제해결능력 업무 처리 및 조작	신체적 부담 정신적 부담 감정적 부담	• 환자와 이용자에 대한 　책임 • 업무방침, 서비스 실시에 　대한 책임	노동환경 노동시간
기타	ILO (International Labor Organization)	지식 경험 응용능력	정신적 노력 육체적 노력	• 설비에 대한 책임 • 재료 및 제품에 대한 책임 • 안전에 대한 책임 • 타인의 작업에 대한 책임	작업환경 위험
	홍콩 EOC (Equal Opportunities Commission)	교육 경험	리더십 팀 멤버십 창의적 사고 업무관계	• 복잡성 • 수익에의 기여 • 인적자원관리 • 과정관리	회사이미지 표준에의 순응

〈자료〉 유규창·이혜정·김하나(2015). 업종별 직무평가도구 개발방안, 임금연구, 가을호, p. 92.

2) 평가요소의 가중치 결정

가중치는 평가요소의 상대적 중요성을 나타내는 지수라 할 수 있다. 평가요소가 선정된 후에는 각 평가요소에 대한 가중치를 선정하여야 한다. 각 평가요소는 직무가치를 구성하는 과정에서 중요도를 달리하기 때문이다. 보편적으로 활용되는 통일된 비율은 존재하지 않기 때문에, 조직은 자신의 상황과 여건, 특성, 인사관리방침, 노사 간의 협의사항, 직무의 특성 등을 고려하여 결정을 내려야 한다.

가중치를 결정할 때는 평가요소의 결정과정에서와 같이 직군별 특성을 고려하여야 한다. 이는 한 직군에 있어서 중요성을 지니는 직무요소가 다른 직군에 있어서는 유의성을 지니지 못한 경우가 많기 때문이다.

3 직무평가의 방법

직무평가의 방법에는 비계량적 방법과 계량적 방법이 있다. 비계량적 방법은 포괄적인 판단에 의해 가치를 평가하는 방법으로 서열법, 분류법 등이 있고, 계량적 방법은 숫자를 사용하여 분석적 판단에 의해 평가하는 방법으로 점수법과 요소비교법이 있다.

1) 서 열 법

서열법(ranking method)은 직무의 중요도, 곤란도, 책임도, 필요로 하는 교육훈련, 작업조건 등에 따라 A, B, C, D, E 등 몇 단계의 등급으로 분류한 후 여러 평가자가 반복평가하고 이를 평균하여 각 직무의 서열을 정하는 방법이다. 따라서 서열법은 다른 기법과 비교하여 경제적이고 신속한 평가가 가능하다는 장점이 있는 반면 평가자의 주관적 판단에 의존한다는 점에서 오류발생가능성도 있다. 비교적 소규모 조직에서 활용가능한 방법이다.[13] 서열법에는 단순서열법과 쌍대비교법이 있다.[14]

(1) 단순서열법
평가직무의 기술서를 평가자들에게 나누어 주고 평가자들로 하여금 평가대상직무의 곤란도, 중요도, 직무수행에 필요한 요인(지식, 숙련, 책임 등)을 평가하도록 하고 이를 종합하여 각 직무의 순위를 순차적으로 정하는 방법이다.

(2) 쌍대비교법

평가직무의 수가 많은 경우에 주로 사용된다. 이 방법은 각각의 직무를 쌍으로 묶은 다음, 직무의 곤란도, 중요도, 직무수행에 필요한 요인(지식, 숙련, 책임 등) 등이 높다고 판단되는 직무에 체크를 함으로써 서열을 결정한다.

2) 분 류 법

분류법(classification method)은 일명 등급법이라고도 하는데 이 방법은 카네기기술연구소의 인사조사실에서 개발한 것으로 어떤 기준에 따라 등급을 미리 정해 놓고 각 등급의 정의를 명확히 한 뒤 각 직무를 적절히 판정하여 해당 등급에 맞추어 넣는 평가방법이다. 분류법도 서열법과 같이 비교적 용이한 직무평가방법이지만, 등급결정이 쉽지 않을 수 있으며, 직무의 수가 많은 경우에는 적용에 어려움이 있다.[15]

3) 점 수 법

점수법(point method)은 1925년 롯트(M. R. Lott)에 의해 고안된 것으로 직무를 구성요소(components)로 나누고 각 요소별로 중요도에 따라 점수를 결정한 후 이 점수들을 합산하여 각 직무의 가치를 평가하는 방법이다.[16] 연구에 따르면 점수법은 직무 내에 속한 핵심적 요소를 보다 세밀하게 처리한다는 점에서 계량적 분석범주에 속하는 요소비교법에 비해 보다 정확한 것으로 제시되고 있다.[17]

한 예로 대표적인 직무평가기법의 하나인 Hay 플랜은 세계적 인사컨설팅기업인 Hay 그룹에 의해 개발된 방법으로 점수법에 기초하고 있다.[18] Hay 플랜에서는 보편적으로 고려할 수 있는 인사평가요소로서 노하우(know-how), 문제해결(problem solving), 책임(accountability) 등의 세 가지를 제시하고 있다. 노하우는 직무수행에 필요한 지식과 기술을 의미하며, 직무수행에 필요한 실제적인 전문적 또는 기술적 지식, 관리 노하우, 대인관계기술 등의 차원으로 구성된다. 문제해결은 결과를 끌어내는 데 필요한 자기주도적 사고수준을 의미하며, 규정이나 타인의 지원 없이 직무수행목표를 달성하는 데 요구되는 사고과정의 수준, 정신적 활동의 유형 등으로 구성된다. 마지막으로 조직의 목표에 대한 직무의 영향력을 의미하는 책임은 직무담당자가 지니는 행동의 자유도, 직무의 영향력 및 직무의 규모 등의 하위요소로 구성된다.

조사에 따를 경우 미국에서는 민간산업조직의 약 95% 정도가 점수법 또는 이를 변형하여 활용하고 있는 것으로 나타날 정도로[19] 가장 대표적인 직무평가 방법이다. 점수법에는 각 평가요소에 가중치를 두지 않는 단순점수법(straight point system)과 가중치를 두는 가중점수법(weighted point system)이 있다.

4) 요소비교법

요소비교법(factor comparison method)은 조직 내의 직무를 평가요소별로 분해하고, 가장 핵심이 되는 몇 개의 기준직무(key job)를 선정하여 타 직무의 평가요소를 기준직무의 평가요소에 결부시켜 상호 비교함으로써 조직 내에서 이들이 차지하는 상대적 가치를 결정하는 방법이다.

이 방법은 직무요소별 비교를 통하여 직무의 임금을 계량적으로 결정할 수 있으나, 요소별 비교가 실제적으로는 상당히 어려울 뿐 아니라 직무의 수가 방대한 경우에는 체계적이고 일관된 비교가 어려워지고 복잡해지며, 기준직무(key jobs)의 변화에 따른 평가결과의 비지속성 등으로 인하여 사실상 현실적인 적용이 제한될 수밖에 없다.[20]

5) 시장임금조사법[21]

시장임금조사법은 주요 직무에 대해 시장임금조사를 먼저 진행하고, 조사결과에서 나타난 주요 직무별 임금순위를 매긴 다음, 이 등급에 따라 각 직무를 맞추어 넣은 방법이다. 비교적 수행이 쉽고 설명력과 종업원의 수용도가 높다는 장점이 있다. 또한 시장임금이 잘 형성되어 있어 시장임금의 조사를 별도로 수행할 필요가 없는 경우 시간소비를 줄일 수 있으며, 시장 전체의 흐름을 반영할 수 있지만, 그 반대의 경우에는 객관적인 임금정보를 확보하기 어렵다. 또한 회사 내의 직무특수성을 반영하기 어려워 내부 형평성에 문제가 제기될 수 있다.

4 직무등급의 결정

직무평가에 따라 각 직무의 점수가 결정되면 해당 직무들의 상대적 가치에 따라 몇 개의 집단으로 해당 직무들을 분류할 필요가 있다. 직무평가의 결과로 산출된 각 직무의

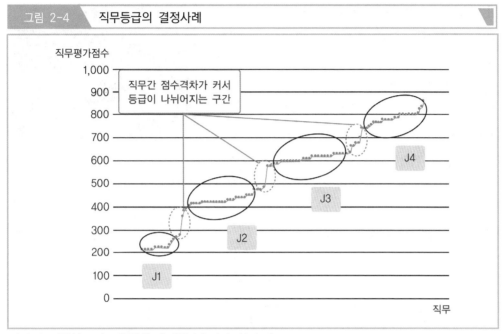

그림 2-4 직무등급의 결정사례

〈자료〉 노동부(2007). 직무분석 및 직무평가 가이드북, p. 67.

점수에 따라 직무등급을 결정할 경우 직무등급의 너무 많아질 뿐만 아니라, 각각의 직무 점수에 따라 다른 임금수준을 적용하는 것도 사실 불가능하기 때문이다. 예컨대, 〈그림 2-4〉에서는 점수법의 적용에 따라 이루어진 직무평가점수별로 각 직무가 어떻게 등급화 될 수 있는지를 보여주고 있다.[22]

제4절 직무설계

1 직무설계의 개념과 목적

전통적 직무관리는 직무를 중심으로 사람을 어떻게 적응시키도록 하느냐가 연구 대상이었으나 근대적 직무관리는 사람을 중심으로 직무를 어떻게 설계하느냐가 관심 의 대상이다. 직무설계(job design)는 조직의 목표와 그 직무를 맡고 있는 개인의 욕구가

만족되도록 직무내용과 작업방법을 설계하는 체계
적인 과정이다. 찰리 채플린(C. Chaplin)의 영화
〈modern times〉에서 기계 톱니바퀴 사이에서도 계
속하여 나사를 돌리는 모습처럼 기계에 예속된 작
업자에서 벗어나 사람이 작업의 주도자로서 스스로
만족과 보람을 느끼도록 함으로써 직무만족과 생산
성의 향상을 꾀하고 직무수행자의 정신적·육체적

〈자료〉 C. Chaplin Modern Times

건강을 유지하고자 하는 것이 직무설계의 궁극적인 목적이다.

그림 2-5	직무설계의 목적

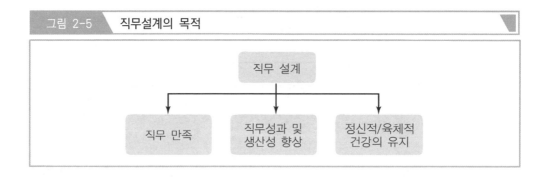

2 직무설계의 방법

1) 직무전문화

직무전문화(job specialization)는 전체적인 과업을 보다 작은 요소로 나누고 그 세분화
된 업무를 종업원이 담당하도록 하는 것을 의미한다. 직무전문화에 의해 분업이 촉진되면
높은 수준의 생산성 향상을 기대할 수 있다. 또한 과업을 보다 세분화할수록 사람들이 특
정과업에 대한 숙련성을 쌓기 쉬울 뿐 아니라, 세분된 과업에 도움이 될 수 있는 전문화
된 작업도구를 개발하기도 쉬워진다. 뿐만 아니라 직무전문화에 따라 다양한 직무들이 만
들어져 사람들이 자신에게 적합한 업무를 쉽게 찾을 수 있으며, 필요 기능의 습득에 소요
되는 훈련비용이 적게 드는 장점도 있다.[23]

그러나 지나친 직무전문화는 인간성 소외를 중심으로 지루함, 피로, 스트레스, 생산성
저하, 품질 저하, 이직률 및 결근율의 증가 등과 같은 다양한 문제들을 야기시키는 원인

이 되기도 한다. 따라서 직무를 설계할 때 직무전문화의 원칙이 무시될 수는 없지만, 그에 따른 부작용도 충분히 고려하여야 한다.

2) 직무순환

직무순환(job rotation)은 직무 자체의 내용은 그대로 둔 상태에서 작업자가 여러 직무들을 돌아가면서 수행하도록 하는 방법이다. 따라서 직무순환을 하게 되면 작업자가 수행하는 실제 직무(actual job)에는 사실 큰 변화가 없다. 그러나 경영자는 종업원을 여러 직무로 이동시킴으로써 틀에 박힌 일의 반복수행에 따르는 지루함과 단조로움 등을 감소시킬 수 있다. 또한 작업자가 여러 가지 직무에 대한 경험을 쌓을 수 있기 때문에 다기능인력을 개발하고 작업자가 빠져 나가는 경우에도 쉽사리 다른 사람들을 배치시켜 작업수행에 차질이 발생하지 않도록 하는 장점이 있다.

그럼에도 불구하고 직무순환은 문제에 대한 단기해결책이라는 지적을 받고 있는데 이는 작업자의 직무와 기대는 크게 바뀌지 않기 때문이다. 단조로움과 지루함은 일시적으로 완화될지 모르지만 틀에 박힌 일은 직무순환 후에도 계속 남을 수 있다. 공무원조직에서 직무순환은 매너리즘과 부패를 방지하고 다양한 업무 수행능력을 지닌 인력을 양성하고자 하는 목적으로 이루어지는 대표적인 직무설계방법이다.

3) 직무확대

직무확대(job enlargement)는 직무에 대한 단조로움과 권태감 등을 줄이고 직무만족을 높이며 결근이나 이직을 감소시키기 위한 하나의 해결책으로 작업자가 담당하는 과업의 수와 다양성을 증가시키는 방법이다. 그러나 문제가 되는 것은 과업의 수와 다양성을 어떻게 적정하게 결정하느냐 하는 것이다. 직무확대로 인해 직무가 너무 쉬워지면 작업자의 의욕이 감소하고, 너무 어려워지면 갈등이나 좌절을 겪기 때문이다. 또한 종업원에게 작업량을 증대시켜 종업원을 감축시키는 수단으로 이용되고 있다는 비판도 제기되고 있다.

4) 직무충실화

직무충실화(job enrichment)는 직무에 의사결정의 자율권과 재량, 그리고 책임을 더 부과하는 것을 의미한다. 즉, 작업자의 기본작업에 그 직무를 수행하는 데 관련된 계획, 조직, 통제, 평가기능 등과 같은 관리기능까지 추가하여 수행토록 하는 것이다. 허즈버그(F. Herzberg)의 2요인이론을 바탕으로,[24] 만족감, 성취감, 인정, 흥미, 책임, 발전 및 성장과 같은 동기유발요인을 포함하도록 직무를 설계하는 것이다. 때문에 작업자들에게 자기직무에서 보다 높은 직무만족을 느낄 수 있도록 작업내용에 질적인 변화를 주어 생산성을 향상시키는 장점이 있는 반면에 다음과 같은 한계도 있다.

- 직무수행상의 계획, 조직, 통제, 평가기능까지 작업자가 갖추도록 하는 데까지는 상당한 투자가 요구될 수 있다.
- 작업자의 자율성이 비효과적인 것으로 나타날 경우 그 과정에서 투입된 비용을 상쇄시킬 만큼 효과가 있는지 문제가 될 수 있다.
- 기존의 감독자나 타부서(수직적, 수평적)와의 관계에 문제가 생길 수 있다.
- 성장욕구가 낮은 작업자에게는 오히려 부담스러울 수 있다.

그렇지만 상사의 지시에 따라 주어진 장비를 가지고 정해진 시간 내에 결과를 이끌어내는 상황에서 자신의 책임 아래 자신이 선택한 방법과 장비로 시간적 자율성을 가지고 작업을 수행한 다음 그 결과에 대하여 스스로 평가하고 개선책을 찾아보도록 하는 것은 작업자에게는 훨씬 매력적인 것이 될 수 있다.

이와 관련하여 핵크만과 올드햄(J. R. Hackman & G. R. Oldham)은 직무충실화를 위한 직무설계전략으로서 직무특성모델을 〈그림 2-6〉과 같이 제시하였다.[25] 핵심직무특성은 개인에게 직무에 대한 의미, 책임감, 결과에 대한 인지감을 느끼게 하는 요소로서 다음과 같은 다섯 가지 차원으로 나누어진다.

- 기술다양성(skill variety): 직무수행과정에서 다양한 기술과 개인의 재능이 요구되는 정도
- 과업정체성(task identity): 직무의 전체 혹은 일부분이라도 전체 과정을 완결함으로써 눈에 띌 만한 결과를 산출할 수 있는 정도
- 과업중요성(task significance): 자신의 삶이나 다른 사람에게 실질적인 영향을 미치는 정도
- 자율성(autonomy): 작업일정이나 작업방법의 결정에 있어 직무담당자에게 실질적인 자유, 독립성, 재량권을 주는 정도
- 피드백(feedback): 직무담당자가 직접적이고 명백한 정보를 얻을 수 있도록 직무가 정보를 제공해 주는 정도

이와 같은 핵심직무차원은 세 가지의 중요한 심리상태를 유발시키는데, 즉 기술다양성, 과업정체성, 과업중요성 등은 작업의 대한 의미(유의성)를 지각토록 하며, 자율성은 작업결과에 대한 책임감을, 그리고 피드백은 작업의 결과에 대한 지식을 갖도록 해준다. 이와 같은 심리상태의 지각은 결과적으로 작업자의 전반적인 직무만족, 내재적 작업동기 및 성과의 향상에 기여한다.

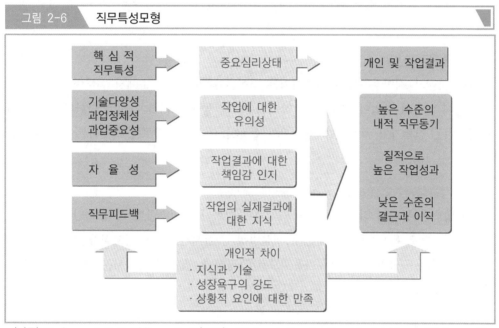

〈자료〉 Hackman, J. R. & Oldham, G. R.(1980). *Work redesign, Reading*, Mass: Addison−Wesley, p. 90.

5) 임파워먼트

임파워먼트(empowerment)란 경영자가 개인이나 팀에게 권한·책임·재량권을 위양하는 것을 의미하는 것으로서, "경영자가 모든 조직구성원들에게 의사결정권한을 부여하고, 결과에 대해 책임을 지도록 하며, 품질을 개선하고 비용을 절감하도록 하는 과정"이라고 할 수 있다. 예를 들어 부하들이 스스로 품질미달의 부품을 반품하고, 자신들의 직무를 확인하여 통제하며, 직무활동 일정계획을 수립하는 등의 권한을 갖도록 하는 것이다. 따라서 임파워먼트는 성취욕구, 소속감 그리고 자존심과 같은 인간의 기본욕구를 충족시켜 주며, 구성원들이 직무에 대해 긍정적인 감정을 가짐으로써 그들의 직무의욕과 잠재능력을 발휘할 수 있도록 한다. 직무충실화나 직무특성모형이 경영자가 종업원의 직무를 공식적으로 변경시키는 구체적인 프로그램이라면, 임파워먼트는 종업원 스스로 자신의 직무를 변화시키는 덜 구조화된 방법이라 할 수 있다.[26]

6) 기타의 직무설계방법

이상에서 살펴본 직무설계방법 이외에도 다음과 같은 방법들도 실무에서 자주 이용된다.

(1) 통합적 작업팀(integrated work teams)

직무확대가 개인수준에서 이루어지는 것이 아니라 집단수준에서 이루어지는 것으로 한 집단에 다수의 과업이 할당된 후 작업팀 개개인들에게 이를 다시 할당한다. 이 때 팀을 감독하는 감독자가 존재한다. 팀워크와 협동이 요구되는 직무를 수행하는 경우에 적합하다.

(2) 자율적 작업팀(autonomous work teams)

이 방법은 통합적 작업팀과는 달리 직무충실화가 개인수준이 아닌 집단수준에서 이루어지는 것으로 목표에 대한 작업량, 생산일정, 작업시간, 휴식, 검사절차뿐만 아니라 선발과 해고까지 구성원 자신들이 자율적으로 결정한다. 경우에 따라서는 감독자의 직책이 없어지는 경우도 발생한다.

(3) QC(quality circle)

이는 같은 직장에서 품질관리활동을 자주적으로 실천하는 소집단을 가리키는데, 이 소집단은 전사적 품질관리(total quality management)의 일환으로 자기개발, 상호개발까지도 포함된다.

(4) 자율출퇴근제(flexible working time)

출퇴근시간을 자유롭게 선택할 수 있는 제도이다. 삼성전자의 경우 출근시간대는 오전 6시부터 오후 1시 사이에 개인이 원하는 시간에 언제든지 선택하여 출근할 수 있으며, 출근 이후부터 휴게시간을 포함하여 9시간을 근무하는 제도를 도입·운영하고 있다.[27] 한국IBM에서는 직원의 필요에 따라 출퇴근 시간을 앞뒤로 조정하여 일하는 선택적 근무시간제도를 운영하고 있다.[28]

자율출퇴근시간제는 결근율 감소, 잔업시간비용 감소, 생산성 향상, 경영층에 대한 적대감 감소, 자율성과 책임감 증대 등의 장점을 지니고 있는 반면, 종업원에 대한 통제가 어렵고, 한 사람만이 특정기술이나 지식을 지니고 있을 경우 타인이나 부문의 작업이 영향을 받을 수 있다는 단점이 있다.

(5) 재택근무제

사무실에 직접 출근하지 않고 집에서 하드웨어(컴퓨터, 팩시밀리, 전화 등)와 소프트웨어(Zoom, Slack, Notion, Teams 등)을 이용하여 근무하는 방식이다. 재택근무제는 다음과 같은 장점이 있다.[29]

- 업무수행상의 유연성을 높임으로써 직장과 가정생활의 균형을 달성하는 데 도움을 준다.
- 결근을 줄여준다.
- 다른 경우라면 퇴직했을 유능한 인재를 유지할 수 있다.
- 통근을 최소화시켜 이산화탄소배출량, 즉 탄소발자국을 줄일 수 있다.
- 낭비되는 사무실 근무시간을 줄여 생산성을 높인다.
- 간접비용과 사무실비용을 줄일 수 있다.

COVID-19를 겪으면서 전세계적으로 많은 기업들이 재택근무를 시도하게 되었다. 재택근무 도입이 저조했던 일본도 2022년 3월 기준 일본 기업의 28.5%가 재택근무 제도를 실시하고 있다. 기본적으로 재택근무는 사무실이 아닌 집에서 근무한다는 개념이다. 그러나 최근에는 집이 아니라 자신의 업무 스타일에 맞춰 자신의 업무효율을 높일 수 있는 장소나 공간이면 어디든 허용하는 원격근무(remote work) 개념으로 확대되고 있다. 예를 들면, SK는 공유오피스제를 활용함으로써 전통적인 사무실 공간 개념을 벗어나 사내 혹은 거점 지역에 공유오피스를 두고 상사의 감독을 벗어나 직원들이 자신의 업무효율을 높일 수 있는 공간에서 자유롭게 일할 수 있는 제도를 운영하고 있다.

"직무분석, 직무평가, 직무설계의 일반적 방법"

"기업에서 성공하는 비결은 새로운 직위에서 뛰어난 지식이나 재능을 습득하는 것이 아니라 새로운 직위의 일, 즉 직무가 요구하는 중요한 과업에 집중하는 데 있다."

3월은 기업들에게는 주총 시즌이고, 구성원들에게는 주총결과에 따라 희비가 엇갈리게 되는, 그야말로 잔인한 달이다. 4월에는, 새로운 직위를 맡은 사람들이 의욕적으로 직무수행 시작하면서 성공하겠다고 다짐한다. 이렇게 새로운 직위를 맡은 사람이 성공할 수 있는 비결이 뭘까?

20세기 최고의 경영구루였던 피터 드러커는 자신의 경험으로 그 비결을 귀띔해 주었다. "지난 40년 넘게 기업을 컨설팅 하면서 승진을 하여 새로운 직무를 맡은 유능한 사람들 가운데 계속해서 성공을 거두 는 사람은 드물었고, 그것은 그들이 정말 '무능해졌기' 때문이 아니라 직무에서 요구하는 일을 놔두고 과거 그들을 승진시켜 준 그 일을 계속 했기 때문"이라고 했다. 즉 기업에서 성공하는 비결은 새로운 직위 에서 뛰어난 지식이나 재능을 습득하는 것이 아니라 새로운 직위의 일, 즉 직무가 요구하는 중요한 과업에 집중하는 데 있다는 것이다.

직무관리는 기업차원에서 뿐만 아니라 개인에게도 매우 중요하다. 직무관리란 직무와 개인 수준에서 잘 조화롭도록 하는 것으로, 직무분석, 직무평가, 직무설계를 포함한다. 전경련의 조사(2015년도)에 따르면, 직원들이 조직에서 성과를 내지 못하는 이유는 직원 자신의 역량부족(29.4%)이라기보다는 직무가 잘못 배정된 직무 미스매칭(32.5%) 때문이라는 것이다. 즉 우리 기업들이 직무관리가 제대로 이루지지 않고 있다는 것이다. 직무관리 제대로 하기 위해서는 직무관리에 대한 이해가 선행되어야 한다.

직무분석, 직무평가, 직무설계 등 직무관리 활동은 기업들에 있어 쉽지 않은 과제이다. 조직에서 어려운 과제일수록 리더의 역할과 구성원들의 참여가 필수적이다.

조직의 각종 제도의 성공여부는 리더의 관심 여하에 달려 있다. 특히 직무관리처럼 손이 많이 가는 제도는 더욱 그렇다. 따라서 리더는 직무관리가 조직에 정착되어 직무중심의 인사노무제도가 이루어질 수 있도록 지속적인 관심과 열정을 보여야 한다.

또한 직무관리제도가 아무리 잘 구축되었다고 하더라도 구성원들의 실행이 뒷받침되지 않으면 '빛좋은 개살구'에 불과하다. 직무관리 시스템을 설계할 때 현장 구성원들을 참여시키거나 설계된 내용을 충분히 설명하고 피드백을 받아야 한다.

직무관리에 대해 이와 같은 리더십 발휘와 직원의 참여를 이끌어 낸다면, 직무관리제도는 조직의 성장뿐만 아니라 개인의 성공에도 기여를 하게 될 것이다.

<자료> 정학용(시앤피컨설팅 수석연구원), 임금정보브리프 2019년 제2호(통권 제37호)

No. 3 / www.kli.re.kr

제2장   학습문제

1. 직무관리란 무엇이며, 직무관리의 주요 체계는 어떻게 구성되어 있습니까?

2. 직무분석이 인적자원관리의 출발점이라고 하는 이유는 무엇 때문일까요?

3. 직무분석의 주요 절차와 주의점에 대하여 정리하시오.

4. 직무분석의 성공과 실패사례를 찾아보고, 그 이유에 대하여 토론하시오.

5. 직무평가를 실시하는 주요 이유는 무엇입니까?

6. 직무평가의 주요 방법들이 지니고 있는 장단점에 대하여 정리하시오.

참고문헌

1) Ash, R. A.(1988). Job Analysis in the world of work. In, S. Gael(Ed.), *The job analysis handbook for business, industry, and government*, Vol. 1, New York: J. Wiley and Sons, p. 4.

2) 김종재·박성수·정중부(2004). 인적자원관리, 서울: 법문사, pp. 111-113.

3) 이경근(1995). 성공적인 직무분석을 위한 제안, 경영정보, 전남대학교 경영연구소, 6(1), pp. 44-48.

4) Hakel, M. D., Stalder, B. K. & Van De Voort, D. M.(1988). Obtaining and maintaining acceptance of job analysis, In S. Gael(Ed.), *The job analysis handbook for business, industry, and government*, Vol. 1, New York: J. Wiley and Sons, p. 330.

5) 세부적인 내용에 대해서는 Gael, S.(1988). *The job analysis handbook for business, industry, and government*, Vol. 2, New York: J. Wiley and Sons, pp. 807-1120.

6) Anthony, W. P., Kacmar, K. M. & Perrew, P. L.(2009). *Human resource management: A Strategic approach*, 5th ed., Mason, OH: Thomson, pp. 213-216.

7) 김종재·박성수·정중부(2004). 전게서, p. 124.

8) Morgeson, F. P., Delaney-Klinger, K., Mayfield, M. S., Ferrara, P. & Campion, M. A.(2004). Self-presentation processes in job analysis: A field experiment investigating inflation in abilities, tasks, and competencies, *Journal of Applied Psychology*, 89, pp. 674-686.

9) O'Reilly, A. P.(1973). Skill requirements: Supervisor-subordinate conflict, *Personal Psychology*, 26, pp. 75-80.

10) Noe, R. A., Hollenbeck, J. R., Gerhard, B. & Wright, P. M.(2014). *Human resource management*, 8th ed., 김용민 외(역), 경문사, p. 483.

11) 池川 勝(1993). トータル人事システム 設計·導入マニュアル, 東京: 日本コンサルタントグループ, p. 110.

12) Henderson, R. L.(1989). *Compensation management*, Reston, Va.: Reston Publishing Co., p. 123.

13) Fisher, C. D., Schoenfeldt, L. F. & Shaw, J. B.(2003). H*uman resource management*, 5th ed., Houghton Mifflin Co., pp. 550-551.

14) 김종재·박성수·정중부(2004). 전게서, pp. 138-139.

15) 유규창·이혜정·김하나(2015). 업종별 직무평가도구 개발방안, 임금연구, 가을호, pp. 86-96.

16) Caruth, D. L.(1986). *Compensation management for banks*, Boston: Bankers Publishing Co., p. 65.

17) Dertien, M. G.(1981). The accuracy of job evaluation plans, *Personnel Journal*, July, pp. 566-570.

18) Fisher, C. D., Schoenfeldt, L. F. & Shaw, J. B.(2003). *op. cit.*, pp. 556–557.

19) Lawler Ⅲ, E. E.(1987). What? wrong with point–factor job evaluation, *Personnel*, 64, pp. 37–49.

20) De Cenzo, D. A.(1994). *Human resource management: Concepts and practices*, New York: J. Wiley & Sons, p. 421.

21) 고용노동부(2007). 직무분석 및 직무평가 가이드북, pp. 76–77.

22) 고용노동부(2007). 직무분석 및 직무평가 가이드북, pp. 66–67.

23) 김종재·이한재·박춘호·이경근(2006). 경영의 이해, 서울: 박영사, pp. 184–185.

24) Hereberg, F.(2005). Motivation–hygine theory, In J. B. Miner(Ed.), *Organizational behavior 1: Essential theories of motivation and leadership*, New York: M. E. Sharpe, pp. 61–74.

25) Hackman, J. R. & Oldham, G. R.(1980). *Work redesign*, Reading, Mass.: Addison–Wesley.

26) Snell, S. & Bohlander, G.(2010). *Principles of human resource management*, 15th ed., 김원중·차종석·하성욱(역), 한경사, p. 116

27) 황진영(2010). 삼성전자의 자유출근제도, 임금연구, 여름호, pp. 90–95.

28) 최지은(2010). 한국IBM의 유연근무제도–다양성에 대한 존중, 임금연구, 여름호, pp. 96–101.

29) 상게서, pp. 127–128.

Human Resource Management

CHAPTER 3

인적자원계획

제1절 인적자원계획의 의의와 과정
1. 인적자원계획의 의의와 중요성
2. 인적자원계획의 과정

제2절 인적자원의 수요예측
1. 인적자원 수요예측이란?
2. 인적자원 수요예측방법

제3절 인적자원의 공급예측
1. 인적자원 공급예측이란?
2. 내부공급예측
3. 외부공급예측

제4절 인적자원 수요와 공급의 대응
1. 수요와 공급대응의 절차
2. 수요가 공급을 초과하는 경우
3. 공급이 수요를 초과하는 경우

제5절 정원관리
1. 정원관리의 의의와 기능
2. 정원계획
3. 정원산정의 방법

   인적자원계획은 현재 또는 중장기적인 차원에서 요구되는 인력의 규모를 사전에 예측하고 결정하는 한편, 이를 충족시킬 수 있는 기업 내외부의 인력공급을 예측하고 계획하는 인적자원 관리기능을 의미한다. 이를 통하여 기업에서는 현재 인력규모의 적정성을 분석 평가하고 그 결과 인력의 과잉 또는 부족이 예측될 경우 임기응변식이 아닌 계획적인 차원에서 인력수급정책을 효과적으로 추진할 수 있다.

   인적자원계획의 가장 기본적인 프로세스는 인적자원의 수요와 공급을 상호 비교하고 그 대안을 모색하는 것이다. 인적자원의 수요예측과정에는 다양한 방법이 활용되지만, 크게 판단적 기법과 수리적 기법으로 구분할 수 있다. 판단적 기법은 주로 전문가의 경험과 직관을 바탕으로 주어진 정보를 결합하여 주관적인 수요예측을 실시하는 방법이며, 수리적 방법은 비교적 간단한 통계적 기법을 적용하여 과거자료를 바탕으로 객관적인 수요예측을 실시하는 것이다. 각각의 방법들은 내용적으로는 다르지만 실제 현장에서는 양자를 통합하여 사용함으로써 의사결정의 정확성을 높일 수 있다.

   한편 인적자원에 대한 공급예측은 크게 내부공급예측과 외부공급예측으로 구분할 수 있다. 노동력의 내부공급은 현재 기업에 재직 중인 모든 종업원이 그 대상이 된다. 이는 현재 기업에 재직 중인 종업원들은 현재의 직위에서 계속적으로 근무함으로써, 조직 내의 다른 직위로 이동 및 승진을 통하여 조직의 미래 인력수요를 충원하는 역할을 지속적으로 수행하기 때문이다. GE의 전 CEO Jack Welch는 스타직원의 빈자리를 대체할 수 있는 유일한 방법은 그 일을 할 준비가 되어있는 사람들을 선별해 후보명단을 미리 만들어 두는 것이라고 할 정도로 내부공급 체계를 확실히 해 둘 것을 강조하고 있다. 내부공급예측을 위해서는 기능목록, 대체도, 마코브분석 등의 기법이 활용되어진다. 아울러 외부공급예측을 위해서 기업은 과거의 인적자원 공급패턴을 분석할 필요가 있으며, 아울러 외부노동시장에 대한 분석을 통하여 기업이 필요로 하는 인력의 공급상황에 대한 유용한 정보를 확보할 수 있다.

   이와 같은 과정을 통하여 인적자원의 수요와 공급상황에 대한 평가가 이루어지면 그 다음에는 그 결과에 따른 대응조치를 취해야 할 것이다. 인적자원의 공급이 수요를 초과하는 상황, 역으로 인적자원의 수요가 공급을 초과하는 상황에 따라 기업이 취할 수 있는 대응방법은 다양하게 전개될 수 있다.

CHAPTER 3

인적자원계획

1 인적자원계획의 의의와 중요성

인적자원계획(human resource planning)은 현재 또는 미래 기업이 필요로 하는 인력의 양과 질적 수준을 사전에 예측하고 결정하는 한편, 이를 충족시킬 수 있는 기업 내외부의 공급인력을 예측하고 계획하는 인적자원관리기능을 의미한다. 여행사를 운영하는 국내의 한 기업은 지난 2019년 말 불어 닥친 COVID-19를 극복하는 과정에서 상당한 서비스 인력을 감원하였다. 그러나 그 후 해당 기업이 경쟁력을 회복하는 과정은 무척 더디고 어려웠다. 이는 기업을 떠나야만 했던 많은 유능한 인력들이 경쟁업체로 옮겨감으로써 해당 기업의 경쟁력의 상실을 가져왔고, 남은 잔존인력들에게는 고용불안감과 함께 많은 업무가 가중됨으로써 직무불만족과 조직몰입의 감소를 가져왔기 때문이다. 또 추후 위기를 극복하는 과정에서 신규인력을 고용하였으나 기업이 요구하는 수준의 성과를 내기까지는 오랜 기간이 걸릴 수밖에 없었다.

이와 같은 사례처럼 실제 기업현장에서는 인적자원계획의 실패에 따라 경영에 애로를 겪는 사례는 어렵지 않게 찾아볼 수 있다. 기업의 신설, 생산시설의 확장, 신규사업의 참여에 따른 인력의 수요뿐만 아니라, 사업의 축소, 조업도의 감소에 따른 잉여인력의 발생 등 인적자원의 수요와 공급에 영향을 미치는 다양한 상황들이 경영현장에서 발생하고 있다.

　이와 같은 여건에서 기업은 특별히 아무런 조치도 취하고 있지 않다가 상황전개에 따라서 즉각적으로 대처할 수도 있으며, 다른 한편으로는 미래의 상황을 예측하고 예측결과에 맞추어 선행적으로 대처할 수도 있을 것이다. 예컨대, 전기자동차를 생산하는 한 기업에서는 앞으로 수년간 지속적인 매출증대가 기대되는 가운데 자율주행을 위한 프로그래머의 수요가 지속적으로 요구되는 상황에 놓여 있다. 이 기업에서는 인적자원계획과 관련하여 몇 가지 중요한 의사결정을 해야 하는데, 그와 같은 의사결정의 범주에는 과연 프로그래머가 몇 명이 필요하며, 어떤 능력이 요구되는지, 그와 같은 인원을 외부에서 충원할 것인지, 아니면 사내에서 육성할 것인지, 외부에서 충원한다면 충원방법과 절차는 어떻게 할 것인지, 사내에서 충원한다면 사내모집과 선발, 그리고 직무재배치는 어떻게 하며, 필요한 교육훈련은 무엇인지 등에 대한 결정 등 다양한 내용들이 포함될 수 있다.

　그러나 그와 같은 의사결정을 소홀히 한 채 별다른 조치를 취하지 않고 상황전개에 따라 대처할 경우 인력의 부족에 따른 다양한 문제들, 예컨대 신차출시일의 연기 , 촉박한 납기를 맞추기 위한 과정에서 발생하는 소프트웨어 불량 및 비용증가, 과다한 업무에 따른 종업원들의 직무피로감과 이직 등과 같은 현상들에 직면할 수 있으며, 결과적으로 제품수주의 감소에 따른 시장상실 등과 같은 치명적 문제에 직면할 수도 있다.

　따라서 인적자원계획은 조직의 전략적 의사결정의 실행력을 뒷받침하고 인적자원을 통한 경쟁력의 확보와 유지를 위해 요구되는 중요한 인적자원관리기능이다.

2 인적자원계획의 과정

　인적자원계획에 대한 중요성이 최근 더욱 강조되는 것은 인적자원관리기능이 보다 미래지향적이고 포괄적이며 통합적인 차원에서 전개되어야 할 필요성이 높아졌기 때문이다. 이는 인적자원계획이 기업의 전략적 계획과 밀접한 관련성 하에서 만들어지고 실행되어져야 한다는 것을 의미한다. 따라서 기본적인 인적자원계획의 과정은 〈그림 3-1〉에 나타난 것과 같이 몇 가지 중요한 부분을 포함하고 있다.[1] 우선 인적자원계획은 조직의 장기 목표를 달성하기 위한 전략적 계획과 연결될 수 있어야 한다. 예컨대 신사업의 추진, 신공정 및 설비의 도입, 생산설비의 이전, 기업의 흡수·합병 등과 같이 장기적으로 기업의 성패와 밀접한 관련성을 지니는 전략적 계획의 범위에는 그에 따른 인적자원의 수급상황에 대한 고려가 필수적이다. 따라서 인적자원계획 담당자는 기업의 전략적 경영계획의 범위와 그 내용을 명확히 알고 있어야 할 뿐 아니라, 인적자원과 관련된 기업환경의 변화양상에 대해서도 분석능력을 지니고 있어야 한다.

둘째, 인적자원계획은 크게 두 가지의 기본적인 활동으로 추진된다. 인적자원의 수요예측과정에서는 직무와 인적 요건에 따라 종업원의 형태 및 수를 결정하는 활동이 중심이 된다. 이 과정에서 생산계획, 생산성의 변화, 기업의 활동방향 등에 대한 고려가 이루어져야 한다. 인적자원의 공급예측과정에서는 현존 종업원을 중심으로 한 내부원천과 외부노동시장으로부터 유입될 수 있는 외부원천에 대한 평가가 이루어진다.[2]

인적자원의 수요와 공급예측이 실패하였을 경우 발생할 수 있는 여러 문제나 비용을 고려할 때 이 과정은 매우 정교하게 이루어질 필요가 있다. 잘못된 예측은 불필요한 인력을 고용하거나, 교육훈련비용을 증대시킬 수 있으며, 해고를 유발함으로써 노사관계를 악화시키고 기업의 경쟁력을 약화시킬 수 있다. 잘못된 예측에 대한 책임은 물론 인적자원관리자에게 있다.

마지막으로 인적자원에 대한 수요와 공급의 비교를 통하여 그 결과에 상응하는 대처행동이 이루어져야 한다. 그와 같은 대처행동은 크게 세 가지의 방향으로 나타날 수 있다. 우선 인적자원의 수요와 공급이 일치하는 수급일치상황에서는 안정화계획이 필요하다. 그러나 수요가 공급을 초과하는 인력부족이 예측될 경우에는 조직 내외부로부터 필요한 인력을 확보하기 위한 방안이 모색되어야 할 것이다. 그리고 인적자원의 공급이 수요

그림 3-1   인적자원계획의 과정

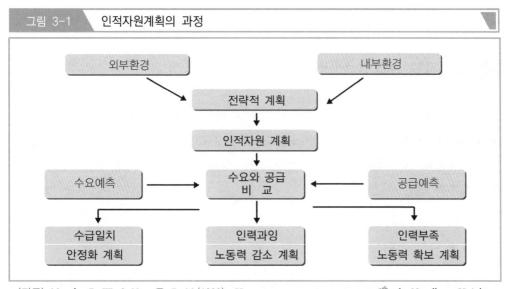

〈자료〉 Mondy, R. W. & Noe Ⅲ, R, M.(1993). *Human resource management,* 5th ed., Needham Heights, Mass: Allyn and Bacon, p. 147의 내용을 일부 수정.

를 초과하는 상황이 예측됨으로써 결과적으로 인력의 과잉이 예측되면 인력감축계획이 강구되어야 할 것이다.

제2절 인적자원의 수요예측

1 인적자원 수요예측이란?

인적자원 수요계획(HR demand planning)이란 미래에 기업이 필요로 하는 인력의 양적, 질적인 측면을 예측하여 인력이 모자라거나 남아돌지 않도록 인력의 수, 시간, 장소 측면에서 인력투입의 적정수준을 확보하는 기능이다.

인적자원 수요예측은 인적자원계획을 구체화시키기 위한 첫 번째의 과정이다. 물론 그 이전에 기업의 장기적 목표와의 연계성이 충분히 고려되어야 한다. 인적자원에 대한 조직의 요구는 단순한 혹은 복잡한 여러 가지 예측방법에 의해 결정된다. 그 예측방법의 형태는 조직의 형태, 규모 및 적용기간, 그리고 이용 가능한 정보의 정확성과 확실성에 크게 의존한다.

2 인적자원 수요예측방법

조직의 인적자원 수요예측과정에는 다양한 방법이 활용되지만, 크게 판단적 기법 (judgemental method)과 수리적 기법(mathematical method)으로 구분할 수 있다.[3] 각각의 방법들은 내용적으로는 다르지만 실제 현장에서는 양자를 통합하여 사용함으로써 의사결정의 정확성을 높일 수 있다.

1) 판단적 기법

판단적 기법은 미래를 예측하는 데 있어 주로 사람들의 지식과 판단에 기초한다. 주로 중소규모의 조직과 아울러 복잡한 수리적 기법을 활용할 수 있는 데이터베이스나 전문가가 없는 조직에서 활용할 수 있다. 대표적인 기법으로는 전문가 예측법과 델파이기법을 들 수 있다.

(1) 전문가 예측법

전문가 예측법은 인적자원관리에 전문적인 식견을 가진 전문가가 자신의 경험이나 직관, 판단 등에 의존하여 조직이 필요로 하는 인적자원의 수요를 예측하는 방법이다. 이 경우 전문가들은 조직의 과거와 현재의 상황, 그리고 전략적 계획 등을 기초로 앞으로 조직이 어떠한 자질을 갖춘 인적자원을 얼마나 필요로 할 것인지를 자신의 판단으로 예측하게 된다. 따라서 이 방법에 의한 인적자원의 수요예측은 어느 정도 주관적이고 비공식적으로 이루어진다.

이 방법은 조직의 규모가 작고 조직의 전략적 목적달성에 관련된 변수들을 간단히 파악할 수 있는 경우에 활용되는 것이 일반적이다.

(2) 델파이기법(delphi technique)

델파이기법은 1940년대 말 미국의 Rand사의 두뇌집단에 의해 개발된 전문가 의견평가법으로 집단토론을 거치지 않고 전문가의 의견을 개별적으로 종합하여 미래의 상황을 예측하는 방법이다.[4] 델파이기법의 핵심은 질문서에 있다. 서로 격리된 여러 사람의 전문가들에게 예측에 관한 질문서를 보내어 각자의 독립된 의견(예측)을 진술해서 제시하도록 요구된다. 이 기법에서는 전문가들의 직접대면을 피하고 있는데, 이는 집단토론을 하게 되면 개인 상호 간의 지위의 차이에 의하여 영향을 받기도 하고, 또는 어떤 좋은 아이디어에 쉽게 타협을 해 버리는 경향이 있기 때문이다. 이렇게 하여 발송된 질문서에 대한 각 전문가들의 응답이 모아지면 중간의 조정자는 그 예측에 대한 자료와 가정에 대한 정보를 분석·요약하여 다시금 전문가들에게 돌려서 각기 자신들의 예측에 수정을 가하도록 한다. 이러한 피드백(feedback) 과정은 수회에 걸쳐 생동감 있게 계속되어 최선의 합의된 예측결과를 가져오도록 한다.

델파이기법은 1년 정도의 단기간의 예측에 있어선 회귀분석방식에 의한 것보다도 오히려 더 나은 결과를 창출해 내는 것으로 나타나고 있다. 또한 인적자원계획과 같이 비구조적이고 미개발된 주제에 대한 통찰력을 유발하는데 유용한 것으로 알려지고 있다. 반면 시간과 비용이 많이 들고 참여자의 행동에 대한 통제력이 약한 단점이 있다. 또한 전문가들에게 발송하는 질문서의 요약된 정보가 의사전달에 충분하지 못하여 오해가 있을 수 있고, 또 전문가들의 의견을 종합하는 과정에서 문제점이 발생할 가능도 있다. 뿐만 아니라 전문가들의 의견을 수집하고 피드백하는 과정에서 많은 시간이 소요되기 때문에 신속

한 결정을 요구하는 상황에서는 적합하지 않는 경우가 많다.[5]

2) 수리적 기법

수리적 기법은 수리와 통계학적 기법을 인적자원의 수요예측에 활용하는 것으로서 다음과 같은 다양한 기법들이 있다.

(1) 생산성비율

인적자원 수요예측과 관련하여 생산성비율은 한해 동안 한명의 직접적인 노동인력이 생산한 제품의 평균수량을 의미한다.[6] 예컨대, 자율주행 자동차를 생산하는 회사에서 한 명의 프로그래머가 설계할 수 있는 시뮬레이션 수가 40가지라는 것을 과거의 경험자료를 통하여 알고 있다고 가정하자. 이때 만약 R&D 부서에서 다음해의 시뮬레이션 설계목표로서 2,000개를 결정할 경우 필요한 프로그래머의 수는 50명이 될 것이다. 여기에 만약 10명의 프로그래머에 약 1명의 감독자가 필요하다면 50명의 직원에 대해서 5명의 감독자가 요구되므로 결국 총인원은 55명이 필요하게 된다.

(2) 추세분석

추세분석(trend analysis)은 과거 일정기간의 고용추세가 미래에도 계속될 것이라는 가정 하에 인적자원에 대한 수요를 예측하는 것으로, 시계열분석(time-series analysis)의 일종이다.

예를 들어, 어떤 기업에서 지난 5년간의 종업원 수를 매년 말을 기준으로 계산해 보면 미래에 적용될 수 있는 계속적인 고용경향을 알아낼 수 있을 것이다. 이와 같이 과거 종업원의 고용상황에 대한 자료를 연별, 분기별 또는 월별로 작성하여 그 추세를 그래프로 나타낸 것이 추세선, 또는 경향선(trend line)이 되며, 이를 목측 또는 수학적으로 연장하여 미래의 인적자원 규모를 예측할 수 있게 된다.

〈그림 3-2〉는 2차전지를 생산하는 한 제조업체의 6년간 생산량과 인력자료를 기초로 향후 5년간의 인력규모의 추세를 추정한 결과를 보여주고 있다. 이 자료에 따를 경우 이 기업의 경우에는 과거의 자료를 기초로 하였을 때 앞으로 5년 후에는 요구되는 종업원 수가 160여 명까지 증가할 것임을 예측할 수 있다.

(3) 회귀분석

독립변수들의 선형관계를 기초로 종속변수를 예측하는 회귀분석(regression analysis)은 인적자원에 대한 미래 수요를 예측하는 경우에도 효과적으로 활용될 수 있다. 회귀분석은

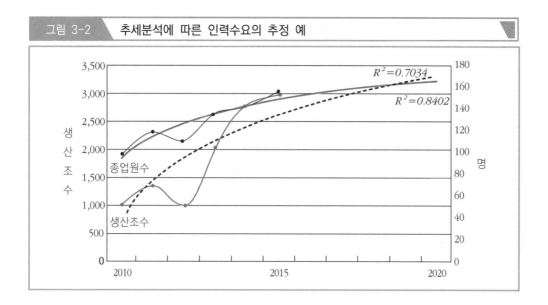

그림 3-2   추세분석에 따른 인력수요의 추정 예

일반적으로는 조직의 고용수준(종속변수)과 관련이 있는 여러 독립변수, 예컨대 매출액, 생산량, 수익, 설비투자액 등과 같은 변수 사이의 상관관계(correlation)분석에 기초를 둔다. 예컨대, 어느 기업의 고용수준과 매출액 사이에 존재하는 관계를 식(式)으로 나타낼 수 있다면 미래 고용의 예측은 미래 매출액의 예측을 통해 이루어질 수 있을 것이다. 고용수준에 영향을 미치는 변수 또는 요인이 1개라고 가정될 때는 단순회귀분석(simple regression analysis)이 사용되며, 고용수준에 영향을 미치는 변수가 2개 이상일 경우에는 다중회귀분석(multiple regression analysis)을 사용한다.

〈그림 3-3〉의 예는 어느 제조기업의 생산량(x)의 변화에 따른 종업원 수(y)의 변화 추이에 대한 연도별 자료를 기초로 두 자료 간의 상관관계를 산포도로 나타내고 있다. 그림에서 알 수 있는 것과 같이 두 변수 간에는 일정한 상관관계가 있는 것으로 나타나고 있는데 회귀분석은 산포도상의 실제점수와 추정치 간의 오차를 가장 작게 하는 회귀방정식을 찾아내는 데 목적이 있다.

독립변수가 하나일 경우 종속변수 Y의 값을 추정할 때는 일차방정식을 이용하는데, 위의 도표에 활용된 자료를 기초로 할 경우 회귀방정식은 다음과 같이 추정된다.

$$Y = 14.56 + (0.00076)(x)$$

따라서 만약 다음해의 생산량을 40,000개로 예상할 때 요구되는 인력수요는 위의 회

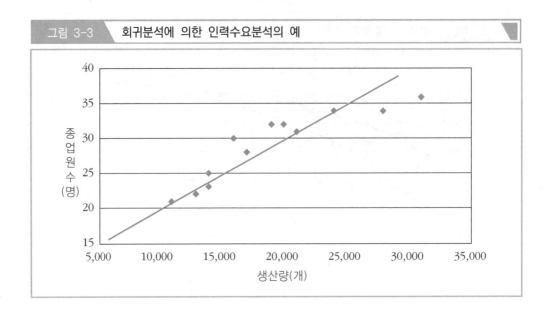

그림 3-3 회귀분석에 의한 인력수요분석의 예

귀방정식에 의할 경우 약 45명으로 추정될 수 있다. 회귀분석은 과거의 경험적 자료를 바탕으로 하고 있기 때문에 고용수준의 결정에 영향을 미칠 것으로 보여지는 신뢰할만한 변수들에 대한 역사적 자료를 확보하는 것이 무엇보다 중요하며, 아울러 생산성이나 제품믹스에 획기적인 변화가 수반되지 않을 것이 예측되는 상황에서 효과를 지닌다.[7]

또한 대부분의 경우 인적자원의 수요예측에는 다양한 요인들이 고려될 수밖에 없다는 점에서 〈그림 3-3〉과 같이 한 개 요인에 의한 수요예측이 가능한 상황은 거의 존재하지 않는다. 따라서 인적자원의 수요에 영향을 미치는 요인들을 가능한 구체적으로 찾아내는 것이 중요하며, 2개 이상의 영향요인이 고려되는 다중회귀분석의 경우에는 통계처리 소프트웨어를 활용하여 인적자원에 대한 수요를 쉽게 예측할 수 있다.

제3절 인적자원의 공급예측

1 인적자원 공급예측이란?

기업의 인력수요에 비추어 해당 기술과 능력을 지닌 인적자원을 유입할 수 있는 원천에 대한 분석이 인적자원 공급예측이다. 인적자원을 충원할 필요성이 있다고 해서 그것이 곧 외부모집의 필요성을 의미하는 것은 아니다. 외부모집에 앞서 우선 검토할 사항은 기업 내부에서 해당 직무에 요구되는 자격을 갖춘 인적자원을 공급받을 수 있는지를 확인하는 것이다.

2 내부공급예측

노동력의 내부공급은 현재 기업에 재직 중인 모든 종업원이 그 대상이 된다. 현재의 종업원들은 현재의 직위에서 계속적으로 근무함으로써 조직 내의 다른 직위로 이동 및 승진을 통하여 조직의 미래 인력수요를 충원하는 역할을 지속적으로 수행한다.[8] GE사의 전 CEO 잭 웰치(Jack Welch)는 스타직원의 빈자리를 대체할 수 있는 유일한 방법은 그 일을 할 준비가 되어있는 사람들을 선별해 후보명단을 미리 만들어두는 것이라고 했다. 그리고 조직이 안정적으로 잘 운영되고 있다면 스타직원의 빈자리는 8시간 안에 대체되어야 한다고 밝힌 바 있다.[9] 내부공급예측을 위하여 활용할 수 있는 기법으로는 다음과 같은 방법들이 있다.

1) 기능목록

기능목록(skill inventory)은 종업원의 경험, 교육수준, 특별한 능력 등과 같은 직무관련 정보를 분석·검토하여 요약한 자료를 의미한다. 즉, 종업원의 업무수행능력을 파악하는 데 필요한 개개인의 능력과 관련된 조사결과를 목록화시킨 것으로 이는 문서의 형태로 또는 컴퓨터화된 파일로 관리할 수도 있다. 기능목록에는 일반적으로 종업원의 이름, 학력, 교육훈련, 주요 직무경험, 직무관련 기술 및 능력 등과 같은 내용들로 구성된다. 유사한 내용을 관리자들을 대상으로 작성할 경우 관리자목록(management inventory)이 된다.

이와 같은 자료에 대한 지속적인 유지관리를 통하여 기업에서는 종업원의 능력을 지속적으로 관리할 수 있을 뿐만 아니라, 기존 종업원의 이탈로 직무에 공백이 발생하거나, 새로운 직무가 발생하였을 때 어떤 종업원을 전환, 승진, 이동시킬 것인지를 결정하는 데 중요한 정보를 얻을 수 있다.

2) 마코브분석(Markov analysis)

시간이 경과함에 따라 한 직급에서 다른 직급으로 이동해 나가는 확률을 기술함으로써 인적자원계획에 사용되는 모델이 마코브분석이다.

간단한 예를 통하여 마코브 분석방법을 살펴보자. 어떤 기업에서 지난 수년 동안의 직급별 승진 및 퇴사율을 살펴본 결과 〈표 3−1〉과 같은 변화가 발생하였다고 하자.

구분	1급	2급	3급	4급	5급	퇴직자(%)	현인원
1급	0.8990					0.1010	33
2급	0.0918	0.8752				0.0330	45
3급		0.0726	0.8854			0.0420	115
4급			0.1052	0.8812		0.0136	332
5급				0.0628	0.8822	0.0550	1,198

표 3-1   직급별 인력변동현황

이 표에 따를 경우 5급에서 4급으로 6.28%가 이동하고, 남아 있을 확률은 88.22%이다. 또한 5급직원 가운데 퇴직자는 5.50%를 차지하고 있다. 타직급의 이동확률도 동일한 의미를 지니고 있다. 이와 같이 직급별 승진 및 퇴사율에 의한 인력변동표를 전이행렬(transition matrix)이라고 하는데, 각 직급별 확률의 합계는 항상 1이 된다. 따라서 이와 같은 전이행렬에 의해 차후 5년간의 직급별 인력을 예측하여 보면 〈표 3−2〉와 같다.

〈표 3−2〉와 같이 직급별 인력변동추이를 예측할 수 있는 것은 다음과 같은 방식을 따른 것이다. 예컨대, 5급직원의 경우 현재 1,198명이 재직하고 있다면 이 가운데 75.2명(1,198명×0.0628)은 4급으로 승진하고, 1,056.8명(1,198명×0.8822)은 승진이 이루어지지 못하고 5급에 잔류하게 되므로 1년 후의 5급직원은 1,056.8명이 된다. 한편 4급직원의 경우에는 현재 인원 332명 가운데 88.12%인 292.5명이 잔류하고, 10.52%인 34.9명이 승진하는 대신 잔류인원 292.5명에 5급에서 승진한 75.2명이 더해지게 되므로 1년 후 4급인원의 총수는 367.7명으로 추정될 수 있다. 만약 2년 후의 인력이동의 예측치를 구하고자 한다면 1년 후의 인력구조자료를 기초로 위와 동일한 방식을 적용하면 될 것이다.

이상의 예에서 알 수 있는 바와 같이 마코브모형은 전이행렬에 반영된 배치패턴에 따라 현재의 인적현황을 이동시킴으로써 미래의 인적공급을 예측할 수 있을 뿐만 아니라, 미래의 인력구조를 예측하는 데도 도움이 된다. 예컨대, 〈표 3−2〉에 나타난 결과에 따를

표 3-2	직급별 인력변동추이예측					
	현인원	1년 후	2년 후	3년 후	4년 후	5년 후
1급	33	33.80	34.76	35.98	37.53	34.49
2급	45	47.64	51.51	56.56	62.60	69.44
3급	115	136.75	159.77	182.54	203.97	223.36
4급	332	367.79	390.47	402.64	406.46	403.74
5급	1,198	1,056.88	932.38	822.54	725.65	640.17

경우 5년 후에는 〈그림 3-4〉와 같이 상위직급에서 인사적체현상이 심화될 수 있음을 알 수 있기 때문에 그에 따른 대책수립의 필요성을 발견할 수 있다.

마코브분석은 위의 사례에서처럼 직급별 인력이동을 예측하는 상황뿐 아니라 직종별로 인력이동을 예측하는데도 활용될 수 있다는 점에서 현장에서 널리 사용되고 있으나 몇 가지 한계점도 지니고 있다.[10] 예컨대, 전이확률이 비교적 안정성을 지니고 있어야 한다는 것이 전제되어야 할 뿐 아니라 마코스분석을 위해서는 정확히 측정될 수 있어야 한다. 또한 각각의 직위에 극히 소수의 종업원이 재직하고 있는 경우에는 전이확률을 신뢰하기 어려운 경우도 있어서 적어도 각각의 직급이나 직무에 50인 이상이 있어야 유효성을 지니는 것으로 제시되고 있다.[11]

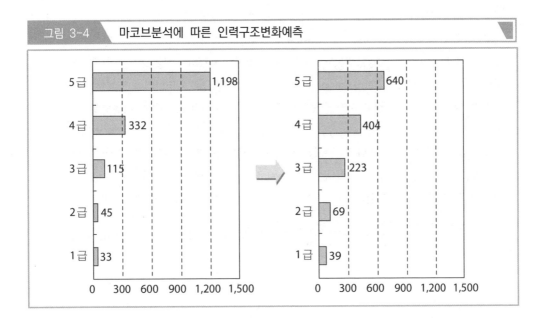

그림 3-4 마코브분석에 따른 인력구조변화예측

3) 후계자계획(succession planning)

애플사의 최고경영자 스티브 잡스(Steve Jobs)가 사망하기 이전 애플사의 주주총회에서는 체계화된 후계자계획의 수립과 공개의 문제가 이슈가 된 적이 있다. 해당 계획에 따르면 이사회는 매년 후계자계획을 재검토해야 하며 내부 후계자 후보를 발굴하고, 비상시를 위한 후계자계획을 마련해야 한다. 이와 같이 전문경영자가 기업성과와 성공에 지니는 중요성이 높아지면서 후계자계획에 대한 중요성도 더욱 커지고 있다. 따라서 후계자계획은 현재 또는 미래시기에 조직을 효과적으로 이끌어 나갈 수 있는 경영자의 조건을 구체화하고 그에 적합한 경영자를 파악하여 미래의 경영승계가 효과적으로 이루어지는 데 의미있게 사용되어질 수 있다. 우리나라 일부 대기업들에서도 후계자계획이 체계적으로 수립되지 못하여 경영권다툼과 기업의 이미지손상, 경영현장에서의 여러 문제들이 나타났던 점을 생각하면 후계자계획이 얼마나 중요한지 알 수 있을 것이다.

쉬어갑시다 　　　　　　　**스타의 이동에 대비하라**

2001년 여름 어느 날 가전사업부의 CEO인 Larry Johnson이 찾아와 웨스트코스트의 거대 식품 및 제약회사인 Alberson사의 CEO자리를 맡게 되었다고 통보하였다. Larry는 대단한 경력과 훌륭한 명성을 지닌 사람으로 GE에서 요직을 차지하고 있었다. 그가 떠난다는 통지에 우리는 거의 숨이 막힐 지경이 되었지만 우리는 신속히 움직였다. 그날 오후 4시 우리는 가전사업부의 판매관리자였던 Jim Campbell을 가전사업부 CEO로 임명하였다. 알버슨은 대단한 CEO를 얻었으며, GE도 결코 시기를 놓치지 않았다. Jim은 자리를 이동해 다음날부터 새로운 일을 맡아 수행했다.

스타직원의 빈자리를 신속하게 대체할 수 있는 유일한 방법은 그 일을 할 준비가 되어 있는 사람들을 선별해 후보명단을 미리 만들어 두는 것이다. 스타직원이 떠날 때까지 기다렸다가 대체 프로세스를 시작하지는 마라. 그 때는 적합한 인물을 찾기에 너무 늦은 시기이다.

<자료> 잭 웰치·수지 웰치(2005). 위대한 승리, 김주현(역), 서울: 청림출판, p. 141.

3 외부공급예측[12]

기업에 필요한 인적자원을 기업 내부에서 확보하기 어렵다면 당연히 외부의 공급조건을 분석하고 예측할 수 있어야만 한다. 그러나 인적자원의 필요가 발생하였다고 해서 곧바로 새로운 인력을 선발하고 고용할 수 있는 것은 아니다. 산업과 지역, 기업의 특성에 따라 필요로 하는 인적자원의 요건이 달라지기 때문이다.

외부공급분석도 필요로 하는 인적자원의 규모와 그에 따른 생산성, 배치 등에 대한 고려가 이루어진다는 점에서 내부공급예측과 기본적인 면에서는 큰 차이가 없다. 그러나 외부공급예측은 현재 기업이 운용하고 있는 모집 및 선발활동이 계속된다는 가정 아래 기업 외부로부터 유입될 수 있는 인적자원의 공급에 초점을 두게 된다.

따라서 과거의 고용패턴을 분석함으로써 기업 내의 각 직무에 어느 정도의 인적자원이 유입되었는지를 분석할 수 있다면 외부공급예측을 위한 기초자료를 확보할 수 있다. 즉, 이들을 대상으로 하여 수적 규모, 경력과 능력, 성별 유형, 노동비, 구체적인 입직경로 등을 분석함으로써 현재 기업이 필요로 하는 세부적인 수요상황에 맞추어 외부의 공급조건을 보다 명확히 밝혀낼 수 있는 것이다.

이와 아울러 외부노동시장에 대한 분석을 통하여 기업이 필요로 하는 인력의 공급상황에 대한 유용한 정보를 확보할 수 있다. 노동부 및 고용관련기관에서 발간하는 각종 고용관련 통계자료를 통하여 우리나라 노동시장의 전반적인 현황과 추이를 분석할 수 있으며, 이를 통하여 미래의 인력구조의 변화양상에 대한 미래지향적 정보를 확보할 수 있다. 그러나 이와 같은 자료는 거시적인 동향에 초점을 맞추는 경향이 있으므로 인력양성 및 교육기관, 지방정부 및 유관단체 등을 통하여 기업이 속한 산업과 업종, 지역 내에서의 인력공급에 대한 구체적인 정보도 동시에 활용되어야 할 것이다.

 **쉬어갑시다**   "삼성 피플팀·롯데 스타팀...대기업 인사팀은 변신 중"

대기업 인사팀들이 변화한 시대상에 맞춰 인재를 양성하고 외부 인재를 영입하기 위해 발 빠르게 변신하고 있다. 롯데그룹이 외부 인재 확보부터 최고경영자 양성까지 핵심 인재 관리를

전담하는 '스타팀'을 신설했고, 삼성전자도 조직 개편을 통해 각 사업부 인사팀을 '피플팀'으로 바꿨다. 16일 업계에 따르면 삼성전자는 지난달 조직 개편을 통해 사업부별 인사팀의 명칭을 모두 피플팀으로 바꿨다.

삼성전자가 인사부 명칭에서 '인사'라는 단어를 뺀 것은 1969년 창립 이래 처음이다. 삼성전자가 인사부의 명칭을 피플팀으로 변경한 것은 회사의 관점에서 인적 자원을 채용하고 배치하기보다는 인재가 경력을 개발하고 상호 협력과 소통할 수 있는 터전을 마련하는 데 방점을 두기 위해서다. 그동안 피플팀은 우아한형제들이나 원티드랩 등 스타트업에서 주로 운영됐다.

삼성전자는 2019년 우아한형제들을 방문해 사내 문화를 살펴보는 등 스타트업 조직 문화에 관심을 가져왔다. 이후 삼성전기는 지난해 3월부터 인사팀을 피플팀을 운영하고 있으며, 삼성 디스플레이도 삼성전자와 같은 시기에 인사팀 명칭을 피플팀으로 변경했다.

롯데그룹도 지난해 4월 롯데지주 내 스타팀을 신설했다. 스타팀은 기존 인재 육성팀의 역할을 세분화한 것으로, 외부 핵심 인재 확보부터 최고경영(CEO) 양성까지 핵심 인재 관리를 전담한다. HR 조직도 기존 3개 팀, 2개 위원회에서 스타팀, 인재전략팀, 기업문화팀, 업무지원팀 4개 팀 체계로 변경했다.

스타팀은 지난해 김희천 고려대 경영학과 교수를 롯데인재개발원장으로 영입한 것을 시작으로 지난해 연말 인사에서는 그룹의 모태인 롯데제과 대표에 이창엽 전 LG생활건강 사업본부장을, 롯데멤버스 대표에는 김혜주 신한은행 상무를 각각 영입했다. 지난해 롯데그룹 임원급 인사 평가도 스타팀에서 처음으로 진행했다.

롯데는 최적의 인재가 역량을 발휘할 수 있는 환경과 그룹사별 인사 자율성을 확대해 더욱 강한 조직문화를 조성한다는 방침이다.

신동빈 롯데그룹 회장은 지난해 신년사와 사장단 회의인 'VCM' 메시지 등을 통해 조직 개방성과 기업가치 제고를 지속해서 강조해 왔다.

재계 관계자는 "과거 대기업 인사부서가 인력의 배치와 관리 역할을 주로 맡아왔다면 이제는 인재와 회사의 연결에 방점을 두는 분위기다"라며 "회사 중심에서 인재를 중심으로 패러다임이 바뀌고 있는 것"이라고 설명했다.

<자료> 연합인포맥스. https://news.einfomax.co.kr. 2023.1.16.

제4절   인적자원 수요와 공급의 대응

1   수요와 공급대응의 절차

인적자원의 수요와 공급의 현황을 파악하고 미래의 상황을 예측하고 나서 인적자원계획을 시행하기 위한 마지막 과정은 수요와 공급의 균형을 조정하는 행동프로그램(action program)단계이다. 즉, 예측된 인적자원수요를 전망된 가용인적자원에 대응시킴으로써 어떤 특정한 시기에 수급균형을 이룰 수 있는 여러 가지 행동방향을 결정하게 된다.

일반적으로 인적자원의 수요와 공급에 대한 예측과정에서 나타날 수 있는 결과는 〈그림 3-5〉와 같다.

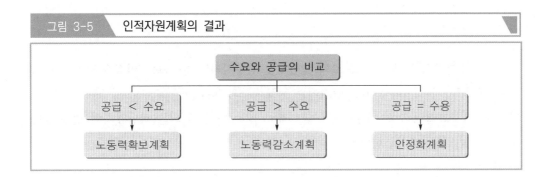

그림 3-5   인적자원계획의 결과

2   수요가 공급을 초과하는 경우

인적자원에 대한 수요가 공급을 초과하는 경우는 사업의 확장, 생산라인과 공장의 증설, 현재 종업원들이 지니고 있는 요건이 미래의 기업요구를 충족시키기에는 부족한 경우 등과 같은 다양한 상황을 통해 발생할 수 있다.

이와 같은 경우 활용 가능한 대안은 다음과 같다.

1) 재 훈 련

기존의 종업원이 직무수행능력이 저하되었다고 판단될 경우에는 직무이동을 통해 직무수행의지를 자극하거나, 미래의 기술혁신 등에 대비하여 평소부터 착실히 대비하는 체계적인 교육프로그램의 적용도 바람직하다.

2) 경력관리

종업원의 직무담당 환경의 변화에 따라 경력욕구에 부응하기 위해 경력경로를 설정하고 이에 따라 인사이동을 함으로써 종업원에게는 동기부여의 요인이 되고 기업 쪽에서는 생산성 증대 효과를 거둘 수 있기 때문에 양쪽에 이익이 될 수 있는 체계적인 방법이다.

3) 생산성 향상계획

노동의 효율성을 제고시킴으로써 생산성을 향상시키는 방법으로 인적자원의 질적 공급능력을 증가시키는 방안이다. 여기에는 근로생활의 질(quality of working life)을 개선하기 위한 프로그램의 수립, 또는 생산성을 저하시키는 요인이 되는 작업규칙의 변경 등에 대한 대안이 설정되기도 한다.

4) 고용관리체계의 변화

위의 방법들이 즉각적이고 단기적 차원에서 시행하기 어려운 반면에 현실적인 노동력 부족에 대응하기 위한 방법으로 종업원들에 대한 고용관리를 변화시키는 방법을 활용할 수 있다. 이에는 정년을 연장하거나 퇴직자를 재고용하는 방법과 더불어 현재 종업원들의 이직의 원인을 면밀히 분석하고 그에 따라 체계적으로 이직감소를 위한 제도를 정비하는 등의 방법을 시도하는 것도 포함된다. 또한 임시직이나 계약직 사원의 고용, 외주 및 하도급의 활용, 재직종업원의 연장근무 및 휴일근무 등도 일시적인 공급부족상황에서 효과적으로 사용되어진다.

5) 고용계획의 수립과 추진

이와 같이 다양한 내부적 대안에도 불구하고 중장기적 차원에서 인력의 필요가 예측될 경우 유능한 외부인력의 확보를 위한 조치가 필요해진다. 이와 관련된 구체적 내용과 절차는 다음 장에서 다루어질 것이다.

3 공급이 수요를 초과하는 경우

인적자원계획의 결과 공급이 수요를 초과하여 조직 내에 잉여인력의 존재가 예상된다면 노동력 축소를 위한 대안의 모색이 불가피해진다. 이에 대한 구체적 방안으로는 신규채용중지, 전출, 작업분담, 교육훈련과 시설 및 장비유지에 종업원 투입 등과 같은 단기적 방안과 조기 또는 명예퇴직제 실시, 해고 등과 같은 장기적 대응방안을 고려할 수 있다. 해고는 조직의 인력유지에 따르는 인사관리상의 부담을 한번에 해소할 수 있는 수단이 될 수 있으나 조기퇴직, 명예퇴직, 작업공유, 전출, 직무신설 등의 여러 방법을 고려한 후 마지막 방법으로 활용되어야 한다. 이는 해고가 노사관계와 노동조합문제, 그리고 정부의 노동관계법령 등에 관련되어 있을 뿐만 아니라, 기업의 이미지개선에도 바람직하지 못하기 때문이다. 또한 남아있는 종업원들에게는 동료들과의 협력과 배려보다는 자기중심적 사고를 하도록 만들고, 미래에 대한 희망이 없다고 인식하기 때문에 회사에 대한 애착과 업무동기는 하락하고 다른 직장이나 일자리에 대한 탐색을 시도하도록 만든다.[13] 실제적으로 경영상의 어려움으로 종업원들을 해고하였다가 우수한 종업원들이 경쟁기업으로 옮겨감으로써 기업에 어려움이 가중된다거나, 경기회복에 따라 신입사원들을 충원하더라도 과거와 같은 숙련된 종업원들을 확보하지 못하여 경영활동에 차질을 빚는 인적자원계획의 실패사례도 자주 발견된다.

따라서 공급초과가 기대되는 상황에서는 고용규모의 축소 또는 연기, 근로시간을 축소하는 대신 해당 시간을 종업원들에 대한 재교육 및 설비유지를 위한 여유기간으로 활용하는 방법, 조기퇴직자에 대한 인센티브의 제공 등과 같은 다양한 방법을 결합하는 방식을 채택하는 것이 바람직할 것이다. 또한 종업원을 해고하는 것보다는 종업원들의 근무시간 조정과 임금삭감을 통하여 현재의 위기를 극복하는 방법을 선택할 수도 있으며, 이같은 경우 경영진에 대한 신뢰와 함께 솔선수범하는 모습이 선행되어야 한다. 한편 고용노동부가 실시하는 고용유지지원제도를 효과적으로 사용할 수 있다. 이 제도를 활용하면 생산량, 재고량의 증가 등으로 고용조정이 불가피하게 된 사업주가 근로자를 감원하지 않고 일시휴업, 훈련, 휴직, 인력재배치 등 고용유지조치를 실시하고 그에 따른 임금·수당 및 훈련비를 지원받을 수 있다. COVID-19로 인한 매출감소로 관련업체가 큰 타격을 받았을 당시 여행업계와 도소매업, 음식 및 숙박업계의 상당수가 고용유지지원금을 신청·활용하기도 하였으며, 많은 기업들이 이 제도를 위기극복의 대안으로 활용하고 있다.[14]

제5절   정원관리

1 정원관리의 의의와 기능

정원관리란 기업의 목적달성을 위하여 각 부서별로 필요한 인원을 결정하고 이를 유지, 운용, 통제하는 활동을 의미한다. 즉, 경영능률의 향상, 적정인건비의 지출, 선발계획 등을 위해 부서별로 필요한 인원을 산정하고 조건의 변화에 따라 정원을 수정, 적정수준을 유지시켜 나가는 활동이라고 할 수 있다.

그러므로 정원관리는 주어진 직무구조와 조직규모에 대한 적정인원 개념으로서 직무분석과 인적자원계획을 연결시켜 주는 연결고리(linking pin)로서의 역할을 한다. 뿐만 아니라 잉여인력의 축소나 적정인원 유지를 위한 인적자원 비용관리의 합리화를 기할 수 있는 기초를 제공한다. 따라서 정원관리는 조직운영의 필요성에 따라 조직정원, 법정정원, 시설정원, 긴축정원 등으로 다르게 적용되기도 한다. 한편 정원관리는 구체적으로 다음과 같은 기능을 수행한다.

- 기업이 고용 가능한 정원을 결정하면 그에 따라 지급 가능한 임금수준을 결정할 수 있다.
- 현재 보유하고 있는 노동력의 과부족 여부를 파악할 수 있다.
- 신규종업원의 부서별 배치기준이 된다.
- 선발계획 및 인건비 산출의 기초자료가 된다.

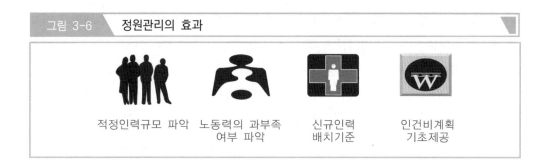

그림 3-6	정원관리의 효과

적정인력규모 파악　노동력의 과부족　　신규인력　　　인건비계획
　　　　　　　　　여부 파악　　　　배치기준　　　기초제공

2 정원계획

정원계획은 〈그림 3-7〉과 같이 각 부문별로 수립된 부문계획을 인사부문에서 정리하고 조정단계를 거쳐 최종적으로 수립된다. 즉, 정원계획의 수립은 미시적 방법과 거시적 방법에 의해 이루어진다.[15]

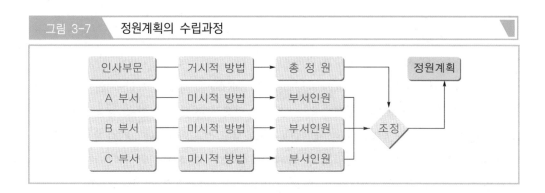

그림 3-7	정원계획의 수립과정

미시적 산정방법은 업무량과 업무내용의 변화에 따라 필요한 인원이 증감한다는 사실에 기초하여, 업무량의 파악에 의해 정원을 산정하는 것으로 정원을 직무별·직종별로 파악한 후 이를 합산하여 총정원을 산출하는 방법이다.

거시적 산정방법은 종업원을 인적자산인 동시에 임금의 지급대상으로서 비용의 원천으로 파악하여 기업의 임금부담을 고려한 지불능력의 차원에서 이루어진다. 보통 인사부서에서는 거시적 방법으로 총소요인원을 산정하고 각 단위부서에서는 미시적 방법을 사용하여 각 부서에 필요한 소요인원을 산정하게 된다.

그러나 이와 같은 두 가지 측면에서 산정한 소요인원이 일치하기는 매우 어렵기 때문에 반드시 조정단계를 거쳐 소요인원을 결정하는 것이 바람직하다. 거시적 계획과 미시적 계획의 차이를 일치시키기 위하여 행하는 조정에는 상당한 어려움이 뒤따른다. 일반적으로 각 부서에서 행하는 미시적 방법에 의한 정원계획은 각 부서의 입장을 강하게 반영하므로 소요인원이 늘어가기 마련이다. 따라서 정원계획의 수립에 앞서 각 부서에 정원계획수립에 관한 방침을 철저하게 주지시키고 기초자료를 통일시킬 필요가 있다. 나아가 인사부문과 각 부서 간의 의사소통을 원활히 함으로써 소요인원에 대한 이견차이를 좁혀야 한다.

3 정원산정의 방법

앞서 살펴본 것과 같이 정원계획수립을 위한 정원산정방법에는 거시적 방법과 미시적 방법이 있다.[16]

1) 거시적 정원산정방법

(1) 손익분기점에 의한 방법

이 방법은 손익분기점분석(break-even point analysis)에 의해서 기업이 의도하는 이익을 실현할 수 있는 매출액을 결정하고, 이것을 바탕으로 지불 가능한 보상총액을 결정한 뒤 보상총액을 동업타사와의 비교, 물가변동, 노동시장의 변화 등을 고려하여 결정한 1인당 평균보상액으로 나누어서 정원을 산정하는 방법이다. 따라서 기업이익을 전제로 하여 그것을 보장해 줄 수 있는 채산성이 있는 종업원 수를 양적으로 파악할 수 있다.

(2) 노동생산성에 의한 방법

기업이 경영활동의 결과로 창출한 부가가치는 기업에 대한 이익과 종업원에 대한 보상으로서 배분되므로 종업원 1인당 부가가치, 즉 노동생산성의 크기가 매우 중요하다. 따라서 노동생산성은 정원산정의 중요한 지표가 된다. 이 방법은 부가가치목표액과 노동생산성목표를 설정하고 이것을 바탕으로 정원을 산정하는 것이다. 즉, 목표부가가치를 노동생산성목표로 나누어서 정원을 산정하는 방법이다.

(3) 노동분배율에 의한 방법

이 방법은 기업이 창출한 부가가치의 종업원에 대한 보상으로서 배분비율인 노동분배율을 기초로 정원을 산정하는 방법이다. 즉, 부가가치목표액을 결정하고 노동분배율을 과거 자료의 회귀분석이나 동업타사와의 비교 등을 통해서 결정하면 종업원에 대한 보상총액을 산정할 수 있다. 이 보상총액을 의도하는 1인당 평균보상액으로 나눔으로써 정원을 산정하는 방법이다.

(4) 인건비비율에 의한 방법

이 방법은 매출액과 보상총액과의 비율인 인건비비율을 기초로 정원을 산정하는 방법으로서, 노동분배율에 의한 방법과 같은 요령으로 정원을 산정하지만 노동분배율에 의한 방법이 목표부가가치와 노동분배율을 이용하는 데 비해서 이 방법은 목표매출액과 인건비비율을 사용한다는 점에서 차이가 있다. 따라서 노동분배율에 의한 방법이 보다 정확하다고 할 수 있으나 매출액에서 차지하는 부가가치의 비율을 산정하기 어려울 경우에는 이 방법을 사용한다.

2) 미시적 정원산정방법

(1) 직무분석에 의한 방법

앞서 제2장에서 살펴보았듯이 직무분석은 정원을 산정하는 데 있어서도 매우 효과적으로 활용될 수 있다. 특히 거시적 산정방법이 개별종업원의 업무와는 무관하게 비용적 차원에서 인건비에 초점을 두고 정원을 산정하는 데 비하여 직무분석에 의한 방법은 실제 현장에서 종업원들에 의해 이루어지는 직무의 내용과 양, 그리고 그와 같은 직무를 수행하는 데 소요되는 시간을 고려하여 정원을 산정한다는 점에서 거시적 정원산정방법을 현실적으로 보완하는 데 매우 유용하게 활용되어진다.

일반적으로 직무분석에 의한 정원산정은 개별종업원들에 의해 수행되어지는 업무의 양적 수준과 그와 같은 업무를 수행하는 데 소요되는 시간을 계산하여 이루어진다. 따라서 표준업무시간 대비 실제 업무처리에 소요되는 시간을 상호대비하여 인력의 과다와 여유를 산출하는데, 이 때 표준시간은 〈그림 3-8〉과 같이 구분하여 적용한다. 그러나 수행업무가 비정형화된 경우에는 위와 같은 방법으로 정원을 산정하기가 곤란하다. 동작의 표준화와 그에 따른 표준시간의 측정이 거의 불가능하기 때문이다.

따라서 이 경우에는 ① 동일직종이나 동일규모의 타기업이 보유하고 있는 정원을 참고로 하거나, ② 인력소요량에 대한 연도별 변동상태를 면밀히 관찰하여 이의 과부족원인을 찾아냄으로써 정원수를 이에 맞추어 조정하고, ③ 업무의 성격상 표준화된 작업방법과

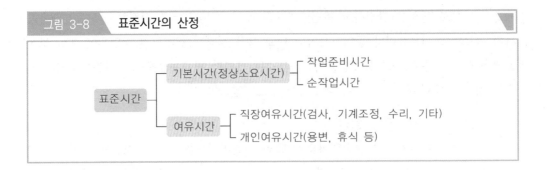

그림 3-8   표준시간의 산정

시간을 측정하기 곤란하더라도 정원의 산정을 중요시해야만 할 직종이 있을 경우에는 이를 선정하여 1인당 표준작업량을 산정하도록 해야 한다.

(2) 시간연구에 의한 방법

이는 작업자가 해당 작업에 투여한 실제시간을 스톱워치를 이용하여 측정하고 이를 기초로 표준시간을 구하여 정원을 산정하는 방법이다. 이는 테일러(F. W. Taylor)에 의해 과업관리의 수단으로 사용하기 시작하여 생산직 종사자들의 표준작업시간을 측정하여 정원산정을 하기 위한 방법으로 활용되어 왔다.

Post-Case   **[노동뉴스] 고용부, 지역 수요에 맞는 외국인력 공급위해 지역 수요조사 착수**

고용노동부가 '2023년 제2차 고용허가제 중앙-지방 협의회'를 개최하고 17개 광역지자체와 함께 지역별 외국인력(E-9) 수요조사 및 중앙-지방 체류지원 협업 강화방안을 논의했다. 고용노동부는 지역별 외국인력 수요조사를 마친 뒤 2024년 외국인력 도입 규모를 확정지을 방침이다. 정부는 산업현장 인력난에 대응하기 위해 올해 외국인력(E-9) 도입 규모를 역대 최대 수준인 12만명으로 늘리는 등 고용허가제를 확대 및 개편하고 있다. 또한 지역 취업인구 감소로 현장 구인난을 겪고 있는 지자체와 협업 체계를 구축함으로써 고용허가제 개편 및 운영 개선을 도모하고 있다.

고용노동부는 지난 7월 6일 1차 중앙-지방협의회를 통해 지역 인력수요 등 현장 의견에 기반한 중앙정부와 지자체 간 협업을 위한 공감대를 형성한 바 있다. 이번 2차 협의회는 내년 외국인력 도입 계획 수립에 앞서 지역의 외국인력 수요를 정확히 파악하는 동시에 외국인력이 지역산업현장에서 안정적으로 근무할 수 있도록 중앙과 지방이 각자 역할을 잘 할 수 있는 지역별 맞춤형 체류지원 방안을 논의하는 자리로 진행됐다.

지역 단위 인력수요 조사는 이번이 처음 실시되는 것으로, 지자체에서 인력수요를 보다 정밀하게 진행할 수 있도록 전국단위 통계분석 기법을 공유하는 등 지역별 특성에 맞는 조사 방식과 기법이 발전될 수 있도록 지원할 방침이다. 고용노동부는 지역의 수요와 전반적인 인력수급 전망 추계 등을 감안하여 현장에서 필요로 하는 인력이 제때에, 부족하지 않은 수준으로 공급될 수 있도록 조속한 시일 내 내년도 외국인력 도입 규모를 확정할 예정이다.

한편, 산업현장 인력난 해소를 위해 외국인력 도입 규모가 늘어나는 만큼, 이들의 안정적인 체류지원을 위해서는 중앙정부와 지역이 서로 강점이 있는 분야에 역할을 분담할 필요성도 대두됐다. 외국인근로자 상담, 교육·훈련, 생활 지원 등 체류기간 전반에 걸친 체계적 관리를 위해 중앙과 지방이 시너지를 낼 수 있도록 각각의 장점을 살려 협업하기로 한 것이다.

이에 내년부터 민간보조 방식의 외국인노동자 지원센터 운영사업을 정부 직접 수행방식으로 개편하고, 고용노동부는 직장생활과 관련한 고충상담 특화 서비스를 제공하고, 지자체는 지역 문화체험, 교류 모임, 의료·생활정보 제공 등에 책임있는 역할을 맡는 방안에 대해 논의했다.

고용노동부 차관은 "국가 재정의 중복 투자를 최소화하면서, 외국인 근로자의 안정적인 주거·생활 지원을 강화해 나가기 위해서는 중앙과 지방이 각자의 강점을 살린 책임 있는 역할이 필요하다"며 "산업현장 구인난 해소를 위해 우리나라 노동시장에 외국인력이 더 많이 들어오는 만큼, 지자체 자체적으로도 체류지원을 위한 책임 있는 역할과 최선의 노력이 요구된다"고 강조했다.

이어 "이번 중앙-지방 협의회를 통해 지역과 함께 20여 년 묵은 고용허가제 개편 논의를 위한 첫 발을 뗀 만큼, 앞으로도 중앙과 지역 간, 중앙부처 간 협업 체계를 더욱 공고히 다져나가겠다"며 덧붙였다.

<자료> <노동뉴스, 고용부, 지역수요에 맞는 외국인력 공급위해 지역 수요조사 착수>
아웃소싱타임즈, 2023.10.18.

제3장 학습문제

1. 기업에서 인적자원계획이 필요한 이유는 무엇 때문입니까?

2. 인적자원의 수요예측기법으로서 델파이기법이 효과성을 지니는 이유는 무엇 때문입니까?

3. 추세분석과 회귀분석을 통하여 인적자원의 수요를 예측하는 사례를 찾아 직접 시행하시오.

4. 마코브분석을 통하여 인적자원의 공급추세를 예측할 수 있는 사례를 찾아 직접 시행하시오.

5. 인적자원계획결과 인적자원의 공급이 수요를 초과하는 경우에 기업이 취할 수 있는 대안에 대하여 정리하시오.

6. 거시적 정원관리의 사례를 경험할 수 있는 기업현장의 자료를 찾아 직접 시행하시오.

7. 최근 우리나라 노동시장에서 인력공급에 영향을 미치는 주요 환경변화요인에 대하여 토론하시오.

8. 후계자계획의 중요성을 성공과 실패사례를 통하여 제시하시오

참고문헌

제3장

1) Mondy, R. W. & Noe III, R. M.(1993). *Human resource management,* 5th ed., Needham Heights, Mass: Allyn and Bacon., pp. 146-147.

2) 김종재·박성수·정중부(2004). 인적자원관리, 서울: 법문사, p. 164.

3) Fisher, C. D., Schoenfeldt, L. F. & Shaw, J. B.(2003). *Human resource management,* 5th ed., New York: Hourhton Mifflin Co., p. 107.

4) Cascio, W. F. & Award, E. M.(1981). *Human resources management: An information system approach,* Reston, pp. 189-199.

5) Fisher, C. D., Schoenfeldt, L. F. & Shaw, J. B.(2003). *op.cit.,* p. 108.

6) DeNisi, A. S. & Griffin, R. W.(2001). *Human resource management,* New York: Hourhton Mifflin Co., p. 157.

7) Dyer, L.(1982). *Human resource planning,* In R. Kendrith & G. Ferris(Eds.), *Personnel management,* Boston: Allyn and Bacon, p.53.

8) Fisher, C. D., Schoenfeldt, L. F. & Shaw, J. B.(2003). *op. cit.,* p. 110.

9) 잭 웰치·수지 웰치(2005). 위대한 승리, 김주현(역), 서울: 청림출판, pp. 140-141.

10) Fisher, C. D., Schoemfeldt, L. F. & Shaw, J. B.(2003). *op. cit.,* p. 117.

11) Niehaus, R. N.(1980). *Human resource planning flow models, Human Resources Management,* 3, pp. 177-187.

12) 김종재·박성수·정중부(2004). 전게서, pp. 180-181.

13) Noe, R. A., Hollenbeck, J. R., Gerhard, B. & Wright, P. M.(2013). *Human resource management,* 8th ed., 김용민 외(역), 경문사, p. 187.

14) 매일노동뉴스, 고용유지지원금 지원기간 270일로 90일 연장, 2021.6.4.

15) 강정대·황호영(2003). 현대인적자원관리, 서울: 박영사, pp. 123-124.

16) 김종재·박성수·정중부(2004). 전게서, pp. 154-157.

제 2 부

확보관리

제4장   채용관리
제5장   인사이동

Human Resource Management

CHAPTER 4

채용관리

제1절 채용관리
  1. 채용관리의 의의 및 중요성
  2. 채용 시 고려사항

제2절 모집활동
  1. 모집의 의의 및 중요성
  2. 모집전략
  3. 모집활동

제3절 선발관리
  1. 선발의 의의
  2. 선발의 기준
  3. 선발의 절차

  4. 선발시험과 면접
  5. 선발도구의 합리적 조건

제4절 배치관리
  1. 배치관리란?
  2. 적정배치의 방법

제5절 채용관리의 새로운 이슈
  1. NCS기반 채용관리
  2. 역량면접
  3. 직무에세이
  4. 창의성 면접

Warming-up

채용관리는 인적자원계획과정을 통해 기업에서 필요한 인력의 요건과 규모가 결정되면 그 과정이 시작된다. 즉, 채용관리는 인적자원계획을 통해 밝혀진 양질의 인적자원을 필요로 하는 인원 수만큼 조달하여 기업이 필요로 하는 시기에 노동력을 발휘할 수 있도록 모집·선발·배치하는 체계적인 활동이다.

오늘날 많은 기업들에서는 인적자원의 가치와 중요성을 인식하면서 그 어떤 분야보다 채용관리에 많은 관심을 기울이고 있다. 즉, 과거에는 대규모 정기공채와 '그물형' 채용방식을 활용하여 우수한 능력을 가지고 있는 사원을 미래에 필요한 예상인력까지 한꺼번에 확보하였다가 필요한 기업활동 영역에 배치하여 활용하였다. 그러나 최근에는 '작살형', '핀셋형', '낚시형' 채용으로, 그리고 '소규모 수시채용방식'으로 인적자원의 확보방식이 변화하고 있다.

이와 같이 채용관행이 변화하고 있는 것은 인재에 대한 시각 변화, 고용관리에 들어가는 비용증가, 노동시장의 여건변화 등에 따른 것이지만, 무엇보다도 사람이 기업경쟁력을 결정하는 데 일차적인 요인이라는 것을 인식한 결과이다.

한편 채용관리를 합리적으로 수행하기 위한 채용계획은 모집활동에서 시작된다. 모집은 다수의 지원자를 적은 비용으로 확보할 수 있는 효율성 관점에서 다루어지며, 그 방법은 기업 내부의 인력을 대상으로 하는 내부모집과 외부노동시장의 취업희망자를 대상으로 하는 외부모집으로 구분된다. 모집활동은 우수한 인적자원을 선발하기 위하여 지원자의 수를 양적으로 키우는 데 초점이 있는 반면, 선발관리는 조직과 직무가 요구하는 자격요건에 가장 적합한 우수인재를 선택하는 과정이라는 점에서 양자 간에 목적의 차이가 있다.

선발의 절차는 정형화된 틀이 있는 것은 아니며, 선발의 목적을 달성하기 위하여 기업의 특성에 적합한 절차를 선택하거나 선발시험, 면접과 같은 선발도구를 활용하여 선발의 효율성을 향상시킬 수 있다. 그러나 어떤 방법을 활용하든 선발도구의 신뢰성과 타당성을 확보하는 것이 매우 중요하다. 이에 따라 우리나라 기업들도 과거에는 필기시험에 의존하는 비중이 매우 높았으나, 최근에는 필기시험의 비중이 약화되는 반면 각종 심리검사와 면접의 비중이 높아지고 있다.

마지막으로 채용관리의 중요한 부분을 차지하는 배치는 선발된 지원자를 기업 내의 각 부서에 배속시켜 직무를 할당하는 것으로, 적재적소의 원칙을 실현하는 것이 가장 중요하다. 이를 위해서는 직무가 요구하는 요건과 사람이 지니고 있는 자질이 부합될 수 있도록 하여야 한다.

그러나 이와 같이 선발과정에서 다양한 테스트와 조사를 실시하고 적재적소의 원칙에 따라 신중한 배치를 하였다고 하더라도 시간의 경과에 따라 부적격자가 나타날 수 있다. 따라서 기업은 빠른 시간 내에 부적격자가 발생하게 된 원인을 분석하고 검토하여 이에 대한 신속한 조치를 취해야 한다.

CHAPTER 4

채용관리

1 채용관리의 의의 및 중요성

1) 채용관리란?

인적자원관리는 사람을 채용하는 것으로부터 시작되므로 채용관리는 인적자원관리의 성패를 좌우하는 중요한 분야이다. 오늘날 기업가치의 상당부분은 유형자산보다는 지식 기반경제, e-비즈니스 등의 무형자산에서 생성되므로 인적자원이야말로 가치창출의 원 동력이라 할 수 있다. 즉, 조직의 경쟁력은 구성원들의 역량에 따라 그 승패가 좌우된다. 따라서 경영자들은 우수인재의 채용과 활용을 주요 과제로서 실천하여야 한다.

채용관리는 조직의 인적자원계획에 기초하여 기업이 필요로 하는 양질의 인적자원을 기업이 필요로 하는 인원수만큼 조달하여 기업이 필요로 하는 시기에 노동력을 발휘할 수 있도록 모집(recruitment) · 선발(selection) · 배치(placement)하는 체계적인 활동이다.[1]

이러한 채용활동을 통해 뛰어난 직무성과로 조직에 기여할 우수한 인적자원을 확보 하기 위해서는 채용과정에서 다음과 같은 과제를 해결할 필요가 있다.

• 기업: 어떻게 하면 원하는 우수한 인적자원을 가장 효율적으로 확보할 수 있을 것인가?

• 정부: 어떻게 하면 채용과정에서 특정인이 비합리적인 차별이나 불이익을 받지 않게 보호할 수 있을 것인가?

한편 조직 내부로부터의 채용은 승진이나 재배치에 의해 수행되며, 조직 외부로부터의 채용은 모집과 선발에 의해 수행된다. 모집은 가급적 많은 지원자를 확보해야 하기 때문에 적극적(positive)인 고용활동이라 할 수 있으며, 선발은 조직에 적합한 사람만 뽑아야 하기 때문에 소극적(negative)인 고용활동이라 할 수 있다.

2) 채용관리의 중요성

채용관리는 생존과 성장이라는 측면에서 개인과 기업 모두에게 중요한 활동이다. 더 나아가 기업은 사회의 한 행위자로서 사회의 지속발전에 기여해야 한다는 기업의 사회적 책임이 강조되면서 개별기업의 채용관리는 개별기업만의 이슈가 아닌 전사회적인 중요성을 갖는 활동이다.

기업은 교육과 훈련을 통해 필요인력을 확보할 수 있지만 채용관리로 처음부터 필요인력을 선발하고 적정 직무에 배치하여 종업원이 자신의 능력을 최대한 발휘할 수 있도록 해주는 것이 비용과 시간 면에서 합리적이다. 채용관리는 개인에게 능력발휘의 기회를 부여하고 그들의 삶의 질을 향상시킬 뿐만 아니라 조직의 성과를 높여주기 때문에 개인이나 조직에 있어서 긍정적인 효과를 가져다준다. 또한 사회적 관점에서 기업의 인력채용은 고용 창출이며, 자발적으로 장애인 고용과 남녀 평등고용 등을 실천한다면 사회정의 실현에도 보탬이 된다. 특히 채용활동은 매너리즘에 빠진 조직분위기를 쇄신하는 데 활력소 역할을 하게 된다.

채용이 잘못되면 그 이후의 인사활동을 아무리 잘해도 모두 허사가 될 수 있기 때문에 기업은 채용관리의 중요성을 인식해 많은 시간과 비용이 들더라도 신중한 관리·운영을 하게 된다. 이를테면 인력확보과정에서 행해지는 주요 의사결정에 따라 기업의 순이익이 좌우될 수 있는데, 한 연구결과에 의하면 45%의 기업은 1인당 노동이동비용(turnover costs)을 10,000달러, 10%는 40,000달러로 계산하였다. 이 비용은 직무수준과 그 복잡성이 증가할수록 올라가며, 기술형 기업들의 경우는 우리의 상상을 초월하기도 한다.[2]

또 미국의 인사관리협회(society for human resource management: SHRM) 조사에 의하면

대부분의 미국 기업들에서 인적자원관리의 다양한 기능들 가운데 가장 많은 비용을 들이는 순서대로 열거하면 인력채용(19%), 복지후생 프로그램 운용(15%), 노사관계/고용관계(13%), 교육훈련과 개발(11%), 기타 인사활동(10%), 성과보상 프로그램 설계와 운용(9%), 종업원 건강과 산업안전(8%), 법, 규제 관련 관리(6%), 성과평가(5%), 전략적 인력계획(4%) 순으로 나타나, 인적자원 채용에 가장 많은 투자를 하고 있는 것으로 확인되고 있다.[3]

2 채용 시 고려사항

조직의 인력수요가 공급을 초과할 경우, 인건비 부담과 노동조합과의 세력문제 등을 고려하여 기업은 신규채용에 앞서 다음과 같은 대체안을 활용하여 인력의 초과수요문제를 해결할 수 있다.[4]

- 초과근무(overtime): 인력수요가 단기적으로 발생할 때 사용되는 방법으로, 기업은 채용비용을 절약할 수 있고 종업원은 추가소득을 얻게 된다. 그러나 초과근무시간 동안 생산성이 낮아지거나 종업원의 임금에 대한 기대수준이 높아질 수 있다.

- 하도급(subcontract): 제품 및 서비스 수요가 지속적으로 증가할 것으로 예상되면 생산기능의 일부를 타 기업에 맡길 수 있다. 이 방법은 제품 등의 수요증가가 계절적이거나 단기적일 때 효과적이다.

- 임시직(temporary employee): 업무의 급증으로 인력수요가 단기적으로 발생할 때 활용되며, 기업 입장에서 장기고용에 따른 위험부담을 줄일 수 있으나 조직에 대한 애착 정도는 낮아질 수 있다. 또 대리기관(agency)을 통해 인원을 임시로 찾는 경우 정식직원보다 시간당 고용원가가 높은 경우도 있다. 하지만 경영의 침체시기에 고용주는 해고할 필요 없이 보다 쉽게 고용관계를 해지할 수 있다.

- 파견근로(employee leasing): 인력파견업체로부터 필요한 인력을 제공받는 방법으로, 고용계약은 해당 기업과 인력파견회사 사이에 이루어진다. 파견근로자에 대한 인사관리 관련 업무와 복지후생비 등의 간접인건비 등을 절약할 수 있고 노조의 세력을 억제하는 데도 유용하다.

이상의 대체안을 고려했음에도 불구하고 인력의 초과수요문제를 해결하기 어려운 경우, 기업은 필요 인재를 확보하기 위한 채용활동을 시작한다. 이 때 고려해야 할 중요한 사항들을 열거하면 다음과 같다.

1) 노동시장 여건

노동시장의 수요공급에 따라서 기업이 원하는 인력을 채용할 가능성이 달라지기 때문에 노동시장의 인력공급상황을 파악해야 한다. 또한 노동시장의 인력구성도 기업의 채용관리에 영향을 미치는데, 우리나라처럼 고령인구 증가, 노동력의 고학력화, 외국인 노동자의 증가와 같은 인력구성의 변화는 기업의 인력채용에 영향을 미치게 된다. 특히 필요인력을 충원하는 과정에서 사회적 이슈가 될 만한 차별 문제가 발생하지 않도록 배려하고 고령자 고용촉진, 파견근로자 보호 등 인사관련 법규를 준수하여야 한다.

2) 조직의 상황

회사의 조직구조가 어떠한가에 따라 모든 경영활동이 달라지고 인적자원관리활동도 큰 영향을 받는다. 예를 들면 조직의 구조가 관료제인가 또는 팀제인가에 따라서 채용형태가 달라질 수 있다. 관료제 조직의 경우 조직의 관행과 문화, 관리자의 지시와 직무규정을 따라줄 지원자를 원하는 반면, 유연한 팀 구조에서는 개인의 직무기능과 함께 창의력, 커뮤니케이션 능력 등이 채용인력 평가 시 더욱 고려될 것이다.

3) 종업원의 구성

현 종업원의 평균연령, 남녀 성비, 지식 및 기술수준의 정도에 따라 채용활동의 내용이 달라질 수 있다. 즉, 종업원의 평균연령이 낮고 학력이 높다면 신입사원을 새롭게 충원하기보다 교육훈련을 통하여 필요인력을 조달하는 것이 합리적이다. 또 사원들의 새로운 사업에의 지원 열의가 대단하다면 외부 모집보다는 기존사원을 훈련시켜 재배치시키는 것이 효과적일 수 있다.[5]

4) 사회적 환경과 노동가치관

오늘날 사회구성원들은 기업이 자체의 이익뿐만 아니라 사회와 공공의 이익도 고려할 것을 요구한다. 따라서 채용담당자들은 유능한 지원자뿐만 아니라 사회적 소외계층에 속하는 구직희망자들을 선발함으로써 기업이미지를 개선할 필요가 있다. 한편 젊은이들은 여가와 가정생활 및 문화생활을 중시하고 정신노동이나 서비스 산업을 선호한다. 또한 개성을 강조하고 자기중심적으로 사고하며 신분과 지위에 집착하지 않고 일에 대한 자부심과 성취욕이 높다. 즉, 양보다 생활의 질, 능률보다 공정, 획일성보다 다양성, 조직보다 개인을 더 중요시한다. 따라서 종업원 채용관리에 지원자들의 일반적인 능력보다 개성과 구체적인 능력 및 잠재적인 능력이 반영되도록 직무-사람 간 적합성(fitness)을 고려하여야 한다.

시대별 채용방식의 변화와 인재상

기업의 지속가능 성장을 위한 중요한 경영전략의 하나인 채용트랜드가 급변하고 있다. 1960년 농업시대에는 지인소개로 무작위채용이 이루어졌고, 1980년 산업시대에는 대규모 그룹공채로 '그물형채용', 1990년 정보화시대에는 계열사별공채로 '낚시형채용'을 했다. 2010년 디지털시대에는 인턴십채용으로 '작살형채용'을 했고, 2020년 제4차산업시대에는 수시채용으로 'AI채용'이 이루어진다.

인재상도 특성 리더십이 중시된 1960년에는 성격중시 실행력이 강조되었고, 상황 리더십이 강조된 1980년에는 상황 중시 주인의식이 요구되었고, 변혁적 리더십이 강조된 1990년에는 목표 중시, 창의성 인재, 서번트리더십이 강조된 2010년에는 소통중시 도전정신 인재, 감성 리더십이 강조된 2020년에는 협력 중시 융복합형 인재의 수요가 커진다. 또한 미래에는 직무중심 채용이 계속 확대되는 가운데 기업들은 실질적으로 직무를 잘 수행할 수 있는 능력(On-spec)을 선호하고, 다음과 같은 '디지털 혁신인재'를 필요로 한다.

① 새로운 관점으로 사물과 상황을 바라보고, 전문성은 기본이고 다양한 분야에 대한 지식을 섭렵한 인재
② 빅데이터, 사물인터넷 등 디지털 도구를 이용하여 데이터를 해석하고 정보를 예측하며 자원을 관리·운영하는 인재
③ 새로운 일에 대한 도전을 두려워하지 않고, 매사 적극적으로 움직이는 인재
④ 디지털 시대에 더욱 중요시되는 협력과 소통을 실천하는 인재
⑤ 자신과 조직의 성장 속도를 맞추어 자기개발을 실행하는 인재

이러한 채용트랜드를 알아야 기업 입장에서는 인재변화를 읽을 수 있어 성공적인 채용활동이 가능하고, 구직자 입장에서는 취업준비에 시행착오를 줄이고 자기가 원하는 일자리를 목표

로 효율적인 취업활동이 이루어지고, 학교는 취업교육의 성과를 높일 수 있다.

<자료> 윤영돈, brunch.co.kr, 2020년 채용트랜드, 어떻게 변화하고 있는가?, 2019.9.8,

KQTI(한국자격기술연구원), 채용문화: 계속되는 직무중심 채용의 확대, 2019.1.29에서 발췌요약

제2절 모집활동

1 모집의 의의 및 중요성

합리적인 채용계획의 시작은 모집활동이다. 모집은 다수의 지원자를 적은 비용으로 확보할 수 있는 효율성 관점에서 다루어지며, 기업 내부의 인력을 대상으로 하는 내부모집과 외부노동시장의 취업희망자를 대상으로 하는 외부모집으로 구분된다. 기업은 일반적으로 유능한 인재를 기업외부에서 내부로 끌어들이는 외부모집에 초점을 두며, 이런 맥락에서 모집(recruitment)이란 선발을 전제로 유능한 지원자를 발굴하여 조직으로 유인하는 과정이라고 한다. 즉 모집은 기업의 경영목적달성에 기여할 것으로 예상되는 외부인력의 원천을 개발하고, 이들로 하여금 근무를 희망하는 기업에서 일할 기회를 찾도록 하는 과정이다.

모집은 그 자체가 목적이 아니라 경영에 필요한 인적자원을 선발하기 위한 예비활동으로, 지원자와 노동의 수요자인 기업 사이에 서로에 관한 정확한 정보를 충분하고 성실하게 교환하는 쌍방적 의사소통과정이다. 그러므로 부정확하거나 부족한 정보를 근거로 모집과 선발이 이루어지면 종업원 개인과 기업 양측에 많은 기회비용을 초래할 수 있다. 이는 채용 후 종업원의 낮은 직무만족도와 조직몰입도(organizational commitment), 높은 이직률로 인해 낮은 직무성과로 이어질 수 있다.

모집과정에서는 먼저 인적자원계획에 따라 결정된 필요인력을 초과근무, 하도급 등의 대체안을 활용하여 해결한 다음, 충원요청에 따라 초과된 인력수요를 선발하기 위한 모집이 시작된다. 즉, 선발하고자 하는 인력의 질과 양이 결정되면 먼저 모집전략을 세운 후 구체적인 모집활동이 시작된다.

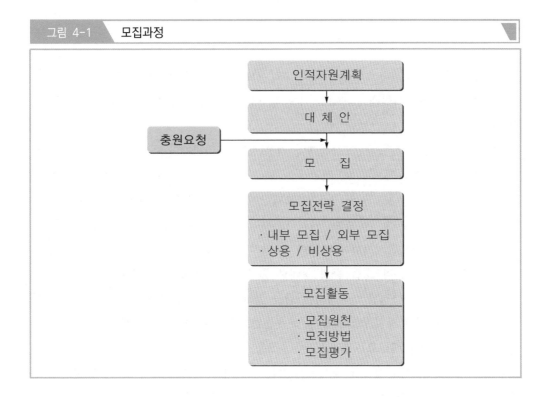

그림 4-1 | 모집과정

2 모집전략

기업은 적절한 자격을 지닌 지원자들이 보다 많이 지원할 수 있도록 모집활동을 전개하기 위해서 사전에 모집대상의 자격요건(학력, 능력, 신분 등)과 모집지역에 관한 계획을 세우고 다음과 같은 사항들을 전략적으로 결정하여야 한다.

- 고용조건: 지원자의 의사결정에 도움을 주기 위해 임금, 근로시간, 근로조건 등을 사전에 결정하여 구직자들에게 정보로서 제공할 준비가 되어 있는가?
- 모집대상: 종업원을 비정규근로형태로 고용할 것인가 또는 정규직형태로 채용할 것인가?
- 모집원천: 지원자를 기업 외부와 내부 중 어디에서 찾을 것인가?

1) 비정규직원과 정규직원

기업이 인원을 모집할 때 첫 번째 전략적 선택은 고용 종업원을 비정규근로(기간제근로, 단시간근로, 파견근로)형태로 고용할 것인지, 아니면 정규직형태로 채용할 것인지를 결정하는 것이다.

통상적으로 정규직은, ① 고용관계와 사용(지휘·종속)관계가 동일하고, ② 기간을 정하지 않은 고용관계를 맺으며, ③ 전일제 노동(full-time work: 법정근로시간)을 하며, ④ 근로의 제공자가 근로기준법 등의 법적 보호대상이 되는 경우를 말한다. 반면 비정규직은 이러한 근로의 성격을 벗어난 모든 형태의 근로를 지칭하는 포괄적 개념으로 정의할 수 있지만, 노사정위원회 합의사항에 따르면 ① 한시적 근로자 또는 기간제 근로자, ② 단시간 근로자, ③ 파견·용역·호출 등의 형태로 종사하는 근로자로 구분된다.[6]

이처럼 정규직은 특정한 사용자와 기간을 정하지 않은 고용계약을 맺고, 전일제 근무를 하며, 기업 내에서 경력개발과 승진, 교육훈련, 복지후생제도 등을 적용받는 근로자이고, 비정규직은 단기간의 고용계약을 맺고, 고용계약의 종료에 따라 다수의 사용자와 고용계약을 하며, 경력개발이나 인적자원 투자를 개인적으로 해결하고 비교적 단시간 근무를 적용 받는 근로자를 말한다. 즉, 정규직은 고용관계의 안정성이 높은 반면, 비정규직은 정규직에 비해서 직업의 안정성 및 경력개발의 가능성이 현저히 낮은 근로형태라고 할 수 있다. 기업은 비정규직을 활용함으로써 인건비 절감, 인력운영의 탄력성 확보, 그리고 노동조합활동의 약화라는 효과를 기대할 수 있다. 그러나 기업이 비정규직을 정규직의 보조적인 지위에만 활용한다면 그들이 가진 인적자원을 최대한 활용하는 데 실패할 수도 있기 때문에, 기업은 비정규직 종업원이 그들의 가치를 최대한 발휘하도록 인적자원관리를 해야 한다. 이를 위해서는 경제환경의 변화 속에서 비정규근로형태가 등장하게 된 두 가지 흐름을 이해할 필요가 있다.

- 기술발달 등으로 인하여 과거와 다른 산업구조 및 노동과정이 형성되는 과정에서 새롭고 독자적인 유형의 노동형태로서 등장하였다.
- 글로벌화의 경제조류 속에서 생존을 위한 조치로서 기업이 취하는 고용유연성 전략으로 등장하였다.

2) 내부모집과 외부모집

기업이 정식직원을 고용하면서 고려해야 할 두 번째 문제는 내부모집을 할 것인지 외부모집을 할 것인지를 결정하는 것이다. 기업마다 상황과 조건이 다르기 때문에 모집원 천별 장단점을 고려하고 필요 인력의 특성, 모집비용 등을 감안하여 모집전략을 선택해야 한다.

(1) 내부모집의 장점
- 조직은 직원의 업무실적과 관련된 자료를 갖고 있기 때문에 후보자의 업무습관, 업무기능, 사람을 대하는 능력 및 조직의 적응력 등을 관찰할 수 있다.
- 내부승진은 직원을 격려할 수 있다. 즉, 직원은 조직이 자신들의 업무실적과 충성을 격려하기 위해 승진과 발전기회를 제공하고 있다고 느낀다. 그러나 자신이 다른 승진 후보에 못지않거나 더 훌륭하다고 생각할 때 사기저하가 발생할 수 있다.
- 현직직원은 조직의 상황, 절차, 정책 및 고객을 파악하고 있기 때문에 교육 및 사회화기간을 단축할 수 있다.
- 외부에서 구직자를 찾는 것보다 더 빠르고 비용도 적게 든다.

(2) 내부모집의 단점
- 내부모집은 정치성을 띨 수 있기 때문에 내부쟁탈과 과잉경쟁이 발생할 수 있다. 또 건전하지 못한 충돌이 발생하여 공동으로 권력을 장악하는 국면이 발생하거나 인간관계를 긴장시킬 수 있다.
- 탈락직원들의 사기저하와 함께 업무실적이 떨어질 수 있다.
- 과다한 내부모집은 파벌인사(inbreeding)의 원인이고, 조직이 폐쇄적으로 변할 수 있다. 내부승진을 지속할 경우 직원들이 현실에 안주하게 된다. 따라서 업무절차를 개선해야 할 조직은 통상 외부에서 직원을 모집해야 한다.
- 과다한 내부모집으로 일시에 공석이 많이 생기면 조직의 효율성이 떨어진다. 예를 들면 상급자의 이직으로 그의 직속부하가 그 자리를 대신하게 된다면 그 부하의 직위를 대체할 사람은 따로 찾아야 한다. 그런데 대부분 직원들은 새로운 업무에 적응하는 데 시간이 필요하다. 직원이 조직에서 몇 년 동안 근무했다 해도 새로운 직위에 따른 업무에 적응하기 위해 조절이 필요하고 동료들과의 인간관계도 재정립해야 한다. 따라서 많은 직원들을 새로운 자리에 배치하는 경우 내부모집은 이런

결과를 악화시킬 수 있다. 이런 비효율적인 상황은 직원들이 전임자와 동등한 업무
능력을 갖추고 그들 사이의 관계가 재정립될 때까지 계속된다.

(3) 외부모집의 장점

- 외부모집은 변혁에 유리하며 빠르게 변하는 외부환경에 잘 적응한다.
- 외부모집을 통해 조직은 기존직원들이 갖고 있던 지식구조를 확대하고 새로운 사고와 관념을 도입할 수 있다. 외부모집을 통해 채용된 직원들은 기존의 사고방식이나 행동의 구속을 받지 않기 때문에 새로운 방식으로 조직이 풀지 못하던 난제들을 해결할 수 있다.
- 높은 직위의 경우 조직은 지원자가 다른 조직에서 어떤 혁신적인 경력이 있는지를 근거로 채용 여부를 결정한다.

(4) 외부모집의 단점

- 외부모집의 경우 비용과 시간이 많이 든다.
- 외부에서 온 직원은 조직과 조직의 상품 및 서비스, 동료 및 고객을 파악해야 하기 때문에 이와 같은 사회화과정을 완성하려면 비교적 긴 적응기간이 필요하다.
- 현 조직의 업무와 환경에 대한 이해가 부족하기 때문에 외부모집한 직원이 기능, 교육배경 및 경험 면에서 월등하고 이전 조직에서 비교적 큰 성공을 거두었다 하더라도 새로운 조직에서도 당연히 성공한다고 장담할 수 없다.
- 외부모집은 같은 직위를 놓고 경쟁한 내부직원의 사기를 떨어뜨리는 불리한 영향을 미칠 수도 있다.

따라서 내부모집이냐, 외부모집이냐를 결정할 때는 여러 요인을 고려해야 하는데 각각의 방법이 필요한 상황은 〈표 4-1〉과 같다.

표 4-1	내부·외부 모집의 필요시점	
구 분	내부모집	외부모집
필요한 상황	• 안정전략을 구사할 때 • 외부환경이 안정적일 때 • 시간과 비용이 한정적일 때	• 필요한 자원을 내부에서 확보하기 어려울 때 • 혁신(change)이 필요할 때 • 외부환경이 급변할 때

3 모집활동

기업은 다수의 지원자가 모집에 응하도록 하기 위하여 모집원천별로 다양한 방법을 고려한 모집활동을 전개하여야 한다. 또 지원자의 수와 질 등을 고려하여 모집활동의 효율성을 평가하여야 한다.

최근 기업들은 정기채용에서 현장조직을 중심으로 한 수시채용으로 전환하면서 우수한 인적자원을 모집하기 위한 다양한 방법을 모색하고 있다. 이는 채용하고자 하는 인적자원의 전문화로 노동시장이 세분화됨으로써 목표로 하는 인적자원에 접근하기 위한 모집방법의 다양성이 요구되기 때문이다.

1) 모집방법

(1) 내부모집방법
가) 비공개모집제도

비공개모집제도는 인적자원관리 부서에서 보유하고 있는 종업원들에 대한 기능목록(skills inventory) 또는 인력배치표를 통해 해당 직위에 적합한 인재를 찾아내는 방법이다. 이에 대해서는 제3장에서 인적자원의 공급예측에서 살펴보았다. 비공개모집제도는 선발작업이 끝날 때까지는 종업원들에게 전혀 공개되지 않은 채 진행된다. 따라서 이 방법은 충분한 자격을 갖춘 사람이 빠져버릴 우려가 있으며, 자격 미달자가 외부의 압력을 통해 선발될 수도 있다.

그럼에도 비공개모집제도는 내부모집방법 중 가장 많이 이용되고 있으며, 최근에는 컴퓨터를 활용한 기능목록이 많이 사용되고 있다. 만약 조직이 직원의 정보를 컴퓨터데이터로 관리할 경우 직원데이터에서 필요한 기술, 경험, 소질을 갖춘 직원을 검색하면 조직이 내부직원 중에서 누가 새로운 직위에 가장 적합한지를 감별하는 과정을 단축할 수 있다.

나) 공개모집제도

공개모집제도는 결원공지제도(vacancy announcement system)라고도 하며, 기업 내부에 직무공백이 생길 경우 직원들이 접근 가능한 직무게시, 사보, 사내방송, 전자게시판 등의 사내구인광고를 통해 충원할 인원 및 자격요건을 종업원들에게 알려서 관심이 있는 사람들이 응모하게 만드는 방법이다. 즉, 충원이 필요한 부서에서 인사담당부서에 충원희망인원과 직위, 담당업무, 자격요건 등을 통보하면 인사담당부서에서 전 직원을 대상으로 사내구인광고를 통하여 지원자를 모집한다.

이 제도가 활성화되기 위해서는 종업원 경력관리에 공개모집제도가 유용하다는 열린 사고전환이 필요하다. 또 이 시스템을 통해 여러 사람들이 지원할 경우 그들에 대한 비밀을 철저하게 지키고, 탈락자들에게 선별과정에 관한 내용을 알려주어야 한다.

다) 기 타

비공개모집방법과 공개모집방법 이외에도 내부추천이나 일시 해고자를 활용하는 방법이 있다.[7]

- 내부추천: 내부 구성원 특히 부서장의 추천에 의해 좋은 사람을 확보하는 방법이다. 추천은 비공개적으로 받을 수도 있고 공개적으로 받을 수도 있다. 그러나 내부추천은 개인의 개입이나 부서장의 압력으로 특정 인물이 선정될 가능성이 크다.
- 일시해고자: 경제가 악화되면 종업원을 일시적으로 해고하게 된다. 그러나 경제상황이 호전되어 채용이 필요할 경우 일시 해고자를 중심으로 재고용을 하게 된다. 이 방법은 단체협약사항에 일시해고의 기준이 명시되어 있는 경우 이용할 수 있다.

(2) 외부모집방법

가) 광고(advertisement)

짧은 시간 내에 많은 사람들에게 회사의 채용계획을 알리기 위하여 신문, 전문잡지, 인터넷, TV, 지역정보지, 옥외게시판 등의 매체를 통한 광고를 이용하게 된다. 최근에는 인터넷모집이 보편화되었는데, 이 방법은 다수의 인터넷 사용자를 대상으로 하기 때문에 실시간(real time) 모집이 가능하고 소요되는 비용에 비해 다수의 지원자를 확보할 수 있다는 장점이 있다. 또 지역 제한을 받지 않기 때문에 고용주는 전세계를 상대로 잠재 구직자를 만날 수 있다. 특수한 언어나 문화배경을 필요로 하는 직위의 경우 이런 모집방식은 매우 중요하다. 인터넷 모집은 기술형 기업들에게는 최적의 모집방법이 될 수 있으나 다음과 같은 단점이 나타날 수 있다.

- 신청자가 몰려 많은 양의 이력서를 처리하는 것도 효율적이지 못하다.
- 인터넷광고를 통해 모집한 인력들이 실제 선발과정에 참여하지 않는 경우가 많아 선발유용성을 확보하는 데 어려움이 있다.

나) 인턴사원제도(internships)

졸업 직전의 특성화고 재학생이나 대학생들이 방학 동안 또는 시간제근로를 이용하여 인턴사원으로 근무하면서 이론과 실무를 함께 배우다가 졸업 후에 채용되는 경우를 말한다. 회사로서는 우수한 졸업예정자를 조기에 확보할 수 있으며 사전에 회사 일을 익숙하게 가르칠 수 있고, 지원자 입장에서는 입사와 배치가 확정되기 전에 자신의 능력과 적성을 정확하게 알 수 있는 기회가 되어 입사 후에 좌절하거나 다른 회사로 이동하는 시행착오를 줄일 수 있어서 좋다. 인턴사원제도의 장단점을 각각 기업과 취업지원자(대학생) 입장에서 정리하면 〈표 4-2〉와 같다.

표 4-2	인턴사원제도의 장단점 분석		
	장 점		단 점
기업	• 우수인재의 조기 확보(선점증 후채용) • 기업홍보 및 기업 이미지 제고 • 선발과정의 공정성 및 신뢰성 확보 • 공채 창구 다양화로 채용리스크 감소 • 선발을 위한 객관적 평가자료 획득 가능 • 개인능력 및 개인적성에 맞는 직무배치 가능 • 입사 후 조직적응력 및 업무수행력 향상 • 기업에 대한 애사심 및 충성심 유도		• 직무 중심의 다양한 현장실습 프로그램 부재 • 단순한 평가방법(부서장 평가의견, 적성검사 결과 위주) • 명문대 인기학과 남학생 위주 선발(기회균등 박탈) • 고학년 위주 운영으로 저학년 참여기회 부재 • 현장실습/경력관리 차원(선진국)이 아닌 채용 위주 운영으로 인턴제 원래 취지 상실
대학생	• 사전 기업정보 취득 및 개인직무적성 파악 • 인턴수료 후 입사전형 시 이점 및 특혜 부여 • 방학기간 활용, 기업 실무경험 체득 • 이론교육 보완하는 실제 현장교육 참가 • 산업동향 분석, 직업선택 안목 확대 • 기업 현장실습 참여, 재학 중 경력관리 강화		• 인턴수료 후 미채용 시 기회비용 발생 • 공채 시즌 인턴 참여, 경력관리 기회 상실 • 명문대학, 인기학과 선호에 대한 상대적 피해의식 및 박탈감 조성 • 단순업무, 업무과다 부서, 영업부 지원 등 부실 프로그램 운영에 대한 불만족

〈자료〉 한국인사관리협회, 월간 인사관리, 2000. 12. p. 27.

채용연계형 인턴사원제도

채용연계형 인턴사원제도가 확산되고 있다. 2023년 대우건설, 롯데렌탈, 한화 갤러리아 등의 기업에서 채용연계형 인터사원제도로 인력을 선발하고 했다.

한화 갤러리아의 경우, 12월 말부터 인턴십 참여가 가능한 4년제 대학교 졸업자·졸업 예정자를 대상으로 선발을 진행하는데, 선발된 인턴사원은 인턴십·면접을 거쳐 정규직 사원으로 전환된다. 기획, 재무, 마케팅, 영업관리(패션), 영업관리(F&B)라는 다양한 직군에서 채용연계형 인턴사원제도로 인력을 충원한다. 갤러리아는 직무 전문성을 갖춘 인재 채용에 중점을 두고 실무 수행 위주의 인턴십을 진행하며, 선발된 인턴사원은 지원 직무에 맞춰 주요 부서에 배치되어 두 달간 실제 업무를 수행한다.

한편 글로벌 생활용품 기업인 한국P&G의 경우, 철저한 '내부승진제' 원칙하에 "인턴으로 시작한 직원들도 임원진뿐 아니라 CEO의 자리까지 오를 수 있는" 조직운영으로 주목받고 있다. '조기책임제'도 P&G의 장점 중 하나로 꼽히는데, P&G의 인턴과 신입사원들은 출근 첫날부터 프로젝트의 리더로서 완전한 권한과 책임을 부여받는다. 이 제도를 통해 직급이 낮아도 온전한 책임감을 갖고 일할 수 있는 것은 물론, 연차가 쌓인 후에도 각종 업무를 쉽게 처리할 수 있게 된다.

<자료> 문화일보, 2023.10.18.; 헤럴드 경제, 2023.10.18.

다) 고용알선기관(employment agencies)

인력고용과 관련된 다양한 알선기관을 말한다. 과거 직업소개소와 같이 비전문기술을 소지하고 생산, 노동인력의 고용을 알선하던 것에서부터 전문경영자나 전문기술자를 알선하는 헤드헌터(head hunter)까지 다양하다. 헤드헌터를 이용한 모집은 주로 외국투자업체들이 특정 분야에 충분한 경험을 가지고 있는 전문가를 채용하기 위해 많이 활용해왔다. 1997년 노동부가 연봉 20% 이내의 수수료를 받고 헤드헌팅 활동을 허용한 이후 최근에는 국내기업들도 임원급 인력을 채용하는 데 활용하고 있다. 또한 인터넷의 발달로 웹(web)상에서도 인력고용을 알선하는 기관이 매우 많이 등장하고 있다. 이들 구인에 관련된 인터넷 전문사이트는 인력모집회사를 소개하여 다양한 채용기회를 제공하고 있다. 조직의 상시채용이 늘어남에 따라 기업 홈페이지를 통한 구인광고 역시 많이 증가하고 있다.[8]

라) 현직종업원의 추천(employee referrals)

현재의 종업원이 외부지원자를 추천하는 것으로 중소기업이나 소수의 특수기능직 사원을 모집하는 데 자주 이용된다. 이때 추천자는 예비심사자 역할을 하게 되고 인력충원 기간이 단축되기 때문에 적은 비용으로 큰 효과를 기대할 수 있다. 그러나 모집인력에 대한 평가를 절대평가에 의존할 수밖에 없어 그 타당성을 충분히 검토하지 않으면 우수인력 모집이 곤란할 수 있다. 그리고 학연, 지연 등 연고에 바탕을 둔 선발일 경우 조직 내 파벌주의가 형성되는 부작용도 나타날 수 있다.

마) 교육·훈련기관

일정 수의 종업원을 채용하거나 한꺼번에 다수의 종업원을 채용하려 할 때에는 학교 교육기관이나 훈련기관을 통하여 추천을 받는 방법이 있다. 이 방법은 대기업에서 일반

사무직 사원이나 기술직 사원을 모집하는 데 널리 사용되고 있으며, 대학의 취업담당자나 교수들의 추천은 신뢰할 만한 모집정보를 제공해 줄 수 있다.[9]

바) 자발적 지원(unsolicited applicants, or walk-in applicants)

좋은 기업이미지로 인해서 취업희망자가 직접 방문을 하거나 전화, 인터넷 등을 통해서 응모하는 경우가 있다. 이들은 나름대로 지원하는 기업에 대해 적극성을 가지고 있기 때문에 지원자가 현재 공석 중인 직무에 적합한 인물인 경우 모집시간과 비용을 들이지 않고 우수한 인재를 확보할 수 있는 장점이 있다. 그러나 이 방법은 기업이 원하는 인재를 필요로 하는 시기에 채용할 수 없다는 문제점이 있다.

사) 노동조합

노동조합도 종업원의 공급원이 되고 있다. 노조는 노조원을 가지고 있을 뿐 아니라 기업 및 행정기관과 긴밀한 관계를 가지고 있고 또 전문기관, 전문가들의 지원 및 자문을 맡고 있기 때문에 기업이 바라는 인적자원의 공급문제를 비교적 용이하게 해결해 주고 있다. 노조를 통해 모집하는 경우 비용이 절감되고, 산업별·직업별 노조에 소속된 사람 가운데서 추천 또는 선발하므로 안정된 공급원을 갖는 이점이 있다.

아) 종업원 파견(employee leasing)

종업원 파견업체가 근로자를 고용한 후 고용관계를 유지하면서 파견계약의 내용에 따라 사용사업주의 지휘·명령을 받아 사용사업주를 위한 근로에 종사하게 하는 것이다. 종업원 파견업체를 통한 인력활용의 장점은 유연한 인력구조와 인건비 절감의 효과가 크다는 점이다.

2) 모집평가

모집활동의 평가는 일반적으로 시간과 비용의 효율성 측면에서 이루어진다. 모집활동에 대한 평가 결과는 이후 모집과정 개선에 반영된다. 모집활동 평가를 위한 일반적 지표는 다음과 같다.[10]

- 지원자의 수(quantity of applicants): 기업에 적합한 인재를 선발하기 위해서는 충분한 인재풀(pool)이 전제되어야 한다. 즉 빈자리(job vacant)에 적합한 인재를 선택할 수 있을 만큼 충분한 수의 지원자가 있는가?
- 지원자의 질(quality of applicants): 지원자의 수와 더불어 지원자 풀(applicant pool)의 수준이 빈자리를 채울 수 있을 만큼 충분한지가 문제된다. 지원자들이 직무명세서

상의 인적요건을 충족시킬 수 있는지와 직무를 잘 수행할 수 있는가에 대한 검토가 필요하다.

• 고용된 지원자 당 비용(cost per applicant hired): 모집비용은 직접비용과 간접비용으로 구성되며, 주요 비용지표 중 하나는 신규고용자 1인당 비용이다. 모집활동에 가장 큰 영향을 미치는 단일 비용항목은 모집활동을 수행하는 스텝(staff)비용이다. 이러한 비용은 모집원이나 모집방법별로 계산되어 추후 모집예산 산정에 활용된다.

• 빈자리를 채우기 위해 필요한 시간(time required to fill job openings): 빈자리를 채우기 위해 드는 시간의 길이는 고용활동 노력을 평가할 수 있는 또 다른 방법이다. 시간경과자료는 모집과정 단계별로 걸리는 시간을 의미하며, 모집원 또는 모집방법별로 수집될 수 있다.

이상의 평가지표 중 예상된 인력부족을 자격을 갖춘 신규채용자로 충원하기 위하여 필요한 지원자 수를 예측하는데, 산출률(yield ratio)을 이용하는 모집 피라미드(recruiting pyramid)가 활용된다.[11] 산출률은 모집선발과정(recruiting selection process)의 각 단계별 지원자의 투입과 산출과의 관계로서, 한 단계에서의 지원자의 수를 그 다음 단계의 자원자의 수와 비교하는 것이다. 이 결과는 초기 지원자풀(initial applicant pool)의 크기를 결정하

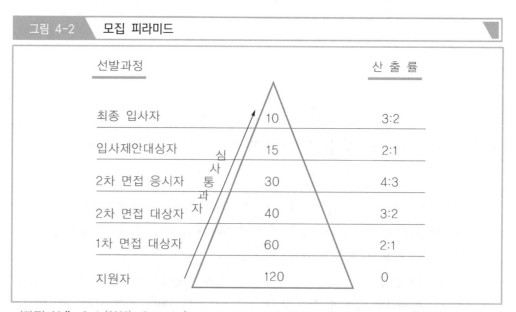

그림 4-2 모집 피라미드

〈자료〉 Mello, J. A.(2002). *Strategic human resource management*, South-Westem, p. 241.

는 도구로 사용된다. 또한 산출률은 모집원(recruitment source), 모집방법별로 계산할 수 있으며, 이 경우는 모집원과 방법별 개선점을 파악하는 데 활용된다. 그런데 처음 시도하는 모집방법의 경우에는 과거의 산출률이 존재하지 않으므로 기업은 담당자의 추측 또는 타 기업의 경험을 참고할 수밖에 없다.

제3절 선발관리

1 선발의 의의

선발(selection)은 모집활동을 통해 지원한 다수의 취업희망자 중에서 조직과 직무가 요구하는 자격요건에 가장 적합한 우수인재를 선택하는 과정이다. 기업은 수익성, 성장률과 같은 목표달성에 도움을 줄 수 있는 지원자를 원하며, 지원자들은 보상과 욕구의 충족과 같은 개인목적달성에 도움이 되는 기업에서 근무하기를 희망한다. 선발에서는 유효성과 더불어 최소의 비용으로 최적의 종업원을 선발하는 경제성 측면이 함께 고려되어야 한다. 유능한 인력이 선발되면 다음과 같은 이점이 있다.[12]

- 훈련이 용이하며, 훈련기간이 짧고 효과가 크다.
- 작업에 흥미를 가진 적격자에 대한 감독이 용이하다.
- 적정배치에 의하여 과오나 재해를 방지할 수 있다.
- 일에 흥미를 가진다는 것은 종업원에게 행복감을 준다.
- 일의 능률이 향상되므로 원가를 절감시킨다.
- 노동이동률이 낮기 때문에 고용의 안정을 도모할 수 있다.

따라서 기업에서는 직무수행에 적합한 자격요건을 갖춘 장래성 있는 인력을 신중하고 엄격하게 선발해야 한다.

2 선발의 기준

채용시점에서 잘못된 선발을 입사 후 시정하는 시행착오는 개인이나 조직 모두에게 바람직하지 않으므로 처음부터 소질이 있는 사람을 선발하는 것이 중요하다. 선발기준은 주로 직무기술서, 직무명세서 등에 기재된 것을 바탕으로 구체화하는데, '소질이 있는 사람'이란 ① 기본 자질을 갖추고 있는 사람(지적 조건), ② 기본 인품이 있는 사람(인격적 조건), ③ 직무에 필요한 신체적 건강을 갖춘 사람(신체적 조건)을 의미한다. 그리고 선발기준에 맞는 평가방법을 활용해야 한다.

선발기준으로 사용되는 요소들을 좀 더 자세히 살펴보면 다음과 같다.[13]

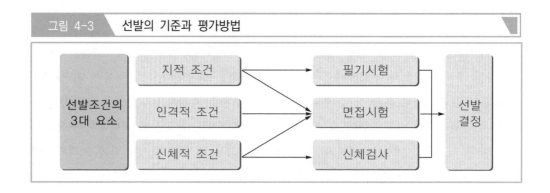

그림 4-3 선발의 기준과 평가방법

1) 교육수준

모집광고에서 흔히 고졸, 대졸 이상이라는 제약조건을 명시함으로써 지원자의 교육기관과 교육정도에 따라 선발하는 방법이다. 교육수준은 직무능력과 기능 및 작업의 동기유발에 영향을 미치기 때문에 그 타당성이 인정된다.

2) 경 험

기업은 직무수행경험이 많은 사람의 직무수행능력을 예측할 수 있기 때문에 경력자를 더 선호한다. 즉, 직무경험이 많을수록 현재 조직에서 필요한 훈련과 개발비용 및 각종 테스트 비용을 절약할 수 있고, 직무배치가 용이하기 때문이다.

3) 신체적 특성

작업의 특성에 따라 특정 신체적 요건이 필요한 경우가 있다. 이외에 신체적 특성이 작업의 효과나 성과에 직접적인 관련이 없는데도 선발기준이 된다면 이는 불법적인 것이 되므로 주의해야 한다.

4) 개인적 특성

개인적 특성으로서 배우자의 유무, 나이, 성격 등을 들 수 있다. 직무수행과 성과에 영향을 미치지 않는 개인 특성은 선발기준으로 삼는 것은 부적절하다. 이를테면, 과거 미국에서 일부 사용자들은 기혼자들이 이직률도 낮고 직무성과도 높다고 하여 그들을 선호하였으나, 현재는 지원자의 배우자 유무에 대해 묻는 것은 불법이다. 성격의 경우 측정이 쉽지는 않지만, 많은 기업들이 인성검사를 선발도구로 활용하고 있다. 최근 한국에서는 MBTI를 선발기준으로 삼는 경우가 있는데, MBTI는 성과예측력이 떨어지기 때문에 일반적으로 성과 예측력이 높은 Big 5 성격유형을 많이 활용한다.

3 선발의 절차

선발절차는 선발관리를 합리적으로 하기 위한 일련의 과정이며, 합리적인 채용결정을 위한 지원자 정보 획득의 과정이기도 하다. 따라서 선발절차가 진행될수록 지원자의 장래 능력에 대한 정보를 더 많이 얻을 수 있다. 일반적으로 선발절차는 ① 예비면접, ② 지원서 작성, ③ 선발시험, ④ 선발면접, ⑤ 신원조회, ⑥ 신체검사, ⑦ 선발결정 등 7단계로 구분된다. 지원서 작성 후 3단계를 거쳐 마지막 단계까지 가는 경우도 있지만 때에 따라서는 3단계 또는 4단계에서 바로 선발결정의 단계로 건너뛰는 경우도 있다.

선발절차는 기업의 특성에 따라 차이가 있으므로 각 단계의 효과성과 선발비용을 고려하여 그 기업의 특성에 적합한 선발절차를 선택하여야 한다. 다음에서는 선발절차와 관련된 주요 내용에 대해 살펴보자.[14]

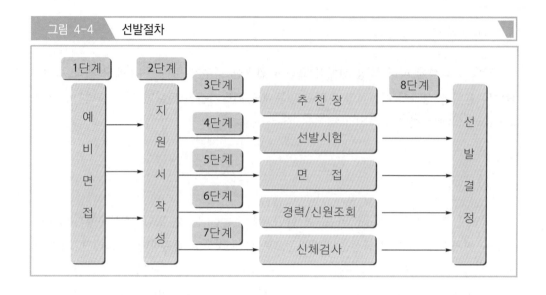

그림 4-4 선발절차

1) 예비면접(preliminary interview)

예비면접은 인사 담당자가 선발을 위해 지원자들을 먼저 만나 그들의 일반적인 사항을 파악함으로써, 초기 선발과정에서 부적격자를 배제하고 유망한 지원자를 추천하며, 지원자 스스로 지원 여부를 결정할 수 있도록 하기 위해 실시된다. 이 예비면접과정에서 수행되는 각종 조사는 지원자의 단점을 발견하기보다는 장점을 발견하는 데 중점을 두어야 한다. 예비면접의 좋은 예를 채용박람회에서 찾아볼 수 있다.

2) 지원서 작성(completion of application blank)

인력선발에서 가장 오래된 수단 중의 하나는 지원서이다. 지원서의 정보는 지원자에 대한 여러 가지 사실적인 배경정보를 획득하기 위한 것으로 교육적 배경, 근무경력, 보유하고 있는 기술, 취득자격이나 면허, 특기나 취미 등의 기본 조건을 내용으로 하고 있다. 이 외에도 성명, 주소, 전화번호, 성별, 나이 등과 같은 기본적인 사항도 기재하도록 되어 있다.

3) 추천서(recommendation letters)

지원자에게 지원자에 대하여 어느 정도 알고 있는 사람(예: 교수나 상사)의 추천서를 요구할 수 있다. 신빙성 있는 추천서라면 효과적인 선발자료가 되나 그렇지 않다면 오히려 문제가 될 수 있기 때문에 추천서를 유용한 자료로 활용하기 위해서는 다음과 같은 조건을 갖추어야 한다.

- 추천서 작성자는 그 지원자의 성과수준을 잘 알고 있어야 하며, 그것을 평가할 자격이 있어야 한다.
- 추천서 작성자는 잠정적 사용자에게 그 가치평가 내용을 효과적으로 전달해야 한다.
- 추천서 작성자는 진실해야 한다.

4) 선발시험(selection tests)

선발시험은 지원자의 일반적인 능력을 파악하는 데 효과적이어서 널리 활용되는 방법으로, 이를 통해 적절한 사람을 뽑으면 훈련과 개발비용의 감소, 이직률 감소, 그리고 업무생산성 향상까지 도모할 수 있다.[15] 요즈음 선발시험은 단지 학문적 지식만을 테스트하기보다는 지능검사, 적성검사, 성격검사, 흥미검사 등의 각종 심리검사도 병행하고 있다.

5) 면접(interview)

면접도 선발과정에서 가장 널리 이용되는 수단 중의 하나이다. 면접자와 지원자가 직접 대면하여 대화를 통해 선발가능성을 평가하므로 면접자의 주관적인 판단에 좌우되는 경우도 있다. 그러나 연구결과에 따르면 잘 훈련된 면접자에 의해 실시된 면접은 좋은 결과를 가져온다고 한다. 면접을 보다 효율적으로 수행하기 위해서는 면접에 대한 계획과 준비를 철저히 해야 하며, 실제로 면접을 실행한 결과를 분석, 평가하는 과정을 거쳐야 한다.

6) 신원조회(reference check)

신원조회는 미래의 종업원으로서 가능성이 높은 지원자들을 대상으로 하는데, 지원자의 과거 경력과 직무수행 간의 관련성을 파악하여 효과적인 채용을 위한 정보수집 과정이다. 즉, 지원서나 이력서에 기재된 지원자의 학력, 직무경험, 개인성격 등을 확인하는 활동이다. 이는 해당 지원자가 이전의 직무에서 어떠한 일을 수행했는가를 아는 것이 미래의 작업 행동을 예측하는 데 가장 적절한 정보가 될 수 있기 때문에 수행된다.

7) 신체검사(physical examination)

지원자의 용모를 비롯해 신체적 상태를 진단하여 수행하게 될 직무에 필요한 신체능력을 보유하고 있는지를 검사하는 것이다. 예컨대 군인, 경찰, 그리고 소방관 등의 신체능력검사는 엄격하다. 그들은 위험한 지역에서 특수임무를 수행할 때 신체적 건강을 물론 강한 정신적·육체적 인내력 등이 요구되기 때문이다. 보통 조직에서 신체검사를 통해 특별한 신체능력을 요구하지 않은 지원자라고 하더라도, 일반적인 건강상태를 점검하는 것은 광의의 신체검사라고 할 수 있다.[16]

8) 선발결정(selection decision)

선발과정의 마지막 단계는 다수의 지원자 중에서 직무요건에 가장 적합한 우수인재를 선택하는 것이다.

(1) 선발자료의 평가

선발과정에서 수집·분석된 자료를 평가하여 선발 대상자를 결정하는데, 여러 예측치 간의 상대적 비중은 직무의 성격에 따라 다르게 나타난다. 즉, 하위계층의 구조적 성격이 높은 직무일수록 시험이나 구체적인 선발도구에 의해 선발결정이 내려질 수 있겠지만, 상위계층의 비구조적인 직무일수록 시험이나 구체적인 평가결과보다는 경력과 면접 등 주관적인 판단에 의하여 선발결정이 내려지는 경향이 높다. 따라서 기업은 다양한 선발도구에서 획득한 점수를 선발의사결정에 어떻게 적용할 것인가를 직무특성에 맞게 합리적으로 선택하여야 한다.

- 종합적 평가법(combined approach): 지원자에게 선발절차의 모든 단계를 거치게 한 다음 각 단계에서 획득한 총점을 기준으로 선발하는 방식으로, 선발기준의 중요성에 따라 비중을 다르게 할 수 있다. 이 방법은 지원자가 비록 한 단계에서는 낮은 점수를 받더라도 다음 단계에서 높은 점수를 받아 실수를 만회할 기회가 주어지는 장점이 있으나 시간과 비용이 많이 든다.
- 단계적 제거법(multiple hurdles): 선발과정에서 각 단계는 장애물과 같아서, 선발의 각 단계마다 지원자의 자격 및 평가결과가 미흡할 경우 탈락시키는 방법이다.

이때 단계별 제거요인은 직무성과와 관련성에 기반하며, 선발비용이 절약되는 반면 우수한 지원자를 탈락시킬 위험이 있다.

- 혼합과정(hybrid process): 선발과정에서 직무수행과 가장 밀접한 사항을 먼저 평가하거나 과정별 최소 기준점을 제시하여 부적격자를 제거한 후, 통과한 지원자들을 대상으로 그들의 평가단계별 획득점수를 종합하여 선발하는 방법이다. 따라서 이 접근은 직무수행능력이 부족한 지원자를 사전에 배제할 수 있어 시간과 비용을 줄일 수 있고, 남은 지원자들을 대상으로 선발에 시간과 비용을 투입하여 선발의사결정의 정확도를 높일 수 있다.

(2) 라인(line) 실무층의 결정

기업에 따라 차이는 있지만 일반적으로 선발결정은 라인 실무층의 권한이다. 따라서 선발과정에 있어서 면접과 기타 선발도구로부터 측정된 결과를 평가하는 데 있어 라인 관리자의 적극적인 참여가 있어야 한다. 그 과정에서 라인 관리자는 인사관리 스탭과 자기 부서의 구성원들과 상의할 수 있지만, 최종적인 선발결정은 담당부서장의 권한이며 책임이다.

(3) 인사관리스탭(staff)의 역할

인사관리스탭은 최종 평가와 결정에 필요한 모든 자료를 종합·정리하여 선발규정과 절차에 따라 선발대상 후보를 라인 관리자에게 제공하고 그들의 상담요청에 응함으로써 선발결정에 도움을 준다.

4 선발시험과 면접

1) 선발시험

선발시험의 목적은 업무수행에 필요한 지식, 기능, 성격, 적성, 흥미, 인성 등과 같은 인적 특성을 계량적인 형태로 측정하고, 자격요건을 갖춘 사람 중에서 합격 순위에 따라 공정한 선발을 행하는 데 있다.

시험은 직종이나 직급에 따라 그 활용도가 다르다. 시험은 일반적으로 하위계층에서 많이 사용되고 있고, 상위계층으로 올라갈수록 사용이 제한되어 있다. 시험은 능력 있는 종업원을 채용하기 위해서 신뢰성과 타당성이 높아야 하며, 단지 지원자를 선발하는 유일한 도구로서 사용해서는 안 된다.

시험의 방식은 시험대상자에 따라 집단시험과 개별시험으로 구분되고, 해답방식에 따라 필기시험과 실기시험 및 구술시험으로 구분될 수 있다. 이 가운데서 가장 일반적으로 사용되고 있는 것은 필기시험으로 집단과 개인을 동시에 관리할 수 있고 다른 방식에 비해 비용이 적게 든다. 그런데 최근에는 여러 심리적 요인을 측정하기 위한 심리검사의 중요성이 점점 더 부각되고 있다. 심리검사의 수단으로는 지능검사, 적성검사, 성취도검사, 성격검사 등이 일반적으로 활용된다. 시험의 대표적인 유형을 살펴보면 다음과 같다.

(1) 필기시험(paper-and-pencil test)

지원자의 일반지식 또는 전문지식 수준을 평가하기 위한 것으로 일정한 시험양식을 통해 지원자가 획득한 성적을 기준으로 평가한다. 주로 지원자의 전공이나 어학실력을 평가하는데 예를 들면 전공영역에서는 경제학, 경영학, 법학 가운데 선택 1, 어학영역에서는 영어필수, 제2외국어 선택 등으로 시험을 보는 경우이다.[17] 그런데 필기시험은 주로 지원자가 갖고 있는 현재의 지식측정에 국한되기 때문에 지원자의 지적 소질을 테스트하지는 못한다. 이러한 한계점을 고려하여 일정 수준 이하의 부적격자를 배제하는 데 그 목적을 두어야지 필기시험 결과에 의해 채용 여부가 결정되는 것은 바람직하지 못하다.

(2) 지능검사(intelligence test)

지능검사는 개인의 지적 수준을 측정하는 것으로 흔히 IQ테스트라고 불린다. 이 검사는 심리학자들에 의해 개발된 최초의 심리검사 유형 중 하나로 산업계에서 가장 널리 이용되고 있는 표준화된 검사이다. 그러나 지능검사의 점수와 직무수행 사이의 일치된 상관관계가 존재하는 것은 아니다. 같은 지능이라도 공간구성능력에 탁월한 사람이 있고, 수리감각에 탁월한 사람이 있는 것이다.

(3) 적성검사(aptitude test)

적성검사는 어떤 직무에 관한 훈련을 받을 경우 그 직무를 배울 수 있는 개인의 잠재능력을 측정하는 방법이다. 적성의 예로서는 기계, 사무, 언어, 음악, 학문, 손 정확성 검사, 손과 눈의 상호작용 등을 들 수 있다.

(4) 성취도검사(achievement test)

성취도검사는 업무수행검사(performance test)로서 직무와 직접 관련된 구체적인 지식이나 기술을 측정하는 검사이다. 이 검사는 펀치 프레스(punch press)를 조작하는 작업, 타이핑속도 측정, 기계를 만지는 작업 등 손으로 하는 작업의 능력을 측정하는 데 주로 사용된다. 지능검사와 적성검사를 포함한 모든 검사는 지원자의 성취도를 어느 정도 나타내고 있다.

(5) 흥미검사(interest test)

흥미검사는 개인이 갖고 있는 흥미나 관심의 경향을 측정하는 것으로 적성검사를 보완하는 검사이다. 흥미검사에는 스트롱 직업흥미검사(Strong vocational interests blank)와 쿠더 흥미검사(Kuder preference record)가 있다. 개인의 흥미파악은 지원자가 어떤 직무유형에 적합한지를 파악하는 데 도움을 준다. 직무에 흥미를 갖고 있는 사람은 그렇지 못한 사람보다 직무를 더 훌륭하게 수행해 낼 수 있을 것이다. 따라서 흥미 자체는 성공적인 직무수행에 공헌하는 하나의 중요한 변수가 된다.

(6) 성격(인성)검사(personality test)

성격 또는 인성검사는 동기, 욕망, 자신감, 활동성, 낙천성, 참을성 등 개인의 성격경향을 측정한다. 이 검사는 지원자들이 좋은 평가를 받기 위해 자신의 속성을 속일 수가 있기 때문에 흥미검사처럼 정직한 응답을 얻기 어렵다. 우리나라에서 활용하고 있는 성격 검사방법으로는 MMPI(미네소타 다면적 성격 항목), 주제통각검사(thematic appreciation tests: TAT), CPI(california personality inventory), V－CAt(일종의 Kraepelin 정신작업검사) 등이 있다. 이 중에서 표준화되어 신뢰성 있게 사용되고 있는 것이 MMPI이다.

(7) 기   타

이 외에도 개인의 육체적 힘, 동작의 기민성, 균형능력 등을 측정하기 위한 심리동력검사와 개인의 필체를 감정하기 위한 필체검사(graphology test)가 있으며, 개인의 거짓말을 탐지하기 위한 거짓말 탐지기조사(polygraph test)도 있다. 이 거짓말탐지기 검사는 원래 경찰업무를 위해 개발되었던 것이지만, 오늘날 인사선발과정에서 자료를 체크하는 데 사용되고 있다. 그러나 인사관리에서 이 검사를 사용하는 데에는 윤리적인 문제가 대두된다.

2) 면   접

(1) 면접의 의의

면접관련 기법의 발달과 기업이 바라는 인재상에 적합한 사원선발 도구로서 면접이 지니는 중요성이 인식됨에 따라 선발과정에서 면접이 차지하는 비중이 매우 높아지고 있다.

선발과정에서 면접을 실시하는 목적은 첫째, 인품을 종합적으로 평가하기 위해서, 둘

째, 잠재적인 능력과 의욕을 지닌 인물을 채용하기 위해서, 셋째, 급변하는 환경에 적응할
수 있는 자를 채용하기 위해서이다. 면접시험은 짧은 시간 내에 이루어지기 때문에 지원
자들은 준비를 철저히 해야 한다.

(2) 면접의 종류

면접은 면접기법이 구조화된 정도나 참가자 수에 따라 여러 가지가 있는데, 대표적인
유형을 살펴보면 다음과 같다.[18]

가) 구조화된 정도에 따른 면접방법

면접방법은 구조화수준에 따라 구조적 면접(structured interview)과 비구조적 면접
(unstructured interview), 반구조적 면접(semi structured interview)으로 구분할 수 있다.

구조적 면접은 정형적(patterned), 지시적 면접(directed interview)이라고도 하며, 직무명
세서를 기초로 하여 미리 질문의 내용을 설정해 두고 이에 따라 면접자가 차례차례 질문
해 나가는 유도적 면접방법(guided interviewing method)이다. 질문이 미리 준비되어 있기
때문에 면접의 객관성과 신뢰성을 높일 수 있고, 경험이 부족한 면접자도 면접을 실시할
수 있다는 이점이 있다. 그러나 질문내용의 설정에 어려움이 있고, 면접에 응하는 사람의
응답을 단순히 기록하는 것을 넘어 응답자의 답변에 따른 실질적이고 구체적인 질문을
하기 어렵다.

- 상황면접(situational interview): 지원자는 직무수행과정에서 발생할 수 있는 상황에 어
  떻게 대처할 지를 답해야 한다. 상황면접은 직무성과를 예측하는 데 타당성이 높은
  면접기법으로, 기업들은 경력이 없는 대학졸업 지원자들을 선발할 때 상황면접을
  활용한다.
- 행동기술면접(behavioral description interview): 면접자는 과거의 실제 상황에 대처하는
  과정에서 피면접자가 어떤 행동을 했는지 설명하도록 한다. 지원자의 실제 경험에
  근거한 질문이 주어지므로 경력직 지원자를 평가할 때 주로 활용되며 면접의 타당
  성은 가장 높다고 볼 수 있다. 그러나 지원자들의 경험이 모두 다를 수 있으므로
  상황면접에 비해 평가기준의 구조화 정도가 낮을 수 있다.

두 면접방식이 모두 과학적이고 구조화 정도가 높으므로, 어떤 면접방식을 선택할 것
인가는 상황과 목적에 따라 달라진다. 가장 큰 차이는 상황면접의 경우 질문의 초점이 미
래의 직무상황에 맞춰져 있는 반면에 행동기술면접은 질문의 초점이 과거의 경험에 맞춰
져 있다는 것이다. 경력직의 경우에는 이미 직무경험을 가지고 있으므로 상황면접과 행동

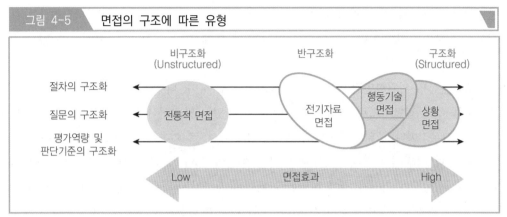

| 그림 4-5 | 면접의 구조에 따른 유형 |

〈자료〉 월간인재경영, 선발에서의 역량기반면접, 2009. 5. p. 102.

기술면접이 모두 가능하다. 반면에, 신입직의 경우에는 직무경험이 없어서 행동기술면접 질문에 대해 상상력으로 답하게 되므로 신입직의 경우에는 상황면접 방식이 좀 더 바람직하다.

반면 비구조적 면접은 비지시적 면접(undirected interview)이라고도 불리며, 이 방법은 질문의 내용이 공식화된 것이 아니라 지원자에게 최대한 의사를 표시할 자유를 주어 대화하는 가운데 지원자에 관한 정보를 얻는 비유도적 면접방법이다. 질문이 미리 준비되어 있지 않고 지원자로 하여금 자유로이 많은 이야기를 할 수 있게 한다는 이점이 있으나 지원자가 편향적이고 호의적인 대답만을 할 가능성이 있다. 또한 전문면접자가 아닌 비전문 면접자의 통제 하에서는 면접자나 지원자 간에 대화의 초점이 흐려지거나 단절될 수 있다. 따라서 이러한 점을 배제하기 위해서는 고도의 질문기법과 훈련이 요구된다.

반구조적 면접은 질문할 주요 내용을 사전에 준비하여 이를 중심으로 질문하면서도 약간의 융통성을 가지고 상황에 따라서 주요 항목 이외의 질문도 할 수 있는 면접방법으로, 구조적 면접과 비구조적 면접을 절충시켜 놓은 것이다. 대표적인 반구조적 면접은 전기자료면접(biographical data interview)이 있다. 이는 개인의 이력서나 자기소개서 등을 토대로 질문하는 방식으로, 지원서 내용 중에 평가하고자 하는 역량이 잘 드러날 수 있는 지원자의 가정환경, 성장과정, 생활배경 등이 있다면 그러한 내용들을 보다 구체적으로 질문함으로써 해당 역량수준을 파악하거나 지원자를 보다 잘 이해하기 위해 사용하는 방법이다.

나) 참가자의 수에 따른 면접방법

참가자 수에 따른 면접은 개별면접·패널면접·집단면접으로 구분된다. 개별면접은 집단면접과 병행해서 가장 많이 행해지는 면접방법 중의 하나로서 한 사람의 지원자를 대상으로 행해지는 방법이다. 이 방법은 한 개인에 대해서 많은 정보를 파악할 수 있는 장점이 있으나 많은 시간과 비용이 소요된다.[19]

패널면접은 위원회면접(board interview)이라고도 하며, 다수의 면접자가 한 사람의 피면접자를 두고 집단적으로 면접하면서 그가 갖고 있는 자질이나 특징을 평가하는 면접방법으로, 전문직이나 상위관리계층을 선발할 경우에 주로 이용된다. 패널면접은 지원자에 대하여 보다 광범위한 조사를 할 수 있다는 이점이 있다. 그러나 매우 공식적인 형태를 취하므로 면접자와 지원자 간에 친밀한 관계를 유지하기 어려우며, 지원자가 긴장감을 느끼게 되어 부자연스런 반응을 하기 쉽다. 또한 다수의 면접자를 필요로 하므로 다른 방법에 비해 비용이 많이 든다.

한편 집단면접은 최근 각 기업에서 개별면접과 함께 채택하고 있는 면접방법으로서 집단단위별로 특정 문제에 따라 자유토론을 할 수 있는 기회를 부여하고, 토론과정에서 개별적으로 적격 여부를 심사한다. 집단면접은 동시에 다수의 지원자를 평가할 수 있으므로 시간의 절약이 가능하고, 다수의 우열 비교를 통하여 리더십이 있는 인재를 발견할 수 있다는 이점이 있다. 개별면접법과 병행하여 실시하는 것이 효과적이다.

다) 기 타

기타의 면접방법으로는 스트레스 면접과 무자료 면접 그리고 최근 활용폭이 확대된 컴퓨터 가상면접, 비디오-디지털 기록면접 등이 있다. 스트레스 면접(stress interview)은 스트레스 상황 하에서 피면접자가 어떻게 행동을 하느냐를 판단하고 조사하기 위해 사용한 면접방법으로, 2차대전 당시 정보요원을 선발할 때 이용된 방법이다. 스트레스 면접은 스트레스하에 감정의 안정도와 인내도를 관찰하므로 판매원과 같은 직종의 경우에 선발 면접방법으로 유익하다. 그러나 선발되지 않은 지원자에게는 그 회사에 대해 부정적 이미지를 갖게 하며, 선발되더라도 입사 제안을 받아들이지 않는 경우가 많다. 따라서 기업에서는 별로 사용하지 않는 방법이다.

무자료 면접(blind interview)은 면접상 생기기 쉬운 지각상의 오류를 막기 위해 그 동안 면접 시 활용했던 이력서, 성적증명서, 자기소개서 등을 배제하고 지원자를 있는 그대로 두고 평가하는 것을 말한다. 이는 사전에 갖기 쉬운 지역이나 출신학교에 따른 선입견을 없애고 공정하게 사람을 바라볼 수 있다는 점에서 효과가 있어 이 기법을 활용하고 있는 기업들이 차츰 늘어나고 있다.

컴퓨터 가상면접(computer virtual interviews)은 컴퓨터 인터뷰로 지원자가 직무와 관련되어 개발된 문항들(75~125개)에 답변하도록 요구한다. 답변은 모범답안 또는 다른 지원자의 답안과 비교되어 평가된다. 공급자와 소프트웨어 프로그램에 따라 온라인 시험과 병행되어 지원자의 모순되는 답변과 반응시간이 늦는 답변 체크부터 지원자의 타이핑 속도, 소프트웨어 숙련도에 이르기까지 거의 모든 속성들을 평가할 수 있다.

비디오-디지털 기록면접(video and digitally-recorded interview)은 비디오 컨퍼런스 기술을 활용하여 지원자들의 역량을 평가한다. 면접장면을 녹화하고 경영자들에게 다시 상영하는 것만으로 다른 면접일정을 잡아야 하는 복잡함을 줄일 수 있다. 이 방법은 유연성, 속도, 비용면에서 장점을 갖는데, 지원자의 기술 역량, 열정, 모습 등을 대면면접에서의 비용이 발생하기 전에 평가할 수 있으며, 적은 비용으로 질 높은 선발결정을 내릴 수 있다.[20]

쉬어갑시다   채용시장에 부는 거센 'AI'바람

채용과정에 AI(Artificial Intelligence, 인공지능)를 적용하는 기업들이 빠른 속도로 늘고 있다. 주로 지원자의 자기소개서 검토 등에 사용되던 AI 시스템은 인재 선발을 담당하고 평가하는 위원의 역할 중 일부분 또는 전체를 맡아 지원자의 입사지원서를 분석하고 인적성검사, 면접까지 담당하는 '숨은 면접관' 역할을 하고 있다.

대기업들이 채용과정에 AI 시스템을 도입하는 이유는 구직자 지원 편의성을 높이는 동시에 평가과정에서 효율성과 공정성이란 두 마리 토끼를 잡을 수 있기 때문이다. 인공지능이 자기소개서를 평가하는 데 걸리는 시간은 평균 3초다. 1만 명의 자기소개서를 평가하는 데 인사 담당자 10명이 처리하면 하루 8시간씩 7일이 필요한데, 같은 일을 인공지능이 처리하면 8시간이 걸린다.

AI 활용은 평가의 공정성을 높이는 데도 효과적이다. 현실적으로 한 사람이 모든 서류를 검토하는 것은 불가능하기 때문에 같은 평가기준을 가지고 여러 담당자가 평가에 참여하게 될 수밖에 없다. 이 경우 전체적인 평가기준이 같다고 해도 편차가 생길 수밖에 없다. 또 평가 과정에 감정이나 주관이 개입될 가능성을 완전히 배제하기 어렵고 채용과정에서 부정이 개입할 소지가 있다 반면 AI가 이 과정을 대체할 경우 평가자의 주관 개입 없이 완전히 같은 기준으로 모든 서류를 검토할 수 있다.

하지만 AI 채용은 '경험으로 얻은 인재 보는 눈을 활용할 수 없다', '다양한 개성을 갖춘 구직자들을 하나의 잣대로만 평가하게 될 우려가 있다', '주어진 데이터에만 기반을 둬서 채용 여부를 결정하기 때문에 향후 성장 가능성에 대한 고려가 없다', '면접 과정에서 사람이 아닌

PC를 보고 답하는 방식에 대한 거부감도 적지 않다'. '면접을 보는 내내 긴장감이 떨어지고, 불편하다는 지원자들의 반응', '국내 정서상 AI가 아직 사회적으로 신뢰성을 공인받지는 못하고 있는 것으로 보인다' 등의 부정적 의견도 있다.

향후 AI 채용 시스템의 효율성과 가치를 인정받기 위해 발생 가능한 취약점의 보완, 검증을 거쳐 정확성이 확보된다면 시각, 생체, 음성, 언어 분석을 통해 구직자를 평가하고, 구직자는 컴퓨터를 보고 면접을 진행하는 AI 채용 시스템의 도입과 그 적용 범위가 꾸준히 확대될 것이다.

실제로 해외에서는 AI를 기업 인사 전반에 활용하기도 한다. 의료 사무를 전문적으로 위탁 운영하는 솔라스트는 AI를 기업 인사에 활용한 이후 직원 이직률이 37%에서 16%로 대폭 감소했다. 일본 소프트뱅크는 2017년부터 IBM의 인공지능인 '왓슨'을 활용해 신입사원 서류 심사를 한 결과 "인공지능과 채용 담당자가 각각 같은 입사지원서를 읽고 내린 판정이 같았다"며, "서류 심사 단계에 소용되는 시간이 평균 680시간에서 170시간으로 줄어, 업무시간이 75% 단축됐다"고 밝혔다. IBM은 1차 면접 단계까지 인공지능을 활용한다. 인공지능이 전화 인터뷰나 화상면접으로 지원자와 대화를 나눈 후 뽑은 선정자는 인사 담당자와 심층 면접을 치르고 최종 채용 여부가 결정된다. 일본 경영컨설팅업체 노무라연구소는 기업 인사와 연계된 AI 시장이 2024년 1,722억엔(약 1조7,430억원) 규모에 달할 것이라고 내다봤다. 2017년과 비교해 50%가량 성장한 규모다. 국내에서도 AI학습에 필요한 채용 관련 빅데이터가 계속 확보되고 있고 기술·환경적 기반은 이미 충분히 마련돼 있는 만큼 향후 동참하는 기업이 늘어날 것으로 전망된다.

<자료> CBS노컷뉴스, 채용시장 新풍속도 … 확대되는 AI채용의 명암, 2018.9.26, 중앙일보,
인공지능(AI) 면접 치러보니 … "표정·목소리·뇌파까지 분석", 2018.3.14에서 발췌 요약

(3) 면접자의 질문기법 (questioning techniques)

면접에서 하는 질문들은 과거는 미래의 가장 좋은 예측수단이라고 가정하고 이루어진다. 올바른 면접기법은 특정한 목표와 관련된 개방형(open-ended) 질문들에 좌우된다. 개방형 질문이란 '예 또는 아니오'로 대답할 수 없는 질문들을 의미한다. '누가, 무엇을, 언제, 왜?, 어떻게, 말해 보시오 그리고 어떤 것을'은 모두 더욱 깊고 더욱 많은 정보를 포함한 대답을 이끌어내기 위한 질문을 시작하기 위한 좋은 출발점이 된다. 반면 다음과 같은 질문들은 피해야만 한다.[21]

- 진실한 대답을 거의 이끌어 내지 못하는 질문들(questions that rarely produce a true answer): 예를 들어 "당신의 직장 동료들과 어떻게 잘 지냈습니까?"라는 질문은 거의 다 "그냥 잘 지냈습니다"라는 대답을 들을 것이다.
- 유도 질문들(leading questions): 예를 들면 "당신은 사람들과 대화하길 좋아하는 군요, 그렇지 않나요?"와 같은 질문이다. 이에 대한 답은 "물론이죠"일 것이다.
- 불법인 질문들(illegal questions): 인종, 나이, 성, 국적, 결혼유무(marital status), 자녀의 수 등과 같은 정보를 포함한 질문은 모두 불법이다.
- 명백한 질문들(obvious questions): 지원서에 기재한 질문들은 면접자가 이미 답을 가지고 있고 지원자도 이를 아는 질문이다.
- 직무와 관련 없는 질문들(questions that are not job related): 모든 질문들은 피면접자가 지원한 직무와 직접 관련이 있어야 한다.

(4) 면접자의 주의사항

면접을 하기 위한 준비가 갖추어지면 바로 면접이 실시된다. 이 때 면접자가 몇 가지 주의해 두어야 할 점이 있다.

- 단 한번의 짧은 시간에 걸친 면접을 통해서 상대방의 성격이나 능력에 대해서 완전한 평가가 가능하다고 생각해서는 안 된다.
- 특히 우수한 종업원에게만 예외적으로 적용될 수 있는 상황을 과장하여 일반적인 경우로 선전해서는 안 된다.
- 회사의 조건이나 직무가 요구하는 자격요건 등 면접자로서 잘 알고 있는 사항은 면접 시 설명을 빼놓지 않도록 주의해야 한다.
- 면접자가 상대방의 외모에 따라 영향을 받아서는 안 된다.
- 면접자는 편견을 가지고 지원자를 판단해서는 안 된다.
- 면접자의 유일한 직능이 지원자의 채용 여부를 결정하는 것이라고 생각해서는 안 된다. 채용하지 않는 경우에도 회사에 대한 호감을 갖도록 노력해야 한다.
- 면접이 끝날 때에는 이를 알리는 명확한 표시가 있어야 하며, 다음 행동에 대한 안내를 해 주어야 한다.
- 지원자가 나간 후 잊어버리기 전에 즉시 평가하여 기록해 두어야 한다.

이와 같은 사항을 범하지 않기 위해서는 면접자는 전문가로서 충분한 훈련과 경험을 갖고 있어야 한다. 특히 선발면접(Selection interviews)에서 자주 사용되는 〈그림 4-6〉과

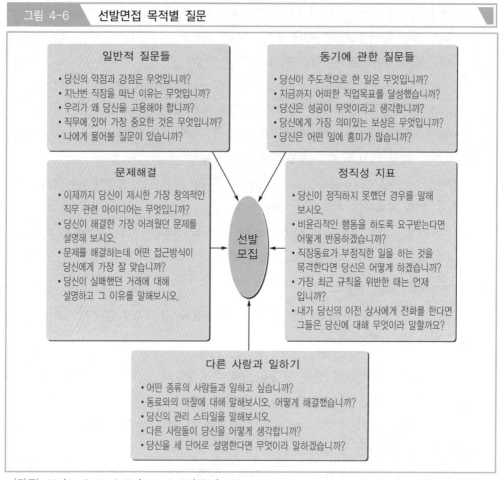

그림 4-6　선발면접 목적별 질문

일반적 질문들
- 당신의 약점과 강점은 무엇입니까?
- 지난번 직장을 떠난 이유는 무엇입니까?
- 우리가 왜 당신을 고용해야 합니까?
- 직무에 있어 가장 중요한 것은 무엇입니까?
- 나에게 물어볼 질문이 있습니까?

동기에 관한 질문들
- 당신이 주도적으로 한 일은 무엇입니까?
- 지금까지 어떠한 직업목표를 달성했습니까?
- 당신은 성공이 무엇이라고 생각합니까?
- 당신에게 가장 의미있는 보상은 무엇입니까?
- 당신은 어떤 일에 흥미가 많습니까?

문제해결
- 이제까지 당신이 제시한 가장 창의적인 직무 관련 아이디어는 무엇입니까?
- 당신이 해결한 가장 어려웠던 문제를 설명해 보시오.
- 문제를 해결하는데 어떤 접근방식이 당신에게 가장 잘 맞습니까?
- 당신이 실패했던 거래에 대해 설명하고 그 이유를 말해보시오.

정직성 지표
- 당신이 정직하지 못했던 경우를 말해 보시오.
- 비윤리적인 행동을 하도록 요구받는다면 어떻게 반응하겠습니까?
- 직장동료가 부정직한 일을 하는 것을 목격한다면 당신은 어떻게 하겠습니까?
- 가장 최근 규칙을 위반한 때는 언제 입니까?
- 내가 당신의 이전 상사에게 전화를 한다면 그들은 당신에 대해 무엇이라 말할까요?

선발 모집

다른 사람과 일하기
- 어떤 종류의 사람들과 일하고 싶습니까?
- 동료와의 마찰에 대해 말해보시오. 어떻게 해결했습니까?
- 당신의 관리 스타일을 말해보시오.
- 다른 사람들이 당신을 어떻게 생각합니까?
- 당신을 세 단어로 설명한다면 무엇이라 말하겠습니까?

〈자료〉 Mathis, R. I. & Jackson, J. H.(2000). *Human resource management*, South-Western College Publishing, p. 301.

같은 질문 내용을 이해할 필요가 있다.[22]

아울러 면접자 역시 피면접자의 의식적인 행동에 의해 많은 영향을 받을 수 있다. 예컨대, 사람들 중에는 주위의 상황과 여건에 맞추어 자신의 태도나 모습을 놀라우리만큼 잘 바꾸는 소위 '인간 카멜레온'이라고 할 만한 사람들이 있다. 이를 전문용어로는 인상관리(impression management)행동, 즉 타인들이 받는 정보를 통제함으로써 타인들이 형성하는 자신에 대한 인상에 영향을 미치고자 시도하는 것을 의미한다.[23]

인상관리행위들은 언어적 형태, 비언어적 또는 표현적 형태, 육체적 모습의 수정, 호의표현과 같은 통합된 행동유형 등 다양한 형태로 나타난다. 면접과정에서도 그와 같은 행위는 더욱 두드러지게 나타나는데 연구에 따르면 인상관리전략이 효과적으로 사용될 경

우 면접자는 지원자가 실제 지니고 있는 자질 이상으로 지원자를 호의적으로 평가하는 경향이 있다.[24]

 쉬어갑시다 　 **우리나라 기업의 신규사원 채용 실태**

한국경영자총협회는 2023년 신규채용 실태조사를 실시하였다. 전국 100인 이상 기업 500개 사를 대상으로 실시된 조사의 결과는 다음과 같다.

첫째, 23년에 신규채용 계획에 대해 아래의 표에서 볼 수 있듯 응답기업의 69.8%가 신규채용을 계획하고 있으며, 계획이 없거나 미결정인 기업은 30% 정도 된다.

구분	전체	100~299인	300인 이상	300~499인	500인 이상
신규채용 계획 있음	69.7%	69.3%	70.5%	71.2%	68.9%
신규채용 계획 없음	17.8%	20.0%	14.5%	15.1%	13.1%
신규채용 여부 미결정	12.4%	10.7%	15.0%	13.7%	18.0%

67%의 기업이 작년과 유사한 수준으로 신규채용을 준비하고 있었으며, 작년보다 확대는 19.2%, 작년보다 축소의 경우 13.8%였다. 올해 신규채용 규모를 작년보다 확대할 것이라고 응답한 기업들에게 그 이유를 조사한 결과, 결원으로 인한 충원이 35.6%였으며, 신규투자로 인한 채용이 28.7%, 우수인력 확보를 위해서가 26.7%였다.

둘째, 신규채용 시 채용방식은 아래의 표에서 볼 수 있듯 수시채용만 실시하는 기업이 전체의 67.4%에 달했다. 정기공채와 수시채용을 병행하는 경우는 25.4%였으며, 정기공채만 실시하는 경우는 매우 낮았다. 정기공채와 수시채용을 병행하는 기업들 중 82.7%가 수시채용비중을 정기공채보다 더 높게 가져갈 것이라고 응답하였다. 한국의 많은 기업들은 정기공채보다 수시채용방식을 더 선호하며 이러한 추세는 지속될 것으로 예측된다.

구분	전체	100~299인	300인 이상
수시채용만 실시	67.4%	75.7%	55.0%
정기공채와 수시채용 병행	25.4%	18.3%	36.0%
정기공채만 실시	7.2%	6.0%	9.0%

이러한 추세는 올해 채용시장의 변화양상에 대한 조사(복수응답)에서도 드러나는데, 기업들은 경력직에 대한 선호가 강화되고 수시채용이 증가할 것이라고 전망하고 있었다.

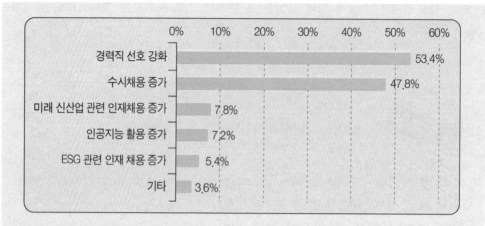

셋째, 신규채용에서 가장 중요한 평가요소에 대한 조사 결과, 응답 기업의 58.4%가 직무관련 업무 경험이라고 답변하였다. 아래의 표에서 확인할 수 있듯, 자격증이나 최종학력은 평가요소로 그리 중요하지 않은 요소임을 볼 수 있다.

구분	직무관련 업무경험	인성과 태도	직무관련 전공	직무관련 자격증	최종학력	기타
응답률	58.4%	19.6%	15.8%	5.2%	0.8%	0.2%

기업들이 직무관련 업무 경험을 중시하게 되는 것은 기업들이 파악하는 조기 퇴사 사유와 관련이 있다고 볼 수 있다. 작년 신입사원 채용기업 중 입사한 지 1년 안에 퇴사한 직원이 있는 기업이 81.7%였는데, 이 기업들에게 퇴사 사유를 조사한 결과(복수응답), 아래의 표에서 볼 수 있듯 직무가 적성에 맞지 않은 것을 가장 핵심적인 사유로 꼽았다.

구분	응답률
직무가 적성에 안 맞아서	58.0%
타 회사 합격	27.3%
대인관계 및 조직부적응	17.4%
연봉 불만	14.7%
업무강도 불만	6.7%
기타	12.0%

<자료> 한국경영자총협회. 『2023년 신규채용 실태조사 결과』, 2023.4.

5 선발도구의 합리적 조건

채용과정에서 선발은 시험이나 면접 등과 같은 선발도구를 활용하여 이루어지지만, 1종 오류와 2종 오류를 범할 수 있다. 1종 오류는 채용이 되었을 경우 만족할 만한 성과를 낼 수 있는 지원자가 시험이나 면접에서 불합격되는 경우 발생하는 오류로 기회비용이 발생한다. 2종 오류는 채용이 되었을 경우 만족할 만한 성과를 낼 수 없는 지원자가 시험과 면접에서 합격되는 경우 발생하는 오류이며, 이 경우에는 직·간접적으로 추가비용이 발생한다.[25)]

이러한 오류를 범하지 않고 올바른 결정이 이루어지기 위해서는 선발도구의 신뢰성과 타당성 및 선발비율이 고려되어야 한다.

표 4-3	선발도구의 오류		
구 분		채용 후 직무의 성과	
		성공(만족)	실패(불만족)
선발의사 결 정	거 부	1종 오류	올바른 결정
	수 락	올바른 결정	2종 오류

〈자료〉 Robbins, S. P.(1982). *Personnel: The management of human resources*, Prentice-Hall, p. 122.

1) 신뢰성(reliability)

신뢰성이란 그 도구가 선발대상자들에게 적용되었을 때 안정적이고 일관성 있는 결과를 얻을 수 있도록 만들어져 있을 때 획득된다.[26)] 예를 들면 동일한 사람이 동일한 환경에서 어떤 시험을 몇 번이고 다시 보았을 때 그 측정결과가 서로 일치하는 정도를 뜻하는 것으로 일관성, 안정성, 정확성 등을 나타낸다. 선발결정의 근거자료가 신뢰하기 어렵다면 효과적인 선발도구로 사용될 수가 없다. 시험의 신뢰성을 평가하기 위한 방법으로는 시험-재시험법, 반분법 등이 있다.

2) 타당성(validity)

타당성이란 시험이 당초에 측정하려고 의도하였던 것을 얼마나 정확히 측정하고 있는가를 밝히는 정도를 말한다. 예를 들면 유능한 간호사를 선발하고자 할 경우에는 지원자가 지니고 있는 간호학에 대한 지식이나 의료기기의 활용능력 등에 초점을 맞춰 시험을 보거나 면접을 봐야 한다. 그런데 여기에다 워드프로세스 활용능력이나 자동차 면허증의 취득여부 등을 적용한다면 전혀 타당성이 없는 것이다. 선발시험의 타당성을 측정하는 방법으로는 여러 가지의 타당성 유형이 있지만 여기에서는 일반적으로 중요하다고 여겨지는 다음 몇 가지만 살펴보고자 한다.

(1) 기준관련 타당성(criterion-related validity)

이는 종업원의 시험점수를 예측치로 하고 직무성과를 기준치로 하여 비교한 다음 양자의 관계를 통계적인 상관계수로 나타낸다. 이 기준관련 타당성은 예측치와 기준치를 어느 시점에서 측정할 것인가에 따라 ① 예측타당성, ② 동시타당성, ③ 사후적 타당성 등으로 구분된다.

기준관련 타당성은 두말할 나위도 없이 인적자원관리자들의 가장 큰 관심의 대상이라 할 수 있다. 이는 모든 인사선발방법(시험, 면접 등)의 유효성은 사실상 기준관련 타당성 여하에 달려있기 때문이다.

(2) 내용 및 구성개념 타당성(content validity and construct validity)

이들 타당성은 주로 기준관련 타당도를 파악할 수 없을 때 이용되는 것으로 합리적으로 표본추출이 어려울 정도로 대상자 수가 제한될 때에 이용된다. 내용타당성은 시험문제에 측정하고자 하는 취지가 얼마나 반영되었는가를 알아보는 것으로, 예를 들면 경리사원을 뽑는 시험에서 실무와 관련된 문제가 많이 출제되었다면 이 시험문제는 내용타당도를 높게 가진 것으로 볼 수 있다. 구성개념 타당성은 동기부여수준과 같이 직접적으로 관찰이 불가능한 개념적 요인이 적절하게 측정될 수 있도록 만들어졌는지를 다른 개념 및 이론적 틀 아래에서 분석하는 방법이다.

제4절 배치관리

1 배치관리란?

선발은 획득 가능한 정보를 바탕으로 지원자의 채용 여부를 결정하는 단계로서 '밑그림'을 그리는 설계작업에 해당된다. 반면 배치(placement)는 선발된 지원자를 기업 내의 각 부서에 배속시켜 직무를 할당하는 것으로, 밑그림을 완성시키는 작업이라 할 수 있다. 이때 가장 고려할 사항이 적재적소(the right man for the right place)원칙에 따라 적정배치가 이루어져야 한다는 점이다. 여기서 '적정'이란 직무달성에 필요한 자격요건과 그 직무 담당자의 직무수행능력이 부합되는 상태를 말한다. 따라서 적정배치란 어떤 직장 또는 직무에 어떠한 자질을 가진 종업원이 어떻게 배치되는 것이 가장 합리적인가를 결정하는 과정이다. 적정배치가 이루어질 경우 발생하는 이점은 다음과 같다.[27]

- 종업원 개개인의 인격을 존중한다.
- 종업원의 성취욕구를 충족시킬 수 있다.
- 종업원으로 하여금 참여와 자발적 노력을 발휘하도록 한다.
- 종업원들에게 능률을 높일 수 있는 활로를 열어준다.
- 이직률과 결근율을 낮춘다.
- 기업의 목표달성을 촉진시킨다.

2 적정배치의 방법[28]

적정배치란 적재(適材: 직무를 수행해야 할 사람)와 적소(適所: 적재가 수행해야 할 직무)를 일치시키는 것을 의미한다. 따라서 합리적인 적정배치를 위해서는 직무(적소)와 사람(적재)이 지니는 요건이 먼저 설정되어야 한다. 그리고 이 두 가지 요건이 합치되도록 함으로써 최종적으로 배치가 이루어진다.

1) 적정배치 요건

(1) 직무의 요건

적정배치에 있어 직무의 요건이란 직무를 올바르게 수행함에 있어서 종업원에게 요구되는 신체적·정신적 자질을 의미한다. 이를 분류하면 다음과 같다.

- 직무가 요구하는 능력수준
- 직무가 요구하는 인격특성
- 직무 수행이 구체화된 직장환경
- 직무 조직상의 지위

이와 같은 직무의 요건이 설정되면 이에 적합한 사람의 요건도 동시에 결정하여야 한다.

(2) 사람의 요건

사람의 요건이란 종업원이 맡은 바 직무를 충분히 수행할 수 있는 능력, 신체적·인격적 특성, 교육적·경제적 배경 등을 파악하는 일이다. 직무의 요건과 사람의 요건을 정확하게 알아낼 수만 있다면 이 양자가 합치되는 점을 쉽게 발견될 수 있기 때문에 적정배치의 문제는 자연히 해결될 수 있다. 그러나 직무·사람의 요건을 정확히 알아내기란 어렵다. 그런데 양자의 요건과 관련된 연구가 많이 나오고 있다. 즉, 직무분석, 직무평가, 시간 및 동작연구, 직무설계 등은 직무의 요건과 관련된 연구들이며, 인사고과, 적성검사, 각종의 검사와 시험 등은 사람의 요건과 관련된 연구들이다. 이를 알기 쉽게 도식화하면 〈그림 4-7〉과 같다.

그림 4-7	적정배치를 위한 과정

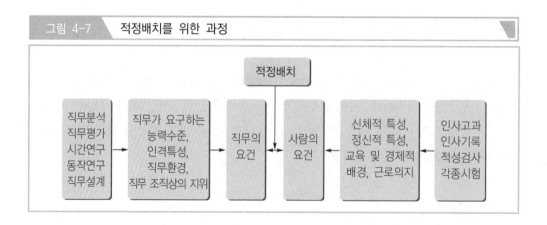

2) 배치의 결정

적정배치의 마지막 단계는 부서의 요구와 직무의 요건, 종업원의 요구와 적성 등을 종합적으로 고려하여 최종적으로 배치를 결정하는 과정이다.

- 각 작업 부서에서 필요한 인원과 적격자 기준을 작성한다.
- 배치에 대한 본인의 희망직종의 우선순위를 조사한다.
- 지원자가 적격자기준에 합당할 경우에는 지망에 따라 배치한다.
- 부서의 요구하는 인원이 지망자 수보다 적을 때는 2지망, 3지망에서 충원한다.
- 각 부서에서 요구하는 인원수만큼 적격자가 없을 경우에는 적격자 기준을 낮춘다.

 **쉬어갑시다** **적재적소 체크 리스트**

인사관리의 가장 기본은 인재를 적재적소에 배치하는 것이다. 그러나 현실에서는 직원 스스로도 자신의 적성을 잘 모르고 어떤 업무가 자신에게 적합한 업무인지 인지하지 못하는 경우가 많다. 즉, 스스로에 대해 과대평가하거나 과소평가하는 경우가 대부분이고, 자신이 어떤 일을 잘 할 수 있는지 생각하기 보다는 자기가 재미있어 했던 일 정도에 관심을 가질 뿐이다. 적재적소란 직무가 적성에 맞아 개인 역량을 발휘해 조직과 개인의 성과목표를 달성함으로써, 그에 합당한 처우(연봉, 성과급, 승진, 보직)를 받게 되는 경우를 말한다. 이를 위해 조직 구성원들은 적재적소 체크 리스트를 활용하여 적재적소의 정도를 파악할 필요가 있다. 다음 질문에서 전부 '예'라면 적재적소도가 100%, 5개가 '예'라면 적재적소도는 50%인데, 70% 이상이라면 적정한 수준이라고 볼 수 있다.

1) 지금 하는 일은 나의 적성에 맞는다.
2) 지금 하는 일에서 과거의 경험을 활용하고 있다.
3) 지금 하는 일은 미래에 내가 할 일과 연관이 있다.
4) 지금 하는 일은 내가 성장할 수 있는 밑거름 역할을 하고 있다.
5) 지금 하는 일로 인해 나의 능력이 조금씩 향상되고 있다.
6) 일을 하다 보면 어느새 시간이 지나 하루가 짧게 느껴진다.
7) 직장에서 나의 인복(상사, 동료, 후배)은 좋은 편이다.
8) 직장 전체의 분위기가 나와 잘 맞는다.

> 9) 지금 하고 있는 일이 자랑스럽다.
> 10) 일 때문에 건강이 악화되는 일은 없다
>
> <자료> 고진영(2013). 성과주의와 적재적소, Entrepreneur, Newsletter.

3) 부적격자의 발생원인과 조치

선발과정에서 다양한 테스트와 조사를 실시하고 적재적소의 원칙에 따라 신중한 배치를 하더라도 부적격자는 나타날 수 있다. 따라서 기업은 빠른 시간 내에 부적격자가 발생하게 된 원인을 분석 및 검토하여 이에 대한 신속한 조치를 취해야 한다.

(1) 부적격자가 발생하는 원인 및 징후

부적격자가 발생 원인은 다양하나 일반적으로 본인문제, 가정문제, 직장에서의 문제 등으로 나눌 수 있다. 특히 직장에서의 원인을 살펴보면 다음과 같다.

- 부적절한 근무
- 노동조건의 악화
- 직장 내 대인관계의 불량
- 장래성과 승진의 불투명
- 배치 전 훈련의 부적절
- 대우관계(임금이 계약과 달라지는 것)

이 외에도 많은 원인을 찾아볼 수 있겠지만, 이와 같은 원인으로 인하여 발생하는 부적격자의 징후는 다음과 같다.

- 작업의 양과 질의 저하를 가져온다.
- 불평불만이 는다.
- 불안감을 자주 느낀다.
- 타인을 증오하거나 자기 비하를 가져온다.
- 협동성이 저하된다.
- 신체의 경련이나 마비 등 신경증이 표출된다.
- 조그만 일에도 스트레스를 자주 받는다.

(2) 부적격자의 조치

부적격자에 대한 조치는 원인이나 징후에 따라 다르지만 몇 가지 예를 들어보면 다음과 같다.

- 재교육훈련: 현재 배치된 직무와 어떤 점이 맞지 않는가를 검토하고, 원인에 따라 의욕환기, 인식전환, 체력 강화훈련, 신기술 등과 같은 재교육을 실시한다.
- 직무환경의 개선: 작업환경이 원인이 되는 경우가 있다. 조명, 온도, 기계공구 등과 같은 작업조건을 개선함으로써 그 원인을 제거할 수 있다.
- 배치전환: 업무의 내용을 변경하는 경우와 업무의 내용은 같으면서 직장만 변경하는 경우가 포함된다. 만약 강등을 생각하는 경우에는 직무의 내용, 각 직무 간의 공통성·관련성을 고려하여 당사자에 대한 납득·이해·자신감을 갖게 하고, 또한 주위 사람에 대한 영향도 고려하여 실시하는 것이 중요하다.
- 휴직 또는 해직: 이상과 같은 모든 조치를 취하여도 적격자가 될 수 없는 부득이한 경우에는 휴직 또는 해고조치를 취할 수밖에 없다.

제5절 채용관리의 새로운 이슈

1 NCS기반 채용관리

정부는 그간의 직업교육훈련·자격과 산업현장이 요구하는 인재상과의 괴리를 해소하여 국가인적자원개발(HRD)의 효율을 높이기 위해 국가직무능력표준(National Competency Standards: NCS)을 도입하였는데, 그 배경은 '학벌이 아닌 능력중심의 사회'를 만들기 위해서이다. 다시 말하면 NCS는 산업현장의 직무를 수행하기 위해 요구되는 지식·기술·소양 등의 내용을 국가가 산업별·수준별로 체계화한 것으로, 특정 일자리의 '직무명세서'이자 산업현장에 적합한 인재를 양성하기 위한 '인재양성지침서'이다. 즉, NCS는 직업인의 공통 역량인 의사소통능력, 수리능력, 문제해결능력 등의 직업기초능력과 해당 직무를 수행하기 위해 필요한 직무수행능력을 체계적으로 정리한 자료로, NCS 홈페이지(www.ncs.go.kr)에서 쉽게 찾아볼 수 있다.

그림 4-8 국가직무능력표준(NCS) 개념도

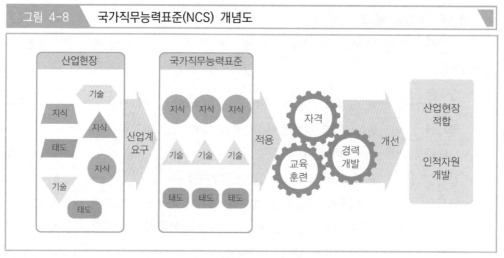

〈자료〉 www.ncs.go.kr; NCS 기업활용컨설팅 사업설명회 안내 자료집.

그림 4-9 NCS 기반 능력중심 채용요건

선발 대상 직무의 구체화 → 직업기초능력의 강조 → 직무수행능력의 구체화 → 직무수행능력중심의 선발평가

채용 단계	기존채용	NCS 기반 능력중심채용
서류 전형	• 학력, 가족사항, 불필요한 스팩 등 이력을 기재하고, 성장과정, 지원동기 등 일률적인 자기소개서를 작성 하여 차별요소가 다수 존재하고 직무연관성 미흡	• 직무와 무관한 자전적인 기재사항 최소화, 직무관련성이 높은 시험 기재 • 교내외 활동경험, 인턴 등 근무경험, 직무관련 자격증 등 • 해당 직무에서 기본적으로 갖추어야 하는 능력관련 지원자 경험 등을 기술
필기 시험	• 인성 및 일반적 인지능력(언어, 수리능력 등)에 대한 자필검사 시행 • 전공 필기시험	• 공통적 능력 외에 직무별 능력 중 자필형태로 평가 가능한 능력평가 • 예시: (일반사무)사무행정, (정보기술운영)IT시스템 관리
면접 시험	• 질문내용이 단편적이고 직무수행과 무관한 내용을 다수 포함하는 등 비체계적인 면접을 진행	• 직무능력과 관련된 경험(경험면접), 업무수행과정에서 발생 가능한 상황에 대한 대처방법(상황면접), 특정 직무관련 주제에 대한 의견(PT) 등을 중심으로 구조화된 면접 진행

〈자료〉 www.ncs.go.kr; 취업관계자 대상 NCS 기반 능력중심 채용설명회 자료(교육강의 자료 모음집).

NCS 기반 채용은 해당 분야의 직무에 꼭 필요한 직무능력만을 기초로 하여 채용하는 것이고, 채용 대상 직무를 NCS 기반으로 분석하고, 이를 활용하여 해당 직무에 맞는 직무수행능력과 직업기초능력을 갖춘 인재를 선발하는 채용방식이다.[29]

NCS는 구직자들이 현장 경험보다 학벌, 학점, 영어 등 이른바 스펙 쌓기에 몰두하는

현상을 개선하고 능력이 중심이 되는 사회를 만들기 위하여 추진되었다. NCS에 기반한 채용시스템을 통해 기업은 직무수행 능력을 갖춘 인재보다 용이하게 선발할 수 있고, 구직자들은 수행직무에 대한 정보를 사전에 파악하여 구직가능성을 높일 수 있다. NCS에 기반한 채용으로 직원은 직무 만족도가 높아지고 NCS를 활용하여 지속적인 자기 개발을 할 수도 있으며, 사회적 차원에서는 교육훈련제도의 혁신을 끌어내고, 능력중심의 노동시장 개혁을 추진할 수 있는 발판을 만들어 궁극적으로 능력중심사회의 구현에 기여하게 된다.

2 역량면접

기업에서 역량(competency)은 조직의 목표달성과 연계된 높은 성과를 이루는 사람의 특성으로 지식, 기술, 가치관, 성격, 태도 등 다양한 요소를 통해 행동으로 나타난다. 기업이 추구하는 역량면접은 다음과 같은 의미를 지닌다.

- 역량은 조직 내 우수성과자가 나타내는 행동 특성이다.
- 역량은 개인이 보유한 지식, 숙련(skill), 태도, 성격, 가치관, 동기 등이 복합적으로 통합되어 나타나는 행동이다.
- 역량은 행동이기 때문에 관찰 가능하며 측정 가능하다.
- 역량면접은 선발하고자 하는 포지션 또는 직무에서 요구하는 역량을 확인하기 위한 면접이다.

과거의 행동으로 미래의 행동을 예측한다는 가정에서 출발하는 역량면접(Competency Based Interview)은 면접 대상자가 특정 상황에서 구체적으로 취한 대응방법을 구조적인 질문을 통해 도출하는 형식을 띤다. 1970년대 미국 하버드대학의 심리학자 데이비드 매클렐랜드가 지능검사보다는 개인이 수행하는 직무에서 실제로 성과가 나타나는 역량 평가가 의미있다고 주장한 데 뿌리를 두고 있다. 역량면접에서는 기본적으로 '상황', '과제', '행동', '결과'를 차례로 묻는데 "여럿이서 함께 일한 경험을 말하라", "어떤 어려움이나 문제가 있었나", "어려움이나 갈등은 어떻게 해결했나", "결과는 어떠했나"를 차례로 질문한다. 이러한 역량면접에 대비하기 위해서는 자신이 예전에 경험했던 사건과 사례를 미리 잘 정리할 필요가 있다

3 직무에세이

직무적합성 평가가 중요한 선발의 기준이 되면서 선발과정에 직무에세이를 활용하는 기업이 늘고 있다. 직무적합성 평가란 평소 지원분야 직무에 얼마나 많은 관심, 문제의식 및 경험을 갖고 있는가, 자기 나름의 해결방안이나 혁신방안을 고민해 봤는가, 선진기업 사례를 조사 혹은 그에 관한 지식을 갖고 있는가를 확인하는 것이다. 에세이의 경우 특정 주제를 가지고 쓴다는 점에서 성장배경과 지원동기 등이 들어가는 자기소개서와 다르다. 즉, 자기가 지원하는 직무에 얼마나 관심이 있는지, 또 얼마나 준비했는지를 녹여서 쓰면 된다. 따라서 직무와 직접적으로 관련 없는 스펙 쌓기에 집중하기보다 직무와 관련된 구체적 경험을 준비하고, 에세이에 이러한 실제 경험이 구체적으로 드러나야 한다. 이러한 직무에세이를 통해 리더십과 협업능력, 사교성 등을 평가한다.

4 창의성 면접

현대사회는 고객이 요구하는 새로운 제품을 만들어야 기업이 생존할 수 있는 창의성 또는 혁신의 시대이다. 창의성이란 시각을 다양화하는 데서 출발하는 것으로 창의성을 발휘하기 위해서는 전혀 다른 시각에서 사물을 바라보는 훈련이 필요하다.

창의성은 전문성, 상상력, 내적 동기 등 세 가지 요소로 구성되며,[30] 창의성이 있는 사람들은 일반적으로 내적 동기가 강하여 선택한 일이나 문제 자체를 즐기려는 성향을 갖는다. 강한 내적 동기는 관심분야에 있어 남다른 전문성을 쌓게 하며 이것이 상상력과 상호작용하면서 참신한 아이디어를 산출해 내게 되는 것이다. 창의성은 지능, 다면적 사고, 연상과 유추능력, 비유나 상상을 활용할 줄 아는 능력 등과 관계가 깊은 것으로 나타났다.[31]

창의성은 수평적 사고 방법에 의해 유발되는데, 수평적 사고 방법이란 개인이나 팀에서 정보를 인지하고 해석하는 방법을 변화시켜 새로운 아이디어를 창출하기 위해 심사숙고 하는 과정으로 일련의 기법으로는 역발상법, 유추발상법, 교차발상법 등이 있다. 역발상법은 문제에 대해 안과 밖 혹은 위와 아래를 완전히 뒤바꾸어서 검토하는 것이다. 유추발상법은 사물과 사람 및 상황 등의 유사성을 나타내는 표현을 개발하는 것이다. 교차발상법은 다른 분야의 전문가에게 문제를 검토하고 그들이 사용하는 문제해결 방법을 제안

해주기를 부탁하는 것이다.[32]

　창의성 면접은 면접관과 함께 토론하는 방식이다. 일반적인 토론면접이 비슷한 수준의 지원자들끼리 토론했다면, 창의성 면접은 사회경험, 전문지식 등이 월등한 상대와 벌이는 토론이라는 점이 다르다. 따라서 문제해결능력, 논리적 설득력, 의견경청 등에 더해 추가적인 능력이 필요하다.

Post-Case   인턴사원의 해고

　많은 회사들이 인턴 제도를 운영하고 있는데, 인턴기간 중 해고가 문제되는 사례가 매우 많다. 인턴제도는 회사가 직원과 함께 일을 해본 후 업무적격성(직업적성, 업무능력, 조직친화력, 성실성 등)을 판단하려는 제도로 이해된다. 인턴기간은 회사 입장에서 직원과 계속 함께 가도 될 만한지 판단하는 기간이고, 3개월인 경우가 많다. 인턴기간을 마치면 정식 근로계약을 체결하거나 하지 않거나 둘 중 하나의 방향으로 결정된다.

　인턴제도와 관련해서, 정직원의 해고는 너무 어려운 반면 '인턴의 해고는 쉽고 아무 때나 할 수 있다. 그러니까 인턴이라는 게 있는 거다'라고 생각하는 경우도 있는데 맞는 말이 아니다. 인턴과의 관계 종료에 있어서도 주의할 점들이 있다.

　첫째, 회사가 운영 중인 '인턴'제도가 정확히 어떤 것인지 파악해야 할 필요가 있다. 정식 채용 후 3개월간 OJT(직장내 교육훈련) 등 트레이닝을 받는 기간인지, 아니면 3개월 후 채용 여부를 판단할 수 있는지를 구분할 필요가 있다. 전자를 '수습', 후자를 '시용'이라고 개념화하기도 하는데, 현실에서 엄격히 구분되어 사용되고 있지는 않고 혼용되고 있다. '수습기간 중 또는 수습기간 만료 시 근무태도, 적성, 기능 등을 종합판단하여 계속 근로가 적당하지 않다고 인정되는 경우 정식채용을 거부할 수 있다'는 취지의 규정이 있는 경우도 '수습'이라는 용어를 사용하였지만 시용에 관한 규정이다. 수습이냐 시용이냐 용어가 중요하다기보다 본채용 또는 정식채용 거절이 유보되어 있는지가 핵심이다.

　판례는 인턴계약이 본채용을 하기에 적절하지 못할 경우 향후 근로계약을 해지하기로 하면서 체결한 해약권유보부 근로계약으로 판단하면서 보통의 해고보다는 완화된 기준을 적용하고 있다(대법원 2006. 2. 24. 선고 2002다62432 판결). 우리나라에서 해고가 매우 어렵다는 점을 감안하면 완화된 기준이 적용될 수 있다는 점은 매우 큰 차이이다.

　둘째, 인턴기간 중 인턴 종료는 물론이고, 인턴기간 만료 시 본채용을 거절하는 것도 엄연히 근로기준법상 해고이다. 근로기준법 제23조는 해고 시 '정당한 이유'를 요구하고 있기 때문에, 인턴의 경우에도 관계 종료에는 '정당한 이유'가 필요하다. 인턴의 경우에는 특별한 사유가 없어도 관계 종료가 가능하다는 것이 큰 오해인 이유이다.

다만, 판례는 보통의 해고에 있어서는 '사회통념상 고용관계를 계속할 수 없을 정도로 근로자에게 책임 있는 사유'를 요구하고 있지만(대법원 2017. 3. 15. 선고 2013두26750 판결), 인턴의 경우에는 '객관적이고 합리적인 이유가 존재하여 사회통념상 상당하다고 인정될 것' 정도를 요구하고 있다(대법원 2003. 7. 22. 선고 2003다5955 판결). 이렇게 완화된 기준은 업무적격성을 관찰·판단한다는 인턴제도의 취지를 고려한 것으로 이해되고, 타당한 입장이다.

셋째, 객관적이고 합리적인 이유가 있어야 하고, 그 입증 책임은 회사에 있으므로, 회사로서는 인턴기간 중 합리적인 평가기준에 따라 객관적으로 평가를 하여야 하고, 잘한 것과 잘못한 것을 잘 기록해 둘 필요가 있다. 대충 감으로 정하면 안 되는 것이다. 실제로 인턴기간 종료 후 본채용이 거절된 경우 근로자 측에서는 '시키는 대로 일을 열심히 하였고 잘못한 것이 없다'며 부당해고를 주장하는 경우가 많다(특히 노동위원회 단계 사건에서 매우 많다).

이에 대하여 회사 측에서는 본채용하기에 적합하지 않다고 주장은 하지만 뒷받침하는 자료가 부족하고 인턴기간 중 있었던 일부 사례들만 주장하는 경우가 있는데, 과거 사례들은 진실게임으로 흐르는 경향이 있고, 결국 회사의 입증부족으로 결론이 내려지는 사례들을 보게 된다. 회사 입장에서는 도저히 같이 갈 수 없는 사람이라고 억울함을 호소하지만 입증부족은 누구를 탓할 일이 아니라 안타까울 뿐이다.

넷째, 인턴과의 관계 종료도 해고이므로, 해고의 서면통지에 관한 근로기준법 규정이 당연히 적용된다. 해고사유와 해고시기를 명확히 하고 구두로 통보하여서는 안 된다. 인턴사원 구원은 "너 내일 아침부터 출근하지마!"라는 말을 듣고 해고되었는데, 해고 서면통지 규정 위반으로 부당해고에 해당한다.

추가로 회사 내부적으로 인턴사원을 평가하기 위하여 상세한 절차 규정을 두는 경우가 있다. 동료평가, 1·2차 평가, 이의제기 절차 등이 여기에 해당한다. 최대한 공정하고 객관적으로 평가를 하고, 인재를 엄선하기 위해 만든 절차로 이해되나, 절차 자체가 너무 복잡하고 규정 간에 정합성이 떨어지는 경우도 있어 조금만 주의를 기울이지 않으면 절차가 어긋나는 경우가 있다. 내부적으로 둔 절차를 위반하였다고 곧바로 부당해고가 된다고 보기는 어렵지만, 분쟁에서 회사에 불리하게 작용하게 되는 것은 엄연한 사실이다. 절차를 간소화하거나 제도 운영에 있어 절차위반이 발생하지 않도록 신중을 기할 필요가 있다.

<자료> "무개념 인턴 조용히 내보내려면..." 김상민 법무법인 태평양 변호사, 한국경제 2023. 8. 22

제4장 학습문제

1. 인적자원의 외부모집과 내부모집이 지니고 있는 장단점을 설명하시오.

2. 최근 우리나라 기업의 채용관행은 대규모 정기공채에서 소규모 수시채용, 신입자 중심에서 경력자 중심으로 바뀌어가고 있다. 그 원인에 대하여 설명하시오.

3. 외부모집방법의 유형을 제시하고 각각의 방법이 지니고 있는 효과에 대하여 설명하시오.

4. 모집활동의 유효성 평가를 위하여 활용할 수 있는 방법에는 어떠한 것들이 있습니까?

5. 최근 우리나라 기업에서의 선발과정에서는 필기시험의 비중이 약화되는 반면, 면접과 심리검사의 비중이 높아지는 경향을 보이고 있습니다. 그 원인은 무엇이라고 생각합니까?

6. 선발도구가 지녀야 할 조건 중 신뢰도와 타당도에 대하여 설명하시오.

7. 적정배치란 무엇이며, 배치요건은 어떠한 것이 있는가를 설명하시오.

8. 역량면접의 개념과 현장에서의 활용사례에 대해 설명하시오.

9. AI(Artificial Intelligence, 인공지능)채용의 장단점과 현장에서의 활용사례에 대해 설명하시오.

10. 채용절차의 공정화에 관한 법률의 내용과 현장에서의 활용사례에 대해 설명하시오.

참고문헌 제4장

1) 강정대·황호영(1998). 현대인적자원관리, 박영사, p. 116.

2) Mello, J. A.(2002). *Strategic human resource management*, South—Western, p. 238.

3) Heneman, H. G. Ⅲ. & Heneman, R. L.(1994). *Staffing organization*, Mandota House, Inc., p. 5.

4) Mondy, R. W. & Noe, R. M. Ⅲ(1993). *Personnel: The management of human resources*, Boston: Allyn and Bacon, pp. 177—179.

5) 임창희(2005). 신인적자원관리, 명경사, p. 117.

6) 이 부분에 대한 보다 구체적인 내용은 다음 제14장 제1절 비정규직의 인적자원관리부분을 참고할 수 있음.

7) 김종재·박성수·정중부(2004). 인적자원관리, 법문사, pp. 207—208.

8) 이진규(2005). 전략적·윤리적 인사관리, 박영사, p. 178.

9) 김종재·박성수·정중부(2004). 전게서, p. 211.

10) Mathis, R. L. & Jackson, J. H.(2000). *Human resource management*, South—Western College Publishing, p.301.

11) Mello, J. A.(2002). *op. cit.*, pp. 240—242.

12) 김종재·박성수·정중부(2004). 전게서, p. 215.

13) 상게서, pp. 216—217.

14) 상게서, pp. 218—232.

15) 이진규(2005). 전게서, p. 194.

16) 상게서, p. 195.

17) 상게서, p. 194.

18) 김종재·박성수·정중부(2004). 전게서, pp. 241—243; 오동근(2015). 선발에서의 역량기반면접, 월간인재경영, p. 101.

19) 강정대·황호영(1998). 전게서, p. 155.

20) Snell, S. & Bohlander, G.(2010). *Principles of human resource management*, South Western, pp. 282—283.

21) Mathis, R. L. & Jackson, J. H.(2000). *op. cit.*, p. 300.

22) *Ibid.*, p. 301.

23) Rosenfeld, P., Giacalone, R. A. & Riordan, C. A.(2002). *Impression management: Building and enhancing reputations at work*, Thomson Learning, p. 16.

24) Gilmore, D. C. & Ferris, G. R.(1989). The effects of applicant impression management tactics on interviewer judgements, *Journal of Management*, 15, pp. 557—564.

25) Bohlander, G. W. & S. A. Snell(2013). *Principles of Human Resource Management*, South—Western, pp. 230—231.

26) 정재훈(2006). 인적자원관리, 학현사, pp. 338 – 339.

27) 김종재 · 박성수 · 정중부(2004). 전게서, p. 250.

28) 상게서, pp. 253 – 256.

29) 김진설(2015). 국가직무능력표준(NCS) 기반 채용의 주요 이슈와 과제, *The HRD Review*, 한국직업능력개발원, 82호, pp. 64 – 74.

30) Bledsoe. J.(1976). Your Four Communication Style, *Training*, pp. 18 – 21.

31) Taggart, W. & Robey, D.(1981). Minds and managers: On the dual of human information processing and management, 6(2), *Academy of Management Review*, pp. 187 – 195.

32) 서재현 · 설현도 · 송상호 · 이호선 옮김(2011). 조직행동론, 한경사, pp. 648 – 649.

Human Resource Management

CHAPTER 5

인사이동

제1절 인사이동의 의의와 목적
1. 인사이동이란?
2. 인사이동의 목적
3. 인사이동의 구분

제2절 전환관리
1. 전환관리란?
2. 전환관리의 목적
3. 전환의 유형
4. 전환관리의 원칙과 실시

제3절 승진관리
1. 승진관리란?

2. 승진의 방침과 유형
3. 합리적 승진관리를 위한 제안

제4절 징계관리
1. 징계관리란?
2. 징계관리의 효과
3. 징계관리의 설계
4. 징계의 형태

제5절 이직관리
1. 이직의 개념과 효과
2. 자발적 이직의 관리
3. 비자발적 이직의 관리

　　조직 내에서 인적자원 활용의 결과 나타나는 신분상의 제 변화를 인사이동이라고 한다. 인사이동은 조직차원에서 계획적으로 이루어지는 것이 일반적이며, 조직의 생산성 향상과 유연성 제고, 구성원의 능력개발, 모티베이션 향상, 매너리즘 타파, 그리고 직무만족의 향상 등 다양한 목적을 지니고 있다. 인사이동은 배치전환, 승진 및 이직으로 구분할 수 있으며, 이번 장에서는 추가적으로 징계관리에 대해서도 알아본다. 전환관리는 배치된 종업원을 필요에 따라 현재의 직무에서 다른 직무로 바꾸어 재배치하는 것을 말한다. 전환관리를 실시하는 이유는 무엇보다도 생산성 향상과 조직 활성화 그리고 종업원의 모티베이션을 향상시키기 위해서이다. 전환의 유형은 이동목적과 이동범위에 따라 분류할 수 있지만, 어떠한 경우이든 효과적인 전환관리를 위해서는 적재적소주의, 능력주의, 인재육성주의라는 원칙이 지켜질 수 있어야 한다.

　　승진이란 종업원이 상위 직무로 수직 이동하는 것으로서, 일반적으로 조직 내에서 권한, 보상, 책임이 함께 수반되는 신분상승을 말한다. 기업 내에서 이루어지는 승진관리의 경우 기본적인 방침은 연공주의와 능력주의로 구분할 수 있는데, 두 방침은 상호배타적인 것이 아니라 각각의 장단점 하에서 상호보완적으로 활용될 수 있다. 다만 과거 우리나라 기업들에서는 연공적 요소가 지나치게 강조되어온 결과 경영환경변화에 대한 탄력적 대응력이 약하다는 지적이 계속 있어 왔고, 특히 외환위기 이후 급속한 기업환경의 변화와 그에 따른 성과중심주의가 강조됨에 따라 능력이 보다 강조되는 추세에 있다. 그리고 승진 유형에는 직계승진, 연공승진, 자격승진, 대용승진, 조직변화승진 등이 있으며, 기업이 처한 여건과 기업이 정한 승진관리의 방침에 따라 기업들은 각기 다른 승진제도를 운영한다.

　　징계관리는 조직구성원들에게 기대되는 일률적인 최저의 행동기준을 설정하고 이를 위반하는 구성원에 대해 적절한 조치를 취하는 인적자원관리활동이다. 징계관리를 통하여 조직은 목표달성에 해가 되는 종업원의 행동을 시정하고, 조직의 규범을 준수하도록 하며, 올바른 방향으로 행동을 유도하는 등 예방효과, 개선효과, 중단효과를 얻을 수 있다. 징계는 합목적적이어야 하며 공정하고 객관적인 방향으로 이루어져야 하고, 특히 해고와 같은 중징계의 경우 종업원에게 미치는 영향이 크기 때문에 법률적 문제에 대한 검토도 충분히 이루어져야 한다.

　　최근에는 채용관리 이상으로 이직관리에 대한 중요성이 높아지고 있다. 이는 채용은 기업과 종업원의 만남의 과정이라면, 이직은 기업과 종업원의 헤어짐의 과정이라 할 수 있으며, 만날 때와 마찬가지로 헤어짐 역시 서로에게 많은 준비가 필요하기 때문이다.

　　이직관리가 효과적으로 이루어질 경우 기업에서는 우수한 종업원이 회사에서 이탈하는 것을 방지하는 한편 체계적인 이직관리를 통하여 조직의 신진대사를 활성화시킬 수 있다. 또한 종업원의 의사와는 상관없이 기업의 강제에 의하여 이루어지는 퇴직, 해고관리를 어떻게 전개하는가에 따라 기업과 종업원 모두에게 도움이 되는 플러스섬(plus-sum) 이직관리를 전개할 수 있다.

CHAPTER 5

인사이동

제1절 인사이동의 의의와 목적

1 인사이동이란?

　　인사이동(人事異動)은 종업원을 선발하여 배치한 후에 종업원들이 업무를 수행해 나감에 따라 나타나는 능력 및 성과 등의 변화를 평가한 후 평가결과에 따라 행하는 조직 내에서의 배치전환, 승진, 이직 등을 말한다.

　　이러한 인사이동은 종업원과 조직 모두에게 커다란 의미를 가지고 있다.

　　먼저 종업원 입장에서 볼 때 인사이동은 임금과 함께 조직생활에서의 주요 관심사의 하나라고 할 수 있는데, 그 이유는 인사이동은 자신에게 맡겨지는 직무와 권한 및 책임의 변화를 의미하며, 또한 임금과 작업환경 등 근로조건의 변화를 의미하기 때문이다.

　　한편 조직의 입장에서 볼 때 인사이동은 환경변화에 따른 조직의 유연성을 확보하는 방안의 하나이며, 직무의 특성과 종업원의 능력을 적합화시켜 생산성을 향상시키는 방안이기도 하다. 또한 인사이동은 종업원들의 주요 관심사이기 때문에 조직이 시행하는 인사이동의 운영여하에 따라 종업원의 자기개발노력, 근로의욕, 생산적인 협력의도 등에 변화를 가져와 생산성이나 조직유효성과도 직결되는 문제이기도 하다. 따라서 인사이동은 종업원에게는 신분상의 변화 및 모티베이션 변화를 야기하며 조직에게는 유연성과 생산성과 직결되는 문제이므로 기업은 인사이동에 세심한 주의를 기울일 필요가 있다.

그림 5-1 　인사이동의 의의

2 인사이동의 목적

　　인사이동은 종업원에 대한 조직차원에서의 계획적인 이동을 말하는 것으로 경영기능의 효과적인 달성과 노동력의 이용 및 인재육성에 도움이 되는 것을 목적으로 한다. 인사이동의 목적을 좀 더 세분하면, 조직적 측면에서는 매너리즘 타파, 조직의 유연성 제고, 그리고 생산성 향상을 목적으로 하며, 종업원 측면에서는 능력의 개발과 활용도를 높이고, 직무에 대한 동기부여를 향상시키고 직무만족을 높이는 것을 목적으로 한다.

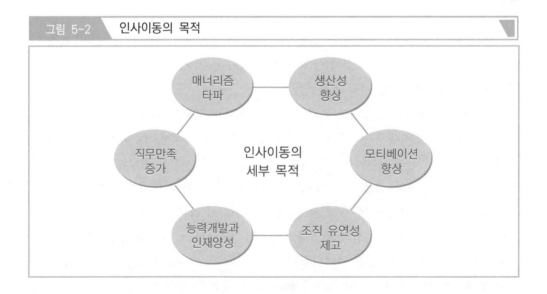

그림 5-2 　인사이동의 목적

　• 생산성 향상: 인사이동을 통해 적재적소에 배치 전환될 경우, 개개인이 능력을 보다 잘 발휘할 수 있어 생산성이 향상될 수 있다.

- 모티베이션 향상: 자신의 능력과 적성에 맞는 직무로 이동될 경우, 개개인의 모티베이션이 향상될 수 있다.
- 조직의 유연성 제고: 경영환경변화에 따라 사업별 또는 부서별로 인적자원의 수요변동이 있을 경우, 인사이동을 통해 유연하게 대처할 수 있다.
- 능력개발과 인재양성: 직무순환 등의 제도를 통해 다양한 업무를 수행하도록 함으로써 포괄적인 업무에 대한 이해를 높이고, 미래의 상급직위를 수행할 수 있는 능력을 개발할 수 있다.
- 매너리즘 타파: 한 부서나 직위에 장기간 머물게 됨에 따라 발생할 수 있는 매너리즘(타성)을 타파하는 데 도움이 된다.
- 직무만족 증가: 자신의 능력을 최대한 발휘할 수 있거나, 자신의 능력을 향상시킬 수 있는 직무를 수행하게 됨에 따라 구성원의 직무만족 정도가 증가할 수 있다.

3 인사이동의 구분

인사이동은 크게 전환, 승진, 이직의 세 가지로 나누어 볼 수 있다.

전환은 새로운 직무로의 수평적 이동을 말하는 것으로서 급여수준, 지위, 책임 등이 종전의 직무에서와 별다른 변동이 없는 인사이동이며, 배치전환이라고도 한다. 승진은 더 나은 직무로의 수직적 이동을 말하며, 책임, 위신, 지위, 기능 특히 급여수준의 향상을 수반한다.[1] 이직은 기업과 종업원 간의 근로계약을 종결시키는 인사이동을 말한다.

인사이동은 조직내부에서 이루어지는 인력구조의 변화라는 점에서 앞서 살펴본 인적

그림 5-3 인사이동의 구분

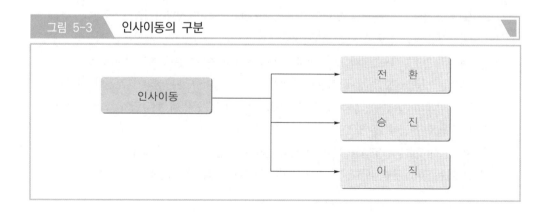

자원계획과 밀접한 관련성 하에서 이루어진다. 즉, 인사이동의 필요성과 요구는 여러 가지 배경 아래 이루어지지만 조직의 입장에서는 인사이동이 조직 전체적인 차원에서의 인적자원전략 및 계획과 밀접히 연계되어 이루어질 수 있도록 주의를 기울여야 한다.

인사이동이 조직목적과 맞게 효과적으로 이루어질 경우 적재적소의 배치를 통하여 종업원 개인적으로는 직무만족과 직무몰입을, 그리고 조직차원에서는 조직유효성을 추구할 수 있다. 그러나 잘못되거나 불만족스러운 인사이동은 종업원 개개인의 직무불만족과 조직몰입 저하를 초래함으로써 조직에 몸담고 있지만 직무와 조직에 헌신하지 않는 종업원들을 양산함으로써 결과적으로 조직유효성은 떨어지게 된다. 또한 우수한 인재가 다른 기업으로 이탈하는 원인이 되기도 한다.

지사장 → 영업부장 발령 … 法 "인사명령 형태 징계는 위법"

사실상의 징계처분을 하면서 징계절차를 회피하고자 '인사명령' 형태를 취한 것은 위법하다고 법원이 판단했다.

서울행정법원 행정14부(부장판사 김정중)는 해충방제업체 A사가 중앙노동위원회를 상대로 낸 '부당전보 구제 재심판정 취소' 소송에서 원고 패소로 판결했다고 3일 밝혔다.

A사는 지사장으로 근무하던 B씨를 다른 지역본부의 영업담당 부장으로 발령했다. 조직 내 위계질서를 무시하고 지사장으로서 자질과 역량이 부족하다는 이유였다.

B씨는 인사발령이 '부당전보'에 해당한다고 주장하면서 지방노동위원회에 구제신청을 했고, 지방노동위는 이를 받아들였다. 이후 A사는 중앙노동위에 재심신청을 했지만 기각당했고 행정소송을 제기했다.

법원도 부당 전직 구제신청을 받아들인 중앙노동위의 결론이 정당하다고 판단했다. A사는 이번 인사발령이 직위 강등이 아닌 수평전보에 해당한다고 주장했지만 재판부는 직무의 내용, 회사 내에서의 처우, 지위, 평가, 보수체계에 비춰 사실상 징계처분에 해당한다고 봤다.

평소 A사는 기존 지사장 중에 영업·직무수행 능력이 떨어지거나 성과가 부진한 사람들을 영업담당 부장으로 발령해왔고, 이들은 업무수행 실적이 '우수자'에 해당해야 소정의 절차를 거쳐 지사장으로 복귀할 수 있었다.

재판부는 "지사장에서 영업담당 부장으로의 발령은 실질적으로 사직 욕구를 일으키고 좌천에 해당한다는 점을 뒷받침한다."며 "B씨의 비위행위에 상응하는 책임을 묻고자 했다면 정당한 징계절차를 거쳐 그 책임을 묻는 것이 타당하다"고 밝혔다.

재판부는 또 "B씨에게 징계처분이 아닌 인사명령을 통해 기회를 주고자 했다면 다른 지역의 지사장으로 발령하는 수평적 조치 등 인사명령의 범주 내에서 진행해야 했다"고 지적했다.

그러면서 "이번 인사명령은 실질적으로 취업규칙이 징계의 종류로 정한 '전직' 또는 '기타 징벌'에 해당함에도, 징계절차를 회피해 이뤄졌으므로 권리남용에 해당해 위법하다"고 판단했다.

<자료> 동아일보. http://www.donga.com/news/article/.2019.10.03.

제2절 전환관리

1 전환관리란?

각 직무에 종업원을 배치시키는 것을 배치(placement)라고 하고, 배치된 종업원을 필요에 따라 현재의 직무에서 다른 직무로 바꾸어 재배치하는 것을 전환(transfer)이라고 한다. 따라서 전환은 특별한 사정이 없는 한 같은 수준의 직급으로 수평 이동하는 것으로, 임금·직책·지위에는 별다른 변화가 없으나, 직무의 구체적 성격이나 작업조건에는 변화가 있을 수 있다.

전환으로 인해 자신의 적성, 흥미, 능력에 맞는 직무로 옮겨지거나 혹은 경력의 발전 가능성과 연계되어 있다고 보여지는 직무로 옮겨지는 경우에는 직무에 대한 모티베이션과 만족이 증대되기도 한다. 그러나 전환은 새로운 직무로 자리를 옮기는 것이기 때문에 수행해야 할 과업의 질과 양이 이전 직무와 다를 수 있어 때로는 새로운 직무에 필요한 지식과 기술을 학습해야 하며, 보다 강도가 높은 노력을 해야 하는 등 이전의 직위보다 상대적으로 열악한 작업조건을 만들어내기도 하기 때문에 종업원의 불평과 불만이 발생할 수 있다. 따라서 전환은 종업원이 납득할 수 있는 원칙을 제시하고 공개적으로 운영하여야 하며, 전환대상자의 의견과 요구도 충분히 반영할 수 있어야 한다.

2 전환관리의 목적

전환은 단순히 종업원이 현재 수행하고 있는 직무의 변화를 의미하지만, 실제 기업에서는 중요한 목적달성에 영향을 미치는 효과를 지니고 있다. 전환관리의 목적을 조직차원과 개인차원으로 구분하여 살펴보면 다음과 같다.[2]

1) 조직차원의 목적: 생산성 향상과 조직 활성화

전환관리를 통하여 조직차원에서는 다음과 같은 목적을 달성하고자 한다.

- 작업여건의 변화에 적절히 적응하기 위해서
- 자발적인 직무수행과 능력의 증진을 위해서
- 조직 내 파벌주의와 매너리즘의 방지를 위해서

2) 개인차원의 목적: 모티베이션과 직무만족 향상

전환관리를 통하여 개인차원에서는 다음과 같은 목적을 달성하고자 한다.

- 잘못된 배치를 시정하기 위해서
- 작업의 단조로움을 해소시키기 위해서
- 종업원의 승진욕구를 자극하고 사기를 앙양시키기 위해서
- 종업원의 연령이나 건강상태를 고려해서
- 종업원의 창의적 활동기회를 부여하기 위해서
- 종업원을 육성시키기 위해서(장래의 승진이나 승급에 대비)

3 전환의 유형

전환은 종업원들이 현재의 직무를 수행하는 것보다 다른 직무를 수행하는 것이 종업원들의 만족도와 기업의 생산성 향상에 도움이 될 것이라는 전제 하에 발생한다.

이러한 전환의 유형은 이동하는 범위에 따라 분류할 수도 있고 이동하는 목적에 따

라서도 분류할 수 있는데, 실질적으로 조직들은 목적에 따른 전환을 주로 시행한다. 이동목적에 따른 분류는 조직(기업)의 차원에서 보면, 생산량이 변화하거나, 조직체계의 변화 그리고 새로운 제품계열의 추가나 기존 제품계열의 제거 등의 사유로 발생하게 되며, 종업원들은 현재의 작업조건을 좋아하지 않거나 다른 부서에서 근무하면 더 개선될 수 있을 것이라고 판단될 때 전환을 요구하게 된다.

1) 이동범위별 분류

조직 혹은 부서는 각각 나름대로의 경계를 가지고 있으며, 전환은 그 경계를 넘나드는 것이라고 할 수 있다. 부서나 조직의 경계를 넘나드는 정도에 의해 전환유형을 분류하는 것을 이동범위별 분류라고 하며 네 가지 유형이 있다.[3]

- 부서(과) 내 전환: 업무의 내용이 유사한 부서 내에서 수평적으로 이루어지는 전환이다.
- 부문 간 전환: 상대적으로 업무의 이질성이 큰 부문과 부문 사이에 이루어지는 전환이다.
- 공장 간 전환: 이는 생산업무가 유사한 공장과 공장 사이에 이루어지는 전환의 형태이다.
- 회사 간 전환: 이는 회사 전체를 통하여 필요한 인력을 폭넓게 전환시키는 것으로 (over-all firm transfers) 특히 관리 분야에서 주로 이루어지는 형태이다.

2) 목적별 분류

한편 전환유형은 조직이 처한 상황에 대처하기 위한 목적에 의해서도 분류가 가능하며, 목적에 의해 분류할 경우 일반적으로 다섯 가지 유형으로 나눌 수 있다.[4]

(1) 생산상황 및 생산기술변화에 따른 전환

생산상황 및 생산기술변화에 따른 전환은 새로운 기술의 발달로 노동에 대한 수요가 점차 감소되고 있는 직무로부터 노동의 수요가 증대되는 직무로, 혹은 이직으로 인해 공석이 생긴 직무로의 전환이다. 즉, 생산이 증가하고 있는 부문에서는 새로운 종업원을 고용해야 하는 반면, 생산이 감소하고 있는 부문에서는 기존의 종업원을 일시 해고시켜야 하는데, 해당 부분의 종업원을 생산이 증가하고 있는 부문의 유사직무로 전환시킴으로써 기업 전체로서 고용의 안정을 꾀하는 것을 목적으로 한다.

(2) 기업안정을 위한 전환

이 유형은 다기능을 보유한 유능한 종업원에 대한 일시해고를 방지하는 것을 그 목적으로 하는 전환으로, 전반적인 경제불황이나 조업단축으로 인해 전체적인 인력조정이 필요할 때 경험과 기능이 적은 종업원을 다능공 종업원으로 대체하여 전환시킴으로써 기업의 생산안정을 도모하려는 것이다. 즉, 경험이 많고 다양한 기능을 보유한 종업원은 그 수가 적을 지라도 생산에 필요한 공정 모두를 소화해냄으로써 줄어든 생산수요를 적은 종업원 수로 해결할 수 있게 됨으로써 경제불황 속에서도 기업의 안정을 도모할 수 있게 된다.

(3) 다능공 양성을 위한 전환

다능공 양성을 위한 전환이란 한 가지 직무만을 수행하던 종업원에게 여러 가지 일을 추가하여 수행하도록 전환하여 종업원들이 다기능을 보유하도록 하는 제도로서, 기업안정을 위한 전환의 준비단계로서 사용될 수 있다. 또한 한 종업원이 특정한 작업만을 수행할 수 있을 정도의 충분한 작업량이 없는 소규모의 공장에서 작업의 탄력성을 유지하기 위해서도 실시된다. 이 유형은 중소기업에서 많이 채택하고 있으며, 계속적인 재교육 훈련계획의 하나로서 그 필요성이 증대되고 있다.

(4) 근무교대를 위한 전환

사람이 직무활동을 할 수 있는 시간은 하루 8시간이라는 제약이 있지만 기계설비는 수요만 있다면 24시간 가동하는 것이 가능하다. 따라서 생산수요가 폭증하는 경우에 기업은 1일 2회 이상의 교대근무를 실시하게 되는데, 이러한 경우 종업원들이 선호하는 근무시간대가 있는가 하면 선호하지 않는 근무시간대가 있어(일반적으로 종업원들은 그들의 생활 리듬을 깨뜨리지 않기 위해 늦은 시간대보다는 이른 시간대 또는 주간근무를 선호하는 경향이 있다), 종업원 간의 공평성을 확보하기 위해 4주 혹은 2주 혹은 그 이상의 간격으로 근무시간대를 바꾸어주게 된다.

(5) 교정적 전환

최초의 직무배치가 잘못되었을 때, 감독자 또는 동료와의 관계에 문제가 있을 때, 종업원의 건강상태가 재해기록에 비추어 보아 작업유형이나 작업조건이 부적합할 때 등의 여러 가지 이유로 현재의 직무보다 더 적합한 다른 직무로 전환시키는 경우이다.

위의 다섯 가지 전환형태는 한 가지 목적에 의해서 뿐만 아니라, 고용안정과 능력배양, 그리고 적재적소배치 등의 다양한 목적의 복합적 작용에 의해서 실시되는 경우가 보통이다.

4 전환관리의 원칙과 실시

1) 전환관리의 원칙

종업원의 배치와 전환은 기업과 종업원 모두에게 영향을 미친다. 예를 들어, 기업의 상황을 고려하지 못하거나 종업원의 능력과 소질을 반영하지 못했을 경우, 혹은 불공정하게 전환하였을 경우 종업원의 사기가 떨어져 작업능률의 저하나 조직 전체의 생산성이 떨어질 수 있다. 따라서 전환은 기업의 생산성 향상과 종업원의 발전과 직무만족에 도움이 될 수 있도록 신중하게 처리해야 한다. 이를 위해 합리적인 인력운용 원칙을 결정해야 하고, 인력운용에 관한 원칙을 종업원들에게 사전 공지하며 구성원의 의견을 반영함으로써 공정성을 확보할 필요가 있다. 전환에 있어서 기업과 구성원 모두에게 도움이 될 수 있는 몇 가지 원칙을 제시하면 다음과 같다.[5]

(1) 적재적소주의

사람은 각자가 가지고 있는 능력과 자질이 서로 다르며, 조직의 직무들 역시 서로 다른 과업으로 구성되어 있어 이를 수행하는 데 필요로 하는 능력 역시 다르다. 따라서 기업은 보다 효율적으로 인력을 운용할 수 있도록 각각의 능력에 알맞은 자리에 종업원을 배치할 필요가 있다. 즉, 작업이 성공적으로 이루어질 수 있도록 직무가 요구하는 자격요건과 개인이 보유하고 있는 능력조건이 균형 있게 대응되고 적합화되도록 배치하여야 한다. 이러한 목적을 달성하기 위한 원칙이 적재(적합한 인재)를 적소(적당한 직위)에 배치하는 적재적소주의이다.

(2) 능력주의

능력주의란 선발·전환·평가·보상 분야 등 인적자원관리의 여러 분야에 사용되는 원칙이다. 전환을 함에 있어서 능력주의를 하나의 관리 원칙으로 삼는 이유는 종업원의 능력을 최대한 발휘시킬 수 있는 직위로 배치시켜야 하기 때문이다. 한편 전환에 있어 능력주의라는 원칙은 급격한 경영환경변화와 경쟁심화에 의해 조직 내 직무변화가 커지고 있어 보다 중요한 원칙으로 인정되고 있다. 그 이유는 조직 내 직무변화가 커지면 직무수행자의 능력발휘 여부가 직무성과에 미치는 영향이 더 커지기 때문이다.

(3) 인재육성주의

전환에 있어서 인재육성주의란 전환결정에 있어 단지 현재적 가치의 최적사용에 한정하지 않고 새로운 일을 맡김으로써 종업원의 능력을 향상시켜 장기적으로 그 가치를 높여 사용하려는 원칙을 말한다. 이러한 원칙이 필요한 이유는 급변하는 경영환경에 맞춰 기업이 수시로 인력을 교체하는 것은 쉽지 않은 반면, 인간은 성취욕구를 가지고 있고 무한한 잠재능력이 있으며 끊임없이 성장 발전하는 존재이기 때문이다. 인재의 육성을 위해서는 조직도 앞장서야 하지만, 오직 조직만이 주도할 경우 자칫 획일적이고 정형적인 인간을 만들 우려가 있기 때문에, 종업원 스스로 자율적인 육성의지를 가지고 자기발전을 위해 정진할 수 있는 분위기를 조성하는 것도 매우 중요하다.

(4) 균형주의

기업은 사람과 사람이 모여 공동목적을 달성코자 만들어진 조직이기 때문에 단순히 개개인의 적재적소만을 고려하기보다는 조직 전체 차원에서의 적재적소가 고려되어야 한다. 예를 들어, "갑"이라는 종업원은 여러 직무를 모두 잘하며 그 중에서도 "A"라는 직무를 가장 잘 할 경우, 개인별 적재적소주의에 따를 경우 "갑"에게 "A"직무가 배정되게 된다. 그러나 또 다른 종업원인 "을"은 여러 직무를 모두 잘하는 편은 아니지만 상대적으로 "A"직무를 잘 한다고 가정하자. 만약 "갑"을 "A"직무에 배치할 경우 "을"은 "A"직무가 아닌 보다 열등한 성과를 보일 다른 직무를 맡게 된다. 이러한 상황에서 조직이 전환배치를 할 경우 두 사람의 직무적합도를 종합하여 상대적으로 더 높은 쪽으로 결정해야 한다. 즉, 조사결과에 따라 "갑"에게 다른 직무를 맡기고, "을"에게 "A"직무를 맡길 수도 있는 것이다. 이처럼 개인의 적재적소를 각각 최대화하는 것도 중요하지만, 조직 전체의 목표 달성을 위한 조직 전체의 적재적소가 최대화되도록 하여야 한다는 의미를 담고 있는 원칙이 균형주의이다.

2) 전환관리 방침의 수립

전환은 앞서 설명한 원칙에 의해 궁극적으로 조직성과의 향상, 종업원의 능력 및 만족의 향상을 위해서 실시한다. 그러나 원칙을 지킴에도 불구하고 미리 예견할 수 없는 경우에는 혼란이 따를 수 있다. 이러한 혼란을 방지하기 위해 기업은 전환의 방침을 정하고 이를 문서화할 필요가 있다.

(1) 전환의 시기와 기간의 설정: 빈번한 전환방지

너무 자주 발생하는 전환은 기업에 경제적 부담을 주고, 직무수행에 있어서 종업원의 불안정을 초래하거나 능력개발이 제대로 이루어지지 않을 수 있다. 반대로 전환이 거의 이루어지지 않을 경우 종업원의 매너리즘을 겪게 되고 의욕이 상실될 수도 있다. 따라서 기업은 전환기간에 따른 종업원의 적응 및 직무수행능력 간의 관계를 파악하여 전환시기와 기간을 적절하게 정해놓을 필요가 있다.

(2) 전환기준과 절차의 명시: 전환결과에 대한 불만방지

전환배치를 실시하는 목적은 궁극적으로 개인의 능력발휘와 생산성의 향상이라고 할 수 있으나, 때로 전환배치 결과에 대해 종업원들이 불만을 가질 수 있으며 조직은 원하는 목적을 달성하지 못할 수도 있다. 따라서 전환에 따른 종업원의 불만을 최소화할 수 있도록 사전에 전환의 기준과 절차를 명확히 하고 사전에 공지하여야 한다.

(3) 전환의 범위 설정: 이질적 직위로의 전환방지

지나치게 이질적인 직무로 전환시킬 경우 종업원의 의욕상실과 성과저하 등의 문제가 야기될 수 있다. 이러한 문제를 방지하기 위하여 기업은 업무들의 성격과 관련성 등을 고려하여 전환의 범위와 승진을 고려한 전환경로 등을 합리적으로 정해 놓을 필요가 있다.

(4) 적응 교육훈련 프로그램 설정: 빠른 적응 유도

업무 간에 관련성이 있는 직위로 전환되었다 할지라도 새로운 업무는 종업원에게 과업수행 및 관계 차원에서 적응상 어려움을 겪을 수 있다. 따라서 전환된 종업원이 업무 및 부서에 빠르게 적응할 수 있도록 체계적인 교육훈련 프로그램 등을 설정하고 시행해야 한다.

이와 같은 내용은 인사관리규정 등을 통하여 문서화하는 것이 바람직하다. 그렇지 않을 경우 공정성이 훼손된 것으로 지각될 수 있어 종업원의 불만족과 구성원 간 갈등과 위화감이 초래될 수 있다. 따라서 되도록이면 전환방침을 문서화하여 전환관리의 공정성을 확보하고 종업원들로 하여금 전환결정을 긍정적으로 수용할 수 있도록 해야 할 것이다.

3) 전환관리의 실시

전환관리의 원칙과 내부방침이 설정되었다 하더라도 실제 전환관리는 많은 정보에 입각하여 실시된다. 예를 들어, 직속상사의 판단, 배치전환될 부서장의 희망, 직무특성,

전환대상자의 특징과 희망, 그리고 동료 및 부하의 평판 등에 관한 자료 등에 입각해서 이루어진다. 따라서 전환관리의 원칙과 방침을 바탕으로 전환관리를 위한 자료를 확보·분석하여 실시하게 된다.

(1) 전환을 위한 기초자료 확보

전환관리를 합리적으로 하기 위해서는 조직 전체 및 부서 차원에서의 인력수요변동, 직무특성, 인적특성자료가 필요하다. 이를 위해서 먼저 조직 내 각 부서의 필요 작업수요를 확인하여 인력수요변동자료를 확보하여야 한다. 이어서 직무분석의 결과인 직무기술서와 직무명세서 자료를 바탕으로 직무특성자료를 확보하여야 한다. 그리고 구성원들의 프로파일과 인사고과자료 및 구성원의 전환요구자료를 확보하여야 한다. 직무에 관한 자료와 인력에 관한 자료가 필요한 이유는 합리적인 전환관리를 위해서는 직무가 요구하는 자격요건(과업내용, 필요기능과 자격, 책임 등)과 대상자에 대한 인사고과의 결과(지식과 기술, 행동, 태도 등) 및 희망직무가 기준이 되어야 하기 때문이다.

(2) 자료의 분석과 결정

인력수요가 발생한 직무와 종업원에 대한 인사고과 결과, 그리고 지망 직무의 자격요건에 대한 자료를 분석하여 일치하는 경우에는 해당 종업원을 제1지망 직무에 배치하며, 각 부서의 요구 인원이 지망자 수와 다를 경우에는 제2지망 혹은 제3지망까지도 고려하여 결정한다. 그러나 전환배치는 단순히 개별 직무와 특정 개인 간의 관계라기보다는 조직(혹은 직무군)과 종업원들과의 관계이기 때문에 조직 전체적으로 조정해야 할 필요성이 있다. 조정의 방법에는 작업지침방식, 순수선발방식, 재단적응방식 등이 있다.[6]

- 작업지침방식: 여러 직무에 대한 개인의 점수를 평가한 후 각 개인이 받은 최고 점수 직무에 배치하는 방식을 말하는 것으로, 직무보다는 종업원 개인의 능력을 최고로 발휘할 수 있도록 하는 방식이라고 할 수 있다.
- 순수선발방식: 특정 직무에 대해 여러 종업원의 점수를 평가하여 상대적으로 최고의 점수를 받은 사람을 배치하는 것으로, 종업원의 능력발휘보다는 직무의 성과를 더 중시하는 방식이라고 할 수 있다.
- 재단적응방식: 직무의 최저 수행요건이 높은 직무에 가장 높은 점수를 받은 종업원을 우선 전환배치하고, 이어서 나머지 직무와 종업원을 대상으로 동일한 절차를 밟아가는 방식으로, 중요 직무를 중시하는 방식이라고 할 수 있다. 기업은 이러한 3가지 방식 중 어느 하나를 선택할 수 있으며, 때로는 복합적으로 운영할 수도 있다.

표 5-1	3개 직무에 대한 세 직원의 배치방식					
	구 분	직무 1	직무 2	직무 3	유자격자의 충원직무 수	최적재능자의 충원직무 수
종업원별 취득점수	종업원 A	1.0	0.8	1.5		
	종업원 B	0.7	0.5	−0.2		
	종업원 C	−0.4	0.0	−1.6		
직무점수	최저수행요건	0.9	0.1	−2.0		
배치 방식	작업지침방식	B	C	A	1(직무3: A)	1(직무3: A)
	순수선발방식	A	A	A	1(A)	1(A)
	재단적응방식	A	B	C	1(A, B C)	0

〈자료〉 서도원 외(2005). 인사관리, 대경, p. 150.

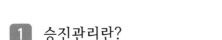

제3절 승진관리

1 승진관리란?

승진(promotion)이란 종업원이 상위 직무로 수직이동하는 것으로써, 일반적으로 조직 내에서 권한, 보상, 책임이 함께 수반되는 신분상의 상승을 말한다. 승진은 더 유리한 직무로의 수직적 이동이기 때문에 대부분의 종업원은 승진을 통해 성장과 발전의 기회를 가지려 하며 자기 존중 내지 자아실현의 욕구를 충족시킨다. 반면에 신분상승 욕구가 충족되지 못할 경우 종업원들의 능률과 사기가 저하되고 좌절감을 느끼기도 한다.

한편 조직의 경우 승진이란 새로운 사람에게 조직에 미치는 영향이 상대적으로 더 커진 결정권한을 부여하는 것이다. 즉, 하위 직급에 있던 종업원으로 하여금 조직에 미치는 파급력이 더 큰 결정권한을 행사하도록 하는 것이기 때문에 조직은 특별히 주의를 기울이고 있다.

이러한 의미를 갖는 승진관리의 역할과 중요성을 나열하면 다음과 같다.[7]

첫째, 승진은 조직에서 개인의 목표와 조직의 목표를 일치시켜 주는 역할을 한다. 즉, 승진관리는 조직의 구성원들이 조직에 대해 갖고 있는 욕구(예, 권력욕구, 보상욕구 등)와 조직의 목표(예, 공헌 증가, 모티베이션 향상 등) 양자를 조화 있게 결합시키는 인사관리 기능이다.

둘째, 승진은 종업원에게 조직이 중시하는 가치를 전달하는 유효한 커뮤니케이션 수단이 된다. 즉, 승진의 주요 기준은 조직이 무엇을 가치 있는 것으로 생각하고 있는가 하는 것을 알려주는 신호인 것이다. 따라서 종업원은 조직의 이러한 가치기준에 강한 관심을 갖고 자기계발을 하게 된다. 결국 승진은 조직이 중시하는 가치기준을 종업원에게 강력하게 전달하는 수단이 된다.

셋째, 승진관리는 승진기준과 제도 등이 합리적이고 공정하게 설정되어 수행되느냐 여부에 따라 종업원들의 자기계발의욕 정도, 업무수행에 대한 동기부여 정도, 조직의 가치수용 정도, 조직 매너리즘 정도, 부서의 팀워크, 조직의 성과 정도 등이 달라지기 때문에 그 중요성이 크다고 할 수 있다. 또한 효과적인 승진관리는 조직의 인사적체문제를 해결할 수 있는 대안이 된다는 면에서도 중요성이 크다고 할 수 있다.

2 승진의 방침과 유형

1) 승진방침의 기준

기업이 합리적인 승진제도를 운영하려면 승진에 관한 기본적인 방향이 설정되어야 한다. 승진방침은 인적자원관리의 기타 전반적인 영역, 즉 전환, 교육훈련, 인사고과, 임금관리 등에 막대한 영향을 미치기 때문에 신중을 기해야 하는 부분이다. 승진방침으로 일반적으로 고려되는 요소로는 합리적 기준과 비합리적 기준, 연공주의와 능력주의, 속인기준와 속직기준 등이 있다.

(1) 합리적 기준과 비합리적 기준

베버의 네 가지 사회행동의 가치기준을 승진기준에 적용할 경우 전통적 기준, 감정적 기준, 가치합리적 기준, 목적합리적 기준으로 나눌 수 있다. 이 가운데 전통적 기준과 감정적 기준은 비합리적 기준에 해당하고 가치합리적 기준과 목적합리적 기준은 합리적 기준에 해당한다.[8]

- 전통적 기준: 전통적 인습에 따라 대상자의 근무연수, 학력, 가족관계, 출생지 등 연공을 그 기준으로 삼는다.
- 감정적 기준: 심사자의 감정적 기준에 따라 호(좋음), 불호(나쁨)가 승진의 기준이 된다.

- 가치합리적 기준: 선발자의 가치관이 조직의 가치관과 일치하는가가 주요 판단기준
  이 된다.
- 목적합리적 기준: 대상자의 직무상의 성과에 따라 직무수행능력을 추정하고 이를
  승진의 기준으로 삼는 것이다.

각 계층별 승진기준의 선호도는 다음과 같다.

- 하위계층: 장기간 현업에 종사한 경험이 숙련도를 높여 성과를 높인다고 보기 때문
  에 연공을 존중하는 전통적 기준
- 중간계층: 지식, 숙련, 태도 등을 종합한 성과판단을 중시하는 목적합리적 기준
- 상위계층: 기업가정신, 경영이념 등과 같은 가치관과 그에 따른 행동이 중시되는
  가치합리적 기준

(2) 연공주의와 능력주의

승진기준으로서 연공주의는 연공(예, 근속연수, 연령 등)을 주요 승진기준으로 삼는 것을 말하며, 반면에 능력주의는 해당 지위의 직무를 수행할 수 있는 능력을 기준으로 승진을 결정하는 것을 말한다.[9]

가) 연공주의(seniority system)

연공주의는 종업원을 승진시킬 때 연공(예, 근속연수)을 중요한 기준으로 삼는 것을 말한다. 우리나라의 경우 연공기준 승진을 실시하는 기업들이 아직까지도 적지 않다. 연공은 측정의 신뢰도가 높고 객관적이어서 쉽게 사용할 수 있으며, 종업원들이 미래에 자기의 지위와 임금수준을 예측할 수 있게 하는 특징을 가지고 있다. 따라서 능력의 차이가 업무성과에 큰 영향을 미치지 못하거나 초기의 일부 직무경험으로 필요한 숙련도에 도달할 수 있는 하위직급이나, 안정과 단결력을 중시하는 노동조합, 그리고 공무원, 교원 등의 직종에서는 연공주의가 선호된다. 그러나 연공은 종업원의 성과나 능력 혹은 창의성 등을 반영하고 있지 않기 때문에 최근 급변하는 환경과 새로운 기술혁신이 요구하는 인력관리의 요구를 반영하고 있지 못하다는 비판을 받기도 한다.

나) 능력주의(competence system or merit system)

능력주의는 기업의 목표달성에 기여하는 종업원의 능력에 따라 승진시키는 것으로 합리주의에 기반을 두고 있다. 능력주의는 기업으로 하여금 임금의 급격한 상승, 기술혁신, 노동력의 부족, 개방경제 등의 새로운 환경에 보다 쉽게 적응할 수 있게 하고, 종업원의 직무수행능력을 최대한 활용하여 기업의 효율성을 높이는 데 많은 도움을 주기에 경

영자들에게 폭넓은 지지를 받고 있다.

그러나 능력주의는 능력을 측정하는데 있어서 객관적이고 보편타당한 기준의 제시가 용이하지 않다는 한계를 갖는다. 만일 객관성을 확보하지 않은 능력기준에 의해 승진이 이루어질 경우 종업원들의 불공정인식 정도와 불만족이 커져 기업에 도움이 되지 않을 수 있다. 따라서 능력주의에 의해 승진관리를 하고자 하는 경우에는 능력을 객관적이고 보편타당한 기준에 의해 평가할 수 있어야 하는데, 그러기 위해서는 기본적으로 명확한 직무분석과 직무평가에 기초한 직무분류제도와 공정하고 합리적인 인사평가제도가 전제 되어야 한다.

이상에서 논의된 연공주의와 능력주의를 비교하여 보면 〈표 5-2〉와 같다.

표 5-2		연공주의와 능력주의 비교	
구 분		연공주의	능력주의
합리성 여부		비합리적 기준	합리적 기준
사회행동의 가치기준		전통적 기준, 정의적 기준	가치적 기준, 목적적 기준
경영외적 요인	이해집단	노동조합	경영자
	사회 문화적 전통	가족주의 종신고용제 유교사상 집단주의 장유서열관 동양사회 운명공동체적 풍토	개인주의 단기고용제 기독교사상 개인주의 능력서열관 서구사회 이익공동체적 풍토
경영내적 요인	계 층	하위층	상위층
	직 종	일반직종	전문직종
승진기준		사람중심 (신분중심)	직무중심 (직무능력중심)
승진제도		연공승진제도	직계승진제도
승진요소		근무연수, 경력, 학력, 연령	직무수행능력, 업적 또는 성과
장단점		집단중심의 연공 질서의 형성 적용용이 승진관리의 안정성 객관적 기준	개인중심의 경쟁 질서의 형성곤란 적용 어려움 승진관리의 불안정 능력평가의 객관성 확보가 어렵고 중요함

〈자료〉 김식현(1994). 인사관리론, 무역경영사, p. 234.

다) 연공주의와 능력주의의 조화

연공주의와 능력주의는 앞서 살펴본 바와 같이 각각 장점과 단점을 가지고 있다. 더구나 연공주의와 능력주의는 어느 하나만을 선택해야 하는 배타적 개념도 아니다. 따라서 사회문화적 여건, 기업의 경영문화 및 직무구조 등을 고려하여 연공과 능력을 적절히 안배하는 것이 승진관리의 효과에 더 도움이 될 것이다.

연공주의와 능력주의를 가미하여 승진방침을 설정하는 데 있어서는 다음과 같은 기본적인 방법을 활용할 수가 있을 것이다.

첫째, 기술수준이 낮은 직무 군에 대하여는 연공요소에 더 많은 비중을 두고, 기술수준이 높은 직무 군에 대하여는 능력과 성과요소에 더 많은 비중을 둔다.

둘째, 동일한 기술수준의 경우에 급여액이 낮은 종업원 군에 대하여는 연공요소의 비중을 더 많이 두고, 급여액이 높은 종업원 군에 대하여는 능력과 성과요소의 비중을 더 많이 둔다.

셋째, 성과의 차이가 적은 직무 군에 대해서는 연공요소에 더 많은 비중을 둔다.

넷째, 근속연수가 적은 종업원에 대하여는 특정기간 동안 연공요소의 비중을 많이 두고, 근속연수가 증가함에 따라 성과요소의 비중을 높여간다.

한편 경영진과 노동조합은 승진기준에 대한 견해가 다르다. 경영진은 능력주의 기준이 종업원의 능력발휘와 회사공헌에 도움이 된다고 보는 반면, 노동조합은 능력주의 기준이 종업원들 간의 경쟁과 반목을 조성하여 궁극적으로는 노동조합의 결속력에 해가 된다고 보아 능력주의보다는 연공주의를 선호한다. 그러나 최근 들어 우리나라 젊은 계층은 능력주의를 사회의 합리적이고 공정한 가치기준으로 받아들이는 경향을 보이고 있다.

(3) 속인기준과 속직기준

연공주의와 능력주의의 관점에 따른 승진기준이 인사철학과 관련된 개념이라면 속인기준(屬人基準)과 속직기준(屬職基準)은 보다 구체적이고 실제적인 적용기준에 해당한다고 볼 수 있다.

- 속인기준: 종업원이 수행하는 직무의 내용과 책임에는 상관없이 종업원의 능력이나 속성을 기초로 승진시키는 것
- 속직기준: 종업원의 능력이나 속성과는 상관없이 종업원에게 부여된 직무의 수행내용과 책임에 그 바탕을 두고 승진시키는 것[10]

즉, 두 기준은 승진에 있어서 사람에 초점을 두는가 아니면 승진할 직위와 직무에 초

점을 두는가의 차이이다. 그러나 승진 결정 후 직무성과는 직무요건과 직무수행능력 간의 적합성 여부에 따라 달라지기 때문에 두 기준 모두를 고려하여야 어떤 직위로의 승진이던 직무적 요소(속직기준)를 충족시킬 수 있는 직무수행능력(속인기준) 보유자를 승진대상자에 포함시킬 수 있을 것이다.

2) 승진제도의 유형

승진제도는 직무중심의 능력주의에 입각한 승진제도, 사람중심의 연공주의에 입각한 승진제도, 그리고 이 양자를 절충시킨 자격주의에 입각한 승진제도로 구분할 수 있으며, 이에 따른 구체적인 유형으로서 직계승진제도, 연공승진제도, 자격승진제도, 대용승진제도를 들 수 있다.[11)]

(1) 직계(職階)승진

직계승진은 직무중심적 능력주의에 입각한 것으로, 먼저 직무분석과 평가, 그리고 직무급에 의한 직계제도를 확립한 후에 그 직무의 적격자를 선정하여 승진시키는 방법이다. 즉, 직무내용의 종류와 필요 지식과 기술, 난이도 및 책임의 정도를 기준으로 직무자격요건에 적합한 경험, 능력, 숙련, 기능 등을 가진 사람을 승진시키는 방법이다.

이러한 직계승진 중에서 직무의 등급보다는 업무분야별로 책임의 크기와 관장하는 부하직원의 수의 크기에 따라 사원, 대리, 과장, 차장, 부장 등 여러 계층의 직위를 설정하고, 상위 계층으로 이동시키는 것을 직급승진이라고도 한다. 우리나라 기업들의 대부분은 직계승진이라기 보다는 직급승진에 해당된다고 할 수 있다. 이러한 직계승진 혹은 직급승진제도를 운영하는 경우 상위직급은 한정되어 있고, 승진자격을 갖춘 사람은 점차 늘어나기 때문에 승진적체현상이 발생하고 이로 인해 종업원들의 사기저하 또는 조직이탈현상이 발생한다. 특히 고도성장기에서 안정성장기로 넘어가게 될 때 승진적체현상은 심해지는데, 이러한 문제를 해결하는 방법으로 자격승진, 대용승진, 혹은 팀제 등이 활용되기도 한다.

(2) 연공(年功)승진제도

연공승진이란 종업원의 근속연수, 학력, 경력, 연령 등 개인적인 연공과 신분에 따라 상위직급으로 승진시키는 제도이다.

연공승진제도의 필요성은 다음과 같은 두 가지 근거에 기초하고 있다.

첫째, 상사의 주요 역할은 집단의 리더십이며, 집단의 리더십은 조직의 사정과 구성원들을 잘 알 수 있도록 조직 경험이 많을 때 잘 발휘될 수 있다. 따라서 근속연수가 많은 사람을 우대하는 연공승진제도가 적합하다는 것이다.

둘째, 기업의 업무수행은 부나 과단위로 이루어지고 있으므로, 부서 간의 원만한 조정을 위해서는 기업 내 연공이 많이 쌓인 사람이 적합하므로 연공승진제도가 적합하다는 것이다.

과거 동양의 많은 기업에서 널리 사용되어 왔던 이 제도는 현재의 급변하는 기업환경에서는 합리적이지 못하다는 이유로 쇠퇴하고 있지만, 아직도 많은 기업들의 경우 상위직급에서는 연공의 중요성을 인정하고 있어 연공요소를 승진결정에 상당부분 반영하고 있는 것이 현실이다.

(3) 자격(資格)승진제도

자격승진제도는 연공주의의 장점을 살리면서 능력주의의 합리성을 가미시킨 절충적인 승진제도이다. 즉, 담당하는 직위와는 관계없이 각 종업원에게 갖추어진 개인적 자격요건에 따라 기업 내의 공식적인 자격을 인정하고 상위급의 대우를 하는 것이다.

이러한 자격승진은 승진기준으로 경력, 근속연수, 근무실적 등 개인에 속하는 형식적 요소만을 고려하는 신분자격승진, 그리고 지식, 기능, 태도 등의 능력을 평가하여 장래의 유용성이나 신장도에 의해 승진을 결정하는 능력자격승진이 있는데, 일반적으로 자격승진제도라 하면 능력자격승진을 의미한다.

(4) 대용(代用)승진제도

대용승진은 준승진 또는 건승진으로 불리기도 하는데, 임시직급이나 대우제도 등이 이에 해당한다. 대용승진제도도 연공주의와 능력주의를 절충시키고 있다는 점에서는 자격승진제도와 비슷하지만 실질적인 내용에서는 많은 차이가 있다. 대용승진제도는 직무 중심의 경영체제에서 그 경직성을 제거하고 융통성 있는 승진관리를 확립하기 위한 것으로, 승진은 시켜야 하나 담당직책이 없는 경우 발생하는 인사체증과 사기저하를 방지하기 위해 직무내용상의 변화는 시도하지 않고 직위명칭이나 직위상징 등의 형식적 승진을 시키는 경우를 말한다.

따라서 실질적 측면인 직책과 그에 따른 권력구조는 변하지 않고 명칭상의 형식적인 승진이 이루어지며, 기업에 따라 부수적으로 임금, 복지후생, 사회적 신분 등의 혜택을 제공하기도 한다.

(5) 조직변화(O.C.)승진제도

조직변화(organizational change)승진제도는 직무주의와 사람주의를 절충시킨다는 점에서 자격제도나 대용제도와 같은 방향이라 할 수 있으나, 실질적인 의사결정과 그에 따른 운영상에는 많은 차이가 있다. 이 제도는 경영조직을 변화시켜 승진의 기회를 마련하는 것으로서 승진대상은 많으나 승진의 기회가 주어지지 않으면 사기저하, 이직 등으로 인하여 유능한 인재를 놓칠 가능성이 있을 경우 사용한다.

조직변화승진제도의 방향은 조직의 계층을 늘려서 승진의 기회를 마련하기보다는 조직의 계층을 단축시키고 대신에 구성원의 지위를 향상시킨다는 특성을 갖는다.

3 합리적 승진관리를 위한 제안

승진관리는 조직의 성과와 종업원들의 직장 내 목표라는 측면에서 중요한 역할을 하기 때문에 효과적이고 공정하게 이루어져야 함에도 불구하고 합리적이지 못한 승진으로 인해 조직 내 불화와 조직의 성과저하라는 문제가 빈번하게 발생하기도 한다. 따라서 앞서 제시한 승진관리에서 지켜져야 할 원칙과 함께 보다 세부적인 고려사항과 절차에 대해서도 검토할 필요가 있다.

합리적 승진관리를 위해 추가적으로 검토해야 할 문제들을 제시하면 다음과 같다.

1) 객관적인 승진결정요소 및 실행상의 공정성 확보

승진결정을 위해서는 많은 요소를 고려해야 한다. 예를 들어, 능력, 학력, 근속연수, 경력, 승진시험, 교육훈련평가, 추천, 최고경영진의 후원 등 다양한데, 이를 요약하면 능력요소, 연공요소, 승진시험 등으로 구분할 수 있다.

• 능력요소: 능력에 대한 개념정립문제와 정확한 평가와 측정상의 문제들이 아직도 논란의 대상이 되고 있지만, 일반적으로는 기술적 능력(technical skill), 인간적 능력(human skill), 그리고 개념적 능력(conceptual skill) 등으로 구분하여 승진 직급에 따라 그 중요성을 달리하여 사용하는 것이 일반적이다.

• 연공요소: 대표적으로 근속연수라고 할 수 있으며, 근속연수에는 두 가지 부분, 즉 조직에 입사하여 얼마나 근무하였는가를 나타내는 조직근속연수와 특정 직위에서 특정 직무를 얼마나 수행하였는가를 나타내는 직무수행(근속)연수를 사용한다. 일반적으로 기업들은 승진대상후보를 결정함에 있어서 먼저 조직 내 최저 근속기간

을 정하고, 이러한 근속기간을 채운 종업원을 상위 직급의 1차 승진후보로 선정한 다(조직근속연수). 이어서 상위 직급의 직무를 수행하기 위해서 경험해야 하는 직무 와 직무별 최저 근속연수를 정하고 이러한 조건을 채운 종업원들을 승진후보대상 으로 2차 승진후보로 선정한다(직무수행연수). 근속연수 외에도 기업에 따라 채용형 태(공채, 특채 등)나 학력 등을 연공요소로서 고려하기도 한다.

• 승진시험: 기업에 따라 승진에 필요한 시험을 치루기도 한다. 물론 모든 직급에 승 진시험을 실시하는 것은 아니지만 관리자 이상의 직위로 승진하는 경우에는 시험 을 실시하는 것이 일반적이다. 시험 형태에는 구술면접시험, 논술시험, 실기시험 등이 있다. 그리고 승진대상을 선정하는 기준으로 일정수준 이상의 공인된 어학능 력 점수를 받은 사람만을 승진대상자로 선정하기도 한다.

그 외에도 교육연수성적, 멘토의 추천서 등을 승진결정요소로 사용하기도 하는데, 최 근 들어 종업원의 능력개발과 교육의 중요성이 커지면서 교육훈련 성적의 비중이 높아지 고 있다.

이와 같이 승진결정요소는 기업의 필요성이나 정책의 방향에 따라 매우 다양하게 선 정되어 사용할 수 있으나 궁극적으로는 객관성과 공정성을 확보하여 조직의 목표달성과 구성원의 사기앙양에 도움이 될 수 있어야 한다.

2) 공식적인 승진절차의 수립

승진은 조직구성원의 가장 중요한 관심사 중 하나이므로 조직 전체의 성과와 구성원 의 동기부여 그리고 능력개발의 관점에서 공정하게 다루어져야 한다. 만일 승진관리가 합 리적이지 못하면 조직 내의 기강이 바로 서지 못하고 조직구성원의 사기저하는 물론 조직에 대한 불신과 구성원 간의 반목을 초래할 수 있다.[12] 따라서 승진은 합리적인 계획과 절차에 따라 수행되어야 하며, 이를 위해 승진방침, 승진절차, 승진경로, 승진 자격요건 등을 명확히 하여 구성원들에게 인식시키고, 승진결정에 이의가 있는 경우 에는 이를 재검토할 수 있는 공식적인 제도와 절차도 마련해야 한다.

3) 경력관리와 연계된 승진관리

승진관리가 효과적으로 운영되기 위해서는 양성된 인재의 배분만을 고려할 것이 아니라 종업원의 성취동기를 자극하고 자아발전을 해 나갈 수 있도록 종업원의 경력관리 차원에서 운영되어야 한다.

4) 승진사후관리

승진이 내정되었다 하더라도 이를 거부할 수도 있으므로 사전에 승진내정자의 최종 의사를 확인하여야 하며, 승진이 확정된 경우에는 직무재배치를 신속하게 하여야 한다. 한편 승진에 누락된 종업원은 좌절, 불만, 실의에 빠질 위험이 많으므로 그들의 마음을 달래는 대책을 강구하는 것도 필요하다.

제4절   징계관리

1 징계관리란?

조직은 조직목표를 달성하기 위해 조직구성원들에게 기대하는 최저의 행동기준을 설정하고 이를 위반하는 구성원에 대해 해당하는 조치를 취하게 되는데 이를 징계(懲戒: discipline)라고 한다. 이러한 징계는 조직 목표달성에 해가 되는 종업원의 행동을 시정하고, 규칙과 규범을 준수하도록 하며, 올바른 방향으로 행동을 유도하는 인적자원관리의 한 과정이라고 할 수 있다.

조직에 따라 차이는 있으나 대체로 부당한 태업, 파업, 노조협약사항이나 중재사항을 이행하지 않는 경우, 상사에 대한 부당한 또는 의도적인 불복종이나 반항 행동을 하는 경우, 서류나 정보자료를 위변조하는 경우, 고용계약에 합의된 사항을 이행하지 않거나 성과가 부진한 경우, 일정수준 이상으로 무단결근하거나 지각하는 경우, 근무 중 음주하거나 마약소지 또는 복용하는 경우, 절도행위 및 도박행위를 하는 경우, 조직의 자산을 고의적으로 파괴하는 경우, 그리고 안전 및 건강관리 규정을 고의적으로 위반하는 경우를 징계대상 행동으로 정하고 있다.

2 징계관리의 효과

이와 같은 행동을 징계대상으로 규정하여 관리하는 경우 여러 가지 효과를 기대할 수 있다.[13)]

1) 예방효과

징계는 징계방침과 규정을 명확히 하고 징계대상 행동이 발생하지 않도록 사전에 충분한 고지와 주의를 촉구함으로써 이의 발생을 사전에 예방할 수 있는 효과가 있게 된다.

2) 개선효과

위반행위를 하거나 그러한 징후가 보이는 종업원에게 징계규정을 중심으로 상담, 지도, 자기반성의 기회 등을 통해 종업원의 행동을 바람직한 방향으로 개선해 나가는 효과를 얻을 수 있다.

3) 중단효과

사전에 충분히 고지하였음에도 불구하고, 최소한의 행동규칙을 위반한 종업원에 대해서 벌칙을 적용함으로써 해당 종업원의 규칙위반 행동을 중단시키는 효과가 있다. 징계에 의해 중단 효과를 얻기 위해서는 해당 벌칙은 적어도 위반으로 얻을 수 있는 이익보다 벌칙으로 받게 되는 불이익이 더 커야 한다. 그러지 않을 경우 위반행위는 일시적으로 중단될 뿐 지속성을 갖지 못하게 된다.

3 징계관리의 설계

징계행위의 관리와 관련하여 몇 가지 접근법이 있는데, 대표적인 것은 뜨거운 난로 규칙(hot stove rule)과 점진적 징계방법(progressive discipline approach: PDA)이 있다.

1) 뜨거운 난로 규칙

뜨거운 난로의 규칙에 의하면 징계행위는 다음의 항목들을 준수해야 한다.

- 즉각 징계(burns immediately): 뜨거운 난로를 만지면 즉시 화상을 입듯이 종업원이 규칙을 위반한 즉시 행해져야 한다. 왜냐하면 시간이 경과하고 난 후에는 종업원들이 자신들은 잘못이 없다고 확신하는 경향이 있기 때문이다.
- 사전 경고(provides warning): 누구나 뜨거운 난로를 만지면 화상을 입는다는 것을 잘 알듯이 용납할 수 없는 행위에 대해서는 처벌이 따른다는 것을 미리 경고해 두는 것이 매우 중요하다.
- 일관된 징계(gives consistent punishment): 뜨거운 난로를 만지면 언제든지 그리고 누구나 화상을 입듯이 징계행위는 모든 종업원에게 항상 일관되게 적용되어야 한다.
- 공정한 징계(burns impersonally): 징계의 정도는 사건과 연관되어 있어야 하며, 인간관계나 지위와 관계없이 공정하게 이루어져야 한다.

2) 점진적 징계방법

점진적 징계방법은 규칙위반에 대하여 징계유형과 일련의 질문목록을 정하고 다양한 상황을 고려하여 규칙위반 정도를 판단하고 위반정도에 맞게 징계수위를 단계적으로 정하는 방법이다.

점진적 징계방법은 위반행위의 정도와 여러 가지 상황을 고려하여 최저수위의 징계에서부터 점진적으로 평가해나가는 것을 반복하는 방법으로, 위반행동만을 고려하여 징계함으로써 나타날 수 있는 과잉 벌칙에 따른 오류를 최소화할 수 있는 방법이라고 할 수 있다.

4 징계의 형태

징계의 방법과 절차는 조직이 처한 상황에 따라 다를 수 있으며, 일반적으로 위반 및 기업에 미치는 영향정도에 따라 다음과 같은 형태의 [14]징계를 취한다.

1) 경고와 견책

경고나 견책은 징계의 수위가 약한 형태로서, 위반의 정도가 약하거나 초행인 경우에 많이 사용하는 징계방법이다.
- 경고: 구두경고와 서면경고가 있으며, 경위서의 제출을 요구하지 않는 일종의 훈계로서의 의미를 지니고 있다.
- 견책: 사용자가 근로자의 위법한 부당행위에 대하여 이를 반성토록 하고, 또 장래에 다시 반복되는 일이 없도록 경위서를 제출하도록 하는 것이 일반적이다.

2) 감급(감봉)

감급은 종업원의 노무제공 태만이나 직장규율 위반에 대한 제재로서 근로자가 받는 임금액에서 일정액을 공제하는 것을 의미한다. 참고로 근로기준법 제95조에서는 "취업규칙에서 근로자에 대하여 감급의 제재를 정할 경우에는 그 감액은 1회의 액이 평균임금 1일분의 2분의 1을, 총액이 1임금지급기에 있어서의 임금총액의 10분의 1을 초과하지 못한다."라고 규정하고 있다.

3) 강임(강격, 강급)

강임이란 직급이나 직책을 낮추어서 인사발령을 하는 경우를 말하며 부장에서 과장으로, 3급사원에서 4급사원으로, 8호봉에서 7호봉으로 낮추는 것을 말한다.

4) 정직 또는 출근정지

정직 또는 출근정지는 근로관계를 존속시키면서 근로자의 노무제공을 일정기간 금지시키며 그 기간 동안의 임금을 지급하지 않는 것을 의미한다. 출근기간 중에는 임금지급이 되지 않는 것 이외에 근속연수에도 포함되지 않는 것이 일반적이다.

5) 징계해고

징계해고는 징계처분 중 제재로서 가장 강력한 것으로 근로관계를 소멸시키는 사용자의 일방적 의사표시이다. 해고는 최후수단으로 사용되어야 하며 해당 부서 관리자는 상위관리층과 인적자원관리부서 그리고 인사위원회와 충분히 협의하여 결정해야 한다. 징계해고와 비슷한 용어에 정리해고(dismissal)가 있다. 이는 긴박한 경영상의 이유로 적용되며 징계로 이루어지는 징계해고와는 다른 것으로 개인별로 이루어지는 것이 아니라 집단으로 이루어지며, 일시에 이루어지는 경우가 많다.

쉬어갑시다 — 직위해제와 대기발령

직위해제는 근로자에게 부여된 직위를 일시적으로 해제하여 업무에 종사하지 못하도록 하는 것이고 대기발령은 근로자의 거취를 특정장소로 제한하는 것을 말한다. 직위해제와 대기발령은 직무수행능력 부족, 근무태도 및 근무성적 불량, 징계절차 진행, 형사기소 등으로 인하여 예상되는 업무상 장애를 예방하기 위한 잠정적 조치로서, 과거의 근로자의 비위행위에 대하여 기업질서 유지를 목적으로 행하여지는 징벌적 제재로서의 징계와는 그 성질이 다르다.

따라서 업무상 필요한 범위 내에서 사용자에게 상당한 재량권이 인정되며 취업규칙에 대기발령사유를 명시하지 아니하였거나 근로자와의 성실한 협의 등 요구되는 절차를 거치지 아니하였다는 이유로 권리남용에 해당된다고 할 수 없다.

직위해제처분을 받은 자는 어떤 직무에도 종사하지 못하게 될 뿐만 아니라 승급, 승호, 보수지급 등에 있어서 불이익한 처우를 받게 되고 나아가 일정한 경우에는 직위해제를 기초로 하여 직권면직처분을 받을 가능성까지 있으므로 직위해제는 인사상 불리한 처분에 속하며 노동위원회나 법원의 심사대상이 된다.[15]

제5절 이직관리

1 이직의 개념과 효과

1) 이직이란?

이직(separation)이란 근로자와 사용자 사이에 체결된 근로관계의 종료, 즉 근로자와 회사 간의 관계가 단절됨을 의미한다. 최근 우리나라의 고용환경변화는 자발적이든 비자발적이든 종업원들의 이직이 과거와 달리 매우 활발하게 이루어지고 있다.

이직은 이직결정의 주체가 종업원 자신인가, 아니면 기업인가에 따라 자발적 이직과 비자발적 이직으로 구분된다. 자발적 이직(voluntary separation)은 자신의 순수 의사에 의하여 종업원이 몸담았던 회사를 떠나는 경우를 의미하며, 비자발적 이직(involuntary separation)은 종업원의 의사와는 관계없이 사용자나 기업의 입장에서 강제되는 이직을 의미한다.

또한 이직은 그것의 회피가능성 여부에 의해 회피가능 이직(avoidable separation)과 회피불가능 이직(unavoidable separation)으로 구분되기도 한다. 회피가능 이직은 경영자의 노력에 의해 그 발생을 최소화할 수 있으나, 회피불가능 이직은 근로자의 질병, 사망 등의 불가피한 원인에 의해 발생하는 이직이다.

기업의 이직관리는 유능한 종업원들의 자발적 이직의 원인을 정확히 파악해서 이들의 이직을 최소화하는 이직방지대책을 수립하고, 나아가 고용조정에 따른 노사 간의 갈등 및 기업이미지 훼손을 최소화하는 효율적인 인력감축을 통해 유능한 인적자원의 지속적 활용과 유지를 도모하는데 그 중요성이 있다.[16]

2) 이직의 효과

(1) 이직의 긍정적 효과

종업원들의 이직은 기업에 어떤 효과를 미칠까? 우선 적정수준에서의 이직이 이루어질 경우를 생각해보자. 적정수준의 이직은 조직을 활성화시킴으로써 인적자원관리에 통풍역할을 한다.

조직의 입장에서 이직의 긍정적 결과는 다음과 같다.[17]

- 인력 순환으로 기업 조직의 신진대사가 활발히 이루어진다.
- 조직의 분위기가 쇄신되고 조직의 활력을 고취시킬 수 있다.
- 새로운 기법이나 기술의 도입이 촉진될 수 있다.
- 불요불급한 인력이 제거되면서 무능한 인력을 퇴출시키고 유능한 인력을 유입시킬 수 있다.

개인의 입장에서 이직은 다음과 같은 긍정적 결과가 나타난다.

- 자유로운 이동에 의해 보다 나은 대우와 근로조건을 찾을 수 있다.
- 적응 못하는 유출 인력이 적재적소를 발견할 기회를 가지게 된다.

(2) 이직의 부정적 효과

이직은 다양한 부정적 효과도 지니는데, 조직의 입장에서 이직의 부정적 결과는 다음과 같다.[18]

- 유능한 인력이 유출되고 무능한 인력만 남게 되면 양질의 인력 확보가 위협받게 된다.
- 숙련된 인력이 이직하면 이들의 모집, 선발, 훈련에 따른 막대한 비용손실이 초래된다.
- 미숙한 신규 유입자로 인하여 성과가 부진하게 된다.
- 단기적 유입으로 기술축적이 불가능하며 조직변동에 의한 조직불안정이 우려된다.
- 구성원의 조직이탈에 의해 동료들의 사기 및 조직에 대한 귀속감을 저하시킨다.

개인의 입장에서는 다음과 같은 부정적 결과가 나타난다.

- 빈번한 이직은 어느 조직에도 적응하지 못하는 폐단을 초래한다.
- 관리자로부터 배신행위를 할 수 있는 자로 불신 받을 수도 있다.

2 자발적 이직의 관리

1) 자발적 이직이란?

자발적 이직은 종업원 자신의 의지에 의해 회사를 떠나는 경우를 의미한다. 예컨대,

기업에 불만이 있거나 보다 나은 기회를 찾기 위해 종업원 자신의 의지에 의해 다른 기업으로 옮기는 경우(전직)와 결혼, 임신, 출산, 질병, 가족의 이주 등으로 기업을 떠나는 경우(비전직)가 자발적 이직에 해당한다. 비전직의 경우에는 이직의 사유가 비교적 외적 요인에 의해 발생하지만, 전직의 경우에는 현재의 회사에 재직하면서 느끼는 다양한 심리적 요인 및 개인의 성장욕구 등 종업원 개개인의 내적 동기가 그 원인이 된다는 점에서 기업에서는 자발적 이직에 보다 높은 관심을 가질 필요가 있다.

일반적으로 자발적 이직은 기업 내에서 낮은 능력과 성과를 보이는 종업원들보다는 높은 능력과 성과를 보이는 종업원들에 의해 보다 많이 이루어진다. 자신의 회사에 대한 기여도에 비추어 임금과 승진 등의 면에서 적절한 보상이 이루어지지 않고 있다고 느낄 경우, 회사의 경영정책이나 인사방침, 목표 등이 종업원 자신의 생각이나 목표와 불일치할 경우, 더 이상 또는 장기적으로 현재의 회사에서 발전과 성장의 기회가 마련되기 어렵다고 느낄 경우 능력있는 종업원은 언제나 전직을 생각하고 또 전직의 기회를 잡기 위하여 준비한다. 우수한 종업원의 전직은 인재의 손실이라는 면에서, 그리고 그 종업원이 경쟁회사로 전직할 경우 오히려 경쟁사의 경쟁력을 높여줄 수 있다는 점에서 여러 가지로 불리한 문제를 발생시킨다.

2) 자발적 이직의 원인

이직결정의 주체에 따라 이직을 자발적 이직과 비자발적 이직으로 구분할 수 있다면 이직의 원인 역시 이직결정의 주체가 누구인지에 따라 달라질 수 있을 것이다. 종업원에 의해 주도되는 자발적 이직은 다양한 이유에 따라 발생할 수 있다. 전통적으로 학자들은 종업원들의 자발적 이직이 조직 내·외부의 요인에 의해 많은 영향을 받는다고 생각하여 왔다.[19]

외부적인 요인으로는 실업률이나 자신들이 활용 가능한 외부직무기회에 대한 지각 등을 들 수 있다. 일반적으로 노동시장에서의 실업률이 낮은 경우에는 이직률이 높아지는 경향이 있으며, 반대로 실업률이 높은 경우에는 이직률이 낮아지는 경향은 일자리의 상황이 이직과 밀접한 관련이 있다는 것을 말해준다.[20]

한편 내부요인들은 현재의 직무에 대한 종업원들의 태도나 지각과 밀접한 관련이 있다. 예컨대, 직무만족이나 조직몰입(organizational commitment)은 자발적 이직결정에 중요한 영향을 미칠 수 있으며, 아울러 종업원들이 지각하는 조직공정성의 수준 등에 의해서도 영향을 받는다. 또한 임금수준, 상사 및 동료와의 인간관계, 직무수행상의 스트레스, 직무가 제공하는 성장의 기회, 승진기회의 감소 등도 종업원의 자발적 이직과 관련이 있다.

3) 자발적 이직의 관리

자발적 이직은 앞서 살펴본 것과 같이 매우 다양한 원인에 의해 발생하므로 그 대책 또한 다양하게 이루어져야 하지만 조직차원에서는 종업원들의 이직과 관련된 여러 가지 정보들을 주기적으로 수집하고 관리하는 것이 중요하다.

이를 위한 정보는 퇴직자면접이나 종업원태도조사 등을 통하여 얻어낼 수 있다. 퇴직자면접은 이직의사를 밝힌 종업원들을 대상으로 이직사유와 관련된 체계적인 자료조사를 실시하는 것으로, 직속상사보다는 인사담당자에 의해 이루어지는 것이 바람직하다.[21] 이는 물론 직속상사는 종업원의 이직과 직접적인 관련이 있을 수 있기 때문이다.

또한 이직은 태도가 실제 행동으로 이어지는 결과적 측면이라는 점에서 이직과 관련된 요소들에 대한 종업원들의 태도조사를 주기적으로 실시하는 것도 효과적이다. 예컨대, 종업원의 직무만족, 조직몰입, 임금만족도, 애사심, 이직의도 등과 같은 다양한 영향요인들에 대하여 1년마다 주기적으로 태도조사를 실시하고 종업원들의 태도가 어떻게 변화하고 있는가를 살펴봄으로써 인사관리자나 경영자는 이직관리에 필요한 정보를 얻을 수 있다.

3 비자발적 이직의 관리

1) 비자발적 이직과 그 원인

(1) 비자발적 이직이란?

비자발적 이직은 근로자의 의사와는 관계없이 사용자나 기업의 입장에서 종업원의 이직을 강제하는 것을 의미한다. 따라서 기본적으로 계속적으로 근무의사를 지니고 있는 종업원들을 여러 가지 경영상의 목적으로 인하여 강제적으로 퇴출시킨다는 의미에서, 비자발적 이직이 효과적으로 이루어지지 않을 경우 기업에 부정적인 결과를 초래할 수도 있다.

(2) 비자발적 이직의 원인

비자발적 이직에는 기업규칙의 위반이나 불충분한 업무수행으로 인한 징계해고, 긴급한 경영상의 필요에 의하여 인원을 줄이는 정리해고, 본인이 계속 근무할 의사가 있으나 정년에 이르렀기 때문에 퇴직하는 정년퇴직, 조직의 경력정체현상을 위해 인원을 줄이는 명예퇴직 등이 있다.

정년퇴직과 같은 특별한 경우를 제외하고 종업원의 의지에 반하는 대부분의 비자발적 이직은 인력의 공급과잉상태 또는 공급과잉이 예측되는 상황에서 기업이 주도적으로 인력계획에 따른 대응행위를 전개할 때 이루어진다.

다양한 원인이 인력감축의 원인을 제공할 수 있으나 매출과 이익의 감소, 시장경쟁의 심화, 생산설비의 현대화 및 자동화, 기업구조조정차원에서 인건비의 감소필요성 등 다양한 요인들이 비자발적 이직을 이끄는 원인이 된다.

특히 경기변동 하에서도 고용흡수력이 비교적 높고 강력한 노조가 존재하는 대기업과는 달리 중소기업 현장에서는 경영압박에 견디지 못한 경영자들이 인건비 절감의 차원에서 종업원들을 내보내는 사례가 자주 발견된다.

2) 퇴직관리

(1) 퇴직의 종류

퇴직은 말 그대로 종업원이 현직을 그만둔다는 것으로 크게 정년퇴직과 명예퇴직으로 나눌 수 있다.

가) 정년퇴직

정년퇴직 혹은 퇴직이란 조직구성원이 일정한 연령에 도달했을 때 조직체와 구성원 간의 고용관계를 단절하는 것을 말한다. 우리나라 대부분의 조직에서는 취업규칙이나 단체협약을 통해 정년을 규정하고 해당 나이에 도달하면 퇴직하는 방식으로 정년제도를 운영하고 있다.

나) 명예퇴직

명예퇴직은 일정연령에 도달한 조직구성원이 조기에 스스로 능력재개발을 하고 제2의 인생을 시작할 수 있도록 기회를 제공하는 동시에 조직의 인사적체현상을 인원감소를 통하여 완화하려는 제도이다. 조기퇴직제도, 희망퇴직제도, 선택적 정년제, 조기정년제도 등 다양한 명칭의 명예퇴직제도는 일반적으로 일정한 연령에 도달한 조직구성원이 명예퇴직신청서를 제출하고 회사가 이를 인정함으로써, 명예퇴직 신청자에게 퇴직금 이외에 특별가산금을 지급하거나 그들의 전직 또는 독립을 지원하는 과정으로 이루어진다.

(2) 퇴직관리의 필요성

기업에 있어 종업원의 퇴직은 기업조직 뿐만 아니라 그 구성원, 기업의 이미지 등에 많은 영향을 미친다. 특히 다음과 같은 점을 고려할 때 퇴직관리의 필요성은 더욱 높아지고 있다.[22]

첫째, 구조조정이 상시화 됨으로써 '비용절감형' 퇴직관리에 대한 요구가 증가되고 있다. 예를 들어 퇴직자 선정을 둘러싼 갈등과 조직이완, 퇴직위로금 지급, 잔류자의 고용불안, 퇴직자의 법정소송 제기, 우수인재 유출, 기업의 이미지 실추 등이다.

둘째, 인력유동화 시대 도래로 '상시적' 퇴직관리의 필요성이 증대되고 있다. 기업이 종업원의 평생고용을 보장하기 어려운 시대가 오면서, 일시적·임시방편적 퇴직관리방식으로는 퇴직문제에 효과적으로 대응하는데 한계점이 노출되면서, 상시적 퇴직관리를 통해 기업의 경쟁력 및 성과의 지속적 향상을 도모해야 하는 새로운 도전에 직면해 있다.

셋째, 성과주의 인사구현을 위해서라도 '긍정적' 퇴직관리의 필요성이 증대되고 있다. 성과주의가 제대로 정착되기 위해서는 성과가 부진한 인력의 자연스런 퇴직이 이루어져야 조직 전체의 지속적 성과향상이 가능하기 때문에, 부진인력의 자연스런 퇴출과 우수인력의 지속적 유입이 원활히 이뤄지도록 긍정적인 퇴직관리시스템을 구축하는 것이 필요하다.

3) 해고관리

(1) 해고의 개념과 유형

해고는 종업원의 의지에 상관없이 기업이 주도적으로 종업원과의 고용관계를 종료하는 것으로 크게 통상해고, 징계해고, 정리해고로 구분된다. 통상해고는 근로자 측의 일신상의 사유에 의한 해고로서 예컨대, 개인적인 사고 또는 장애로 인하여 근로능력이 결여되거나 저하되는 등과 같은 사유로 근로계약의 유지가 어려울 경우 이루어지는 해고를 의미한다.

반면 징계해고는 근로자의 근무규율의 위반 등과 같이 근로자 측의 잘못에 의한 해고를, 정리해고는 긴급한 경영상의 필요에 의한 해고를 의미한다. 여기에서는 징계해고와 정리해고에 대해 보다 구체적으로 살펴보기로 하자.

(2) 징계해고

가) 징계해고란?

징계해고는 사용자의 일방적 의사표시로 근로관계를 소멸시키는 것으로 대부분의 기업에서는 다른 징계처분내용과 함께 취업규칙 등 다양한 경로를 통해 규정화시켜 놓고 있다.

징계해고는 사용자에게는 기업의 원활한 운영을 위하여 필요한 것일 수도 있지만 근로자에게 불이익을 주는 것이므로 양자의 이익을 조화시키는 범위 안에서 행해져야 한다. 즉, 구체적으로는 규정된 사유가 적법한 것이어야 하고 사용자가 징계권을 사용할 때는 비례성과 형평성을 가지고 해야 한다.

나) 정당한 징계해고의 사유

근로자의 잘못에 의하여 징계를 행한다 하더라도 해고는 가장 극단적인 징계의 방법이며, 이러한 징계해고가 유효하기 위해서는 역시 정당한 이유가 있어야 한다. 징계사유의 원인에는 다음과 같은 것들이 있다.[23]

- 무단결근 등 불성실한 근무태도
- 배치전환·전적 등 인사명령에 대한 불응
- 업무상 지시명령 위반
- 상사 또는 동료에 대한 폭력행사
- 중대한 사고(횡령, 배임, 절도, 손괴, 과실 등)로 인한 손해발생
- 사생활에서의 비행
- 학력·경력사칭·은폐, 이력서의 허위기재 등

(3) 정리해고

가) 정리해고란?

우리나라의 근로기준법 제23조에는 "사용자는 근로자에 대하여 정당한 이유 없이 해고, 휴직, 정직, 전직, 감봉 기타 징벌을 하지 못한다."고 규정되어 있으나 정리해고는 긴급한 경영상의 필요에 의하여 기업에 종사하는 인원을 줄이기 위하여 일정한 요건 아래 근로자를 해고하는 것을 말한다.

나) 정리해고의 요건

정리해고는 대개의 경우 근로자 측에 귀책사유가 없는 경영상의 사유에 의해 이루어지며, 해고자가 대량으로 배출되는 집단성을 지니고 있기 때문에 우리나라의 근로기준법이나 판례에서는 그에 따른 요건을 다음과 같이 몇 가지로 제시하고 있다.

- 긴박한 경영상의 필요가 있어야 한다.
- 사전에 해고회피의 노력이 있어야 하며, 성에 따른 차별이 있어서는 안 된다.
- 노동조합 또는 근로자 대표에게 60일 이전까지 통보하고 성실하게 협의하여야 한다.
- 합리적이고 공정하게 대상자를 선정하여야 한다.

 직장인 이직 성공까지 '평균 4.3개월' 걸려

직장인 이직 성공까지 구직기간 / 사진=잡코리아

30~40대 직장인 10명 중 9명이 "이직 경험이 있다"고 답했다. 이직을 결심한 후 가장 먼저 한 일은 '이력서 업데이트', 이직 결심부터 회사를 옮기기까지 소요된 구직기간은 평균 4.3개월로 집계됐다.

10일 취업포털 잡코리아가 30~40대 남녀직장인 988명을 대상으로 '이직경험과 이직타이밍'에 대해 조사했다. 우선 '이직 경험이 있는지' 조사한 결과 전체 응답자 10명중 9명에 달하는 90.0%가 '이직 경험이 있다'고 답했다.

이들 이직 경험이 있는 직장인들에게 '이직을 결심한 후 회사를 옮기기까지 평균 얼마가 걸렸는지' 구직기간을 조사한 결과 평균 4.3개월 소요된 것으로 집계됐다. 구직기간별로는 '3~4개월' 걸렸다는 직장인이 35.1%로 가장 많았고, '1~2개월' 안에 이직했다는 직장인이 27.7%, '5~6개월' 안에 이직했다는 응답자도 20.1%로 다음으로 많았다.

직장인들은 이직을 결심한 후 가장 먼저 한 일로 '최근의 경력을 담아 이력서를 업데이트 했다'고 답했다. 30~40대 직장인들의 평균 이직 횟수는 3회로 집계됐다. 직장인들은 지금까지 이직 경험에 대해 불만족 했던 때(35.4%)보다 만족했던 때(64.6%)가 더 많았다고 답해, 이직을 후회하지 않는 직장인들이 더 많은 것으로 풀이됐다.

한편 취업포털 커리어에서도 직장인을 대상으로 조사한 결과, 직장인 75.7%는 연봉이 인상되지 않을 경우 '이직을 결심'하는 것으로 드러났다. '현재 본인의 연봉에 만족하는가'를 묻자 무려 82.6%가 '불만족한다'고 답했으며 '만족한다'는 직장인은 17.4%에 불과했다.

<자료> 파인낸셜뉴스. http://www.fnnews.com/news/.2017.3.10.

4) 전직지원 프로그램의 설계와 운용

(1) 전직지원제도의 배경과 의미

기업이 고용조정대상자를 위해 제공하는 전직지원제도(outplacement program)는 1960년대 미국에서 구조조정에 따른 대량해고가 발생하자 기업이 해고되는 종업원에게 퇴직자관리차원에서 프로그램을 제공한데서 유래한다. 미국의 경우 1980년대에 들어 일반화되었으며, 유럽에서는 1980년대, 일본에서는 1990년대에 전직지원제도가 도입되어 확산되었다.[24]

우리나라의 경우 지난 1997년 IMF 구제금융 사태를 계기로 수많은 기업들이 구조조정을 실시하면서 대규모의 정리해고가 일방적으로 이루어져 왔으나, 최근 전직지원 프로그램에 대한 중요성 인식과 함께 체계적인 제도를 시행하는 기업이 늘어나고 있다. 또한 정부차원에서도 2001년 7월부터 전직지원장려금제도를 도입·시행하고 있으며, 이를 통하여 개별기업의 전직지원 프로그램의 활성화를 지원하고 있다.

전직지원제도는 퇴직하는 종업원들이 자신들의 퇴직에 적응하고 다른 새 일자리를 찾는 것을 지원하는 기업차원의 프로그램으로,[25] 퇴직예정자 및 퇴직자들이 해고의 충격을 완화하면서 조직에 대한 불만과 부정적인 감정을 줄이고 신속히 전직을 할 수 있도록 도와주며 잔류종업원들에게도 장래 해고 시에 대한 불안감 해소를 통해 사기와 동기부여를 유지하는 데 그 목적이 있다.

(2) 전직지원제도의 효과

전직지원제도는 종업원, 기업, 정부에게 다음과 같은 효과가 있다.[26]

가) 종업원

- 해고나 퇴직으로 인한 심리적 불안이나 스트레스 감소
- 전문적인 지원으로 개인의 상황에 맞는 효율적 진로개척 활동 가능
- 새로운 직업 및 환경 적응기간 최소화
- 회사에 대한 불안감 방지 및 우호적 감정유지
- 긍정적 성취동기 및 자신감 배양

- 잔류종업원의 충격완화

나) 기업
- 적절하고 원활한 구조조정 가능
- 인사담당자 및 경영자를 위한 효과적인 퇴사사실 통보 프로세스 및 전략수립 가능
- 노사협의의 경우 협상력 증대
- 퇴직에 대한 잔류종업원의 심리적 불안감 최소화 및 사기유지
- 조직변화에 대한 생산성 및 경쟁력 저하 방지
- 종업원을 중시하는 책임감 있는 기업이미지 제고
- 해고자들로부터 집단적·개인적 소송 가능성 배제
- 외부고객 및 관계회사에 대한 부정적 영향 최소화

다) 정부
- 노사갈등으로 인한 사회적 손실 예방 및 최소화
- 해고자들의 빠른 기간 내에 재취직 또는 창업으로 인한 고용보험료 절감·인재의 전사회적 유효한 활용 등의 효과

전직지원제도가 적절히 관리되지 않는다면 기업은 상당한 비용을 지불하게 되며 해고전략의 결과에 상당한 영향을 미치므로 신중하게 설계되고 운영되어야 한다.

(3) 전직지원 프로그램의 유형

전직지원 프로그램을 어떻게 설계하고 운영할 것인가에 대해 모범적인 모델이 존재하는 것은 아니다. 그러나 대부분의 전직지원 프로그램은 퇴직대상이 되는 종업원들에 대하여 재정적 지원, 심리적 지원, 직무탐색 지원과 같은 세 가지 방향에서의 지원을 제공한다.[27] 재정적 지원에는 일정기간 동안 임금지급, 건강보험, 실업급여, 신용관리 등이 포함된다. 또한 심리적 지원과 함께 구직활동에 대한 지원도 중요한 부분을 차지한다.

(4) 점진적 퇴직(phased retirement)

퇴직에 따른 심리적 충격을 완화시키기 위하여 퇴직자의 의사에 따라서 근무시간을 줄이고 직무배치도 정신적으로나 신체적으로 비교적 부담이 적은 직무로 배치함으로써 퇴직과정을 점진적으로 조성해 나가는 것도 효과적인 방법이다.

이외에도 조직은 퇴직에 관한 강의와 퇴직대상자들 간의 모임 그리고 퇴직에 관한 간행물도 준비하여 예비퇴직자들의 퇴직사전준비에 대한 인식도를 높이고 예비퇴직자들로 하여금 자신의 퇴직계획에 의하여 순조로운 퇴직이 이루어지도록 노력할 수 있다.

제5장 학습문제

1. 인사이동이 조직에게 어떠한 영향을 미치는지 그 효과를 설명하시오.

2. 전환관리의 유형을 목적별로 분류하여 설명하시오.

3. 효과적인 전환관리를 위한 원칙을 제시하고, 전환관리로 유발될 수 있는 혼란방지를 위한 방침에 대해서 설명하시오.

4. 승진방침의 기준이 되는 연공기준과 능력기준의 차이점과 속인기준과 속직기준의 차이점을 설명하시오.

5. 우리나라 기업에서 종업원들에 대한 보상 및 신분관리와 관련하여 속인주의를 우선시하게 된 배경은 무엇 때문입니까?

6. 승진제도의 유형에 대해서 설명하시오.

7. 징계를 통해서 얻을 수 있는 효과에 대해서 설명하시오.

8. 징계관리의 접근방법인 '뜨거운 난로규칙'을 설명하고, 이 규칙에 따를 경우 준수해야 할 관리사항에 대해 설명하시오.

9. 종업원들에게 이직이 긍정적 효과를 지니는 것은 무엇 때문입니까?

10. 종업원들의 이직률을 성과, 종업원의 속성 등과 관련하여 다각적으로 분석해야 되는 이유는 무엇 때문입니까?

11. 자발적 이직의 원인 가운데 회사측에 귀속될 수 있는 원인을 찾아보고 그 대응방안에 대하여 제시하시오.

12. 국내 기업의 정리해고의 사례를 찾아 그 진행과정과 주요 결과에 대하여 논의하시오.

13. 전직지원제도가 지니는 의미를 제시하고, 국내 기업 가운데 이 제도를 도입·시행하고 있는 사례를 찾아 그 특징을 제시하시오.

참고문헌 제5장

1) Pigors, P. & Myers, C. A.(1981). *Personnel administration, A point of view and method*, 9th ed., New York: McGraw–Hill, Inc., pp. 304–305.

2) 김종재·박성수·정중부(2004). 인적자원관리, 서울: 법문사, pp. 444–445.

3) 황대석(1994). 인사관리, 서울: 박영사, p. 178.

4) Pigors, P. & Myers, C. A.(1981). *op. cit.*, pp. 310–311.

5) 황대석(1994). 전게서, pp. 175–177.

6) 서도원·서인석·송석훈·이기돈(2005). 인사관리: 이론과 실제, 대경, p. 150.

7) 신유근(1990). 인사관리, 서울: 경문사, pp. 277–278.

8) 양창삼(1994). 인적자원관리, 서울: 법문사, pp. 338–339.

9) 김종재·박성수·정중부(2004). 전게서, pp. 453–454.

10) 상게서, p. 456.

11) 최종태(1989). 현대인사관리론, 서울: 박영사, pp. 230–233.

12) 김종재·박성수·정중부(2004). 전게서, pp. 462–463.

13) 상게서, p. 465.

14) 박성수 외(2006). 새로운 인적자원관리, 전남대학교출판부, p. 189.

15) 조정구·김주목(2008). 인사관리 Solution(1), 주)중앙경제, p. 125.

16) 김영재·김성국·김강식(2008). 인적자원관리, 삼영사, p. 575.

17) 서도원·서인석·송석훈·이기돈(2007). 전게서, p. 163.

18) 상게서, p. 163.

19) Fisher, C. D., Schoenfeldt, L. F. & Shaw, J. B.(2003). *op. cit.*, p. 755.

20) Gerhart, B.(1990). Voluntary turnover and alternative job opportunities, *Journal of Applied Psychology*, 75, pp. 467–476.

21) Fisher, C. D., Schoenfeldt, L. F. & Shaw, J. B.(2003). op. cit., p. 762.

22) 삼성경제연구소(2001). 퇴직관리의 문제점과 개선방안, Issue Paper.

23) 상게자료, pp. 15–41.

24) 천영희(2002). 전직지원프로그램의 효과분석 및 개선방안, 평생교육연구, 8(2), pp. 243–281.

25) Soukup, W., Rothman, M. & Brisco, D.(1987). Outplacement services: A vital component of personnel policy, *SAM Advanced Management Journal*, pp. 19–23.

26) 김영재·김성국·김강식(2008). 전게서, pp. 589–590.

27) Anthony, W. P., Kacmar, K. M. & Perrewe, P. L.(2006). *op. cit.*, p. 667.

제 3 부

개발관리

제6장 인사평가
제7장 교육훈련 및 개발
제8장 경력관리

Human Resource Management

CHAPTER 6

인사평가

제1절 인사평가의 본질
 1. 인사평가의 개념
 2. 인사평가의 목적
 3. 인사평가에 대한 다양한 쟁점

제2절 평가관리시스템의 설계와
 운용
 1. 평가관리시스템과 평가관리절차
 2. 평가기준과 평가표준의 결정
 3. 평가시기
 4. 평가주체와 평가자오류
 5. 평가방법

 6. 평가결과의 조정
 7. 평가결과의 피드백과 조치

제3절 부서(팀)단위의 평가
 1. 조직평가의 필요성
 2. 조직평가체계
 3. 조직평가와 개인평가결과의 결합

제4절 효과적인 평가관리를 위한
 관점과 주의사항

인사평가는 일정기간 동안의 종업원의 직무성과, 능력과 노력을 파악하고, 종업원의 강·약점과 이를 강화, 보완하는 방안을 찾아 나가는 과정이며, 나아가 이를 기초로 종업원에 대한 보상수준이나 승진결정 등 인적자원의 합리적 관리에 필요한 자료를 도출하는 인사기능이다.

이러한 인사평가는 보상, 인사이동, 선발도구의 타당성 검토, 경력개발계획, 인력유지활동, 무능력자의 선정, 직무와 인사제도 재설계 등 인적자원관리 대부분의 활동에 필요로 하는 기초자료를 제공한다.

효과적인 인사평가를 위하여 조직은 평가관리시스템을 구축할 필요가 있다. 평가관리시스템의 일반적 요소는 평가자, 평가시기, 평가기준과 평가표준, 평가방법, 평가피드백 등으로 구성된다. 평가기준이란 직무의 어떤 요소를 평가의 대상으로 볼 것인가에 관한 것이며, 평가표준은 어느 정도를 잘한 것으로 볼 수 있는가를 판단하는 기준에 관한 것이다. 평가방법은 평가기준을 담은 평가도구로서 평가방법에는 분류평정유형, 비교평가유형, 서술식유형, 행동평정법, 목표관리법, 균형성과표 등 다양한 유형이 있다. 평가자는 평가주체를 말하는 것으로 평가자의 선정은 관찰가능성, 평가동기의 순수성, 평가능력에 따라 이루어진다. 평가시기는 연간평가 횟수의 적절성에 관한 판단과 기업과 개인의 연간 성과를 판단할 수 있는 시점에 관한 판단부분이다. 그리고 평가피드백은 평가결과와 장단점 그리고 개선방안에 관하여 관리자가 종업원과 논의하는 부분이라 할 수 있다. 최근에는 부서나 팀단위의 조직평가의 결과가 개인의 업적평가결과와 결합되어 인사평가시스템으로 설계되는 사례를 많이 발견할 수 있다.

합리적인 인사평가를 위해서는 평가시스템을 합리적으로 구축해야 하며, 동시에 평가자의 평가오류도 최소화될 수 있어야 한다. 평가오류를 줄이기 위해서는 평가자에 대하여 평가오류유형 인식훈련, 성과차원 인식훈련, 행동판단의 호·불호를 판단하기 위한 준거틀 훈련, 그리고 행위관찰훈련 등을 실시하는 것이 도움이 된다.

평가결과와 절차에 대한 신뢰도와 수용도를 향상시키기 위해서는 평가에 대한 분배공정성과 절차공정성, 그리고 상호작용공정성을 지각할 수 있도록 평가시스템이 설계·운영하는 것이 중요하다. 평가결과가 자신의 성과나 직무상의 투입에 비하여 공정하다고 느끼는 것도 중요하지만, 나아가 피평가자가 평가과정에서 자신의 목소리를 낼 수 있고 인간적으로도 공정한 처우를 받았다고 느낄 수 있도록 해야 한다는 점이다.

CHAPTER 6

인사평가

제1절 **인사평가의 본질**

1 인사평가의 개념

인사평가, 인사고과, 업적평가, 성과평가 등 다양한 표현으로 활용되는 일련의 인적자원관리 기능은 일정기간 동안의 종업원의 직무성과, 능력과 노력을 파악하고, 나아가 그와 관련된 강점과 약점을 파악하고 이를 강화·보완하는 방안을 강구하는 과정이며, 나아가 이를 바탕으로 종업원에 대한 보상수준이나 승진결정 등 인적자원의 합리적 관리에 필요한 기초를 마련하는 과정이다.

모든 조직의 경영자는 높은 수준의 경영성과를 기대한다. 조직의 성과는 그 조직에 속한 구성원들의 성과의 합이라는 점을 고려할 때, 경영자의 주요 역할과 책임 가운데 하나는 종업원들의 성과에 대한 명확한 파악과 함께 그와 같은 성과를 이끈 원인이 무엇인지를 올바르게 이해하는 것이다. 또 종업원의 입장에서 보더라도 신분과 보상은 무엇보다 중요한 동기부여요인이다. 따라서 자신의 신분과 보상수준을 결정짓는 공정하고 신뢰성 있는 잣대와 결과에 많은 관심을 지닌다. 또한 종업원들은 자신의 경력개발을 위해 자신의 능력을 끊임없이 개발하고 향상시키고자 하는 동기를 지니고 있다. 이와 같은 맥락에서 공정하고 객관적인 인사평가와 함께 공정한 보상이 이루어질 때 종업원의 동기부여수준은 높아질 수 있으며, 종업원의 성과에 기여한 긍정적 또는 부정적 요인들을 명확히 파악할 수 있을 때 개인수준에서 뿐만 아니라 조직차원에서도 앞으로 더 나은 성과를 기대할 수 있다.

2 인사평가의 목적

인사평가는 조직의 거의 모든 인적자원관리영역과 밀접한 관련이 있다. 이를 보다 구체적으로 살펴보면 다음과 같다.

1) 공정한 보상결정의 기초자료 제공

인사평가는 임금을 비롯한 종업원에 대한 공정한 보상의 기준이 된다. 즉, 인사평가 활동을 통해 종업원의 성과정도를 측정하고, 그 결과에 따라 더 높은 성과를 보인 종업원이나 팀에게 더 많은 보상을 제공함으로써 공정한 처우가 가능해진다.

2) 합리적 승진과 전환의 기초자료 제공

인사평가는 합리적 승진과 배치전환의 근거자료가 된다. 승진과 배치는 주로 해당 직위가 필요로 하는 능력과 적성을 고려하여 이루어지는데, 인사평가는 종업원의 업적과 능력 그리고 태도를 측정함으로써 상위 직급 또는 다른 직무를 효과적으로 수행하는데 필요한 자질을 갖추고 있는지를 판단할 수 있어 승진과 배치전환의 자료로 사용할 수 있다.

3) 선발도구의 타당성 평가자료 제공

기업에서는 합리적인 인력충원을 위해 다양한 선발도구를 사용한다. 그러나 어떠한 선발도구가 보다 타당성을 갖추었는지는 선발된 종업원이 실무에 투입되어 근무할 때야 비로소 확인할 수 있다. 예컨대 특정한 인사선발도구를 확보하여 채용한 인력이 기대수준이나 그 이상의 성과를 보였다면 선발도구의 타당성을 확인하는 것이 되겠지만, 만약 기대한 만큼의 성과를 올리지 못하는 종업원이었다면 해당 선발도구의 타당성을 의심할 수 있다.

4) 인적자원개발계획을 위한 기초자료 제공

인사평가는 교육훈련을 비롯한 인적자원개발계획의 기초자료가 된다. 인적자원개발은 조직이 필요로 하는 능력을 확인하고, 종업원들이 그러한 능력을 갖추고 있는지를 측정한 후, 부족한 능력을 여러 가지 교육훈련방법을 통해서 보완할 수 있도록 한다. 이러한 인적자원개발 과정 중 개발대상과 개발내용 등의 결정은 인사평가자료에 근거하여 이루어지므로, 인사평가결과는 인적자원개발을 위한 중요한 기초자료를 제공한다.

5) 인력유지활동을 위한 기초자료 제공

인사평가는 기업의 인력유지활동에 필요한 정보를 제공해준다. 인사평가의 태도항목은 종업원의 조직 및 직무에 대한 몰입과 사기 등을 측정하는 부분인데, 특히 조직몰입은 이직과 높은 상관관계를 갖는 것으로 알려져 있다. 따라서 인사평가자료를 통해 종업원의 이직 가능성을 어느 정도 예측할 수 있어 조직 잔류를 위한 상담 대상자 선정근거로 사용할 수 있는 등 인력유지활동의 정보로 활용될 수 있다.

6) 인력조정을 위한 기초자료 제공

인사평가는 조직차원에서 이루어지는 인력조정의 근거자료가 된다. 여러 가지 사유로 인하여 현재의 인력규모를 더 이상 유지하기 어렵게 될 경우 조직은 어쩔 수 없이 일부 종업원을 방출하게 되는데 이때 대상자 선정을 위한 자료로서 인사평가자료를 사용할 수 있다.

7) 직무 및 제도 재설계 필요성 평가를 위한 자료 제공

특정 직무를 담당하는 종업원들의 성과가 다른 회사조직과 비교하여 전반적으로 낮은 경우에는 개인의 능력이나 노력의 탓으로만 돌릴 수 없다. 직무특성이나 제도의 특성도 종업원의 성과에 영향을 미치기 때문이다. 따라서 동일직무를 수행하는 사람들의 인사평가자료는 직무나 인사제도를 재설계할 필요성이 있는지를 추정할 수 있는 기초자료가 된다.

그 외에도 인사평가는 평가활동과정을 통해 조직의 전략적 목표의 달성을 위해서 종

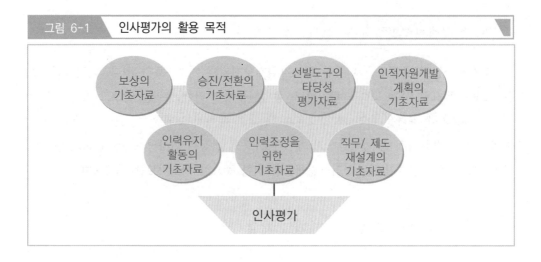

그림 6-1 인사평가의 활용 목적

업원들 스스로 자신이 중시해야 할 것이 무엇인지를 인식하도록 하거나, 평가결과가 보상이나 징계와 직결되기 때문에 수행해야 할 과업에 대한 동기부여 수준이 향상되는 파급효과도 기대할 수 있다.

3 인사평가에 대한 다양한 쟁점

1) 인사평가는 반드시 필요한가?

조직의 규모나 형태에 상관없이 인사평가는 대부분의 조직에서 매우 중요한 인사기능으로 다루어지고 있다. 특히 최근 성과주의의 확산과 그에 따른 보상의 차별성이 중요시 되면서 인사평가의 의미는 더욱 확대되고 있다. 그러나 다른 한편으로 이러한 인사평가활동이 과연 필요한지에 대한 논란도 있어 왔다. 예를 들어, 일본 기업들에게 품질관리와 QC활동을 보급한 데밍(W. E. Deming) 교수는 미국 경영관행을 괴롭히는 치명적 질병 중의 하나로 성과측정을 제시하였는데, 그 이유로서 조직 내에서 개인성과의 많은 부분이 개인이 통제할 수 없는 이유에 의해서 이루어질 뿐 아니라, 평가에 따른 실익이 크게 없음에도 불구하고 많은 조직들이 평가시스템을 개발하고 실행하고 결과를 처리하는 데 많은 비용이 들인다는 점을 제시하였다.

둘째, 경우에 따라 인사평가는 관리자가 가장 싫어하는 활동이기도 하다. 이는 많은 관리자들이 인사평가결과에 따라 부하들의 임금인상이나 경력이 큰 영향을 받을 수 있다는 점 자체에 대해서 불편함을 느끼며, 더구나 부하직원에 대한 평가결과가 낮은 경우 성과가 낮은 종업원과 평점에 대해 이야기하는 것은 유쾌한 일이 아니기 때문이다. 또한 충분한 평가자료를 얻을 수 없는 경우에 종업원 간에 차이를 정하는 것이 쉬운 일도 아니다.

셋째, 인사평가는 때로 노동조합과의 갈등을 유발하기도 한다. 노조는 공식적으로 모든 구성원의 능력은 동일하다고 보고, 가장 경험이 많은 근로자가 가장 유능하다고 보기 때문에 인사평가는 불필요하며 대신 연공(seniority)에 의해서 임금인상을 비롯한 인사상의 주요 결정이 이루어져야 한다고 생각하기 때문이다.

한편 종업원들의 업무성과 간에 차이가 있다면 평가는 당연히 이루어져야 한다. 업무에 따라 차이가 있지만 일반적으로 고성과 근로자는 평균성과 근로자에 비해 높은 성과를 낸다. 단순 생산직이나 단순 사무직의 경우에는 근로자 간의 성과차이가 크지 않으나, 기술직·관리직·전문직·판매직으로 갈수록 고성과 근로자의 성과와 평균성과 근로자의 성과 간에는 차이가 점차 커진다. 이러한 현상은 근로자 간의 능력 차이와 성과차이는 적다는 노조의 주장과 반대되는 것으로 성과평가를 실시하고 평가결과에 따라 보상을 하는 것이 바람직함을 보여준다.

이러한 주장을 종합하여 볼 때, 평가시스템을 개발하기에 앞서 고성과자와 저성과자 간의 능력과 성과차이가 큰 직무인지 여부를 판단한 후, 성과차이가 큰 직종이나 직무인 경우에는 인사평가시스템을 구체적이고 자세하게 적용하여 보상이나 개발에 적극 적용할 필요성이 있으며, 차이가 적은 직종이나 직무에 대해서는 그 비중을 줄여 적용하는 것이 합리적이라 하겠다.

2) 어떤 목적으로 인사평가를 할 것인가?

인사평가의 다양한 활용목적은 관리목적과 개발목적으로 분류할 수 있다. 관리목적으로 이루어지는 인사평가의 역할은 종업원에 대한 보상이나 관리목적으로 평가를 하는 것으로, 종업원 간의 보상의 차이, 승진결정, 인력구조조정 등은 이러한 평가결과에 의해 결정되게 된다. 개발목적으로 이루어지는 인사평가의 역할은 개인의 잠재력을 개발하는 데 사용하는 것으로, 관리자들의 모습은 판결을 내리는 사람이기보다는 종업원의 잠재력을 확인하고 종업원의 성장기회와 성장방향을 계획하고 상담하는 카운슬러에 가깝다.

종업원에 대한 보상수준 결정, 승진과 강등, 징계대상과 징계수준 및 해고순서 등의 관리적 의사결정은 종업원의 신상에 해당되는 사항이기 때문에 종업원들은 공정성 여부에 촉각을 곤두세우는 등 민감한 반응을 보인다. 만약 보상수준에 차이가 있거나 승진에 누락되거나 혹은 해고의 순서를 정할 경우 그에 관한 결정이 타당함을 입증해야 하는데, 입증근거로서 대표적인 정보가 인사평가자료라고 할 수 있다. 또한 승진, 급여, 해고 등과 같은 인사문제에 차별적 이슈가 발생하지 않고, 혹 평등과 같은 법적인 문제가 발생한다면 이에 대응하기 위한 공정하고 객관적인 인사평가의 기록이 필요하다.[1] 따라서 인사상의 관리적 의사결정을 위해서 이루어지는 인사평가는 아주 세밀하고 엄격하게 이루어져야 함과 동시에 다른 종업원들과 비교를 통해 서열화를 시켜야 하며, 때로는 종업원의 문제점을 부각시켜야 하는 경우도 있다.

반면에 개발목적을 위한 인사평가는 그 결과를 토대로 종업원의 강점과 약점을 확인하고, 어떻게 개선·보완해야 할지에 대한 개발계획을 논의하며, 조직의 지원약속과 함께 종업원들 스스로 자신의 역량과 행동변화를 위해 노력하도록 동기부여할 수 있을 때 의미가 있다. 때문에 종업원들을 비교하여 서열화하는 것보다는 목표와 수행실적 간의 비교를 하며, 개개인의 발전과 행동의 변화를 위한 조직의 지원과 종업원의 의욕을 높이는 데 주안점을 두게 된다.

관리목적의 인사평가는 성과관리모델 중 경쟁평가모델(competitive assessment model), 그리고 개발목적의 인사평가는 코칭-개발모델(coaching & development model)에 해당한다. 우리나라의 경우 많은 기업들이 경쟁평가모델에 기초한 성과관리체계를 운영하고 있는데 비하여, 550여 개의 미국 기업을 대상으로 이루어진 조사에서는 약 36%가 경쟁평가모델을, 그리고 64%가 코칭-개발모델에 기반하여 성과관리체계를 운영하고 있는 것으로 나타나 많은 차이를 보이고 있다.[2]

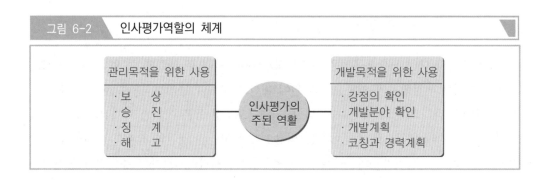

그림 6-2   인사평가역할의 체계

3) 비공식적 평가를 활용해야 하는가?

인사평가는 일반적으로 공식적이고 체계적으로 이루어지지만, 관리자가 필요하다고 느끼는 경우에는 일상적 직무수행과정에서 혹은 식사 또는 티타임과정에서도 언제든지 비공식적 평가가 이루어질 수 있다. 특히 공식적 평가가 갖는 여러 가지 한계로 인하여 비공식적 평가는 다음과 같은 이유에서 나름대로의 효용성을 갖는다.

첫째, 인간의 기억능력의 한계를 고려할 때 비공식적 평가내용을 평소에 기록한 후 공식적 평가기간에 보완·활용할 경우 평가오류를 줄일 수 있다. 둘째, 비공식적 평가결과에 따른 즉각적 피드백은 종업원의 행동변화의 가능성을 높이고, 나아가 공식적 평가가 전달될 때 종업원이 받는 충격을 줄여줄 수 있다.

그러나 비공식적 평가가 유용한 면이 있다 할지라도 체계적인 평가시스템에 근거하지 못하기 때문에 보상이나 개발에 관한 의사결정의 주된 자료로 사용하기에는 부적합한 점이 있다. 따라서 비공식적 평가는 공식적 평가를 대체하기보다는 보완적인 평가수단으로 사용하는 것이 효과적이다.

제2절 평가관리시스템의 설계와 운용

1 평가관리시스템과 평가관리절차

종업원의 성과는 사용자에게 매우 중요한 문제이지만 만족스러운 성과가 자동적으로 발생하는 것은 아니다. 이를 위해서는 합리적인 평가관리시스템을 근간으로 하는 인사평가가 이루어져야 한다. 평가관리시스템이란 종업원에게 기대성과를 제시하고 성과를 측정·확인한 후 격려와 개선안을 제시하거나 보상을 통해 성과를 강화하고자 하는 틀이다.

인사평가관리시스템을 구성하고 운용하는 주요 주체는 인적자원부서와 관리자이다. 인사부서는 공식적 인사평가시스템 및 평가양식 등을 설계하고, 평가에 관하여 평가자(관리자나 감독자 등)들을 교육·훈련시키며, 평가가 원활하게 진행될 수 있도록 일정조정 등 지원활동을 한다. 반면에 각 부서의 관리자들은 인사부서에서 전달받은 평가양식에 맞추

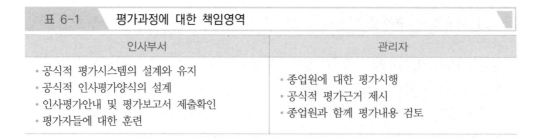

표 6-1	평가과정에 대한 책임영역	
인사부서	관리자
• 공식적 평가시스템의 설계와 유지 • 공식적 인사평가양식의 설계 • 인사평가안내 및 평가보고서 제출확인 • 평가자들에 대한 훈련	• 종업원에 대한 평가시행 • 공식적 평가근거 제시 • 종업원과 함께 평가내용 검토

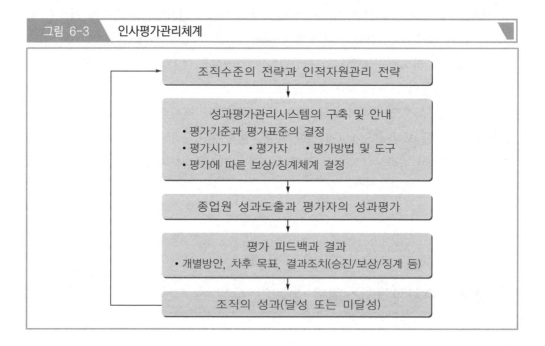

그림 6-3 인사평가관리체계

어 평가를 하고 평가내용의 근거를 제시하며, 얻어진 평가결과를 바탕으로 종업원에게 피드백하는 역할을 한다.

이와 관련된 전반적인 인사평가체계는 〈그림 6-3〉과 같이 나타낼 수 있다.

효과적인 인사평가관리시스템을 구축하기 위해서는 무엇을 근거로(평가기준과 평가표준), 언제(평가시기), 누가(평가자), 어떻게(평가방법) 평가하며, 그 결과를 어떻게 피평가자에게 알려줄 것인가(평가피드백) 등에 대한 깊이 있는 검토가 이루어져야 한다.

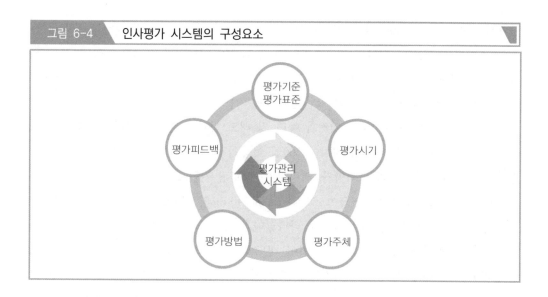

그림 6-4 | 인사평가 시스템의 구성요소

2 평가기준과 평가표준의 결정

1) 평가기준

(1) 평가기준의 개념

평가기준의 문제는 인사평가를 실시할 때 무엇을 평가의 대상으로 할 것인가를 결정하는 것이다. 인사평가를 하는 것은 이를 통해 조직이 종업원들에게 기대하는 성과와 이를 위한 태도와 능력을 갖추도록 하는데 목적이 있다. 물론 이와 같은 목적은 조직의 비전과 목표, 그리고 이를 위한 경영전략 및 인적자원관리전략과 밀접히 연관되어 있다. 따라서 인사평가의 기준은 종업원들에게 조직이 중요시 하는 요소와 기대가 무엇인지를 알려주는 지표로서의 역할을 수행한다.

종업원에 대한 인사평가요소에는 다양한 요소가 포함되며, 특정 직무의 평가항목에 포함되는 요소가 다른 직무에는 중요한 요소가 아닐 수 있다. 즉, 각각의 직무는 해당 직무 나름대로의 핵심적인 요소(구성원이 자신의 일에서 수행해야 할 가장 중요한 요소들)가 존재하는데, 이를 직무기준(job criteria)이라고 한다. 예를 들어 대학교수의 직무기준은 강의, 연구, 봉사라고 할 수 있는데,[3] 그러한 직무기준은 일반적으로 인사평가를 위한 기준(performance criteria)으로도 사용되며, 임금지급 여부를 판단하는 기준이 되기도 한다. 한편 거의 대부분의 직무는 한 가지 이상의 직무기준(평가기준)을 갖는다. 또한 다수의 기준

중에서 어떤 기준은 다른 기준보다 중요한 것으로 여겨지는데, 그러한 차이는 조직의 전략과 관련성을 갖는다. 예를 들어, 연구중심대학에서는 교육이나 산학협력 등과 같은 요소를 보다 중요한 기준으로 여기며, 교육중심대학에서는 연구나 봉사영역보다는 교육적 요소를 보다 중요한 기준으로 삼아 더 높은 가중치를 부여한다.

일반적으로 기업현장에서는 업적과 능력 및 태도 등과 관련된 요인이 평가의 기준으로 많이 활용되어 왔다. 이와 관련하여 300인 이상의 우리나라 기업 501개사를 대상으로 수행된 조사결과에 따르면 업적평가, 역량평가, 태도평가를 모두 실시하는 업체가 48.3%로 가장 많은 비중을 차지하였으며, 그 다음으로 40.7%의 기업들이 업적 및 역량평가만으로 인사평가를 실시하고 있는 것으로 나타났다.[4] 이를 기업규모별로 보면 1,000인 이상의 대규모 기업 중에서는 50.7%의 기업이 태도를 제외한 업적과 역량(능력)평가 위주로 인사평가를 실시하는 반면, 500~1,000인 미만 기업의 49.4%, 그리고 200~500인 미만 기업의 51.4%가 세 가지 요소를 모두 포함한 평가를 하는 것으로 나타나 기업규모가 클수록 태도평가를 실시하지 않는 특징을 보이는 것으로 확인되었다.

(2) 평가기준의 선정원칙

평가기준을 합리적으로 선정하기 위해서는 다음과 같은 4가지 원칙을 활용하는 것이 도움이 된다.

첫 번째 기준은 의사결정목적과의 관련성으로서 예를 들어, 보상분배목적인 경우에는 생산성이나 판매량과 같은 결과관련 기준을 사용하여야 하며, 훈련과 경력개발을 목적으로 하는 경우에는 종업원의 지식과 기술상태나 경력개발에 대한 열망과 같은 개인적 특성 기준을 사용해야 하며, 해고목적인 경우에는 반생산적 행위(counter-productive behavior)나 결과관련 기준을 사용해야 한다.

두 번째는 관찰가능성으로 평가기준은 객관적 관찰이 가능한 결과(기대목표)와 행동을 중심으로 선정하여야 한다.

세 번째는 조직목표에 실질적 공헌이 되는 요소를 선정하여야 한다. 예를 들어, 세계에서 가장 큰 못을 만드는 신기술 개발은 주요 성과로 해석될 수 있지만, 만일 큰 못을 사용할 곳이 없어 판매할 수 없다면 조직목표달성에 대한 실질적 공헌은 아무것도 없게 될 것이다.

네 번째 선정기준은 성과에 대한 종업원의 통제가능성이다. 즉, 업무수행자가 통제할 수 없는 것은 평가기준으로 선정하지 않아야 된다. 예를 들어, 항공기 정비공의 성과평가 기준에 비행기 탑승객의 기내 불만평가사항을 포함시키는 것은 타당하다고 할 수 없다.

| 그림 6-5 | 평가기준의 선정원칙 |

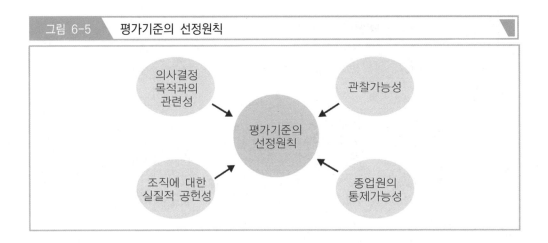

(3) 역량평가

앞서 채용관리에서 역량면접과 관련된 내용이 다루어졌지만 인사평가과정에서도 역량에 대한 평가가 이루어진다. 일반적으로 역량은 능력과 혼동할 수 있으나 역량(competency)은 높은 성과를 창출하는 고성과자(high performer)로부터 일관되게 관찰되는 행동특성을 의미하는 것으로 '지식, 기술, 태도, 가치' 등의 상호작용에 의해 높은 성과를 이끌어내는 행동특성을 의미한다.[5] 기존의 '능력' 개념이 개인 측면의 보유 자질에 초점을 맞춘 것이라면, 역량은 조직 측면에서 조직의 성과 창출을 위한 자질이라 할 수 있다. 따라서 조직이 어떤 역량을 필요로 하는 가는 무엇보다 조직이 추구하는 비전과 전략에 비추어 전략을 실행으로 옮기는 데 가장 필요로 하는, 또는 가장 바람직한 행동특성이나 요구되는 태도가 무엇인지를 결정할 수 있어야 한다. 이는 조직의 특성이나 추구하는 비전과 전략 등에 따라 조직구성원에게 기대하고 요구되는 역량이 달라지기 때문이다.

이와 같은 역량은 조직전체차원에서 요구되는 공통역량, 그리고 직무수행의 성과와 효율성을 높이기 위해 요구되는 직무역량이나 전문역량 등으로 세분화되어 관리되는 경우도 많다. 또한 역량평가는 높은 성과를 이끄는 데 기여하는 요인임은 분명하지만 실제 성과 그 자체는 아니라는 측면에서 구성원에 대한 관리목적보다는 개발목적 차원에서 평가가 이루어지고 관리되는 경우도 많다.

2) 평가표준

평가기준이 무엇을 측정해야 하는가에 대한 개념이라면, 평가표준 혹은 성과표준

표 6-2	비계량적 평가표준의 예				
평점	S (90~100점)	A (80~89점)	B (70~79점)	C (60~69점)	D (60점 미만)
환산점수 (선택가능)	95	85	75	95	60
	100	90	80	70	70
계획의 체계성(30)	해당지표를 실행하기 위한 계획이 구체적이며, 실제 이를 증명할 수 있는 자료가 충분히 제시됨	해당지표를 체계적으로 실행하기 위한 계획이 수립되어 있으며, 성과를 구체적으로 확인할 수 있는 결과가 적절하게 제시되고 있음	해당지표를 체계적으로 실행하기 위한 계획이 보통 수준이며, 성과를 구체적으로 확인할 수 있는 결과도 일반적인 수준임	해당지표를 체계적으로 실행하기 위한 계획이 미흡하며, 해당지표의 성과를 구체적으로 확인하기에 어려움이 있음	해당지표를 체계적으로 실행할 수 있는 계획이 전무하며, 제시된 자료들을 통하여 해당지표의 성과를 구체적으로 확인할 수 없음
업무수행의 질(30)	업무수행결과가 기대 이상으로 탁월함	업무수행결과가 충실하며 기대 이상의 수준임	업무수행결과가 다소 기대수준에 미치지 못함	업무수행결과가 다소 기대수준에 미치지 못함	업무수행결과가 대부분 저조함
노력수준 (40)	성과달성을 위한 노력이 현저히 출중하였고 이를 통하여 업무성과의 달성이 차별화될 수 있었음이 인정됨	성과달성을 위한 노력이 지속되었음이 대체적으로 인정되며, 성과창출과정에서 상황과 새로운 요구에 적극 대응함	성과달성을 위한 노력이 보통 수준임	성과달성을 위한 노력이 다소 미흡함	성과달성을 위한 노력이 전혀 나타나지 않음

(performance standards)은 피평가자의 성과가 우량한지 혹은 불량한지를 판단하게 하는 표준을 말한다. 예를 들어, 야구선수(타자)에 대한 평가기준이 타율이고, 평가표준은 2할 5푼일 때, 만일 특정 선수의 연평균 타율이 2할 3푼이면 타율이 높지 않다고 평가하게 되는 것이다. 즉, 평가표준은 조직이 종업원에게 기대하는 기대성과수준을 정의한 것이며, 일종의 벤치마크 등으로 해석될 수 있어 종업원의 성과가 높은 편인지 아니면 나쁜 편인지를 판단하는 기준이 된다. 평가표준이 갖출 필요가 있는 조건을 제시하면 다음과 같다.

첫째, 평가표준은 평가기준이 지닌 속성, 즉 생산량, 건수, 비율 등과 같이 정량화가 가능한 요소인지, 아니면 책임이나 노력수준, 혹은 질적 직무성과 등과 같이 정량화가 어려운 요소인지에 따라 나타내는 방식이 달라질 수 있으나 어느 경우이든 평가를 위해서는 그 결과는 최대한 계수화하여 정리될 수 있어야 한다.

둘째, 평가기준이 조직의 특성이나 전략에 따라 다양성을 지니는 것과 마찬가지로 평가표준 역시 상황에 맞추어 적절하게 설정되어야 한다. 예컨대, 아주 우수한 역량이나 성과를 보이는 집단에서 적용되는 평가표준이 그렇지 않은 집단에 동일하게 적용될 수는 없을 것이다.

셋째, 평가표준의 수준이 지나치게 높게 설정될 경우에는 종업원의 저항이 심하며,

반대로 지나치게 낮게 설정될 경우에는 조직에 도움이 되지 않는다. 따라서 평가표준의 설정은 유사한 규모의 동종분야 조직이 채택하고 있는 기준을 참고하고, 종업원의 수용성을 높일 수 있도록 감독자와 경험이 많은 종업원들과 함께 공동으로 설정하는 것이 바람직하다.[6]

넷째, 설정된 평가표준은 관련 종업원들 모두에게 직무를 맡기 전에 미리 알려 자신이 달성해야 할 주요 평가항목과 수준에 대해 인식하면서 직무를 수행하도록 유도하는 것이 바람직하다.

3 평가시기

공식적으로 이루어지는 인사평가의 시기와 횟수는 산업이나 평가대상 종업원의 특성에 따라 다르다. 성과평가의 횟수는 일반적으로 연 1~2회 정도이며, 연 2회 이상 평가를 하는 경우 1회는 개발을 목적으로 한 평가이고, 또 다른 1회는 관리목적을 위한 평가인 경우가 다수이다. 평가의 빈도는 많을수록 좋다는 주장도 있지만, 평가빈도가 늘어날 경우 관리자는 자신의 주된 업무에 투입할 시간과 관심이 줄어들며, 부하직원들의 경우에도 평가로 인한 스트레스로 자신의 주된 업무에 집중할 수 없다는 단점이 있다. 앞서 제시한 우리나라의 기업의 실태조사결과에서도 조사대상 기업들의 인사평가 실시횟수는 업적평가, 능력평가, 태도평가 모두 '연 1회'가 63.7%, 67.4%, 62.7%로 가장 높고, '연 2회'의 비중은 모든 요소에서 대략 30%수준인 것으로 나타났다.[7]

반면에 신입사원의 경우에는 조직에의 적응여부 차원에서 평가가 이루어지는데, 적응정도를 확인하고 지원하기 위하여 상대적으로 많은 횟수의 평가가 이루어진다. 예를 들어 수습 혹은 연수기간 중 첫 1개월은 주별로 평가하고, 그 후 2개월간은 월별로 평가하며, 최종적으로 입사 후 90일을 전후하여 신입사원에 대한 종합적인 적응평가를 하기도 한다.

4 평가주체와 평가자 오류

평가주체는 피평가자를 누가 평가할 것인가를 결정하는 것이다. 인사평가는 누가 평가를 하느냐에 따라 그 결과치가 달라질 수 있다. 평가주체의 합리적 선정을 위해서는 다음과 같은 점을 고려할 필요가 있다.

- 피평가자의 행동과 업무결과를 자주 그리고 자세히 관찰할 수 있는 위치에 있어야 한다.
- 피평가자의 행동과 업무결과를 제대로 평가할 수 있는 능력과 준비가 되어 있어야 한다.
- 평가동기가 왜곡되지 않은 사람이어야 한다.

1) 부하직원에 대한 상사의 평가

이는 가장 전통적인 방식으로 직속상사는 부하직원의 성과를 사실적이고 객관적으로 그리고 공정하게 평가할 수 있는 가장 자격있는 사람이라는 가정에 기초하고 있다.[8] 상사 (감독자)는 피평가자를 관찰 및 접촉할 기회도 많고, 이미 과거에 피평가자의 업무를 경험한 경우가 대부분이기 때문에 관찰기회와 평가능력이라는 두 가지 조건을 충족시키는 평가자로 볼 수 있다. 더구나 평가내용은 부하직원의 인사상의 의사결정에 직결되기 때문에 평소에 부하직원에 대한 상사의 통제력을 높이는 추가효과를 기대할 수 있다. 그러나 이 방법은 상사가 현재 자신과 함께 근무하는 부하직원을 부정적으로 평가해야 할 경우 심적 부담을 느끼게 되어 관대화경향을 보일 가능성이 있다는 한계가 있다. 이러한 문제를 극복하기 위하여 상사평가의 경우 직속상사의 평가에 대해서 차상위 상사의 검토와 승인을 거치도록 하거나 차상위 상사의 평가도 포함시키기도 하며, 평소에 상사로 하여금 부하직원들의 업무수행태도와 성과를 기록하는 성과기록부를 사용하도록 함으로써 평가의 객관성을 높이기도 한다.

2) 상사에 대한 부하직원의 평가

대학에서 학생들의 강의평가처럼 산업체에서도 경영자개발을 목적으로 부하직원들로 하여금 직속상사를 평가하도록 하는 방법이 사용되고 있다. 이와 같은 경우 다음과 같은 효과를 기대할 수 있다.[9]

첫째, 상사와 부하직원 간의 관계가 위기상황인지 혹은 상사가 유능한 관리자인지를 확인하는데 유용하다. 둘째, 이러한 평가유형의 존재가 상사들로 하여금 부하직원에게 보다 배려적이고 민감하게 대응하도록 만든다는 점이다. 물론 이러한 장점도 관리자가 관리보다는 부하직원에게 잘 보이려는 행동을 유발하는 경우에는 단점이 될 수도 있다. 마지막으로 상사에 대한 부하직원의 평가내용은 관리자에 대한 경력개발의 일환으로서 코칭의 원천자료가 될 수 있다. 그러나 상사에 대한 부하직원의 평가는 다음과 같은 몇 가지 한계를 갖는다.

- 상사의 리더십이나 업무역량에 대한 평가보다는 자칫 상사에 대한 인기투표식 평가가 될 수 있다.
- 상사와 부하직원 간의 상하적 관계의 본질이 침해 당하기 때문에 상사들이 부정적 반응을 보인다.
- 평가결과가 노출될 수 있다는 부담감과 그에 따른 상사로부터 보복의 두려움으로 부하직원들이 사실적인 평가를 하기 어려울 수 있다.

3) 동료평가

팀(부서) 내에서 같은 업무를 수행하고 있는 사람들을 평가자로 정하여 동료들을 평가하도록 하는 것을 동료평가라고 하는데, 이 유형은 상사가 부하직원을 관찰할 수 있는 기회가 적지만 동료는 다른 동료들을 관찰할 기회가 많은 업무이거나 자율경영팀제로 운영되는 조직일 때 유용한 방식이다.[10] 예컨대 외근사원이나 현장근무를 주로 수행하는 직원이 고객을 대하는 태도를 상사가 정확히 파악할 수 있을 만큼 관찰할 수 있는 기회는 적은 반면, 같이 일하는 동료는 그 직원의 태도나 행동을 관찰할 수 있는 매우 적절한 위치에 있다. 따라서 그와 같은 경우 동료의 평가는 상사의 평가보다 정확하고 객관적인 평가가 될 수 있다.

그렇지만 실제 경영현장에서 동료평가는 그렇게 빈도 높게 사용되거나, 설사 활용되더라도 그 결과는 제한적으로 사용되는 경우가 많다. 이는 동료를 평가할 경우 그 평가대상으로 객관적이고 공정하게 평가하기 보다는 인기투표식으로 적당히 평가해 버리는 경향이 있으며, 특히 평가의 결과가 임금이나 승진 등에 영향을 미칠 경우 의도적으로 낮게 평가해 버릴 가능성도 높기 때문이다. 또한 자신이 누구를 평가하였는지를 알려지게 될 가능성에 대한 우려도 공정한 평가를 방해하는 요인으로 작용한다.

4) 자기평가

자기평가란 자신의 성과에 대해 자기 스스로 평가하도록 하는 것을 말한다. 자기평가는 해당 분야를 담당하는 사람이 오직 한 사람이거나 독특한 자격이나 기술을 보유하고 있는 사람들을 평가하는 경우에는 유일하게 사용할 수 있는 방법이다. 또한 이 방법은 타인의 평가가 이루어지더라도 남들이 관찰할 수 없는 부분까지 평가영역에 포함할 수 있다는 장점을 가지며, 자기평가과정에서 자신의 강점과 약점에 대해서 진솔하게 생각하고 개선을 위한 목표를 세우도록 유도할 수 있는 자기개발도구로서의 역할을 한다는 장점도 가지고 있다.

그렇지만, 종업원들이 자기 스스로를 평가할 때는 감독자가 그들을 평가할 때와는 다른 형태의 기준을 사용할 가능성이 있다.[11] 특히 자신을 평가할 때 관대하게 평가하는 경향이 있다. 이처럼 자기평가는 한계를 가지고 있지만 자신을 스스로 되돌아보게 하고 타인이 볼 수 없는 부분까지 평가하게 하는 등 가치 있는 평가원천 중의 하나임에는 틀림없다.[12] 또한 자기평가는 피평가자들로 하여금 평가의 절차적 공정성 지각수준을 높이도록 하는 효과가 있기 때문에 비록 자기평가의 결과를 평가에 실질적으로 반영하지 않더라도 많은 조직들에서 자기평가를 인사평가방식의 주된 보조적 방법으로 활용하고 있다.

5) 조직 밖의 평가자

해당 분야의 전문가나 고객 등 조직 밖의 사람들도 평가자에 포함되기도 한다. 특정 분야의 전문가나 경영학자들을 평가자로 선정하여 사장에 대해 평가를 하는 것이 대표적인 예이다. 왜냐하면 사장은 조직내부의 관리자이기도 하지만 경쟁 환경 속에서 기업의 위상과 나아가는 방향을 정하여 조직을 이끌어가는 위치에 있기 때문에 조직 밖에서의 평가가 의미가 있기 때문이다.

외부평가는 외부평가자의 전문적 지식과 새로운 시각을 피평가자에게 전달해 줄 수 있는 장점을 가지고 있다. 또한 조직 내의 인간관계나 역학관계에 얽매이지 않고 공정한 평가근거를 가지고 평가에 참여할 수 있다. 예컨대, 우리나라 상당수의 공기업들에서는 부서단위의 업무성과 평가나 경영자에 대한 평가과정에서 외부평가자들을 참여시켜 그 결과를 전체 평점결정에 반영하고 있다. 반면에 외부평가자들은 중요한 조직 내 상황을 잘 모른다는 점과 외부평가자를 고용하는 데 비용과 시간이 많이 걸린다는 단점이 있다.

6) 다면평가

360도 평가로도 불리는 다면평가(360-degree appraisal)는 자신, 직속상사, 부하직원, 동료, 그리고 고객까지 평가자에 참여시키는 것이다. 다면평가의 목적은 동일한 견해를 갖는 평가자의 수를 늘려 평가의 신뢰성을 높이고자 하는 것이 아니라, 다양하게 펼쳐지는 종업원의 행동을 다양한 시각에서 평가하도록 하여 평가의 타당성을 높이고자 하는 것이다. 다면평가제도의 긍정적인 효과는 크게 5가지로 요약된다.

- 동료나 부하사원이 피평가자에 대해서 느낀 점을 평가과정을 통해 전달하고 피평가자는 이를 수용함으로써 상하 간, 부서 간의 원활한 커뮤니케이션 활동으로 기업성과 향상에 기여할 수 있다.
- 피평가자는 평가결과를 통해 부하나 동료로부터 자신의 장단점을 피드백 받아 자신의 역량강화에 도움이 될 수 있다.
- 피평가자에게 상사, 동료, 부하직원, 고객들이 인지하고 있는 성과에 대한 차이점을 분명하게 인식시킬 수 있다.
- 피평가자에게 팀과 기업차원에서의 요구사항을 명확히 전달시킬 수 있다.
- 직속상사의 일방적인 평가에서 나타날 수 있는 평가결과에 대한 신뢰성을 제고할 수 있다.

그러나 다면평가방식에 대해서도 여러 가지 우려가 존재한다. 첫 번째는 관리자의 위상이 흔들릴 수 있다는 점이다. 이는 평가자의 평가내용이 각각 반영되어 인사부서에서 종합될 때 관리자의 평가는 단지 일부분에 불과하여 관리자의 실질적 평가권한과 책임이 줄어들 경우에 더욱 가능성이 높다. 따라서 업무관련 관계자들로부터 피드백된 정보가 관리자에게 주어지고, 관리자는 그러한 정보를 종합하여 피평가자를 평가하도록 하면 이러한 우려가 줄어들 수 있다.

두 번째는 다면평가의 경우 평가자들이 서로 묵시적으로 합의하여 평가할 수 있다는 점이다. 그러나 다면평가에 대한 연구들에 의하면 평가정보원 간의 합의는 매우 한정적인 것으로 나타나고 있다.[13]

세 번째는 관리목적으로 시행되는 경우 여러 가지 문제가 제기된다는 점이다. 예를 들어, 다면평가가 관리자 개발목적으로 이루어지는 경우 관리자들은 부하직원의 평가를 신뢰하여 스스로의 관리기술개발에 힘쓰게 되지만, 임금수준을 결정하는 데 사용된 평가인 경우에는 관리자들조차도 부하직원의 평가를 신뢰하지 않고 불쾌한 감정을 갖게 된다. 또한 임금수준 혹은 징계결정에 관해 평가자 간의 차이가 극명하게 드러날 때 단순히 이를 합산해야 할지 아니면 극단적인 것은 배제해야 할지 등 어려운 문제에 봉착하게 된다.[14] 더구나 고객의 입장, 부하직원 입장, 동료의 입장 등 평가자에 따라 입장이 다르며 그 속에는 평가에 일종의 편견이 존재할 수 있으나 이를 배제할 수 없다는 한계를 갖는다.

또한 다면평가인 경우 평가자들의 평가책임이 줄어들기 때문에 부주의하게 평가할 수도 있다는 점도 우려된다. 다면평가가 오직 개발목적으로만 사용될 때는 이러한 이슈들에 대한 우려는 그리 크지 않을 것이라고 볼 수 있다. 그렇지만 다면평가가 많은 상황에서 관리목적달성을 위한 도구로서 사용되고 있기 때문에 그러한 우려를 보완하는 방안에 대해서도 깊이 생각해야 할 것이다. 예컨대, 부하들의 상사에 대한 평가는 평가결과가 노출될 수 있다는 염려로 인해 정확한 평가를 내리지 못할 수 있으며, 자칫 상사에 대한 인기투표식 평가가 될 수 있다. 또한 동료에 대한 평가가 좋을 경우 자신이 손해를 볼 수도 있다는 우려 때문에 실제보다 낮게 평가할 수도 있다. 따라서 다면평가제도를 도입하더라도 상사에 대한 평가나 동료평가의 경우 평가배점을 낮게 하거나 단순히 참고용으로만 활용하는 경우가 많은 것도 이 때문이다.

한편 우리나라 기업을 대상으로 이루어진 실태조사결과에 따르면 기업들은 역량을 평가하는 평가방법으로 '상사평가'가 82.6%로 가장 높고, 그 다음 '자기평가' 45.2%, '부하평가' 37.2%, '다면평가' 20.2%, '동료평가' 18.0% 순으로 조사되었다. 역량평가 결과를 활용하는 대상으로는 '승진'에 활용한다고 응답한 기업의 비율이 92.0%로 가장 높으며, 이이외에도 '연봉조정' 65.9%, '능력개발 및 인재육성' 47.9%, '배치전환' 35.3% 등에서도 역량평가를 활용하는 것으로 나타났다.[15]

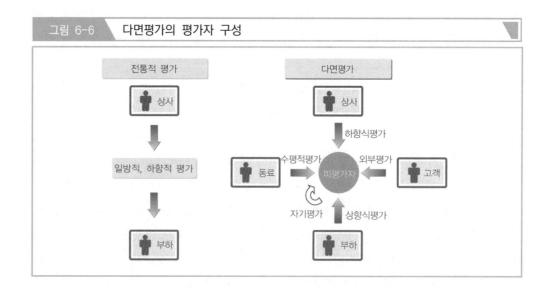

그림 6-6 　다면평가의 평가자 구성

7) 평가자 오류와 평가자 훈련

인사평가과정에는 여러 가지 오류들이 발생할 소지가 있다. 대부분이 피평가자에 대한 평가자의 지각과 관련된 것으로 대표적인 오류를 살펴보면 다음과 같다.

(1) 최근효과

최근효과(recent effect)는 평가자가 피평가자의 성과를 평가하는 시점에서 가까운 시간 내에 발생한 사건들에 대해 높은 가중치를 두는 것을 말한다. 이러한 효과는 평가자가 오래 전의 성과를 기억할 수 없는 현상에서 기인할 수도 있다. 이러한 효과를 이해하는 피평가자들은 높은 평가점수를 얻기 위해 평가시즌 즈음에 업무와 감독자에 대해 보다 많은 관심을 보이기도 한다. 인상관리(impression management) 행동에 대한 연구에 따르면 부하들의 인상관리는 상사에 집중되는 경향을 보이는데,[16] 이를 통하여 조직 내에서 권한을 가진 상사에 대해 자신에 대한 보다 긍정적인 이미지를 심어주기 위함이다.[17] 또한 상사들은 자신에 대하여 보다 환심사기 행동을 잘하는 종업원들을 동기부여수준이 높고, 유능하고, 협조적이며, 승진가능성과 전반적 성과를 높게 평가하는 경향을 보이며,[18] 특히 성과가 객관적으로 측정되기 어려운 직무분야일수록 상사들의 그와 같은 경향은 더욱 두드러진다.[19] 최근효과의 오류를 줄이기 위해서는 평가자는 평소에 피평가자에 대한 관찰내용을 일지에 기록한 뒤, 평가시즌에 그 자료를 검토하여 평가하여야 한다. 아울러 자기평가를 통하여 최근 이전의 성과에 대해서도 파악할 수 있는 기회를 만들 수 있다.

(2) 후광효과

후광효과(halo effect)에 의한 오류란 한 가지 평가요소에 대한 평가결과가 다른 평가요소에 영향을 주거나, 피평가자의 특징적인 전반적 인상이 평가자를 현혹시켜 오류가 나타나는 경우이다. 즉, 피평가자의 한 가지 장점 때문에 현혹되어 모든 것을 다 좋게 평가하거나, 반대로 한 가지 단점 때문에 모든 것을 나쁘게 평가하는 것을 말한다. 만약 어떤 관리자가 모든 평가항목에 대해서 동일한 점수로 평가하는 경우, 이는 후광효과의 증거라고 볼 수도 있다. 이러한 오류를 줄이기 위해서는 먼저 평가자들에게 후광효과의 특징과 발생가능성에 대해서 교육시키고, 평가받을 항목이나 범주들을 구체적이고 명확하게 구분하거나, 한 번에 한 가지 항목에 대해서 여러 종업원들을 평가하도록 한다.

(3) 관대화 경향

평가패턴 중에는 관대화 경향(leniency tendency)이나 가혹화 경향(severity tendency)이 나타날 수 있다. 관대화 오류는 평가받는 모든 종업원을 평균 이상의 좋은 성과를 낸 것으로 평가하는 경향에 의한 오류를 말하며, 평가대상 종업원 모두의 성과가 일률적으로 낮게 평가된 경우에는 가혹화 오류가 발생한 것으로 볼 수 있다. 관대화 경향에 대한 최근의 한 연구에 의하면 관리적 목적(예, 임금/승진 결정)으로 이루어진 평가일 경우, 개발목적으로 이루어진 평가에 비하여 표준편차가 1/3 정도 크다고 제시된 바 있다.[20] 이러한 내용이 제시하는 바는 관리목적의 평가인 경우, 갈등을 피하기 위하여 관리자들은 종업원들이 당연히 받아야 할 평가점수보다 높게 평가한다는 것이다. 이러한 평가 인플레이션은 어떤 관리자도 혹은 인사담당자도 완벽하게 평가하기 어려운 경우에 더욱 명확하게 나타난다.

(4) 중심화 경향

중심화 경향(central tendency)이란 평가대상자들에 대한 평가점수가 평균값에 집중되는 경향을 말하는데, 평가자가 피평가자 각각에 대한 정보의 수집과 분석평가에 시간을 투자할 여유가 없거나 정확하게 판단할 수 없는 상황일 때 어느 한 쪽으로 치우치는 판단을 하지 못하고 평가척도의 중심부분에 표시를 하는 경우에 나타난다. 대표적으로 짧은 시간 내에 많은 피평가자들을 평가해야 하는 경우 중심화 경향이 나타날 가능성이 높다. 중심화 경향을 막기 위해서는 평가기간을 늘려주거나 관련 자료를 제공하는 것도 한 가지 방법이며, 평가척도 중 중간 부분을 제거하는 것도 또 다른 방법이라고 할 수 있다.

(5) 편견

평가자 편견(bias)은 평가자의 가치관이나 선입관에 의해 평가왜곡이 나타날 때 발생한다. 관리자가 어떤 종교집단에 대해서 매우 혐오스러워하는 경우, 이러한 편견은 해당 종교집단에 속한 사람들에게 왜곡된 평가를 할 가능성이 있다. 반대로 특정 종교집단에 호의적인 관념을 가지고 있는 경우, 해당 종교집단에 속한 피평가자들에게 호의적인 평가를 할지도 모른다. 이러한 평가자 편견은 연령, 성별, 출신지역 그리고 직종에 대하여 형성될 수 있으며, 이로 인해 공정한 평가를 그르칠 수 있다. 인사전문가 평가, MBO 등의 방법을 사용할 경우 이러한 편견을 어느 정도 막을 수 있다.

(6) 대비오류

평가는 성과표준과 실제 종업원의 성과를 비교하여 판단되어야 함에도, 다른 사람과 비교함으로써 발생할 수 있는 오류가 대비오류(contrast errors)이다. 예를 들어, 한 집단에서 한 사람만 빼고 나머지는 평범한 성과를 보일 경우, 그 한 사람은 매우 높은 평가를 받게 되는데, 그러한 높은 평가는 바로 대비오류에 의한 것이라고 할 수 있다. 또한 순서에 의해서도 영향을 받는데, 우수한 종업원에 대한 평가 다음에 평가되는 종업원은 실제

보다 더 낮게 평가되고, 능력이 부족한 종업원 평가 다음에 평가되는 종업원은 상대적으로 더 높게 평가된다. 물론 때에 따라 사람과 사람을 비교하는 것이 적절할 때도 있지만, 평가는 본질적으로 성과를 성과표준과 비교하여 판단하는 것이지 사람과 비교하여 평가하는 것이 아니라는 것에 주의할 필요가 있다.

인사평가 오류에 빠진 흔한 상사 유형 2위 '주관적 느낌 평가형', 1위는?

상반기 평가를 받은 직장인 절반 가까이는 평가 결과가 공정하지 못하다고 인식하고 있으며, 이들 중 25%는 상반기 인사 평가 후 다른 회사로 이직을 결심한 것으로 나타났다. 또한, 인사평가 오류에 빠진 상사 유형 1위로 '자기 라인 사람 챙기기에 급급한 상사 유형'을 꼽았다.

취업포털 잡코리아가 남녀 직장인 905명을 대상으로 조사한 결과, 설문에 참여한 직장인 42.3%가 현재 근무하고 있는 회사의 인사평가 방식은 상사에 의한 수직평가라고 응답했다. 이어 '자신의 목표 달성률에 따라 평가를 받는 목표관리 평가'(23.1%), '부하나 동료에 의한 다면평가'(21.4%), '자기고과'(8.1%) 등의 순으로 나타났다.

현재 인사 평가를 하고 있는 관리자급 직장인들을 대상으로 공정한 평가를 하고 있는지 질문한 결과, 절반이 넘는 60.9%가 '그렇다'고 응답했다. 하지만 평가를 받고 있는 피평가자 직장인들의 36.9%만이 공정한 평가를 받고 있다고 생각하는 것으로 나타나 뚜렷한 차이가 있었다. 이번 조사 결과 직장인들의 자사 인사평가 프로세스에 대한 신뢰도는 절반 수준에도 못 미쳤다. 설문에 참여한 직장인 중 20.2%는 '전혀 신뢰할 수 없다'고 응답했으며, 32.5%도 '어느 정도 신뢰할 수 없다'고 응답한 것. 반면 '매우 신뢰한다' 3.2%, '어느 정도 신뢰한다' 44.1% 순이었다.

특히 올 상반기 인사평가가 완료된 직장인들을 대상으로 조사한 결과, 46.4%가 '공정한 평가가 아니었기 때문에 불만'이라고 응답했다. 인사평가 이후 계획에 대해서는 '상반기 평가 후 다른 회사로 이직을 결심했다'(25.8%), '자기계발 등 더욱 열심히 해야겠다고 다짐했다'(24.8%), '인사평가는 형식적일 뿐 덤덤하다'(22.0%), '고과 결과에 대한 실망감으로 의욕이 상실됐다'(14.1%), '직장 내 인맥 관리를 잘해야겠다고 생각했다'(6.3%) 순으로 나타났다.

반면 '나의 업적에 대해 인정받은 것 같아 뿌듯하다'는 응답은 5.4%에 그쳤다.

또한, 인사고과 시즌 직장 내에서 흔히 볼 수 있는 오류에 빠지기 쉬운 평가자 유형(복수응답)으로는 '자기 라인 사람 챙기기에 급급한 상사 유형'이 응답률 56.1%로 가장 많았다. 이어 '능력이나 업무성과 보다는 자신의 주관적인 느낌을 우선하여 평가를 하는 유형'(45.6%), '개인 실적이 아니라, 회사 분위기 및 실적에 따라 평가하는 유형'(23.5%), '순위부터 매기고 점수를 끼워 맞춰서 평가하는 유형'(19.0%), '강력하게 항의 하는 직원들을 우선으로 평가하는 유형'(17.0%), '차등 없이 모두에게 후하게 점수를 주는 유형'(16.6%) 순이었다.

한편, 직장인 41.9%는 인사평가가 '회사의 형식적인 제도'라고 생각하고 있었으며, 현 인사평가의 문제점으로는 '업적고과와 능력고과의 연계 미흡'(33.8%), '관리부서 지향적인 평가'(32.6%), '일보다 사람 중심의 평가'(28.1%), '부서 이기주의 및 온정주의 평가'(27.3%) 등을 지적했다.

<자료> 동아닷컴, https://bizn.donga.com. 2017.8.18.

이와 같은 이유로 인사평가과정에는 다양한 오류발생가능성이 존재한다. 평가과정에서 발생하는 오류는 잘못된 인사평가를 내리도록 함으로써 평가결과에 대한 신뢰도를 떨어뜨리고 관리목적이든 개발목적이든 평가결과가 잘못 활용되도록 하는 원인이 된다. 따라서 사람에 의해서 이루어지는 평가가 지니는 한계로 인하여 근본적으로 오류발생가능성을 완전히 차단할 수는 없을지라도 평가자 훈련을 통하여 그와 같은 문제의 가능성을 상당부분 개선할 수 있다.

그럼에도 경영현장에 대한 실태조사결과에 따르면 평가자에 대한 훈련을 실시하지 않는 기업의 비중이 48.3%에 이르는 것으로 조사되었으며, 정기적인 평가자 훈련을 실시하는 기업은 31.2% 수준인 것으로 나타나 기업들이 평가자 훈련에 그다지 많은 노력을 기울이지 않는 것으로 나타나고 있다.[21]

5 평가방법

인사평가방법은 매우 다양하지만 크게 다음과 같은 네 가지 유형으로 분류할 수 있다.

표 6-3   인사평가방법의 분류

분류평정 유형	비교평가 유형	서술식 유형	행동평정/목표관리 유형
• 도식평정척도법 • 체크리스트법	• 서열법 • 강제할당법	• 주요 사건기술법 • 에세이법	• 행동평정법 • 목표관리법 • 균형성과표

1) 분류평정 유형

분류평정 유형(category rating methods)은 성과범주를 여러 개로 나누어 구분한 특정 양식에 따라 평가자로 하여금 피평가자의 성과수준을 표시하도록 하는 방법으로 도식평정척도법이나 체크리스트법이 해당된다.

(1) 도식평정척도법

방법의 단순성으로 많이 사용되는 도식평정척도법(graphic rating scale methods)은 직무의 유형에 따라 직무기준을 구분하고 각각의 직무기준별로 연속적으로 척도화된 평가양식지를 만들어 평가자로 하여금 종업원의 성과를 연속선상에서 표시하도록 하는 방법이다. 우리나라 501개 기업을 대상으로 진행된 실태조사결과에서도 조사 대상의 47.3%의 기업들이 역량평가의 방법으로 평정척도법을 활용하는 것으로 나타났다.[22] 이러한 도식평정척도법에는 비설명형과 설명형이 있다.

비설명형 도식평정척도법은 척도에 사용된 단어들이 때때로 평가자에 따라 다른 의미로 전달될 수 있는 한계가 있다. 예를 들어, 주도성 혹은 협조성 등이 여러 가지로 해석될 소지가 있으며, 특히 그러한 단어들이 "뛰어남, 평균적임, 부족함"과 같이 연속적 단어

표 6-4	도식평정척도법(비설명형)				

성 명		직 무 명		소속부서	
감독자		채용시기		채용형태	
평가일		평가기간		평가목적	

평가 / 요소	수(A)	우(B)	미(C)	양(D)	가(E)
지도력					
기획력					
판단력					
이해력					
지식·지능					
적극성					
직업의 질					
작업의 양					
협조성					
합계 점수					
총점		고과자			(인)

〈자료〉양훈모·조진탁·권일상(2006). 전략적 인적자원관리, 대경, p. 156.

표 6-5		도식평정척도법(설명형)						
관찰항목	관찰항목의 내용	평정척도				평점	비중	계
		10 - 9	8 - 7 - 6	5 - 4 - 3	2 - 1			
직무지식기능	담당직무에 필요한 지식·기능을 가지고 있는 정도	지식에 정통하고 최고도의 기능을 갖는다.	필요한 지식·기능을 가지고 있다.	약간 결점이 있다.	거의 알지 못하며 기능도 나쁘다.			
이해력	직업이나 업무상의 규칙, 지식 등을 올바르게 이해하는 능력	매우 복잡한 일과 지식도 올바르게 이해할 수 있다.	약간 복잡한 일과 지식도 올바르게 이해할 수 있다.	때로는 거의 바르게 이해하지 못한다.	거의 이해하지 못한다.			
판단력	적절한 판단을 내려 올바른 결론을 내릴 수 있는 정도	매우 복잡한 일에 대해서도 적절한 판단을 내린다.	상당히 복잡한 일이라도 바른 판단을 한다.	때로는 판단을 그르치는 수가 있다.	거의 정확한 판단을 할 수 없다.			
열의도	직업에 열중하는 정도	매우 열심히 일한다.	열심히 작업에 종사하고 있다.	가끔 일에 싫증을 낸다.	일에 전혀 열의도 없고 싫증을 낸다.			
작업의질	작업의 정확성과 성과	매우 정확하며 최고의 성과를 낸다.	정확하며 양호한 성과를 낸다.	가끔 실패는 하나 대체로 좋다.	실패가 매우 많고 거의 가치가 없다.			
작업속도	시간 내 작업을 달성하는 정도 또는 예정량의 달성도	매우 빠르다.	소정의 시간 내에 한다.	다소 지연된다.	너무나 지연되어 가치가 없다.			
협조성	조직 내의 일원으로서 타인과 화합하여 업무를 원활히 수행하는 정도	매우 협조성이 있고 마찰이 전혀 없다.	협조성이 많고 타인과의 관계도 양호하다.	다소 없기는 하나 대체로 무방하다.	반항심이 강하고 타인과 협동하지 않는다.			
지도력	부하에 대하여 공평하고 신뢰를 얻어 지도해 가는 능력	부하의 지도가 적절하여 부하가 잘 따르고 있다.	부하를 잘 통솔하고 있다.	다소 통솔력이 없어 부하가 반항한다.	거의 통솔력이 없다.			

〈자료〉양훈모·조진탁·권일상(2006). 전략적 인적자원관리, 대경, p. 156.

로 사용될 때 더욱 그러하다. 이러한 문제점을 다소나마 해결하기 위한 방법이 설명형 도식평정척도법이다. 설명형 도식평정척도법은 직무기준에 대한 설명과 각 평정점수별로 설명을 추가함으로써 보다 사실적으로 평가하는 데 도움이 되는 방법이다.

도식평정척도법은 척도를 개발하기 쉽기 때문에 널리 사용되고 있는 편이지만, 성과를 정의한 평가양식지에 의존하는 정도가 크기 때문에 평가양식지의 내용이 제한적이거나 구체적이지 못할 경우 여러 가지 오류를 유발할 수 있다. 또한 가끔 서로 다른 특질이나 요인들이 하나로 묶여 평가자가 어떤 요인에 초점을 두고 평가해야 할지 당황할 때도 있다.

(2) 체크리스트법

체크리스트법(checklist methods)은 단어나 지문리스트로 구성된 양식을 평가자에게 제공하고, 피평가자의 성과와 특성을 가장 잘 나타내는 지문에 체크를 하도록 한 뒤, 체크된 지문의 점수를 합산하여 평가하는 방법을 말한다.

체크리스트법에 기술된 지문 각각에는 중요도에 따라 음수 혹은 양수의 다양한 가중치가 부여되어 있으나 평가자는 해당 항목이 어느 정도의 점수인지 알 수 없으며 체크리스트를 개발한 인사부서만이 일종의 채점기준표를 가지고 평가점수를 계산한다. 그리고 체크된 양식지가 인사부서에 도착하면 인사부서는 오직 체크된 항목의 점수만을 합산하여 최종 평가점수를 계산한다.

이러한 체크리스트법은 양식지에 기술된 단어나 지문이 평가자별로 다르게 인식될 수 있다는 점과 평가자가 평가요인에 대해 가중치를 부여할 수 없고, 그리고 평가자가 평가결과를 해석할 수 없어 부하직원과 상담시 애로를 느끼게 된다는 한계를 갖는다.

표 6-6	체크리스트 지문의 예
_____	부하직원을 능숙하게 관리한다.
_____	시간 내에 주어진 일을 끝마친다.
_____	초과근무에 거의 참여하지 않는다.
_____	협동적이다.
_____	비판을 받아들인다.
_____	자기개선에 힘쓴다.
_____	직무관련 지식과 기술이 풍부하다.

2) 비교평가 유형

비교평가 유형(comparative method)은 종업원들의 성과를 서로서로 비교하는 상대평가 방법으로 서열법과 강제할당법 등이 있다. 기업대상 실태조사 결과에 따르면 강제할당법 (34.7%), 서열법(31.5%)은 평정척도법(47.3%) 다음으로 많이 쓰이는 평가기법이다.[23]

(1) 서열법

서열법(ranking method)은 모든 종업원들의 성과를 비교하여 종업원 간의 서열을 매기는 방법을 말한다. 이 방법은 성과정도는 계량화하지 않기 때문에 종업원 성과 간의 양적 차이는 드러나지 않고 단지 종업원 간의 서열만 나타난다. 때문에 한 그룹에서 순위가 가장 아래인 피평가자가 다른 집단에서는 최고의 성과자일 수도 있다는 모순이 있으며, 이로 인해 성과에 따른 임금지급을 할 경우 원천자료로 사용할 수도 없다. 또한 서열법은 종업원 간에 비교를 하기 때문에 조직의 규모가 클 경우 사용하기 어렵다는 단점도 갖는다.

(2) 강제할당법

강제할당법(forced distribution method)은 미리 고과범위와 범위별 비율을 결정해 놓고, 피고과자들을 비교하여 비율에 맞추어 각 범주에 할당하는 방법으로 인사평가를 실시하는 많은 조직에서 채택하는 대표적인 기법이다.

강제할당법을 사용하는 기업들은 일반적으로 사람의 성과차이는 정규분포를 이룬다고 가정하고 각 범주를 정규분포에 맞추는 경향이 있다. 예를 들어 보통 수 10%, 우 20%, 미 40%, 양 20%,가 10% 정도로 맞추는데, 집단 A에 10명의 종업원이 있을 경우, 수에 1명, 우 2명, 미 4명, 양 2명, 가 1명으로 할당한다. 그러나 산업계에서 현실적으로 실시되고 있는 성과평가분포는 정규분포곡선을 따르기보다는 상위 단계에 밀집되는 편포를 이루는 경우가 많다. 이러한 현상은 평가자들이 관대화 경향을 보이거나 실제로 종업원이 모두 뛰어난 경우에 나타나는데, 만약 어떤 조직의 인사평가내용이 관대화 경향이나 중심화 경향을 보인다면 강제할당법의 분포를 조절하는 것이 이러한 평가오류를 줄이는 방법이 될 수 있다.

그렇지만 강제할당법도 몇 가지 한계를 가지고 있다. 강제할당법의 경우 평가자는 부하직원 중 누군가를 최하위 범주(또는 최상 범주)에 포함시켜야 하는데, 그러한 결정을 하는 것을 심리적으로 꺼려 한다는 점이다. 또한 강제할당되는 두 사람 간의 차이가 희박할 경우에도 한 사람에 대해서는 등급 A를, 또 다른 사람에 대해서는 등급 B로 할당하는 경우 평가자 스스로도 난감해질 수 있다. 그리고 집단의 규모가 작은 경우 종업원들의 성과 분포가 정규분포를 가질 것이라고 가정하는 논리의 타당성이 떨어져 정규분포 형태로 피 평가자를 강제할당하는 방식의 타당성을 잃게 된다.

3) 서술식 유형

서술식 평가유형이란 평가자가 피평가자의 행동에 대해 관찰한 내용을 문어체로 서 술하여 평가하도록 하는 것으로, 주요 사건기술법과 에세이법 등이 해당된다.

(1) 주요 사건기술법

평가자가 성과달성의 성패에 영향을 준 중요 사건을 평소에 관찰하고 기록해 두었다 가 정기평가 때 자료로서 활용하는 보조적 기법을 말한다. 예를 들면 중요한 사건이란 피 평가자가 중요한 전화내용을 망각하였다거나, 불손한 태도로 고객을 대하여 목표달성에 차질을 빚게 한 경우라든지, 사전에 기계의 중요한 결함을 발견하여 예방 조치함으로써 생산량 달성에 공헌한 경우 등을 말한다.

이 기법을 효율적으로 활용하려면 다음과 같은 몇 가지 절차가 필요하다.

- 직무별로 주된 직무요건을 리스트로 작성한다.
- 주요 직무요건이 결정되고 나면 부하의 성공, 실패의 예나 중요한 사건에 항상 유 의하도록 관리자를 훈련한다.
- 관리자는 그가 관찰한 사건을 기록하여 이를 토대로 평가한다.

한편 주요 사건기술법은 다음과 같은 한계점을 갖기도 한다.

- 실패한 사건이 성공한 사건보다 크게 지각될 수 있다.
- 사건이 생길 때마다 제때 기록하기가 어려우며 이는 또한 감독자에게 과중한 업무 가 된다.

이 방법은 평가자가 특정한 행위의 사례를 가지고 종업원에게 피드백할 수 있으므로 개발목적을 위해서는 가치가 있다고 볼 수 있다.

(2) 에세이법

에세이법(the essay method)은 일반적으로 평가 전에 성과평가에 관련된 몇 가지 주제 를 주고 주제별로 평가기간 동안 각 종업원의 성과를 간단한 에세이 형식으로 자유스럽게 기술하도록 하는 것을 말한다. 이 방법은 다른 방법에 비하여 평가자의 재량권이 크다는 특징이 있으며, 주로 다른 평가방법과 함께 사용된다. 이와 같은 방법은 고등학교에서 학생들의 생활기록부에 남기는 담임교사의 행동발달특성에 대한 기술방법을 생각하면 쉽게 이해할 수 있다. 담임교사가 해당학생의 학교생활에서 확인한 주요 특성을 기술하듯 평가자가 평가대상직원의 업무수행 모습 전반에서 확인한 모습이나 태도, 강점과 약점, 앞으로의 발전가능성 등을 자유스럽게 기술하도록 하는 것도 평가를 위한 유용한 정보를 제공한다. 다만 이 경우 평가대상에 대한 에세이를 작성하는데 시간이 많이 소요될 수 있고 평가자의 에세이 작성능력이나 스타일에 따라서 영향을 받을 수 있다는 단점도 존재한다.

4) 행동평정/목표관리 유형

앞서 기술된 평가방법들의 한계를 극복하기 위한 일환으로, 여러 가지 서로 다른 평가방법이 개발되어 사용되고 있는데, 가장 대표적인 방법이 행동평정법과 목표관리법이다.

(1) 행동평정법

행동평정법은 성과와 관련된 종업원의 행동을 구체적으로 평가하려는 것으로 행동기준평정법과 행동관찰척도법이 있다.

가) 행동기준평정척도법(behaviorally anchored rating scales: BARS)

행동기준평정척도법(BARS)은 종업원들이 직무와 관련하여 보편적으로 보이는 행동을 선정하고 선정된 행동의 우열이 나타나도록 기술한 양식을 개발하여, 피평가자의 모습에 가장 가까운 곳에 표시하도록 하는 방법이다.

이러한 행동기준평정척도법은 직무성과와 가장 직접적인 관계가 있는 것은 직무행동이기 때문에 직무행동을 관찰하는 것이 객관적이라는 가정 하에 개발된 것이다. 따라서 이 평가방법이 성공적으로 이루어지기 위해서는 평가척도를 개발할 때 직무성과와 관련성이 높은 행동과 사건을 합리적으로 가려내는 것이 필요하며, 그러기 위해서는 평가척도 개발 시 관리자와 피평가자의 참여와 동의가 있어야 한다.

이 방법은 평가양식에 직무행동이 구체적이고 분명하게 기술되어 있기 때문에 평가결과에 대하여 신뢰성이 높다는 장점이 있지만, 평가척도를 개발할 때 각 점수에 적합한 행동을 찾아 구분하여 제시하는 것이 쉽지 않으며, 또한 개발에 많은 비용과 시간이 소요된다는 단점이 있다.

표 6-7	행동기준평정척도법(BARS) 예시(순찰자의 업무준비 정도)
점수/항목	순찰자의 업무준비에 대한 평가착안행동
7	• 항상 일찍 출근함 • 일하는 데 필요한 모든 장비를 잘 준비함 • 복장을 잘 갖춤 • 출근점호 전에 전 교대조의 활동을 확인하고, 새로운 게시판 내용을 확인함 • 점호시간에 언급된 내용을 필기함
6	• 항상 일찍 출근함 • 일하는 데 필요한 모든 장비들을 준비함 • 복장을 잘 갖춤 • 출근점호 이전에 이전 교대조의 활동을 확인함
5	• 일찍 출근함 • 일하기 위해 필요한 장비들을 확인함 • 복장을 제대로 잘 갖춤
4	• 정시출근 • 일에 필요한 장비를 갖춤 • 복장을 제대로 갖춤
3	• 출근점호에 복장이 미비함 • 필요한 장비들을 갖추지 못함
2	• 출근점호 늦음 • 손상되었거나 수리 필요한 장비를 확인하지 않음 • 점호 후 바로 일을 하러갈 수 없음 • 필요장비를 갖추기 위해 사물함을 찾거나 집에 가야 함
1	• 출근점호시간이 대부분 늦음 • 장비들을 확인하지 않음 • 업무에 필요한 장비를 갖추지 않음

나) 행동관찰척도법(behaviorally observation scales: BOS)

행동관찰척도법(BOS)는 표출된 특정 행동의 정도를 계산하도록 만든 것으로 BARS의 변형된 방법이다. 즉, BARS와 마찬가지로 주요 사건을 기반으로 설계되었다는 점에서는 동일하지만, 업무수행 및 성과에 직결된 행동을 선별하여 주요 행동유형을 선정하고, 선정된 행동유형별로 우열을 가릴 수 있도록 구분하여 기술하고 있다는 차이점을 갖는다.

이 방법은 기업전략실천을 위해 필요한 행동을 나열함으로써 전략실천관련 행동을 평가항목에 포함시킬 수 있으며, 평가 후 어떠한 행동이 필요한지 피드백을 제공할 수 있다는 장점이 있으며, 피평가자의 수용성도 매우 높다는 장점을 갖는다. 그러나 단점으로는 평가자들이 기억하기 어려운 정보들까지 요구하고 있어 평소에 평가자들이 지속적인 관찰을 해야 하기 때문에 시간이 많이 소요된다는 점과 특정 업무에 최고의 어떤 특정 행

표 6-8		행동관찰척도법(BOS) 예시(고객서비스 기술)
점수/항목		고객전화서비스 담당자의 평가착안행동
뛰어남	5	• 제품을 설명하기 위해 긍정적인 문장을 사용함
	4	• 고객이 질문할 때 추가적으로 적절한 정보를 제공함
만족스러움	3	• 고객이 요청한 품목이 적절치 못할 때, 다른 제품을 고객에게 권함
	2	• 품절된 제품인지 몰라 고객을 기다리게 하여 실망시킴
불만족스러움	1	• 요청한 제품의 적합성에 관하여 고객과 논쟁함

〈자료〉 Mathis, R. L. & Jackson, J. H.(2002). *Human resource management*, 9th eds., South Western College Publishing, p. 398.

동 한 가지가 존재한다고 가정하고 있어, 업무가 복잡하여 다양한 행동접근이 필요한 경우 사용이 어렵다는 단점을 갖는다.

(2) 목표에 의한 관리

목표에 의한 관리(management by objective: MBO)는 한 개인이 적절한 시간범위 내에 달성하기를 기대하는 성과목표를 구체화하여 관리하는 것이다. 이 방법은 경영현장에서 종업원의 성과나 업적을 평가하는 경우에 주된 방법으로 많이 활용된다. MBO 평가시스템에는 세 가지 핵심 가정이 담겨져 있다.[24] 첫 번째는 종업원이 자신의 직무와 관련된 목표설정 및 계획, 평가방법의 결정에 관여할 경우 종업원의 몰입이 높아질 것이라고 가정하고 있다. 두 번째는 종업원이 목적을 분명하게 이해하게 되므로 기대하는 목표를 보다 잘 달성할 것이라고 가정하고 있다. 세 번째는 성과목표를 측정 가능한 형태로 설정함에 따라 객관적인 평가를 할 수 있다고 가정하고 있다. 이를 위해서 MBO에서는 "만족도 향상"이나 "불량률 저하" 등과 같은 애매한 표현보다는 목표달성을 위한 구체적 행동을 기술하도록 한다. 예를 들어, "종업원의 월평균 이직자 수를 5명 이내로 유지한다", 제품 불량률을 0.05% 수준 이내로 유지한다", "제품에 대한 소비자의 평판이 4.0(5점 만점) 이상 될 수 있도록 관리한다"처럼 구체적이고 수치화한 형태의 목표를 설정토록 한다. 이를 목표가 가져야 할 SMART조건이라고도 한다. 즉, 목표는 구체적(Specific), 측정가능(Measurable), 달성가능(Attainable), 조직목표와의 관련(Relevant), 적시성(Timely)의 요건을 갖고 있어야 한다는 것이다. 국내의 한 식품대기업의 경우 매년 1~2월에 목표설정을 하고, 7~8월에 중간점검, 그리고 연말에 성과평가를 통하여 평가의 결과가 연봉조정에 연계되는 방식으로 MBO를 운영하고 있는데, MBO의 전 과정에서 상위자와의 활발한 의사소통을 매우 중요

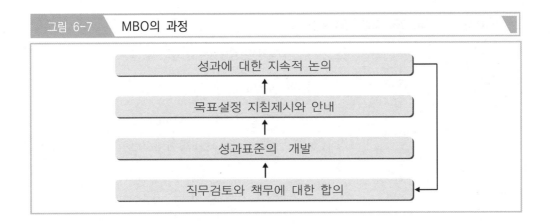

그림 6-7 | MBO의 과정

성과에 대한 지속적 논의

↑

목표설정 지침제시와 안내

↑

성과표준의 개발

↑

직무검토와 책무에 대한 합의

한 과정으로 실행하고 있다.[25]

이러한 MBO 평가체제는 평가자와 피평가자가 합의하여 목표를 설정하였기 때문에 피평가자가 설정된 목표를 달성하기 위해 보다 더 분발하는 효과가 있으며, 목표 또는 평가표준이 측정 가능한 형태로 구성되어 있기 때문에 평가 및 피드백 과정이 용이하다는 장점이 있다. 이러한 장점으로 인하여 자신의 업무를 통제할 수 있거나 포괄적으로 융통성을 발휘할 수 있는 직무를 수행하는 종업원이나 관리자들에게 사용할 때 유용하다.

그렇지만 MBO가 모든 종업원에게 적합한 것은 아니다. 즉, 종업원이 융통성을 발휘할 수 없는 직무이거나 종업원이 통제할 수 없는 직무의 경우에 사용하는 것은 효과를 거두기 어렵다. MBO의 적용이 어려운 직무에는 다음과 같은 것들이 있다.

- 연속생산라인의 직무와 같이 성과기준과 목표가 이미 정해져 있어 직원들이 융통성을 발휘할 수 있는 여지가 없는 직무
- 단순사무, 비서, 운전, 경비, 청소 등과 같이 업무의 속성이 단순하고 제한적이며, 계량화하기 어려운 직무
- 명확하게 개인의 성과구분이 어렵고, 조직차원의 성과창출이 중요한 직무 등

(3) 균형성과표

종업원들에 대한 성과평가를 기업의 전략 내지 목표와 연계시키는 효과적인 방법 중의 하나는 균형성과표(BSC: balcnced scorecard)를 이용하는 것이다. 캐플란(R. Kaplan)과 노턴(D. Norton)에 의해 개발된 균형성과표는 조직의 재무적 성과와 비재무적 성과를 동시에 균형적으로 고려함으로써 전사적 차원에서 조직목표달성을 위한 전략의 실행능력을

표 6-9	MBO에 의한 성과관리의 예

○○○○년 개인업적목표관리카드

■ 업무담당자 및 팀장

소속		직위		성명		(인)	팀장	(인)

구분	성과지표 (KPI)	내용	산식	가중치	평가표준					추진일정				목표치	목표 설정근거
					S	A	B	C	D	1분기	2분기	3분기	4분기		
직무															
팀공통															
				100%											

* 직무는 업무담당자의 담당직무로서 팀의 KPI와 관련된 핵심직무와 그에 따른 성과지표를 나타냅니다. 팀공통은 개인고유직무와는 별도로 팀원으로서 요구되는 팀공통업무를 표시합니다.
* 내용에는 KPI와 관련된 구체적인 내용을 제시합니다.
* 계량지표의 경우 성과지표를 측정하기 위한 산식을 나타냅니다.
* 평가표준은 가능한 한 계량적으로 표시합니다. 비계량지표인 경우 목표달성수준을 평가하기 위한 별도의 평가표준이 필요합니다.
* 목표치에서 평가표준에 비추어 업무담당자가 금년도에 달성하고자 하는 목표수준을 표시합니다.

강화시키는 것을 목적으로 하고 있다. 이를 위해서는 단순히 재무적 성과뿐만 아니라 고객성과, 내부프로세스 혁신성과, 학습 및 성장성과 등 네 가지 차원의 역할을 매우 중요시한다. 또 이들 각각의 요소들은 긴밀히 연계되어 있을 뿐 아니라 재무적 성과를 제외한 세 가지 차원의 비재무적 성과들은 궁극적으로 재무적 성과창출의 원동력으로 작용하여 기업의 가치를 증진시키게 된다. 중요한 것은 각각의 핵심적 성공요소는 기업의 전략적 목표와 연계하여 측정 가능한 성과측정지표로 개발되어질 뿐 아니라, 조직의 하부수준, 즉 팀이나 부서단위, 개인수준까지 세분화하여 지표로 개발됨으로써 모든 지표가 조직 전체의 비전 및 전략과 정렬될 수 있도록 한다는 점이다. 이를 통하여 개인의 성과가 조직 전체의 성과와 긴밀히 연계되어 움직일 수 있도록 할 수 있다. 균형성과표에 의한 성과관리는 목표에 의한 관리와 일면 비슷하나 균형성과표는 관리자로 하여금 광범위한 전사적 목표를 본부별, 부서별, 팀별 목표로 계단식으로 적용할 수 있도록 한다는데 의미가 있다.[26]

　균형성과표에서 제시하는 균형의 의미를 보다 체계적으로 제시하면 다음과 같다.

표 6-10	BSC모형에서의 균형의 의미
구분	내용
재무적 vs 비재무적	재무적 성과지표와 미래성과동인과의 균형. 이를 통해 재무성과에만 의존하는 데 따르는 결함을 극복할 수 있으며, 기관의 미래지향적 성장 및 성과관리를 균형적으로 관리할 수 있음
결과 vs 과정	결과측정의 후행지표 및 결과를 이끌어내는 선행지표(성과동인) 간의 적절한 균형. 선행지표는 단기적 향상만을 나타낼 수 있으나, '어떻게 목표를 달성할 것인가'에 관한 후행지표를 통해 균형적으로 보완됨으로써 미션달성에 관한 향상된 결과도출여부의 파악이 가능함
단기 vs 장기	전통적 재무회계 성과평가모형이 과거정보에 의한 단기실적에 관한 평가이기에 이를 기반으로 한 경영의사결정은 근시안적일 수밖에 없음. BSC는 기업경쟁력제고 같은 장기적 관점의 의사결정을 지원할 수 있으며, 기관은 장단기 목표 간 균형을 유지할 수 있음
내부 vs 외부	기존의 성과지표가 기관 내부의 운영효율관리에 치중하는 반면, 기업성과는 외부 이해관계자와의 상호작용을 통해서 창출이 가능하다는 점에서, 내·외부적 구성요소들간의 상충하는 요구를 파악하고, 이들간의 균형을 모색할 수 있음
조직 vs 개인	기관차원에서 조직의 미션과 전략 하에 설정된 성과지표가 개인의 업무와 직결되는 부분과의 연계 및 균형을 모색할 수 있음(구성원 간 의사소통, 의견공유강조)

〈자료〉 최보연·김세훈(2015). BSC성과관리시스템의 문화예술분야 적용에 관한 탐색적 연구, 예술경영연구, 33, pp. 89－129.

6 평가결과의 조정

　종업원들에 대한 인사평가는 평가자에 따라 평가기준이나 평가의 관점이 다르기 때문에 평가과정에서 다양한 오류의 발생가능성이 있으며, 그 결과 부서나 팀 간, 또는 부서나 팀 내에서 평가결과에 편차가 허용범위 이상으로 크게 발생할 수 있다. 이와 같은 문제는 평가자가 누구인가에 따라 손해 또는 이익을 보는 피평가자가 발생할 수 있고, 객관적인 평가가 이루어지지 못함으로써 종업원들의 평가결과에 대한 수용도를 떨어뜨리고 불만이 발생하는 원인이 될 수 있다.

　따라서 인사평가를 실시하는 많은 조직에서 평가결과의 조정절차를 두는데, 평가결과를 조정하는 방법은 매우 다양하며, 최적의 방법은 없다. 한 예로 고용노동부의 발간자료에서는 〈표 6－11〉과 같은 방법을 소개하고 있다. 조정계수의 산출방법은 조정계수를 산출하여 이를 피평가자가 받은 점수에 곱하여 조정점수를 산출하며, 조정점수 산출방법은 계수의 산출 없이 일정한 공식을 통하여 조정된 평가점수를 얻는 방법이다. 조정점수의 산출은 주로 평균값을 이용한다.[27] 그 외에도 비율조정이나 기타의 방법도 있다. 따라서 다양한 방법으로 인사평가결과에 대한 시뮬레이션을 실시한 후 장단점을 파악하여 적절한 대안을 선택할 필요가 있다.

표 6-11		평가결과 조정방법
구분		산식
조정계수 산출	부서별조정	(부서평균＋전체평균)/부서평균×100
		전체평균/부서평균
	평가자별조정	전체평균/평가자평균
		2－(평가자평균/전체평균)
		항목별 전사평균/평가자별 평균
	직급별조정	전체평균/직급평균
조정점수 산출	평균/편차조정	전사평균＋[(평가점수－평가자평균)×전사표준편차/평가자표준편차]
	평균조정	평가점수－(평가자평균－전사평균)
	점수차조정	최저점수＋(최고점수－최저점수)×정규분포적분값(k)
비율조정	비율조정	A: 10%, B: 80%, C: 10%
		S: 5%, A: 20%, B: 50%, C: 20%, D: 5%
		수: 10% 이내, 우: 20% 이내, 양: 60% 이내, 가: 10% 이내
기타	1/2차교차조정	차 조정＝1차평가×(2차평가자평균/1차평가자평균)
	재평가	1,2차 평가자의 점수차가 일정 점수 이상일 경우 재평가실시
	임의조정	인사위원회의 주관적 판단

자료: 고용노동부(2016), 공정인사평가모델, p. 289.

7 평가결과의 피드백과 조치

현장에 대한 실태조사 결과에 따르면 인사평가가 형식적으로 이루어지는 경우도 적지 않고, 그 결과를 공개한다든지 피평가자에 대해 피드백을 제공하는 비율도 기대한 만큼 높지 않게 나타난다. 그러나 인사평가의 본질적인 기능과 역할을 고려한다면 평가결과의 피드백 필요성은 매우 높다고 할 수 있으며, 인사평가를 관리목적보다는 개발목적으로 활용할 경우 더욱 그 필요성은 높아진다.

1) 평가피드백

대부분의 관리자들에게 평가피드백은 분명 반갑지 않은 활동이며, 조직의 정책이나 제도라는 의무적 압력이 없다면 모든 관리자들은 그와 같은 책임에서 벗어나고 싶어한다. 이는 크게 세 가지 이유 때문이다.[28]

첫째, 대부분의 관리자들은 부하들의 성과상의 취약점에 대해 부하들과 직접적으로 이야기하고 부정적인 피드백을 제공하는 것에 대해 부담감을 느낀다. 즉, 상사와 부하 간의 인간관계가 훼손될 수 있다는 우려를 갖는 것이다.

둘째, 대부분의 피평가자들은 자신의 약점이 지적될 때 방어적인 태도를 취한다. 따라서 피드백을 건설적으로 그리고 자신의 성과를 향상시키기 위한 기초로 받아들이기보다는 상사를 비난하거나 다른 사람들에게 그 화살을 돌리는 경향이 있다.

셋째, 대부분의 피평가자들은 자신의 성과에 대해 스스로 평가할 때 상당히 관대하여 높게 평가하는 경향이 있다. 따라서 부정적인 평가피드백은 그 결과를 그대로 받아들이기보다는 그 원인을 외부요인의 탓으로 돌리거나 잘못된 평가로 인식하여 평가결과를 인정하지 않으려고 한다.

그럼에도 평가결과의 피드백은 다음과 같은 장점이 있다.

첫째, 피평가자는 자신의 업무성과를 명확히 인식할 수 있는 기회가 된다.

둘째, 피평가자의 평가결과에 대한 수용도를 높이는 역할을 한다.

셋째, 평가자(상사)는 피드백이 공식화됨에 따라 평가에 보다 부담을 갖고 신중한 평가를 시도하게 된다.

넷째, 평가자와 피평가자 간에 평가를 둘러싼 의사소통을 활성화함으로써 평가제도의 순기능성 발휘에 기여할 수 있다.

그럼에도 불구하고 경영현장에서 인사평가결과의 공개와 피드백은 기업의 규모별로 차이가 있는 것으로 확인된다.[29] 최근의 조사에서는 501개 조시대상 기업 가운데 전체적으로 43.3%의 기업들이 인사평가 결과를 공개하는 것으로 나타났지만, 그 비율은 기업의 규모가 작을수록 낮아져 300~500인 미만의 기업들은 공개비율이 35.1%에 머무르는 반면 1,000인 이상의 기업에서는 그 비중이 56.5% 정도로 조사되었으며, 인사평가 공개방식도 66.4%의 기업에서 개인별 평가등급 위주의 방식을 취하는 것으로 나타났다. 또한 인사평가 피드백을 실시하는 기업은 전체적으로 55.3% 정도로 나타났으며, 1,000인 이상의 기업에서는 65.9%, 그리고 300~500인 미만의 기업에서는 51.4% 정도 실시하는 것으로 조사되었다.

2) 평가면담

평가면담은 종업원에 대한 인사평가결과와 그 결과에 대한 조직과 상사의 인식을 전달하고, 동시에 평가결과에 대한 피평가자의 의견을 듣고 반영함으로써 상호 간의 오해를 줄이며 개발방안을 모색하는 상호의사소통과정이다.

이러한 평가면담은 개발을 위한 기회이기도 하지만 또 한편으로는 위험스러운 일이 될 수도 있다.[30] 관리자의 입장에서는 종업원에 대해 칭찬도 하겠지만 건설적인 비판도 해야 하기 때문에 관리자나 종업원 모두 감정의 변화를 겪게 될 수 있다. 평가면담을 주도하는 관리자는 종업원 성과의 긍정적 측면에 대한 칭찬과 함께 종업원의 단점을 찾아 개선방법을 제시하고자 한다.

반면에 종업원들은 보통 평가면담에 대해 우려를 하며 다가간다. 왜냐하면 인사평가 결과는 자신의 처우 및 신분과 밀접한 관계가 있으며 앞으로의 경력에도 영향을 미치기 때문이다. 또한 평가결과를 통해서 관리자가 자신을 어떻게 인식하고 있는지를 추정하고자 한다.[31] 그런가하면 평가결과가 기대와 다른 경우 종업원 입장에서 관리자가 실시하는 평가에 대해서 반드시 공정하다고 동의하지 않는다.[32] 평가결과가 좋지 않거나 공정하다고 인식하지 않을 경우 부하직원은 분노를 느끼며 갈등이 유발될 수 있어 앞으로의 작업에 부정적 영향을 미칠 수도 있다.

표 6-12	평가면담 시 관리자들이 주의해야 할 사항들
면담 시 해야 할 것	**면담 시 해서는 안 될 것**
• 미리 준비한다. • 종업원의 꿈, 목표 및 능력에 호소한다. • 성과와 개발에 초점을 맞춘다. • 평정점수의 이유가 구체적이어야 한다. • 되도록 스스로 문제를 제기하고, 스스로 대안을 내놓도록 유도한다. • 부하직원의 성과를 위해 감독자가 해야 할 역할을 고려한다. • 바람직한 행동에 대해선 강화한다. • 개발잠재력과 구체적 개선방안 및 기대효과에 초점을 맞춘다. • 미래의 성과에 초점을 맞춘다.	• 종업원을 훈계한다. • 압력을 가한다. • 평가내용과 봉급/승진을 연계시킨다. • 부정적인 측면에만 집중한다. • 혼자 이야기를 다한다. • 잘못한 것에 대해서 지나치게 비판하거나 반복한다. • 모든 부분에 대해 양자 동의하려 한다. • 평가점수의 근거와 방법에 초점을 맞춘다. • 다른 종업원과 비교하여 말한다.

〈자료〉 Mathis, R. L. & Jackson, J. H.(2002). *Human resource management*, 9th eds., South Western College Publishing, p. 405를 참조하여 추가함.

따라서 관리자들은 효과적인 인사평가면담을 위하여 〈표 6-12〉와 같은 부분들에 주의하여야 한다.

3) 평가결과에 대한 이의제기와 처리

인사평가결과에 대한 피드백, 그리고 필요할 경우 평가자면담이 완료되면 피평가자로부터의 이의제기와 의견수렴단계를 거칠 필요가 있다. 이의제기제도는 피평가자 본인이 최종적으로 부여받은 평가등급이 자신이 생각하는 것과 다르거나, 충분한 절차를 밟아 평가프로세스가 진행되지 못했다고 판단하는 경우 공식적으로 이의를 제기함으로써 등급의 조정을 신청하여 구제받을 수 있는 제도이다.[33]

이의제기제도는 평가결과에 따라 신분이나 보상의 차등이 이루어지는 경우에는 더욱 중요하다. 또한 평가과정에 대한 절차공정성 지각을 이끌며, 평가결과에 대한 수용도를 높이는 역할을 한다. 평가결과에 대한 이의제기의 절차와 형식은 사전에 종업원들에게 충분히 고지될 필요가 있으며, 평가결과에 대한 이의제기가 있을 경우 공식적인 처리 및 통보절차를 만들어 운영할 수 있어야 한다.

제3절 부서(팀)단위의 평가

1 조직평가의 필요성

최근 우리나라의 많은 조직에서 인사평가 시스템을 설계·운영하는 과정에서 빠지지 않고 거론되는 것이 부서나 팀 단위의 조직평가와 관련된 것이다. 인사평가는 앞서도 밝힌 것과 같이 종업원의 직무성과, 능력과 노력을 파악하고, 나아가 그와 관련된 강점과 약점을 파악하고 이를 강화·보완하는 방안을 강구하는 과정이지만, 개인의 업적이나 직무성과가 타인과의 협력과 부서나 팀 수준에서의 노력에 의해 결정되는 경우가 많다. 또한 조직전체의 비전과 목표를 달성하기 위하여 부서나 팀 단위에서 성과를 내는 것이 중요하다는 점에서 최근에는 부서나 팀 단위의 성과평가가 개인의 업적평가, 역량평가와 결합하여 이루어지는 사례가 많다.

2 조직평가체계

1) 평가지표의 개발

부서나 팀 단위의 조직평가과정에서 중요한 것은 조직이 추구하는 미션과 비전을 달성하기 위한 전략체계를 부서나 팀의 업무 및 성과로 효과적으로 연결시키고 이를 통하여 조직차원의 지속적인 노력을 끌어낼 수 있도록 하는 것이다. 이와 같은 과정에서 효과적으로 활용될 수 있는 방법의 하나로 앞서 제시한 균형성과표(BSC: Balanced Scorecard)를 제시할 수 있다. 균형성과표는 조직의 재무적 성과와 비재무적 성과를 동시에 균형적으로 고려함으로써 전사적 차원에서 조직목표달성을 위한 전략실행기능을 강화시키는 데 도움이 된다.

또한 균형성과체계에 따라 설계된 전략목표가 부서나 팀 단위의 조직목표로 체계적으로 연결될 수 있도록 하는 과정(cascading)에서는 〈그림 6-8〉과 같은 절차를 이용할 수 있다. 핵심성공요인(CSF: Critical Success Factors)은 조직의 활동이 성공하기 위하여 갖추거나 수행되어야 할 전제적 요건을 나타내며, 이는 조직이 지닌 비전을 달성하기 위해 설계된 전략 및 핵심전략과제를 바탕으로 만들어진다. 또한 핵심성공요인이 만들어지면 이를 성공적으로 달성하기 위하여 반드시 관리되어야 하는 요소들에 대한 성과지표를 구체적으로 설계하게 되는데, 이를 핵심성과지표(KPI: Key Performance Indicators)라고 한다. 핵심성과지표는 추후에 각 부서나 팀별 핵심성과지표로 구체화되며, 이와 같은 지표가 조직단위의 평가기준으로 설정된다.

핵심성과지표는 비계량지표도 가능하지만 가능한 한 계량지표를 중심으로 하되 너무 많은 지표를 개발하기 보다는 5~6개의 범주 내에서 부서나 팀수준에서 관리와 통제가 가능한 지표로 설계하는 것이 바람직하다. 또한 각각의 지표에 대해서는 지표정의서를 개발하여 각 핵심성과지표의 특징과 내용, 핵심관리부서, 지표의 속성, 지표의 평가방법과 내용 등을 정리함으로서 지표를 체계적이고 효과적으로 관리할 수 있도록 한다. 물론 이와 같은 전반적인 과정에 평가의 대상이 되는 부서나 팀원들의 적극적인 참여와 협조가 이루어질 수 있어야 한다.

| 그림 6-8 | 부서(팀)성과지표의 도출과정 |

전략목표 ⇨ • 조직전체의 비전달성을 위한 핵심전략의 추진목표

⇩

핵심전략과제 ⇨ • 핵심전략별로 전략수행의 포커스를 결정

⇩

핵심성공요인
(critical success factors)
• 핵심전략과제의 효율적 추진을 가능토록 하는 핵심요인

⇩

핵심성과지표
(key performance indicatiors)
• 조직전체의 핵심성공요인의 성공적 수행여부를 판단하기 위한 기준
• 조직전체의 비전 및 전략의 달성여부와 관련된 기본적 측정수단
• 부서나 팀수준의 KPI로 캐스케이딩(cascading)

⇩

부서, 팀별 KPI
• 부서나 팀 업무수행의 가장 핵심적 내용
• 부서나 팀 업무성과 판단을 위한 1차적 기준

2) 가중치의 결정

조직평가지표가 개발되면 각각의 평가기준과 요소에 대한 가중치를 결정하여야 한다. 이는 부서나 팀에 따라 평가지표의 내용과 중요도가 다르기 때문이다. 또 각 부서나 팀별 평가지표와는 별도로 모든 부서나 팀에 공통적으로 적용되는 공통지표가 있을 경우 공통지표와 부서나 팀의 평가지표의 가중치를 어떻게 배분할 것인가도 가중치의 결정과정에서 고려하여야 한다.

3 조직평가와 개인평가 결과의 결합

조직평가와 개인의 업적평가가 마무리되면 그 다음으로는 두 가지 평가결과를 결합하여 개인별 인사평가의 최종결과를 도출하게 된다. 이와 같은 과정에서는 다음과 같은 부분에 대한 의사결정을 하여야 한다.

첫째, 조직평가와 개인평가의 가중치를 어떻게 결정할 것인가?

둘째, 절대평가를 할 것인가, 상대평가를 할 것인가?

셋째, 개인평가의 경우 다양한 부서나 부문에 속한 비평가자들에 대한 평가군을 어떻게 설정할 것인가? 예컨대, 대학의 경우 인문사회과학계열, 공학계열, 자연과학계열 등과 같이 학문 속성에 따라 평가군을 설계하기도 한다.

넷째, 개인평가에서 직급별 평가그룹은 어떻게 설계할 것인가? 예컨대 상위직급에 속한 피평가자와 하위직급에 속한 피평가자에 대해서는 조직평가와 개인평가의 가중치뿐만 아니라, 개인별 성과나 역량의 반영비율 등에 대해서도 차이를 둘 수 있을 것이다.

제4절   효과적인 평가관리를 위한 관점과 주의사항

인사평가과정은 조직 및 개인의 성과와 구성원의 역량개발과 모티베이션 향상 등에 미치는 영향이 크기 때문에 인사평가가 효과적으로 관리될 수 있도록 바른 방침을 설정할 필요가 있다.

또한 인사평가는 단지 조직 내의 문제가 한정되는 것이 아니라 법적 판단의 영역까지 그 범위가 넓어지고 있다. 왜냐하면 인사평가의 결과는 승진, 해고, 임금수준 등 종업원의 주요 관심사와 직결되기 때문에 불공정한 인사평가로 불이익을 받았다고 느끼는 종업원들이 제기하는 소송이 발생하고 있고, 그러한 소송에 대해 법원은 인사평가시스템과 평가과정을 검토하여 공정성 여부와 차별 여부를 판단하고 있기 때문이다.

따라서 사용자는 평가시스템을 설계할 때 법원이나 행정기구 및 종업원들이 요구하는 것을 만족시킬 수 있도록 하여야 하며, 그러기 위해서 다음과 같은 사항에 주의를 기울여 운영해야 한다.

1) 평가목적의 명확한 설정과 이해

무엇보다도 인사평가관리의 목적을 명확하게 설정함으로써 평가자나 피평가자 모두 그 목적을 정확하게 이해하고 있어야 한다. 인사평가의 목적이 분명하면 합리적인 평가기준과 평가방법의 선택이 가능하지만 평가목적이 분명하지 않은 경우에는 그러하지 못할 가능성이 높다.

2) 개발목적을 우선시하는 평가

성과평가는 되도록 종업원의 개발목적으로 시행하고자 하여야 하며, 관리목적의 성과평가는 필요에 맞추어 최소화하되 피평가자들로부터 공정하게 지각될 수 있도록 하여야 한다. 성과평가가 개발목적으로 이루어지는 경우에는 조직과 종업원 모두에게 도움이 되기 때문에 평가자(상사)와 피평가자(부하) 간의 관계가 개선될 가능성이 있고 부하직원의 의욕도 높아질 수 있는 반면에, 관리목적으로 이루어지는 평가는 기대한 만큼의 평가결과가 도출되지 않을 때 불공정하게 인식할 가능성이 높으며 상사와 부하간의 관계도 악화될 가능성이 크기 때문이다.

3) 조직의 전략적 목표와의 연결

평가기준과 평가표준은 조직의 전략적 목표와 연결되어 있어야 하고, 직무기준과도 관련된 것이어야 한다. 평가기준이나 평가표준이 전략적 목표와 연결되어 있는 경우 평가자와 피평가자는 자연스럽게 조직이 추구하는 목표를 생각하게 되고, 특히 전략적 목표 달성에 어떤 행동과 성과가 중요한지를 파악하면서 직무를 수행할 수 있기 때문이다.

4) 인사평가방법의 요건확보

인사평가방법은 평가목적에 일치하며 업무의 특성 및 평가방법의 장단점을 고려하여 효과성과 효율성을 확보할 수 있는 것으로 선정하여야 하고, 선정된 평가방법은 공식적으로 명시한 후에 사용하여야 한다.

5) 공정한 평가자의 요건확보

평가자는 평가동기의 왜곡가능성이 적고, 관찰기회가 많으며, 평가능력이 있는 사람으로 선정하고, 선정된 평가자에 대해서는 평가훈련을 실시하여 평가과정의 공정성 확보와 평가오류의 최소화를 유도해야 한다. 또한 평가자(관리자)의 재량권은 제한적이어야 하며, 평가자의 재량권에 대한 범위는 공식적으로 명시되어 있어야 한다.

6) 복수평가의 실시

단일 평가자보다는 복수의 평가자를 선정하여야 하며, 단일 평가자 체제인 경우에는 독단적 평가로 인해 종업원 경력이 침해받는 것을 방지할 수 있도록 피평가자의 이의신청이 있는 경우 조직 자체적으로 재검토하는 과정이 존재해야 한다.

7) 명확한 평가근거의 확보

종업원의 성과에 대한 기록이 상세하게 정리되어 평가결과의 근거로 제시될 수 있어야 하며, 성과와 무관한 다른 요인이 영향을 미치지 않도록 해야 한다. 인사평가결과는 종업원의 신상에 중대한 영향을 미치기 때문에 인사평가결과의 충분한 근거가 될 수 있도록 성과기록이 정확하고 완전하며 적절하게 보존·제시되어야 한다.

8) 평가결과에 대한 피드백

평가결과에 대한 피드백은 인사평가과정을 마무리하는 매우 중요한 과정이므로 평가자의 피드백 능력을 향상시키기 위한 피드백 향상 훈련 프로그램을 제공하여야 하며, 동시에 성과가 좋지 않은 종업원을 개선하는 데 도움이 되는 카운슬링 제도와 개발 프로그램이 존재하여야 한다.

9) 공정성 확보를 위한 노력

평가결과와 절차에 대한 신뢰도와 수용도를 향상시키기 위해서는 분배공정성과 절차공정성을 지각되어질 수 있도록 평가시스템이 설계·운영되는 것이 중요하다. 분배공정성(distributive justice)은 말 그대로 평가결과에 대한 공정성을 의미한다. 즉, 자신의 업무상의 노력과 책임, 시간투입 등과 같은 투입요소에 비하여 공정한 평가결과를 받았는가 하는 것이다. 반면 절차공정성(procedural justice)은 평가의 과정과 절차가 얼마나 공정하게 지각되는가 하는 것이다.

평가에 대한 종업원들의 태도에 영향을 미치는 절차적 요소 가운데 가장 중심적 주제는 평가과정에 대한 참여(participation)의 개념이다. 예컨대, 평가과정에서 자신의 생각이나 느낌을 표현할 수 있는 기회, 참여의 기회, 평가결과에 대한 이의제기의 기회 제공,

투입기회의 제공과 이에 기초한 성과평가, 발언권, 자기평가의 기회 등은 피평가자로 하여금 평가시스템 및 평가에 대하여 긍정적인 태도를 이끌어내는데 기여한다.[34] 연구에 따르면 이는 두 가지 이유에 근거한다. 첫째, 평가과정에서 참여기회의 제공은 피평가자들에게는 평가자가 자신을 평가하는데 필요한 보다 완전하고 정확한 정보를 가질 수 있도록 하는 기회가 된다고 인식될 수 있다는 점이다. 둘째, 평가과정에서 참여기회의 제공은 피평가자들에게는 조직 내에서 차지하는 자신의 가치와 위상을 파악할 수 있는 준거로서 받아들여진다. 따라서 인사평가과정에 참여할 기회가 없다는 것은 자신이 조직 내에서 차지하는 위상이 그만큼 취약하다는 것을 의미하는 반면, 그 반대의 경우에는 자신이 조직 내에서 중요한 존재로 받아들여지고 있다는 신호로 해석되어 조직에 대한 애착과 긍정적인 집단정체성을 형성할 수 있는 기초가 된다.

또한 절차적 문제에는 이와 같이 평가과정에서 종업원들의 참여할 수 있는 체계나 절차를 마련하는 것 외에도 실제 평가과정에서 평가와 관련된 권한보유자 또는 상사가 피평가자를 얼마나 공정하고 예의바르게 처우하였는가 하는 점도 중요하게 인식된다. 인사평가과정에서 피평가자에 대한 예의, 권리의 존중, 배려 등이 강조되는 점도 이 때문이다. 이와 같은 공정성을 제도의 구조적 특성에 초점을 두는 절차공정성과 구분하여 상호작용공정성(interactional justice)이라 한다.[35]

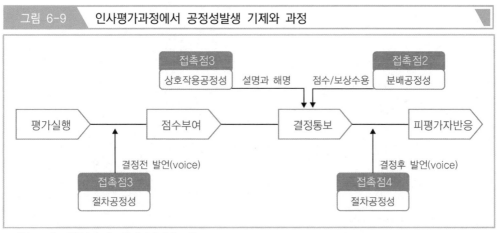

그림 6-9 인사평가과정에서 공정성발생 기제와 과정

자료: 고용노동부(2016), 공정인사평가모델, p. 301.

제6장 학습문제

1. 인사평가의 필요성에 대한 찬반의견의 타당성에 대해 논의하시오.

2. 인사평가의 활용목적을 관리목적과 개발목적으로 나누어 설명하시오.

3. 평가기준과 평가표준이 잘못 설계되었을 때 발생할 수 있는 문제점에 대해서 설명하시오.

4. 다면평가의 특징과 장단점에 대해서 설명하시오.

5. 기업의 비전과 주요 전략을 인사평가와 연결시킬 수 있는 방법을 제시하시오.

6. 인사평가에 대한 피드백에서 발생할 수 있는 우려사항에 대해서 설명하고, 그러한 우려를 해소할 수 있는 방안을 제시하시오.

7. 평가오류의 유형과 개선방안에 대해서 설명하시오.

8. 조직평가를 실시하는 목적과 절차에 대해 설명하시오.

9. 분배공정성, 절차공정성, 상호작용공정성의 개념을 활용하여 인사평가결과의 수용도를 높일 수 있는 방법을 제시하시오.

10. 글로벌 기업들의 인사평가방식과 관점의 변화모습과 그 원인이 무엇인지 정리하여 보고 우리나라 기업에 제시하는 시사점을 도출하시오.

참고문헌

1) Snell, S., Morris, S. S., & Bohlander, G. W.(2017). *Managing human resources*, 17th ed., 김원중·차종석·하성욱(역), 한경사, pp. 251-252.

2) 정지영(2011). 고성과문화구축방안: 평가제도의 문제 vs. 프로세스의 문제, 임금연구, 19(4), pp. 62-73.

3) Westman, D.(1998). Seven steps to successful performance appraisal, ACA News, July/August, pp. 13-16.

4) 정동관·유태영·정승국·김기선·류성민(2015). 인사평가제도 현황과 발전방안에 관한 연구, 한국노동연구원, pp.118~119.

5) 이춘우(2019). 직무·인사시스템과 인적자원관리, 무역경영사, pp.456-457.

6) Kniggendorf, F.(1998). Helping supervisors define standards of performance, *HR Focus*, February, p. 13.

7) 정동관·유태영·정승국·김기선·류성민(2015). 앞의 자료, pp.131~133.

8) Mathis, R. L. & Jackson, J. H.(2000). *op. cit.*, p. 389.

9) *Ibid.*, p. 390.

10) Kolar, M. J.(1998). Evaluating board performance, *Association Management*, January, p. 82.

11) Stout, H.(1998). Self-evaluation brings change to a family? Ad agency, *The Wall Street Journal*, January 6, B1.

12) Bunish, C.(1997). Reviewing the review process, *Business marketing*, December, 41.

13) Waldman, D. & Bowen, D.(1998). The acceptability of 360° appraisals, *Human resource management*, Summer, pp. 117-129.

14) Lepsinger, R. & Lucia, A. D.(1997). 360 degree feedback and performance appraisal, *Training*, September, p. 62.

15) 정동관·유태영·정승국·김기선·류성민(2015). 앞의 자료, p.120.

16) Wayne, S. J. & Ferris, G. R.(1990). Influences tactics, affect, and exchange quality in supervisor-subordinate interactions: A Laboratory experiment and field study. *Journal of Applied Psychology*, 75, pp. 487-499.

17) 이경근(2005). 부하의 과업수행, 맥락수행과 상사의 주관적 평가간의 관계와 인상관리행동의 조절효과, 인사·조직연구, 13(1), pp. 139-171.

18) Pandey, J. & Kakkar, S.(1982). Supervisor's affect: Attraction and positive evaluation as a function of other-enhancement, *Psychological Reports*, 50, pp. 479-486.

19) Rosenfeld, P., Giacalone, R. A. & Riordan, C. A.(2002). *Impression management: Building and enhancing reputations at work*, Thomson Learning.

20) Jawahar, I. M. & Williams, C. R.(1997). Where all the children are above average, *Personnel Psychology*, 50, pp. 906-926.

21) 정동관·유태영·정승국·김기선·류성민(2015). 앞의 자료, pp.153~154.

22) 앞의 자료, pp.127~128.

23) 앞의 자료, p.128.

24) Mathis, R. L. & Jackson, J. H.(2000). *op. cit.*, pp. 399-400.

25) 강경원(2011). 조직변화를 위한 풀무원의 성과주의 인사혁신, 임금연구, 19(4), pp. 84-90.

26) Snell, S. & Bohlander, G.(2010). *Principles of human resource management*, 15th ed., 김원중·차종석·하성욱(역), 한경사, pp. 280-282.

27) 고용노동부(2016), 공정인사평가모델, p. 289.

28) Robbins, S. P. & Judge, T. A.(2007). *Organizational behavior*, 12th eds., Prentice Hall., pp. 559-560.

29) 정동관·유태영·정승국·김기선·류성민(2015). 앞의 자료, pp. 145~147.

30) Mathis, R. L. & Jackson, J. H.(2000). *op. cit.*, p. 405

31) Gnote, D.(1998). Painless performance appraisals focus on results, behaviors, *HR Magazine*, October, pp. 52-58.

32) Wellbourne, T. M. Johnson, D. E. & Erez, E.(1998). The role-based performance scale, *Academy of Management Journal*, 41, pp. 540-555.

33) 고용노동부(2016), 공정인사평가모델, p. 284.

34) 이경근(2002). 상호작용적 공정성지각이 고과에 대한 태도에 미치는 영향, 인사관리연구, 26(2), pp. 145-181.

35) Bies, R. J. & Moag, J. S.(1986). Interactional justice: Communication criteria of fairness. In R. J. Lewick, B. H. Sheppard, & M. H. Bazerman (Eds.), *Research in Negotiations in Organizations*, 1, Greenwich, CT: JAI Press, pp. 33-55.

Human Resource Management

CHAPTER 7

교육훈련 및 개발

제1절 교육훈련의 본질
  1. 교육훈련의 의의와 중요성
  2. 교육훈련의 목적과 기대효과

제2절 교육훈련의 주체와 대상
  1. 교육훈련의 주체 및 형태
  2. 교육훈련의 대상

제3절 교육훈련의 방법 및 평가
  1. 교육훈련의 방법
  2. 교육훈련의 평가
  3. 교육훈련의 바람직한 방향

제4절 인적자원개발의 의의
  1. 개발의 정의와 훈련과의 차이
  2. 개발의 기대효과

제5절 인적자원개발의 과정
  1. 인적자원개발 절차
  2. 개발필요성 분석
  3. 개발방법과 선택

교육훈련 및 개발은 기업이 직무수행에 필요한 기술·지식 등과 같은 종업원의 능력과 높은 성과를 달성하고자 하는 종업원의 의욕을 향상시켜 맡겨진 직무를 보다 잘 수행할 수 있도록 인재를 양성하는 과정이다. 따라서 누구나 인재육성 및 교육이 경쟁력이라고 말한다. 경영환경의 급속한 변화에 발맞추려면 직원들에게 기술 및 지식의 변화를 지속적으로 업데이트해 주는 일이 중요한 게 사실이다. 문제는 직원에 대한 교육투자를 지속적으로 하는 일이 말처럼 쉽지 않다는 데 있다. 종업원의 직무수행능력과 의욕을 향상하고자 하는 교육훈련과 개발이 잘 이루어지면 조직구성원은 부여된 자신의 역할을 더 능숙하게 수행할 수 있으며, 나아가 현 직무에 소요되는 역량 이상으로 역량을 향상하는 것으로써, 미래에 다양한 업무를 다룰 수 있도록 종업원의 능력을 향상시킨다.

교육훈련의 목적은 회사의 목적과 종업원의 목적이라는 두 가지 방향에서 인식할 수 있다. 우선 종업원에게는 자신의 지식과 기술 등의 능력을 향상하고, 특기와 개성을 개발함으로써 개개인의 성장욕구를 충족시키고, 승진기회를 제공해 준다. 또한 향상된 능력과 성과로 인해 보상을 증진시키는 등 직무만족을 증가시키기도 한다. 그 외에도 변화되는 기술환경 속에서 구성원의 실업위험을 감소시키는 효과가 있다. 한편 교육훈련을 통하여 회사에서는 종업원의 능력향상에 의한 노동생산성의 향상, 급변하는 기술환경 속에서의 노동의 질 유지, 그리고 향상된 자아 성장감으로 인한 종업원의 사기증대와 같은 효과를 얻을 수 있다. 그 외에도 교육훈련의 내용과 방법에 따라 종업원 의식과 태도 및 커뮤니케이션의 향상과 구성원 간의 상호협력 등이 증진되는 효과도 얻을 수 있다.

한편, 교육훈련이 현재 종업원이 맡게 될 직무에 관련된 직무수행방법과 기술을 가르쳐 숙달되게 함으로써 적절한 수준의 직무수행능력을 배양하는데 초점을 맞췄다면 개발(development)은 현재 직무의 수행능력 외에 조직의 구성원으로서 직무를 수행하는 데 필요하며, 조직 내에서 장차 맡게 될 직위에 필요한 능력을 키우는 것을 의미한다. 개발은 직장내에서 업무를 수행하면서 이루어지는 개발과 직장외에서 업무와 분리된 상태에서 이루어지는 개발이라는 두 가지 방향에서 전개될 수 있다. 우선, 직장내 개발은 코칭, 위원회 참여제, 직무순환제, 보좌관제 등을 통해 가능하며, 직장외 개발은 강의실 교육, 인간관계훈련, 사례연구, 역할연기, 다양성 훈련, 비즈니스 시뮬레이션게임, 안식년제, 야외훈련 등을 통해 이루어진다.

CHAPTER 7

교육훈련 및 개발

제1절 교육훈련의 본질

1 교육훈련의 의의와 중요성

1) 교육훈련이란?

교육훈련이라는 용어를 엄격하게 구분하면 교육(education)과 훈련(training)으로 나눌 수 있다. 교육은 일반적·이론적·개념적인 주제를 중심으로 지식을 습득하고 태도를 형성하는 과정이라고 할 수 있으며, 훈련은 특정한 직무 또는 한정된 주제에 대하여 기술을 향상하고 필요 행동을 체화시키는 과정이다. 하지만 교육과 훈련을 구분된 개념으로 이해한다고 해서 실무적으로 얻을 수 있는 이점은 없다. 따라서 교육과 훈련을 구분하여 이해하기보다는 조직의 목표달성을 위한 수단차원에서 교육훈련이라는 합성어로 보는 것이 편리하다. 이러한 시각에서 볼 때 교육훈련은 "조직의 목적을 달성하는 데 도움이 되는 역량을 구성원들이 획득하도록 하는 과정"이라고 정의할 수 있으며, 좁게는 "구성원 개개인이 맡는 직무에 쓰이는 구체적 기술과 지식을 습득하도록 하는 과정"이라고 정의할 수 있다.

교육훈련과 연관된 유사한 개념으로써 개발(development)이라는 말이 쓰이는데, 교육훈련은 현재의 직무에 유용한 역량을 얻는 과정이라고 할 수 있고, 개발은 현재뿐만 아니라 미래의 직무를 수행하는 데 필요한 역량을 획득하는 과정이라고 할 수 있다.

2) 교육훈련의 중요성

기업은 설정한 목적을 달성하기 위하여 다양한 방법으로 조직의 유지와 성장 활동을 하며, 최근에는 기업 간 경쟁의 심화와 기술혁신 등 급변하는 경영환경으로 인해 기업들은 환경에 대응할 수 있는 경쟁력을 갖추고자 노력하고 있다. 조직의 목적 달성과 경쟁력 향상을 위한 방법으로 종업원들의 능력 향상에 힘쓰고 있으며, 이를 위해 종업원의 교육훈련에 대해서도 많은 관심을 기울이고 있다.

종업원의 교육훈련에 대한 이러한 관심은 최근 들어 두 가지 특징을 보여주고 있다. 첫 번째는 기업이 종업원의 교육훈련을 비용으로 생각하던 것에서 벗어나 투자로 인식하기 시작했다는 점이다. 즉, 과거 기업들은 교육훈련을 일종의 비용으로 생각하는 경향이 있었으며, 이러한 생각으로 인해 기업의 상황이 좋지 않으면 교육훈련비는 우선 삭감되는 경향이 있어 왔다. 그러나 최근 들어 기업들은 교육훈련비를 단순한 비용으로 생각하지 않고, 기업 전체에 혜택을 가져다주는 투자로 인식하고 교육훈련을 유지하고 강화하는 경향을 보인다.

두 번째는 교육훈련 대상에 대한 변화인데, 과거 기업들은 교육훈련을 주로 중간관리자 이상의 직급에 집중하여 실시했으나, 최근에는 관리자가 아닌 일반 종업원에 대한 교육훈련의 비중을 늘리고 있다는 점이다. 점차 최일선에 근무하는 비관리직 종업원에 대한 교육훈련비의 비중이 늘어나고 있다는 것은 조직의 경쟁력 향상을 위해서는 조직의 일부 중요한 사람만 선별하여 능력을 개발해야 한다는 사고에서 벗어나, 조직구성원 모두의 능력개발이 기업의 경쟁력을 높일 수 있다는 쪽으로 사고 전환이 이루어지고 있다는 것을 확인할 수 있다.

이와 같은 특징은 급변하는 경영환경에 기업이 대응하는 과정에서 자연스럽게 나타난 것으로 보인다. 급변하는 경영환경과 심화하는 경쟁에서 기업은 구조조정이나 전략적 변화를 시도하게 되는데, 그러한 전략이 계획대로 실천되기 위해서는 종업원의 변화가 선행되어야 하고 종업원의 변화를 위해 교육훈련의 중요성이 커진 것이다. 요약하면 심화되는 경쟁과 급변하는 경영환경 속에서 종업원에 대한 교육훈련은 기업의 경쟁력을 유지하고 향상하는 전략적 투자로 인식되며 그 중요성이 커지고 있다고 할 수 있다.

2 교육훈련의 목적과 기대효과

교육훈련은 종업원의 능력을 향상시켜, 경영전략을 실천할 수 있고 기업목적에 공헌할 수 있는 인재를 육성하는 과정이다. 즉, 변화하는 기업환경 속에서 기업의 목적달성에 기여할 수 있도록 기존의 가치관이나 행동양식 및 관습을 새로운 환경에 적응할 수 있는 역량을 갖추도록 학습하는 과정이다. 따라서 교육훈련의 궁극적 목적은 인재의 양성을 통한 조직유효성의 향상이라고 할 수 있다. 교육훈련의 목적을 세부적으로 나누어 보면 〈그림 7-1〉과 같다.

그림에서 보는 바와 같이 교육훈련은 우선 구성원의 능력과 공헌의욕을 개발함으로써 현재 상태에서의 직무수행 개선과 생산성 향상 등 조직의 효과성을 높이는 것을 목적으로 한다. 또한 환경변화에 따라 조직 내에서도 수행해야 할 직무가 변경되기 때문에 구성원도 이에 대응할 수 있어야 하는데, 교육훈련은 새로운 지식과 기술을 습득하도록 함으로써 변화에 대응할 수 있도록 한다. 그리고 교육훈련은 구성원의 능력을 높여주기 때문에 개개인이 가지고 있는 성취동기를 충족시켜 주고, 향상된 능력은 더 많은 성과와 보상을 가져다주기 때문에 종업원에 대한 간접적인 보상이 되기도 한다. 구체적으로 교육훈련은 다음과 같은 이점을 기업에 제공한다.[1]

- 학습기간을 단축하고 신규 종업원 및 기존 종업원의 성과를 향상시킨다.
- 협동심과 충성심을 고취하는 등 종업원의 긍정적인 태도를 유도한다.
- 이직과 결근, 사고, 고충을 줄이는 데 도움을 준다. 또 사기저하, 불량한 고객서비

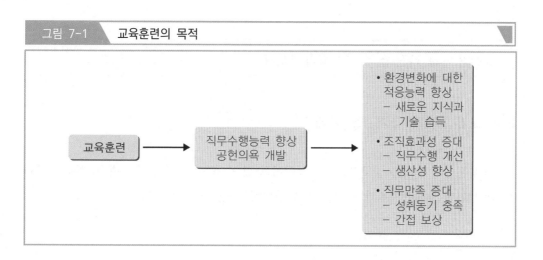

그림 7-1 교육훈련의 목적

| 그림 7-2 | 기업과 종업원의 교육훈련에 대한 기대효과 |

기업의 주요 기대효과
경제적 효용성

- 노동생산성 향상
- 노동의 질 유지
- 미래 필요능력에 대비
- 사기증대(자아성장감)
- 커뮤니케이션과 상호협조 증대
- 의식과 태도 개선

종업원의 주요 기대효과
사회적 효용성

- 성장욕구 충족
- 향상된 능력 → 승진기회로 활용
- 기술변화 적응 → 실업위험 감소
- 특기와 개성 개발
- 보상의 증가
- 직무만족도 향상

스, 과도한 낭비, 불쾌한 작업환경 등의 문제해결에 기여한다.

• 장기적으로 필요한 인력을 확보할 수 있다.

• 종업원의 시장가치와 경력을 향상시킨다.

이처럼 교육훈련은 종업원의 인식을 변화시켜 조직 내에서 직무를 효과적으로 수행하게 하고 기업과 개인의 목표를 달성하는 데 있어 종업원에게 필요한 능력을 제공하는데 이바지한다. 따라서 끊임없이 교육훈련을 시키는 기업만이 경쟁력을 기르고 성과증대를 가져올 수 있다고 하겠다. 교육훈련을 통해서 얻을 수 있는 이와 같은 이점(기대효과)을 기업 측면과 종업원 측면으로 구분하여 살펴보면 〈그림 7-2〉와 같다.

제2절 교육훈련의 주체와 대상

1 교육훈련의 주체 및 형태

교육훈련의 주체는 궁극적으로 기업이라고 할 수 있지만, 훈련의 전반적 계획과 필요성 판단을 하는 주관기관과 실제 훈련을 담당하는 실시기관으로 나눌 수 있다.

1) 인사부서와 소속부서 관리자

종업원에 대한 교육훈련의 주된 책임은 종업원이 소속한 부서의 관리자와 인사부서가 지게 되며, 각각은 서로 다른 부분에서 책임을 지게 된다. 인사부서는 전문가가 실시하는 훈련을 지원하고 조정하는 역할을 한다. 종업원의 상사가 갖는 훈련에 대한 시각보다 인사부서의 훈련에 대한 시각은 더 장기적이고 조직 전체를 고려하는 특성을 보인다. 반면에 종업원이 속한 부서의 관리자는 현재 종업원이 직무를 수행하는 데 훈련 또는 재훈련이 필요한지를 판단하는 위치에 있으며, 어떠한 교육훈련이 필요한지에 대한 가장 구체적인 정보를 제공해 줄 수 있는 위치에 있다. 관리자의 경우 부하직원과 가장 가까이 그리고 지속적인 상호작용이 있어서 종업원의 잠재력과 경력개발을 논의하고 결정하는 데 주요 역할을 한다. 따라서 종업원에 대한 교육훈련이 효과적으로 이루어지기 위해서는 인사부서와 종업원의 상사(관리자)가 상호작용을 통해 함께 추진해 나가야 하며, 이 때 인사부서는 소속부서 관리자가 훈련계획을 효과적으로 짤 수 있도록 컨설팅을 해주는 역할을 하는 것이 바람직하다.[2]

2) 직장 내 훈련과 직장 외 훈련

한편 교육훈련을 어디에서 실시하는가는 교육훈련의 책임소재와 직접적인 관련성을 갖는다. 교육훈련의 장소에 따라 훈련주관자가 결정되기 때문이다. 어떤 훈련들은 주로 직장 내에서 소속 부서 관리자의 책임 아래 이루어지며, 어떤 분야의 훈련들은 인사부서의 책임 아래 직장 외에서 이루어지는데 전자를 직장 내 훈련(internal training), 후자를 직장 외 훈련(external training)이라고 한다.

(1) 직장 내 훈련(internal training)

직장 내(주로 소속 부서)에서 이루어지는 훈련(training in on-the-job locations)의 내용은 직무에 바로 적용할 수 있는 것들이다. 직장내 교육훈련은 종업원을 외부교육기관에 위탁하지 않기 때문에, 외부 훈련전문가들에 지급하는 비용이나 기타 합숙교육에 드는 비용이 들지 않는다는 장점이 있다. 그러나 학습을 받는 종업원들이 배우면서 일하기 때문에 그들의 작업이나 서비스의 수준이 열악하여 고객만족이 줄어들 수 있고, 기계나 시설 등이 망가질 수 있는 등의 비용이 발생할 수 있으며, 때로는 종업원들의 미숙함으로 인해 발생하는 업무상의 실패로 좌절할 수도 있다는 단점이 있다.

직장 내 훈련의 대표적인 내용은 직무 수행에 필요한 기술훈련이다. 예를 들어, 직무 수행상 다루어야 할 기계시설, 장치, 도구나 컴퓨터 활용 등에 관한 내용이 해당되는데, 특히 기술과 기계의 변화가 많으므로 필요한 경우 시간에 구애받지 않고 새로운 기술을 학습하고 숙달시키는 훈련 과정의 중요성은 높다고 할 수 있다.

직장 내 훈련은 비공식적으로 이루어지는 훈련(informal training)일 가능성이 높다. 한 연구에 의하면 종업원들이 자신의 직무에 대하여 배우는 것 중 약 70%는 공식적인 훈련 프로그램에 의해서가 아니라 다른 종업원들로부터 비공식적으로 배우는 것으로 나타났다.[3] 비공식적 훈련이 높은 비중을 차지하는 이유는 다음과 같다.

- 종업원들이 팀작업 혹은 프로젝트에 참여하게 됨에 따라, 동료들과의 정보공유 및 질문과 설명과정에서 자연스럽게 학습이 이루어지기 때문이다.
- 종업원들은 자신의 역량을 개발하고 유지하는 데 있어 사용자에게 의존하기 보다는 해당 지식과 기술을 가지고 있는 다른 종업원들에게 의지하는 경향이 있기 때문이다.
- 업무를 수행하다 보면 조직의 목표와 마감일(deadlines)을 맞춰야만 하는데, 바로 그 때 필요한 학습이 어쩔 수 없이 이루어지기 때문이다.

이처럼 공식적 훈련보다 비공식적 훈련의 비중이 높지만, 비공식적 훈련은 동료 종업원들에 의해서 이루어지다 보니 때로는 정확하지 않을 수 있고 세밀하지 않을 수도 있으며 중요한 부분을 놓치는 경우가 있다. 그리고 그러한 문제가 발생한다고 하여도 그에 대한 책임소재가 분명하지 않다는 단점이 있다.

(2) 직장 외 훈련(external training)

직장 외 훈련은 직장 밖에서 이루어지는 훈련을 말하는 데, 직장 밖의 훈련기관에 훈련을 위탁하는 이유는 훈련에 필요한 기자재를 갖추고 있지 못한 기업이 훈련기자재 확보비용을 절감하기 위해서, 또는 훈련 프로그램을 개발하는 시간이 부족하거나 훈련담당 전문인력이 확보되어 있지 않는 경우 등 비용절감, 시간절약, 그리고 인력부재 등이 해당한다. 그 외에도 종업원들에게 외부에서 열리는 훈련 프로그램에 참여하도록 하는 경우 타 회사의 근로자나 관리자와 교류할 기회를 얻도록 하는 것도 하나의 이유일 수 있다.

최근 직장 외 훈련의 방법으로 많이 나타나고 있는 현상 중의 하나는 전문지식과 기술을 보유한 기업이 자사의 제품을 판매하기 위해 자사의 제품을 구입한 회사의 인력을 훈련시키는 경우이다. 예를 들어, 기계제작판매회사가 해당 기계를 구입한 회사의 담당

종업원을 교육시키는 것이다. 특히 기계에 장착된 소프트웨어가 늘어남에 따라 구입예상
회사 혹은 구입회사의 종업원들에게 필요한 지식과 기술에 대한 상세한 교육훈련을
실시하고 있다.

2 교육훈련의 대상

교육훈련대상은 크게 신입사원과 재직사원으로 나누며, 재직사원은 다시 일반 종업
원, 관리자(감독자), 경영자로 구분된다. 신입사원에 대한 교육훈련은 오리엔테이션 과정으
로써 교육훈련대상 부분에서 중점적으로 다루고 재직사원에 대한 교육훈련은 교육훈련의
체계화 부문에서 보다 구체적으로 다루기로 한다.

1) 신입사원(오리엔테이션)

신입사원은 회사 밖에서 겪어온 태도와 습관이 조직이 기대하는 태도, 표준, 가치 기
준, 행동유형 등과 다르므로 기업에 대한 조직사회화 과정이 필요하게 되는데 이를 오리
엔테이션이라고 한다.

(1) 오리엔테이션 책임주체

교육훈련과 마찬가지로 오리엔테이션은 인사부서의 담당자와 라인부서의 관리자 및
감독자 간의 협동적 노력으로 이루어진다. 인사부서가 따로 없는 작은 규모의 조직에서는
해당 사원의 관리자나 감독자가 전적인 책임을 지며, 조직의 규모가 큰 경우에는 부서장
과 감독자 및 인사부서가 팀을 이뤄 임무를 수행한다. 일반적으로 인사부서는 주로 복리
후생에 관한 것들을, 부서장은 동료사원과 직무내용과 작업규칙에 관한 것을 그리고 감독
자는 작업안전에 관한 내용을 전달하는 책임을 진다.

(2) 오리엔테이션의 실시목적

오리엔테이션을 실시하는 목적은 신입사원들로 하여금 조직에 대해서 가능한 한 빨
리 그리고 정확하게 알도록 도와줌으로써 조직에 대한 공헌이 신속하게 이루어지게 하기
위함이다. 먼저 사용자 입장에서 오리엔테이션을 실시하는 목적은 생산성 향상, 이직률
감소, 조직에 대한 이해폭 확대라는 세 가지로 요약할 수 있다.

가) 생산성 향상

기업이나 관리자는 신입사원이 보다 빨리 기업에 요구하는 수준의 업무성과를 보이기를 기대하며, 신입사원 역시 빨리 일정 수준 이상의 업무성과를 보이고자 한다. 이러한 기대를 충족시키는 방법 중의 하나가 오리엔테이션이라고 할 수 있는데, 직무수행내용과 방법 등 오리엔테이션을 효과적으로 받은 신입사원은 그렇지 않은 신입사원에 비하여 기업이 원하는 업무수준에 약 2개월 이상 빠르게 도달하며, 작업 중 안전사고의 비율도 현격하게 줄어든다. 한 건설회사의 경우 훈련 중 안전을 강조하고 안전하게 작업하는 방법을 교육시킨 결과 신입사원들의 신체적 상해로 발생하는 낭비시간이 현격하게 줄어들어 궁극적으로 생산성이 향상된 바 있다.[4]

나) 이직률 감소

회사의 입장에서 볼 때 이직은 기업에게 꽤 큰 비용을 치르게 하는 현상이나, 일반적으로 신입사원의 이직률은 매우 높다. 그러나 효과적인 오리엔테이션은 신입사원의 초기 이직률을 낮추는 효과를 갖는다. 오리엔테이션에 대한 설문조사결과 오리엔테이션이 좋았다고 대답한 사람들은 대체로 그 회사에 오래 잔류하는 특성을 보이며, 오리엔테이션 프로그램을 개선한 결과 이직률이 무려 40% 정도 줄어든 경우도 있다.[5]

다) 조직에 대한 이해의 폭 확대

오리엔테이션을 시행하는 또 하나의 목적은 신입사원에게 조직의 본질에 대해 알리는 것으로, 조직의 역사, 구조, 핵심 경영진, 목적, 제품 및 서비스 등에 대해 소개하며, 신입사원이 맡게 되는 일이 조직 전체 구조에서 어떤 부분인지를 이해하도록 한다. 즉, 오리엔테이션을 통해 조직에 대한 이해의 폭을 넓히고자 한다.

한편 오리엔테이션은 입사자에게도 도움이 된다. 신입사원의 경우 새로운 일터에서 새로운 일을 시작한다는 생각에 흥분되기도 하며, 때로는 불안과 걱정을 하기도 한다. 오리엔테이션은 신입사원들이 갖는 이러한 문제점을 해소하는 데 도움이 된다. 즉, 상대적으로 불안감이 줄어들며 기존사원과의 인간관계도 원만해져 부서의 적응성이 높아진다.

(3) 효과적인 오리엔테이션 체계

오리엔테이션의 목표달성 여부는 실시 자체에 있는 것이 아니라 효과적인지 아닌지에 달려 있다. 따라서 오리엔테이션이 효과적으로 이루어질 수 있도록 체계화할 필요가 있다.

가) 신입사원을 맞이하기 위한 사전 준비

인사부서와 감독자는 오리엔테이션을 통해 신입사원들은 자신들이 조직의 구성원이며 중요한 존재라는 느낌을 갖도록 해야 한다. 또한 기존사원 역시 선배사원으로서 신입사원을 따뜻하게 맞이할 수 있어야 한다. 그러기 위한 준비로서 부서장이나 감독자는 신입사원이 오기 전에 기존 종업원 모두에게 신입사원을 채용한 목적에 대해서 논의하여 배치될 신입사원이 기존 부서에 도움이 됨을 인식하도록 하고 경계심을 줄이고 정착할 때까지 도움을 줄 수 있도록 하여야 한다. 때로는 경험이 많은 기존사원으로 하여금 신입사원 오리엔테이션을 맡아 수행하도록 하는 것도 도움이 된다.

나) 신입사원에게 필요한 정보의 선별제공과 제공방법 결정

오리엔테이션 과정에서는 당연히 많은 정보가 제공된다. 그러나 신입사원임에도 불구하고 마치 며칠 사이에 기존사원과 동일한 정보를 가져야 하는 것처럼 당장 필요하지도 않은 정보까지 엄청난 정보를 제공하는 경우가 있는데, 이는 신입사원을 혼란스럽게만 할 뿐이다. 너무 과다하게 많은 정보를 제공받을 경우 중요한 것을 기억하지 못하거나 부정확하게 기억하는 경우가 발생하므로 주의해야 한다.[6] 따라서 제공해야 할 정보에 대해서도 입사 후 일주일 내에 꼭 필요한 정보에 한정하여 체계적이고 간소하게 제공하는 것이 효과적이다.

오리엔테이션 정보를 일일이 설명하는 것은 효율적이지 못할 수 있다. 따라서 부서에 배치된 후 꼭 필요한 것 외에는 회사안내책자, CD를 제공하거나 회사 홈페이지의 자료실 등에 오리엔테이션 자료를 올려놓아 스스로 보도록 하고, 따로 시간과 장소를 정하여 자료 내용 중에서 의문이나 이해가 안 되는 부분에 대해 질문하고 응답하도록 하는 방법도 시간을 절약할 수 있는 방법이 된다.

다) 평가와 팔로우업

오리엔테이션 프로그램이 체계화되기 위해서는 오리엔테이션을 실시한 후 해당 프로그램을 평가하도록 하여 문제가 있는 부분을 개선할 필요가 있다. 오리엔테이션을 끝낸 후 인터뷰, 설문응답, 혹은 테스트 등을 통해서 오리엔테이션이 제대로 이행되었는지 혹은 어떤 문제점이 있었는지를 확인하고 이를 개선해 나가야 한다.

2) 재직사원훈련

일반 종업원훈련은 종업원에게 필요로 하는 직무기능과 교양교육을 통해 기업의 구성원으로서 기초적인 마음가짐이나 장래 간부의 자질 및 능력을 길러 협력적인 구성원이

되도록 한다. 직업학교훈련, 실습장훈련, 도제(apprenticeship) 훈련 등을 들 수 있다.

관리자(감독자)에 대한 교육훈련은 중간관리층이라고 할 수 있는 사무실의 부장과 과장급 사이, 작업현장에서의 반장이나 감독자의 직위에 있는 사람을 대상으로 한다. 이들에 대한 교육훈련은 다양성과 전문성의 조화를 이루는 수준에서 직장사기 문제, 모티베이션, 종업원 평가활동, 리더십, 의사소통, 생산성의 향상, 안전 등 관리자의 책임영역이 해당된다. 또 과업에 대한 지도, 팀 구축, 성과에 대한 자문능력 등도 포함된다.

경영자에 대한 교육훈련은 기업의 최고책임자로서 고도의 판단력과 의사결정능력·경영관리능력을 기르며, 최고지도자로서 통솔력과 지도력을 쌓고, 기업의 대표자로서 폭넓은 식견과 행동력을 함양하는 데 있다. 따라서 경영자의 교육훈련은 기업의 유지·발전을 위한 새로운 기업관의 정립, 기업경영의 전망, 기업환경에 적응, 리더십 등의 내용을 중심으로 한다.

직원 역량이 기업의 역량!

콘 페리(Korn Ferry)의 연구에 따르면 2030년까지 8,500만 개 이상의 일자리가 인재 부족으로 인해 채워지지 않을 전망이다. 그리고 이로인해 전 세계적으로 연간 8조 5,000억 달러의 매출 손실이 발생할 것으로 추정된다.

미래에 인적 자본이 자동화만큼 중요할 것이며 강력한 교육 프로그램이 없는 조직은 변덕스러운 인재 시장에 시달리게 될 것이라고 관측했다. 내부 인력 교육 및 역량 향상 프로그램으로 성과를 거둔 기업의 사례를 살펴보자.

장기 커리어 발전에 투자하는 캐피탈 그룹(Capital Group)

부족한 인재 시장 속에서 금융서비스 회사인 캐피탈 그룹의 경쟁 비결은 장기적인 직원 투자 전략에 집중하는 것으로, 직원들이 경력을 발전시키기 위해 조직을 떠나는 대신, 회사 내에서 경력을 쌓을 수 있도록 충분한 기회를 보장하는 것이다. 주요 방안으로는 내부 부트 캠프, 주제별 전문 지식 개발 과정, 조직 내에서 인력 유동성을 높이는 사내 인재 시장 등이 있으며, 25개월 동안의 경력 개발 프로그램인 TREX (Technology Rotational Experience)를 통해 3개의 서로 다른 IT 팀에 참가하여 다양한 커리어 경로를 탐색할 수 있다. TREX를 통해 직원들은 다른 부서에서 경험을 쌓고, 새로운 기술로 작업하고, 앞으로 나아가기 위해 관심을 가질만한 새로운 것이 있는지 확인하게 된다.

글로벌 CIO인 마르타 자라가는 "우리는 장기적 관점에 초점을 맞춘다"라며 "모든 의사결정은 장기적 조직의 건전성에 기초해 내려지며, 직원들이 가치를 느끼게 하고 조직의 성장 및 학습 문화를 강화하는 동시에 IT 부서의 조직인재 요구를 충족한다"라고 말했다.

부트 캠프로 기술 격차를 해소한 프로그레시브(Progressive)

보험 회사인 프로그레시브(Progressive)는 사내 IT 프로그래머 부트캠프를 개발했다. 비 IT 직원을 재교육하여 조직 내 기술력 및 인재 격차를 해소했다.

파일럿 프로그램은 2021년에 고객 지원, 인수 및 청구 등 현업 업무를 수행했던 8명의 참가자와 함께 시작됐다. 직원들은 15주간의 집중 교육 프로그램에 풀타임으로 참여하고 프로그램에 참여한 시간만큼 보상을 받아 교육에 완전히 집중할 수 있었다.

직원들은 이 프로그램에 참여하기 위해 기술에 대한 배경 지식을 미리 공부할 필요가 없었다. 또 이들의 새로운 업무 역할을 반영하기 위한 급여 조정과 직업 배치가 보장됐다.

듀카는 "이 프로그램이 프로그레시브에 대한 진정한 열의와 감사를 불러일으켰다. 우리 직원들은 회사가 그들에게 투자하고 여기서 계속 일하기를 원한다는 것을 잘 알고 있다"라고 말했다.

<자료> CIO Korea, Sarah K. White, 직원 역량이 기업의 역량!… 직원 업스킬링 성공 사례 4선, https://www.ciokorea.com., 2022.12.05.

제3절 교육훈련의 방법 및 평가

1 교육훈련의 방법

일단 교육훈련의 목적이 결정되면, 실제 교육훈련이 실시되는데, 교육훈련 실시에 앞서 담당부서에서는 교육훈련의 목표와 방법의 특징을 고려하여 어떤 방법이 적합할지를 판단하여 선정하여야 한다. 조직에서 공통적으로 많이 사용하는 교육훈련방법과 기술을 몇 가지로 나누어 살펴보면 다음과 같다.

1) 직장 내 훈련(on the job training: OJT)

조직 내 모든 수준에서 가장 공통적으로 이루어지는 훈련 형태는 OJT이며, 주로 관리자나 감독자 및 동료에 의해서 이루어진다. 전형적인 OJT 훈련으로 직무안내훈련(job instruction training: JIT)을 들 수 있는데, 이 훈련은 제2차 세계대전 동안 군수물자를 생산하는 산업분야에서 직무경험이 없는 시민들을 대상으로 직무에 대한 준비를 하도록 개발된 훈련으로써, 이때의 성공적인 경험으로 인해 지금도 사용되고 있다.

OJT는 종업원이 수행하는 일에 대한 관련성이 높고 유연성이 있으며, 능동적 학습의 원리가 작동되기 때문에 그 효과도 높은 편이어서 기업에서 많이 사용되고 있다. 그러나 OJT는 다음과 같은 몇 가지 문제점을 가지고 있다.

- OJT가 우연적 혹은 무계획적으로 이루어지고, 피훈련자들은 일반적으로 자신의 고유 업무에 집중하기 때문에 필요한 훈련이 제대로 이루어지지 않아 훈련이 효과적이지 않을 수 있다.
- 일상적 업무가 방해받을 수 있다.

따라서 OJT를 실시할 경우, 감독자나 관리자는 한편으로는 일상업무가 방해받지 않으면서 훈련효과도 높아지도록 사전에 체계적인 계획을 수립하여 실시하여야 한다. 예를 들어, OJT 대상자에 대해서는 업무할당과 함께 훈련내용도 동시에 할당하고, 훈련이라는 과정을 인정하여 충분한 시간을 배정하여야 하며, 성과평가 시에는 업무결과와 훈련결과를 동시에 평가하도록 하는 것이 중요하다.

2) 시뮬레이션

시뮬레이션(simulation)은 훈련상황을 실제 작업상황과 거의 동일하게 구성하여 훈련시키는 방법을 말한다. 시뮬레이션 훈련상황에서 피훈련자는 업무압력을 받지 않으면서 현실과 같은 작업조건에서 학습하게 된다. 시뮬레이션 훈련의 경우 피학습자는 스트레스 없이 직무를 배우게 되며, 훈련 후 직무에 배치되어 실수를 줄일 수 있다. 실제 직무상황과 동일한 특별시설 속에서 이루어지는 비행기의 파일럿이나 기내요원들의 훈련, 우주선에서 일하는 우주비행사 훈련, 핵발전소 운영요원의 훈련 등이 해당된다.

3) 산학협동훈련

산학협동훈련(cooperative training)이란 강의실교육과 직장경험이라는 두 가지 방법을 혼용한 것으로서 인턴십과 도제훈련제도가 해당된다.

(1) 인턴십

인턴십(internship)은 대학이나 고등학교에서의 학내 교육과 직무훈련을 병행한 OJT 형태이다. 인턴십은 고용자와 인턴 모두에게 이익이 되는데, 인턴의 경우 실재 직업세계를 경험할 수 있고, 잠재고용자를 밀접하게 알아볼 수 있는 기회와 고용대상이 될 수 있다는 장점이 있다. 한편 고용자의 경우에는 최종 고용결정을 하기 전에 일터에서 인턴이 실제 하는 행동을 관찰할 수 있는 기회가 있어 효과적인 선발을 할 수 있다는 장점이 있다.

(2) 도제훈련제도

도제훈련제도(apprenticeship)는 종업원에게 숙련되고 인증된 근로자의 안내 아래 직장 내 경험을 할 수 있도록 한 것으로, 주로 목공, 배관공, 사진제판공, 용접공 등에 대해서 이루어지며, 훈련내용, 시설, 훈련시간 및 숙달수준 등에 대해 공공기관이 감시를 한다. 도제기간은 직종에 따라 차이가 있지만 주로 2년에서 5년 정도 소요되며, 이 기간 동안 피훈련자는 자격증을 받은 사람에 비하여 낮은 임금을 지급받기도 한다. 우리나라의 경우 상공회의소에서 운영하는 인력개발원에서의 훈련이 대표적인 예라고 할 수 있다.

4) 행동경험훈련

종업원에 대한 훈련내용에는 자신의 감정관리와 타인과의 관계에서의 행동관리에 도움이 되는 훈련도 필요한데, 이에 관한 훈련을 행동경험훈련(behaviorally experienced training)이라고 한다. 행동경험훈련은 태도나, 지각 그리고 대인관계에 초점을 맞춘 것으로써 다양한 프로그램이 제시되고 있다. 예를 들어, 피훈련자로 하여금 자신이 어떤 특정 상황에 있다고 가정하도록 하고 그 상황에 표출되는 행동의 특징을 피드백 받고 적합한 행동을 학습하도록 하는 방법인 롤 플레잉(role playing), 서로 다른 성, 민족, 국가 출신의 종업원들이 함께 일하는 작업환경에서 취해야 할 적합한 태도를 학습하는 훈련인 다양성 훈련(diversity training), 그리고 자신과 상대방에 대한 참된 이해를 통해 관계를 개선토록 유도하는 감수성훈련(sensitivity training) 등이 해당된다.

5) 강의실 교육과 토론훈련

직무기술관련 훈련과 개발훈련을 위해서 이루어지는 훈련 세미나, 훈련 코스에는 실습 외에도 강의와 토론이라는 과정이 많은 부분을 차지한다. 강의실 교육에서는 학습경험을 증대시키기 위하여 사례, 영화, 비디오와 같은 도구를 이용하여 피훈련자들로 하여금 토론하도록 하기도 한다. 일부 대기업들은 회사 스스로 사내대학을 세워 종업원 학습을 위한 강의실 훈련 과목들을 설정하고 그에 맞추어 종업원의 학습을 시키고 있다.

6) 훈련 매체(training media)

과거와 달리 훈련자나 피훈련자에게 교육과 학습을 위해 사용되는 매체가 다양해지고 있다. 가장 공통적인 것으로는 시청각 지원과 컴퓨터 지원 강의이다. 원거리 교육을 위해서는 양방향 텔레비전 기술이나 컴퓨터 기술을 사용하기도 한다. 또한 인터넷과 인트라넷을 이용한 훈련의 비중도 늘어나고 있다.

(1) 시청각 지원

오디오테입이나 비디오테입 또는 영화 등이 시청각 교육 지원(audiovisual aids)에 해당되는데, 이들은 일방향 교육에 해당된다. 시청각 지원을 하는 것은 강의실에서 훈련자가 제공하기 어려운 정보를 제공해줄 수 있기 때문이다. 기계나 실험의 실연이나 행동분석 등을 비디오테입에 담아 자세하게 설명하는 것이 그 예이다.

(2) 컴퓨터 지원 교육

컴퓨터 지원 교육(computer-assisted instruction: CAI)은 피훈련자로 하여금 컴퓨터와 상호작용을 함으로써 학습하도록 돕는 것을 말한다. CAI 기술의 응용은 훈련상황의 효과성과 효율성을 개선하고 학습한 내용이 직무성과로 잘 전이되도록 돕기 위한 것이다. 컴퓨터 시뮬레이션을 통해 학습자들은 학습내용의 소개, 테스트, 훈련, 실습 및 응용 등을 하게 된다.

(3) 원거리 교육훈련

많은 대학들은 상호작용 투웨이 텔레비전을 사용하여 원거리 교육훈련(distance training/learning)을 실시하고 있다. 이 방법은 한 명의 강사가 여러 곳에서 별도로 강의를 받고 있는 사람들을 볼 수 있고, 그들에 대해서 반응할 수 있도록 한 것으로서, 이 시스템이 완벽하게 구현될 경우 종업원들이 직장에 있건 아니면 집에 있건 간에 전 세계의 어느 곳에서나 강의를 받을 수 있게 된다.

2 교육훈련의 평가

교육훈련평가는 훈련 후 결과와 관리자와 훈련자 그리고 피훈련자가 기대한 목표와 비교하여 어느 정도 효과가 있었는지를 확인하는 과정을 말한다. 일반적으로 업무성과와 달리 훈련에 대해서는 그 성과를 알아보는 측정이나 평가를 하지 않은 경우가 많다. 그러나 교육훈련은 시간과 비용이 많이 드는 일종의 투자이기 때문에 반드시 평가가 이루어져야 한다.

1) 평가방법

교육훈련평가에 관한 한 가지 방법으로 비용편익분석(cost/benefit analysis)을 들 수 있다. 이 방법은 실제 교육훈련에 들어간 비용과 얻어진 효과를 비교하는 것인데 훈련 전후의 성과가치를 측정하는 것이 최선의 방법이라고 할 수 있으나 실제 비용과 편익을 주의 깊게 측정하는 것이 어떤 경우에는 매우 어려울 수도 있어 벤치마킹을 사용하기도 한다.[7] 미국의 경우 훈련에 대한 벤치마킹은 매년 1,000명 이상의 사용자로 하여금 훈련에 관한 상세한 설문지를 작성하도록 하여 얻은 비교자료를 만들어 제공하는 ASTD(American Society of Training and Development)의 벤치마킹 서비스를 이용할 수 있다.

2) 평가수준

교육훈련을 어떻게 평가할 것인가는 교육훈련을 시작하기 전에 이미 설계되어야 한다. 한 연구에 의하면 교육훈련은 네 가지 수준으로 평가될 수 있다.[8] 네 가지 수준은 반응(reaction), 학습(learning), 행동(behavior), 그리고 결과(results)인데 앞 단계보다 뒷 단계의 요인을 측정할수록 평가의 어려움은 커지지만 가치평가의 정확성은 높아진다.

(1) 훈련 후 반응평가

일반적으로 조직은 훈련 후 바로 설문지나 인터뷰를 통해 피훈련자의 훈련에 대한 반응(reaction)을 평가한다. 예를 들어 회사 중간관리자 30명이 효과적인 의사소통기술에 관한 1박 2일짜리 워크숍에 참여하였을 때, 훈련을 마친 후 바로 피훈련자인 관리자들에게 훈련의 가치, 훈련교사의 스타일, 훈련의 유용성 등을 평가하도록 하는 방법이다. 그렇지만, 이 방법은 그 훈련이 자신들에게 얼마나 유용한가보다는 그 훈련을 얼마나 좋아했는가를 측정하고 있다는 한계를 갖는다.

(2) 학습평가

학습정도를 평가하는 것은 피훈련자들이 사실, 아이디어, 개념, 이론 및 태도를 얼마나 잘 학습하였는가를 측정하여 평가하는 것으로서 학습내용에 대한 테스트가 주로 사용되며, 일반적으로 학습 전과 후의 측정점수를 비교하여 평가가 이루어진다. 필요에 따라서 피훈련자의 관리자들을 워크숍 세션의 말미에 참석하도록 하여 인터뷰에 참여하도록 하거나, 퀴즈를 내도록 하거나 주요 학습내용에 관하여 질문을 하도록 하기도 한다. 그러나 학습이 제대로 되었는지에 관한 테스트의 통과가 학습한 것을 업무에 이용할 수 있다거나 과거와 다르게 행동한다는 것을 보장하는 것은 아니라는 한계를 갖는다.

(3) 행동평가

행동수준에서 이루어지는 평가방법에는 피훈련자나 동료와의 인터뷰를 통해 직무수행에 미치는 훈련의 효과를 측정하는 것과 실제 직무성과를 관찰하는 방법이 있다. 예를 들어, 앞서 언급한 의사소통기술 워크숍에 참석한 관리자들에 대한 행위적 평가는 그들이 실무 부서로 돌아가 동료 및 상사 혹은 고객과 의사소통하는 과정을 관찰함으로써 이루어질 수 있다. 만일 그 관리자들이 훈련에서 배운 기술을 반복적으로 사용하는 경우에는 훈련에 대한 행동평가는 긍정적으로 나타날 것이다.

(4) 결과평가

사용자들은 무엇보다도 조직목표의 성취도에 미치는 효과를 측정함으로써 훈련을 평가하고자 한다. 즉, 생산성이나, 이직, 품질, 시간절약, 판매량, 그리고 비용과 같은 결과지표들이 상대적으로 구체적이고 현실적이기 때문에, 훈련 전후의 기록을 비교하는 평가를 하고자 한다. 그렇지만 이 방법은 변화의 원인이 훈련 외에 다른 요인들도 요인이 될 수 있기 때문에 최종적으로 훈련이 변화를 가져왔는지 여부를 정확하게 말할 수 없다는 한계를 갖는다.

3) 교육훈련평가의 설계

교육훈련이 진정 의미 있는지를 알아보기 위해서 기업 측에서는 평가에 대해서도 설계를 하기도 한다. 기업들은 주로 다음과 같은 3가지 평가설계 방안을 사용한다.

(1) 훈련 후 측정

훈련의 효과를 평가하는 가장 분명한 방법은 훈련 후 피훈련자가 자신의 부서로 돌아가 관리자가 원하는 방식으로 성과를 내는가 여부를 판단하는 훈련 후 측정방법이다. 20명의 타이피스트를 관리하는 관리자가 그들의 타이핑 속도를 개선해야 할 필요성을 느낀다고 가정해보자. 만일 타이피스트들 모두가 훈련 후 목표속도로 타이핑을 한다면, 그 훈련은 도움이 되는 것으로 볼 수 있을 것이다. 물론 타이핑 속도가 훈련의 결과인지 아니면 훈련 없이도 달성될 수 있었는지를 단정하기는 어려울 것이다.

(2) 훈련 전후 측정

혹시라도 훈련 전에도 그러한 능력이 있었다는 주장을 피하기 위해서, 만일 관리자가 훈련 전후의 타이핑 속도를 측정하였다면 훈련이 어떤 차이를 유발했는지를 판단할 수 있을 것이다. 즉, 훈련 전에 사전 테스트를 통해 능력을 측정하고, 훈련 후 테스트를 통해 능력을 측정할 경우 어떠한 변화가 있었으며, 훈련목표가 달성되었는지를 판단할 수 있을 것이다.

(3) 통제집단 포함 훈련 전후 측정

한편 타이핑 속도에 변화가 있다 할지라도 그 변화의 원인이 훈련의 결과인지 아니면 다른 요인 때문인지를 알 수 없다. 왜냐하면 사람들은 자신들이 테스트 받고 있다고 느낄 때 보다 열심히 하는 경향을 보일 수 있기 때문이다. 이러한 문제를 해결해 줄 수 있는 방법으로 통제집단을 포함한 훈련 전후 측정방법을 사용할 수 있다. 예를 들어 훈련받게 될 타이피스트 외에도 훈련을 받지 않게 될 다른 타이피스트도 포함하여 사전 테스트를 하고, 이어서 훈련을 받은 타이피스트의 훈련 후 타이핑 속도를 측정할 경우 훈련의 효과를 분명하게 확인할 수 있을 것이다. 이를 그림으로 나타내면 〈그림 7-3〉과 같다.

그러나 이 방법에도 몇 가지 한계가 있으므로 주의하여 선택해야 한다. 첫 번째는 이 방법은 동일한 일을 수행하는 종업원이 충분히 많을 때만 사용할 수 있다는 점이다. 둘째, 한 그룹이 훈련에서 제외되기 때문에 통제집단에서 부정적 감정이 유발될 수 있으며 왜곡된 결과를 이끌어낼 수 있다는 점이다. 세 번째는 실험집단의 성과변화에 다른 요인이 영향을 미칠 수 있음에도 불구하고 실험집단에서의 어떠한 성과변화도 마치 훈련에 기인한 것으로 돌려질 수 있다는 점이다.

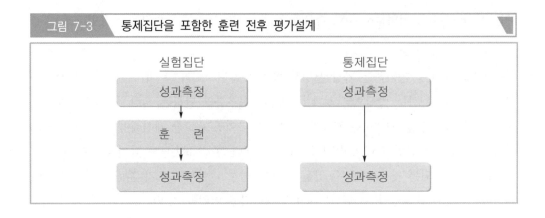

그림 7-3   통제집단을 포함한 훈련 전후 평가설계

실험집단

성과측정

훈   련

성과측정

통제집단

성과측정

성과측정

3 교육훈련의 바람직한 방향

급변하는 경영환경과 경쟁의 심화 등으로 인력의 중요성이 커지고 있고, 동시에 교육
훈련의 중요성이 부각되고 있다. 또한 사회는 정보화, 지식화, 디지털화, 글로벌화 등의
변화에 직면해 있어 교육훈련의 방향 역시 그러한 경영환경을 반영하여 이루어질 필요성
이 늘어나고 있다. 따라서 기업의 지속적 성장과 교육훈련의 효과를 높이기 위해서 다음
과 같은 제안에 착안하여 접근할 필요가 있다.

첫째, 비전과 전략 그리고 지식가치에 적합한 교육훈련이어야 한다. 기업의 비전과
전략은 기업의 교육훈련 프로그램이 어떻게 구성되어야 하고 어떤 방향으로 나아가야 하
느냐를 제시하여 준다.

둘째, 글로벌화에 적합한 교육훈련이어야 한다. 기업의 국제경영인 양성은 한 기업의
성장과 확대과정이 세계의 경영환경과 여건변화와 더불어 중요한 생존요인이다. 따라서
국제경영인에 대한 양성은 거시적 안목에서 최고경영자의 강한 의지와 과감한 투자, 그리
고 전사적인 국제화 분위기가 조성되어야 한다.

셋째, 정보화와 디지털화에 적합한 교육훈련이어야 한다. 최근 전략정보로서 질적 변
화가 더욱 고도화됨에 따라 기업에 필요한 정보를 수집하고 데이터베이스로서 활용하는
것은 기업활동에 있어 중요한 요소이기 때문이다.

넷째, 경영이념, 기업문화 형성에 기여하는 교육훈련이어야 한다. 기업은 경영다각화,
조직다양화, 종업원 의식의 개성화 등 새로운 방향으로 끊임없이 변화되고 있어 경영이념
및 비전을 명시함으로써 조직에 활력을 불어넣을 수 있다.

다섯째, 교육훈련 측정결과를 인사정책에 반영하여야 한다. 교육훈련평가는 훈련 전,

훈련 직후 그리고 일정가간 후의 3단계 평가방법이 바람직하다. 특히 평가의 신뢰성을 확보하기 위해 교육훈련 전·후의 평가는 반드시 실행되어야 한다.

　바람직한 교육훈련의 핵심은 최고경영자의 의지이다. 최고경영자가 기업목표를 달성하는 데 필요한 생산성 목표와 함께 교육훈련이 기업목표를 뒷받침하고 있다는 사실을 인식하고 주도적인 노력과 지원을 아끼지 않아야 한다.

쉬어갑시다　성장시키며 성과를 내는 것이 인재 경영

　최근 기술의 발전과 코로나 팬데믹은 조직에 많은 변화를 가져왔다. 비즈니스 모델을 근본적으로 뒤흔들었고 구성원의 일하는 방식과 조직의 구조에도 영향을 미쳤다. 조직 내에서 어떤 때는 기능 중심으로 조직이 운영되기도 하고, 어떤 때는 제품 중심으로 조직이 운영되는 방식의 혼합형 조직이 나타나고 있다. 변화하는 고객의 요구에 맞춰 빠르고 유연하게 대처하는 제품 중심의 조직으로 모이기도 하고, 동시에 독립된 공간에서 각자의 전문성으로 업무를 해내는 기능 중심의 조직으로 움직이기도 하는 것이다. 쉽게 말해서 이제 구성원은 기능과 제품 두 가지의 정체성으로 계속해서 변화하는 조직에서 일하게 됐다. 혼합형 조직은 이제 선택이 아닌 필수다.

　혼합형 조직이 효과적으로 운영되기 위해서는 인재 경영에 대한 본질적인 이해가 필요하다. 단순히 좋은 인재들이 모여서 혼합형 조직으로 운영하는 것만으로는 경영의 성과로 이어지지 않기 때문이다. 각 직무에서 탁월한 인재들을 모아 제품 조직으로 구성했는데도 이상하리만큼 조직의 성과가 나지 않는 것을 자주 발견할 수 있다. 인재를 통한 조직의 경영 성과를 이뤄내는 인재 경영에 대한 이해가 필요한 이유다.

　인재 경영의 정의를 흔히 '사람을 성장시켜, 사람을 통해 경영을 성공시키는 것'이라고 한다. 인재를 통해 경영의 성과를 이뤄내는 것이 인재 경영의 본질이다. 하지만 많은 조직이 이 조직화 단계에서 한 가지 오류에 빠지게 된다. 바로 '인재 경영'을 '인재 활용'으로 오인하는 것이다. 많은 CEO가 스스로 인재 경영에 관심이 많고 인재 경영에 에너지를 쏟고 있다고 말한다. 그래서 변화하는 환경에 맞는 조직 구조를 고민하고 혼합형 조직을 운영하고 있다고들 한다. 하지만 실제로는 '인재 경영'이 아닌 '인재 활용'에 그치는 경우가 많고, 이는 조직의 성과로 이어지지 못하는 결정적인 원인을 제공한다.

　인재 활용과 인재 경영에는 중요한 3가지의 차이점이 있다.

　1. 인재 활용은 리더의 탁월성을 서포트(support)하는 구성원을 활용하는 것이지만 인재 경

영은 리더보다 뛰어난 구성원이 함께 일하는 것이다.

2. 인재 활용은 당장 사용할 수 있는 역량을 억지로 끄집어내는 것이지만 인재 경영은 구성원이 성장하는 과정에서 지속적으로 성과를 만들어 내는 것이다.

3. 인재 활용에 있어 리더의 실패는 조직의 실패로 이어지지만 인재 경영은 리더가 실패해도 구성원의 성과가 조직을 살린다.

이러한 차이를 이해하지 못하거나 인재 경영을 실현하는 방식으로 조직이 운영되지 못한다면 아무리 빠르게 혼합형 조직으로 구성원을 모았다 펼쳤다 하더라도 성과로 이어지지 않는다. 실제로 뛰어난 구성원들을 TF(Task Force)팀으로 모으더라도 인재 경영의 관점에서 조직이 운영되지 않으면 그저 그런 성과를 내는 데 그치는 경우가 많다.

혼합형 조직에는 강점이 필요하다. 탁월한 CEO 한 사람이 성과를 만들지 못한다. 역량이 뛰어난 스타 개발자 한 사람이 비즈니스의 성공을 이끌지 않는다. 혼합형 조직은 이러한 CEO와 개발자, PO, UX/UI 디자이너의 시너지로 지속적인 성과를 만들어낸다. 그리고 개발자 조직 안에서도 각자에게 맞는 전문성과 탁월성을 개발하는 성장이 조직의 차별성을 만들어 낸다. 이 때문에 구성원의 강점에 집중하고 각자가 가장 탁월하게 잘할 수 있는 강점에 집중해야 한다. 이러한 강점을 바탕으로 조직이 운영될 때, 인재가 조직의 성과를 견인하는 혼합형 조직의 이상적인 인재 경영도 실현될 수 있을 것이다.

<자료> 김봉준, 혼합형 조직에서 인재 경영이 중요한 이유, 동아비즈니스리뷰 351호. 2022.08.

제4절 인적자원개발의 의의

1 개발의 정의와 훈련과의 차이

인적자원의 개발(development)이란 현 직무에 요구되는 역량 이상으로 역량을 향상시키는 것으로서, 다양한 업무를 다룰 수 있도록 종업원의 능력을 향상시키는 과정이다. 기업구성원의 능력을 향상시킨다는 면에서는 훈련과 개발 간에 차이가 없어 보이지만 몇 가지 면에서 차이가 있다.

훈련은 현재 종업원이 맡게 될 직무에 관련된 직무수행방법과 기술을 가르쳐 숙달되

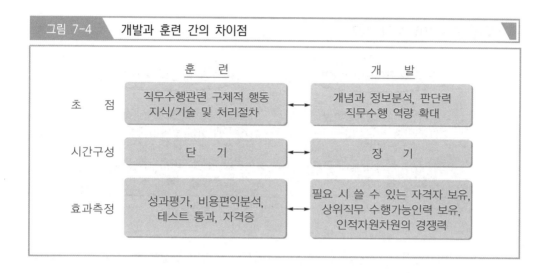

그림 7-4   개발과 훈련 간의 차이점

	훈 련	개 발
초 점	직무수행관련 구체적 행동 지식/기술 및 처리절차	↔	개념과 정보분석, 판단력 직무수행 역량 확대
시간구성	단 기	↔	장 기
효과측정	성과평가, 비용편익분석, 테스트 통과, 자격증	↔	필요 시 쓸 수 있는 자격자 보유, 상위직무 수행가능인력 보유, 인적자원차원의 경쟁력

게 함으로써 적절한 수준의 직무수행능력을 형성시키는 것을 말한다. 반면에 개발은 현재 직무의 수행능력 외에 조직의 구성원으로서 직무를 수행하는 데 필요하며, 조직 내에서 장차 맡게 될 직위에 필요한 능력을 키우는 것을 말한다. 예를 들어, 조립업무를 수행하는 종업원에 대한 훈련은 조립절차, 조립방법, 도구사용법 등을 훈련시키겠지만, 개발은 조직원으로서 동료들과의 의사소통 문제가 발생했을 때 긴급조치에 관련된 판단력을 향상시키는 것이 해당된다. 개발과 훈련과의 차이점을 나타내면 〈그림 7-4〉와 같다.

개발은 종업원을 단순히 기계적인 직무수행자로 보기보다는 조직의 구성원으로 보고 직무행동에 한정하기보다는 조직행동으로 그 범위를 포괄적이고 장기적인 차원에서 판단력, 책임감, 의사결정능력, 의사소통능력, 갈등해결능력과 같은 능력을 향상시키는 행위라고 할 수 있다.

2 개발의 기대효과

기업환경의 변화로 인해 개발의 의의와 내용 및 대상에 변화가 있다 할지라도 개발은 조직과 종업원 모두에게 긍정적 효과를 가져다 준다. 먼저 조직 측면에서 보면 개발을 통해 종업원과 관리자가 보다 많은 경험과 능력을 갖추게 될 경우 조직은 급변하는 경쟁환경 속에서 보다 경쟁력 있고 가치 있는 업무결과를 생산해 내고 변화에 대응하는 유연성을 확보하는 등의 효과를 기대할 수 있게 된다. 그리고 종업원 입장에서는 개발과정에

그림 7-5 개발의 기대효과

조직 측면의 기대효과
- 종업원과 관리자의 역량 향상에 따른 경쟁환경에서의 경쟁력 확보
- 전략 및 구조 변화에 따른 조직유연성 확보

종업원 측면의 기대효과
- 개발과정에서의 경력방향성 결정과 해당 분야의 개인역량 향상
- 역량 향상에 따른 승진가능성과 직업안정성 확보

서 자신의 경력방향성을 갖게 되며, 해당 분야에서의 역량이 향상됨에 따라 보다 상위 직무로의 이동이 가능해지고 또한 보다 폭넓은 분야의 일을 담당할 수 있어 직업안정성이 향상되는 효과를 기대할 수 있게 된다.

제5절 인적자원개발의 과정

1 인적자원개발 절차

개발이란 조직의 미래를 대비한 인적자원계획을 바탕으로 조직의 인적자원개발에 대한 필요성을 확인하고 이를 충족시키는 장기적인 종업원 양성과정이다. 구체적으로 인적자원계획내용과 인적자원이동의 예측내용 그리고 구성원들의 역량에 대한 자료를 바탕으로 누가 승진해야 할지 그리고 누가 리더가 되어야 할지를 판단하며, 이러한 판단자료를 통해 개발해야 할 역량과 정도에 대한 필요성 여부를 결정하게 된다. 인적자원의 개발필요성이 확인되면 이어서 개발계획과 개발방법을 정하며, 이를 실행에 옮긴 후 개발절차의 성공 여부를 평가하고 필요한 경우 변화를 가하기도 한다. 이러한 인적자원개발 절차를 그림으로 나타내면 〈그림 7-6〉과 같다. 다음에서는 이와 관련된 주요 문제를 살펴보기로 하자.

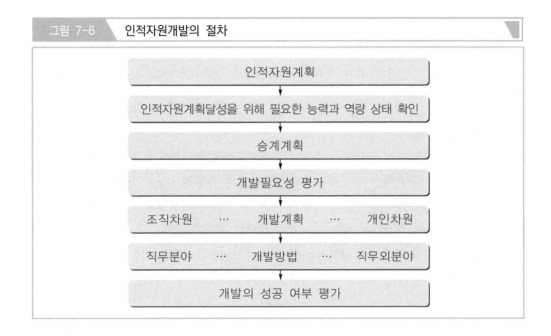

그림 7-6 인적자원개발의 절차

인적자원계획

인적자원계획달성을 위해 필요한 능력과 역량 상태 확인

승계계획

개발필요성 평가

조직차원 ⋯ 개발계획 ⋯ 개인차원

직무분야 ⋯ 개발방법 ⋯ 직무외분야

개발의 성공 여부 평가

2 개발필요성 분석

1) 개발필요성 분석

개발에는 많은 비용과 시간이 소요되므로 사전에 조직 및 종업원 측면에서 개발필요성이 있는지를 분석할 필요가 있다. 개발필요성 분석(development needs analysis)이란 조직의 인적자원계획을 기준으로 미래 시점에서 필요 역량을 갖는 인력을 필요한 만큼 확보하기 위해 현재 종업원들의 능력 상태를 확인·평가하고, 어느 정도의 인력을 어떤 능력수준으로 개발해야 할 것인가를 분석하는 것을 말한다. 또한 조직을 운영하는 데 상대적으로 중요한 영향을 미치는 관리직위를 대상으로 특정 시점에서 공석이 예상되는 직위와 그 직위를 채우기 위해 필요한 경험과 지식 및 기술, 직위 간의 관계 등을 확인하고, 필요한 시점에 맡겨질 직무를 온전하게 수행할 수 있도록 충분한 경험을 갖는 적합한 사람이 가용될 수 있도록 하는 사전조치계획을 승계계획(succession planning)이라고 하는데, 미래의 관리직위를 감당할 능력 있는 미래관리자를 양성하기 위한 승계계획을 통해서도 개발필요성 분석이 이루어진다.

2) 개발필요성 분석방법

개발필요성을 확인하기 위해 조직은 평가센터법, 심리테스트법, 인사평가 등 다양한 방법을 사용한다.

(1) 평가센터법

평가센터법(assessment centers)은 주로 관리자 선발 및 능력개발에 많이 사용되는 것으로, 평가센터가 주체가 되어 잠재관리자의 능력상태와 개발필요성을 진단하는 방법이다. 평가센터법에서 평가센터란 단순히 장소가 아니라 개인의 개발필요성을 진단하기 위해 설계된 실습(exercises)과 도구(instruments)의 집합체를 의미한다.

미래의 관리자의 역량개발 필요성을 분석하는데 평가센터법을 이용하는 이유는 리더에 필요한 역량은 단순히 성과나 논술시험을 통해서 확인하기 어려운 부분이 많기 때문이다. 즉, 관리자 또는 리더에게는 리더십(leadership), 주도성(initiative), 감독기술(supervisory skills)과 같은 역량이 중요하나 이러한 것들은 행위적이고 실천적인 것이어서 말이나 글로 표현한 것과 일치하지 않기 때문에 인터뷰나 논술시험만으로는 측정이 거의 불가능하다. 그러나 평가센터법은 참여자들로 하여금 현실적인 문제를 해결하도록 하고 그 과정을 관찰하여 평가하기 때문에 관리자 임용을 위한 인터뷰나 감독자 평가 혹은 논술시험에서 나타날 수 있는 한계를 극복할 수 있어 관리자로서의 잠재력을 판단하는 뛰어난 수단으로 인정되고 있다.

또한 평가센터법은 상사들이 미처 파악하지 못했던 재능을 파악하거나 혹은 관리자로서의 잠재력이 있는 사람들을 보다 명확하게 알아낼 수 있다는 장점을 갖는다. 그렇지만 평가센터법은 관리자들이 승진결정의 어려움이나 승진에 관련하여 부하직원과의 관계악화 등의 문제를 피하기 위해 관리자로서의 적합성 여부를 평가센터에 넘기는 등 관리자들이 남용 혹은 악용할 소지도 있다는 한계를 갖는다.[9]

(2) 심리테스트

심리테스트(psychological test)는 종업원의 정서나 성격의 확인 외에도 종업원의 모티베이션, 논리력, 리더십 스타일, 인간관계반응 소양 및 직무선호도에 관한 정보와 개발필요성에 대한 정보를 제공해 줄 수 있는 방법이다.

이러한 심리테스트는 주로 지필테스트로 이루어지기 때문에 테스트 대상자가 원하는 결과를 얻기 위해 조작하여 응답하는 것이 가능하다는 문제점을 갖는다. 또한 테스트 결과는 상사와 부하직원 모두에게 전달되는데 만약 상사나 부하직원이 심리테스트 결과 해석에 대한 교육을 받지 않은 경우 정확한 해석이 어려워지며, 때로는 상사의 주관적 견해가 해석에 영향을 미칠 수 있다는 한계를 갖는다. 따라서 심리테스트는 자격 있는 전문가가 실시하고, 결과에 대한 해석은 관리자(상사)가 하되 심리테스트 전문가의 조언과 도움을 받는 것이 타당하다.

(3) 인사평가

한편 미래의 관리자 양성을 위한 개발필요성을 확인하는 방법 중에는 대상자들에 대한 직무수행평가(인사평가) 내용도 주요한 자료가 될 수 있다. 주로 업적자료, 동료 및 상사 등 인간관계에 대한 자료, 직무지식 및 기능에 관한 자료 등이 사용된다.

한편 개발필요성을 확인하기 위해 사용하는 인사평가는 개발목적으로 이루어진 것이어야 한다. 왜냐하면 상대평가 등의 엄격한 측정보다는 관리자로서의 필요기준을 정하고, 그 기준에 입각하여 현재 어느 정도 수준에 있으며, 앞으로 어떤 역량을 개발해야 할지를 판단할 수 있는 자료이어야 유용하게 사용할 수 있기 때문이다.

3 개발방법과 선택

개발은 직장 내에서 업무를 수행하면서 이루어지는 개발과 직장 외에서 업무와 분리된 상태에서 이루어지는 개발이라는 두 가지 방향에서 전개될 수 있다.

1) 직장 내 개발방법

직장 내에서 이루어지는 개발방법(job-site development methods)에는 코칭, 위원회 참여제, 직무순환제, 보좌관 직무제 등 여러 가지 방법이 있다.

(1) 코칭

코칭(coaching)은 직장 혹은 부서 내에서 이루어지는 가장 전형적인 개발방법으로 경험과 지식이 많은 사람이나 직속상사가 부서원에 대해 훈련을 시키고 피드백을 하는 방법이다. 코칭은 일을 하면서 학습하는 것으로 효과적인 코칭을 위해서는 감독자와 종업원간에 건전하고 열린 관계가 형성되어 있어야 한다. 또한 경험이나 지식이 많을 지라도 학습자를 체계적으로 안내하지 못할 경우 효과가 떨어지므로 코치를 선정하기 위해서는 숙련과 경험뿐만 아니라 체계적인 코칭능력 여부도 확인해야 한다. 한편 코칭은 업무를 수행하면서 이루어진다는 특징으로 인하여 수시로 이루어질 수 있다는 장점이 있지만, 동시에 업무가 우선할 수 있기 때문에 체계적이고 지속적으로 이루어지지 못할 수 있다는 한계도 갖는다.

(2) 위원회 참여제

위원회 참여제(committee assignment)란 주로 관리자들만 참석하는 위원회에 관리자가 아닌 종업원을 참석하도록 하는 것으로, 이를 통해 미래의 관리자로 하여금 새로운 경험을 갖도록 하며 조직의 성격과 이슈 및 절차 등에 대해 보다 폭넓은 시각과 이해력을 갖추도록 하는 방법을 말한다. 예를 들어, 감독자가 참석하는 안전위원회에 종업원을 참석토록 함으로써 그 종업원으로 하여금 감독자가 되기 위해서 필요한 안전에 관한 관심과 사전 지식을 갖추도록 하는 것이다. 안전위원회에 참석한 종업원은 자신이 미래의 감독자가 될 것이라는 생각에 동기부여도 되고, 동시에 안전에 관한 많은 지식을 얻을 수 있게 된다.

(3) 직무순환제

제2장에서 살펴본 것과 같은 직무순환제(job rotation) 역시 미래의 관리자 양성을 위한 개발방법으로 활용할 수 있다. 기업에 따라 순환주기를 달리 운영할 수 있지만, 장래성 있는 종업원에 대해서는 생산부서, 기획실, 판매부서 등을 순환시킴으로써 기업 내에서 이루어지는 전반적인 사항을 파악하도록 하기도 한다. 경우에 따라서는 하나의 부서 내에서도 직무순환제를 운영할 수 있는데, 예를 들어 판매부서의 경우 관리자로서 장래성 있는 종업원으로 하여금 산업 판매, 소매점 판매, 상품교육 등의 분야를 순환하며 근무하도록 하기도 한다.

인력개발이라는 목표로 이루어지는 직무순환은 경로와 스케줄을 만들어 프로그램에 따라 순환시키는 것이 바람직하며, 다음과 같은 규칙을 따를 때 효과가 높아진다.

- 종업원을 핵심사업부(핵심업무)를 수행하는 직위로 이동하도록 한다.
- 되도록 고객과 더 가까이 접촉하도록 한다.
- 새로운 기술과 시각을 배울 수 있도록 한다.

(4) 보좌관제

보좌관제란 관리자의 업무량과 복잡성을 보완하기 위하여 종업원을 관리자 지휘 하의 스탭으로서 역할을 하도록 하는 것으로서, 보좌관은 그 역할을 수행하는 동안 상사인 관리자의 의사결정방식, 문제해결방식, 인간관계기술 및 기타 관리방식 등을 측근에서 배울 수 있으며, 때로는 관리자 유고 시 이를 대행함으로써 관리자로서의 직·간접 경험을 하도록 하는 개발방법이다. 이 방법은 모델이 되는 경영자나 관리자의 모범이 되는 행동을 모방학습하도록 하는 것으로 일종의 모델행동(behavior modeling)을 근간으로 한다. 때문에 모델이 되는 성공적인 경영자나 리더의 선정 여부가 개발의 성패에 중요한 역할을 한다. 기업에 따라 보좌관제와 성격이 유사한 제도로서 "주니어 이사회(junior boards of directors)"나 "경영내각(management cabinets)"과 같은 제도를 두어 운영하기도 한다. 이러한 제도의 틀에 참여하게 되는 종업원은 도전적이고 흥미로운 업무를 다루게 되며 보다 거시적인 시각을 갖게 된다.

2) 직장 외 개발방법

직장 외 개발방법(off-site development methods)이란 종업원들로 하여금 자신의 직무에서 벗어나 학습하도록 하는 것으로서, 학습에 집중할 수 있고, 다른 조직이나 부서의 사람들과 경험을 나눌 수 있어 서로 다른 시각을 경험하고 학습할 수 있다는 장점을 갖는다. 직장외 개발방법으로는 다음과 같은 방법들이 이용된다.

(1) 강의실 교육

인적자원의 개발을 위해 사용하는 강의실 교육은 새로운 업무나 직위를 수행하는 데 필요한 지식을 전달하는 과정으로서, 소규모 기업들은 전문관리자 양성과정에 등록하여 참여하도록 하며, 큰 기업들은 전문훈련센터를 운영하여 강사를 초청하거나 혹은 사내 강사를 이용하여 강의실 교육을 실시한다. 강의실 교육은 주로 짧은 시간 내에 다양한 지식을 전달하는 방법으로 이용되나, 이 방법은 피교육자가 질문이나 토론 기회가 적어 수동적이게 되며, 학습자의 참여가 낮다는 단점을 갖는다. 따라서 강의실 교육의 효과성을 높이기 위해서는 수강집단의 규모, 강사, 그리고 주제에 대해 보다 깊은 주의를 기울여야 한다.[10]

(2) 인간관계훈련

인간관계훈련(human relations training)이란 사람 간에 발생하는 문제에 잘 대처하도록 하여 다른 사람들과 조화롭게 일하도록 하는 데 필요한 인간관계기술을 개발하기 위한 것이다. 한 연구에 의하면 신임관리자가 실패하는 이유에는 내부정치적 문제, 과업들 간의 균형문제, 업무의 파악문제, 중요목표의 성공 여부, 상사의 기대에 대한 잘못된 이해문제, 부하직원이나 동료들과의 팀워크문제 등이 있는데, 이 중 가장 빈도가 높은 문제가 바로 부하직원이나 동료들과의 팀워크문제인 것으로 나타났다.[11] 따라서 대부분의 인간관계훈련 프로그램은 상대적으로 경험이 적은 일선감독자와 중간관리자들을 대상으로 하며, 인간관계훈련 프로그램의 주된 분야는 주로 모티베이션, 리더십, 종업원 의사소통, 작업장의 인간화에 관한 것이다.

(3) 사례연구

사례연구(case studies)란 경영지식과 방법을 학습하는 매개수단인 사례를 분석하도록 함으로써 피학습자로 하여금 단순히 개념을 암기하는 것이 아니라 분석하여 판단하고 결정하는 등 응용에 초점을 맞추어 학습하도록 하는 방법이다. 따라서 강의실에서 이루어지는 방법임에도 불구하고 단순히 암기해야 할 지식을 전달하는 것과는 차이가 있다. 따라서 사례연구의 경우 개발목적에 적합한 사례의 선정에 각별한 주의를 기울일 필요가 있다.

(4) 역할연기

역할연기(role playing)란 특정한 상황을 설정하고 피훈련자로 하여금 그 상황 속에서의 특정 역할을 맡겨 그 역할에 관한 행동을 실연하도록 하는 방법을 말한다. 이 때 설정되는 상황이나 맡겨지는 역할은 실제 조직이나 직무상황에서 발생하는 것들과 유사한 것들이다. 따라서 역할연기에 참여한 사람들은 현재 혹은 미래에 직면하게 될 문제들과 제약조건 등의 상황에서 보다 바람직하고 합리적인 행동이 무엇인지를 경험적으로 인식할 수 있게 된다.

예를 들어, 부하직원들 간에 갈등이 심화된 상황에서 자신이 상사의 역할을 맡게 되었을 때 고민해야 할 사항, 각각의 부하직원에 대해 보여야 할 행동, 모두가 함께 있을 때 제시해야 할 대안 등에 대해 경험할 수 있게 된다. 특히 역할연기는 단순히 역할만 시행하는 것이 아니라 부적절한 행동에 대한 토론과 논의를 유발하며, 동시에 최적행동 대안이 사전에 결정되어 있어 바람직한 행동을 반복하여 학습할 수 있다는 장점이 있다.

(5) 다양성 훈련

다양성 훈련(diversity train−basket exercise)이란 직장내 혹은 작업장에 인종과 성의 차이가 있는 구성원들이 혼재되어 있을 때 이들 간의 긴장이나 혹은 차이를 이해하고, 차이에 의해 발생하는 문제를 해결하며 더 나아가 다양성의 장점을 살릴 수 있는 지식과 방법을 깨닫게 하는 훈련을 말한다. 다양성은 조화를 이루어낼 때 다양한 시각을 경험할 수 있기 때문에 창의성을 유발할 수 있지만, 조화를 이루지 못할 경우 구성원 간의 갈등과 마찰을 유발할 수 있어 조직은 이를 반드시 해결해야 할 문제이기도 하다. 하지만 이 문제를 해결하고자 하는 시도는 가끔 구성원들의 반발과 과민반응을 유발할 수 있어 작업장 내에서 사용하기 보다는 직접적 관계가 없는 서로 다른 작업장의 구성원들을 모아 훈련하는 것이 바람직하다.

(6) 비즈니스 시뮬레이션게임(모의기업경영게임)

모의기업경영게임(business simulation game)이란 관리자로서의 능력을 개발하는 데 사용되는 것으로 주로 기업경영에 관한 회계자료, 현재의 경영환경자료가 주어지고 그러한 상황 속에서 기업운영에 관한 의사결정을 하도록 하는 훈련이다.

프로그램들은 주로 컴퓨터 프로그램으로 구성되어 있는데, 모의기업경영게임에 참여하는 사람들은 주어진 자료를 바탕으로 현재의 기업상황을 분석하고, 기업목표 수립과 이를 위한 중장기계획을 수립하며, 주어진 자원을 가지고 목표달성을 위한 마케팅활동, 생산활동, 인사활동, 그리고 재무활동에 대한 의사결정을 하여 결정된 값들을 컴퓨터에 입력하게 된다. 참가자들 모두가 결정사항을 입력하고 나면 컴퓨터 프로그램은 그들의 결정이 경쟁자들에 비하여 얼마나 합리적으로 이루어졌고 목표가 어느 정도 달성되었는지를 보여주는 경영실적자료가 제시되며, 실적자료를 받아본 참가자들은 다시 상황분석에서부터 제 활동에 대한 결정까지의 경영활동을 반복하게 된다.

이러한 과정 속에서 참여자들은 의사결정 시 고려해야 할 핵심사항과 기업 내에서 이루어지는 여러 가지 활동들 간의 관계에 대해 숙고할 수 있게 되어 궁극적으로 기업에 대한 전체적 시각, 시스템적 시각, 목표지향적 사고력을 개발할 수 있게 된다. 그렇지만 프로그램이 현실을 제대로 반영하지 못하는 경우 학습효과가 제약될 수 있으며, 단지 게임으로만 인식할 경우 학습효과가 떨어질 수 있다는 한계를 갖기도 한다.

(7) 안식년제

안식년제(sabbaticals)는 종업원에게 현재까지 조직활동을 하는 과정에서 정신적 육체적으로 지쳐 있는 상태에서 벗어나 자신을 충전시키고 개발할 수 있도록 시간을 주는 제도이다. 학계에서 많이 받아들여지고 있는 이 제도는 점차 기업에도 적용되고 있다.

이러한 안식년제는 종업원들이 쇠약해지는 것을 막아주고, 좋은 종업원을 모집하고 유지하는 데도 도움이 되며, 사기를 높이고, 수입에 비하여 노동강도가 훨씬 높은 일들도 이행하게 만드는 효과가 있다. 반면에 안식년제는 안식년 동안에도 유급이기 때문에 비용이 많이 든다는 점과 기대하는 학습경험과 개발이 조직의 통제권 내에 있지 못하다는 한계를 가지고 있다.

(8) 야외훈련

야외훈련(outdoor training)이란 많은 조직들은 임원들을 대상으로 사람들이 살지 않은 야생지역 같은 곳으로 보내어 다양하고 호된 육체적·정신적 체험을 하도록 하는 개발 프로그램을 의미한다. 야외훈련의 종류에는 번지점프, 레프팅, 서바이벌, 백두대간 횡단하기, 암벽타기, 국토종주, 해병대 입소훈련 등과 같은 방법이 사용되곤 한다.

이와 같은 훈련방법이 추구하는 목적은 육체적·정신적으로 도전이 되는 과정을 극복하도록 함으로써 참여자들로 하여금 자신에 대해 자부심을 갖도록 만들고, 현재 자신의 목표와 노력을 재평가하여 더 높은 목표와 노력에 대한 다짐을 유도하기 위함이다.

이와 같은 여러 방법 중에서 개발 담당부서가 개발방법을 선택하기 위해서는 먼저 기업이 처한 대내외적 상황과 전략, 개발해야 할 내용, 개발대상 종업원의 수 등을 분석하여야 하며, 그 바탕 위에서 여러 가지 개발방법들의 장점과 단점을 비교 분석하여 선택해야 한다. 지금까지 살펴본 주요 개발방법들의 장단점을 요약하면 〈표 7−1〉과 같다.

표 7-1 주요 개발방법의 장단점

	방 법	장 점	단 점
직장내	코칭	자연스러우며 직무 관련적이다.	좋은 코치를 발견하는 것이 어렵다.
	위원회 참석	참여자들의 안목과 전체적 시각이 향상된다	시간낭비일 수 있다.
	직무순환	조직에서 발생하는 여러 과제와 상황의 이해가 증대된다.	시간이 많이 소요된다.
	보좌관제도	훌륭한 관리자의 행동거지를 관찰·경험할 기회를 갖는다.	배울 점이 많은 좋은 관리자들이 한정된다.
직장외	강의실 교육	익숙하며, 쉽게 적용하며, 현 업무를 유지하면서 할 수 있다.	항상 성과를 개선할 수 있는 것이 아니다.
	인간관계훈련	인간관계기술이 향상된다.	효과를 측정하기가 쉽지 않다.
	사례연구	사실적인 사례를 통한 경영에 대한 이해를 얻을 수 있다.	때론 정보가 의사결정을 하기에 부적절한 경우가 있다.
	역할연기	어려운 대인관계 상황에서 적합한 행동을 배울 수 있다.	역할연기를 하는 것은 피훈련자에게 불편함을 야기한다.
	다양성 훈련	이질적 구성원들로 구성된 집단을 조화롭게 이끌 수 있다.	동일 작업장 내 구성원들을 대상으로 사용하기 어렵다.
	모의기업경영게임	기업의 핵심사항 이해와 전체적·목표지향적 시간을 갖는다.	학습보다는 단지 게임을 한다는 생각에 빠질 수 있다.
	안식년제	재충전과 역량개발이 가능하다.	비용이 과다하다.
	야외훈련	육체적 도전이 자신감과 팀웍을 증진시킬 수 있다.	피훈련자의 육체적 특징이나 위험으로 인해 모든 사람에게 적용할 수 있는 것이 아니다.

불확실성의 시대… 스킬HR로 앞서가는 기업들

대퇴사 시대에서 대잔류(Big Stay) 시대로 넘어왔다. 불투명한 경기 전망, 테크기업의 대량 해고로 인해 미국 근로자들의 퇴사 행진이 멈추는 추세다. 기업의 고민도 늘어나고 있다. 경쟁 우위 선점을 위해 시술력과 인재를 빠르게 확보해야 하며, 팬데믹과 같이 그 누구도 예상 못한 위기 상황에 침착하게 대처해야 한다.

이러한 구성원과 기업 모두의 불안과 혼란을 한번에 종식시킬 수 있는 만능 해법을 찾기란 쉽지 않다. 다만 다양한 비즈니스 시나리오와 조직·인재 관리 방안을 실험해보며 미래를 준비할 수는 있다. 최근 글로벌 기업들은 미래 준비의 일환으로 '스킬 중심 HR'을 도입하고 있다. 스킬 중심 HR은 구성원의 다양한 능력과 잠재력에 집중하며 이를 효과적으로 이끌어내는 인사관리 방식이다. 직무 이력과 학력보다는 실질적 전문성에 따라 채용, 육성, 평가가 이뤄진다.

IBM은 2000년대 초반부터 스킬 체계를 구축한 스킬 중심 HR의 대표 선발주자다. 빠른 사업영역 확장과 글로벌 진출로 관리해야 할 조직, 인력의 규모가 점차 커진 시기다. 사업, 지역과 무관하게 통용되는 글로벌 인력관리 체계가 필요했기에, 조직별로 상이했던 직무와 스킬의 표준화 작업에 착수했다.

표준 스킬 체계 정립 과정에서 IBM은 기존 외부업체에 맡기던 업무를 내부에서 더 효과적으로 수행할 수 있다는 사실을 발견한다. 스킬 규명으로 등잔 밑 어둠 속에 있던 내부 인력의 역량이 가시화된 것이다. 이로 인해 전세계에 분포한 내부 인재를 발굴하고 아웃소싱 비용을 절감했다.

스킬 체계가 가져온 성공은 IBM HR체계 혁신의 발판이 된다. 2016년, CEO 지니 로메티는 미래 인재상으로 뉴칼라(New Collar)를 제시한다. 뉴칼라는 기존의 블루 칼라, 화이트 칼라의 이분법을 탈피한 전문성 보유 인력을 말한다. 이는 명문대 학위가 아니라 실질적 스킬 보유 인재를 채용, 육성하는 IBM의 인사전략 혁신을 보여준다. 실제로 미국 IBM 본사 인력 3분의 1은 뉴칼라에 해당된다.

도브, 바셀린 등의 브랜드로 유명한 유니레버는 스킬 기반의 경력이동 프로그램 덕에 코로나 위기를 순탄하게 극복할 수 있었다. 유니레버는 스킬 중심 HR을 통해 지속가능 경영을 강화하고자 했다. 디지털 기술의 발달, 업무 자동화로 인해 직원들의 일자리가 위협받는 상황 속에서, 구성원의 새로운 전문성 습득과 고용가능성(Employability) 강화를 위한 체계를 목표로 삼았다.

유니레버는 다양한 경력개발 프로그램과 더불어 사내 이동 및 프로젝트 공유 플랫폼인 플렉스(Flex Experiences)를 개발한다. 플렉스를 통해 구성원은 경력목표와 보유 스킬을 프로필에 등록하고 다양한 프로젝트에 지원할 수 있다. 조직은 필요 인재를 쉽게 찾을 수 있으며, 구성원은 본인의 능력을 최적으로 활용하고 확장할 수 있는 직무 경험을 쌓는다.

플렉스의 진가는 팬데믹 시기에 빛을 발했다. 국가 간 교류가 봉쇄되고 재택근무가 권고되는 상황에서 인력을 조정하고 팀을 구성하는 일은 쉽지 않았다. 그러나 유니레버는 플렉스를 적극 활용하여 스킬의 수요와 공급을 빠르게 일치시켰다. 인력 수요가 시급한 조직에 스킬 보유 인재를 재배치하며 코로나19 발생 이후 3개월 동안 구성원 9,000여 명을 성공적으로 이동시켰다. 더불어 약 700건 이상의 핵심 프로젝트를 성공적으로 추진하여 팬데믹에 효과적으로 대응할 수 있었다.

IBM, 유니레버 등 글로벌 기업들은 스킬 중심 HR을 통해 위기를 극복하고 구성원과 조직이 상생하는 구조를 구축했다. 스킬에 집중함으로써 얻는 혜택은 명확하다. 기업은 최적의 인재를 적시에 탐색하고 배치하여 외부 채용에 소요되는 시간과 비용을 절감할 수 있다. 구성원은 본인이 진정으로 원하고 두각을 나타낼 수 있는 업무를 찾아 전문성을 개발할 수 있다. 고용 가능성에 대한 불안에서 벗어나고 업무몰입 또한 높아진다.

그 어느 때보다 불확실성이 높은 시기다. 언제 또 다른 질병, 전쟁, 경제 침체와 기술이 위기를 불러올지 모른다. 향후 일어날 일을 예측하는 것은 불가능하지만 이를 대비할 수는 있다. 새로운 기술의 등장과 쇠퇴 주기가 점점 짧아지고 있는 와중에, 스킬을 일일이 정의하고 이를 중심으로 인사체계를 재편하는 작업은 번거로워 보이기도 한다. 그러나 이러한 과정을 통해 조직과 구성원은 현재를 인지하고 미래를 준비할 수 있다. 기회는 준비된 자에게 온다.

<자료> 김형선, 불확실성의 시대… 스킬HR로 앞서가는 기업들, 한국경제.
https://www.hankyung.com, 2023.07.04

제7장 **학습문제**

1. 교육훈련의 의미와 목적에 대해서 설명하시오.

2. 교육훈련의 주체와 대상에 대해서 설명하시오.

3. 훈련과 관련된 학습원리를 4가지 이상 설명하시오.

4. 교육훈련시스템의 3가지 단계에 대해서 설명하시오.

5. 인적자원개발과 훈련과의 차이점에 대해서 설명하시오.

6. 인적자원개발 절차를 설명하시오.

7. 평가센터법과 관련된 문제점과 장점에 대해서 설명하시오.

참고문헌

1) Beach, D. S.(1980). *Personnel: The management of people at work*, 2nd ed., London: MacMillan, pp. 367−377.

2) Warner, S., Lewison, H. & Lewis, J.(1998). Refocusing competencies is an emerging issue in HR training, *HR News*, October, p. 15.

3) Stack, J.(1998). The training myth, INC., August, pp. 41−42.

4) Ellis, T.(1998). That first day, *Occupational Health & Safety*, April, pp. 26−29.

5) Ganzel, R.(1998). Putting out the welcome mat, *Training, March*, pp. 54−61.

6) Raimy, E.(1998). Lasting impressions, *Human Resource Executive*, January, pp. 59−61.

7) Flynn, G.(1998). The nuts & blots of valuing training, *Workforce*, November, pp. 80−85.

8) Kirkpatrick, D. L.(1996). Great ideas revisited: Revisiting kirkpatrick's four−level model, *Training & Development*, January, pp. 54−57.

9) Claphom, M. M. & Fulford, M.(1997). Age bias in assessment center ratings, *Journal of Managerial Issues*, Fall, p. 373.

10) Bruzzese, A.(1998). Learning locomotion, *Human Resource Executive*, July, p. 28.

11) Mathis, R. L. & Jackson, J. H.(2000). *Human resoure management*, 9th ed., South−Western College publishing, p. 361.

Human Resource Management

CHAPTER 8

경력관리

제1절 경력관리의 이해
  1. 경력관리의 의의
  2. 경력관리의 목적
  3. 경력관리의 필요성 및 효과
  4. 경력의 유형들
  5. 경력개발의 기본원칙
  6. 경력개발활동 및 시스템

제2절 개인차원에서의 경력관리
  1. 개인적 차원에서의 경력계획
  2. 경력선택에 영향을 미치는 요인
  3. 경력관심의 변화

제3절 조직차원에서의 경력관리
  1. 조직차원의 경력관리의 정의와 절차
  2. 조직차원의 경력관리의 한계와 필요성
  3. 조직과 개인의 경력욕구의 조정과 통합

제4절 경력개발의 제도와 실천기법
  1. 경력개발의 제도
  2. 경력개발의 실천기법

제5절 경력관리의 성공요건과 최근 이슈
  1. 경력관리의 문제점과 성공요건
  2. 경력관리의 최근 이슈

과거 많은 조직 내 직장인들의 삶은 일정하게 정해진 경력과정을 따르는 경향이 강했다. 대학을 졸업하면 직장을 구하고 취업한 직장에서 정년퇴직할 때까지 다녀야 되는, 즉 평생직장으로 삼는 경우가 많았다는 것이다. 열심히 일하고 기업에 충성하는 대가로 보장된 일자리와 연공서열제도에 기반을 둔 점진적인 소득 상승을 기대하고 그로 인해서 삶의 질이 향상된다고 생각하던 시절이 있었다. 하지만 최근 들어 많은 직장인들은 평생직장 개념보다는 자기 경력관리를 위해서 이직은 필수적이라고 생각하는 경향이 두드러지게 나타나고 있는 실정이다. 때문에 이들의 경력을 어떻게 관리할 것인가에 대한 조직차원과 개인차원의 고민이 깊어지고 있다.

또한 평생직장이라는 개념보다는 평생직업(직무)의 개념이 중요시되고 있고 조직충성도와 함께 직무충성도에 대한 중요성이 강조되고 있다. 치열한 취업경쟁에서 취업에 성공하였다고 하더라도 신입사원들에게는 직장생활에서 살아남아야 하는 또 다른 과제가 남아있다. 얼마나 빨리 승진하느냐의 문제에 앞서 조직 내 성공적인 경력관리를 통해 자신이 원하는 일을 얼마나 오랫동안 할 수 있는가의 문제, 고용환경의 불확실성이 커지는 최근의 환경변화 속에서 지혜로운 경력관리를 바탕으로 어떻게 더 나은 삶을 추구할 수 있을까라는 문제에 직면하게 되는 것이다.

현대 사회 조직의 조직원 개개인은 자신의 인생 전체에 걸친 직무관련 지위의 연속적 총체인 경력을 관리하는 노력을 기울이게 되는데, 개개인의 경력에 대한 관심은 조직의 인적자원관리에 영향을 미치기 때문에 조직 역시 관심을 기울여야 한다. 조직이 경력관리에 관심을 갖는 이유는 경력관리 여부에 따라 미래에 필요한 인력의 확보 여부, 종업원의 모티베이션과 조직몰입 및 조직유연성 등에 영향을 미치기 때문이다. 따라서 조직은 개개인이 경력을 선정하여 관리해 나가는 과정과 요인을 파악하여야 하며, 이를 근거로 종업원의 경력관리 및 개발에 도움이 되는 방안을 구축하여야 한다. 최근에는 조직을 떠나는 직원들의 전직지원 프로그램까지 시행하는 회사들이 늘어나고 있다.

한편 최근에는 기업 간 경쟁이 심화되어 가면서 전문기술직의 중요성이 증가하고 있어 조직은 그들의 전문성을 보장하면서 유지시켜야 하는 과제를 안고 있으며, 이에 대한 방안으로 이중경력경로를 구축하여 운영하고 있다. 그런가 하면 여성의 사회진출의 증가와 고용의 불안정이라는 사회적 현상으로 인해 맞벌이 부부사원이 증가하고 있고, 종업원들의 겸업과 부업도 증가하고 있다. 이러한 현상은 조직의 인적자원관리와 경쟁력에 영향을 미치기 때문에 맞벌이 부부의 채용과 관리를 위한 제도와 종업원의 겸업과 부업이 기업에게 미치는 부정적 영향이 최소화될 수 있는 방안모색이 기업의 주요 경력관리 이슈로 떠오르고 있다.

CHAPTER 8

경력관리

제1절 경력관리의 이해

1 경력관리의 의의

기업환경의 변화가 급속도로 진행되면서, 미래에 대한 위험과 불확실성이 예전과는 비교할 수 없을 정도로 빠르게 증가하기 시작하였다. 즉, 기업의 성장과 발전을 종업원의 욕구 충족과 개발이라는 차원에서 보다 장기적인 안목으로 바라보고 준비할 필요가 있게 된 것이다. 경력이란 한 사람의 인생 전체에 걸친 직무관련 지위의 연속적 총체로서, 시각적으로 확인 가능한 경험만을 뜻하는 것이 아니라 태도의 개념까지 포함한다. 개인이 시간이 지남에 따라 경험하는 직무와 관련한 모든 경험으로 이해할 수 있는 것이다. 따라서 경력의 개념은 학업생활이나 가사노동과 같은 일이나 임시직, 비숙련업무에도 적용된다. 물론 특정 조직에서 일하거나 특정 직위에서 특정 업무를 수행하는 것도 하나의 경력이 만들어지는 과정이다. 과거의 경력은 단지 높은 계층으로의 이동 또는 빠른 승진만을 의미했으나, 현재는 직종이나 조직의 계층과는 관계없이 직장생활을 하는 동안에 개인이 담당하는 직무의 연속으로 이해되고 있다. 이처럼 경력은 직업과 관련된 한 사람의 총체적인 이력으로서 개인차원의 주요 관심사이기 때문에 사람들은 자신의 다양한 욕구를 만족시키기 위해 경력계획을 수립하고 이를 달성하기 위해 경력관리를 하게 된다.

개인의 입장에서는 경력을 관리함으로써 개인의 잠재능력을 향상시키고, 발전을 추구하며, 그로 인한 발전의 욕구를 충족할 수 있다. 한편 종업원의 경력은 조직에서도 관리해야 할 주요한 관심 사항이기도 하다. 왜냐하면 조직은 미래에 조직이 추구하는 비전과 목표를 정하고, 이를 달성하기 위해 경영전략을 구상하게 되는데, 이를 현실화시키기 위해서는 그에 걸맞은 인적자원이 존재해야 하기 때문이다. 조직은 종업원의 경력을 관리함으로써, 조직의 미래에 필요한 인력을 개발 확보하고, 종업원의 조직몰입과 조직의 호감, 직무동기를 부여할 수 있다. 또한 기업이 정한 조직목표를 달성하기 위해 종업원들 간의 경쟁을 유발하여 종업원의 창의력을 촉진하고 생산성을 향상시킬 수 있다. 기업의 경력개발목표는 단순히 개개인의 능력개발에만 초점을 맞추는 것이 아니라, 개인의 경력개발이 이루어졌을 경우에, 기업이 얻을 수 있는 이익과 성장가능성을 염두에 두고 있다. 따라서 개인이 자신의 인생목표를 위해 경력계획을 수립하고 관리해 나가듯이 조직 역시 조직목표달성을 위해 종업원들의 경력을 관리하게 된다.

이처럼 경력은 개인이 자신의 인생과정에서 하게 되는 일 또는 직업의 연속이며 다양한 욕구를 충족시키는 과정으로서 의미를 갖고, 조직입장에서는 종업원의 조직몰입과 동기부여, 그리고 조직 미래에 필요한 인력의 개발과 확보에 영향을 미친다는 면에서 중요한 의미를 갖는다.

2 경력관리의 목적

경력관리의 목적은 합리적인 인사관리이며 이 목적은 크게 인재의 효율적인 확보 및 배분을 통한 조직의 효율성 증대와 종업원의 자아발전 욕구의 충족으로 나누어 볼 수 있다.

1) 인재의 확보 및 배치

경력관리는 인재의 효율적인 확보 및 배분을 그 목적으로 한다. 경력관리는 어떤 직책의 담당자가 언제, 어떻게 충원될 수 있는가에 대한 장·단기의 정보를 기업의 목표시기에 맞추어 제공한다. 특히 경영상 중요한 직책인 관리직과 전문직에 필요한 인원에 대한 정보를 제공하고 이에 대한 대책을 강구하게 해준다. 따라서 경력관리는 종업원에 대한 노동의 질적인 향상, 이직의 방지, 유능한 후계자 양성을 가능하게 함으로써 인재의 확보 및 배분에 기여하게 된다.

2) 성취동기의 유발

경력관리의 또 다른 목적은 종업원의 성취동기유발에 있다. 경력계획은 종업원에게 승진에 대한 기회와 가능성을 제시함으로써 그 종업원으로 하여금 자기발전을 위한 명확한 목표를 갖게 하고, 미래를 위해 더 노력하도록 동기부여하는 역할을 한다. 또한 기본적으로 자신이 일하고 있는 직장에 대한 안정감과 자기능력의 발휘를 가능하게 함으로서 성취동기를 유발시킨다.[1]

3 경력관리의 필요성 및 효과

인사관리에 경력관리를 도입하면 다음과 같은 효과를 기대할 수 있다.

첫째, 부문별 우수한 인력의 불균형 현상을 해소하고, 부문 간 서로 이해하고 협력하는 조직 풍토를 조성하여, 섹셔널리즘(sectionalism)을 제거하기 위해 필요하다.

둘째, 급속한 기술변화와 이에 따른 사회가치관의 변화, 행동과학의 발달과 주체적 인간관 등에 부응하기 위해서는 경력개발 프로그램의 발전은 필수적이다.

셋째, 인재의 다능화를 촉진하고, 전체적인 자질 향상을 위해 유연하게 대응할 수 있으며, 장기 보직에 의해 발생할 수 있는 여러 가지 부정적인 효과를 방지할 수 있다.

넷째, 직원들에게 경력경로의 선택기회를 부여하여 작업동기를 증대시킨다.

다섯째, 전문적인 교육체계 확립과 계획적인 인사이동으로 인재육성의 효과를 증대시킨다.

여섯째, 인적자원을 조직 내부에서 공급할 수 있을 뿐만 아니라 조직구성원들의 조직몰입도를 높임으로써 종업원들의 이직현상을 감소시킨다.[2]

4 경력의 유형들

전통적으로 우리는 경력을 조직 내에서의 진전으로 생각해 왔다. 즉, 사람들은 진입수준에서 조직에 참가하여 얻어지는 그들의 근무성과나 근속연수에 근거하여 승진하는 것으로 생각하였고, 높아지는 직위에 따라 그들의 책임과 권한도 증대할 것이라 기대하였다. 그러나 현대에는 다양한 형태의 경력유형이 새롭게 나타남에 따라, 단층화되는 조직적 팀 환경에서 '상향적 진전'은 제한되고 있다. 개인들은 이제 조직의 기대와 보상시스템 보다는 각자의 자율성에 의해 새로운 경력유형들을 선택하기 시작하였다. 사회에 존재하는 다양한 경력유형들을 살펴보면 다음과 같다.

1) 선형경력

선형경력(linear career)은 한 조직에서 상향적으로 움직이는 전통적 경력과 유사하다. 하지만 21세기에서는 보다 나은 보상과 책임을 위하여 직장을 바꾸는 현상이 빈번하기 때문에 선형경력이 한 조직 내에서만 이루어지지 않는다. 이제 좋은 직장에 입사하여 평생 근무하는 것이 아니라, 자신의 시장가치를 높이기 위하여 직장을 옮기기도 한다. 일부 기업들은 외부에서의 지속적인 인력채용이 가지고 있는 역기능을 인식하고, 내부에서 인재들을 키우려는 추세를 보이고 있다. 직원들도 연공만으로는 직장 내에서의 미래를 보장받을 수 없고, 지속적으로 조직의 가치를 창출하여야 한다는 사실을 깨닫고 있다. 따라서 선형경력의 성공은 거시적이고 조직적인 관점에서 리더십 역량을 어떻게 개발하느냐에 달려 있으며, 주로 강한 성취욕을 가지고 조직의 성공을 위해 노력하는 사람들이 선형경력에 적합하다.

2) 전문경력

전문경력(expert career)은 승진하여 관리자가 되기보다는 특정한 분야에서 전문성을 가지기를 원한다. 이런 유형은 오래전부터 조직에 존재해 왔으나 전통적 조직에서는 크게 주목받는 편이 아니었다. 그러나 기술이 점점 복잡해지고 전문성을 요구하게 되는 일이 많아지자 그러한 전문가들을 확보하고, 보상하기 위해 '이중 사다리 경력경로(dual-ladder career path)'를 도입하는 조직들이 늘어나게 되었다. 그러나 대부분의 이중사다리 경력 모형들은 엔지니어, 프로젝트 매니저 등과 같은 상향적 이동을 보상하고 있다. 조직의 성공이 우수한 개인에게 크게 의존하고 있는 조직에서는 특허나 획기적인 신기술과 같은 뛰어난 결과물에 대해 보상하고 있으며, 벤처기업에서는 성공적인 과업에 대해 주식이나 거액의 보너스를 지불하기 때문에 전문경력이 우대를 받는다. 따라서 전문경력을 추구하는 사람들은 지속적으로 자신의 전문성을 개발하여야 한다. 그러나 이들은 높은 전문성을 지속적으로 유지하는 게 어렵다는 사실을 인지하고 있기 때문에 좌절하지 않도록 일에 대한 강한 열정과 의욕, 그리고 성공에 대한 비전 등을 가져야 한다. 앞에서 설명한 선형경력과 마찬가지로 전문경력도 한 조직 내에서만 머무를 필요는 없다. 왜냐하면 회사의 상황 때문에 전문가는 그 조직을 떠나야 할 상황에 직면하게 될 수도 있을 뿐만 아니라, 전문가의 기술은 기술의 진보에 따라 곧바로 진부화되고 가치가 떨어질 가능성도 농후하기 때문이다.

3) 순차경력

순차경력(sequential career)은 새로운 역할을 시작하기 위해 기존의 경력을 마치는 것을 의미한다. 앞으로 기업들이 조기퇴직을 단행하고 사람들의 평균연령이 늘어남에 따라 순차경력이 더욱 증가할 것이라 예상된다. 또한 젊은 사람들은 다양한 경험을 위해서 의도적으로 순차경력을 추구할 수 있다. 그들은 한 분야에서 충분한 경험을 쌓은 뒤 또 다른 새로운 분야를 추구하고, 구축하고 싶은 새로운 역량을 위해 이동하므로 순차경력에 대해 부정적으로 생각하지 않는다. 그들은 때때로 새로운 역량을 위해서 낮은 임금도 감수하고 그들에게 낯선 새로운 분야로 이동하기도 한다. 후퇴를 방지하기 위해서 순차경력 추구자들은 기존의 경험과 강점을 살릴 수 있는 분야로 이동하기도 한다. 이러한 순차경력 추구자는 전문성에 대한 명성을 쌓거나 승진을 위해서 오랫동안 한 조직에 머무르지 않는다. 그들은 변화, 다양성, 도전을 추구하기 때문에 각각의 직무에서 어느 정도의 역량과 전문성만 갖춘다면, 그들의 순차경력은 성공적이라 할 수 있다.

4) 포트폴리오경력

포트폴리오경력(portfolio career)은 일반적인 상향적 경력경로와 다른 모습을 보이며, 프리랜서와 같은 직업을 이러한 경력의 예라고 볼 수 있다. 포트폴리오경력은 다른 경력경로와는 달리 자율성을 포함하여 창의성과 다양한 기회를 제공한다. 포트폴리오경력은 앞으로 비정규직의 증대와 더불어 더욱 확산될 전망이다. 기업들은 융통성을 유지하고 조직의 새로운 관료화를 피하기 위해서 점점 비정규직을 채용하고 있지만, 비정규직들은 조직 내의 경력 경로와 회사의 복지후생의 대상에 포함되지 않는다. 그러나 포트폴리오경력 추구자들은 업무를 선택하는 데 있어서 얻을 수 있는 자율성과 직업으로부터 얻을 수 있는 다양한 기술의 축적을 선호하기 때문에 이에 개의치 않는다.

5) 라이프스타일 추구 경력

라이프스타일 추구 경력(life style-driven career)은 주로 직장과 가정 사이에서 균형을 유지하려는 여성 사이에서 나타난다. 가정이 있는 여성들은 가정에 대한 의무와 일을 병행하기 위해 파트타임을 선호하며, 최근에는 남성들 사이에서도 이러한 경력을 추구하는 사람들이 늘어나고 있다. 취미생활에 대한 욕구 추구가 강한 사람들은 직장이 취미생활에 방해가 되지 않도록 업무량을 조절하고자 한다. 그들은 직장이 인생의 한 부분일 뿐, 전부가 아니라고 생각한다. 이제 사용자들은 우수한 종업원을 유지하기 위해서 이러한 라이프스타일 친화적 정책을 인정하고 있다. 21세기로 접어들면서, 라이프스타일 추구 경력은 점차적으로 확산되고 있으며 이런 동기를 지닌 사람들은 경력과 더불어 균형 잡히고 만족스러운 인생이 그들의 경력을 선택하는 과정에서 더 중요하다고 생각한다.

6) 기업가적 경력(enterpreneurial career)

기업가의 특질을 가지는 이들은 창조적이고 독립적일 뿐만 아니라 자신의 목표에 대한 열정이 뚜렷하다. 흥미로운 것은 위에 언급된 유형별로 사업을 시작하는 방식에 차이를 보인다는 것이다.

- 포트폴리오 경력자들은 동일한 분야에서 창업하는 경향이 있다. 예를 들어 프리랜서 작가가 출판사를 개업하는 경우이다.
- 라이프스타일 추구 경력자들은 일과 삶의 균형을 위하여 또는 작업환경의 압박을 줄이기 위해서 창업을 고려한다.
- 선형경력자들은 직장 내에서 그들의 경력이 정점에 이르렀을 때, 그들이 가지고 있는 스킬의 활용을 극대화하기 위해서 창업을 고려한다.
- 전문경력자들은 자신의 전문성을 발휘하는데 받는 제약을 줄이거나 사용자가 더 이상 그들의 전문성이 필요하지 않을 때 자신만의 전문성을 살릴 수 있는 사업을 추구하는 경향이 있다.
- 순차경력자들은 직장 안정의 이유로 자신의 기업가적 충동을 억누르다가 그들의 새로운 경력을 열어갈 기회가 왔을 때, 자신의 사업을 추구하는 경향이 있다.

많은 기업들이 기업가적 특질이 조직 내 혁신이나 창의적인 문제해결이 필요한 상황에서 도움을 준다는 것을 인식하고 있다. 따라서 회사는 조직 내에서 소수의 종업원 집단에게 혁신적 제품이나 서비스를 위해 필요한 창업자본을 제공하거나 사업계획을 창출하는 데 지원을 아끼지 않고 있다.

7) 다원적 경력문화

지금까지는 조직에서 하나 또는 둘의 지배적인 경력유형이 존재한다고 생각해 왔으나, 변화하는 조직과 개인의 다양한 욕구를 동시에 충족시키기 위해 경력관리에 있어 다원적 접근법을 취하는 다원적 경력문화(pluralistic career culture)에 대한 필요성이 제기되고 있다. 다양한 경력유형을 받아들이고 장려하는 것은 개인과 조직의 관계를 재조명하는 것이다. 따라서 개인들은 특정 시점에 자신에게 적절한 경력유형에 대해 파악할 필요가 있으며, 조직도 이에 대한 적절한 보상을 함으로써, 조직의 목표를 달성할 수 있을 것이다.[3]

5 경력개발의 기본원칙

1) 적재적소배치의 원칙

종업원을 적재적소에 배치(the right man in the right place)하는 것은 경력개발의 중요한 철칙 중 하나이다. 달리 말하면, 종업원이 가지고 있는 적성, 지식 및 경험 등과 조직의 목표달성에 필요한 직무가 잘 조화되도록 하는 것을 말한다. 이를 위해서는 직무의 자격요건과 종업원의 적성 및 능력에 대한 정보를 충분히 파악하는 것이 중요하다.

2) 승진경로의 원칙

경력개발은 명확한 승진경로의 확립을 원칙으로 하고 있다. 이 원칙은 기업의 모든 직위는 계층적인 승진경로로 형성 및 정의되며, 이에 따라 평가되어야 한다는 입장이다. 즉, 과학적인 직계가 승진관리에 있어 매우 중요하다. 승진경로의 설정은 질적 인사계획(qualitative personnel planning) 수립에 있어서 발생하는 본질적인 문제를 해결하는데 핵심적인 역할을 하고 있다. 이러한 구조는 종업원에게 승진가능성에 대한 명확성을 부여하고, 노동의 질과 양을 고려하는 소득분배의 중요한 자료가 되기도 한다.

3) 후진양성의 원칙

경력개발은 기업 내부에서 후진양성의 확립을 통하여 자체적으로 유능한 인재를 확보하는 것을 원칙으로 한다. 즉, 경력개발은 인재를 외부에서 채용하는 것보다 내부에서 자체적으로 양성하는 것을 기본원칙으로 한다는 뜻이다. 이는 종업원에게 성장의 동기부여를 제공함과 동시에 종업원을 기업에 충성하도록 한다. 기업은 또한 회사내부의 인재육성을 통하여 외부로부터 들어온 신입사원이 겪게 되는 직장분위기에 대한 적응시간 및 여러 비용을 절감할 수 있다.

4) 경력기회개발의 원칙

종업원이 경력상에 있어 필요한 부분을 인지하게 되면 기업은 그들을 위한 경력경로를 설계해야 한다. 또한 종업원의 경력기회를 제한할 수 있는 직무는 별도로 명시하고 이를 관계자에게 통보해야 한다. 승진의 기회가 많지 않은 종업원들도 그들의 개발기회를 갖길 원하고 있기 때문에 기업은 종업원에게 생애 및 연령단계별로 부여하는 경력기회의 개발을 통하여 승진경로가 특정 부서에 치우치지 않도록 해야 한다. 따라서 하위직무 요건을 신중히 분석하여, 더 높은 상위직무를 준비하여야 한다. 일반적으로 직무요건의 분석자료를 살펴보면 서로 다른 분야의 여러 직무에 대한 다수의 승진경로를 발견할 수 있다.

6 경력개발활동 및 시스템

기업에서 경력목표를 달성하기 위해서는 경력계획에 따른 경력경로를 세우고 이를 위한 경력개발 프로그램을 설계해야 한다. 이와 같은 경력개발활동은 종업원이 자기의 경력경로를 선택하고 경력목표를 달성하기 위한 계획적인 활동이다.

- 경력목표: 종업원 개개인이 도달하려고 하는 미래의 직위나 전문능력
- 경력계획: 종업원이 경력목표를 달성하는 데 도움이 되도록 경력경로와 경력개발 프로그램을 설계하는 과정
- 경력개발: 종업원이 경력목표를 달성하기 위하여 경력경로를 선정하고 기업이 제공한 경력개발 프로그램에 참여하여 경력을 관리하는 모든 활동

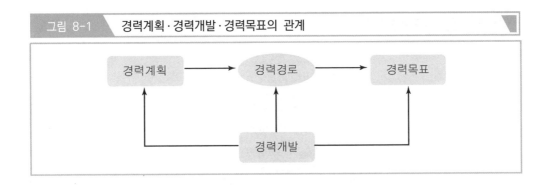

그림 8-1　경력계획·경력개발·경력목표의 관계

　　기업의 경력개발은 종업원에게 의미 있는 직무를 경험할 수 있게 한다. 그러나 직무
가 갖는 의미는 개인과 조직이 서로 상이할 수 있기 때문에 이러한 쌍방의 욕구차이를 확
인하고 조정, 통합하여 경력경로를 설계하게 된다(경력개발의 계획단계). 다음 단계는 개인
이 경력경로를 통해 경력목표에 접근할 수 있도록 교육훈련, 배치전환, 승진을 제공하는
단계이다(실행단계). 개인이 경력경로상에 있는 직무를 수행할 능력이 있으면 교육훈련을
생략하고 바로 직무에 투입된다. 마지막으로 실행단계의 결과에 대한 평가(평가단계)가 이
루어지며 그 평가결과는 경력계획을 재개발하거나 수정하는 데 활용한다.[4]

　　따라서 경력관리는 인력계획, 인적자원의 확보와 개발, 인사고과와 보상, 그리고 인사
이동과 인적자원 정보시스템 등 인적자원관리의 모든 기능과 밀접한 관계를 맺고 있다.[5]

　　다음에서는 이러한 경력관리시스템을 개인차원과 조직차원에서 좀 더 상세히 살펴보
도록 하겠다.

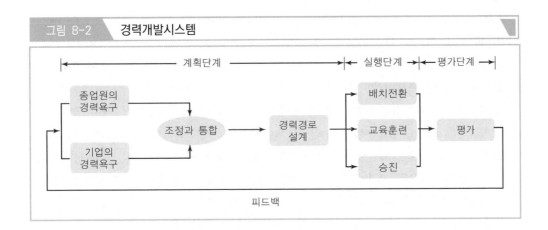

그림 8-2　경력개발시스템

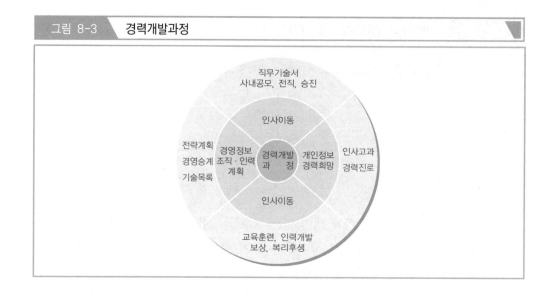

그림 8-3   경력개발과정

쉬어갑시다   기혼여성 10명 중 6명 '워킹맘'…경력 단절 이유 '육아'

자녀(18세 미만)와 함께 사는 15~54세 기혼여성 10명 중 6명은 취업 상태인 것으로 나타났습니다. 이는 관련 통계 작성이 시작된 2016년 이래 최고치이다. 2023년 11월 21일 통계청이 발표한 '2023년 상반기 지역별고용조사-기혼 여성의 고용현황' 자료에 따르면 올 4월 기준 18세 미만 자녀와 함께 사는 15~54세 기혼여성의 고용률은 60%로 1년 전보다 2.2%포인트 상승했다. 연령층이 높을수록 고용률이 높게 나타났다. 50~54세 67.3%, 45~49세 65.1%, 40~44세 61.0%, 35~39세 57.2%, 30~34세 52.7% 등의 순이었다. 15~54세 기혼여성 794만 3천명 중 비취업 여성은 283만 7천명이었고, 이 가운데 직장(일)을 다니다 그만둔 경력 단절 여성은 134만 9천명이었다. 1년 전과 비교하면 4만 8천명 감소했다. 15~54세 기혼여성 대비 경력 단절 여성 비율은 1년 전(17.2%)보다 0.2%포인트 하락한 17%로 집계됐다. 경력 단절 사유로는 '육아'를 꼽은 사람이 56만 7천명(42.0%)으로 가장 많았다. 이어 결혼 35만 3천명(26.2%), 임신·출산 31만명(23.0%), 자녀교육 6만명(4.4%) 순이었다. 경력 단절 여성을 연령별로 살펴보면 40대가 59만명으로 가장 많았고, 30대가 54만 4천명으로 뒤를 이었다. 전체 경력 단절 여성 중 3040 여성이 차지한 비중이 84.1%에 달한 것입니다. 전체 기혼여성 대비 경력 단절 여성 비율이 가장 높은 연령대는 30대(26.3%)로 나타났다.

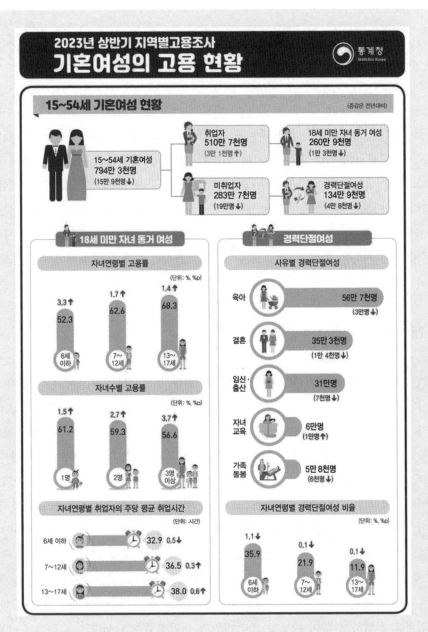

<자료> SBS Biz, 기혼여성 10명 중 6명 '워킹맘'…경력 단절 이유 '육아'. 2023.11.21.

제2절 개인차원에서의 경력관리

　사람들은 각각 성격, 흥미, 욕구 등이 다르기 때문에 서로 다른 경력계획을 수립하게 된다. 즉, 개인은 일반적으로 적용되는 경력계획 수립과정을 겪음과 동시에, 각 개인마다 상이한 경력선택 요인이나 혹은 시간과 환경에 따른 경력에 대한 관심의 변화를 경험하게 된다. 이에 개인차원의 경력관리는 개개인의 경력목표를 명확히 하고 경력단계에 따른 직무경력을 향상시키는 데에 목적이 있다. 따라서 개인차원의 경력관리 부분에서는 보편적인 이해를 도울 수 있도록 각 개인들이 경력계획을 수립하는 일반적 과정과 사람들이 경력선택 시 고려하는 요인, 그리고 경력에 대한 관심의 변화에 대해서 살펴보기로 한다.

1 개인적 차원에서의 경력계획

　개인적인 차원에서 효과적인 경력계획을 수립하기 위해서는 무엇보다도 먼저 스스로의 자아인식(self-knowledge)이 선행되어야 하며, 자아인식과정에서 개개인은 자신에 관한 여러 가지 이슈를 통찰하게 된다. 예를 들어, "나의 삶의 목표는 무엇이고, 나의 인생에서 가장 중요한 것은 무엇이며, 나는 어떠한 능력을 가지고 있고, 어떤 분야에 흥미를 가지고 있는가? 또한 나는 얼마나 열심히 일하기를 원하며, 일과 가족 혹은 레저 간에 어떻게 균형을 이루고자 하는가?" 등에 대해 스스로 자문하게 된다. 즉, 경력계획을 수립하기 전에 먼저 이러한 질문들에 대한 개인적인 목표나 목적에 정직하게 대면하여 해결하여야 한다.

　이와 같은 자아인식과정을 통해 확인된 내용을 근거로 경력계획을 수립하게 되며, 기본적으로 일의 종류와 경력상의 목표를 결정하게 된다. 이어서 경력목표를 달성하기 위해 거쳐야 할 조직내외의 대안경로를 검토하여 경력목표달성이 용이한 대안을 제공하는 조직과 직위를 선택하게 되며 때로는 조직내외의 대안경로를 탐색하는 과정에서 경력목표를 수정하기도 한다.

　이러한 과정을 거치면서 개인은 자신의 경력경로를 그리게 되는데, 최종적으로 그리게 되는 경력경로는 많은 부분이 조직이 제공하는 경력사다리를 따르게 된다. 물론 개인의 경력경로계획에는 업무적인 것 외에도 인생주기에 따른 흥미 혹은 관심사의 변화도 고려하게 되며, 이러한 내용은 경력경로계획에 영향을 미치기도 한다. 이처럼 개인지향적 경력계획은 자신의 목표와 바람에 초점을 맞추어 이루어지나, 계획한 경력은 주로 조직활동을 통해 달성되기 때문에 경력계획 수립을 위한 분석을 할 때 조직내외의 상황을 고려하게 된다.

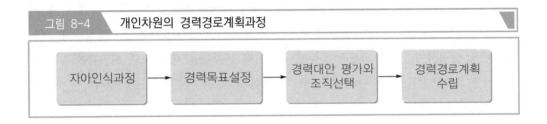

그림 8-4 개인차원의 경력경로계획과정

자아인식과정 → 경력목표설정 → 경력대안 평가와 조직선택 → 경력경로계획 수립

2 경력선택에 영향을 미치는 요인

경력선택에 영향을 미치는 요인들 중 경력욕구는 경력역할과 경력상황뿐만 아니라 개인의 유전적인 특성이나 사회문화적인 요인, 특유의 가치관, 지금까지의 경력에 따라 결정된다. 샤인(E. H. Schein)은 1960년 MIT 경영대학원 졸업생을 대상으로 한 연구에서 경영자의 경력개발을 위한 모델을 제시했는데, 개인이 다양한 경력욕구를 경력닻(career anchor)의 개념으로 설명했다. 경력닻은 개인이 조직에서 경력을 선택하고 발전하도록 영향을 미치는 욕구(needs)나 충동(drives)의 조합을 뜻한다. 경력닻에는 개인의 다양한 욕구에 따른 서로 다른 닻들이 존재하는데 샤인은 이를 다섯 가지로 분류하였다. 또한 각각의 개인은 이렇게 다양한 경력욕구를 가지고 있기 때문에 조직에서 개인의 경력을 개발하기 위해서는 개인의 경력닻을 파악하고 그에 적합한 경력계획을 세워야 함을 강조하고 있다.

1) 닻 I: 관리지향

관리지향 유형에 속하는 사람들은 경영전문가가 됨으로써 일반관리자가 되고 싶어한다. 이 유형은 자신이 리더십을 발휘할 수 있는 직무를 얻게 되거나 그에 따른 책임이 증대되는 것, 그리고 높은 수입을 얻을 수 있는 승진을 가치 있는 것으로 여기기 때문에 이를 통해 동기부여가 된다. 특히 이들은 승진을 최고의 가치로 인식하며 전문가가 아니라도 상사의 인정과 격려를 원한다. 이들은 자신이 담당하는 업무의 중요도에 따라 직무의 매력도를 평가하며 조직과 자신을 강하게 동일시한다.

이들이 주로 선호하는 업무는 책임수준이 높고, 도전적이고 다양한 리더십이 발휘될 수 있는 통합적인 작업 및 조직에 대한 공헌도가 높은 업무들이다. 이들은 외부적인 형평 보다는 내부적인 형평에 관심을 두기 때문에, 자신이 외부의 동격의 집단보다 낮은 보상을 받고 있다 하더라도 기업내부적으로 형평성이 유지된다고 판단하면 만족하게 된다. 관리지향의 유형에게는 몇 가지 능력이 요구된다. 불확실한 상황에서의 문제분석능력, 대인관계능력, 감정적이고 대인관계적인 문제나 위기에 봉착했을 때 고도의 책임감을 갖고 좌절하지 않고 분발하는 능력과 죄의식이나 수치심을 가지지 않고 권한을 행사하며 어려운 결정을 내리는 능력이 필요하다.

2) 닻 II : 기술 – 기능지향

기술-기능지향 유형에 속하는 사람들은 특정 종류의 작업에 전문화되어 강한 재능과 동기유인을 갖고 있으며 해당 직무의 내용에 관심이 많다. 전문가로서 개인의 능력을 시험하는 도전할 만한 업무를 선호하며, 조직 전반적으로 지식을 갖춰야 하는 일반관리자로서의 승진은 별로 좋아하지 않는다. 따라서 전문가로서의 승진체계를 선호하며 승진체계가 발전을 가져다주는 것이라면 관리자로 승진하는 것과 차이가 없다고 생각한다. 전문분야를 잘 모르는 관리자의 칭찬보다는 같은 분야의 전문가들에게서 인정받는 것에 가치를 두며 전문교육에의 참여, 전문가 모임에 참석하는 것, 연구를 위해 예산을 제공받는 것 등 전문기술을 증진할 수 있는 기회가 제공되는 것도 자신의 가치가 인정받는 것으로 인식한다. 기술-기능지향 유형은 조직의 구성원으로서 조직과 목표설정에 있어서 함께하기를 원하나 일단 목표가 합의되면 최대한의 자율성을 보장받고 싶어 한다.

3) 닻 III : 안전지향

안전지향 유형에 속하는 사람들은 직업안정과 고용안정 등에 관해 강한 욕구를 지니고 있다. 이들은 안정적이고 예측 가능한 업무를 선호하며 높은 보상이나, 작업환경 개선, 복리후생 등의 외재적 요인에 대한 관심이 직무확충이나 직무개발 등 내재적인 동기부여보다 많으며 연공주의 급여체계를 선호한다. 그리고 자신의 꾸준한 성과나 조직에 대한 충성심이 인정받기를 원하며, 이로 인해 고용의 안정성이 강화되기를 원한다.

4) 닻 IV : 창의성지향

창의성지향 유형의 사람들은 새로운 것을 추구하려는 욕구가 강하며 창조적인 직무를 수행하고자 한다. 예를 들면 새로운 사업방법이나 서비스, 신제품 등을 개발하는 직무를 선호한다.

5) 닻 V : 자주성과 독립성지향

독자적으로 직무를 수행하기를 원하며, 때때로 조직에 의해 자신의 직무수행과정이 방해받는다고 생각하는 개인이 지향하는 바이다. 이들은 직무 중에서도 개인이 자주적, 독립적으로 수행할 수 있는 과업을 지향한다. 한편 특정 조직을 선택하는 이유로는 개인 입장에서의 고용가능성(직업획득가능성), 직업에 대한 정보의 양을 들 수 있다. 그리고 직업획득가능성이 있고 조직에 대한 충분한 정보가 얻어지는 경우 해당 조직의 분위기와 자신의 특성 간의 적합성을 조직선택의 중요한 요인으로 인식한다.[6]

3 경력관심의 변화

사람들이 소망하는 직업은 성별·시대별로 차이가 있다.

자신의 직업을 갖기 시작하는 청년기에는 유능함(competence)과 명성을 추구하며, 이 기간 동안의 행복은 주로 성취와 역량획득을 통해 얻어지게 된다. 따라서 성취와 명성을 위해서 자신의 역량개발과 역량발휘에 많은 노력을 기울이게 된다. 그렇지만 경력 초기에 자신이 택한 직장이나 직무가 자신이 추구하는 바를 달성시키지 못하는 경우도 적지 않아 더 많은 보상과 더 큰 역량개발이 가능할 것으로 보이는 다른 직장이나 직무로 이동하는 경우가 상대적으로 많다. 일단 자신의 역량을 개발하고 발휘할 수 있는 경력을 확인하게 되면, 직무활동 및 조직활동을 통해 자신의 유능함을 맘껏 발휘하여 명성을 얻고자 한다.

40대에 들어서면 능력을 개발하는 데 관심을 기울이기보다는 가지고 있는 능력으로 맡은 바 임무를 성실하게 수행하고자 하며, 외적 보상이나 명성보다는 내적 가치에 치중하며, 육체적 한계를 느끼고 점차 웰빙에 관심을 기울이게 되는 등 변화보다는 안정을 추구하게 된다. 이와 같이 성실, 내적 가치, 웰빙과 같은 욕구를 충족시킬 수 있는 경력에 관심을 갖게 되는 이유는 40대에는 자기 인생의 시간을 보는 관점이 인생의 시작보다는 인생의 끝에서 보기 때문인 것으로 알려졌다. 또한 그 동안의 경력과정에서 겪은 불안정, 피할 수 없었던 실망스러운 경험과 혼란 등으로 겪게 되는 심리적 불편함으로 인하여 안정에 더 높은 비중을 두게 되기 때문이기도 하다.

한편 연령상으로 40대의 경우에 경력고원(career plateaus)에 직면하는 경우가 많다. 경력고원은 더 이상 조직의 승진경로로 이동하지 못하고 정체되어 있는 상태를 말하는데, 경력고원에 직면한 사람들은 자신이 조직에서 실패하였다는 마음으로 좌절감에 빠지기도 하며, 실제 일정 기간이 지난 후에는 결국 조직에서 도태되기도 한다. 따라서 이러한 경력고원에 직면한 사람들은 경력변화 혹은 경력전환을 시도하게 된다. 경력변화는 기존 조직에서 이직한 후 동일 경력을 바탕으로 자영업을 시작하거나, 더 작은 기업이나 타 산업으로 옮기는 경우이다. 그리고 경력전환은 타 조직으로의 이전도 어려운 경우에 선택하는 경우로서 기존의 지식과 기술을 강화하거나 다시 학교에 입학하여 새로운 자격을 갖추거나 비영리조직에서 경험을 쌓는 등의 방법을 통해 기존과 다른 경력으로 전환하는 것을 말한다.

말기 경력의 관심분야도 기존 경력관심과 차이가 있다. 50대 후반에서 60대에 들어서면 은퇴에 직면하게 된다. 은퇴는 한편으로는 조직과 일로부터 벗어난다는 의미를 갖지만 또 한편으로는 자기 존재의 필요성이 없어진다는 의미이기도 하여 심리적 불안감을 느끼게 된다. 따라서 경력 말기에는 기존 조직에의 잔류가능성과 기간, 새로운 조직에의 고용가능성, 그리고 은퇴 후 자신의 경력을 이용한 컨설팅이나 멘토링, 또는 취미활동 등이 주요 관심사가 된다.

〈그림 8-5〉는 홀(Hall)의 경력단계별 개인이 갖게 되는 경력욕구의 형태에 대한 연구결과를 보여주고 있다. 홀의 경력단계이론은 개인의 경력욕구는 고정된 것이 아니라 그가 나이를 먹어감에 따라 변화된다는 전제를 바탕으로 하고 있다. 개인의 경력단계는 탐색단계, 확립단계, 유지단계, 쇠퇴단계를 거치게 된다고 주장한다.

한편, 조직입장에서 보면 종업원의 은퇴는 이제까지 조직에 공헌한 사람들을 경력의 끝부분으로 이동시키는 과정이다. 따라서 일부 기업들은 은퇴대상자가 갖는 충격을 줄여주기 위해 은퇴대상자에게 주말 업무를 줄여준다거나 휴가기간을 늘려주는 방법을 통해 예정된 은퇴를 미리 경험하도록 하는 등 은퇴로 인해 발생될 수 있는 문제를 종업원들이 다루는 데 도움이 되도록 배려하고 있다.

앞서 언급한 바와 같이 한 인생을 살아오면서 개인적인 이유에서 혹은 조직 및 환경적 요인에 의해서 많은 경력변화가 있게 된다. 개인적인 차원에서의 경력변화는 특별히

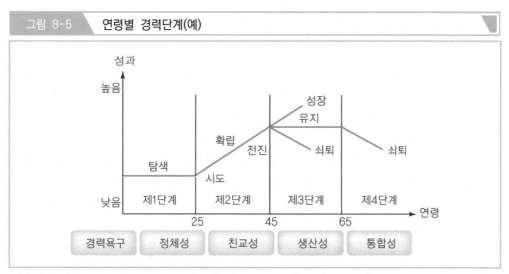

그림 8-5 연령별 경력단계(예)

〈자료〉 Hall, Adapted from D. T. Hall(1976), *Careers in Organizations*, p. 53.

재정적 이유에 의해서 이루어지는 경우가 많은 데 지나치게 빈번한 경력변화(job-hoping)는 일종의 개인의 불안정성을 보여주는 징표로 해석될 수 있으므로 주의할 필요가 있다.

MZ세대 74% 교육 및 경력개발 부족으로 퇴직 생각

"대부분의 직원은 경력을 발전시키는 데 필요한 기술(78%)과 교육(71%)이 부족하고, 팬데믹으로 인한 영향도 어느 정도 있다고 여긴다. 실제로 직원의 58%는 팬데믹이 시작된 이후 자신의 기술이 진부한 것을 두려워하고, 70%는 직장의 미래에 대한 준비가 되어 있지 않다고 생각한다. 2/3의 직원은 내년에 기술 교육이나 경력 개발 기회가 없는 회사를 떠나 이직할 가능성이 높다."

아마존(Amazon)이 리서치 전문회사인 워크플레이스 인테리전스(Workplace Intelligence)에 의뢰해 작성한 '업스킬링 스터디(Upskilling Study)' 설문 조사 결과를 공개했다. 이번 조사는 2022년 8월 12일부터 22일까지 일주일에 30시간 이상 일하는 18세부터 74세 사이의 현직 직원 3,000명을 대상으로 실시했다.

경력 및 기술 개발 목표와 학습과 학습 중요성에 대한 설문 항목으로 구성된 질문에, 89%의 참여자가 2023년에 자신의 기술을 향상하기 위해 적극적(extremely)이거나 어느 정도

(somewhat) 동기가 있다고 응답했다. 76%는 팬데믹이 동기를 증가시켰고, 83%는 기술 향상이 최우선 순위이며, 88%는 이미 상당한 시간과 노력을 투자하고 있다고 답변했다.

이러한 동기를 유발하는 원동력은 더 높은 급여(59%), 일과 삶의 균형(48%), 목적의식 향상(41%)을 기대하는 것으로 나타났다. 47%는 더 나은 업무 경험을 얻고 다른 사람들에게 영감을 줄 수 있는 리더십에 대한 비전도 동기를 유발한다고 답변했다. 이를 위한 교육 기회를 고용주가 제공하는 것이 중요하다고 응답한 비율이 80%에 달했다.

설문에 참여자는 대학 등록금(51%), 다른 비즈니스 분야의 교육 프로그램(55%) 및 네트워킹 기회(55%)를 현재 회사에서 지원하고 있다고 답변했다. 이렇게 회사에서 지원한 학습이나 개발 프로그램이 지난 2년 동안 상당히(significantly) 또는 다소(somewhat) 도움이 되었다고 78%가 응답했다는 점도 주목할 만하다.

기술 개발(64%)이나 경력 발전(66%)이라는 비전이 없다면 회사를 떠날 생각을 하고 있는 직원들도 적지 않았다. 특히, MZ세대의 74%는 기술 교육 지원이나 경력 향상 기회의 부족으로 2023년에 퇴직을 준비하고 있는 것으로 조사됐다. 아울러 설문 대상자들은 경력 발전(56%)과 다른 직업이나 산업으로 전환(57%)이 어렵다고 생각하고 있었다.

아마존은 2021년부터 시작한 업스킬링 2025라는 기술 교육 프로그램에 12억 달러를 투자하며, 30만 명의 직원에게 대학 등록금부터 교육 및 기술 훈련 프로그램에 대한 기회를 제공하고 있다. 아울러 아마존은 물론이고 다른 곳에서도 수요와 급여가 높은 직무로 이동할 수 있도록 10개의 기술 향상 및 기술 기반 교육 프로그램을 운영 중이다.

<자료> 김달훈, MZ세대 74%, 교육 및 경력 개발 부족으로 퇴직생각,

https://www.ciokorea.com, 2022.11.10

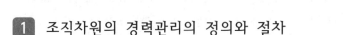

제3절   조직차원에서의 경력관리

1 조직차원의 경력관리의 정의와 절차

조직차원에서의 경력관리(career management)란 조직이 미래목표달성을 위해 필요한 인적자원을 확보하기 위해 종업원들의 경력을 관리하는 것이며 동시에 조직이 종업원 개개인이 원하는 경력목표달성을 위해 필요한 경력계획과 경력개발을 지원하는 활동을 의

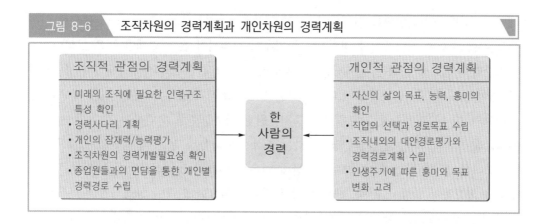

그림 8-6   조직차원의 경력계획과 개인차원의 경력계획

조직적 관점의 경력계획
- 미래의 조직에 필요한 인력구조 특성 확인
- 경력사다리 계획
- 개인의 잠재력/능력평가
- 조직차원의 경력개발필요성 확인
- 종업원들과의 면담을 통한 개인별 경력경로 수립

한 사람의 경력

개인적 관점의 경력계획
- 자신의 삶의 목표, 능력, 흥미의 확인
- 직업의 선택과 경로목표 수립
- 조직내외의 대안경로평가와 경력경로계획 수립
- 인생주기에 따른 흥미와 목표 변화 고려

미한다.

개인이 자신의 인생목표를 위해 경력계획을 수립하듯 조직은 비전의 달성을 위해 미래에 조직에게 필요한 인력특성을 확인하고 이를 확보하기 위한 수단으로서 경력(사다리)계획을 수립하게 된다. 즉, 미래의 인적자원계획에 맞추어 특정 직위의 업무를 적합하게 수행하기 위해서 필요한 지식과 기술을 확인하고, 이를 위해 거쳐야 할 직위와 직무경험 및 교육훈련과정을 체계화하는 조직차원의 경력경로계획을 수립하게 된다. 경력경로계획을 수립하게 되면 현재 종업원들의 잠재력 및 능력상태를 평가하고, 조직의 경력경로계획과 종업원에 대한 평가자료를 바탕으로 종업원 개개인들과 면담을 통해서 적합한 경력의 방향과 목표를 정하고, 개인의 경력목표달성을 위해서 겪어야 할 직위 그리고 받아야 할 교육훈련을 정하게 된다.

이처럼 조직차원에서의 경력계획은 구조적 경력경로와 직무에 초점을 맞추어 종업원들로 하여금 조직 내 직무들을 논리적으로 거치도록 만들어진 것으로, 이러한 경로는 개인이 어떤 조직단위에서 승진하기 위해서 거쳐야 할 경로라고 할 수 있다. 예를 들어, 어떤 사람은 판매상담사로서 판매부서에 입사한 후, 회계감독, 판매관리자, 그리고 마지막으로 판매담당 부사장으로 승진하게 된다. 〈그림 8-6〉은 조직차원의 경력개발과 개인차원의 경력개발의 차이를 보여주고 있다.

2 조직차원의 경력관리의 한계와 필요성

최근 기업현장에서 나타나는 조직축소와 다운사이징 등은 조직과 개인의 경력계획과 개발 등 경력관리에 변화를 가져왔다. 기업의 다운사이징이나 기업 간 M&A 등으로 인하여 기존에 수립한 경력계획과 경력경로에 맞추어 진행되어 온 경력개발 등은 무의미해져 경력관리의 실효성에 의문이 제기된 것이다. 따라서 조직이 주도적으로 개인의 경력계획에 관여하는 정도는 줄어들고 있다. 그러나 조직은 조직의 유지·발전을 위해 필요한 인력확보와 더 나은 가치창출을 위하여 조직차원의 경력경로를 수립하는 것은 중단할 수 없다. 왜냐하면 조직차원에서의 경력관리는 조직에게 다음과 같은 의미가 있기 때문이다.

조직이 경력관리를 해야 하는 첫 번째 이유는 미래의 조직목표달성을 위해 필요한 인력을 확보하기 위함이다. 즉, 새로운 상급 직위에 필요한 인력이 양성되기 위해서는 지식과 기술 외에도 다양한 경험이 필요한데, 논리적으로 개발한 경력경로에 맞추어 직무경험을 쌓도록 할 경우 미래에 조직이 필요한 특정 직위에 적합한 인력을 확보할 수 있게 된다.

두 번째 이유는 구성원들로 하여금 조직 내에서 경력상의 목표와 희망을 갖도록 하기 위함이다. 만약 종업원이 특정 조직 내에서 경력목표를 정하게 되면 배치전환을 쉽게 수용하고, 맡겨진 직무에 대해 높은 모티베이션을 보이고, 또한 교육훈련에 대해서도 능동적이고 긍정적인 반응을 보이게 된다. 그러한 과정은 자기경력목표의 돌다리가 되기 때문이라고 믿기 때문이다.

세 번째 이유는 종업원들의 이직률을 낮추는 역할을 하기 때문이다. 종업원들은 각각 자신의 경력목표를 가지고 있으며 조직이 경력목표달성에 해가 될 경우에는 경력목표달성에 도움이 될 조직이나 직무로 전직을 생각하게 된다. 그러나 조직과 함께 자신의 경력계획을 수립하여 경력경로를 밟아가게 될 경우에는 조직이 자신의 경력목표달성을 지원한다고 인식하기 때문에 전직의 의도가 줄어들며 다른 조직으로부터의 스카웃 제의도 물리칠 가능성이 높다.

네 번째 이유는 경력관리를 통해 종업원들의 경력을 개발한 경우에는 조직내외적 환경의 변화로 인해 긴급하게 인력이 필요할 때 원활하게 인력을 공급할 수 있다는 장점 때문이다. 그 외에도 과거와 달리 직무는 개인의 성장욕구달성, 가족의 풍요로운 삶에 영향을 미치는 요인이기 때문에 그러한 요인들의 효과적 관리는 종업원의 삶의 질과 모티베이션 향상에 도움이 된다.

3 조직과 개인의 경력욕구의 조정과 통합

종업원과 기업의 경력욕구가 일치하지 않는 경력경로가 수립되면 개인은 몇 가지 행동을 취하게 되는데 기업에 남아 자신의 원하는 기회를 기다리거나, 자신이 원하는 방향대로 기업을 변화시키려고 노력하기도 하며, 자신의 경력목표를 기업의 것과 부합하는 것으로 바꾸기도 한다. 기업의 입장에서 가장 치명적일 수 있는 개인의 행동은 자신의 경력경로와 부합하는 다른 기업으로의 이전이다. 이는 다수의 종업원에게서 취해지는 행동이다. 종업원이 다른 기업으로 이전하는 행동을 취하지 않는다 하더라도 기업과 개인의 상이한 경력경로는 개인으로 하여금 기업에 실망감을 느끼게 하고, 기업에 대한 태도가 부정적으로 바뀌게 된다. 따라서 기업에서는 종업원과 기업 간 경력욕구를 조정한 후에 경력경로를 설계하도록 하여야 한다.

기업과 종업원 간의 상이한 경력욕구의 차이(gap)를 극복하기 위해서는 양측 모두의 노력이 요구된다. 갭이 그다지 크지 않을 경우에는 종업원 스스로 경력목표를 조정하여 기업의 인력수요에 따른다. 하지만 갭이 매우 클 경우, 특히 종업원이 스스로 과대평가하여 경력목표를 과도하게 높이 설정한 경우에는 직속상사나 인적자원관리 부서에서 경력상담을 지원하는 것이 바람직하다. 이들은 종업원에게 기업의 입장을 설명하고 높은 기대와 경력욕구 수준을 조정하도록 권유한다. 만약 기업과 종업원 간 경력욕구에 대한 갭이 상담지원을 통해서 해결할 수 없을 정도로 클 경우, 외부전문가의 도움을 받는 방안을 고

그림 8-7   경력욕구의 조정과 통합

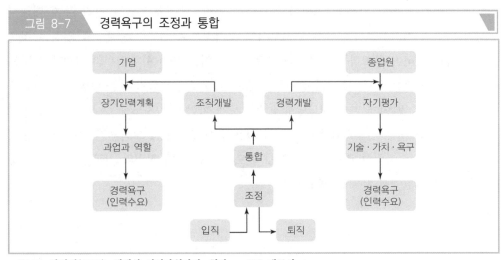

〈자료〉 박영배(2011). 에센셜 인적자원관리, 청람, p. 179 재구성.

려해야 한다. 경력상담전문가는 주로 설득을 통해 어느 한 쪽이 양보하도록 하거나 협상기법을 통해 양자가 거래를 통하여 합의에 이르도록 유도할 수 있다. 이때 양자는 경력에 관한 내용을 빠짐없이 제공해야 한다.[7]

제4절   경력개발의 제도와 실천기법

경력개발제도란 조직 내에서 유용한 인적자원을 활용하기 위해 종업원 개인의 경력을 적극적으로 개발하고 활용하는 장기적이고 종합적인 인사관리제도의 한 부분으로서 교육훈련, 승진제도 등이 이와 관련된 대표적인 제도들로 볼 수 있다. 그러나 특별히 경력개발을 목적으로 하는 제도에는 다음과 같은 것들이 있다.

1 경력개발의 제도

1) 자기신고제도

자기신고제도(self-reporting system)란 기업이 종업원에게 자기의 직무내용이나 담당직무에 있어서 능력의 활용도, 개발하고자 하는 능력, 보유하고 있는 자격 등에 대해서 일정한 양식의 자기신고서를 통해 인사부서에 정기적으로 신고하는 제도를 일컫는 것으로 부서장을 통하여 보고하는 것을 원칙으로 한다. 이를 통하여 종업원의 자기개발 또는 자발적 협력을 촉진한다는 뜻에서 종업원의 숨겨진 개성이나 특기 등을 포함하여, 그들에게 필요한 능력 및 이에 따른 지도방향을 올바르게 파악하고 지도할 수 있게 된다. 이와 같은 자기신고제도는 인사고과제도와 함께 활용하여 인사이동, 교육훈련 등에 활용된다. 자기신고제도는 상사와의 면담도 수반하게 되므로, 직원들의 직위와 상관없이 대화의 장을 마련한다는 점에서 유익한 제도이다.

2) 직능자격제도

직무를 수행할 수 있는 능력을 자격에 따라 몇 개의 등급으로 분류하고, 그 자격을 획득한 사람에 대해서 거기에 알맞은 지위를 부여하는 방법이다. 이 제도의 과정은 먼저 직무수행능력의 발휘도, 신장도를 단계적으로 구분한 직능자격을 설정하여야 한다. 직무수행능력의 내용과 정도를 규정한 직능자격기준을 마련해, 종업원들의 배치·이동·교육훈련의 지표, 직무수행능력 신장도의 평가기준으로 삼고, 그 평가결과를 승진이나 임금에 반영하여 운영하는 제도이다.

3) 평가센터제도

이 제도는 고과시점에서 고과대상자의 업적이나 행동에 초점을 두고 있는 여타의 고과방법들과는 달리 고과대상자의 장래를 체계적으로 예측하여 선발, 배치 및 경력개발 등에 이용하는 방법이다. 이 방법은 비슷한 조직 계층의 6~12명 정도의 고과대상자를 평가센터에서 3일 정도 다양한 방법을 이용하여, 그들이 향후 관리자로서의 잠재능력 및 개발필요성이 있는지를 평가하기 위하여 합숙을 시키고, 그 합숙과정 속에서 참가자들을 관찰하고 평가한다. 이 때 평가자는 흔히 경영자가 되지만 때로는 전문적인 심리학자가 담당할 수도 있으며, 평가는 다양한 항목의 변수를 기초로 하게 된다.

4) 기능목록제도

기능목록제도(skills inventory system)란 흔히 인재목록제도(human inventory system)라고도 하며, 종업원의 직무수행능력평가에 있어서 필요한 정보를 파악하기 위한 개인별 능력평가표이다. 이 제도는 장·단기의 인원계획, 승진배치계획 내지 채용계획에 이용하기 위하여 기업이 인적자산으로 보유하고 있는 여러 가지 기능의 종류와 양 및 수준을 조사하며, 전산화된 인사정보시스템의 중요한 부분을 형성한다. 특별한 작업적 기능이나 전문적 기능을 포함하며, 종업원별로 기능보유책임을 작성하여 데이터베이스에 저장하는데, 데이터베이스에는 인사기록(성명, 성별, 연령 등), 직력, 교육훈련 등이 기록되며 이들은 주기적으로 갱신된다. 예를 들어 하나의 공석이 생겼을 때 기능목록에서 일정한 기준에 의하여 후보자를 선출하여 승진이나 배치를 결정하거나, 장기경영계획의 일환으로 신제품분야에의 다각화나 기술혁신의 도입이 예정되어 있는 경우에 거기에 필요한 기능을 새로이 획득하여 개발하기 위한 각종 계획들도 세울 수 있는 것이 특징이다.

5) 능력개발시스템제도

경력개발은 종업원 각자가 자기의 적성에 맞는 진로를 스스로 결정하고 퇴직할 때까지 자기의 능력을 끊임없이 향상시켜 가는 과정이다. 직무수행능력을 향상시키는 데는 두 가지 방법이 있는데, 첫 번째로 직무순환(job rotation)으로 다양한 직무를 경험하면서 능력을 높이는 방법이고, 다른 하나는 연수나 자기개발로 인해 얻어진 지식이나 기술로 능력을 높이는 방법이다. 경력개발은 이 두 가지 방법을 종합적으로 실시함으로써 조직구성원의 능력을 높이고자 하는 것을 목표로 하고 있기 때문에 양자가 체계적으로 운용되도록 하고, 조직구성원이 본인의 진로를 위해 필요한 자기능력을 높일 수 있도록 지원해야 한다. 그러므로 장기적인 인재육성 및 능력개발의 관점에서, 종업원 개개인의 경력을 고려하여 거기에 맞는 방법을 실시하여야 한다. 경력코스로는 관리직코스, 전문직코스, 기술직코스, 사무기술직코스 등이 있다. 본인이 희망하는 코스에 따라 요구되는 직무경험을 고려하여 직무순환을 체계화시켜야 한다. 여기에서 중요한 것은 직무경험을 코스별로 정해진 스케줄에 맞춰 시키는 것이 아닌 신축성 있고 유연하게 실시하여야 한다는 것이다. 경력개발은 직무경험이 종업원의 육성수단으로서 중요시 되지만, 거기에 필요한 이론적 지식도 병행하여 체계적인 교육을 시키는 것을 목표로 한다. 따라서 적절한 시기에 어떠한 지식을 교육시켜야 할 것인가를 체계적으로 명시한 능력개발시스템을 재정비해야 한다.

6) 경력지향적 인사고과제도

경력지향적 인사고과는 평가의 논리에 따라 인사고과를 진행하는 것이다. 즉, 조직의 목표 또는 개인의 목표가 계획에 따라 차질 없이 진행되었는지를 관리하는 메커니즘으로써 인사고과를 진행하는 것이다. 이는 조직구성원의 성과잠재력을 측정 및 평가하고, 그에 따른 경력개발을 유도하여 조직의 목표를 달성하기 위함이다. 따라서 경력지향적 인사고과의 중심은 조직 전체 수준의 경력개발로 성과를 달성하는 데 있다. 즉, 종업원의 경력과 조직의 경력이 일치하도록 유도하는 유인수단 및 통제수단으로서의 인사고과를 부각시키는 것이다. 이는 조직구성원이 조직활동을 통해 얻은 일에 대한 경험적 자질과 인간적인 측면이 통합되어 나타난 결과로서, 여러 평가기준을 포함하고 발전시켜 단편적인 평가를 전체적으로 발전시킨 것이라고 볼 수 있다. 실무적인 측면에서의 경력지향적인 평가기준은 직능기준과 자격기준을 들 수 있는데 직능과 자격은 "일을 전제로 한 사람에 대한 평가기준"이라고 할 수 있다. 직능이란 특정의 직무와 이를 수행하는 사람의 능력이 결합된 것을 말하고, 자격이란 특정한 일을 수행할 수 있는 요건을 말한다. 이들 사이에는 밀접한 관련성이 존재하며, 이러한 자격기준을 선정하기 위해서는 직능의 수평적 혹은 수직적 분화가 정확하게 이루어져야 한다. 따라서 경력지향적 평가의 기준은 구체적으로 세분화된 직능별 자격요건이라 할 수 있으며, 이는 직무적 요소와 연공적 요소를 세분화 방침에 따라 직능별로 자격요건화하는 과정에서 고려될 수 있는 것이다.

2 경력개발의 실천기법

경력개발을 위해 전사적으로 사용하고 있는 조직 내 여러 가지 제도 이외에 개별적으로 사용하고 있는 기법은 다음과 같다.

1) 최고경영자프로그램(advanced management program: AMP)

최고경영자 프로그램을 사용하는 기업에서는 매년 일정 수의 능력 있는 중간관리자들을 선발하여 회사에서 주관하는 8주 정도의 사내 프로그램에 참여시키고 그 후 2주 동안 여러 가지 관리기법을 익히게 한다. 모든 과정을 마치고 회사에서는 중요 상위직에 적합한 후보자들을 선정한다. 그러나 참여자들 모두가 승진이 되는 것이 아니기 때문에 그 시기는 지연될 수 있음을 주지시키는 것 또한 중요하다,

2) 경영자개발위원회(management development committee)

몇몇 회사들은 관리층 종업원들의 경력개발을 감독하는 위원회를 두고 있다. 이 위원회는 일반적으로 각 부서의 장, 부서장, 사장으로 구성된다. 이 위원회의 주요 목적은 관리자 계층 종업원들 간의 이동을 감독하고 매년 각 종업원들의 강점과 약점을 파악하는 것이다. 5년간의 경력계획이 각 종업원들과의 협의 하에 세워지고, 위원회는 협의된 계획에 따라 종업원들의 개발을 감독한다. 이와 같이 계획은 개인과 위원회가 같이 세우는 것이기 때문에 개인과 조직의 목표와의 일치가 이루어질 기회가 높아진다.

3) 계획적 경력경로화(career pathing)

일부 회사들은 입사한 지 얼마 되지 않은 경력초년병들을 위한 계획적 경력경로를 제시하기도 한다. 종업원들은 처음 몇 년 동안 9개월에서 12개월 주기로 다른 부서로 이동하면서 여러 가지 경험을 쌓고 거기에 따라서 상위 직무를 맡게 되면서 새로운 경력경로를 만들어가는 것이다.

4) 중간경력의 쇄신(mid-career update)

진부화(obsolescence)는 중간경력관리자들에게 자주 발생하며, 이들의 업무성과를 저하시킨다. 따라서 이 문제를 해결하기 위하여 일부 대규모 제조회사는 조직적으로 중간경력관리자들이 최신 기술을 배울 수 있는 프로그램을 마련하고 있으며 직무, 마케팅, 인간행위 등에 관한 다양한 세미나를 제공된다. 단, 이러한 세미나의 참가자격은 중간경력에 이른 관리자로 제한하는 것이 일반적이다.[8]

제5절 경력관리의 성공요건과 최근 이슈

1 경력관리의 문제점과 성공요건

경력관리를 효과적으로 실시하기 위해서는 아래와 같은 내용을 지양 혹은 지향할 필요가 있다. 첫째, 종업원은 종종 지나치게 자기중심적인 경력개발이 이루어지기를 원한다. 종업원이 높은 수준의 경력개발을 추구하여 정진하는 것은 바람직한 일이지만, 조직의 목표와 전반적인 상황을 고려하여 경력개발을 계획하여야 한다. 따라서 조직구성원은 자신의 목표를 인지하는 것은 물론이거니와 냉정한 자기평가를 통해 조직 내 자신의 위치와 조직체의 상황을 인식해야 한다.

둘째, 반대로 경력계획 전반을 인적자원부서와 경력전문가의 책임으로 잘못 인식하고 이에 전적으로 의지하는 경우가 있다. 이러한 문제는 인적자원부서와 경력전문가는 물론 조직구성원 전체의 불신 문제를 야기할 수 있다. 종업원은 경력계획의 최종 책임이 본인에게 있으며 전문가 및 인적자원부서는 그로 하여금 가장 적합한 경력목표와 경력진로를 설정하는 데 도움을 주는 역할을 한다는 것을 알아야 한다. 따라서 가장 중요한 경력계획의 주체는 종업원이기 때문에 그 스스로의 적극적인 태도가 요구된다.

셋째, 경력개발을 승진과 동일시하는 태도도 문제가 된다. 경력개발은 승진뿐만 아니라 구성원의 적성과 능력에 따라서 가장 적합한 경력진로를 추구하는 것을 목적으로 한다. 따라서 경력개발의 목적은 승진 그 자체가 아니라 종업원의 경력과 능력개발이며, 승진은 부차적인 것이다.

넷째, 경력관리를 제대로 하기 위해서는 조직차원의 지원 역시 중요하다. 경력관리는 인력계획과 직무분석, 인적자원평가와 교육훈련, 그리고 인사고과와 인적자원정보시스템 등 인적자원관리 전반의 내용을 포괄하고 있다. 따라서 종업원의 직무자료 분석을 중심으로 직무연결과 자격요건, 그리고 기술목록과 업적평가자료 등 모든 인적자원관리시스템과 기본자료를 갖추고 있어야 한다. 경력계획을 효과적으로 하기 위해서는 전문가의 지원뿐만 아니라 인력개발에 대한 경영층의 관심과 현업에서 이루어지는 일선관리자의 직접적인 상담 및 지도 역할이 요구된다. 일선관리자와 전문스태프 간의 긴밀한 협조와 의사소통을 위한 신뢰할 수 있고 개방적인 조직분위기 조성도 성공적인 경력계획 프로그램의 중요한 요건이다.

다섯째, 경력계획이 항상 발전적 측면만을 의미하는 것은 아니다. 종업원의 신체적 노화와 능력의 정체로 인해 경력상의 정체와 침체를 겪을 수도 있다. 특히, 조직이 구조조정을 해야 하는 경우에는 이로 인한 경력상의 재조정도 필요하게 된다. 그러므로 경력계획은 이러한 고통스러운 문제도 해결해야 하며 따라서 일선관리자와 경력전문가의 소신 있는 상담역할이 중요하다. 구성원의 경력정체를 미리 예측하고 이에 대한 사전방지 또는 사전조치를 취하는 것이 바람직하다.[9]

2 경력관리의 최근 이슈

조직이 주도적으로 종업원 개개인의 경력계획에 관여하는 경력관리는 줄어드는 추세이나 한편으로는 조직이 관여해야 할 새로운 경력관리 이슈들이 나타나고 있다. 예를 들어, 기업의 핵심인력인 전문·기술직 종업원의 경력문제, 증가하고 있는 맞벌이 부부의 고용과 전직 방지 문제, 그리고 알게 모르게 이루어지고 있는 전문직 근로자들의 겸업과 부업문제를 어떻게 관리해야 할 것인가의 문제, 여성 전문직의 조직 내 유리장벽 문제 등이 기업의 또 다른 경력관리의 문제로 제기되고 있다.

1) 기술전문직 근로자를 위한 이중경력경로

엔지니어와 과학자와 같은 기술직 근로자와 전문직 근로자는 조직에 매우 핵심적인 중요한 자원이기 때문에 기업의 특별관리대상이다. 전문직 혹은 기술직 근로자 중에는 승진의 기회를 위해 경영자 직위로 이동하는 경우도 있지만, 다수는 실험실이나 연구실에 있으면서도 경영관리직에 비견할 만한 대우를 받고자 한다.

전문·기술직 근로자의 경력상승에 대한 관심을 해결하는 방안 중의 하나가 이중경력경로(dual-career paths) 혹은 이중경력사다리(dual-career ladder)이다. 이 방법은 경영관리직 경력경로와 기술전문직 경력경로를 달리 만들어 운영하는 방법으로 전문기술직으로 입사하여도 일정 조건이 갖추어진 후에는 기술전문직 사다리와 일반경영관리직 사다리 중에서 선택하도록 하여 해당 경로에서 경력상승을 하도록 하는 방법을 말한다. 서비스 업체의 경우에도 이와 비슷하게 영업전문직 경로를 만들기도 한다. 물론 경영관리직 경로에서 승진을 위해 자격과 능력 및 성과 등에 대해 엄격한 기준을 적용하는 것처럼 기술전문직 경로에서도 승진을 위해서는 일정 기준을 정하여 적용한다.

단일 경력경로의 경우에는 반드시 경영관리직이어야만 품격 높은 직명과 높은 금전적 보상이 주어지지만, 이중경력경로인 경우 각 트랙별로 경영관리직 경로에 비견할 만한 품격 있는 직명과 보상이 주어지게 된다. 이와 같이 이중경력경로를 운영하게 될 경우 전문기술직 근로자의 지식과 기술 및 노하우를 지속적으로 확보할 수 있다는 장점을 얻을 수 있게 된다.

2) 맞벌이 사원을 위한 경력관리

최근 들어 여성 근로자의 증가와 함께 맞벌이 사원의 수가 증가하고 있으며, 그들의 경력이 관리자, 전문가, 기술자인 경우도 급격하게 증가하고 있다. 맞벌이 사원은 출산·육아 및 교육과 같은 가족 이슈와 부부 각각의 경력 문제에 직면하게 되며, 그러한 문제는 다시 기업조직의 인력관리 문제로 연결된다.

맞벌이 부부 중 어느 한 사람을 채용해야 할 필요성이 있을 경우 조직은 해당자만을 고려하여서는 채용에 실패할 가능성이 높다. 지리적 변동이 크지 않은 경우에는 생활공간의 변화가 없기 때문에 문제가 되지 않지만, 지리적 변동이 큰 경우에는 배우자의 새로운 일자리가 필요하기 때문이다. 또한 맞벌이 부부는 통근시간 및 가족의 보호와 자녀통학 문제 등으로 친구나 이웃 등 네트워크 구성에 주의를 기울이는데, 배우자 한 사람의 전직 은 오랫동안 노력하여 구축해 온 이웃 네트워크의 파괴를 가져오며 이를 대체할 새로운 관계를 설정해야 하는 상황에 빠지게 된다. 따라서 맞벌이 부부는 한 사람의 전직이 얻는 것보다 잃는 것이 많다고 판단할 가능성이 높아 채용에 어려움이 따를 수 있다.

따라서 맞벌이 부부가 늘어나는 상황에서 기업이 맞벌이 부부를 채용하거나 유지하 고자 하는 경우에는 상대 배우자의 경력지원상의 문제, 재정착 문제 및 가족지원에 대한 프로그램 등을 구성하여 지원해 나가야 한다. 맞벌이 부부를 채용하기 위한 지원 프로그 램으로는 해당 기업이 배우자도 함께 고용하는 방법, 해당 지역에 배우자가 일자리를 얻 을 수 있도록 전문직무탐색 카운셀링 서비스를 제공해 주는 방법, 해당 지역의 산업체와 제휴하여 배우자를 고용하는 회사에게 고용 시 봉급이나 복지후생의 일부를 대신 지 급해 주거나 아니면 다른 형태로 해당 기업에게 보상해 주는 방법 등이 있다.

맞벌이 부모 92% 아이 키우기 좋은 기업으로 이직 의향

직장인 부모 10명 중 9명은 육아복지 제도가 잘 마련된 기업으로 이직을 할 의향이 있는 것 으로 조사됐다.

26일 육아스타트업 맘편한세상이 직장 경험이 있는 맘시터 부모 회원 568명을 대상으로 기 업 육아복지에 대한 설문조사를 진행한 결과에 따르면, 전체 응답자 중 92.3%는 '육아복지 제도가 잘 마련된 기업으로 이직을 고려할 의향이 있다'고 답한 것으로 나타났다.

'기업 내 육아복지가 필요하다'고 응답한 비율은 전체의 98.4%에 달했다. '일과 가정의 양 립 어려움으로 인해 퇴사 또는 이직을 고민한 적이 있다'는 응답도 81.2%를 기록해 '일과 가 정의 양립'이 저출산 시대의 가장 중요한 복지 키워드임을 알 수 있었다.

기업에서 운영 중인 육아복지 제도로는 '출산휴가·육아휴직'이 74.8%로 가장 높게 조사됐 다. 이외에도 ▲시차출퇴근·재택근무 등 유연근무제, 47.2% ▲직장 어린이집, 23.1% ▲잘 모르겠다, 9.2% ▲일대일 아이돌봄 서비스 비용 지원, 6% 등의 답변이 나왔다.

그러나 임직원 부모가 느끼는 현재의 육아복지 만족도는 5점 척도 중 평균 2.3점에 그쳤다. 기업 규모별 만족도는 ▲500인 이상, 2.6점 ▲100인 이상~500인 미만, 2.2점 ▲100인 미만,

2점 등으로 조사됐다.

세부 항목별 육아복지 만족도는 '일대일 아이돌봄 서비스 비용 지원'이 3.11점으로 가장 높았다. 이들 중 60.7%는 실제 육아 조력을 위해 베이비시터와 같은 일대일 가정방문형 아이돌봄 서비스를 이용하고 있으며, 월평균 지출액은 110만원인 것으로 조사됐다.

현재 해당 서비스를 이용하지 않더라도 기업에서 일부 비용이 지원된다면 이용할 의사가 있다는 비율은 94.7%에 달했다. 실제 이용자 및 잠재 수요자를 포함한 97%의 맞벌이 부모가 일대일 가정방문형 아이돌봄 서비스에 대한 높은 선호도를 보였다.

기업에서 일대일 가정방문형 아이돌봄비를 일부 지원해 줄 경우, 전체 응답자의 97.5%는 '현재 직장에 대한 만족도가 높아질 것'이라고 답했으며, 96.7%는 '일과 가정의 양립에 도움이 될 것'이라고 답했다.

정지예 맘편한세상 대표는 "기업에서 중추적인 역할을 하고 있는 3040 우수 인재 확보가 기업의 생존과 성장에 직결되는 경쟁력으로 강조되고 있다"며 "일하는 부모와 가장 맞닿아 있는 기업 현장에서 이를 위해 다양한 기업복지를 고민하고 있는 만큼, 신속하고 효율적으로 도입할 수 있는 제도를 우선적으로 고려해 임직원의 근무 만족도를 높여가는 것이 필요할 것"이라고 말했다.

<자료> 이수정, 맞벌이 부모 92% "아이 키우기 좋은기업으로 이직 의향, 뉴시스.
https://www.newsis.com, 2023.10.26.

3) 근로자들의 겸업과 부업

겸업이란 자신의 정식 고용 외에 다른 조직에 추가적으로 주당 12시간 이상 고용되어 일하는 경우를 말한다. 최근에는 화이트칼라 혹은 전문가들도 겸업이나 부업을 하고 있는 경우가 늘어나고 있다. 전문직 혹은 관리직 종업원들이 겸업 또는 부업을 하는 이유는 자신의 소득증대를 위해서, 고용불안의 안정장치로서, 그리고 자신의 삶의 다양성을 높이기 위함 등 여러 가지 이유가 있다.

그러나 기업조직 입장에서 전문직 혹은 관리직의 겸업과 부업은 고용된 조직에 공헌해야 할 시간과 노력 그리고 아이디어에 문제를 유발할 수 있다. 예를 들어, 야간 겸업을 하는 경우 낮 근무시간 동안 집중력이 떨어질 가능성이 높으며, 조직 내에서 연장근무를 해야 할 경우에도 참여하지 못할 가능성이 높아지는 등 낮은 성과, 결근 그리고 직무몰입의 감소를 유발할 수 있다. 또한 소속된 회사에서 근무하는 동안 개발된 지식과 아이디어가 경쟁조직에 묵시적으로 넘어가거나, 부업회사의 경우 경쟁자가 될 수 있기 때문에 기업의 경쟁력을 감소시킬 수 있는 중대한 문제에 직면할 수도 있다.

이러한 이유로 기업들은 전문직이나 관리직의 겸업과 부업을 막기 위한 노력을 하지만 겸업이나 부업의 비밀성이나 개인의 권리침해 문제로 완전하게 차단하기는 쉽지 않다. 따라서 기업들은 겸업과 부업이 사업에 미치는 부정적 영향을 판단하여 종업원들과 논의를 거쳐 겸업과 부업을 허용하는 범위와 정도를 정하는 규정을 만들고 이를 위반할 경우 해고를 비롯한 여러 가지 유형의 제재를 가하는 등의 조치를 취하고 있다.

직장인 10명 중 4명은 'N잡러'

'평생 직장'이라는 말이 사라진지 오래인데, 이제는 한 사람이 동시에 여러 직업을 갖는 'N잡러'에 대한 관심도 높아지고 있다. 시장조사 전문기업 엠브레인 트렌드모니터는 지난 7월 전국의 만 19~59세 직장인 남녀 1,000명을 대상으로 실시했던 '직업 가치관 및 N잡러(슬래셔) 관련 인식 조사' 결과를 13일 발표했다. 전체 응답자 중 N잡으로 추가 소득을 얻고 있다는 비율은 39.2%에 달했다. 슬래셔는 자기소개의 직업란에 '슬래시' 기호를 넣고 2개 이상의 직업을 기입한다는 뜻이다.

전체 응답자의 상당수는 N잡러에 대해 '많은 노력을 기울이고 있다'(동의율 90.1%)거나 '불안정한 미래를 미리 대비하고 있다'(82.3%)고 평가하며 긍정적인 인식이 주를 이루는 것으로 나타났다. N잡으로 다양한 경험을 쌓는 것이 자기계발에 도움이 된다는 인식도 81.5%에 달했다.

본업 외에 추가 소득을 얻는 이유로는 '여유 자금 마련'(45.9%, 중복응답)이 가장 많았다. '젊었을 때 남들보다 한 푼이라도 더 모으고'(27.0%) '노후를 대비하기 위해서'(25.8%)라는 이유가 그 뒤를 이으며 미래의 경제적인 불확실함을 극복하려는 인식이 두드러졌다. 이러한 인식은 '최근의 물가 상승으로 생활비 충당에 부수입이 필요하다'(86.2%)는 평가와 '경제 상황이 여유롭다면 N잡러를 하지 않을 것'(66.7%)이라는 응답으로 뒷받침되었다. '최근 취업 시장이 어려워지고 있고'(동의율 84.7%) '취업 시장 불안정성이 앞으로 더 높아질 것'(83.7%)이라는 전망도 불안을 자극했다.

직업에 대한 인식이 변하고 경제적 어려움이 커지면서 N잡에 대한 관심은 뜨거워져가고 있다. 전체 응답자 중 81.2%가 '우리 사회에서 N잡러 같은 직업 형태가 지금보다 증가할 것'으로 예상했으며, 'N잡은 피할 수 없는 시대의 흐름'(65.2%)이라는 인식도 상당 수준이었다. 이렇게 예상한 바탕에는 '평생직장 개념이 흐려지고 있다'(58.9%, 중복응답)는 점 외에 '만족할 만한 월급을 받을 수 없는 사회가 되어가며'(52.6%) '물가 상승으로 생활비 부담이 높아지기 때문'(52.1%)이라는 인식이 깔려있는 것으로 풀이된다.

따라서 전체 응답자 중 76.2%가 '본업 외 부수입을 얻을 방법에 관심이 많다'고 답하며 'N잡러처럼 다양한 직업을 가져볼 의향'(73.6%)을 밝힌 것은 자연스러운 흐름이다.

또한 '경력(이력)은 언제든 변할 수 있다고 생각'하는 사람(79.4%)이 많아지면서 '최대한 다양하게 직무 및 업무 경험을 쌓고 싶다'(65.3%)는 답변이 적지 않았다. 이런 태도는 특히 2030 저연령층에서 두드러졌다. 종합적으로, N잡은 미래에 더 좋은 기회를 잡기 위한 무기로 여겨지고 있다. 전체 응답자 중 62.6%는 '스펙과 능력을 갖추면 얼마든지 좋은 직업을 가질 수 있다'는 믿음을 가지고 있었다. 여기에 '미래를 대비하기 위해 추가적인 교육이 필요하다'(90.9%)는 지배적인 인식에 따라 향후 직장인들의 자기계발에 관한 노력이 더 부각될 전망이다.

<자료> 김병주, 직장인 10명 중 4명은 'N잡러'…"불황에는 N잡도 경쟁력", THEPR
https://www.the-pr.co.kr, 2023.10.13.

4) 유리천장과 장벽

유리천장(glass ceiling)이란 자격 있는 사람이 조직 내에서 충분한 잠재력을 발휘할 수 있도록 더 높은 직급으로 승진하는 것을 가로막는 장애물을 지칭한다. 이는 원래 여성 종업원에게 어떤 단계 이상의 수준을 넘어서는 승진을 허용하지 않는다는 한계점의 개념으로 오늘날에는 그 범위가 소수집단으로까지 확장되었다. 최근까지는 여성에 대한 성차별에 의해 여성들에게 주어진 관리직의 기회가 많지 않았기 때문에 최고 직위에 오르는데 필요한 경험 및 기술을 획득할 시간과 기회에 한계가 있었다. 현재까지 국내 기업의 중역 수준에 도달한 여성비율은 선진국과 비교해 매우 낮은 수준에 머무르고 있다.[10]

그러면 무엇이 여성의 경력진전에 방해가 되는 것일까? 첫째는 유리장벽(glass wall)이다. 유리장벽은 최고 직위에 이르도록 하는 직무에 전환배치되는 기회가 적은 것을 의미한다. 즉, 여성 관리자들은 라인 직위보다는 스태프 직위를 담당하는 경우가 많기 때문에 광범위한 경영기술을 습득할 기회가 적을 뿐만 아니라 낮은 보수와 승진전망이 없는 직위에 고착되는 경우가 대부분이다. 다시 말하면, 여성들은 잘 다듬어진 경력경로로 인도

하지 못하는 직무에 집중적으로 종사하고 있음을 의미한다. 여성이 당면하고 있는 두 번째 문제는 낡은 조직과 인맥을 대변하는 '올드 보이스 네트워크(old boy's network)'에 의한 최고 직위의 충원이다. 이는 다양성에 대한 회사의 관심부족과 최고 경영층의 고용평등에 대한 책임감 부족에 기인한다. 그러나 최근 들어 소수 여성의 성공이 늘어나면서 이러한 유리천장(glass ceiling)도 극복될 수 있음을 보여주고 있다. 이러한 유리천장은 최고 경영자의 관심과 핵심적 스킬을 습득할 기회 제공 및 멘토(mentor) 지명 등을 통해 극복될 수 있다.[11]

제8장 학습문제

1. 경력관리의 중요성과 개념에 대해 설명하시오.

2. 경력관리의 주요 목적에 대해 구체적으로 제시하시오.

3. 경력관리의 유형 중 선형경력, 전문경력, 순차경력, 포트폴리오경력, 라이프 스타일 추구 경력, 기업가적 경력에 설명하시오.

4. 경력개발의 기본원칙에 대해 논의하시오.

5. 경력에 대한 최근의 인식변화와 이에 대응하기 위한 기업의 전략에 대해 설명하시오.

6. 경력개발시스템에 대해 단계별로 설명하시오.

7. 경력선택에 영향을 미치는 요인들에 대해서 설명하시오.

8. 경력관리 중 연령별 경력단계에 대해 설명하시오.

9. 조직과 개인의 경력욕구의 조정과 통합 방안에 대해 논의하시오.

10. 이중경력경로가 전문기술자와 과학자에게 어떤 역할을 하는지 그 기능을 설명하시오.

11. 맞벌이 부부가 개인과 조직의 전략과 경력경로에 어떻게 영향을 미치는지 설명하시오.

참고문헌

1) 김문중·정승언(2010). 인적자원관리론 - 원리와 응용 - , 형지사, pp. 296 - 297.
2) 서도원·서인석·송석훈·이기돈(2010). 인사관리 이론과실제, 대경, p. 131.
3) 황규대(2011). 경쟁우위 달성을 위한 전략적 인적자원관리, 박영사, pp. 302 - 307.
4) 박영배(2011). 에센셜 인적자원관리, 도서출판 청람, pp. 172 - 173.
5) Leibowitz, Z. B., Farren, C. & Kaye, B. L.(1986), *Designing career development system*, Jossey - Bass, pp. 40 - 42, 이학종·양혁승(2011). 전략적 인적자원관리, 박영사, p. 603 재인용.
6) Leight, K. T. & Marx, J.(1997).The consequences of informal job finding for men and women, *Academy of Management Journal*, 40, pp. 967 - 987.
7) 박영배(2011). 전게서, pp. 178 - 179.
8) 김문중·정승언(2010). 전게서, pp. 313 - 319.
9) 이학종·양혁승(2011). 전게서, pp. 611 - 613.
10) 위클리조선, 대기업의 신예 여성 임원들, 2002호, 2008. 4. 28.
11) 황규대(2011). 전게서, pp. 338 - 339.

제 4 부

>>>

보상관리

제 9 장   임금관리
제10장   복지후생

Human Resource Management

CHAPTER 9

임금관리

제1절 임금관리의 의의
　1. 임금관리의 중요성과 목표
　2. 임금의 정의
　3. 임금관리의 기본원칙

제2절 임금수준의 적정성
　1. 임금수준의 의의
　2. 임금수준의 결정원리
　3. 임금수준의 관리전략

제3절 임금체계의 공정성
　1. 임금체계의 의의 및 구성
　2. 기본급의 관리

3. 부가적 임금
4. 임금구조

제4절 임금형태의 합리성
　1. 임금형태의 의의
　2. 임금형태의 유형

제5절 임금관리의 최근 이슈
　1. 연봉제
　2. 임금피크제
　3. 경영자 보상

인적자원관리에 있어 보상은 조직구성원이 조직을 위하여 수행한 과업에 상응하여 조직체가 구성원들의 다양한 욕구를 충족시키기 위하여 제공하는 모든 것이라고 할 수 있다. 보상이라는 용어는 외재적 보상(extrinsic rewards)과 내재적 보상(intrinsic rewards)을 지칭하는 Reward와 직접적 보상(direct compensation)과 간접적 보상(indirect compensation)으로 분류되는 Compensation으로 표현된다. 이 경우 직접적 보상은 조직구성원들이 임금(wage)·봉급(salary)·기본급(base pay)·제 수당(allowances)·상여금(bonus)·커미션(commission) 등 다양한 형태로 받는 급여(pay)로 구성되어 있다. 그리고 간접적 보상은 직접적인 보상 이외에 조직구성원들에게 제공되는 복지후생 및 여러 혜택 등을 의미한다.[1]

일반적으로 인적자원관리에서의 보상관리는 Compensation을 의미하며, 임금관리는 이 중 직접적 보상(direct compensation)을 지칭한다. 본 장에서는 합리적인 임금관리를 통해 종업원의 근로의욕을 향상시키고 조직의 효율성을 증가시키기 위한 방안들을 검토한다. 이를 위해 임금관리의 의의 및 임금수준의 적정성, 임금체계의 공정성, 임금형태의 합리성 그리고 임금관리의 최근 이슈에 대하여 살펴본다.

우리나라 근로기준법상 임금은 사용자가 노동의 대가로 근로자에게 통화불·직접불·전액불·정기불의 원칙에 의거하여 지급하는 일체의 금품을 말한다. 이러한 임금은 경영자에게는 생산비용이 되지만, 종업원들에게는 소득의 원천이라는 면에서 경제적·사회적 지위를 나타내며, 종업원들의 욕구를 자극하는 동기부여 요인으로도 작용한다. 따라서 임금은 적정성·공정성·합리성 원칙에 입각하여 지급되도록 해야 한다.

임금의 적정성 관리를 위한 임금수준은 생계비, 기업의 지불능력 그리고 기타 노동시장요인에 의해 정해진다. 임금의 공정성 관리를 위한 임금체계의 구성요소는 기본급, 수당, 상여금, 퇴직금 등이 있고, 개별임금격차에 가장 큰 영향을 미치는 기본급은 연공급, 직무급, 직능급 등으로 구분된다. 또 임금의 합리성 관리를 위한 임금형태는 시간을 단위로 지급되는 고정급과 업적을 단위로 지급되는 변동적인 성격의 성과급으로 구성된다. 특히 실적기준 성과급제와 관련해서는 개인을 단위로 하는 개별성과급제와 집단이나 팀을 단위로 하는 집단성과급 중 스캔론 플랜, 럭커 플랜, 임프로쉐어 그리고 기업을 단위로 하는 기업성과급제로서 이익배분제와 주식소유권이 있다. 마지막으로 절을 달리하여 연봉제, 임금피크제 그리고 경영자 보상에 대해 다루었다.

CHAPTER 9

임금관리

제1절 임금관리의 의의

1 임금관리의 중요성과 목표

인적자원관리의 기능 중 하나는 노사 간에 금전적 보상비율을 결정하는 것이다. 그런데 자본주의 경제에서 노사 당사자들은 임금에 대한 상반된 관점을 가지고 있다. 이러한 사정은 원활한 노사관계를 저해하고 노사분규의 직접적인 원인이 되기도 한다. 그러므로 종업원들의 욕구를 충족시키면서 기업의 이익을 보장할 수 있는 합리적인 임금관리가 필요하다.[2] 또 임금은 하나의 주사위와 같은 것이어서 바라보는 방향에 따라 다르게 인식될 수 있기 때문에 다양한 문제들이 야기될 수 있는 특성을 지니고 있다.

예컨대, 임금은 경영자에게는 핵심적인 생산비용이 되며, 종업원의 입장에서는 주된 소득원천이고 국민경제 차원에서는 물가, 노사관계 안정, 사화 안정 등에 영향을 미친다는 점에서 경제적 측면에서 파악될 수 있다. 또한 임금은 임금수혜자에 대한 사회적 지위를 나타낸다는 점에서 사회적인 측면을, 임금소득자의 욕구를 만족시키기 위한 동기부여 요인으로 작용한다는 점에서 심리적인 측면을, 임금을 두고 벌어지는 노사 간의 권력행사의 대상이 된다는 점에서 정치적인 측면을, 그리고 공정성의 측면과 분배정의의 차원에서 윤리적인 측면을 동시에 지니고 있다.

이 가운데 경영자의 입장에서는 경제적인 측면과 심리적인 측면이 가장 중요하게 인

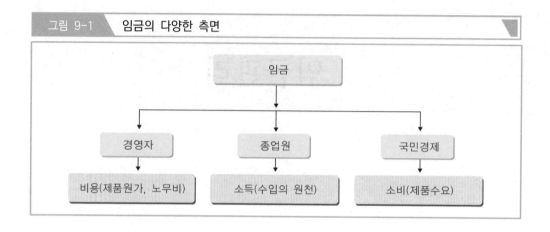

그림 9-1　임금의 다양한 측면

식될 것이다. 이는 임금이 생산비용항목 가운데 가장 큰 부분을 차지하고 있을 뿐만 아니라, 종업원에 대한 중요한 동기부여요인으로도 크게 작용하기 때문이다. 나아가 임금은 종업원으로 하여금 직무에 대한 만족을 느끼게 하고 작업동기를 증진시키며, 종업원이 조직에 전념하고 계속 정착하도록 하기 위해 사용될 수 있는 보상으로서 조직 유효성에 큰 영향을 미친다. 따라서 임금을 통한 보상관리는 기업경영의 핵심 자원인 인적자원의 효율적 관리 및 기업의 성장과 발전에 중요한 역할을 수행한다.

　최근 기업의 임금관리와 관련하여 새로운 대책이 요구되고 있다. 기업의 거대화 내지 국제화 등으로 관리방식의 과학화가 요구됨과 동시에 경영상의 특징인 산업민주화 등이 요구됨에 따라 임금의 윤리성이 강조된다. 또 임금관리는 기업 및 사회 환경과 밀접한 관련이 있기 때문에 급속하게 변화하고 있는 경영환경과 더불어 변화된 임금관리의 형태가 새롭게 등장하고 있다. 특히 종업원의 의식변화와 기업의 치열한 경쟁환경은 그동안의 임금관리방법을 변화시키는 계기가 되었다.

　이에 따라 기업은 기존의 임금관리시스템에 성과주의적 요소를 점진적으로 증가시키고 있다. 즉, 기업과 개인의 성과를 종업원의 임금과 직·간접적으로 연결시킴으로써 기업경쟁력을 증가시킴과 동시에 유능한 종업원 확보 및 유지를 위하여 임금관리의 방향을 조정하고 있다. 따라서 근로의욕을 자극하기 위해서 기업은 장려급(incentives)적인 임금지불형태를 채택할 필요가 있으나, 다른 한편으로 임금관리의 효율성에만 초점을 둘 것이 아니라 종업원들을 사회화된 인간으로 전제하고 인간다운 생활을 보장할 수 있는 임금액을 지급하여야 한다. 이와 같은 추세는 기업을 사적 소유물로 보지 않고 오히려 하나의 사회적 존재로 간주하고, 기업의 사회적 역할을 강조하는 데서 기인한다.

　한편 임금관리는 인적자원관리의 중요한 기능 중 하나이기 때문에 인적자원관리

각 부문의 관리목표가 달성될 수 있도록 합리적으로 정해져야 한다. 이러한 관점에서 임금관리의 목표를 열거하면 다음과 같다.[3]

- 양질의 노동력을 확보하고 유지·향상시킨다. 이를 위해서는 임금수준이 사회적 형평성에 부합되어야 하고, 또 능력향상을 자극할 수 있는 승급제도 및 상여제도가 필요하다.
- 건전한 노동력을 재생산한다. 이를 위해서는 표준생계를 유지할 수 있는 임금액을 지급해야 하며, 정년퇴직 후의 노후생활을 유지할 수 있는 임금이 보장되어야 한다.
- 경영 내 사회관계를 안정시키고 종업원들의 인간관계 원활화와 경영에 대한 신뢰감을 형성시킨다. 이를 위해서는 동일노동·동일능력·동일임금의 원칙에 따른 공정한 임금을 지급해야 한다.
- 노사관계를 원활화한다. 이를 위해서는 해당 기업의 임금수준이 사회 일반의 임금수준과 균형을 유지해야 하며, 안정된 수입을 보장하는 임금이어야 하고 노사 간에 분배가 공정하다고 인정되는 것이어야 한다.

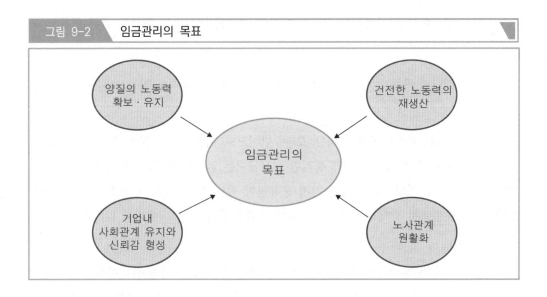

그림 9-2 임금관리의 목표

2 임금의 정의

1) 임금이란?

임금에 대한 규정은 실무와 이론상으로 약간의 차이를 보이고 있고, 이론적인 측면에서도 나라마다 차이를 보이고 있다. 먼저 우리나라 근로기준법 제2조 1항 5호에서는 "임금이란 사용자가 근로의 대가로 근로자에게 임금, 봉급, 그 밖에 어떠한 명칭으로든지 지급하는 모든 금품을 말한다"라고 정의하고 있다.

임금을 이와 같이 이해한다면, 임금의 의의는 다음과 같이 정리할 수 있다.

- 임금은 사용자가 근로자에게 지불하는 것이어야 하므로 사용자가 아닌 자가 지급한 것은 보수의 성격을 띠어도 임금이 아니다.
- 근로의 대가로 지급된 것이어야 하며 사용자가 근로자에게 주는 것이라도 은혜적(경조비, 혼인비용 등)으로 지급한 금품이나 실비변상(출장비, 판공비, 기밀비, 교제비 등)한 것은 포함하지 않는다.
- 모든 금품이므로 사용자가 근로의 대가로 지급한 것이라면 현금은 물론 현물도 포함한다.

한편 우리나라 근로기준법에서 정한 임금지급의 4가지 원칙을 살펴보면 다음과 같다.

(1) 통화불의 원칙

통화는 화폐경제사회에서 유리한 교환수단이므로 사용자는 근로자에게 통화로서 임금을 지급하여야 하며, 근로자에게 불리한 현물급여는 금지된다. 따라서 법령이나 단체협약에 의한 예외를 제외하고 임금은 강제 통용력이 있는 화폐(은행권과 주화)로 지급되어야 한다. 다만 은행에서 발행하는 자기앞수표는 통화불의 원칙에 위배되지 않는다.

(2) 직접불의 원칙

임금은 근로자 본인에게 직접 지급되어야 한다. 여기에는 법령이나 단체협약에 의한 예외가 인정되지 않으며, 위임이나 대리에 의한 임금수령도 인정되지 않는다. 다만, 근로자가 질병 등으로 인해 그 가족의 사자(使者)로서 임금을 수령하거나 근로자의 희망에 의해 지정된 은행에 입금하는 경우는 직접불의 원칙에 반하는 것은 아니다. 그러나 선원법에 의한 선원에게는 해상근로의 특성상 직접불의 예외가 인정되고 있다.

(3) 전액불의 원칙

법령 또는 단체협약에 의해 임금의 공제가 인정되는 경우를 제외하고는 임금은 그 전액을 근로자에게 지불하여야 한다. 법령에 의해 공제가 인정되는 것은 갑종근로소득세, 의료보험료, 주민세, 국민연금기여금 등이 있으며, 단체협약에 의하여 인정되는 경우는 조합비 일괄공제가 있다.

(4) 정기불의 원칙

근로자의 생활안정을 위하여 임금은 매월 일정한 날에 1회 이상 지급하여야 한다. 다만, 임시로 지급되는 임금·수당은 예외가 인정된다. 여기서 매월이라는 것은 달력에 의한 월을 말하지만, 실제로 노동을 한 바로 그 달을 뜻하는 것은 아니다. 일을 마감하고 나면 계산해서 지불하기까지 일정한 시일이 필요할 것이므로, 근로를 제공한 달과 임금이 지불되는 달이 반드시 일치하지 않아도 무방하다. 예컨대 5월분 임금이 6월에 지불되는 경우도 있다.[4]

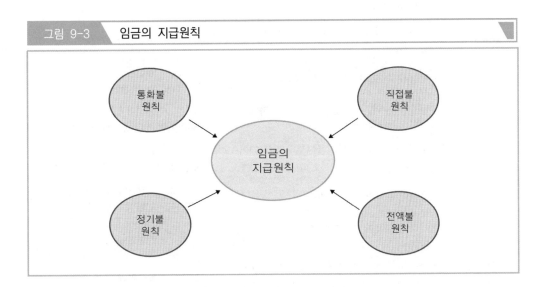

그림 9-3   임금의 지급원칙

2) 임금의 구분

(1) 기준임금(基準賃金)

기준임금이란 임금의 근간을 이루면서 상여금 등을 결정하는 기준이 되는 임금이다. 이는 산업·기업에 따라 다르지만 일반적으로는 기본급과 정상적인 근무와 관련된 수당으로 이루어진다. 기준임금은 상여금이나 퇴직금의 산정기준으로 사용되기 때문에 임금총액에서 차지하는 비율을 합리적으로 결정하는 것이 중요하다.

(2) 통상임금(通常賃金)

통상임금이라 함은 근로자에게 정기적·일률적으로 소정근로 또는 총근로에 대하여 지급하기로 정한 시간급 금액, 일급 금액, 주급 금액, 월급 금액 또는 도급 금액을 말한다 (근로기준법 시행령 제6조). 통상임금이 중요한 이유는 해고예고수당, 주휴일수당, 연장·야간 및 휴일근로수당, 연차수당 등의 계산기준이 되기 때문이다. 예컨대, 우리나라의 경우 상시 근로자수가 5인 이상인 사업장에서 연장근로나 야간근로가 이루어질 경우 통상임금

표 9-1	임금유형별 통상임금	
임금명목	임금의 특징	통상임금 해당여부
기술수당	기술이나 자격보유자에게 지급되는 수당 (자격수당, 면허수당 등)	통상임금○
근속수당	근속기간에 따라 지급여부나 지급액이 달라지는 임금	통상임금○
가족수당	부양가족 수에 따라 달라지는 가족수당	통상임금× (근로와 무관한 조건)
	부양가족 수와 관계없이 모든 근로자에게 지급되는 가족수당 분	통상임금○ (명목만 가족수당, 일률성 인정)
성과급	근무실적을 평가하여 지급여부나 지급액이 결정되는 임금	통상임금× (조건에 좌우됨. 고정성 인정×)
	최소한도가 보장되는 성과급	그 최소한도만큼만 통상임금○ (그만큼은 일률적, 고정적 지급)
상여금	정기적인 지급이 확정되어 있는 상여금 (정기상여금)	통상임금○
	기업실적에 따라 일시적, 부정기적, 사용자 재량에 따른 상여금(경영성과분배금, 격려금, 인세티브)	통상임금○ (사전 미확정, 고정성 인정×)
특정시점 재직 시에만 지급되는 금품	특정시점에 재직 중인 근로자만 지급받는 금품(명절귀향이나 휴가비의 경우 그러한 경우가 많음)	통상임금× (근로의 대가×, 고정성×)
	특정시점이 되기 전 퇴직 시에는 근무일수에 비례하여 지급되는 금품	통상임금○ (근무일수 비례하여 지급되는 한도에서는 고정성○)

〈출처〉 대법원 전원합의체 판결('13. 12. 18) 보도자료.

의 100분의 50 이상, 즉 시간당 통상임금의 150% 이상의 가산임금이 지급되어야 한다. 기업현장에서 근로자에게 지급되는 금품에 대한 통상임금 여부를 판정할 때에는 소정근로 혹은 총근로에 대한 대가 여부보다는 정기적이고 일률적으로, 그리고 고정적으로 지급하는 지급형태를 중시하는 경향을 보이고 있다. 정기적·일률적으로 지급한다는 의미를 매우 폭넓게 해석하면 연 단위로 지급하는 임금을 통상임금으로 산정하거나, 근속수당과 같이 근속연한에 따라 변동적으로 지급하는 임금도 일률적이고 정기적인 통상임금으로 인정하고 있다.[5] 또한 고정적이라는 것은 임금항목의 지급여부가 업적이나 성과 또는 추가적인 조건과 무관하게 사전에 이미 지급하기로 확정되어 있는 의미를 지닌다. 이에 따라 정기적으로 지급이 확정된 상여금 또한 통상임금의 범위에 포함된다는 대법원 판결이 이루어진 바 있다.

(3) 평균임금(平均賃金)

평균임금은 퇴직금, 산재보상금, 휴업수당, 휴업급여, 실업급여 등의 계산기준이 되며, 이를 산정하여야 할 사유가 발생한 날 이전 3개월간에 그 근로자에 대하여 지급된 임금의 총액을 그 기간의 총일수로 나눈 금액을 말한다(근로기준법 제2조 1항). 따라서 이 경우 임금총액에는 근로기준법상의 모든 임금이 포함된다. 예컨대, 어느 종업원이 퇴직하고자 할 경우 1일 평균임금은 사유발생한 날(퇴직일) 이전 3월간의 임금총액을 사유발생한 날(퇴직일) 이전 3월간의 총일수로 나눈 금액이 된다. 다만 위와 같은 방법에 의하여 산출된 금액이 근로자의 통상임금보다 낮을 경우에는 그 통상임금을 평균임금으로 한다(근로기준법 제2조 2항).

평균임금에서는 사유가 발생한 날 이전 3개월 여부를 판정하여 산정기간을 확정하고 임금총액을 파악하는 것이 쟁점이 된다. 우리나라 판례에서는 산정기간 동안 근로자에게 지급된 임금총액을 당연히 지급해야 할 임금 중 지급되지 아니한 임금을 포함하는 임금총액으로 폭넓게 해석하고 있다. 따라서 상여금과 같이 통상적으로 1개월을 초과하는 기간에 대한 근로의 대상으로서 연간 1회, 2회, 4회, 혹은 수시로 지급되는 임금 등도 포함시키고 있다.

한편 노동부의 매월 노동통계조사에서는 임금을 크게 정액급여, 초과급여, 특별급여로 구분하고 이러한 임금항목의 합을 임금총액이라고 한다.

- 정액급여: 기본급과 통상적 제수당, 예컨대 직책수당, 가족수당, 근속수당 등
- 초과급여: 연장근로수당, 휴일근로수당, 야간근로수당 등과 같은 변동적인 수당
- 특별급여: 상여금, 기말수당, 학자금지원 등

3) 임금의 성격

임금은 단순히 생계보장의 수단 또는 기업의 비용으로서의 성격뿐만 아니라 다음과 같은 다양한 성격을 가지고 있으며, 시대가 달라져도 변하지 않는다는 특성을 지닌다.[6]

(1) 자극성

근로자의 행동은 근로자가 가진 욕구를 자극함으로써 일어날 수 있다. 근로자의 욕구는 근로자가 소속하고 있는 경제사회가 고도화되어가는 단계에 따라 생리적 욕구, 안전의 욕구라는 생존적 욕구로부터 소속과 애정의 욕구, 자아의 욕구와 같은 사회적 욕구를 거쳐 자기실현의 욕구라는 고차원의 욕구로 변화·발전하게 되는데, 임금은 이들 모든 욕구와 밀접하게 관련되어 있기 때문에 근로자에게 자극성을 갖는다.

(2) 충족곤란성

인간이 가지고 있는 대부분의 욕구는 임금이라는 화폐수입을 소비함으로써 충족시킬 수 있다. 그러나 인간의 욕구는 무한하기 때문에 임금에 대한 욕구도 무한한 것이라고 본다면 임금에 대한 충분한 만족감을 얻기도 어렵고 또한 충족하기도 어렵다. 따라서 임금에는 언제나 부족감과 불만이 느껴진다.

(3) 불만대표성

임금은 직장의 모든 불만을 대표하는 성질이 있다. 즉, 근로자가 직장에서 가지는 불만에 대한 실체는 임금 이외의 것인 경우가 많다. 예를 들면 업무 자체, 작업환경, 상사의 감독방법, 경영방침 등에 대한 불만이 그것인데, 근로자들은 그들의 진정한 불만을 표출하지 않고 그저 임금이 낮기 때문이라고 말하는 경우가 많다. 이러한 임금의 성격, 즉 임금의 불만대표성은 임금관리를 더욱 어렵게 하고 있다.

(4) 사회적 지위대표성

임금은 근로자의 사회적 관계를 규정하는 하나의 요소이다. 즉, 임금은 기업 내외에서 근로자의 사회적 지위를 결정·대표한다. 먼저 기업 내에서 근로자의 지위는 일반적으로 직제에 의해서 결정된다. 직제상의 지위는 단순히 그 직위의 책임과 권한에 의해서만 정해지는 것이 아니므로, 직제는 임금에 의해서 뒷받침되지 않으면 안 된다. 기업 외에서도 임금은 사회적 지위를 결정한다. 높은 임금은 시민사회에서 그 지위를 높이고 위신을 높여주기도 한다. 높은 임금은 직접적으로 필요한 물건 구입, 자녀양육의 원활화를 촉진시키며, 직·간접적으로 정치적 권력을 가질 수 있게 해 준다. 따라서 임금의 고저는 단순히 경제적 사생활을 넘어 그 이상의 사회적 의미를 갖는다.

3 임금관리의 기본원칙

경영자는 기업의 생산성을 증가시키고 성공적으로 기업을 이끌기 위해서 무엇보다도 유능한 종업원이 기업에 들어올 수 있는 유인을 제공해야 한다. 그리고 일단 기업의 생산활동에 참여한 후에도 공헌을 계속할 수 있도록 만족스러운 유인을 제공하여, 인적자원의 능력이 최대한 발휘될 수 있도록 노력해야만 한다. 즉, 기업 내 임금관리는 기본적으로 다음과 같은 세 가지의 목적이 달성될 수 있도록 전개되어야 한다.

• 외부노동시장으로부터 우수한 노동력의 확보
• 종업원에 대한 동기유발과 근로의욕의 고양
• 합리적인 임금관리를 통한 내부인력의 유출방지

이러한 목적을 달성하기 위해서는 임금관리의 기본원칙으로서 적정성의 원칙, 공정성의 원칙, 합리성의 원칙이 충족되어야 한다.

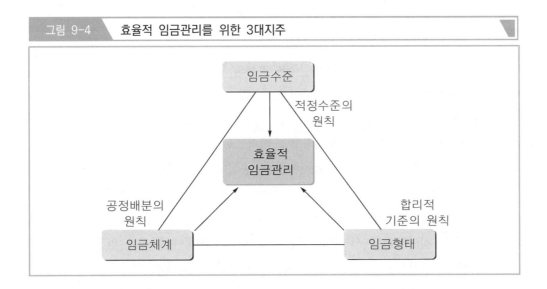

그림 9-4 효율적 임금관리를 위한 3대지주

1) 적정성의 원칙

적정성의 원칙이란 종업원이 기업으로부터 받는 임금수준이 기업의 입장과 종업원의 입장 그리고 전반적 노동시장의 견지에서 모두에게 적정한 액수만큼 결정되어야 한다는 것이다. 따라서 적정성의 원칙이 적용되는 분야가 임금수준(pay level)관리이다. 이는 기업 단위를 중심으로 전개되는 임금관리 중에서도 임금총액에 대한 관리가 중심이 되기 때문에 기업 내 임금관리의 거시적 분석이라고 할 수 있다.

2) 공정성의 원칙

공정성의 원칙은 임금수준이 결정된 후, 그와 같은 임금총액이 종업원들에게 분배될 때 각자가 가지고 있는 인적 가치, 업무성과와 업적, 직무의 가치 등에 따라 공정하게 분배되어야 함을 의미한다. 따라서 공정성의 원칙이 적용되는 분야가 임금체계(pay structure)관리이다. 여기에서는 임금수준관리에서 산정된 임금의 총액을 각 종업원들에게 일정한 기준에 따라 공정하게 분배하는 측면이 다루어진다.

임금의 목적 가운데 하나는 종업원들의 동기를 유발하는 것이기 때문에 기업의 임금구조를 설계할 때는 종업원들이 납득할 수 있는 급여시스템을 구축하여야 한다. 이를 위해서는 다음과 같은 공정성의 원칙이 지켜져야 한다.

- 외부공정성(external equity): 종업원들은 자신의 임금수준을 경쟁사 또는 동종업계의 임금액과 비교하여 지각하는 경향이 있다. 즉, 외부노동시장에서 지불되는 임금액에 대비한 자신의 임금에 대한 지각을 외부공정성이라고 한다. 외부공정성은 신규 종업원의 유인과 유지에 직접적인 영향을 미치므로 경쟁사보다 임금수준이 낮을 경우 신규모집을 하기가 어려우며 동시에 기존 종업원들의 이직률도 높아질 수 있다.
- 내부공정성(internal equity): 단일 조직 내에서 가치가 같은 직무에 대해서는 동일임금을 지급하고, 가치가 서로 다른 직무에 대해서는 합당한 임금차(pay differentials)를 설정하는 것이다. 따라서 종업원들은 담당 직무가 서로 다를 경우 임금차가 있어야 공정하다고 느낀다. 내부공정성을 결정하는 주요 수단으로는 직무급에서는 직무평가, 직능급에서는 능력평가가 활용된다. 내부공정성은 종업원의 개발이나 승진 동기에 영향을 미칠 수 있다. 만약 직급 간 또는 역량등급 간 임금차가 적다면 직무평가에서 가치를 높게 인정받은 직무가 오히려 기피당할 수도 있다.

- 개별공정성(individual equity): 종업원들은 개인적 노력, 성과, 그리고 조직에의 몰입 등을 가치있는 투입이라고 생각하기 때문에, 동일직무를 수행하는 경우라도 서로 간에 노력과 시간적 투입, 연공 등의 투입적 요소가 상이하면 임금차가 있어야 한다고 생각한다. 공정성이론(equity theory)에 따를 경우에도 개인의 투입과 산출의 타인과의 비교에 의해 공정성지각 수준이 달라진다. 따라서 개인공정성은 동일직급 또는 역량등급 내에서 성과와 연공 같은 개인 특성이 임금에 반영되는 정도를 의미한다. 이러한 개인공정성은 임금결정의 기준에 따라 크게 영향을 받는다.
- 절차공정성(process equity): 임금의 조정과 인상, 임금제도 개선 등 임금이 결정되기까지의 모든 과정이 비교적 객관적이고 공정한 절차에 의해 진행되고 그와 같은 과정에서 얼마나 참여적·민주적이고 사회적 상식수준에 맞게 진행되느냐에 따라 절차공정성이 결정된다. 기업 내의 임금관리에서 이러한 절차공정성이 지켜지면 장기적으로는 외부공정성, 내부공정성 및 개별공정성도 결국 충족될 수 있다.

3) 합리성의 원칙

합리성의 원칙은 임금형태관리와 밀접한 관련을 지니고 있다. 임금형태(payment method)의 관리는 임금의 계산 및 지불방법에 대한 관리로서, 고정급과 성과급으로 크게 구분된다. 이 중 고정급은 근로자의 작업량이나 작업성과와 상관없이 단순히 근로시간을 기준으로 산정·지급되는 시급, 일급, 주급, 월급, 연봉으로 구분된다. 반면 성과급은 근로자의 작업량이나 작업성과에 따라 산정·지급되는 임금을 말한다.

제2절 임금수준의 적정성

1 임금수준의 의의

임금수준은 일정기간 동안 한 기업 내의 모든 근로자에게 지급되는 임금총액을 의미한다. 그러나 좁은 의미로는 총임금을 모든 종업원 수로 나눈 개인의 평균임금을 일컫는다. 즉, 기업의 입장에서 임금수준관리의 핵심은 총액임금을 의미하는 것이 보통이지만,

종업원의 시각에서는 실제로 자신들에게 주어지는 개별임금이 보다 더 중요한 의미를 지닌다. 이러한 맥락에서 보면 임금수준은 다음과 같이 구분할 수 있다.

즉, 임금총액은 임금수준과 종업원 총수를 곱한 결과임을 알 수 있다. 또한 기업 내의 모든 종업원에게 임금의 형태로 지급할 수 있는 임금의 재원(財源)인 임금총액은 사실 기업의 지불능력에 의하여 결정된다고 볼 수 있다.

그리고 임금총액은 기업의 적절한 정원관리에 의하여 현재 고용되어 있는 종업원 총수에게 배분됨으로써 개별 종업원의 임금수준이 결정된다. 따라서 임금총액이 아무리 많더라도 정원관리의 잘못으로 인하여 그 기업의 정원이 필요보다 많아지면 그들이 받는 임금수준은 낮아지게 된다. 결국 정원관리는 임금수준의 결정에 큰 영향을 미친다. 또한 이렇게 산정된 임금수준이 생계비나 동업타사(同業他社)의 수준과 비교할 때, 그 액수가 적절하여야만 종업원들의 근로의욕을 불러일으키고 동기부여를 할 수 있게 된다.

2 임금수준의 결정원리

일반적으로 기업이 지불하는 임금은 지속적으로 종업원을 확보하고 유지하기 위해서 절대적으로 필요한 최저임금수준과 더 이상 지불할 경우 기업 자체의 유지가 위협받을 수 있는 최고임금수준 사이에서, 법적 규제 및 노동시장 등의 외부요인과 직무의 가치 및 기업의 보상전략과 같은 다양한 내부요인에 대한 판단을 통해 결정된다. 즉, 임금수준을 결정하는 데 있어 종업원에게 지불되는 임금의 상한선은 기업의 지불능력에 의해 크게 영향을 받고, 하한선은 종업원들이 최소한의 인간다운 삶을 유지할 수 있는 생계비 수준을 유지해야 한다. 또한 이 범위 내에서 기업과 종업원들 사이에 노동시장의 요인(동업타사의 임금수준, 물가의 변동, 노동력의 수급상황, 노사관계 등)과 법적 요건 및 보상전략 등을 고려하여 임금수준이 결정된다.

1) 지불능력

임금은 근로자의 입장에서는 높을수록 좋겠지만 기업의 입장에서는 재무상태에 따라 낮은 임금을 지급하는 경우도 있고 우수 종업원 확보를 위해 높은 임금을 지급하기도 한다. 그러나 기업의 지불능력을 벗어난 임금은 결과적으로 기업경영을 어렵게 하기 때문에 임금수준은 기업의 지불능력 범위 내에서 결정될 수밖에 없다. 이러한 지불능력의 산정은

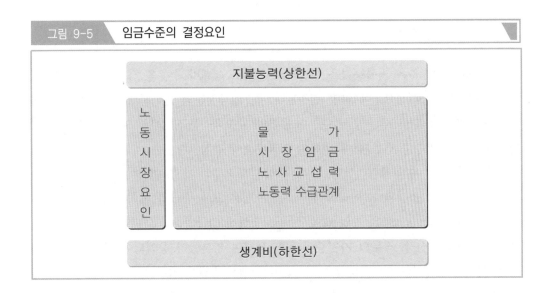

그림 9-5 임금수준의 결정요인

근로자는 자기가 받은 임금을 토대로 자신의 삶과 가족의 생계문제를 해결할 뿐만

업종, 규모, 설비능력 등에 따라 다양하게 이루어지기 때문에 이는 한 가지 방법만이 최선일 수는 없다. 일반적으로 지불능력을 계산하는 방법으로는 크게 생산성(productivity)분석과 수익성(profitability)분석으로 구분해 볼 수 있다. 전자의 경우 가장 널리 사용하고 있는 방법으로 부가가치를 분석하는 방법과 매출액을 분석하는 방법이 있다. 그리고 후자의 경우는 손익분기점분석, 원가구성분석, 매출총이익분석 등이 있다.

2) 생 계 비

근로자는 자기가 받은 임금을 토대로 자신의 삶과 가족의 생계문제를 해결할 뿐만 아니라, 노동력을 재생산할 수 있는 기반을 형성하게 된다. 따라서 종업원들의 생계비는 임금산정의 최저기준일 뿐 아니라 그들의 인간적인 삶을 보장해 줄 수 있는 기초가 된다.

생계비 보장을 기준으로 임금수준을 파악하는 방법에는 생계비측정방법과 종업원의 라이프사이클에 의한 방법 등 크게 두 가지가 있다. 먼저 생계비측정방법은 종업원들이 실생활에서 얼마만한 경비가 지출되었는가를 실제 가계조사를 토대로 결정한 실태생계비와 이론상으로 표준생활모형을 설정하여 최저수준을 설정해 산출한 최저생계비가 있다.

또한 종업원의 라이프사이클에 의한 측정방법은 종업원들이 각 연령별로 출산, 성장, 결혼 등 가족과 자신의 라이프사이클과 관련하여 다양한 생계비수준을 필요로 하게 되는데 이를 기초로 파악하는 방법이며, 임금이 종업원들의 라이프사이클에 어느 정도 부합될 수 있도록 책정되어야 함을 시사한다.

3) 노동시장요인

기업의 임금수준은 지불능력을 상한선으로 하고 생계비 수준을 하한선으로 하여 그 중간지점에서 노동시장요인에 따라 결정된다. 즉, 임금수준의 상한선과 하한선의 가운데에서 동업타사(同業他社)의 임금수준, 노동력의 수요와 공급 상황 그리고 노사 간의 임금교섭 및 물가수준 변동 등에 의하여 임금수준이 결정된다.

한편 임금수준은 임금관리전략, 법적 규제, 담당직무의 가치, 연공이나 인사고과 결과 등에 따라서 매년 조정된다. 이러한 임금수준 조정은 보통 승급과 베이스업에 따라 이루어지고 있다. 승급이라 함은 기업 내에서 미리 정해진 임금기준선을 따라서 연령, 근속연수, 또는 능력의 신장, 직무의 가치증대 등에 의하여 기본급이 증액되어 나가는 것을 뜻한다. 하지만 연공서열적 임금체계를 따르는 기업에서 승급은 직무나 직능의 변화와는 관련 없이 연공에 따른 자동승급형태로 이루어지고 있다. 반면, 베이스업은 연령, 근속연수, 직무수행능력이라는 관점에서 동일조건에 있는 자에 대한 임금의 증액으로서, 승급이 일정한 임금곡선상에서의 상향이동(moving)인 데 반하여, 베이스업은 임금곡선 자체가 이동(shifting)하는 것이다.[7] 중하위직 공무원의 경우에서 호봉승급과 베이스업이 동시에 이루어지는 모습에서 사례를 찾을 수 있다.

3 임금수준의 관리전략

임금수준관리의 기본적인 목표는 타 기업에 비하여 경쟁력 있는 임금수준을 유지함으로써 대외적 공정성을 확보하는 것이다. 그러나 항상 경쟁자의 임금수준을 상회하는 임금수준을 유지하는 것이 유일한 임금정책은 아니다. 일반적으로 임금수준 관리전략에는 선도전략(lead strategy), 동행전략(match strategy), 추종전략(lag strategy)이 있다.[8]

- 선도전략: 경쟁기업의 일반적인 임금수준보다 높은 임금수준을 유지함으로써 유능한 종업원을 유인하여 유지할 수 있다. 그리고 종업원들의 임금에 대한 불만족을 최소화하고 동기유발을 극대화할 수 있는 장점이 있지만 생산성과 수익성, 그리고 기업의 지불능력이 뒷받침될 때 가능한 전략이다.
- 동행전략: 자사의 임금수준을 경쟁기업의 임금과 비슷한 수준으로 유지하는 것을 말한다. 선도전략과 달리 먼저 임금수준을 높이지는 않지만, 선도기업이 임금수준

을 높이면 곧바로 따라가는 전략이다. 이 전략은 임금수준을 적절하게 관리하여 상대적으로 과다한 비용을 부담하는 위험을 피할 수 있다는 장점이 있는 반면, 우수한 인력을 선점하거나 유지시킬 수 없다는 단점이 있다.

• 추종전략: 임금수준을 경쟁기업의 일반적인 임금수준보다 낮게 정하고 일정 기간의 격차를 두고 경쟁기업의 임금수준을 따라가는 전략이다. 우수한 인력을 채용하고 유지하는 것 못지않게 인건비 경쟁력을 확보하는 것이 더 중요한 기업이 선택할 수 있는 전략이지만 신규 종업원을 유인하는 데 부정적인 영향을 미칠 수 있다. 이와 같은 경우는 비교적 인력의 확보에 어려움이 없고 기술의 숙련이 필요하지 않는 단순반복적인 노동집약적 업종에서 주로 발견된다.

표 9-2	임금수준 관리전략의 효과				
효과 전략	유인능력	유지능력	인건비 절감	임금불만 감소	생산성 증진
선도	+	+	?	+	?
동행	=	=	=	=	?
추종	−	?	+	−	?

+ 긍정적 효과, − 부정적 효과, = 중립, ? 미지수

쉬어갑시다   사업체의 총 종사자 19,848천명,
1인당 월평균 임금총액은 3,706천원

2023년 5월 현재, 종사자 1인 이상 사업체의 총 종사자는 19,848천명(상용 16,666천명, 임시일용 1,990천명, 기타 1,191천명)이고, 2023년 4월 기준 상용근로자 1인 이상 사업체의 전체근로자 1인당 월평균 임금총액은 3,706천원, 상용근로자 1인당 임금총액은 3,926천원, 임시일용근로자는 1,703천원으로 조사됐다.

한편 상용 300인 미만 사업체의 근로자 1인당 임금총액은 3,395천원, 300인 이상은 5,226천원이었고, 임금총액이 많은 산업은 금융 및 보험업(6,717천원), 전기, 가스, 증기 및 수도사업(6,013천원) 순이고, 적은 산업은 숙박 및 음식점업(2,045천원), 사업시설관리, 사업지원서비스업 및 임대서비스업(2,604천원) 순으로 나타났다.

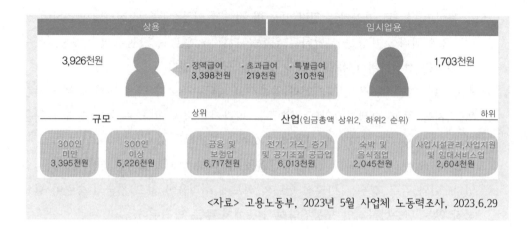

<자료> 고용노동부, 2023년 5월 사업체 노동력조사, 2023.6.29

제3절 임금체계의 공정성

1 임금체계의 의의 및 구성

임금수준이 총액임금의 결정 및 관리와 관련된 것임에 반해, 임금체계는 그와 같은 총액임금을 어떠한 기준에 의해 종업원들에게 배분할 것인가라는 문제를 다룬다. 종업원들은 자신이 받는 실제 임금수준과 함께 기업에서 지불되는 개별 임금의 공정성과 관련된 임금체계에 많은 관심을 가지고 있다.

따라서 임금체계의 관리와 관련해서는 크게 두 가지 의사결정이 중요하다

- 어떠한 항목으로 임금체계를 구성할 것인가?
- 개별 임금격차를 결정하는 기준을 어떻게 설정할 것인가?

첫 번째 문제인 임금체계의 구성과 관련해서는 기업마다 임금의 구성항목이 다양하기 때문에 확정적으로 표시하기는 어려우나, 보통 우리나라의 임금체계는 〈그림 9-6〉과 같은 내용으로 정리할 수 있다. 즉, 기준임금은 기본급과 정상적인 근무와 관련된 수당으로 이루어진다. 기본급과 수당을 기준임금이라고 구분하는 이유는 상여금과 퇴직금 등의 산정기준이 되기 때문이다. 따라서 기준임금은 통상적인 근로시간 및 작업조건 하에서의 노동에 대하여 지급되는 임금이며, 나머지 임금구성항목을 기준 외 임금이라고 부른다.

기준임금 중에서도 종업원 간의 개별 임금격차와 관련해서 가장 중요시되는 항목이 기본급이다. 기본급의 결정기준이 중요한 이유는 기본급이 임금구성항목 중 그 액수가 차지하는 비중에 있어서 대부분을 차지하기 때문이다.

기본급의 형태는 연공급, 직무급, 직능급이 있으며 각 임금체계에 따라 종업원의 임금격차를 결정하는 기준이 달라진다. 그리고 수당은 두 가지 성격을 띠고 있는데, 정상적인 근무와 관련된 직책수당, 근속수당, 가족수당 등 비법정 성격의 수당은 기준임금에 포함시키고, 주로 법정수당에 속하면서 특별근무와 관련된 시간외 근로수당, 휴일근로수당, 야간근로수당 등은 기준 외 임금에 포함시키고 있다.

2 기본급의 관리

기본급은 임금의 구성항목 가운데 가장 중요한 부분이다. 이는 정상근무수당과 함께 기준임금으로 분류되어 상여금과 퇴직금의 산정기준이 된다. 그러므로 기업이나 종업원 양자의 입장에서 기본급에 대한 관리나 관심은 어느 임금항목보다도 높다. 기본급의 결정기준에는 연령, 근속년수, 업무의 가치, 업무수행능력(발휘능력) 등이 있다. 이와 같은 기준 가운데 어느 부분에 중점을 두고 기본급이 결정되는가에 따라 연령급, 근속급, 직무급, 직능급이 되며, 연령급과 근속급을 합하여 연공급이라고 한다.

또한 이와 같은 기본급의 체계는 다시 인적요소중심형 기본급과 직무요소중심형 기

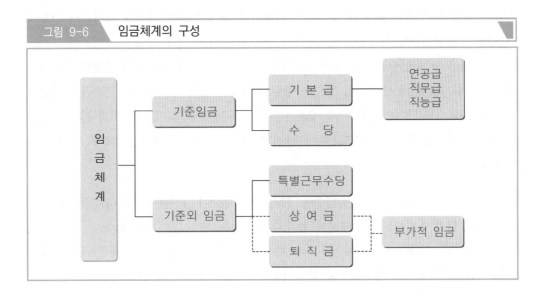

그림 9-6 임금체계의 구성

본급으로 구분된다. 연공급이 전자에 해당하는 대표적인 임금체계라면, 직무급은 후자에 속하는 대표적인 임금체계이고 직능급은 이 양자의 중간에 해당되는 임금체계라 할 수 있다.

표 9-3	기본급의 결정기준		
임금체계	기본원칙	기준	결정기준
연공급	생활기본	사람	연령/근속년수
직무급	노동대가/동기유발	일	업무가치
직능급		능력	보유능력

1) 연 공 급

연공급은 임금결정의 기준을 개인의 연령, 근속연수, 학력 등에 두는 방식이다. 연공(seniority)이란 통상 종업원이 회사 또는 직무에 종사한 기간을 말한다. 연공급은 근속연수가 많아짐에 따라 학습에 의해서 숙련수준이 높아지고 그에 따라 업무를 더욱 효율적으로 수행함으로써 생산성이 높아질 수 있다는 것을 전제하고 있다. 또한 사회보장제도가 미흡한 나라에서는 종업원의 생계비를 보장한다는 측면에서도 의의가 있다.

이러한 의미에서 과거 우리나라의 많은 기업들이 연공급 체계를 따랐으나, 최근 기업환경의 변화와 경쟁의 가속화로 인해 연공에 의한 임금체계는 한계에 부딪히게 되었다. 따라서 연공급 체계를 채택하고 있던 많은 기업들은 호봉제를 폐지하고 성과와 능력을 임금에 반영할 수 있는 다양한 제도를 고안하거나 이를 연공적 요소와 적절하게 결부시켜 새로운 임금체계를 운영하는 등 변화의 모습을 보이고 있다.

연공급은 크게 연령급과 근속급으로 구분할 수 있다. 연령급은 해당 종업원의 연령을 기준으로 하기 때문에 생활급적 형태가 강한 임금체계라 할 수 있으며, 근속급은 종업원의 조직 내에서의 근속연수에 따라 임금에 차별을 두는 것을 의미한다. 이와 같은 연공급은 매년 정기승급에 의해 운영되는데 승급선의 형태에 따라 몇 가지 유형으로 구분해 볼 수 있다.

- 정액승급(定額昇給)형: 근속연수에 따른 임금수준이 증가하는 형태로 매년 임금인상액이 동일하고, 이 때문에 임금의 상승률은 차츰 떨어지게 된다.
- 체증승급(遞增昇級)형: 2차 함수의 곡선을 따라 임금인상액이 체증하는 형태로 이는 근속연수가 많아질수록 임금인상액의 폭은 더 커지게 된다.

- 체감승급(遞減昇級)형: 임금의 상승액과 상승률이 근속연수가 많아짐에 따라 점차 감소하는 형태로서 고도의 육체적 능력이 요구되는 직무라든가 현장노동자의 직무에서 흔히 나타나는 형태이다.
- S자승급형: 근속연수에 따라 승급액이 증가하다가 일정시점을 지나면서 감소하게 되는 형태이다. 기능의 습득이나 숙련의 체득이 당초에는 누진적으로 이루어지지만 일정기간이 지나면서 점차 그 기능이나 숙련의 체득이 줄어드는 경우가 여기에 해당된다.

2) 직 무 급

(1) 직무급의 의의와 유형

직무급(job-based pay)은 직무의 중요성과 난이도에 따라 임금을 결정하는 방식이다. 즉, 직무평가를 통한 직무의 상대적 가치에 의해 기본급이 결정되기 때문에 근속연수, 학력, 연령 등에 상관없이 '동일노동·동일임금(equal pay for equal work)'의 원칙이 지켜지는 임금체계라 할 수 있다. 따라서 직무급이 효과적으로 실시되기 위해서는 직무분석과 직무평가에 의해 직무의 상대적 가치에 대한 합리적인 기준 마련이 가장 중요한 선결요인이 된다.

직무급의 기본유형에는 개별직무급, 단일직무급, 범위직무급 등이 있다.

- 개별직무급: 이는 평점제 직무급이라고도 하는데, 직무의 가치를 결정하기 위하여 실시되는 직무평가의 결과 산출된 평점에 1점당의 단가를 곱하여 임금액을 산출하는 형태이다.
- 단일직무급: 이는 기업 내의 각 직무가 지닌 상대적 가치를 비교 평가한 직무평가의 평점을 일정한 간격을 기준으로 하여 여러 직급으로 분류하고 각 직급마다 동일한 임금액을 부여하는 형태이다.
- 범위직무급: 이는 동일직급 내의 직무에 대해서도 각 개인의 호봉 수에 따라서 임금액에 차이를 두는 형태이다. 즉, 직무의 가치가 같은 업무에 종사하는 종업원이라 할지라도 그 경험, 근속연수, 연령 등에 차이를 두어 일정한 범위 내에서 승급을 인정함으로써 종업원의 사기를 향상시키기 위하여 많이 활용된다. 범위직무급은 직무등급 간 상호관계에 따라 중복형, 접합형 및 간격형으로 구분된다.

(2) 직무급의 대안

직무급은 연공급이 지니고 있는 한계를 보완하기 위한 임금체계로 그동안 많이 거론되어 왔지만 실제 현장에서 순수한 직무급의 적용은 그다지 활발하게 이루어지지 못하고 있다. 직무급이 합리적으로 적용되려면 직무별로 정확한 가치가 산정되어야 하고, 직무에 합당한 사람이 배치되어야 하며, 가치가 낮은 직무 담당자에게도 최저생계비가 충족되어야 한다. 그런데 직무의 책임수준을 명확하게 정의하면 직무내용이 고정되어 직무수행의 유연성이 떨어지고 품질과 고객서비스에 좋지 않은 결과를 가져올 수 있다. 또 기술변화 등으로 직무내용을 변경할 필요가 생기는데 직무기술서를 만드는 일은 시간이 많이 소요된다.

따라서 기업은 직무중심의 임금구조에 대한 대안을 모색할 필요가 있다. 이를 위해 일부 기업은 직무의 수를 줄이거나 지위, 계층의 간소화를 통해 유연성을 모색한다. 여러 계층을 하나의 계층으로 합치면 기업은 일정한 지침(guideline) 내에서 과업을 부과하고 임금인상을 결정하는 데 융통성을 발휘할 수 있다. 이런 브로드밴딩(broadbanding)은 계층적 직무구조를 제거함으로써 무경계(boundaryless) 조직을 지원하며, 종업원들은 광대역 안에서 횡적이동(lateral progression)이 가능하기 때문에 다양한 기능을 쌓을 수 있고, 경영자에게는 '관리의 자유'가 부여된다.

직무의 상대적 가치에 기초한 직무급의 한계점에 대응하기 위한 또 다른 방법은 직무와의 연계에서 벗어나 지식과 기술에 근거하여 보상을 하는 기술급(skill-based pay system)을 채택하는 것이다. 이 제도는 각 개인이 훈련을 통하여 숙지한 기술의 숫자 및 숙련 정도(number and depth of skills)에 따라서 임금액이 결정되는데, 다기술급제도 (multiskill-based pay)와 숙련기술급제도(increased knowledge-based pay)로 구분된다.

전자는 각 개인이 수행할 수 있는 기술의 숫자에 따라서 임금이 결정되는 제도로, 좁은 분야에서의 숙련기술보다는 기술의 다양화가 바람직한 생산직·사무직 종업원의 경우에 흔히 적용된다. 후자는 일정 직무 이내에서 기술습득의 숙련정도에 따라서 임금이 결정되는 제도로, 고급기술의 습득이 요구되는 숙련공 및 전문기술직들을 위한 기술급제도이다. 다기술급제도가 여러 직무 분야에서의 다양한 기술습득을 장려하는데 반해 숙련기술급제도는 좁은 분야에서 고도의 기술습득을 유도하기 위한 제도라고 할 수 있다.[9]

3) 직능급의 의의와 유형

직능급이란 직무수행능력에 따라 개별임금을 결정하는 임금체계이다. 즉, '직무담당자의 수행능력의 종류와 정도(능력단계)를 기준으로 해서 결정되는 임금제도'라고 정의할 수 있으며, 이 때 능력은 '현재적인 능력뿐만 아니라 잠재적인 능력까지도 포함된 종합적인 능력'을 의미한다.

직능급은 학자들에 따라서 자격급, 직능자격급, 능력급 등의 명칭으로 사용되고 있다. 그러나 이는 모두 직무수행능력에 따라 임금이 결정된다는 의미에서 모두 직능급을 의미한다고 할 수 있다. 따라서 직능급이 기업 내에서 효과적으로 실시되기 위해서는 종업원의 직능이 철저하게 분류되어 있어야 하고, 평가의 요소나 방법이 노사 양측에게 이해될 수 있어야 한다.

직능급이 직무수행능력에 따라 임금이 결정되는 특성을 나타내지만 실제 적용상 연

표 9-4	임금체계의 장·단점 비교	
	장 점	단 점
연공급	• 정기승급으로 인해 종업원이 생활의 안정감과 미래에 기대를 가질 수 있음 • 사내의 위계질서 확립, 실시가 용이 • 배치전환의 용이 • 평가의 객관성	• 동기부여 미약, 소극적 근무태도 야기 • 비합리적인 인건비 지출 • 전문기술인력의 확보 곤란 • 능력업무와의 연계성이 미약 • 개인의 능력 활용이 쉽지 않음
직무급	• 동일노동·동일임금의 원칙에 따라 명확하게 임금배분의 공평성을 유지할 수 있음 • 임금수준 설정에 객관적 근거 부여 • 직무분석, 직무평가를 통해 경영조직의 개선, 작업조직의 개선, 작업방식을 합리화 • 적재적소의 인사배치에 의해 노동력의 효율적인 이용 가능 • 불합리한 노무비 상승 방지	• 직무평가가 주관적이고 명확성이 떨어질 가능성이 있음 • 기술변화, 노동시장의 변동 등으로 직무내용을 변경할 필요성이 생길 수 있음 • 적정배치가 어렵고 직무구성과 인적능력구성이 일치하지 않게 되면 비효과적임 • 직무내용의 정형화·고정화로 직무수행에 유연성이 떨어지기 쉬움
직능급	• 능력개발과 직능등급 상승연계로 종업원에게 자기계발 욕구를 동기부여시킬 수 있음 • 기업실정에 맞게 유연한 운용 가능 • 기존의 획일적 보상에서 보상의 개별화로 능력에 맞는 처우 가능 • 공정성과 명확성을 확보하다면 다른 제도보다 구성원에게 공정한 것으로 수용될 수 있음	• 직무수행능력의 파악, 평가가 쉽지 않음 • 자칫 연공주의로 흐를 가능성도 있음 • 직무성격상 직능급보다는 직무급이 적합한 직종이 있으므로 운영 시에는 직종 간 차이를 고려해야 함 • 50세 이후에는 능력개발에 한계가 있으므로 그 이후에는 부적절할 수 있음

〈자료〉유규창(1998). 직능급 도입을 위한 평가제도 개선방안, 한국노동연구원, pp. 8-9.

공급과 직무급을 혼합한 형태의 임금체계라고 할 수 있다. 과거 우리나라와 같이 연공급에 대한 선호도가 높은 분위기 하에서 직무급만을 도입하기 곤란한 경우에 적합한 임금체계이다. 이는 종업원의 직무수행능력에 따라 임금이 결정되기 때문에 직무에 대한 완벽한 연구가 이루어지지 않은 상태에서도 직무적 요소를 연공적 요소에 가미하여 임금을 지급할 수 있기 때문이다. 따라서 실제 기업에서 적용되는 경우 일반적인 원칙이 없으며, 정확한 직능평가라든가 적정배치 등이 필수적인 전제조건은 아니고 기업에 따라 그 형태를 달리한다.

직능급의 유형에는 순수형과 기본급의 일부를 직능급으로 하는 병존형(並存型)이 있다. 병존형은 기본급인 연령급 또는 근속급에 직능급 부분이 가미된 것을 말하고, 순수형은 기본급이 직능급 하나로 구성된 것을 의미한다. 우리나라와 일본 기업의 경우 병존형 직능급이 가장 많이 채택되고 있는데, 이러한 병존형 직능급은 다시 연공중심 직능급과 직무중심 직능급으로 구분된다.

이상에서 설명한 각 임금체계의 장·단점을 비교하면 〈표 9-4〉와 같다.

4) 우리나라의 임금체계

우리나라 기업현장에서 채택되고 있는 임금체계는 기업의 규모에 따라 상당한 차이가 있다. 지난 2019년 매출액 600대 기업을 대상으로 이루어진 한국경제연구원의 조사[10]에 따르면 대기업 근로자 중 63.4%는 근속연수에 따라 기본급이 결정되는 호봉급을 받았으며, 직무 성격 및 난이도에 따른 직무급을 받는 근로자는 18.5%, 근로자의 능력, 숙련 정도 등에 따른 직능급을 받는 근로자는 16.4%로 나타났다. 한편 고용노동부가 매년 수행하는 사업체노동력 부가조사결과(복수응답)에서도 2022년의 조사에서는 300인 이상의 기업 가운데 가장 대표적인 임금체계는 59.9%가 호봉급(연공급)을, 26.5%가 직능급, 그리고 35.3%가 직무급, 그 외 35.4%가 기타 임금체계를 채택하고 있는 것으로 조사되었다[11]. 이렇게 본다면 연공급이 우리나라 기업현장에서 가장 많이 채택되는 임금체계임을 알 수 있다. 다만 기업 규모를 고려할 경우 상당한 변화를 보이는데 기업 전체를 대상으로 할 경우 임금체계의 유형이 있다고 응답한 기업의 비중은 38.9% 수준에 불과하고 61.1%는 아무런 기준이 없는 무체계라고 밝히고 있다. 또 임금체계의 유형이 있는 기업 가운데 호봉급은 13.7%, 직능급은 13.7%, 직무급은 10.8% 정도로 대기업과는 큰 차이를 보인다. 이는 조사 대상 사업체 가운데 1~30인 사이의 소기업이 기업비중에서 높은 비중을 차지하고 있고 소기업일수록 임금지급기준이 명확하지 않은 무체계의 비중이 높기 때문이다.

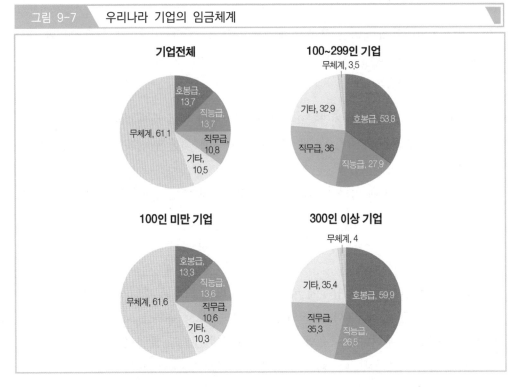

| 그림 9-7 | 우리나라 기업의 임금체계 |

〈자료〉고용노동부(2022). 사업체노동력조사 부가조사 결과에 기초, 복수응답으로 비율의 총합이 100%를 넘음

3 부가적 임금

임금관리에 기대되는 기능을 기본급만으로 충분히 수행할 수 없기 때문에 상여금이나 퇴직금 등의 부가적 임금을 지급하여 임금기능을 보충할 필요가 있다. 특히 오늘날처럼 경제, 사회 및 근로자의 의식이 급변하는 시기에는 부가적 임금에 대한 관심이 커지는 경향이 있다.

1) 상 여

상여는 본래 할증임금제(割增賃金制)에 있어서 일정 생산액 이상의 능률을 올린 자에게 지급되는 임금 부분이었으나, 우리나라에서는 저임금을 보충하기 위한 생계비 보조적, 임금후불적 의미에서 정기적으로 지급되었다. 그러나 상여의 성격은 복합적이어서 그 본질을 단순하게 설명하기 곤란하다. 즉, 사용자의 자의(恣意)에 의하여 관습적·시혜적으로 주어지거나 종업원의 노력과 공헌에 대한 보상으로 지급된다. 이밖에 기업의 수익에 대한 근로자의 공헌을 인정하여 수익의 일부가 상여로서 분배되기도 한다. 이러한 상여제도의 효과를 살펴보면 다음과 같다.

- 상여로 불확정 금액을 지급함으로써 기업 경영에 탄력성을 갖게 한다.
- 상여를 업적과 결부시킴으로써 종업원의 경영에 대한 관심과 노동생산성 향상을 꾀한다.
- 근무성적의 우열에 따라 지급액을 달리 함으로써 개별 종업원의 능률이 향상된다.

2) 퇴 직 금

근로자가 퇴직하게 되면 규정에 따라 사업주 또는 퇴직금 관리기관으로부터 퇴직일시금 또는 퇴직연금이 지급된다. 퇴직연금과 대비적으로 사용되는 퇴직일시금은 보통 퇴직금으로 불리우며, 우리나라 특유의 관행이 제도화된 것으로 2005년 12월 근로자퇴직급여보장법에 따라 법제화되었다. 퇴직급여보장법은 근로자를 사용하는 모든 사업 또는 사업장에 적용된다.

- 퇴직금제도를 설정하고자 하는 사용자는 계속근로기간 1년에 대하여 30일분 이상의 평균임금을 퇴직금으로 퇴직하는 근로자에게 지급할 수 있는 제도를 설정하여야 한다.
- 사용자는 근로자의 요구가 있는 경우에는 근로자가 퇴직하기 전에 당해 근로자가 계속 근로한 기간에 대한 퇴직금을 미리 정산하여 지급할 수 있다. 이 경우 미리 정산하여 지급한 후의 퇴직금 산정을 위한 계속근로기간은 정산시점부터 새로이 기산한다.

퇴직연금이란 매월 일정액의 퇴직적립금을 외부의 금융기관에 위탁하여 관리·운용하여 퇴직 시 연금으로 받는 제도이다. 기업이 도산하더라도 근로자의 퇴직급여가 보장될 수 있도록 2005년 12월 근로자퇴직급여보장법의 시행과 함께 퇴직연금제도가 마련되었다. 각 회사는 노사 합의에 따라 확정급여형퇴직연금(DB)과 확정기여형퇴직연금(DC) 중 하나를 선택 할 수 있다. 확정급여형이나 확정기여형 퇴직연금제도를 설정하고자 하는 사용자는 근로자 대표의 동의를 얻어 확정급여형이나 확정기여형 퇴직연금규약을 작성하여 고용노동부장관에게 신고해야 한다. 이에 관한 추가적인 설명은 제10장 제2절 복지후생제도의 유형에서 이루어진다.

4 임금구조

기업은 외부노동시장과 다양한 외부환경을 고려하여 임금수준을 결정한다. 그런데 종업원의 개인별임금은 직무등급 또는 자격등급에 따라 서로 차이가 있는데, 그 차이의 정도를 임금구조(wage structure)라 한다. 즉, 직무구조를 가격화(pricing)한 것으로 임금수준이 외부노동시장을 고려한 것이라면 임금구조는 내부노동시장에 초점을 두고 있다. 따라서 임금구조를 설계할 경우 정책결정자는 특정 직무 또는 직급에 단일임률을 적용할 것인지 아니면 개인의 특성이나 성과를 반영하도록 범위(range)를 부여할 것인지를 결정해야 한다. 이하에서 임금구조의 설계과정을 살펴보면 다음과 같다.[12]

첫째, 임금구조의 수를 결정한다. 가장 간단한 것은 한 조직의 모든 구성원들에게 하나의 임금구조를 가지고 적용하는 방식이다. 차등화를 한다면 직군으로 구분하여 임원, 관리직, 전문직, 기술직, 사무직, 기능직 등으로 나누어 이들 직군에 별도의 임금구조를 가질 수 있다. 혹은 지역별로 나누어 영업사무소, 생산공장, 서비스센터, 본부사무실 등으로 구분하여 다른 임금구조를 가질 수도 있다. 이러한 선택은 조직 내의 구성원들의 이질성 정도나 업무상의 상호작용 정도 등을 고려하여 전략적으로 선택해야 한다.

둘째, 시장임금선을 결정한다. 두 번째 단계에서 결정해야 하는 것은 시장임금선(market pay line)이다. 이때 X축은 직무급의 경우 직무평가점수나 직무등급을 설정할 수 있고, 직무급이 아닌 경우에는 임금의 기준이 되는 다른 차원이 올 수도 있다. 직능급의 경우 직무수행능력의 수준이 올 수도 있고, 연공급의 경우 연공의 수준이 올 수도 있다. 또 사내에서 유지되는 직급을 설정할 수도 있다. Y축은 시장임금률이 되는데, 이것은 임금조사를 통해서 알 수가 있다

셋째, 임금등급을 규정해야 한다. 임금등급이란 직무들을 유사한 보상요인과 가치에 기반을 두어 그룹화하는 작업이다. 여기서 임금등급을 몇 가지로 할지를 결정해야 한다. 넓은 임금등급을 가진다는 것은 위계를 줄이고 종업원 간의 사회적 거리를 줄이는 효과가 있는 반면, 좁은 임금등급의 경우는 위계와 사회적 거리를 촉진시키는 경향이 있다. 최근에는 브로드밴딩(broadbanding)을 통해 소수의 임금등급을 가지면서 하나의 임금등급을 넓게 가져가는 경향이 있다.

넷째, 각 임금등급에서 임금의 범위를 결정해야 한다. 임금등급이 직무평가점수를 기준으로 직무를 그룹화하기 때문에 임금구조의 수평적 차원을 나타내는 것이라면, 임금범위는 임금구조의 수직적 차원을 나타내는 것이다. 임금범위는 최저, 중간, 최고로 구성된

다. 임금설계를 할 때 이 중간값을 먼저 결정해야 하는데, 이것은 시장의 평균 혹은 중앙값으로 결정한다.

다섯째, 이미 설계한 임금구조의 결과를 평가하고 개선하는 과정이다. 이를 위해 우선 내부공정성과 외부공정성과의 갈등이 없는지를 확인해야 한다. 내부공정성을 확보했는데 시장에서의 임금보다 낮을 경우에는 외부에서 새로운 인재를 확보하기가 용이하지 않을 것이고, 또 외부공정성을 확보했지만 내부공정성에 심각한 문제가 발생하면 조직의 위화감이 조성될 소지가 있기 때문에 어떤 전략적인 선택을 해야 할지를 신중히 결정해야 한다.

다음으로는 현재 임금과 임금구조를 비교하면서 정책과 현실이 일치하고 있는지를 확인해야 한다. 이를 위해 인적자원 담당부서는 임금범위의 중간치에 대한 평균임금의 비율인 '비교율(compa-ratio)'을 측정할 필요가 있다. 기업이 임금등급을 가지고 있다고 가정하면, 기업은 각 임금등급별로 비교율을 구할 수 있다. 즉, 각 임금등급별로 동일등급에 속하는 종업원들의 평균임금을 임금등급의 중간치로 나누며, 평균이 중간치와 같다면 비교율은 1이다.

임금구조가 기업의 목표를 충족할 수 있도록 합리적으로 설계되기 위해서는 비교율은 1에 가까워야 한다. 비교율이 1보다 크다는 것은 기업이 인적자원에 대해 계획했던 것보다 더 많이 지불하고 있으며, 인건비 통제에 어려움을 겪고 있을 수 있다는 것을 시사한다. 비교율이 1보다 작다는 것은 기업이 인적자원에 대해 목표로 하고 있는 수준보다 적게 지불하고 있으며 양질의 종업원을 확보·유지하는 데 어려움이 있을 수 있다는 것을 말해 준다. 비교율이 1이 아닐 경우, 인적자원부서는 경영층과 함께 임금구조 또는 기업의 임금정책을 재조정할 것인지에 대해 결정을 내려야 한다.[13]

제4절　임금형태의 합리성

1　임금형태의 의의

임금형태란 임금의 지급방법 및 산정방법을 뜻하며, 종업원들의 작업의욕이나 작업성과의 향상에 직접 관련되어 있어 종업원들의 사기에 미치는 영향이 크다. 임금형태에 대한 관리는 합리성의 원칙을 바탕으로 하는데, 기업에서는 종업원들의 작업시간과 업무성과에 따라 합리적인 방법으로 임금을 지급하게 된다. 아울러 임금형태는 임금수준, 임금체계와 상호 유기적인 연계를 가지면서 관리되어야 하기 때문에 기업의 입장에서나 종업원의 입장에서 모두가 이해할 수 있는 합리적인 방법으로 운영되어야 한다.

2 임금형태의 유형

임금형태의 기본적인 유형은 크게 고정급과 성과급으로 구분된다. 고정급은 일정 근로시간 단위를 기준으로 고정적으로 지급하는 임금으로, 지급방법에 따라 시급, 일급, 주급, 월급, 연봉 등으로 분류된다. 성과급은 업적을 단위로 계산하는 변동적인 임금으로,

그림 9-8   임금형태의 분류

기업은 고정급 이외에 성과급을 지급하여 종업원의 행동을 통제하거나 활성화시키려고
한다. 성과급의 종류는 적용대상에 따라 개별성과급, 집단성과급 그리고 기업성과급 등 3
가지 영역으로 분류할 수 있다. 이를 정리하면 〈그림 9-8〉과 같다.

1) 고정급제

고정급(payment for time worked)은 근로자의 작업량 또는 노동성과에 관계없이 근로자
의 근로시간에 비례하여 임금을 지급하는 형태이며, 동일시간·동일지급의 원칙에 따른
것이다. 즉, 임금의 기준을 시간, 일, 주, 월에 두느냐에 따라 시급, 일급, 주급, 월급제로
구분된다. 또한 연봉제 역시 시간을 임금지급 기준으로 한다는 점에서 임금형태에 속한
다. 이 중 월급제는 안정감을 주고 생활의 설계에 긍정적 영향을 미치므로 바람직한 형태
이다. 월급제가 적정한 경우로는 첫째, 작업의 내용이 복잡하고 또 매일 수행하는 작업의
내용이 동일하지 않은 경우, 둘째, 작업의 성과를 장기간 경과한 후가 아니면 파악할 수
없는 경우, 셋째, 작업의 성과가 근로일수와 근로시간 수에 직접 관련이 없는 경우이다.
반면, 일급제는 작업의 내용이 단순·반복적이고, 작업의 성과가 1일 단위로 파악될 수 있
는 경우에 더 적절하다.

- 고정급제의 장점: 노동자의 입장에서 보면 일정액의 임금이 확정적으로 보장되어
  있다. 또 기업의 입장에서는 근로일수나 근로시간 수가 산출되면 임금계산에 관한
  업무는 간단히 처리될 수 있으므로 품질의 저하를 방지할 수 있다.
- 고정급제의 단점: 작업수행의 양과 질에 관계없이 임금이 지불되므로 근로자를 자
  극할 수 없어 작업능률이 오르지 않는다. 또 단위시간당 임금계산이 용이하지 않다.

2) 성과급제

성과급(incentive pay)은 개별 근로자나 작업집단이 수행한 노동성과를 측정하고 그 결
과에 따라 임금을 산정·지급하는 임금형태로서 개별성과급제, 집단성과급제 그리고
기업성과급제로 구분된다.[14]

- 성과급제의 장점: 근로자에게 합리성과 공평감을 주고, 작업능률을 크게 자극할 수
  있어서 생산성 제고, 원가절감 등의 효과를 기대할 수 있다. 또 성과에 따라 성과
  급을 배분할 경우 공동체 의식을 함양하여 노사 간에 협력하도록 기여할 수 있다.

• 성과급제의 단점: 개인이나 집단의 실적 등을 평가하고 반영하는 운영과정이 어렵고, 개인별·부서별 지급 임금액이 변동적이며, 격차로 인한 갈등이 발생할 가능성이 높고, 근로자의 임금소득이 불안정하여 이에 대한 불만이 발생할 가능성이 높다.

오늘날 많은 기업들이 성과급제도를 활용하고 있는데, 특히 노동집약적 산업으로 제조원가에서 인건비 비중이 높은 기업, 제품시장에서 원가경쟁이 치열한 기업 그리고 제품 생산공정상 병목현상이 심한 기업에서 그 효과가 크다.[15]

(1) 개별성과급제(individual performance)

가) 성과급(piecework rate)

성과급은 일정한 기간 동안 개인이 달성한 실적을 평가하고 그 결과에 따라 임금액을 지급하는 형태로 단순성과급(straight piecework rate)과 복률성과급(multiple piecework rate)으로 구분된다. 단순성과급은 시간당 성과를 기준으로 임률을 결정한 다음 성과 실적에 따라 시간당 성과임률×실적량으로 지급하는 성과급으로, 이해하기 쉽고 제도의 시행이 용이하다는 장점이 있다. 반면, 시간당 성과임률을 정하는 것이 용이하지 않다는 제약이 따른다. 복률성과급에는 테일러식 차별성과급(differential piece rate)과 메릭식 복률성과급으로 구분된다.

나) 표준시간급(standard hour plans)

주로 생산직 근로자들에게 적용되는 표준시간급은 과업단위당 표준시간을 정하고 종업원이 표준시간 안에 작업을 완성하면 이미 설정된 표준시간의 임률을 적용하여 임금액을 지급한다. 이 제도는 종업원들이 최대한 신속히 일을 처리하도록 유도하지만 품질이나 고객만족에 대한 관심을 높이지는 않는다.

다) 고과급(merit pay)

보통 사무직에 적용되는 고과급은 근로자의 근무수행능력이나 실적을 주관적으로 평가하여 기본급을 조정하는 성과급으로, 과거의 실적에 대한 주관적 평가결과를 기본급에 반영한다. 기업은 경제상황에 따라 고과급 인상률을 바꿀 수 있기 때문에 경제상황에 따라 보상을 유연하게 변화시킬 수 있는 장점이 있는 반면, 상황에 따라 임금인상률 범위가 줄어들 수 있다는 단점도 있다.

한편 급여인상이 고과급보다 탄력적이고 가시적인 일괄고과급제도(lump sum merit program)는 인사고과에 따라 기본급여를 인상하는 것이 아니라 향후 누진적으로 지급되어야 할 고과급 인상분을 평가시점에 일괄적으로 지급하는 방식이다. 이 제도는 종업원들이 인사고과와 일괄고과급 간의 관계를 명확하게 파악할 수 있고, 조직은 일괄지급을 통해 기본급여를 동결시키고 이에 연동하는 연봉과 복리후생비를 일정수준에서 통제할 수 있어 바람직하다.

라) 성과보너스(performance bonuses)

보너스는 본래 업무의 초과달성이나 근로의욕을 높이고자 할 때 자극제의 일환으로 기업의 성과향상에 기여한 종업원에게 성과의 일부를 분배한다. 개인성과에 대한 보너스는 매우 효과적이며 보상하고자 하는 행동에 대한 유연한 대응이 가능하다. 그러나 성장과 혁신을 중시하는 기업은 보너스를 현재의 직무수행 정도보다는 새로운 기술습득에 연계하여 보상하는 것이 더 효과적이다.

마) 판매수수료(sales commission)

이는 판매원의 실적인 판매액의 일정비율을 판매원에게 지급하는 제도로 판매상여금제도(sales incentive plan)라고도 한다. 성장지향적 기업에서는 영업사원 이외에 기술전문가에게도 판매에 기여했을 경우 판매수수료가 주어진다.

- 판매수수료의 장점: 판매원의 판매활동을 촉진시킬 수 있고 수수료 계산이 용이하며 유능한 판매원을 쉽게 확보할 수 있다.
- 판매수수료의 단점: 장기적인 고객확보 및 서비스 제공을 소홀히 하며 단기적인 판매실적 증가에 치중함으로써 기업의 판매정책에 차질을 가져올 수 있다. 또 판매원 간의 임금격차를 확대하고 임금이 호황기에는 너무 높고 불황기에는 지나치게 낮아진다.

판매수수료제도의 유형에는 완전 고정급제, 완전 수수료제, 혼합제 또는 급여 및 보너스제로 구분된다. 완전 고정급제(straight salary plan)는 판매원들이 당장 판매액을 늘리지는 않지만 중요한 직무 의무를 수행하도록 할 수 있으며 고객서비스와 고객관계 형성에 더 많은 시간을 투입할 수 있으나, 판매금액을 높이는 데 최대한 노력을 하지 않는다는 단점이 있다. 완전 수수료제(straight commission plan)는 판매금액의 일정비율을 지급하는 방식으로 영업을 촉진하고 보상을 쉽게 계산할 수 있는 장점이 있다. 그러나 경기 상황에 따라 수입이 급등과 급락하는 문제가 있어 불경기 때 유능한 영업직원이 이직할 가능성과 영업직원이 쉽게 가격할인을 해줄 가능성이 크다는 단점이 있다. 한편 기본급여와 변동급여를 일정한 비율로 적용하는 혼합제(combined salary and commission plan)는 그 비율이 적정하게 설정되는 경우 완전 고정급제와 완전 수수료제가 가지는 장점을 가질 수 있다. 급여 및 보너스제(salary plus bonus plan)는 보상지급의 횟수, 담당회사 서비스 또는 판

매의 질과 같은 설정된 매출목표를 달성하는데 따라 월별, 분기별 또는 연간으로 이루어
진다.

(2) 집단성과급제(group performance)

집단성과급제는 작업집단별로 그 성과를 측정하고 이를 기준으로 부가적 급여를 제
공하는 것으로, 직무환경상 개인별 성과측정이 어려워 성과급을 적용하려면 작업집단 전
체를 한 단위로 사용하지 않으면 안 되는 경우 또는 구성원들 사이의 상호협조를 통하여
동기부여적 집단분위기를 조성할 필요가 있을 때 사용된다. 따라서 집단성과급을 받기 위
해서는 종업원들이 집단 전체의 성과목표를 달성하도록 협력하고 지식을 공유해야 한다.

집단성과급제의 대표적 유형은 집단성과배분제이다. 이는 종업원들이 경영에 참가하
여 원가절감, 생산성 향상 등의 활동을 통해 조직성과의 향상을 도모하고 그 과실을 회사
와 종업원들에게 분배하는 제도이다. 따라서 집단성과배분제의 성공은 효과적인 종업원
경영참여의 틀과 보너스의 공평한 배분을 위한 제도의 확립 여부에 좌우된다. 집단성과배
분제에는 여러 가지 종류가 있는데, 그 중 가장 많이 사용되는 방법은 스캔론 플랜(Scanlon
plan), 럭커 플랜(Rucker plan), 임프로쉐어(Improshare)가 있다.

가) 스캔론 플랜(Scanlon plan)

스캔론(J. N. Scanlon)에 의해 창시된 제도로서 매출액에 대한 인건비의 절약이 있을
경우 그 절약분을 성과로서 분배하는 성과배분제이다. 즉, 생산의 판매가치(sales value of
production)에 대한 인건비 비율이 사전에 설정한 표준 이하인 경우 종업원에게 보너스를
지급하는 제도이다. 스캔론 플랜은 노사관계의 철학으로 근로자 참여를 특징으로 하고 있
으며 근로자, 감독자, 경영자 모두가 능률개선에 대한 각자의 제안에 대해 평가 비판할
수 있는 기회를 갖게 되며, 다음과 같은 2가지 기본적인 특징이 있다.

- 능률개선을 위해 근로자에게 직접적인 인센티브를 제시한다.
- 근로자와 경영자의 비용절감 제안을 평가할 수 있는 생산위원회(production com-
  mittee)와 심사위원회(screening committee)제도를 둔다.

나) 럭커 플랜(Rucker plan)

럭커 플랜은 스캔론 플랜과 유사한 점이 많으나 스캔론 플랜에 비해 보다 정교한 분
석에 기초를 두고 있다. 럭커 플랜은 미국의 럭커(A. W. Rucker)에 의해 연구된 것으로 생
산 부가가치의 증대를 목표로 한 노사협력체제를 만들어 그 생산성 향상의 성과를 일정
비율로 노사 간에 적정하게 배분하는 것을 주요 골자로 하고 있다. 럭커 플랜의 주요 내

용을 보면, 우선 생산가치(production value), 즉 부가가치(value added)를 산출하고, 이에 의
해 임금상수(賃金常數)를 산출하여 개인임금을 결정하나, 모든 결정은 노사협력의 관계를
유지하기 위하여 위원회를 통해 이루어진다.

다) 임프로쉐어(Improshare)

엔지니어 출신인 페인(Fein)이 고안한 제도로, 스캔론 플랜이나 럭커 플랜과는 달리
생산을 화폐단위로 계산하지 않고 물량으로 산정하는 방식으로 표준시간급과 유사하다.
즉, 생산단위당 표준노동시간 대비 절약노동시간분을 보너스 지급의 근거로 제시한다. 예
를 들어, 특정 생산물의 단위당 표준노동시간이 주당 200시간으로 설정되었는데, 실제로
150시간이 소요되었다면 그 절감분의 일부(50%)를 종업원들에게 배분한다. 이 제도는 투
입노동시간을 단축하는 데 목표를 둔다.

- 장점: 기업의 회계처리방식 대신 산업공학의 기법을 적용하여 기업의 효율성을 직
  접 측정하기 때문에 새로운 기계를 도입한 경우에도 성과를 정확하게 측정할 수
  있다.
- 단점: 보너스 산정방식이 복잡하여 일반 종업원들이 이해하기 힘들다.

일반적으로 성과배분제는 좋은 시장을 가지고 있고 성과측정이 용이하며 종업원들이
생산비용을 통제할 수 있는 작은 기업에 적합하다. 성과배분제가 적합한 상황을 기업 특

표 9-5	성과배분제가 적합한 상황
기업특성	적합한 상황
규모	보통 500명 이하
생산비	종업원 통제가 가능할 때
조직분위기	개방적이고, 높은 신뢰감이 있을 때
관리스타일	참여적
노동조합	노동조합이 없거나, 회사에 협력적인 하나의 노조가 있을 때
의사소통정책	개방적이고, 재무적인 결과를 기꺼이 공유할 때
공장관리자	신뢰할 수 있고, 계획에 몰입하고, 이상적인 계획과 목표를 명확하게 밝혀낼 수 있을 때
관리자	기술적인 능력을 갖추고 있고, 참여적인 관리스타일을 지원할 수 있고, 우수한 의사소통 기술을 가지고 있고, 제안과 새로운 아이디어를 처리할 수 있을 때
작업인력	기술지식을 갖추고 있고, 참여와 높은 급여에 관심이 많고, 재무적인 지식을 가지고 있을 때

〈자료〉 Cumming, T. G. and Worley, C. G.(2001). *Organization development and change*, 7th ed.,
Cincinnati: South-Western, p. 403.

성별로 살펴보면 〈표 9-5〉와 같다.

(3) 기업성과급제(organizational performance)

기업경영자들은 종업원들을 동기부여하기 위하여 다양한 성과지표를 활용한다. 기업 전체 차원에서 성과를 측정하는 대표적인 방법에는 이익과 주가가 있다. 그런데 이익과 주가는 매우 빠르게 상승할 수도 있지만 폭락하는 경우도 생길 수 있기 때문에, 종업원들이 매년 받는 성과급의 규모는 확실하지 않다. 따라서 이익과 주가를 기준으로 하는 기업 성과급제는 성장과 혁신을 강조하는 기업에서 그 효과를 기대할 수 있다.

가) 이익배분제(profit-sharing)

이익배분제는 기본적 보상 이외에 각 영업기마다 결산이익의 일부를 종업원에게 부가적으로 지급하는 임금형태를 말한다. 이 제도는 넓은 의미로 ① 해당 기업의 종업원에게 시가보다 낮은 가격으로 자사 주식을 분배하여 매 결산기마다 그 주식에 해당하는 이익을 배당하는 것, ② 연말, 명절 등에 계약에 의하지 않고 기업 측의 자유의사에 따라서 이익의 일부를 배분하는 것, ③ 대리점 또는 판매부서 등에 대하여 매출액의 일부를 지급하는 것, ④ 기업 측이 종업원의 복리후생을 위한 공동기금에 기업이익의 일부를 출연하는 것 등을 의미한다. 이 제도의 효과로는 다음의 것을 들 수 있다.

- 기업 측과 종업원과의 협동정신을 함양·강화하여 노사관계의 개선에 도움이 된다.
- 종업원은 자기의 이익배당액을 증가시키려고 작업에 열중하게 되고, 따라서 능률 증진을 기할 수 있다.
- 종업원의 이익배당 참여권과 분배율을 근속연수와 관련시킴으로써 종업원의 장기 근속을 장려하게 된다.

하지만 이 제도는 다음과 같은 제약요소가 단점으로 작용한다.

- 수입의 안정성이 적고 배분은 결산기를 기다려서 확정되므로 작업능률 자극효과가 부족하다.
- 이 제도를 실시하는 데에는 기업이익의 고저가 종업원에 의하여 좌우되는 것이 아니고, 기업 측의 능력 또는 경영 외적 조건(이를테면, 물가변동, 경기순환, 기타 사회적·정치적 현상)에 의하여 좌우되는 수가 있다.
- 회계처리를 적당히 함으로써 기업의 결산이익을 어느 정도 자의적으로 조정할 수 있다.

나) 주식소유권(stock ownership)

이익배분제가 종업원들을 기업의 소유주처럼 생각하게 이끌기 위한 제도라면, 주식소유권은 종업원들을 실제로 기업의 소유주로 만들어주는 제도다. 그러나 이 제도는 이익배분제와 마찬가지로 종업원 개인의 동기유발에 커다란 효과를 기대하기는 어렵다. 특히 대기업의 경우 종업원들은 자신들의 행동과 기업의 주가 간에 관련이 적다고 생각한다.

주식소유권제도에는 일정 분량의 주식을 특정한 가격으로 구입할 수 있는 권한을 종업원들에게 부여하는 스톡옵션(stock option)과 기업이 특별한 조건으로 주식의 일부를 종업원에게 분배하는 종업원지주제(employee stock ownership plan: ESOP) 등이 있다.

제5절 임금관리의 최근 이슈

우리나라 기업들은 지난 IMF 외환위기 이후 경쟁력을 강화시키고, 경영체질을 개선시키기 위해 다양한 변화를 추구하여 왔으며, 특히 점차 격화되어가는 기업 간 경쟁은 성과주의적 보상관리와 이를 뒷받침하는 유연한 보상시스템을 도입하도록 하고 있다.

성과주의란 개인이나 팀 또는 조직이 달성한 실제의 업적과 연계하여 임금, 승진 등 보상을 실시하는 인사시스템이라고 할 수 있다. 이는 종업원의 성과에 대한 기여도와 역량발휘 정도를 보다 중시하여 이들의 동기를 자극하고, 성과향상은 물론 우수인재를 유지·발굴하는 데 효과적인 수단이 될 수 있다.

따라서 여기에서는 성과주의를 지향하는 대표적 임금제도인 연봉제에 대해 구체적으로 살펴보고, 아울러 임금피크제 및 경영자 보상에 대해 살펴보고자 한다.

1 연 봉 제

1) 연봉제란?

연봉제는 개별 종업원의 능력, 실적 및 공헌도를 평가하여 연간 임금액을 결정하는 능력중시형 임금지급체계로서, 지급방식에 있어서는 종업원에게 지급하는 임금을 1년분으로 묶어서 결정하는 계약임금을 말한다. 따라서 종래의 임금체계에서 존재하던 기본급이나 수당과 같이 세분화된 임금항목이 없어지고 별도로 지급되는 상여금도 없는 것이 특징이며, 모든 임금을 일괄하여 지급액을 결정하는 것을 연봉제라고 할 수 있다.

원래 연봉제는 근로자의 근로의욕을 높이고 회사에 대한 기여도를 평가해 보상에 연결하기 위한 제도이다. 연봉액의 결정방법은 전년도의 근무성과를 기초로 당해 연도의 1년치 연봉을 정해 지급하는 방식이 보편적이다. 그리고 이 때 활용하는 근무성과는 기업에서 실시하는 근무성적평가나 기타 개인별 매출액 등 여러 가지 지표를 기준으로 합리적이고 공정하게 실시되어야 한다는 점이 전제조건이다. 따라서 많은 경우 앞서 제6장에서 다루었던 인사평가의 결과가 종업원에 대한 보상수준의 결정과 연계되는 것이 일반적이다.

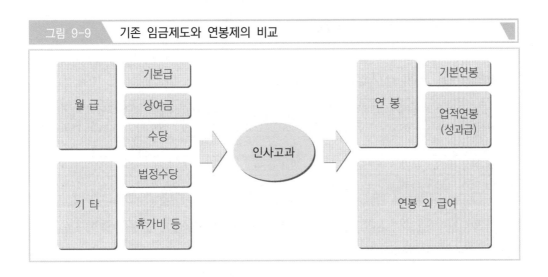

그림 9-9 기존 임금제도와 연봉제의 비교

연봉제는 서구에서 발달한 만큼 서구식 합리주의에 기초한 효과적인 보상시스템을 통한 성과관리를 추구할 수 있다는 긍정적인 면이 있지만, 만약 공정한 평가시스템이 존재하지 않는다면 오히려 불공정과 불만을 초래하고 종업원들 간의 팀워크를 상실하게 만드는 단점도 가지고 있다.

또한 경영현장에서는 형식상 또는 표면상 연봉제를 도입하고 있으나 그 바탕에는 연공서열형 임금체계를 연봉제의 형태로 운영하고 있는 경우도 많이 발견된다. 상용 100인 이상 사업체를 대상으로 연봉제의 도입현황을 보면 2022년을 기준으로 전체 사업체 가운에 79.8%가 연봉제를 도입하고 있는 것으로 나타나고 있으며, 300인 이상의 기업에서는

84.2%가 연봉제를 도입하고 있는 반면, 100인 미만의 규모에서는 그 비율이 25.2% 수준
으로 낮아지는 것으로 나타나 기업의 규모가 클수록 연봉제 도입률이 높아지는 것을 확
인할 수 있다.

표 9-6	연봉제의 장·단점 비교	
장 점		단 점
• 경영의식의 고양 • 업적에 대응한 개별관리 • 인재확보 • 인건비 관리 용이 • 목표접근의 유효성 • 실력주의의 강화		• 눈앞의 업적 추구, 질적인 생산성 향상 상실 • 불공평의 증대 • 조직구성원 간 연대감 상실 • 화이트 칼라의 의욕 저하 • 부하 육성의 경시 • 실패를 두려워 함

〈자료〉 楠田丘·武內崇夫(1997). 日本型 業績年俸の指針, 經營書院, p. 47.

표 9-7	우리나라 기업의 연봉제 도입현황										(단위: %)		
구분	10.9	11.6	12.6	13.6	14.6	15.6	16.6	17.6	18.6	19.6	20.6	21.6	22.6
전체	33.4	30.2	33.4	33.4	31.4	32.8	31.2	29.9	30.9	28.7	26.2	25.6	25.7
1,000인 이상										84.6	84.8	85.4	85.6
300인 이상	69.6	72.5	75.5	75.5	78.8	80.1	81.0	78.6	81.6	82.8	83.2	84.0	84.2
300인 미만	33.4	30.1	33.3	33.3	31.3	32.7	31.1	29.8	30.8	28.6	26.1	25.5	25.6
100인 이상	62.7	64.8	66.7	66.2	72.2	74.5	75.3	74.7	76.9	77.3	77.3	79.7	79.8
100인 미만	33.2	29.8	33.1	33.1	31.0	32.4	30.8	29.5	30.5	28.3	25.8	25.2	25.2

〈자료〉 고용노동부 사업체노동력 부가조사 결과

2) 연봉제의 유형

연봉제에는 실제 적용하는 관점에 따라 다양한 형태가 존재하고 있지만, 크게 보
면 연봉의 적용범위와 연봉의 누적적 성격에 따라 프로선수형, 순수성과급형, 성과가급
형, 혼합형으로 구분해 볼 수 있다.

(1) 프로선수형

프로선수형은 일반적으로 연봉 전체가 비누적적 성격으로 매년 성과에 따라 연봉 전

체가 재결정된다. 즉, 기본급 개념의 기본연봉이 없기 때문에, 매년 성과에 따라 연봉 전체가 큰 폭으로 상승하거나 삭감될 가능성이 있다. 이러한 유형은 일반 기업에서는 도입하기 어렵고 대체적으로 프로스포츠의 연봉형태로 알려져 있다.

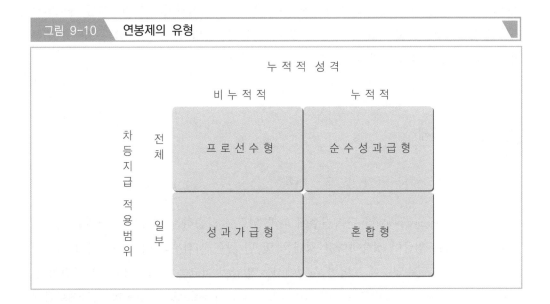

그림 9-10 연봉제의 유형

누 적 적 성 격

	비 누 적 적	누 적 적
전체	프 로 선 수 형	순 수 성 과 급 형
일부	성 과 가 급 형	혼 합 형

차등지급 적용범위

(2) 성과가급형

성과가급형은 총임금 중의 일부에 한해 비누적적으로 임금을 차등지급하는 방식이다. 즉, 기본급은 그대로 유지한 채 성과에 따라 변동하는 상여금을 차별적으로 지급하는 방법으로 기존 임금체계를 크게 바꾸지 않고 도입할 수 있다. 장기적으로는 임금인상 부담이 적다는 장점이 있는 반면 적극적인 동기부여 효과가 떨어진다는 문제점도 있다.

(3) 순수성과급

순수성과급은 미국식 완전 연봉제라고도 하는데, 연봉총액을 개별적·차등적으로 결정하되 매년 누적적으로 계산해 결정하는 방식을 말한다. 즉, 직무별로 기준지급 수준(직무급)을 설정하고 여기에 1년의 평가결과에 따라 임금 전체를 차등지급하며 이는 매년 누적적으로 적용된다. 임금의 차등효과가 커서 종업원의 동기부여도 효과적으로 이루어질 수 있으나, 시간이 지날수록 기업의 임금부담이 커지는 단점이 있다. 또한 고성과자와 저성과자 사이에 임금격차가 지속적으로 확대될 수 있다는 점에서 종업원 간 지나친 경쟁과 위화감을 촉진시키는 문제도 발생시킬 수 있다.

(4) 혼합형

혼합형은 순수성과급과 성과가급형을 혼합한 형태를 말한다. 기본연봉의 인상은 누적적으로 적용하고 성과급과 같은 업적연봉은 당해 연도의 성과에 따라 비누적적인 보상을 적용한다. 기본연봉이 누적적으로 인상되므로 임금의 안정성과 동기부여효과를 높이면서 지나친 임금인상에 대한 부담은 줄일 수 있다. 기본연봉＋업적연봉(성과급)의 형태를 취하며, 우리나라와 일본에서 많이 도입되고 있는 형태다.

2 임금피크제

1) 임금피크제의 의의 및 도입배경

임금피크제(salary peak)란 근속연수에 따라 임금이 상승하는 연공형 임금제도 하에서 일정 연령까지는 임금이 상승하다가 정년을 몇 년 앞둔 시점부터 임금액을 삭감하는 제도이다. 즉, 일정 근속연수에 도달한 시점에서는 임금이 피크를 유지하지만, 그 시점이 경과된 이후에는 다시 일정비율로 감소하는 제도이다. 기본적으로는 연공형 임금제도하에서는 정년에 가까워짐에 따라 지속적으로 임금상승이 이루어져 기업의 인건비부담을 높일 수 있다는 점에서 기업의 인건비 부담을 낮추고 종업원의 고용을 유지하기 위한 방편으로 도입된 것이 임금피크제이다. 특히 우리나라에서도 과거 권고사항으로 유지되었던 근로자의 정년이 '고용상 연령차별금지 및 고령자고용촉진에 관한 법률'에 의해 60세 이상으로 강제됨에 따라 많은 기업들이 그에 대응하기 위하여 임금피크제를 도입하여 왔다. 따라서 우리나라보다 일찍이 노동시장의 고령화를 경험한 일본 기업들은 고령자 고용유지방안으로 1970년대 중반부터 임금피크제를 도입·운영하여 왔다.

조사결과에 따르면 우리나라 기업의 경우 정년제를 운영하는 사업체 344,657개 가운데 21.5%인 73,971개사가 임금피크제를 도입하고 있는 것으로 나타나고 있으며, 이를 기업규모별로 보면 300인 이상의 사업장에서는 대상기업의 51.1%(1,438개사), 300인 미만의 사업장에서는 대상기업의 21.2%(72,533개사)가 해당 제도를 도입하고 있는 것으로 조사되었다.[16] 또한 임금피크제 적용 이후 최초 임금감액 연령은 평균 57세로 나타났으며, 평균 임금감액률은 10% 이하가 38.2%로 가장 많고 30% 초과 감액을 하는 기업도 22.5%에 이르는 것으로 확인되고 있다.

표 9-8	임금피크제 도입의 효과와 개선점
도입효과	개선점
• 고용안정에 따른 헌신적인 근무 • 기업의 임금 절감 효과 • 신규 사원 채용 촉진 • 풍부한 경험과 지식·기술을 가진 인재 확보	• 대상자의 능력과 경험을 활용할 다양한 직무개발 필요 • 중소기업의 전직·이직 프로그램 활성화 필요 • 직무수행에 필요한 사내 교육 프로그램 활성화 • 정년 연장할 다양한 프로그램 필요

〈자료〉 저출산고령사회위원회.

2) 임금피크제의 유형

(1) 정년보장형

우리나라 기업들이 주로 도입하고 있는 유형으로, 취업규칙이나 단체협약에서 규정하고 있는 정년을 보장하는 대신 정년 전 일정기간 동안 임금삭감을 수용하는 방식이다. 이 유형은 정리해고 대안으로 활용되거나 생산비용 절감차원에서 이루어진다. 그런데 실질적으로는 정년단축을 의미하므로 노사가 고용안정을 목적으로 정년보장형 임금피크제 도입에 합의하는 경우에만 활용할 수 있다. 최근에는 우리나라 대법원에서 현재의 정년을 보장하되 정년 이전 일정시점부터 임금을 조정하는 방식의 임금피크제에 대하여 무효로 한다는 판결이 있어 실질적인 적용에는 한계가 있다.

(2) 고용연장형

취업규칙이나 단체협약에서 규정하고 있는 정년은 그대로 시행하면서, 정년 후 재고용형태로 일정기간 고용을 유지하는 생산성 연동형 모델과 정년 연령을 임금피크제와 연계하여 상향조정하는 생산성 절연형 모델이 있다.[17]

가) 노동생산성 연동형

우리나라와 같은 연공형 임금제도에서는 입사 초기에는 생산성에 비해 임금이 과다 지급되다가 이후 임금이 과소 지급되는 경향이 있다. 그러다가 40대 중반 이후에는 다시 역전이 되어 생산성은 떨어지는데 임금은 계속 상승하는 경향이 있다. 따라서 이를 해결하기 위한 방안으로 모색된 모델이 바로 노동생산성 연동형 모델이다.

입사 초기부터 정년까지 생산성 대비 과다지급 임금과 과소지급 임금을 합산하면 통상적으로 생산성에 비해 임금을 적게 주는 결과가 된다.[18] 이렇게 덜 준 임금을 보통 이연임금이라고 하는데, 이 이연임금을 정년 이후에 다시 지급함으로써 고용기간을 연장해 주는 제도이다. 이 모델의 경우, 개인의 임금은 생산성과 연동되지만, 피크 연령대까지는

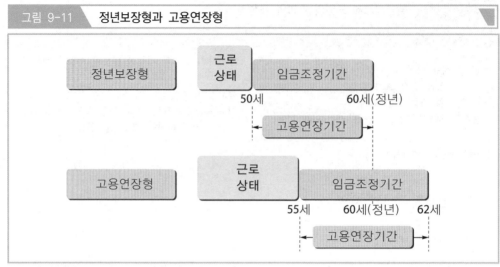

그림 9-11 정년보장형과 고용연장형

〈자료〉 최신 HR 트랜드(2009). 이론과 사례집, p. 42.

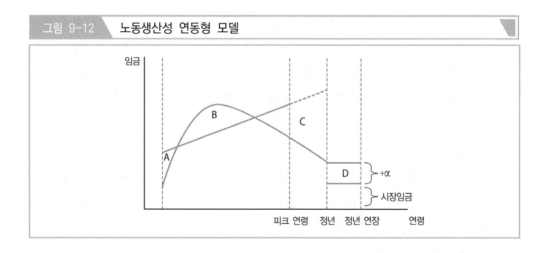

그림 9-12 노동생산성 연동형 모델

직선형 임금선이 적용되고, 그 이후에는 생산성과 연동한 임금수준이 적용되다가(D) 고용이 연장된 정년 이후에는 시장임금보다 높은 $+\alpha$ 수준의 임금이 제공된다.

나) 생산성 절연형

이 모델은 기존의 임금제도를 변경하지 않고 개인의 정년 연장 이후의 임금재원을 정년 이전의 임금삭감분으로 보충하는 것을 말한다. 일본 기업에서 주로 활용되고 있는 모델로, 기업들은 개인의 연령대별 생산성 데이터를 확보하기 어렵기 때문에 생산성 절연형 모델을 이용하게 된다. 통상적으로 개인의 정년퇴직 이후의 임금은 B 이하의 시장임금 수준이지만, 이 모델을 적용할 경우, 그가 받는 임금은 $+\alpha$ 수준이 될 수 있다.

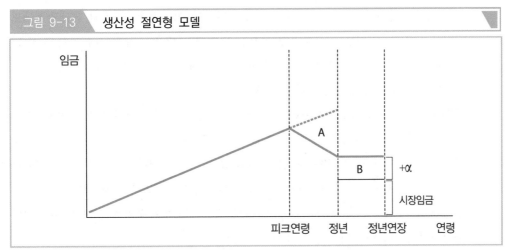

그림 9-13 | 생산성 절연형 모델

〈자료〉 고진수(2007). 임금피크제 설계와 운영방법, 경영계, 한국경영자총협회, p. 57.

3 경영자 보상

임금관리에서 또 한 가지 중요한 부분은 상위계층 경영자에 대한 보상이다. 특히 최고경영자의 보상은 임금과 성과급은 물론 주식옵션이나 기타의 혜택이 주어지는 경우가 많기 때문에 일반 종업원 및 관리자들의 보상과는 매우 다른 특성을 지닌다. 즉, 상법상 이사로 불리는 경영자들은 일반 종업원처럼 회사와의 종속관계가 아닌 위임관계이다. 따라서 일반 종업원들은 근로제공 후에 근로기준법에 의하여 임금을 받을 권한이 있고 기타 휴일 등에서 별도로 부여된 권한을 갖는다. 그러나 최고경영자를 포함한 경영자들은 특별한 약정에 의하여 보수를 받는 것이 상례로 되어 있다. 이들의 보수(임금)는 주총 시 승인된 보수한도 내에서 집행되는데 이들의 보상수준이 높은 것은 다음과 같은 이유 때문이다.[19]

- 조직성과와 효과적 의사결정능력: 조직성과는 종업원들의 업무성과가 기반이 되어 달성되기는 하지만, 조직성과달성의 일차적인 요소는 최고경영자의 의사결정능력이다. 따라서 최고경영자의 효과적이고 효율적인 의사결정에 의해서 조직 전체의 성과가 좌우되기 때문에 이에 상응하는 보상이 주어지는 것이다.
- 인력공급의 희소성: 최고경영자의 의사결정능력은 경영환경에 대한 분석력과 통찰력 그리고 추진력을 수반한다. 뿐만 아니라, 결정된 조직전략을 실행하는 데 있어

서도 종업원들의 동기를 자극하기도 하고, 다양한 이해관계자들과의 유대관계에도 영향을 미친다. 이러한 조직경영에 필요한 다양한 능력을 소유한 사람이란 흔치 않다. 따라서 노동시장의 수요와 공급의 원칙에 의해서 희소한 공급량을 가진 최고경영자의 보상수준은 높아질 수밖에 없다.

• 주주들의 경제적 합리성: 주주들은 자신이 투자한 투자의 대가로 높은 이익을 창출하는 데 최대한의 관심을 둔다. 조직에 지분을 투자하는 주주는 더 많은 이익 창출을 위해 대리인(agent)을 필요로 한다. 주주들은 과거의 역량이나 혹은 앞으로의 가능성이 있는 경영자들이 자신들의 투자수익을 극대화시킬 수 있을 것으로 기대를 한다. 따라서 주주들은 조직의 수익을 통해 자신들의 투자수익을 높여 줄 대리경영자에게 높은 비용을 기꺼이 지불하고자 한다.

1) 상위경영자의 보상요소와 보상수준

최고경영자의 보상수준을 정하는 데 있어서 어떠한 요소가 적용되어야 하는지를 정하기란 매우 어려운 문제이다. 왜냐하면 최고경영자의 경우에는 기대하는 성과와 능력평가의 기준이 너무나 불분명하여 구체적이고 객관적인 보상요소의 선정이 거의 불가능하기 때문이다. 이러한 이유로 최고경영자의 보상은 주로 시장 메커니즘에 의하여 결정되고, 그 결과 최고경영자들 간에 보상의 차이가 심해지는 경향이 있다. 우리나라의 경우 최고경영자와 일반 근로자 간의 급여 격차는 미국을 비롯한 선진국에 비해 아직은 작은 편이지만, 앞으로 세계화라는 추세에 맞춰 기업경쟁력을 강화해 나가는 과정에서 최고경영자의 보상은 급격하게 상승할 것이다. 따라서 일반 근로자와 최고경영자의 급여 격차는 더욱 커질 것으로 예상할 수 있다.

미국 대기업의 경우 최고경영자들은 일반 종업원에 비해 100배 내지 200배의 보상을 받는 경우도 있다. Business Week가 매출액 5억 달러 이상인 미국 기업의 최고경영자 임금을 조사한 결과 평균 140만 달러였으며[20] 이는 프랑스, 독일, 일본 등 다른 선진국 경영자들보다 훨씬 높은 수준이다. 이처럼 최고경영자와 일반 근로자 간의 급여 격차가 클 경우 자칫 구성원들의 사기와 신뢰, 나아가 조직효율성이 낮아질 수 있다. 이러한 이유로 드러커(P. Drucker)는 최고경영자와 일반 근로자들 간의 급여 격차의 적정비율을 20 : 1로 제시한 바 있다.[21]

하지만, 선진국의 많은 초우량기업의 경우 이와 같은 논리가 실현되고 있지 않고, 오히려 임금 격차가 적은 공공조직에서 조직의 비효율성 문제가 더 많이 제기되고 있다. 따라서 최고경영자의 보상수준을 보상요소나 임금격차비율 등의 기준에 의하여 설정할 수 없고, 오로지 자유시장원리에 입각하여 조직체의 장기성과달성을 위하여 요구되는 능력만이 현실적으로 타당한 보상기준이라 할 수 있다.

2) 주식옵션과 금전적 혜택

최고경영자의 보상은 기본임금이나 성과배분보다는 주로 주식옵션(stock option) 때문에 엄청난 액수에 달할 수 있다. 주식옵션(또는 주식매입선택권)이란 근본적으로 조직체 임직원이 일정한 가격으로 일정량의 자사 주식을 구입할 수 있는 권리를 말한다. 임직원은 회사가 주식옵션을 제공할 때 결정한 행사가격으로 원하는 시기에 주식을 취득한 후 주식을 팔아 시세 차익을 얻을 수 있다. 주식옵션은 기업의 가치가 높이 올라갈수록 임직원에게 더 많은 금전적 보상이 돌아가기 때문에 기업 가치를 높이려는 임직원들의 의욕을 증진시키는 데 유리한 보상제도로 인식되고 있다. 그리고 선진국에서는 경영자의 동기부여뿐만 아니라 유능한 인재를 스카웃하는 데도 주식옵션을 제공하는 사례가 증가하고 있다

우리나라에서도 능력주의 보상제도가 확산됨에 따라 최고경영자에게 주식옵션 등 다양한 혜택 등이 제공되고 있어, 최고경영자의 전체 보상 패키지는 엄청난 액수에 달할 수 있다. 이러한 이유로 서구에서는 학계와 여러 이해관계자들로부터 최고경영자의 보상이 지나치게 높다는 비난을 받고 있다.

경영자보상에 대한 최근의 연구결과에 따르면 우리나라와 일본은 경영자보상에 있어서 기본급의 비중이 비교적 높고 장기성과급의 비중이 상대적으로 낮은 데 비하여 미국과 영국의 경우에는 기본급보다는 장기성과급의 비중이 상대적으로 높은 것으로 나타나고 있다.[22] 이는 보상체계의 구조에 있어서 주식과 스톡옵션을 기반으로 하는 주식기반의 성과연동 보상을 적절히 활용하여 경영자에게 중·장기적 실적 향상을 위한 인센티브를 제공하는 데 경영자 보상의 초점을 맞추고 있음을 의미한다. 또한 미국과 영국의 경우에는 보상의 산정기준 및 절차에 대한 투명한 공개를 중시하고 보상의 결정에 있어 주주의 참여권을 강화하여 경영자 보상에 대한 주주의 감시·통제기능을 강화하여 오고 있다.

일본의 경영자 보상체계는 비교 국가들에 비하여 상대적으로 고정보수의 비중이 높고 성과에 연동된 보상이 낮은 상황이지만 현재 많은 기업들이 경영자 보상에서 성과보상의 비율을 높이고 주식기반의 성과연동보상을 도입하여 보상과 중·장기적 기업실적, 주주가치의 증감을 더 강력하게 연계시키는 보상체계를 구축하기 위해 노력하고 있는 것으로 확인되고 있다.[23]

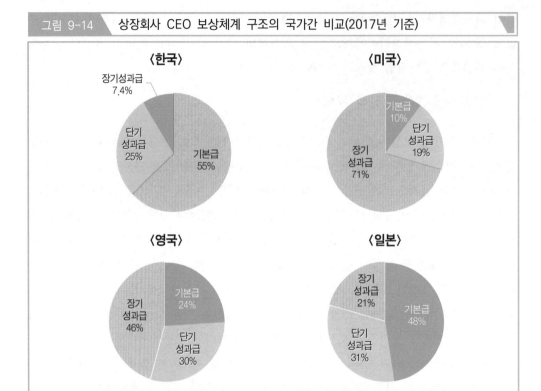

그림 9-14 상장회사 CEO 보상체계 구조의 국가간 비교(2017년 기준)

〈주〉 한국: 상장기업, 미국: S&P 500회사, 영국: FTSE 100회사, 일본: 시가총액 상위 100개 회사 등을 대상으로 한 결과이며, 한국의 경우 퇴직금 및 기타소득 등이 그 외의 부분에 포함됨.

〈자료〉 권재현 ·문병순(2019), Executive Compensation in Korea: Evidence from a New Mandatory Disclosure, Journal of Asian Finance, Economics and Business, 6, pp.91－101; 한상용·문혜정 (2020), 보험회사 경영자에 대한 보상체계 연구, 보험연구원, p.84.

 쉬어갑시다

한국 '연봉 톱20' 절반 이상이 오너 … 美·日은 대부분 전문경영인

100대 기업을 대상으로 한 연봉 순위 조사에서 한국은 연봉 상위 20명 중 13명이 오너 일가에 속했지만, 일본은 20명 전원이, 미국은 17명이 전문경영인인 것으로 나타났다. 기업평가 사이트 CEO스코어는 한·미·일 3국의 시가총액 100대 기업의 2018년도 임원 보수 총액을 조사한 결과, 상위 100명의 평균 수령액은 한국이 41억 6,700만원, 미국과 일본은 각각 276억 7,900만원과 46억7,900만원으로 밝혀졌다.

　3개국을 통틀어 보수 총액이 가장 많은 경영인은 미국 오라클의 래리 엘리슨 회장으로 1,218억 원에 달했다. 일본은 소프트뱅크의 로널드 피셔 부회장이 336억 원으로 1위에 올랐고, 한국은 CJ그룹 회장이 160억 원으로 가장 많았다. 전문경영인으로는 삼성전자 회장(70억 3,400만 원)과 부회장(45억 3,600만 원), 엔씨소프트 부사장(44억 6,700만 원) 등이 '톱20'에 이름을 올렸으며, 스톡옵션을 행사해 거액을 받은 신라젠의 전·현직 임원 4명도 포함됐다.

　미국과 일본은 한국과 달리 상위 20명 중 대부분이 전문경영인이었다. 미국은 1위인 엘리슨 회장과 10위인 리드 헤이스팅스 넷플릭스 회장(403억 4,200만 원), 17위인 마크 베니오프 세일즈포스 회장(317억 4,500만 원)을 제외한 17명이 모두 전문경영인이었다.

　일본은 상위 20명 전원이 전문경영인이었다. 이 가운데 6명이 피셔 부회장을 비롯해 소프트뱅크 소속이었고, 손정의 회장의 보수 총액은 23억 5,500만 원으로 66위였다.

　<자료> 조선비즈, 한국 '연봉 톱20' 절반 이상이 오너 … 미일은 대부분 전문경영인, 2019.7.24.

성과급의 성격

　성과급을 하나의 독자적인 임금결정체계로 보기는 어렵다. 순수하게 성과만을 기준으로 임금을 결정하는 경우는 현실적으로 별로 없기 때문이다. 따라서, 성과급은 임금의 결정 측면보다는 조정 측면에서 활용되는 경우가 일반적이다. 즉, 임금조정(인상)을 성과에 따라 하는 경우를 말한다. 연공급, 직무급, 직능급 등 다양한 임금체계 하에서 임금조정 수단으로 성과급이 주로 또는 보완적으로 적용될 수 있는 것이다.

　성과급은 기존 임금체계 하에서 별도 항목으로 정할 수도 있고(성과급을 별도 임금항목으로 정하고 성과평가에 의해 성과급 수준을 결정), 기존 임금체계의 틀 내로 편입하여 운영할 수도 있다. 기존 임금체계 내로 편입할 경우는, 예를 들면 호봉제의 경우 성과에 따라 호봉승급을 차등하거나 직무급의 경우 직무등급에 임금구간(pay band)을 설정하여 성과에 따라 임금구간 내에서 임금을 조정하는 방식으로 운영할 수 있다.

　넓은 의미의 성과급의 한 형태로 성과연봉제가 있는데, 독자적인 임금체계는 아니고 성과에 따른 임금조정의 한 방식으로 볼 수 있다. 성과에 따라 차등을 두어 연봉을 조정하는 방식인데, 보통 기본 연봉과 성과연봉으로 구성된다. 기본연봉은 성과와 직접 연계되지 않은 고정적인 부분을 말하고 성과 연봉은 성과에 따라 가변적인 부분을 말한다.

　성과연봉의 증액분 또는 감액분을 다음 해 기본연봉 또는 성과연봉에 포함하는지 아니면 제로 베이스에서 다시 시작하는지 여부에 따라 이를 포함시키는 누적식과 포함시키지 않는 비누적식으로 구분할 수 있다(성과급을 임금조정 방식으로 보면 기본급이 성과급에 따라 변동되는 merit pay 제도와 기본급과 별도로 성과급이 결정되는 incentive pay로 구분할 수 있다). 누적식이 비누적식에 비해 전체 연봉의 변동폭이 크게 되고 근로자들 간에 더 큰 연봉 차이를 초래하게 된다.

<자료> 고용노동부, 임금체계 개편을 위한 가이드북, 2016.8.

학습문제

1. 임금관리의 목표와 중요성을 설명하시오.

2. 우리나라 근로기준법이 정한 임금지급의 4가지 원칙을 설명하시오.

3. 기업과 종업원 각각의 입장에서 임금의 중요성에 대해 제시하시오.

4. 임금수준의 결정요인으로서 기업의 지불능력의 의의와 산출방식에 대해 설명하시오.

5. 기업의 임금수준 관리전략과 그 유형별 장단점을 설명하시오.

6. 연봉제의 대두배경과 이를 성공적으로 실시하기 위한 선행요건을 설명하시오.

7. 노사 각각의 입장에서 임금피크제에 대한 찬반 양론을 제시하시오.

8. 임금피크제가 고령화 사회로 접어든 우리 사회에서 어떠한 사회정책적 의미를 가질 수 있는지를 분석하시오.

9. 인사평가의 결과를 임금수준의 결정에 효과적으로 연계시킬 수 있는 방법에 대해 설명하여 보시오.

10. 경영자보상수준과 체계를 결정하는 데 있어서 고려하여야 할 요소와 공정한 관리방안을 제시하여 보시오.

참고문헌

제9장

1) 박내회(2007). 인사관리, 박영사, p. 281.
2) 강정대·황호영(1988). 현대인적자원관리, 박영사, p. 355.
3) 상게서, pp. 358－359.
4) 이규창·신건호·김길생·이승계(2004). 신노사관계론, 법문사, p. 117.
5) 대법원 1996. 2. 9. 선고 94다19501 판결; 1996. 5. 10, 선고 95다2227 판결 등.
6) 강정대·황호영(1988). 전게서, pp. 344－345.
7) 김식현(1999). 인사관리론, 무역경영사, pp. 336－336.
8) Milkovich, G. T. & Newman. J. M.(1996). *Compensation*, 5th ed., Irwin, pp. 249－251.
9) 유규창·박우성(2001), 21세기형 성과주의 임금제도, 명경사, p. 115.
10) 한국경제연구원(2019). 600대 기업 임금체계 현황 및 개편방향.
11) 고용노동부(2022). 사업체노동력조사 부가조사
12) 배종석(2006). 인적자원론, 홍문사, pp. 249－251.
13) Noe, R. A., Hollenbeck, J. R., Gerhart, B. & Wright, P. M.(2007). *Fundamentals of human resource management*, 2nd ed., McGraw－Hill, p.380.
14) Snell, S. & Bohlander, G.(2010). *Principles of human resource management*, South－Western, p. 462.
15) Ibid., pp. 463－465.
16) 고용노동부, 2022년 6월 말 기준 사업체노동력조사 부가조사결과
17) 박준성(2004). 임금관리 이론과 실제, 명경사, pp. 41－42.
18) 유규창·박우성(2001). 전게서, pp. 213－214.
19) 이진규(2002). 전략적·윤리적 인사관리, 박영사, p. 443.
20) Executive Pay, *Business Week*, April 16, 2001, April 5, 2002.
21) Anthony, W. P., Pamela L. P. & Kacmar K. M.(1999). *Human resource management*, Dryden: Harcourt Brace & Company, p. 541.
22) 한상용·문혜정(2020), 보험회사 경영자에 대한 보상체계 연구, 보험연구원, pp.83~84.
23) 상게서, p.83.

Human Resource Management

CHAPTER 10

복지후생

제제1절 복지후생의 의의와 효과
  1. 복지후생의 의의
  2. 복지후생의 효과

제2절 복지후생제도의 유형
  1. 법정 복지후생
  2. 법정 외 복지후생

제3절 복지후생 실시전략과 효율적
       관리
  1. 복지후생제도의 설계
  2. 새로운 복지후생제도의 모색
  3. 복지후생제도의 효율적 관리

이 장에서는 복지후생관리에 대하여 알아본다. 복지후생은 종업원과 그 가족의 생활수준 향상을 위해서 시행하는 간접적인 보상으로 임금 이외의 제 급부를 뜻하며, 노동의 대가인 임금을 보완해 준다는 점에서 부가급부라고도 한다. 이러한 복지후생제도는 종업원의 사기와 충성심을 높이고 기업 이미지를 향상시킬 뿐만 아니라 우수인재를 확보하기 위한 주요 수단으로 활용될 수 있기 때문에 그 중요성이 더욱 강조되고 있고, 이에 따라 종업원에 대한 전체 보상 중 복지후생비의 비중도 과거보다 현저하게 커지고 있다.

복지후생제도의 유형은 법률에 따라 강제적으로 실시되는 법정 복지후생과 기업 스스로 비용을 부담하여 자발적으로 실시하는 법정 외 복지후생으로 구분된다. 법정 복지후생의 범위와 종류는 국가의 사회복지정책에 따라 서로 다르나, 근본목적은 종업원들의 사회·문화적 생활수준 보장과 경제적 불평등을 줄임으로써 국민생활의 질(quality of life) 향상을 추구하는데 있다. 이를 위해 우리나라에서는 사회보험으로 국민건강보험, 연금보험, 산업재해보상보험, 고용보험 등을 실시하고 있으며, 이밖에 퇴직급여제도 및 유급휴일·휴가제도가 시행되고 있다. 법정 외 복지후생제도는 기업이 종업원의 근로의식 고취를 위해 자발적으로 도입하거나 기업의 사용자와 노동조합 간의 단체교섭에 의해서 실시되며, 생활지원시설, 금융 및 공제시설, 보건위생시설 그리고 문화·체육·오락시설 등으로 구분된다.

최근 기업의 복지정책이 '생애복지' 차원에서 다양하게 발전함에 따라 기업들은 카페테리아식 복지후생, 홀리스틱 복지후생, 라이프사이클 복지후생 등 새로운 복지후생제도를 시행하고 있다. 그러나 기업의 복지후생은 무조건 그 시설이나 제도를 확충하는 것만이 최선의 관리방법이라 할 수 없다. 따라서 기업의 복지후생관리가 효율적으로 운영되도록 복지후생제도의 3원칙으로서 적정성, 합리성, 협력성의 원칙이 적용되어야 하며, 관리상의 유의점으로 효과적인 커뮤니케이션, 창출적 효과, 종업원의 참여, 불만의 해소, 복지후생비용의 파악이 전제되어야 한다.

CHAPTER 10

복지후생

1 복지후생의 의의

복지후생(employee benefits and service programs)이란 종업원과 그 가족의 생활수준 향상을 위해서 시행하는 간접적인 보상으로 임금 이외의 제 급부를 말하며, 노동의 대가인 임금을 보완해 준다는 점에서 부가급부(fringe benefits)라고도 한다. 넓은 의미에서 이러한 부가급부는 산출과 관련된 직접적인 보상 이외의 종업원의 이익을 위해 계획된 총지출을 포함한다. 원래 기업의 종업원에 대한 복지후생은 온정적·은혜적인 관점에서 사용자의 자유의사에 의한 임의적 제도로 제공되었으나, 오늘날은 산업사회의 발전과 노사관계의 변화로 국가의 입법에 의해 강제되는 법정제도로 시행되고 있다.

오늘날 복지후생은 임금, 노동시간 등의 기본적인 노동조건을 보완하는 파생적 근로조건으로 인식되고 있으며, 임금 및 작업조건 못지않게 노사 간 분쟁의 주요 요인이 되기도 한다.[1] 또한 복지후생은 조직과 종업원 간의 물리적 고용관계를 정신적·사회적 고용관계로 연결시키는 매개체 역할과 경제·문화·교양 등의 증진을 목적으로 하는 인적자원관리의 한 수단으로 중시됨으로써, 종업원에 대한 전체 보상 중 복지후생비의 비중이 과거보다 현저하게 높아지고 있다. 이에 제도적 의무화, 합법성의 딜레마, 보상의 복잡성이라는 특징[2]을 띤 복지후생관리는 임금관리와 더불어 종업원의 다양한 욕구충족과 노동력

재생산을 위한 인적자원관리의 핵심요소로 그 효율적 운영에 관심이 모아지고 있다.

- 제도적 의무화: 사회보장차원에서 조직이 반드시 제공해야 할 의료보험, 산업재해보험, 고용보험, 연금보험과 퇴직금, 유급휴식제도 등은 제도적으로 의무화되어 있다.
- 합법성의 딜레마: 직접보상인 임금과 더불어 복지후생 역시 법적인 규제를 받지만 복지후생을 통한 간접보상의 범위와 영향은 임금과 같은 직접보상과는 다르다. 예를 들면 직장의료보험과 같은 사회보장보험은 법의 규제를 받지만 휴양시설의 설치나 종업원 건강진단 프로그램 등의 법정 외 복지후생은 법적으로 강요할 수 없으며 조직의 자발적인 노력이 요구된다.
- 보상의 복잡성: 임금은 현금으로 지급되기 때문에 그 가치를 쉽게 알 수 있지만, 복지후생은 수혜자의 주체, 종류의 다양성, 복지후생의 성격 등에 따라 복잡한 지급과정을 거치는 일종의 보상패키지로, 복지후생의 효과는 사람마다 다르게 인식된다. 따라서 복지후생제도는 대상자 선정, 보상지급액 결정과정 등 그 절차가 까다롭고 복잡하다.

한편 복지후생이 가지는 성격 특성은 〈표 10-1〉에 정리한 것처럼, 임금과 비교하여 보상형태, 보상체계, 보상요구, 보상효과 면에서 다음과 같이 명백한 차이점을 나타낸다.[3]

표 10-1	복지후생의 성격 특성	
구 분	임 금	복지후생
보상형태	개별 종업원의 업무성과나 근로시간을 기준으로 지급되는 직접적인 보상	건강진단, 상담의 제공, 각종 보험료 및 교육훈련비 제공처럼 성과나 직무와 무관하게 지급되는 간접보상
보상체계	개별 종업원마다 차등적으로 지급되며, 노동의 질, 양, 능률 등에 따라 차이가 남	종업원 모두에게 집단적으로 지급되고, 기본적으로 조직구성원 모두에게 동일한 기회가 부여되며, 연령, 성별, 지위, 근속연수 등 신분기준에 따라 운영됨
보상요구	노동의 대가로 당연히 지급됨	휴양시설이나 의료보험처럼 종업원들이 요구하지 않으면 혜택이 발생되지 않음
보상효과	종업원들이 조직과의 고용관계에서 얻게 되는 경제적 이윤창출로 이를 통해 사회생활에 필요한 기본적인 경제소득을 제공받음	종업원들에게 사회·문화적인 이윤을 제공하기 때문에 일을 통한 심리적 만족감과 공동체 의식을 높임

이 밖에도 복지후생은 급부를 받는 상황이 언젠가는 발생하게 되므로 일종의 기대소득의 성격을 가지며, 현금뿐만 아니라 현물이나 서비스의 제공, 시설물의 이용 등 지급형태가 다양하다. 또 임금은 종업원의 생활수준을 직접 향상시키는 기능을 수행하지만 복지후생은 종업원의 생활수준을 안정시켜주는 특성을 갖는다.

2 복지후생의 효과

기업의 복지후생은 산업화시기에 근로자들의 절박한 경제적·사회적 필요에 의해 생성되었으며 특히 구성원 간의 공제 및 사용자 측의 자선적 성격이 강하였다. 하지만 국가수준에서의 다양한 사회보장정책과 법정 복지후생으로 인하여 기업이 수행하던 전통적 복지후생은 점차 그 역할이 축소되었고, 대신 기업의 생산성 및 수익성을 높이기 위한 통합적 보상정책의 일환으로 복지후생이 실시되고 있다.

기업에서 복지후생의 활용가치는 다른 기업과의 경쟁에서 노동력을 유지시키고, 노사 간 화합 증진과 구성원들의 사기수준을 높이는데 유용하며, 특히 기업의 성과향상 등 경제적 목표뿐 아니라 사회적·정치적·윤리적 측면에서도 공헌하는 바가 크다. 즉 기업이 복지후생 프로그램을 활용함에 따라 종업원은 사기가 높아지고 동기유발이 이루어짐으로써 회사에 대한 귀속감이 증대되고 직장생활 및 삶의 질이 향상되고, 기업은 협동정신 및 귀속의식의 향상에 따른 생산성 향상과 인력충원, 인력유지, 고용관계 등 종업원과 조직

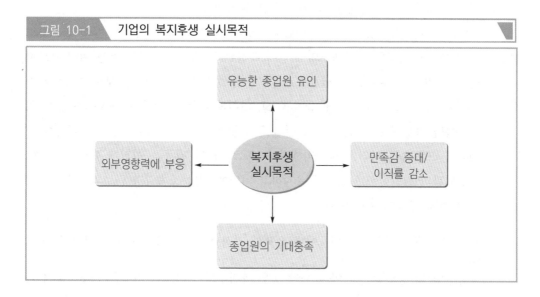

그림 10-1 기업의 복지후생 실시목적

의 다양한 인사기능을 효과적으로 수행할 수 있다.

기업들이 간접보상으로서 복지후생을 실시하는 목적을 살펴보면 다음과 같이 정리된다.[4]

- 유능한 종업원 유인(attract better employees): 동종산업 내 임금이 유사할 경우 복지후생은 보다 유능한 종업원을 유인할 수 있으며, 그들이 더욱 열심히 일할 것으로 기대된다. 효율임금이론(efficiency wage theory)에 따르면, 보상을 많이 할수록 종업원들이 자발적으로 열심히 일하기 때문에, 기업들의 생산성이 높아져 실질적으로는 비용 절약이 가능해진다.

- 만족감 증대/이직률 감소(improve satisfaction/decrease turnover): 복지후생에 지출한 비용이 직무만족과 이직에 미치는 영향에 대해서 논란은 있으나, 기업이 복지후생에 적극적일수록 종업원들은 일과 조직에 대한 만족감이 커지고 그곳에 더 머무르고자 할 것이라고 예상된다. 예를 들면 연금과 같은 복지후생은 종업원의 자발적 이직을 줄이고 조직에 대한 충성심을 높이는 효과를 기대할 수 있다.

- 종업원의 기대충족(meet employee expectations): 특정 휴가처럼 법적으로 강제되지 않는 경우라도 바람직하면서 보편적으로 실시되는 복지후생에 종업원들은 많은 관심을 갖는다. 또 복지후생의 증가는 직접적인 임금인상 대신 이루어짐에도 불구하고 종업원들은 임금보다 복지후생을 선호할 수도 있다. 예를 들면 생명보험의 경우 기업에서 집단적으로 구입하기 때문에 종업원이 개별적으로 보험에 가입하는 것보다 저렴할 수 있다. 또 소득이 많을수록 소득세 비율이 높아지므로 종업원들은 임금인상 대신 복지후생에 더 많은 관심을 나타낸다.

- 외부영향력에 부응(respond to external forces): 외부의 사회적·정치적·문화적 요구로 인해 새롭고 다양한 복지제도의 도입이 촉진된다. 예를 들면 최근에는 여성 근로자들의 증가나 의료비용의 급증으로 자녀 생일을 맞은 맞벌이 부모 대상 휴가(dual-parent leave for the birth of a child), 미취학 아동·고령자·신체장애자 등을 위한 전문훈련을 받은 직원이 가족 대신 주간에만 돌보는(on-site day care) 다양한 복지후생 프로그램 도입이 불가피해졌다. 또 노사 간 갈등을 사전에 예방함으로써, 종업원과의 원만한 고용관계를 유지하고 기업에 대한 소속감과 근로의식이 고취되어 생산성 향상에 이바지한다.

한편 복지후생 실시로 종업원들에게 유용한 직접적인 혜택을 살펴보면 다음과 같다.

- 동종산업 내 종업원 임금이 유사할 경우 복지후생이 양호한 기업은 근로자들의 직

장생활의 질을 향상시킬 수 있다.

- 새로운 조직으로 이직을 고려할 필요가 없고 기업을 사회적 공동체 및 자아를 실현할 수 있는 곳으로 인식한다.
- 복지후생을 통한 근로의식의 고취와 목표달성은 개인의 성취욕구를 충족시킨다.
- 조직과의 원만한 고용관계를 유지할 수 있어 권익보호를 위한 단체행동을 할 필요가 없다.

제2절 복지후생제도의 유형

오늘날 기업 내 종업원들의 가치관이 과거와 달리 담당 업무와 개인의 삶을 조화시키는 방향으로 변화하고, 금전적 보상과 함께 자아실현의 기회나 즐거운 업무환경 등의 내적 보상이 충족되어야 기업이 원하는 인재를 확보, 유지할 수 있게 되었다. 또한 여성들의 경제활동참여율이 높아지면서 업무경험과 지식이 풍부한 우수 여성인력을 확보·유지하려는 기업들이 육아 보호시설, 출산 및 육아관련 복지후생 프로그램을 활용하고 있다. 이와 같은 이유로 종업원 복지후생이 활성화되면서 다수 기업들이 구성원들의 열정을 고취하고

그림 10-2 복지후생의 유형

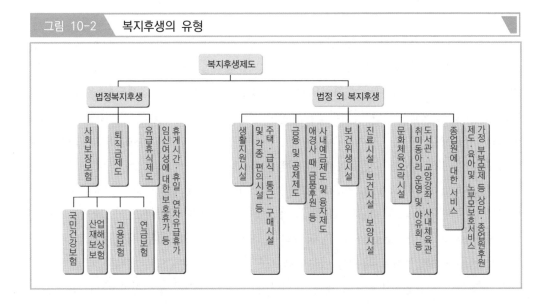

조직에 대한 만족도를 높이기 위한 다양한 유형의 복지후생제도를 활용하게 되었다.

그런데 기업에서 실제로 제공하는 복지후생의 내용은 국가별 정치형태와 경제발전단계, 노사관계의 특성, 사회보장제도의 실시 정도 등에 따라 서로 다르므로, 그 유형을 일률적으로 설명하기란 쉽지 않다. 여기서는 법률에 따라 강제적으로 실시되는 법정 복지후생과 기업 스스로 비용을 부담하여 자발적으로 실시하는 법정 외 복지후생으로 나누어 설명한다.

1 법정 복지후생

법정 복지후생(legally required benefit)은 국가가 종업원을 보호하고 국가사회복지의 보조수단으로 법률을 제정하여 기업으로 하여금 강제적으로 도입하도록 한 것이다. 따라서 그 범위와 종류는 국가의 사회복지정책에 따라 서로 다르나, 근본 목적은 종업원들의 사회·문화적 생활수준 보장과 경제적 불평등을 줄임으로써 국민생활의 질(quality of life) 향상을 추구하는 데 있다. 우리나라에서는 사회보험으로 국민건강보험, 연금보험, 산업재해보상보험, 고용보험 등을 실시하고 있으며, 이 밖에 퇴직금제도 및 유급휴가제도가 법적으로 시행되고 있다.

1) 국민건강보험

과거 복지에 대한 개념이 발달되기 전 건강은 개인의 문제로 여겨졌으나, 오늘날 질병치료는 경제발전에 필요한 인적자원 확보와 능률향상을 위한 생산적 투자로 여겨지고 있다. 따라서 세계 여러 나라는 자국의 상황에 맞는 다양한 건강보험제도를 운용하고 있다. OECD의 분류에 따르면 독일과 프랑스에서 실시하고 있는 사회보험방식(Social Health Insurance: SHI)은 국민의 1차적 부담의무가 전제된 비용의식적 제도이며 국가는 2차적 지원과 후견적 지도기능을 수행함에 따라 국민의 정부 의존심을 최소화하고 있다. 또한 한국과 대만에서 시행하고 있는 국민건강보험방식(National Health Insurance: NHI)은 사회보험방식과 흡사하지만 국가 내 보험관리기구가 1개라는 점에서 차이가 있다. 국민보건서비스방식(National Health Service: NHS)은 국민의 의료문제는 국가가 모두 책임져야 한다는 관점에서 정부가 일반조세로 재원을 마련하여 모든 국민에게 무상으로 의료를 제공하는 국가의 직접적인 의료관장방식으로 일명 조세방식 또는 비버리지 방식이라고 한다. 국민보건서비스방식을 채택하고 있는 영국, 스웨덴, 이탈리아에서는 소득수준에 관계없이 모든 국민에게 포괄적이고 균등한 의료를 보장하며 정부가 관리주체로서 의료공급이 공공화되어, 의료비 증가에 대한 통제가 강하고 정부의 과다한 복지비용 부담이 문제가 되고 있다.

우리나라는 1963년 의료보험법이 제정되었으며, 1989년 전국민 의료보험 실현이라는 정책으로 국민의료보험법이 제정되었고, 2000년 그 명칭이 국민건강보험으로 바뀌었다. 이는 기업 내 종업원뿐만 아니라 전국민에게 발생하는 질병이나 사고로부터 그들을 보호한다는 의미에서 법적으로 실시되는 사회보험으로, 질병을 치료할 뿐만 아니라 조기 발견하고 예방하는 기능을 수행한다.

국민건강보험은 질환의 진단, 입원 및 외래 치료, 재활치료 등을 목적으로 주로 병·의원 및 약국에서 제공하는 서비스를 급여대상으로 하는 반면, 국민건강보험료의 8.51%(2019년 기준, 사업주 부담 50%, 근로자 부담 50%)를 부담하는 장기요양보험은 65세 이상의 노인 또는 65세 미만의 자로서 치매, 뇌혈관성 질환 등 노인성 질병 등으로 인하여 혼자 힘으로 일상생활을 영위하기 어려운 대상자에게 요양시설이나 재가 장기요양기관을 통해 신체활동 또는 가사지원 등의 서비스를 제공하는 제도로 건강보험제도와 별도로 운영되고 있다. 국민건강보험은 직장의료보험과 농어촌 및 도시지역 의료보험을 망라하고 있으며, 하나의 근로자 복지제도라기보다는 국민 전체가 수혜대상이 되는 국민복지제도로서의 성격을 갖고 있다. 여기서 직장의료보험의 경우 의료보험 재정은 피보험근로자와 그를 고용한 사용자가 각각 절반씩 부담하는 보험료에 의해 이루어지며, 보험료는 피보험자의 보수월액에 보험료율을 곱하여 얻은 금액(2019년 기준 보험료율 6.46%, 사업주와 근로자는 각각 근로자의 보수월액의 3.23%를 부담)으로 한다.

2) 국민연금

인간 수명의 연장과 급속한 산업화 및 도시화에 따른 핵가족 중심의 가족제도는 노후 생활보장을 위한 국가의 역할을 강조하고 있다. 국민연금은 노후생활 보장을 위해 노령·퇴직·장애·질병사망 등에 따른 소득상실에 대해 정기적으로 확정액의 연금을 지급함으로써 국민의 생활안정과 복지증진에 기여하는 사회보장제도이다(〈표 10-2〉 참조). 따라서 본인의 노후 보장 및 유족의 생활 안정이 주된 목적이라고 할 수 있다.

우리나라에서는 1973년 국민복지연금법이 제정·공포되었는데, 석유파동으로 무기한 연기되었다가 1986년부터 종전의 국민복지연금제도를 수정·보완하여 1988년부터 국민연금제도가 시행되고 있다.

표 10-2	국민연금 급여의 종류		
연금 급여(매월 지급)		일시금 급여	
노령연금	• 노후 소득보장을 위한 급여 • 국민연금의 기초가 되는 급여	반환 일시금	• 연금을 받지 못하거나 더 이상 가입할 수 없는 경우 청산적 성격으로 지급하는 급여
장애연금	• 장애로 인한 소득감소에 대비한 급여	사망 일시금	• 유족연금 또는 반환일시금을 받지 못할 경우 장제보조적·보상적 성격으로 지급하는 급여
유족연금	• 가입자(였던 자) 또는 수급권자의 사망으로 인한 유족의 생계 보호를 위한 급여		

〈자료〉국민연금공단 홈페이지.

2023년 기준 사업장 가입자의 연금보험료율은 소득의 9%이며, 사용자는 근로자의 임금에서 4.5%를 원천 공제한 뒤 나머지 4.5%를 사용자가 보태어 납부하도록 되어 있다. 연금은 종업원이 노령 및 장애로 인해서 받는 피보험자급여와 종업원이 사망한 후 그 가족이 받는 유족급여로 구분되며, 주요 내용은 다음과 같다.

• 국내 거주 18세 이상 60세 미만의 자는 국민연금 당연가입대상이며, 공무원, 군인, 사립학교 교직원, 별정우체국직원 등은 가입대상이 아니다.
• 사업장 가입자에 대한 각종 신고의무는 사업장 사용자에게 있다.
• 급여발생 사유에 따라 노령연금, 장애연금, 유족연금, 반환일시금을 받을 수 있다.
• 본인이 납부한 연금보험료는 전액 소득공제를 받을 수 있다.
• 연금은 매년 물가인상률 만큼 인상되어 항상 실질가치를 보장받는다.
• 연금 또는 반환일시금을 받을 권리는 양도, 압류하거나 담보에 제공될 수 없다.

현재 실시되고 있는 국민연금제도는 국민의 최저생활을 보장하고 소득계층 간 소득재분배가 이루어지도록 하는 데 그 목적이 있다. 그러나 근로자 노후생활에 대비한 자금조달방법으로서는 충분하다고 볼 수 없기 때문에 기업 내의 추가적 노후보장 대책마련이 요구된다.

3) 산업재해보상보험

산업재해보상보험이란 업무수행과 관련하여(주: 산재보험의 재해보상 범위는 대부분의 국가에서 업무상 재해 및 질병으로 규정하고 있으나, 뉴질랜드, 네덜란드, 스위스, 오스트리아 등에서는 업무상 재해 여부에 상관없이 보험혜택을 제공한다) 발생한 종업원의 부상, 질병, 사망 등의 재해에 대하여 치료 및 경제적 보상을 제공하고, 사업주에게는 재해에 따른 일시적인 경제적 부담을 덜어 주기 위해 국가에서 운영하는 사회보험이다. 즉, 산재보험은 노동에 관련된 재해나 직업병의 발생 및 피해가 나타날 경우, 노동자의 회복을 위해 직접원조를 행하며 피해자의 가족 및 유족에 대해 현금급부를 통한 보상을 해주는 제도이다. 또한 산재보험은 사후적인 보상급부 못지않게 산업재해 및 직업병을 사전적으로 예방하기 위한 조치도 중요시한다. 따라서 산재보험기관에서는 산업재해와 관련하여 기술적 감시를 강화하고 사고원인규명 및 제거를 위한 연구와 산재예방활동에 노력을 기울인다.

- 산재보험은 1964년 사회보험제도로서는 제일 먼저 실시되었으며, 당시는 500명 이상의 사업장에만 적용되었으나, 적용범위가 점차 확대되어 1986년 이후부터는 원칙적으로 근로기준법이 적용되는 모든 사업장을 대상으로 실시된다.
- 산재보험은 그 원인인 산업재해가 자본주의적 고용관계에서 비롯되었다는 점에서 다른 사회보험과 크게 다르다. 즉, 산업재해는 근로자 개인의 주의력의 한계를 넘어서 발생하는 사회현상이며 자본주의적 생산양식에 내재되어 있는 위험의 발현이라는 특성을 갖고 있다.[5]
- 다른 사회보험과는 달리 근로자의 부담이 전혀 없고, 사용자가 전액 부담하며, 일부는 국고의 지원으로 이루어진다. 보험료를 전액 사업주부담으로 한 것은 업무상 재해를 경영위험 및 경영책임으로 파악하고 있는 데에 근거한다.

4) 고용보험

실업은 개인적인 문제일 뿐만 아니라 사회적 문제(social accident)이다. 이에 고용보험을 시행함으로써 실업을 예방하고, 고용을 촉진하고, 근로자의 직업능력의 개발·향상을 도모하고, 국가의 직업지도·직업소개기능을 강화하며, 근로자가 실직한 경우에 생활에 필요한 급여를 실시함으로써, 근로자의 생활 안정과 구직활동을 촉진하여 경제·사회발전에 이바지함을 목적으로 한다.

우리나라 고용보험은 근로자의 실직 시 생계보장을 위한 구제적 차원의 단순한 실업보험이 아니라, 사전적으로 실업예방, 고용촉진, 근로자 직업능력개발과 향상, 인력수급 불균형 해소 등을 위한 적극적 인력정책(active manpower policy)의 주요 수단이다. 즉, 고용보험은 실업보호라는 사회보장적 측면에 더해 기업이 경기변동, 산업구조변화에 따라 구조조정을 시행할 때, 이를 용이하게 할 수 있는 각종 제도를 마련함으로써 노동시장의 종합조정 기능을 수행하게 된다. 또한 실업자 재취업을 위한 직업훈련, 취업알선 기능을 강조하는 등 보다 적극적인 고용정책으로 활용되고 있다.

- 1995년부터 시행된 고용보험은 1998년 10월부터 1인 이상의 근로자를 고용하는 전 사업장을 적용대상으로 고용안정·직업능력개발사업, 실업급여, 육아휴직급여 및 산전후휴가급여 등의 사업을 하고 있는데, 실직자에게 직접 현금을 지급하는 실업 급여사업도 중요하지만 보다 장기적인 고용안정을 위해 취업알선을 담당하는 고용 안정사업과 실직자의 직업능력개발사업에 더 비중을 두고 있다.
- 실업급여는 실직자의 생계안정 지원 및 재취업을 촉진하고, 고용안정사업은 고용 정보 수집·제공, 직업상담, 취업알선, 직업훈련 안내 등 종합고용서비스 기능을 수 행하며 직업능력개발사업은 근로자의 생애직업능력개발을 지원한다.
- 「남녀고용평등과 일·가정 양립 지원에 관한 법률」제19조의 규정에 따르면 육아휴 직은 1년 이내이며, 사업주는 육아휴직을 이유로 해고나 불리한 처우를 할 수 없다.
- 고용노동부장관은 「남녀고용평등과 일·가정 양립 지원에 관한 법률」제18조의 규 정에 의하여 피보험자가 「근로기준법」제74조의 규정에 따른 산전후휴가 또는 유 산·사산휴가를 사용한 근로자 중 일정한 요건에 해당하는 자에게 그 휴가기간에 대하여 통상임금에 상당하는 금액(산전후휴가급여 등)을 지급한다.
- 고용보험법은 근로자를 사용하는 모든 사업 또는 사업장에 적용한다. 다만, 산업별 특성 및 규모 등을 고려하여 대통령령으로 정하는 사업에 대하여는 적용하지 아니 한다.

2023년을 기준으로 현재 운영되는 고용보험료율은 다음과 같다.

표 10-3	고용보험료율(2023년 기준)		
구 분		노동자	사업주
실업급여		0.9%	0.9%
고용안정, 직업능력 개발사업	150인 미만 기업	–	0.25%
	150인 이상 기업(우선지원대상 기업)	–	0.45%
	150인 이상~1,000인 미만 기업(우선지원대상 기업 제외)	–	0.65%
	1,000인 이상 기업 및 국가, 지방자치단체가 직접 행하는 사업	–	0.85%

5) 퇴직금제도

근로자가 일정기간 동안 해당 기업에 근무한 후 퇴직하게 되면 퇴직일시금 또는 퇴직연금이 지급된다. 퇴직금의 성격에 관해서는 기업 측이 선호하는 공로보상설과 노동조합이 주장하는 임금후불설 및 생활보장설 등 3가지 견해가 있다. 이 중 사회보장제도가 완비되지 못한 우리나라의 경우 생활보장설이 설득력을 갖고 있다. 즉, 퇴직금제도를 법으로 정하여 시행하는 것은 근로자의 노후생활보장을 국가가 감당하기 위한 재원마련이 어렵기 때문이며, 임금제도의 합리화 및 사회보장제도가 완비되기까지 과도기적 보완제도로서 그 필요성이 인정된다.

우리나라는 2011년 5월 개정된 근로기준법 제34조 규정과, 근로자의 안정적인 노후생활 보장에 이바지할 목적으로 퇴직급여제도의 설정 및 운영에 필요한 사항을 정한 「근로자퇴직급여 보장법」에 따라, 계속근로기간 1년에 대하여 30일분 이상의 평균임금을 퇴직금으로 퇴직근로자에게 지급할 수 있는 제도를 설정하여야 한다.

퇴직연금제도는 확정급여형, 확정기여형 및 개인형을 포함하는데, 사용자는 퇴직하는 근로자에게 급여를 지급하기 위하여 퇴직급여제도 중 하나 이상의 제도를 설정하여야 한다.

- 확정급여형퇴직연금제도(Defined Benefits Retirement Pension: DB)란 근로자가 지급받을 급여의 수준이 사전에 결정되어 있는 퇴직연금제도를 말한다. 사업주가 퇴직급여와 관련된 적립금의 운용을 책임지는 형태이므로, 적립금의 운용실적에 따라 사업주가 부담해야 하는 기여금이 변동되며, 근로자는 퇴직 후 일정한 금액을 정기적으로 받을 수 있어서 안정적이다.
- 확정기여형퇴직연금제도(Defined Contribution: DC)는 급여의 지급을 위하여 사용자가 부담하여야 할 부담금의 수준이 사전에 결정되어 있는 퇴직연금제도를 말한다. 즉, 사용자가 부담·적립할 금액이 사전에 확정되므로 근로자가 받을 연금급여(퇴직급여)는 적립금 운용실적에 따라 변동될 수 있다. 적립금이 사용자와 독립되어 개인 명의로 적립되므로 근로자의 입장에서는 기업이 도산해도 수급권이 100% 보장되며, 기업의 입장에서는 퇴직급여에 대한 부담금이 일정하게 정해져 있으므로 효율적인 재정관리를 할 수 있고, 적립금 운용실적에 대하여 책임을 지지 않는다는 장점이 있다.
- 개인형퇴직연금제도(Individual Retirement Pension: IRP)는 가입자의 선택에 따라 가입

표 10-4	퇴직급여제도 비교				
	퇴직금	DB형	DC형	기업형 IRP	개인형 IRP
개념	근로연수 1년에 30일 이상의 평균임금 지급	퇴직 후 지급받을 급여수준을 사전에 결정	급여지급을 위한 사용자의 부담수준을 사전에 결정	상시근로자 10인 미만 사업장에서 퇴직급여를 지급하기 위하여 근로자 대표의 동의를 받아 설정한 연금	퇴직일시금수령자(퇴직 및 이직 시) 등이 수령액을 적립·운영하기 위하여 퇴직연금사업자에게 설정한 연금
적용대상	모든 사업장	모든 사업장	모든 사업장	상시근로자 10인 미만 사업장	근로자나 자영업자(자영업자는 2017년부터 가능)
규약작성	해당사항 없음	퇴직연금규약작성 신고 요	퇴직연금규약작성 신고 요	퇴직연금규약 불필요	퇴직연금규약 불필요
운용(자산)관리 계약주체	해당사항 없음 (사내적립)	사용자와 퇴직 연금사업자	사용자와 퇴직 연금사업자	근로자와 퇴직 연금사업자	근로자와 퇴직 연금사업자
부담금 납부	사용자	사용자	사용자 (근로자 추가 적립 가능)	사용자 (근로자 추가 적립 가능)	퇴직/이직 시 수령하는 금액이 전부 IRP계좌에 의무이전(근로자 추가 납입 가능)
적립금 운용	해당사항 없음	사용자	근로자	근로자	근로자
운용/위험부담	사용자	사용자	근로자	근로자	근로자
수수료부담 운용관리	해당사항 없음	사용자	사용자 (근로자 추가부담 시 노사합의)	근로자	근로자
수수료부담 자산관리	해당사항 없음	사용자	노사합의	근로자	근로자
퇴직급여수준	확정(퇴직금)= 퇴직시 평균임금 30일분×근속연수	(법정 최저 이상) 사전 퇴직급여확정 =퇴직시 평균임금 30일분×근속연수	(법정 최저 이상) 부담금만 결정 → 운영수익률에 따라 급여수준 차이	적립금 운용실적에 따라 다름	적립금 운용 실적에 따라 다름
적립대상	사내적립	부분사외적립	전액사외적립	전액사외적립	전액사외적립
연금수급요건	해당사항 없음 (퇴직시 퇴직금 수령)	55세 이상으로서 가입기간 10년 이상	55세 이상으로서 가입기간 10년 이상	55세 이상으로서 가입기간 10년 이상	55세 이상
급여형태	일시금	연금 또는 일시금	연금 또는 일시금	연금 또는 일시금	연금 또는 일시금
중도인출	가능(노사합의시 중간정산)	불가 (법정사유시 담보대출가능)	가능(법정사유에 만 한정)	가능(법정사유에 만 한정)	가능(법정사유에 만 한정)

자가 납입한 일시금이나 사용자 또는 가입자가 납입한 부담금을 적립·운용하기 위하여 설정한 퇴직연금제도로서 급여의 수준이나 부담금의 수준이 확정되지 아니한 퇴직연금제도를 말한다.

- 근로자가 주택구입 등 대통령령으로 정하는 사유로 근로자가 요구하는 경우에는 근로자가 퇴직하기 전에 해당 근로자의 계속근로기간에 대한 퇴직금을 미리 정산하여 지급할 수 있다. 이 경우 미리 정산하여 지급한 후의 퇴직금 산정을 위한 계속근로기간은 정산시점부터 새로 계산한다. 계속근로기간이 1년 미만인 근로자, 4주간 평균하여 1주간 소정근로시간이 15시간 미만인 근로자에 대하여는 그러하지 아니한다.

- 근로자가 퇴직한 경우에는 그 지급사유가 발생한 날부터 14일 이내에 퇴직금을 지급하여야 하며, 퇴직금을 받을 권리는 3년간 행사하지 않으면 시효로 인하여 소멸한다.

- 기존 사업자가 확정급여형 또는 확정기여형퇴직연금제도를 설정하고자 하는 경우 근로자대표의 동의를 얻거나 의견을 듣고, 퇴직연금규약을 작성하여 고용노동부장관에게 신고하여야 하며, 2011년 07월 이후 신규 사업자는 근로자대표의 의견을 들어 사업의 성립 후 1년 이내에 확정급여형 또는 확정기여형퇴직연금제도를 설정하여야 한다.

- 퇴직급여를 일시금으로 수령한 퇴직자나 확정급여형 또는 확정기여형퇴직연금제도의 가입자로서 자기의 부담으로 개인형퇴직연금제도를 추가로 설정하려는 사람과 상시근로자 10인 미만의 근로자를 사용하는 사업의 경우 사용자가 개별 근로자의 동의를 받거나 근로자의 요구에 따라 개인형퇴직연금제도를 설정할 수 있다.

- 2012년 7월 26일 이후 이직/퇴직 시 퇴직금은 반드시 IRP계좌로 받아야 한다. 단 55세 이후 퇴직하는 경우, 퇴직연금제도의 급여를 받을 권리를 담보로 대출받은 금액 등을 상환하기 위한 경우(담보대출 채무상환 범위 내), 퇴직급여액이 고용노동부장관이 정하는 금액(150만원) 이하인 경우는 바로 수령할 수 있다.

6) 유급휴식제도

유급휴식제도는 국가가 국민복지 향상차원에서 근로자의 기본적 생활을 보장·향상시키기 위해 도입한 것으로, 기업으로서도 노동력의 재생산이란 관점에서 볼 때 매우 합리적인 제도이다. 즉, 휴식을 통해 근로자들은 업무활동 이외의 생활의 질을 향상시키고, 근로제공으로 인한 피로를 회복하여 업무능률을 높일 수 있다. 근로기준법에서 규정하고 있는 휴식제도는 휴게, 휴일, 보상휴가제 및 연차유급휴가 등이 있다(근로기준법 54조, 55조, 57조, 60조, 74조).

2 법정 외 복지후생

법정 외 복지후생제도는 국가가 법률로 정한 복지후생 이외에 기업이 종업원의 근로의식 고취를 위해 자발적으로 도입하거나 기업의 사용자와 노동조합 간의 단체교섭에 의해서 실시된다. 노조는 가급적 다양한 복지후생제도의 도입을 희망하고 기업도 임의적인 복지후생의 범위를 확대해가는 경향이 있다. 따라서 법정 외 복지후생은 기업별로 그 내용과 규모에 많은 차이가 있을 뿐만 아니라 운영방법도 다양하고, 그 적용대상 또한 해당 기업의 근로자와 그 가족에 한정시키는 폐쇄성이 있다. 일반적으로 법정 외 복지후생제도는 다음과 같이 두 가지 방향에서 실시된다.

- 사회보험(공적보험)의 추가급여: 법정복지제도의 운영내용을 보다 알차게 구성하여 법률에서 정한 수준 이상으로 사회보험을 운용하는 것이다. 즉, 질병이 발생했을 경우 의료보험이 보장해 주지 못하고 있는 특수부문(특별진단이나 고급입원실의 이용)에 대하여 보조를 해준다거나, 연금보험의 경우 법률이 정한 최소한도의 범위를 넘어서 추가적으로 사용자가 별도 보험료를 부담해 주는 경우 등
- 자율적인 신설급여: 기업이 자발적으로 설정한 복지후생제도로 기업의 특성에 따라 기업간 제도도입의 정도는 차이가 난다. 대표적인 지원제도로 생활지원시설, 금융 및 공제시설, 보건위생시설 그리고 문화 체육, 오락시설 등을 들 수 있다.

1) 생활지원시설

종업원의 사회생활 내지는 가정생활의 원활함을 도모하기 위하여 낮은 수준의 임금을 보완한다. 일반적으로 주택시설, 급식시설, 통근시설 그리고 구매시설 등을 들 수 있고, 이 밖에 ATM기, 간편 드라이클리닝 등 각종 편의시설을 사내에 구비하거나, 재테크 정보제공, 사회봉사활동 지원 등 구성원들의 생활 전반에 대한 지원이 포함된다.

2) 금융 및 공제제도

종업원들의 경제생활과 직접적인 관련을 맺고 있는 제도로서, 경제적 어려움을 간편한 절차를 통해 해소해 주는 제도이다. 금융제도는 사내예금제도나 융자제도 등으로 종업원의 주택 마련, 자녀교육, 그리고 재해 극복 등을 위해 필요한 자금을 제공하는 제도이다. 한편, 공제제도는 종업원들이 결혼, 졸업, 사망 등 애경사를 당하거나 불시의 재해를 입었을 때, 구제나 부조를 통해 사용자가 금품을 후원해 주어 종업원의 근로의욕을 북돋아 주는 제도이다. 무엇보다도 종업원들에게 공동체 의식을 심어 주어 집단생활의 즐거움을 물론 다른 기업으로의 이직을 방지해 주는 효과가 크다.

3) 보건위생시설

종업원의 건강한 생활 보장을 위해 질병 치료와 예방, 또는 건강 유지와 관련된 시설과 제도를 말한다. 크게 진료시설, 보건시설, 그리고 보양시설로 구분되는데, 진료시설로는 기업 내 의무실이나 관계병원을 들 수 있고, 보건시설로는 사내 이발관이나 미용실, 그리고 목욕탕 등이 있다. 또한 보양시설은 종업원이 질병이나 그 밖의 사유로 인하여 당분간 휴양을 해야 할 경우나, 휴일 또는 휴가철에 마음 편히 휴식을 취할 수 있는 시설을 말한다.

4) 문화·체육·오락시설

문화시설 및 제도로서는 사내도서관의 운영, 교양강좌, 강습회 등이 있으며, 체육시설 및 제도로서는 운동장, 사내체육관의 운영, 사내체육대회 등을 들 수 있다. 또한 오락시설로서는 종업원들의 취미를 살리는 취미서클의 운영, 음악실, 전시실, 야유회 등을 들 수가 있는데, 이들 모든 시설들은 기술혁신이나 기계문명 등에 의하여 제기된 인간소외를 극복하고 인간성 회복을 위한 좋은 수단이 된다.

5) 종업원에 대한 서비스

이외에도 다양한 혜택들이 종업원들에게 제공되고 있으며, 그 내용과 범위는 계속 확충되고 있다. 이 중 종업원에게 제공되는 서비스에는 개인적으로 제공되는 각종 상담 서비스(부부문제, 정서상담, 경력, 전직, 명예퇴직, 금융 및 법률 문제 등), 알콜중독, 스트레스, 도박 등의 상담과 치료를 제공하는 종업원 후원제도(employee assistance program: EAP), 기업이 직·간접적으로 종업원의 어린 자녀나 노부모를 돌보아줌으로써 그들의 직무수행에 도움을 주는 육아 및 노부모 보호 서비스(child care, elder care) 등이 있다.[6]

육아를 비롯한 가사문제는 개인의 업무생산성을 저하시킬 수 있는 스트레스 요인이 될 수 있으므로 회사가 자녀와 노부모 보호 관련 프로그램을 지원함으로써 종업원들이 업무에 매진할 수 있도록 배려할 필요가 있다. 특히 여성근로자 및 맞벌이부부(working parents)의 증가로 양질의 육아보호에 대한 필요성이 커졌기 때문에, 기업들은 금전적 지원을 하거나 사내에 탁아 및 보육시설을 통합·운영하는 포괄적인 지원을 제공하기도 한다. 이밖에 바우처(voucher)를 활용하여 직·간접적으로 지역사회의 관련 기관 및 시설들을 보조할 수도 있다.

한편 기업은 종업원의 사생활에 대해 간섭할 수 있는 권리는 없지만, 업무성과가 기대에 미달하거나 과업수행이 적극적이지 못할 경우, 그들의 개인적인 사생활 문제가 무엇인지를 규명하여 해결할 필요가 있다. 이를 위해 종업원의 과업활동 수행에 부정적인 영향을 미치는 요소들을 파악하여 긍정적인 방향으로 개선시키는 종업원 후원제도(EAP)를 활용한다. 즉, EAP는 종업원의 사적인 문제를 조직 차원에서 해결하기 위한 개인 관련 복지후생으로, 문제가 되는 종업원을 후원하기 위해서 다음과 같이 단계별 치료를 실시한다.

- 1단계(문제 종업원 확인 및 EAP 위탁): 업무성과기록을 토대로 문제가 되는 종업원을 공식적으로 규명하거나, 기업의 도움을 필요로 하는 종업원이 자발적으로 요청하는 경우 EAP 치료를 의뢰하는 시작단계
- 2단계(EAP 실행): 문제 종업원과의 심도 깊은 상담을 통하여 문제를 정확히 규명하고 해결하는 단계
- 3단계(치료·해결): 전 단계의 상담으로 문제해결이 어렵다고 판단되면 실제 치료기관 또는 문제와 관련된 해당 부서에 의뢰해 종업원이 직면한 문제를 치료·해결하는 단계

제3절 복지후생 실시전략과 효율적 관리

1 복지후생제도의 설계

복지후생제도는 법에 의해 강제로 시행되거나 사용자의 자유재량 또는 노사 간의 단체교섭에 따라 제공된다. 특히 노동조합은 복지후생제도를 근로조건의 일부로서 기업 측으로부터 '부여되는 것'이 아니라 근로자가 적극적으로 '획득해야 하는 것'으로 이해하기 때문에 오늘날 종업원들과 노동조합은 복지후생에 큰 관심을 갖고 있으며, 때때로 복지후생의 설계에 참여하기도 한다. 그러나 복지후생제도는 기업에 많은 비용부담을 발생시키고 앞으로도 복지후생 비용은 계속 증가될 것으로 예상된다. 따라서 복지후생제도를 합리적으로 운용하기 위해서는 다음과 같은 설계원칙과 절차를 따를 필요가 있다.

1) 설계의 원칙

복지후생제도를 어떻게 관리·운영하여야 할 것인가에 관한 설계시 고려할 사항은 다음과 같다.

(1) 종업원 욕구충족

복지후생제도의 효과를 높이기 위해서 가장 먼저 고려할 사항은 종업원의 욕구가 충족될 수 있도록 프로그램을 설계하여야 한다는 것이다. 종업원의 욕구는 다양하기 때문에 이를 고려한 제도설계가 뒷받침되지 않으면 기업은 비용의 낭비만을 초래한 채, 참된 의미의 복지는 실현되지 않을 수 있다. 그러므로 제도의 실시에 앞서 종업원들이 현재 바라고 있는 요구사항을 파악한 다음, 이를 복지후생제도 설계에 반영할 필요가 있다.

(2) 종업원의 참여유도

실질적으로 복지후생제도의 혜택을 받는 사람은 종업원이다. 따라서 기업의 복지후생제도가 어떻게 실시되고 운영되는가를 모든 종업원이 알아야 하고, 문제가 발생했을 때는 이를 해결할 수 있도록 종업원의 참여가 필요하다. 이를 위해 종업원 여론조사를 실시하거나 노사대표가 공동으로 참석하여 제도의 효율적인 실시를 위한 각종 의견을 교환할 수 있는 복지후생자문위원회(employee benefits advisory committee) 등을 활용하기도 한다.

(3) 수혜범위

실시하고자 계획한 복지후생제도의 내용이 아무리 충실하더라도 그 제도의 혜택을 누릴 수 있는 종업원의 범위가 제한적이라면 기업의 입장에서는 결코 만족할 만한 결과를 얻기 어렵다. 범위가 넓으면 비용 절감효과뿐만 아니라 종업원 간의 불만도 약화될 것이다. 따라서 복지후생의 혜택을 받을 수 있는 범위가 넓은 제도를 우선적으로 채택하여야 한다.

(4) 수익성

현재와 미래의 복지후생비 지불능력을 평가하기 위하여 기업의 수익성 파악이 필요하다. 현재 특정 복지후생제도를 도입하여 종업원에게 좋은 조건으로 가입할 수 있도록 기업에서 비용을 보조해 준다고 해도, 일정 기간이 지난 다음 기업에서 이들을 계속 보조해 주지 못하면 오히려 역효과가 발생한다. 따라서 기업의 지불능력을 벗어난 과도한 복지후생비의 부담은 피하는 것이 오히려 바람직하다.

2) 설계과정

(1) 복지후생의 목적과 전략의 확인

먼저 복지후생 프로그램을 실시하는 목적을 명확히 할 필요가 있다. 이를 위해 경영자는 위에서 설명한 종업원의 욕구, 수혜범위, 수익성뿐만 아니라 조직의 사명 및 인적자원관리의 성과지표 등을 고려하여야 한다. 또한 설정된 목적을 효과적으로 달성하기 위하여 다음과 같은 복지후생전략들을 활용하여 설계를 진행한다.[7]

- 선도전략(pacesetter strategy): 종업원이 원하는 제도를 선도적으로 도입
- 동등전략(comparable benefit strategy): 비교 가능한 유사조직이 제공하는 복지후생과 일치
- 최소복지후생전략(minimum benefit strategy): 법정 복지후생 및 종업원이 가장 선호하는 항목과 비용이 저렴한 항목만을 제공

(2) 프로그램 영향요인의 반영

복지후생 프로그램에 영향을 미치는 기업 측 요인과 종업원 측 요인들을 확인하여 설계에 반영한다. 기업 측 영향요인으로는 다음과 같은 부분을 고려한다.

- 복지후생비가 전체 인건비에서 차지하는 최대허용비율
- 투입된 복지후생비와 그 결과로 창출된 편익과의 비용-편익분석
- 경쟁기업의 복지후생수준
- 법적 요구사항 등

한편 종업원 측면에서는 다음과 같은 요인을 고려할 필요가 있다.

- 복지후생에 대해 종업원들이 인식하는 공정성 정도
- 복지후생 프로그램의 선호와 관련된 종업원의 연령, 성별, 결혼여부, 부양가족 등의 인구통계적 특성(자녀가 있는 종업원은 그렇지 않은 종업원보다 건강보험을 더 선호할 수 있으며, 노년층은 젊은이들에 비해 연금에 더 많은 관심을 보일 수 있음)

(3) 복지후생 혜택대상자의 선정

기업은 직위, 연수 등에 따라 상이한 혜택을 제공할 수 있기 때문에 제공하는 프로그램의 수혜대상자를 한정하는 것과 그로 인해 발생하는 제반 영향요인을 검토해야 한다. 이때 전체 종업원을 대상으로 균등하게 실시할 것인가, 직위나 부서에 따라 차별화된 프로그램을 제공할 것인가 혹은 종업원 개인별로 프로그램을 제공할 것인가를 결정한다. 또한 종업원의 배우자 및 피부양가족의 포함 여부도 명시해야 한다.

(4) 복지후생 항목선택

수혜대상자 선정 후에는 가장 효과가 클 것으로 예상되는 복지후생 제도를 선택한다. 과거 복지후생은 "평균적인 종업원"을 대상으로 설계했기 때문에 종업원의 개인 사정은 충족되기 어려웠으나, 오늘날 기업은 유연복지후생제(flexible benefit plan) 같은 복지후생 항목 및 수혜수준을 선택할 수 있는 제도를 도입하고 있다.

(5) 복지후생 재원조달방법의 결정

표 10-5	복지후생 재원조달방법의 효과	
기업 전액부담	기업-종업원 공동부담	종업원 전액부담
• 모든 종업원에 적용 • 절세효과 • 집단구매로 유리한 집단요율(group rate)이 적용됨 • 관리업무의 단순화	• 수혜대상 및 범위확대 • 복지후생에 대한 종업원의 인식이 개선됨 • 남용방지	• 기업의 표준적 복지후생제도에 추가적 조건을 선택 • 사용자가 도입을 원하지 않는 복지후생제도의 도입(추후 사용자와 분담하거나 전액부담할 수 있는 제도로 전환이 가능)

복지후생에 소요되는 관련비용은 기업 전액 부담, 사용자-수혜자 공동 부담(국민연금의 경우) 또는 종업원 전액 부담의 3가지 방법을 활용할 수 있는데, 각 방법별 기대효과를 고려하여 합리적인 재원조달방법을 결정한다.

(6) 복지후생제도의 평가

복지후생제도의 효과적인 관리를 위해 제도 활용에 대한 평가를 진행하게 되는데, 이때 비용비교분석, 직무행동분석, 공정성 지각분석 등의 방법으로 평가한다.

- 비용비교분석: 복지후생제도별 비용의 변화추세를 연도별, 종업원 집단별, 개인별로 분석하여 복지후생비의 합리적 배분 여부를 판단한다.
- 직무행동분석: 복지후생제도가 종업원의 결근율, 이직률, 생산성 및 직무수행노력 등을 변화시킨 정도를 파악하여 평가한다.
- 공정성 지각분석: 종업원의 복지후생제도에 대한 공정성 지각, 만족도 등을 인터뷰나 설문조사 등의 방법을 이용하여 조사한다.

2 새로운 복지후생제도의 모색

최근 기업의 복지정책은 '생애복지' 차원에서 다양하게 발전하고 있다. 생활수준이 높아지고 선호와 욕구가 다양한 세대 특성을 반영하여 물질 중심의 생활수준 최저선 확보 관점보다는 심리적 안정과 건강을 추구하는 관점에서 추진되고 있다. 더불어 고령화에 따른 라이프사이클(life cycle) 전반을 고려하는 추세이다.[8] 새롭게 도입되는 형태로는 카페테리아식 복지후생, 홀리스틱 복지후생, 라이프사이클 복지후생 등의 제도들이 있다.

1) 카페테리아식 복지후생

(1) 카페테리아식 복지후생의 의의

카페테리아식 복지후생제(cafeteria benefits plan)는 기업으로부터 일방적으로 제공되던 표준적 복지후생(standard benefits package)과 달리 "사전에 설계된 다양한 복지메뉴 중 일정한 예산 하에서 종업원 개인의 니즈에 가장 적합한 복지항목과 수혜수준을 종업원들이 자유롭게 선택하도록 하는 제도"로, 선택적 복지후생제(flexible benefits plan)라고도 한다.[9] 기업의 복지비용이 꾸준히 증가하고 있음에도 불구하고 복지제도에 대한 종업원들의 불만이 높아감에 따라, 비용효율성을 높이는 방향에서 추진되었다. 어느 한 사람에게 가치 있는 제도가 다른 사람에게도 똑같이 가치가 있다고는 할 수 없기 때문에, 복지후생제도는 각 종업원이 처한 특수한 상황, 즉 결혼 여부, 나이, 자녀의 수, 소득수준 등을 고려해서 설계될 필요가 있다. 종업원들의 다양성과 자율성을 반영하기 때문에 앞으로 지속적으로 활용될 것으로 보인다.

(2) 카페테리아식 복지후생제도의 특징
카페테리아식 복지후생제도는 다음과 같은 특징을 지니고 있다.

- 개인의 욕구를 중시: 제도의 설계와 운영에 있어 구성원 개개인의 다양한 욕구와 이해관계를 반영한다.
- 유연한 복지제도: 기업은 다양한 복지서비스를 제공하고 구성원들은 이에 대한 선택권을 갖는다.
- 참여복지제도: 복지후생제도의 설계와 운영에 있어 일반적으로 구성원 개인이나 집단의 의견 참여가 이루어진다.
- 효율중시 복지제도: 전체 인적자원관리 시스템과 총체적 보상시스템의 일환으로 운영되며, 개인과 조직의 성과와의 연계 및 비용대비 효과를 중시한다.

(3) 카페테리아식 복지후생제도의 효과 및 문제점
카페테리아식 복지후생제도의 기대효과를 살펴보면 다음과 같다.

- 복지후생비용을 사전에 예측할 수 있기 때문에 효율적인 비용관리가 가능하다. 즉, 기업구성원들이 선호하는 서비스 항목을 적정가격에 제공하거나 세제혜택 등을 활용하여 복지후생비용을 절감할 수 있다.
- 종업원이 선택하지 않은 항목을 줄임으로써 복지후생예산을 합리적으로 배분할 수 있고, 복지후생제도에 대한 효과를 쉽게 파악할 수 있다.
- 선진적인 복지후생제도를 구축함으로써 우수인재를 확보·유지하고, 노조의 정치적 영향력을 줄일 수 있다.
- 종업원의 다양한 욕구 충족 및 수혜자 간의 형평성을 제고시킬 수 있어 동기부여에 효과적이다.
- 개인의 가치관과 생애주기에 따른 자율적이고 합리적인 복지항목의 선택으로 인해 직원들의 복지후생 설계능력을 향상시킬 수 있다.

이상과 같은 장점에도 불구하고 카페테리아식 복지후생제도는 다음과 같은 몇 가지 문제점이 존재한다.

- 개별 종업원을 대상으로 복지후생제도를 관리하여야 하기 때문에 관리의 어려움이 따른다.
- 개인별 복지후생비 총액을 설정하고 그 범위 내에서 혜택을 갖도록 해야 하는데, 그 비용의 총액 수준을 개별적으로 결정하기가 어렵다.
- 실시하고 있는 제도 중 신청자가 적으면 상대적으로 비용이 증가하게 되어 그 종업원이 누릴 수 있는 다른 제도에서의 수혜 폭이 좁아지게 된다.

선택적 복지후생제도는 중소기업 입장에서 도입이 쉽지 않으며, 대기업 역시 도입 초기에는 상당한 비용감수를 감안해야 한다. 따라서 제도시행을 추진하는 기업은 종업원과 충분한 의사소통으로 노사합의 하에 처음에는 제한된 범위에서 실시하다가 점차 확대해 나가는 것이 바람직하다.

(4) 카페테리아식 복지후생제도의 유형

카페테리아식 복지후생제도는 선택항목추가형, 모듈형, 선택적 지출계정형으로 구분할 수 있다.

가) 선택항목추가형(core plus option plans)

선택항목추가형은 기업이 종업원 전체에게 꼭 필요하다고 판단되는 복지후생을 핵심항목(core set of benefits)으로 제공하고, 그밖에 추가적으로 공통항목을 제공하여 본인이 원하는 것을 선택하게 하는 제도다. 즉 핵심항목은 모든 종업원들에게 강제로 제공되며, 공통항목은 개인에게 부여된 일정점수(credit)의 한도 내에서 자유롭게 선택할 수 있다. 이러한 절충 방식으로 종업원을 위한 기본 복지후생항목은 유지하는 동시에 종업원의 자율적 선택권은 확대할 수 있다. 된다. 또한 비용통제의 효과도 크기 때문에 미국에서 가장 일반적으로 활용되고 있으며, 우리나라 기업들도 대부분 이 형태의 제도를 도입하고 있다.

나) 모듈형(modular plans)

모듈형은 기업이 다양한 복지후생제도들을 조합하여 동등한 가치를 지닌 몇 개의 모듈 혹은 패키지를 마련해 놓고 종업원이 그 가운데 하나를 선택하도록 하는 제도이다. 종업원의 선택의 폭이 미리 정해진 몇 가지의 패키지로 한정되어 있어 수혜의 범위나 제도의 유연성이 떨어질 수 있다.

다) 선택적 지출계정형(flexible spending accounts)

기업이 제공하는 복지후생 지원금과 개별 종업원이 갹출한 금액을 종업원 개인의 복지계좌에 예치하고, 이 계좌의 금액범위 내에서 회사가 복지항목으로 제시한 다양한 상품이나 서비스를 자유롭게 선택하여 구매하거나 이용할 수 있도록 하는 제도이다.

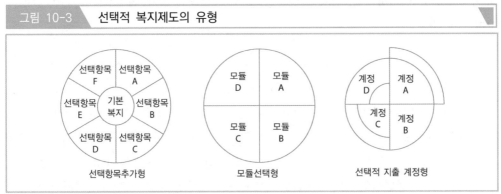

| 그림 10-3 | 선택적 복지제도의 유형 |

〈자료〉 송계전·박귀현(1997). 카페테리아식 복지제도의 도입방안에 관한 연구, LG연구원.

2) 홀리스틱 복지후생

홀리스틱(Wholistic) 복지후생은 종업원을 전인적 인간으로서, 즉 육체적·심리적·정신적 측면에서 균형된 삶을 추구할 수 있도록 지원하는 복지후생이다.

홀리스틱 복지후생의 가장 큰 특징은 조직·개인·가정의 삼위일체를 통한 삶의 질 향상으로 조직을 하나의 사회공동체로 간주하고 종업원과 그 가족이 함께 공동체의 일원이 된다. 홀리스틱의 복지후생의 궁극적인 목표는 조직·가족·사회가 하나의 공동체로서 삶의 질 향상에 매진하는 것이다.

(1) 홀리스틱 복지후생의 등장배경

• 조직경쟁력으로서 인력의 중요성: 정보통신시대의 개막과 더불어 창의적이고 혁신적인 인력의 조직행동은 조직경쟁력이 되므로 핵심인력의 유인과 보유를 위해 효과적인 방안이 필요하게 되었다.

• 노동시장 유연성의 증가로 핵심인력 확보의 어려움: 노동시장의 유연화로 인해 인력 유입과 유출이 용이해져 조직의 핵심사업의 중장기 프로젝트 수행에 어려움을 보이고, 신세대들은 직무에 대한 도전을 통한 만족과 성취감보다 종합적인 삶의 질을 중시하는 경향이 있다.

- 전체적인 삶의 균형을 중시하는 사회로 발전: **고용관계뿐 아니라 사회·문화에 대한 질적 수준의 향상은** 일보다는 전체적으로 균형된 삶에 관심을 촉진시킨다.

(2) 일-삶 균형 프로그램

홀리스틱 복지후생은 개인적 삶의 질 향상에 초점을 두며 조직과 가족을 사회공동체의 구성단위로 인식하는데, 일과 개인적인 삶의 적절한 균형을 위해서는 다음의 요소를 고려해야 한다.

- 인간의 육체적·감정적·정신적인 후생요소의 균형: 경제적인 만족과 더불어 종업원 개인의 직업과 개인적인 삶에 대한 의미와 목적을 인식시켜 줄 수 있는 정서적인 측면이 중요하며 일을 통해 종업원 자신의 미래를 설계할 수 있도록 해야 한다.
- 참여의 유도와 지속적인 피드백을 통해 종업원의 심리적인 만족: 조직의 정보를 공유하고 각종 행사에 참여하도록 함으로써 종업원 자신이 회사의 주요한 자산임을 인식시키고 종업원의 업무에 대해 피드백하고 보상을 합리적으로 연계시켜 회사의 성과에 기여함을 일깨워 심리적 만족을 얻게 한다.
- 자기개발 기회의 제공으로 직업 안정감의 도모: 종업원들이 조직에 새로운 의견을 제시하고 자신의 삶에 대해 대화할 수 있는 다양한 의사소통 채널과 기회를 제공하여 업무에 전념토록 하고 사내교육, 훈련과 개발 등 다양한 기회를 제공하여 종업원 자신의 존재가치를 인식토록 한다.

(3) 홀리스틱 복지후생의 결과

첫째, 종업원의 잠재역량을 개발하고 창의적 행동을 유도할 수 있다.

둘째, 직무 그 자체뿐만 아니라 직무 이외의 위생요소들과의 결합을 통해 종업원들의 직무만족을 이끌며 이직률 감소와 생산성 향상을 도모한다. 종업원의 이직률 감소는 조직의 새로운 지식창출과 혁신적 사고, 창의적 행동을 가능하게 한다.

셋째, 조직에서 수행하는 프로젝트의 지속적인 추진 또한 가능하게 된다.

넷째, 장기적으로는 조직경쟁력을 강화시키고 조직생산성을 향상시킨다.

3) 라이프사이클 복지후생

라이프사이클 복지후생(life-cycle benefit)은 종업원의 연령에 따라 변하는 생활패턴과 의식변화를 고려하여 복지후생 프로그램을 달리 제공하는 것이다.[10] 예를 들어 연령대별 주요 관심사로 20대는 학력보강과 자부심을 증진시킬 수 있는 프로그램, 30대는 주택마련, 40대는 사회적 지위와 건강증진을 위한 프로그램에 초점을 두는 것이다.

연령대별 프로그램은 조직에 따라 다를 수 있으며 퇴직한 인력에 대해 조직에서 경조금, 창립기념일 초대 및 선물, 콘도, 휴양소 이용 등 배려하는 것도 잔류 근로자의 조직 일체감을 위해 필요하다. 따라서 연령대별로 선호하는 복지후생을 종합해 경제적·정신적·환경적 복지를 통합적으로 추진해 전인적 복지후생을 추구할 수 있다.

네덜란드 '일과 삶의 균형' 세계 최고

주당 최대 68시간인 노동시간을 52시간으로 단축하는 내용의 근로기준법 개정안이 국회에서 5년 만에 통과됐다. 근년 들어 사회적 화두가 된 '저녁 있는 삶'을 향한 중요한 이정표가 세워진 셈이다. 약칭 '워라밸'(work-life balance)로 통칭되는 '일과 삶의 균형'이 가장 잘 이뤄져 있는 나라는 어디일까?

경제협력개발기구(OECD)가 해마다 발표하는 '더 나은 삶 지수'(Better Life Index)에서는 이를 평가하는 항목이 있다. 이에 따르면 일과 삶의 균형을 가장 잘 이루고 있는 나라는 네덜란드다. 이 지수는 각 가정에서 일과 가족 및 개인 생활이 얼마나 잘 조화를 이루고 있는지에 대해 국가별 순위를 매겨놓은 것이다. 이 가운데 일과 삶의 균형 지수는 두 가지 지표를 기준으로 측정한다. 하나는 장시간 근무하는 노동자의 비율이다. 다른 하나는 하루 중 자기 관리와 여가에 활용하는 시간이다. 자기 관리 시간이란 먹고 자고 씻는 등 일상생활을 영위하는데 꼭 필요한 개인 시간을 말한다.

이 부문에서 네덜란드는 10점 만점에 9.3점을 기록했다. 2016년과 2107년 연속 1위를 차지했던 덴마크를 0.3점 차이로 제쳤다. 네덜란드에서 정규 노동시간을 넘어 근무하는 노동자의 비율은 0.45%였다. OECD 평균 비율 13%보다 훨씬 낮을 뿐 아니라 회원국 중 압도적으로 가장 낮은 수치다. 2위인 덴마크(1.11%)의 절반도 안 된다. 네덜란드 직장인들이 자기 관리와 여가에 활용하는 시간은 얼마나 될까? 하루에 약 16시간에 이른다. 하루 근무 시간을 8시간으로 치면 나머지 시간을 고스란히 자기 시간으로 갖는다는 얘기다.

한국은 어떨까? 한국의 점수는 4.7점이다. 네덜란드의 절반에도 못미치는 점수다. 35개 회원국 중 꼴찌서 네 번째다. 한국보다 못한 나라는 터키 멕시코 이스라엘뿐이다. 세계 최장시간 노동으로 정평이 나 있는 한국의 장시간 근무 노동자 비율은 20.84%에 이른다. 5명 중 1

명 꼴이다. 하루 중 자기 시간은 14.7시간으로 네덜란드에 비해 1.3시간이 더 적다. 회원국 순위로 따지면 장시간 노동자 비율은 4위, 자기 시간은 27위다.

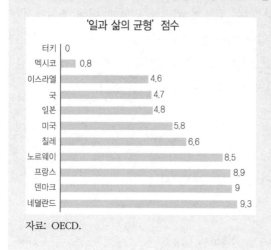

'일과 삶의 균형' 점수

터키	0
멕시코	0.8
이스라엘	4.6
국	4.7
일본	4.8
미국	5.8
칠레	6.6
노르웨이	8.5
프랑스	8.9
덴마크	9
네덜란드	9.3

자료: OECD.

흥미로운 건 프랑스의 지표다. 프랑스는 장시간 노동자 비율(7.76%)은 네덜란드보다 훨씬 높지만, 여가와 자기 관리에 쓰는 시간은 하루 16.36시간으로 회원국 중 압도적으로 가장 많다. 개인의 자유와 권리를 중시하는 프랑스의 생활문화를 느끼게 해주는 지표다.

<자료> 한겨레. http://www.hani.co.kr, '네덜란드 '일과 삶의 균형' 세계 최고'
2018.3.7.

3 복지후생제도의 효율적 관리

오늘날 기업이 제공하는 복지후생은 정부의 규제나 법률과 더불어 기업의 필요에 따른 자발적 실행으로 인해 점차 그 비용이 증가하고 있다. 또한 복지후생제도 실행에 있어 노동조합, 정부, 경제 및 노동시장 상황, 기업의 목표, 그리고 종업원의 선호와 태도 등 여러 요인들이 영향을 미친다. 따라서 기업은 이러한 요인들을 고려하여 효율적 관리방안을 모색해야 하는데, 이 절에서는 그 방안을 살펴본다.

1) 복지후생제도의 3원칙

오늘날 기업의 복지후생관리는 노사 간의 관심이 큰 인적자원관리의 주요 영역으로 그 효율을 높이기 위한 노력이 충실하게 이루어져야 한다. 복지후생 관리를 위해 시설이나 제도를 확충할 때는 종업원들이 현재 임금으로 해결하지 못하지만 기업의 지급능력을 초과하지 않는 것이 무엇인지, 지역사회나 국가의 사회보장시설에서 충족시켜 주지 못하고 있는 것이 무엇인지 등을 파악한 다음, 이들을 해결할 수 있는 방향으로 추진되어야

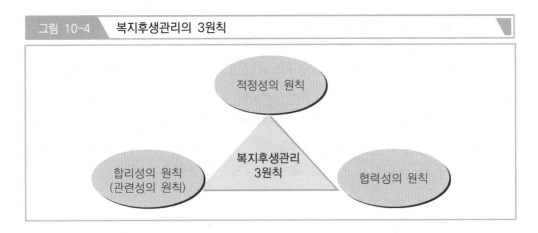

| 그림 10-4 | 복지후생관리의 3원칙 |

한다. 이를 위해서는 다음과 같은 몇 가지의 원칙을 고려하여 운영의 묘를 살리는 것이 필요하다.

(1) 적정성의 원칙

적정성의 원칙이란 기업의 복지후생시설이 다수 종업원에게 혜택이 가면서도 기업의 경비부담 능력에 적당하며, 그 지역의 산업 또는 동종 타 기업과 비교하여 큰 차이가 나지 않도록 실시되어야 함을 의미한다. 이를 위해서는 종업원의 욕구에 맞는 시설을 파악하기 위한 의견조사를 한다든가, 순조로운 경비부담능력의 확보를 위해 기업의 실정에 알맞도록 연차적 복지후생 확장계획을 세운다든가, 또는 타 기업이나 동일지역 내의 시설 등을 조사하여 자사의 시설 수준과 비교를 해 보는 등의 정책이 필요하다.

(2) 합리성의 원칙

합리성의 원칙이란 기업의 복지후생시설이 국가나 지역사회에서 실시하는 복지후생시설과 서로 중복되거나 관련성이 결여되는 일이 없도록 조정·관리되어야 함을 뜻한다. 이는 기업이 국가의 사회보장제도를 활용한다든가, 민간회사의 보험사업을 이용하거나 지역사회와 협력하여 복지시설을 공동으로 설치·운영한다는 의미에서 공동성의 원칙이라고도 할 수 있다. 그렇게 하여야만 특정 기업의 복지후생시설이 그 지역사회의 타 기업에서 실시하는 복지후생시설과 그 수준면에서 적절한 관계를 맺는 적정성의 원칙이 확보될 수 있으며, 중복으로 인한 불필요한 비용증가를 방지할 수 있게 된다.

(3) 협력성의 원칙

협력성의 원칙이란 복지후생의 내용설계와 그 운영이 노사협력을 확보하는 차원에서 이루어져야 한다는 의미다. 오늘날 민주적 노사관계제도가 정착되고 노사의 위치가 대등한 관계에 놓이게 됨에 따라 복지후생의 관리도 사용자의 일방적인 의사에 의하지 않고 노동자 내지 노동조합과의 협력 하에 이루어지게 되었다.

사실 복지후생의 유지·향상을 위해서는 기업의 책임이 크지만 동시에 종업원 자신들을 위한 복지후생임을 고려할 때 종업원의 책무도 적지 않다. 즉, 노사가 협의하여 복지후생의 내용을 충실하게 검토함으로써 알찬 시설이나 제도를 마련할 수 있으며, 그 운영에 있어서도 한층 더 협력적 효과를 기대할 수가 있다. 이를 위해서 복지후생위원회를 따로 설치하거나 노사협의회 등을 통한 복지후생제도의 운영이 필요하다.

2) 관리상의 유의점

(1) 효과적인 커뮤니케이션

복지후생제도를 실시하고 있는 개별 기업은 이 제도가 종업원들의 동기부여 수준을 높여주고 노동력의 확보·유지 등에 도움을 줄 수 있으리라는 것을 기대한다. 그러나 복지후생제도에 대한 내용을 정확하게 알지 못한다면 그러한 효과를 기대할 수 없다. 따라서 기업에서는 복지후생제도를 종업원에게 이해시키기 위하여 원활한 의사소통을 하여야만 한다. 이를 위해서 복지후생제도에 대한 안내 및 취지를 설명하는 책자를 배부하거나, 종업원 각자에게 복지후생비 지출명세서를 제작·배부하는 등 기업과 종업원이 복지후생제도에 관한 충분한 의사소통을 하여야 한다. 그리고 이러한 의사소통방법을 통하여 제도를 설명할 때에는 다음과 같은 점을 고려하여야 한다.

- 종업원들이 종업원 복지에 대한 기업의 관심을 신뢰할 수 있을 정도로 내용이 진실하여야 한다.
- 커뮤니케이션의 방법은 각 개인들에게 적절한 것이어야 한다.
- 직접적이고 단순명료한 용어를 사용하도록 한다.
- 종업원들의 질문이나 의견을 파악할 수 있는 쌍방향 커뮤니케이션이 실시되어야 한다.

(2) 창출적 효과

기업의 입장에서는 복지후생제도가 단지 종업원들의 소득을 향상시켜주는 '이전적 효과' 대신, 종업원이 그들의 복지후생에 만족하면 결근율이나 이직의 감소, 보다 양질의 제품생산 그리고 사고(accidents)의 감소 등 경영의 성과를 유도하는 이른바 '창출적 효과'를 기대한다. 이를 위해서는 복지후생정책이 기업의 경영정책 및 사회정책과 유기적인 관련 속에서 종업원들의 성취동기를 유발할 수 있도록 실시되어야 한다.

(3) 종업원의 참여

기업의 복지후생제도가 효율적으로 실시되기 위해서는 종업원의 욕구를 반영할 수 있는 대안이 필요하다. 즉, 복지후생제도는 종업원의 참여 없이 그 효과를 기대하기가 어렵다. 따라서 노사협의회나 공장위원회와 같은 노동자 참여조직기구를 통해 복지후생의 수혜가 공평하게 이루어질 수 있도록 해야 하며, 종업원의 의견을 반영할 수 있는 기구를 마련하는 것도 필요하다

(4) 불만의 해소

기업에서 실시하는 각종 제도는 그 내용에 있어서 언제나 모든 종업원에게 만족만을 가져다 줄 수는 없으며 복지후생제도도 예외는 아니다. 그러나 이러한 제도들이 가능한 한 그와 같은 종업원들의 불만을 해소하고 조직의 유효성에 도움이 되는 방향으로 관리되어야 한다. 복지후생제도의 실시로 인하여 나타나는 기업 내 종업원들의 불만은 크게 세 가지 범주로 구분될 수 있다.

- 타 기업과 비교하여 미흡한 자사의 복지후생시설이나 제도에 대한 불만족
- 종업원의 복지후생비용 부담에 대한 불만
- 기업 내 복지후생이용 기회와 혜택에 대한 불만

이와 같은 불만을 해소하는 방안으로서는 다음과 같은 방법을 들 수 있다.

- 타 기업과의 비교로 인한 불만은 기업이 제공하는 복지후생에 관한 전체 패키지의 구성과 기업이 처한 상황을 자세히 설명함으로써 종업원을 납득시킨다.
- 비용부담 문제는 제도의 이용 규모와 상황, 그리고 비용분석 자료를 토대로 기업과 종업원 각각이 얼마나 부담하고 있는지를 주지시켜 해결한다.
- 혜택 기회에 대한 불만은 기회를 받을 수 있는 요건을 공시하거나 누구나 이해할 수 있도록 수혜의 우선순위를 정하여 이를 미리 주지시킴으로써 방지한다.

(5) 복지후생비용의 파악

복지후생비용의 파악방법으로는 복지후생의 연간 총비용, 연간 1인당 비용, 임금에 대한 복지후생비의 비율, 1인당 시간비용의 네 가지가 있으며 이 중에서 두 가지 이상을 결합하여 관리의 목적에 사용하는 것이 보통이다.

- 연간 총비용: 기업 내 복지후생시설이나 제도에 대해 기업이 지출하고 있는 비용을 총 합계한 것으로서 기업의 복지후생 연차계획이나 예산의 편성에 유용한 정보를

제공하고 있다.

- 연간 1인당 비용: 각 종업원으로 하여금 1년 동안 각자에게 얼마의 액수가 복지후생의 명목으로 지급되고 있는가를 쉽게 알 수 있도록 해준다.

- 임금에 대한 복지후생비의 비율: 타 기업과 비교하여 볼 때 각 기업이 직접 보상 이외에 간접 보상에 얼마만큼의 관심을 가지고 있는가를 알게 해준다. 비율이 높으면 직접 보상인 임금수준이 낮다 하더라도 종업원에 대한 전체 보상수준은 낮지 않고, 종업원들이 보이지 않는 혜택을 누리고 있음을 의미한다.

- 1인당 시간비용: 연간 1인당 복지후생비용을 연간 작업시간 총수로 나누어서 구한 것인데, 단체교섭 시에 유용한 자료로 활용될 수 있다. 또한 종업원들이 그들의 시간당 임금과 쉽게 비교할 수 있기 때문에 보상에 관한 문제점을 해결하는 데 유용한 의사소통 수단이 된다.

쉬어갑시다   토스(toss)의 복지후생

토스는 2015년 2월 공인인증서 없이 송금할 수 있는 간편 송금 서비스로 시작한 핀테크 벤처회사로, 2020년에는 '토스페이먼츠', 2021년에는 '토스증권'을 론칭하면서 그 서비스 영역을 확대하고 있는 유니콘 기업이다.

모든 기업들이 우수인재에 주목하지만, IT기업의 경우 환경변화에 민감하게 대응하기 위해 우수인재 유치와 보유에 특별한 관심을 두고 있다. 우수인재 유치에서 높은 연봉이 중요하다. 인재 유치와 함께 인재를 계속 보유하기 위해서는 복지후생 또한 매우 중요하다. 인크루트에서 조사한 결과를 보면 과거에 비해 복지후생이 얼마나 중요해졌는지 확인할 수 있다. 이에 IT기업들은 복지를 차별화하면서 조직구성원들이 조직에 만족하여 이탈하지 않도록 유도하고 있다.

토스에서는 '두 에브리싱 사일로(Do Everthing Silo)'라는 프로그램을 도입했는데, 이는 업무 외적으로 필요한 게 있으면 다 해주는 프로그램이다. 예를 들면, 내일이 배우자 생일인데 아무것도 준비한 게 없다면 일이 손에 잡히지 않고 식은땀이 흐를 것이다. 이럴 때 커뮤니티 팀에 요청하면 선물도 골라주고, 직접 구입도 해준다. 또한 토스의 핵심 가치를 잘 지킨 동료를 칭찬하는 '토스다운 행동' 프로그램이 있다. 슬랙을 통해 직원들끼리 추천을 하게 하고, 이후 투표를 통해 다수의 동료로부터 인정받은 직원에게 포인트를 지급한다. 이 포인트는 배우자 선물을 사는 데 쓸 수도 있고, 휴가지원금으로 활용할 수도 있다.

직장인 이직 사유 설문조사

	2010년		2021년
1위	연봉(30.5%)		복리후생 근무환경(35.2%)
2위	불투명한 회사의 미래(21.2%)		연봉(30.9%)
3위	고용안정성불안감(14.8%)	약 3배 가량 비율 상승	고용안정성불안감(8.9%)
4위	복리후생 근무환경(11.0%)		진로개발 직무전환(7.6%)
	적성에 맞지 않아서(7.1%)		평소 희망하는 기업(6.7%)

출처: 인터크루

　오피스 시설도 중요한데, 커피타임이 직원들의 교류를 늘려 창의적인 아이디어를 창출한다는 연구결과를 바탕으로 토스에서는 사내 카페 '커피 사일로(Coffee Silo)'에서 전문 바리스타들이 내려주는 커피를 무료로 마실 수 있도록 했다. 많은 회사들이 직원들을 대상으로 한 사내 카페를 운영하지만, 몇백 원이라도 커피값을 지불하게 하는 것과는 사뭇 다른 모습이다. 적은 비용으로 높은 생산성을 기대할 수 있는 프로그램으로, 토스의 직원들도 최고의 복지로 '커피사일로'를 꼽는다.

　또한 자신이 쓰고 싶은 장비가 있으면 다 지원해주는데, 특히 개발자들의 경우 키보드나 마우스에 굉장히 민감할 수 있다. 업무에 도움이 되고 본인이 원한다면 다 지원해주고, 컴퓨터도 쓰다가 바꾸고 싶으면 바로 바꿔도 된다. 이는 업무에만 집중할 수 있는 환경을 조성하기 위함이다.

　업무에 집중하는 것만큼 중요한 것이 재충전이다. 매달 마지막 주 금요일은 키보드의 '새로고침'에서 이름을 따온 'F5 데이(F5 Day)'다. 편히 집에서 쉬고 싶은 직원들은 쉬면 되고, 인당 5만원 선에서 동료들과 함께 하는 활동은 무엇이든 지원해준다. 겨울에는 일주일 정도의 방학도 있다. 개인적으로 휴가를 내는 경우, 회사 업무는 중단없이 진행되고 있다면 휴가를 가서도 이메일을 확인하게 되고 슬랙 알람도 받게 된다. 그래서 이 기간엔 직원 모두 완전히 'OFF모드'가 될 수 있게 셧다운 수준으로 회사 전체가 문을 닫고 함께 쉰다.

　아무리 좋은 복지제도가 있어도 '신뢰'가 없다면 무용지물이다. 새로운 장비를 요청했는데 결재를 받아야 하고 내부 평가도 있다면 '이거 정말 신청해도 괜찮을까' '불이익을 받지는 않을까'라는 걱정을 하게 된다. 토스에서는 자유와 신뢰를 기반으로 어떠한 승인도 필요없다. 편하게 일에만 집중하면 된다. 출퇴근 시간도 없고, 휴가 제도도 자유롭다. 같이 일하는 직원들과 협의하고 슬랙에 미리 알리기만 하면 된다.

<자료> 동아비즈니스리뷰, No. 322. 2021.6. 발췌

제10장   **학습문제**

1. 복지후생의 성격적 특성을 임금과 비교하여 설명하시오.

2. 복지후생의 효과와 실시목적을 설명하시오.

3. 우리나라의 법정 복지후생제도의 내용과 특징을 설명하시오.

4. 서비스 관점에서 기업이 종업원들에게 제공하고 있는 다양한 혜택들에 대하여 토론하시오.

5. 복지후생제도 설계 시 고려사항을 살펴보고, 설계과정에서 활용할 수 있는 전략을 설명하시오.

6. 카페테리아식 복지후생제도의 효과 및 특징을 열거하시오.

참고문헌

제10장

1) 강정대·황호영(2003). 현대인적자원관리, 박영사, p. 470.

2) Noe, R. A., Hollenbeck, J. R. Gerhart, B. & Wright, P. M.(1997). Human resource management, McGraw – Hill, p. 518.

3) 이진규(2003). 전략적·윤리적 인사관리, 박영사, p. 460.

4) Griffin, D.(2005). *Human resource management*, Hougton Mifflin, pp. 413 – 414.

5) 강정대·황호영(2003). 전게서, pp. 484 – 485.

6) Dessler, G.(2003). *op. cit.*, pp. 383 – 385.

7) Ivancevich, J. M.(1995). *Human resource management*, Irwin, p. 397.

8) 강정대·황호영(2003). 전게서, pp. 495 – 496.

9) Dessler, G.(2003). *op. cit.*, p. 389.

10) 임창희(2008). 신인적자원관리, 명경사, p. 297.

제 5 부

유지관리

제11장 안전보건관리
제12장 노사관계관리

Human Resource Management

CHAPTER 11

안전보건관리

제1절 안전보건관리와 산업재해
  1. 안전보건관리의 의의
  2. 한국의 산업재해 현황
  3. 산업재해의 원인과 예방

제2절 산업안전관리
  1. 산업안전관리의 접근방법
  2. 산업안전관리의 유의사항

제3절 보건관리
  1. 보건관리의 의의
  2. 보건관리의 대상
  3. 보건위생에 대한 대책

Warming-up

이 장에서는 안전보건관리에 대하여 살펴본다. 오늘날 경제적 관점은 물론이고 종업원의 기본적 권익과 생명보호라는 인본주의적 입장과 기업의 사회적 책임 관점에서 그 중요성이 강조되고 있는 산업재해를 체계적으로 관리하기 위해서는 산업안전관리(industrial safety management)활동과 보건위생관리(health management)활동에 많은 노력을 기울여야 한다.

한국의 산업재해 현황을 살펴보면 1981년 산업안전보건법이 제정된 이후 근로자들의 안전보건 상태가 과거보다 많이 개선되었으나 중화학공업의 급속한 성장과 정보화사회의 도래로 다양한 재해 및 직업병이 나타나고 있다. 즉, 2011년도 재해율은 0.65%이고 산업재해로 인한 산재보상금 지급액은 3조 6,253억 원에 이르고 이를 포함한 경제적 손실추정액은 산재보상금의 5배에 달함으로써, 산재가 경제 및 기업성과에 미치는 파급효과가 매우 크다는 것을 알 수 있다.

따라서 기업의 생산비용 절감과 종업원들의 건강한 직장생활을 위하여, 예방적인 차원의 안전관리와 작업환경 및 위생과 건강을 다루는 보건관리활동이 합리적으로 이루어져야 한다. 이를 위해서 우선적으로 해야 할 일은 산업재해가 발생하는 원인을 파악하고 이를 예방하는 조치를 취할 필요가 있다. 특히 조직체의 안전관리는 실무현장과 전문스탭, 기술적인 측면과 여러 관련기능 측면에서 종합적으로 다루어져야 하므로 최고경영층의 안전의식, 안전관리 전담부서의 설치, 시스템적 안전관리, 현장중심의 안전관리에 주의를 기울여야 한다.

또 산업고도화에 따라 새로운 유해물질로 인한 부작용이 커지고 직장에서의 스트레스가 심화되어 종업원의 건강문제가 심화됨으로써, 최근 기업들은 보건관리에도 많은 노력을 기울이게 되었다. 종업원들의 유해환경으로 인한 각종 질병과 정신적 스트레스를 미연에 방지함으로써 인적자원관리를 효율적으로 행하기 위해서는 주기적 건강진단, 건강 프로그램 교육, 유해환경 노출 억제, 종합적 건강관리, 정신상담 치유 등의 대책 마련이 필요하다.

CHAPTER 11

안전보건관리

1 안전보건관리의 의의

　　우리나라 산업안전보건법에서 산업재해는 근로자가 업무에 관계되는 건설물·설비·원재료·가스·증기·분진 등에 의하거나 기타 작업으로 인하여 사망 또는 부상하거나 질병에 걸리는 것을 말한다(산업안전보건법 제2조 1항). 이러한 산업재해는 종업원 본인과 가족에게 큰 피해를 입히며, 주변 동료들에게도 정신적 충격이 가해지고 국민경제에도 부담으로 작용한다. 특히 기업에는 직접비용으로 산재보험보상(휴업보상비, 요양·치료비 등), 회사보상(합의비용 등)과 간접비용으로 인건비, 물적손실(원재료·제품손실 등) 및 기업 이미지 실추, 신규채용 시 훈련비용 증가 등의 손실을 초래한다. 반면 산업재해의 관리를 과학적인 방법으로 실시한다면 재해의 방지뿐만 아니라 종업원의 귀속의식 증대, 사기제고 및 생산성 향상에 크게 기여할 수 있다. 이처럼 산업재해는 기업목적달성에 커다란 영향요인으로 작용하므로 중요한 관리대상이 된다.

　　그런데 산업재해는 산업혁명 이전까지는 사업가들의 관심권 밖이었고, 그 후에도 소극적 차원에서 질병과 사고발생 시 치료와 위생관리가 주로 시행되었다. 그러나 오늘날 산업재해의 관리는 경제적 관점은 물론이고 종업원의 기본적 권익과 생명보호라는 인본주의적 입장과 기업의 사회적 책임 관점에서 그 중요성이 강조되고 있다. 이처럼 직접 혹은 간접적으로 기업에 부담을 안겨주는 산업재해를 체계적으로 관리하기 위해서는 산업안전관리(industrial safety management)활동과 보건위생관리(health management)활동에 많은 노력을 기울여야 한다.

- 산업안전관리란 산업체 작업현장에서 발생하는 각종 재해로부터 인명을 보호하고 재산상의 안전을 확보하기 위해 산업재해의 원인을 분석하고 제거·해결함으로써 각종 사고를 미연에 방지하려는 체계적인 인적자원관리활동으로, 종업원의 사기진 작과 생산비용 절감에 궁극적인 목적이 있다.
- 보건위생관리는 종업원들이 건강하게 직장생활을 할 수 있도록 예방적인 차원에서 작업환경을 통제하고 전반적인 위생을 관리하며 종업원 개개인의 건강을 관리한다.

오늘날 산업현장에서 재해를 예방하고 쾌적한 작업환경을 조성함으로써 인적자원인 근로자의 안전과 보건을 유지·증진하기 위한 안전·보건관리는 매우 중요하고 복잡하다. 따라서 기업 내에 독립적인 안전보건 전담부서를 설치·운영함으로써 위험에 노출된 육체 노동자들과 사무직 사원들의 육체적 이상(physical conditions: 직업병, 각종 사고, 암)과 심리적 이상(psychological conditions: 스트레스로 인한 불만, 망각, 태만 등)을 해소할 필요가 있다. 이와 함께 안전보건관리는 경영자의 적극적인 관심과 지지가 있음으로써 활성화될 수 있기 때문에 안전보건관리의 목적달성을 위하여 경영자들은 안전보건에 관한 지침 명시, 안전보건을 담당할 유능한 관리자 선정, 경영자의 안전보건계획에 대한 적극적 참여 등에 많은 관심과 노력을 기울일 수 있어야 한다.

2 한국의 산업재해 현황

우리나라 근로자의 안전·보건은 1953년에 공포된 근로기준법에 위험방지에 관한 규정을 설정함으로써 법적 기초가 마련되기 시작하였다. 그러나 1960년대부터 시작된 경제 성장정책과 더불어 취업인력이 대폭 증가하고 제조업을 중심으로 한 산업재해의 발생건수가 급격히 증가함에 따라, 보다 효율적인 재해방지와 안전·보건관리를 조성하기 위하여 1981년 산업안전보건법이 제정되었다. 이후 근로자들의 안전보건 상태가 과거보다 많이 개선되었으나 중화학공업의 급속한 성장과 정보화 사회의 도래로 다양한 재해 및 직업병이 나타나고 있다.

1) 전반적 현황

우리나라 산업재해의 특징을 살펴보면, 경제성장기인 1970년대에 높아진 재해율이 1981년 3.41로 정점에 이르렀다가 산업재해에 대한 관심이 높아지고 근로자들의 생활의 질 향상으로 1990년대 이후 계속 감소되었다. 2021년도 산업재해보상보험법 적용사업장 2,876,635개소에 종사하는 근로자 19,378,565명 중에서 4일 이상 요양을 요하는 재해자는 122,713명이고 재해율은 0.63%였다.

재해율은 기업규모 면에서 대기업보다 중소기업이나 영세기업에서 높은 수준을 기록하는데 안전관리에 신경을 쓸 여유가 없고 사업장의 안전투자 여력이 부족하여 보유시설이 노후한 까닭으로 분석된다. 연령 혹은 경력 면에서 낮은 연령의 근로자에게서 재해율이 높은 것으로 나타나며 경력 1년 미만의 근로자들에게서 재해율이 상대적으로 높게 나타나고 있다.

표 11-1　전년대비 현황비교표

연도	적용 사업장수 (개소)	대상 근로자수 (명)	재해자수(명)[1]				재해율[3] (%)	신체장해자수(명)			경제적손실추정액 (단위 : 백만원)				근로 손실 일수[5] (일)
			계	사망[2]	부상	업무상 질병 요양자수		계	사고 장해자수	업무상 질병 장해자수	계	산재 보상금	간접 손실액[4]		
2020년	2,719,308	18,974,513	108,379	2,062	91,237	14,816	0.57	37,426	29,813	7,613	29,984,095	5,996,819	23,987,276	55,343,490	
2021년	2,876,635	19,378,565	122,713	2,080	101,182	19,183	0.63	41,772	31,731	10,041	32,264,700	6,452,940	25,811,760	60,492,479	
증감[6]	157,327	404,052	14,334	18	9,945	4,367	0.06	4,346	1,918	2,428	2,280,605	456,121	1,824,484	5,148,989	
%	5.79%	2.13%	13.23%	0.87%	10.90%	29.47%		11.61%	6.43%	31.89%	7.61%	7.61%	7.61%	9.30%	

1) 2020년 이후 재해자수에는 '18.1.부터 확대적용된 〈산업재해보상보험법〉상의 통상 출퇴근 재해는 제외.
2) 사망자 수는 재해 당시의 사망자 수에 요양 중 사망자 수 및 업무상 질병에 의한 사망자 수를 포함한 것임.
3) 재해율(%) = $\dfrac{\text{재해자수}}{\text{근로자수}} \times 100$
4) 간접손실액: 하인리히 방식에 의하여 직접손실액(산재보상금 지급액)의 4배로 계상.
5) 근로손실일수: 신체장애자의 등급별 손실일수＋사망자 손실일수＋부상자, 업무상 질병요양자의 요양일수.

〈자료〉 고용노동부, 2021년 산업재해현황분석.

2021년도 산업재해로 인한 직접손실액(산재보상금 지급액)은 6,452,940백만원 이르고 이를 포함한 경제적 손실추정액은 32,264,700백만원으로, 산재가 경제 및 기업성과에 미치는 파급효과가 매우 크다는 것을 알 수 있다. 따라서 산업재해 예방활동은 사회적·인도적 차원에서 뿐만 아니라 경제적 관점에서도 그 필요성이 인정된다.

2) 산업별 발생 현황

2021년 산업재해 발생 현황을 산업별로 살펴보면, 전년 대비 임업(84명, 8.16%)은 감소하였고, 기타의 사업(4,835명, 11.92%), 건설업(3,144명, 11.73%), 제조업(2,869명, 9.95%) 등은 증가하였다.

표 11-2	전년 대비 산업별 재해자 비교표									(단위: 명)
연 도	전 산업	광 업	제조업	건설업	전기가스수도업	운수창고통신업	임 업	어 업	농 업	금융보험업	기타의 사업
2020년	108,379	2,753	28,840	26,799	105	7,251	1,030	48	639	341	40,573
2021년	122,713	3,336	31,709	29,943	130	10,091	946	74	668	408	45,408
증감	14.334	583	2,869	3,144	25	2840	−84	26	29	67	4,835
%	13.23	21.18	9.95	11.73	23.81	39.17	−8.16	54.17	4.54	19.65	11.92

※ 기타의 사업에는 통상 서비스업으로 지칭되는 도·소매업, 보건 및 사회복지사업, 음식·숙박업 등이 포함되어 있음(상세한 내용은 「2021년도 사업종류별 산재보험료율 및 사업종류 예시」 참조).
※ 전체 재해자수 = 업무상사고 재해자수 + 업무상질병 재해자수

〈자료〉 고용노동부(2021). 산업재해현황분석.

그림 11-1	산업별 재해자 분포도

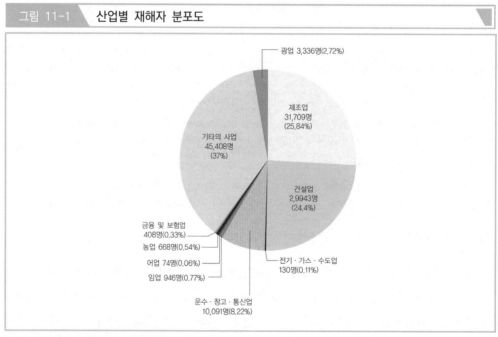

〈자료〉 고용노동부(2021). 산업재해현황분석.

산업별 분포로는 기타의 사업이 전체 재해의 45,408명(37.00%)으로 가장 높고, 다음은 제조업이 31,709명(25.84%), 건설업이 29,943명(24.40%), 운수·창고·통신업이 10,091명 (8.22%) 순으로 나타났다.

3 산업재해의 원인과 예방

1) 산업재해의 원인

기업의 생산비용 절감과 종업원들의 건강한 직장생활을 위하여, 예방적인 차원의 안 전관리와 작업환경 및 위생과 건강을 다루는 보건관리활동이 합리적으로 이루어져야 한 다. 이를 위해서 우선적으로 해야 할 일은 산업재해가 발생하는 원인을 파악하고 이를 예 방하는 조치를 취할 필요가 있다. 산업재해 발생요인으로는 물적요인, 인적요인, 환경요 인 및 정신적 요인 등이 있다.

- 물적요인: 물적시설 그 자체의 결함(불량 또는 노후화)에서 오는 요인과 물적시설의 보전·관리·운용의 과오에서 오는 요인들
- 인적요인: 담당자의 능력부족, 부주의와 안전수칙 불이행, 피로누적, 고난도 작업에 대한 훈련부족 등
- 환경 요인: 물리적 요인으로 작업장의 협소, 기계배치의 부적절, 통로의 협소, 채 광·조명·환기시설의 부적당, 불안전한 복장 등이 있으며 화학적 요인으로 고열, 소음, 가스, 분진, 진동, 유해방사선, 감전 및 충전 등의 위험성을 들 수 있음
- 정신적 요인: 담당자들의 스트레스, 불만, 정서불안 등

이러한 산업재해의 원인은 한 가지 특별한 원인으로 발생하는 경우도 있지만 다수 요인들이 복합적으로 작용하여 원치 않는 결과를 가져오는 경우도 있다. 전자의 경우에는 그 발생원인을 체계적으로 추적하여 원인을 정리함으로써 산업재해의 재발을 방지할 수 있고, 후자의 경우에는 다양한 요인들에 대한 종합적 분석과 대응이 필요하다.

2) 산업재해의 대책

사고 및 재해의 발생을 방지하기 위해서는 그 발생원인을 미리 제거하여야 하므

로, 전술한 물적·인적·환경적[1] 그리고 정신적 요인별로 그 대책을 강구할 필요가 있다.

(1) 물적 측면의 대책

각종 물적시설을 구입할 때 주의하지 않으면 안 된다. 구입하려고 하는 기계 또는 물품의 품질, 내용, 사용재료, 설계 등을 분석·검토하고 규격에 맞는 표준품인지, 생산처는 어디인가 등을 충분히 검토하여야 한다. 또한 구입한 각종 물적시설은 계속하여 보전·관리·운용에 특별한 주의를 하지 않으면 안 된다. 즉, 사용 중 또는 사용 후에 이상 여부를 조사하고 노후화에서 오는 여러 가지 위험을 방지하기 위하여 수시 또는 정기적으로 점검하여 개보수를 하여야 한다. 또 질이 우수하고 보전·관리가 잘 된 기계·설비도 그 운용을 잘못하면 사고가 발생하므로 교육훈련을 통하여 기계설비의 사용방법 및 보존관리방법 등에 대한 올바른 지식과 기술을 갖추도록 하여야 한다.

(2) 인적 측면의 대책

인적 측면은 신규 채용 시와 채용 후의 배치로 나누어 관리할 수 있다. 채용 시에는 사고 및 재해발생과 관련이 있는 선천적 소질과 육체적 결함 등을 조사하기 위하여 적성검사와 정밀한 신체검사가 필요하다. 즉, 선천적 소질로서 작업에 필요한 지능수준, 성격, 기질, 취미 등을 검사하고, 육체적 결함으로는 취업에 지장을 초래하는 신체적 이상(청력, 시력, 체격, 기타)의 유무를 검사한다.

채용 후에도 정기적으로 적성검사, 신체검사, 건강진단 또는 직무분석 등을 통하여 신체적 이상 유무를 확인하여야 한다. 또한 작업의 동작과 자세 등에 관하여 필요한 지식과 기능 등을 충분히 습득시키고, 가능한 한 미숙련자, 연소자, 연로자, 부녀자 등에게는 사고발생의 위험성이 있는 작업에 종사시키지 않는 것이 좋다.

(3) 환경적 측면의 대책

먼저 작업장·통로·채광·기타 여러 가지 작업환경을 고려하여 기계·설비를 배치하여야 한다. 즉, 채광·조명·환기·통풍 등의 시설과 온·냉방시설은 작업에 적당하도록 되어 있는가를 조사하고 이에 대한 대책을 강구하여야 한다. 그리고 공구·기구·비품은 항상 사용하기 편리한 곳에 정돈되어 있어야 한다. 특히 주의할 것은 감전, 충전, 벨트, 보일러, 기타 위험한 장소와 기계 설비에는 항상 주의를 환기시키는 표어, 포스터, 위험표식 등을 게시하여 안전관리에 만전을 기해야 한다.

또한 작업장 내와 주변은 항상 청결을 유지하여 고열, 분진, 소음, 가스, 유해물이 발산 유출되는 경우에는 이를 배제하거나 약화시킬 수 있도록 하여야 하며, 이상 발생 시

대체할 수 있도록 충분히 주지시켜야 한다.

(4) 정신적 측면

종업원 복지후생 차원에서 제공되는 각종 상담 서비스(특히 정서상담)를 활용하거나, 종업원의 과업활동에 영향을 미치는 부정적인 요소들을 개선시키는 종업원 후원제도(employee assistance program)를 이용하여 스트레스 등의 치료를 제공한다. 특히 긴장성 두통, 고혈압 및 약물남용이나 알콜중독 등의 원인이 되는 스트레스는 개별 업무생산성은 물론 조직의 생산성을 감소시키므로 다음과 같은 관리방안을 통하여 이를 최소화시킬 필요가 있다.[2]

- 역할의 명확화: 종업원이 책임지고 있는 역할을 명확히 규정해 주는 것이다. 업무를 수행하는 이유가 무엇이고 어떤 과정을 통해 수행해야 하며 어떤 결과를 산출해야 하는지를 분명히 밝혀준다.
- 후원적인 관계: 조직과 종업원, 동료들, 상사와 부하 등 모든 유대관계를 긍정적으로 개선시키는 것이다. 부서분위기와 조직환경에 대한 스트레스를 방지하기 위한 것으로 조직에서는 팀 구축, 부서 간 친목도모, 종업원의 경영참여, 인간적 과업설계, 목표설정, 경력개발관리 등을 통해 호의적인 관계로 개선할 수 있다.
- 스트레스 훈련: 종업원들에게 스트레스를 감수할 수 있는 훈련 프로그램을 실시하는 것이다. 개인적 차이에 따른 스트레스 인내 정도를 훈련을 통해 배양시킨다. 조직에서는 어려운 의사결정해결 프로그램, 수면량의 감소, 부정적인 습관제거 등을 실시한다.

제2절 산업안전관리

1 산업안전관리의 접근방법

산업안전관리(industrial safety management)는 안전사고를 발생시킨 근본적인 원인을 찾아내어 규명할 수 있는 과학적인 안전의 측정에서부터 시작되는데, 이에 대한 접근방법을 살펴보면 다음과 같다.[3]

1) 공학적 접근(engineering approach)

공학적 접근방법은 작업장의 사고위험도를 물리적 측면에서 줄이기 위한 것으로, 기계, 설비, 도구 등의 설계와 작업절차 설계에 있어서 안전도를 높이려는 방법이다. 이것은 작업장의 안전에 실질적인 성과를 가져올 수 있으며, 조직체에서는 주로 안전기사(safety engineer)가 작업장의 안전설계를 전담한다.

2) 선발과정상 접근(selection approach)

안전한 작업장은 오히려 구성원의 방심을 초래할 수 있어 이것이 사고의 원인이 될 수도 있다. 그리고 사고는 소수의 구성원이 반복적으로 일으키는 경향이 있으므로, 선발과정에서 성격검사 등을 통하여 사고개연성이 높은 지원자를 제외시켜 안전사고율을 원천적으로 낮추려는 것이다.

3) 교육·훈련 접근(safety training approach)

사고의 주요 원인을 작업상의 부주의, 기계·기구의 불안전한 사용으로 보고 교육을 통해 이를 예방하거나, 위험한 작업장의 접근이나 위험물의 취급방법, 작업자세 및 동작 등 안전훈련을 통해 안전의식을 높이고 안전행위를 향상시키려는 접근방식이다.

4) 현장관리 접근(line approach)

사고가 젊은 종업원에게 비교적 많이 발생하는 데서 알 수 있듯이, 사고와 작업장의 종업원 심리상태 간에 밀접한 관계가 있다고 보는 견해다. 또 종업원 사이의 관계, 감독자의 관리도 사고발생에 영향을 미친다고 생각한다. 따라서 실무현장에서 구성원으로 하여금 안전규율을 준수하도록 하고 작업자의 안전을 위한 구성원의 행동을 조성하는 실무관리자의 역할을 강조하는 접근방식이다.

5) 스탭 접근(staff approach)

스탭 접근은 조직체의 안전관리를 안전전문가에게 위임하는 방법으로 안전관리스탭은 인적자원관리부서 소속으로서 작업장의 안전설비, 안전절차, 안전한 기계설비 등을 점검·조사하고 사고원인을 분석하며 구성원의 안전교육도 전담한다.[4]

6) 통계적 접근(statistics approach)

통계적 접근은 사고발생이 급격히 증가했거나 또는 새로운 사고발생 원인을 찾아내고 신뢰할 수 있는 결론을 추출하기 위한 자료수집 및 분석을 하고 상관관계 및 추세를 파악할 수 있다.

안전관리의 통계기법에는 빈도율, 강도율, 안전스코어측정법, 통계적 관리도, 안전샘플링 등이 있다.[5]

- 빈도율: 얼마나 자주 사고가 발생하는가를 나타내는 것으로서 일정노동시간(국제적으로는 백만시간)에 대한 발생률을 표시한다.

$$빈도율 = \frac{부상구성원의 수}{작업시간 수} \times 1,000,000$$

- 강도율: 부상당한 구성원이 얼마나 오랜 기간 동안 일을 할 수 없는가를 나타내는 것으로서 부상의 정도를 어떤 기준(손실일수)으로 환산하여 재해의 정도를 표시한다. 통상적으로 1,000 근로시간당 재해로 인한 근로손실일수로 측정한다.

$$강도율 = \frac{총손실시간의 일수환산}{작업시간 수} \times 1,000$$

- 안전스코어측정법: 통계학에서의 t-검정에 해당하는 것으로 두 비교그룹 간의 평균을 검사하고 유의한 차이를 알아내는 방식으로 통계적 품질관리 시 기준으로 사용된다. 안전 T스코어를 산출하는 공식은 다음과 같다.

$$안전스코어 = \frac{현재빈도율 - 과거빈도율}{\sqrt{\dfrac{과거빈도율}{현재의 작업시간/백만}}} \times 1,000,000$$

안전 T스코어에서의 정(+)의 수치는 안전상태가 불량해진 것을 나타내고 부(-)의 수치는 개선된 상태를 나타내며 안전 T스코어가 +2.00과 -2.00 사이에 있다면 변화가 크지 않다는 것을 나타낸다. 안전 T스코어가 +2.00을 넘을 경우는 상태가 매우 불량해지고 있음을 나타내며 -2.00 이하의 경우는 과거보다 상당히 개선되고 있음을 보여준다.

2 산업안전관리의 유의사항

조직체의 안전관리는 실무현장과 전문스탭, 기술적인 측면과 여러 관련기능 측면에서 종합적으로 다루어져야 한다.[6]

1) 최고경영층의 안전의식

안전한 작업장을 만드는 데에는 우선적으로 이에 대한 최고경영층의 관심이 있어야 한다. 사고에 따른 조직의 경제적 손실이나 노동조합의 반발에 대비할 뿐만 아니라 조직구성원에 대한 사회적 책임과 인본주의적 관점에서, 안전한 작업장은 조직의 필수조건이라는 최고경영층의 인식과 이에 대한 적극적인 노력이 필요하다.

2) 안전관리 전담부서의 설치

안전관리 전문스탭으로 구성된 전담부서를 설립하고 책임자에게 안전한 작업장을 설계하고 이를 유지할 수 있는 지위와 기능적 권한을 부여해야 한다. 안전관리 전담부서의 주요 기능은 다음을 포함한다.

- 기계, 설비, 도구의 안전설계와 안전한 작업환경의 설계
- 안전작업 절차와 안전관리 규율의 기안 및 집행
- 안전점검
- 안전교육과 워크숍
- 사고분석과 안전통계자료의 수집 및 분석
- 안전에 대한 사내홍보

안전관리부서의 이와 같은 기능은 실무부서의 협조 없이는 그 효과를 발휘할 수 없으므로 안전관리스탭은 실무관리자와의 협의와 노조의 협조를 통해 업무를 수행하는 것이 바람직하다.

3) 시스템적 안전관리

산업안전관리는 선발, 교육훈련, 인사고과, 이동 등 인적자원관리 활동 전반에 관련되어 있으므로 시스템적 안전관리가 필요하다. 즉 선발과정에서 사고성향이 있는 사람을 가려내고 교육훈련을 통하여 안전의식을 높이고 올바른 작업태도를 갖게 하며 인사이동 및 배치에도 안전측면을 고려하고 인사고과에 안전관리를 포함시켜 시스템적으로 통합된 산업안전관리를 지향할 필요가 있다.

4) 현장중심의 안전관리

안전관리의 최종효과는 일선현장에서 발휘되므로 일상 업무를 수행하는 과정에서 조직구성원 모두가 안전규율과 규정을 준수하고 구성원들 자신이 작업안전을 생활화하는 작업장문화의 정착을 위해 안전관리스탭의 협조 하에 일선현장에서 안전관리에 대해 책임을 지는 일선관리자의 역할이 강조되어야 한다.

쉬어갑시다   **중대재해처벌법 시행**

현대중공업 아르곤 가스 질식 사망사고, 태안화력발전소 압사사고, 물류창고 건설현장 화재사고와 같은 산업재해로 인한 사망사고와 함께 가습기 살균제 사건 및 세월호 사건과 같은 시민재해로 인한 사망사고 발생 등이 사회적 문제로 지적되어 왔다. 이에 안전·보건 조치의무를 위반하여 중대산업재해와 중대시민재해가 발생한 경우, 사업주와 경영책임자 및 법인 등을 처벌함으로써 근로자를 포함한 종사자와 일반 시민의 안전권을 확보하고, 중대재해사고를 사전에 방지하기 위한 중대재해처벌법 법률안이 국회에서 마련되어 2021년 1월 8일 국회 본회의에서 가결되었으며, 정부는 2021년 1월 26일 이를 공포하였다.

법률에서 위임된 사항을 규정하기 위해 관계부처 합동으로 중대재해처벌법 시행령안을 마련하였으며, 입법예고·간담회 등 이해관계자의 의견수렴과 국무회의를 거쳐 2021년 10월 5일 최종 공포하였다. 중대재해처벌법은 다부처 소관 법률(법무부, 고용부, 환경부, 국토부, 산업부, 공정위)로, 고용노동부는 이 중 중대산업재해 부분을 소관한다.

<자료> 고용노동부, 2022년 고용노동백서.

제3절 보건관리

1 보건관리의 의의

보건관리(health management)는 각종 유해물질로 인한 직업병과 스트레스 등 건강 및 위생에 대한 문제들을 인식하고 종업원의 육체적·정신적 건강과 관련하여 발생할 수 있는 인적·경제적 손실을 예방하기 위한 대책을 강구하는 것이다. 전통적으로 기업이나 정부는 산업안전관리에 비해서 보건관리에는 많은 관심을 보이지 않았다. 그러나 산업고도화에 따라 새로운 유해물질로 인한 부작용이 커지고 직장에서의 스트레스가 심화되어 종업원의 건강문제가 심화됨으로써, 최근 기업들은 안전관리는 물론 보건관리에도 많은 노력을 기울이게 되었다.

이러한 보건관리의 중요한 대상은 화학물질 또는 물리적 위험에 의해 육체적인 건강을 해치는 직업병과 정서적·심리적 부담으로 인한 스트레스가 있다.

2 보건관리의 대상

1) 직업병(occupational diseases)

직업병은 작업장에 존재하는 여러 가지 유해물질로 인해 일어나는 질환을 말한다. 그 원인은 병의 증상만큼이나 다양하며, 직장 특유의 병이기 때문에 발생방지를 위하여 그 원인을 규명하고, 환경개선 등의 예방대책을 마련하여야 한다. 또한 정기적인 직업병 검진을 통해 조기발견에 힘써야 하며, 이상이 있는 자에게는 정도에 따라 배치전환·휴양·치료 등의 조처를 취해야 한다.

오늘날 직업병은 산업의 발달에 따라 점차 증가되었으나, 진단기술의 발달로 비소(arsenic), 석면(asbestos), 벤젠(benzene), 납(lead), 방사선(radiation) 등과 같은 직업병을 유발하는 위험요소들을 밝혀냄으로써 그 예방대책도 향상되었다. 직업병의 예로는 갑상선, 간장, 폐, 뇌, 신장 등의 암을 포함하여 백혈병, 중추신경손상, 유산 등 그 종류가 매우 다양하다. 특히 직업병 위험이 높은 광부, 소방관, 건설·교통산업 종사자 및 화학공업 등의 제조업 하위종사자들은 요통, 시력저하, 편두통, 고혈압, 호흡기질환 등으로 고생하는 경우가 많다.[7] 또 서비스업 등의 사무직 종사자들의 심리적 질병과, 관리자들의 과도한 역할기대 등으로 인한 스트레스도 보건관리의 대상이다.

2) 스트레스

스트레스는 종업원이 업무수행 및 사회생활을 하면서 정신적·육체적으로 받는 부정적인 억압으로 심기가 불안한 상태로, 기업의 책임이 아니라 종업원 개인의 책임으로 인식되어 왔다. 그러나 산업고도화와 더불어 직장생활이 조직구성원의 정신적 건강에 미치는 충격이 점점 커짐에 따라 종업원의 스트레스와 정신적 건강문제가 보건관리문제로 등장하게 되었다.

스트레스의 가장 흔한 증세는 과다한 흡연과 음주이고 폭행, 과잉반응, 불면증의 증상을 나타낸다. 이러한 스트레스의 증세는 구성원의 건강뿐 아니라 기업의 생산성 저하와 업무의 과오를 초래한다. 그리고 건강의 악화는 신체상의 장애와 인명의 피해까지도 가져올 수 있다. 즉, 어느 정도의 스트레스와 긴장은 조직의 성과 향상에 바람직한 것으로 인식되고 있으나,[8] 과도한 스트레스는 조직구성원은 물론 성과에도 부정적 결과를 가져온다.

이러한 스트레스가 조직에서 발생하는 원인들을 살펴보면 다음과 같다.[9]

(1) 4S

직원들에게 스트레스의 근원은 S로 시작하는 네 단어, 즉 Supervisor(상사), Salary(임금), Security(직업의 안정성), Safety(안전)로 요약할 수 있다.

상사와 관련한 스트레스의 원인은 지나치게 사소한 업무규칙과 더 많은 생산을 요구하는 부담이다. 임금이 공정하게 지급되지 않는다고 판단되면 이것도 스트레스의 원인이 된다. 사람들은 또 직업의 안정성이 없으면 안전의 부재보다 더 큰 스트레스를 느끼며, 사고나 부상, 사망에 대한 두려움도 스트레스의 원인이 된다.

(2) 조직의 변화

조직의 변화는 정리해고나 규모감축 같은 불확실성을 의미한다. 오늘날 많은 변화가 공식적인 경고절차 없이 진행되며, 사원들은 이러한 변화가 자신에게 어떤 영향을 미치지 않을까 두려워하게 된다.

(3) 일의 속도

일의 속도는 기계가 결정할 수도 있고 사람이 결정할 수도 있다. 기계가 속도를 결정하는 업무를 수행하는 근로자는 일이 끝났을 때 지치게 되고 아드레날린의 증가로 업무 후 바로 긴장을 풀기가 어렵다.

(4) 물리적 환경

사무자동화는 생산성을 증가시키는 방법이기는 하지만 스트레스와 관련한 단점도 있다. 사무자동화의 한 요소는 바로 컴퓨터 키보드이다. 다른 요소로는 좁은 공간에 밀집되어 있거나, 소음, 프라이버시 부재, 통제 부재 등을 들 수 있다.

(5) 조직구성원의 성격

사람마다 스트레스에 반응하는 방법이 다르다. 고전적 분류는 A타입과 B타입의 사람으로 나누는 것이다. A타입의 사람들은 일을 자신의 방식대로 하고 불복종하는 데 많은 시간과 에너지를 사용한다. 하지만 이들은 적극적으로 일하고 다른 사람의 행동을 수정하는 것을 좋아한다. 반면 B타입은 인내심이 강하고 쉽게 좌절하거나 쉽게 화내지 않는다. 상사로 모시기에 좋은 사람들이다. 이들은 부하들에게 많은 자유를 허용하지만 고위층을 향한 필요한 리더십을 발휘하지는 못한다.

3 보건위생에 대한 대책

종업원들의 유해환경으로 인한 각종 질병과 정신적 스트레스를 미연에 방지함으로써 인적자원관리를 효율적으로 행하기 위해서 다음과 같은 대책이 마련되어야 한다.[10]

1) 주기적 건강진단

직업병을 포함한 모든 질병은 조기발견이 치료의 지름길이다. 종업원에게 주기적인 건강진단 기회를 제공하여 조기에 건강이상을 발견할 수 있게 제도를 만들어 강제화하든지 회사 내에 시설을 구비한다면 더 없이 좋은 일이다.

2) 건강 프로그램 교육

종업원들이 평소 자신과 가족의 건강에 관심을 많이 가지도록 여러 가지 보건관리 프로그램을 만들어 수시로 교육한다면 종업원들 스스로 건강에 유의할 것이기 때문에 회사의 노력을 감소시킬 수 있을 것이다.

3) 유해환경 노출 억제

기술적 측면에서 작업현장의 환경을 개선하고 작업공정에서도 유해물질이 우려되는 공정은 제거하든지 유해물질 탐지장치를 설치하여 안전상황을 항상 점검한다.

4) 종합적 건강관리

회사에 헬스센터나 건강상담센터를 마련하여 항상 건강을 유지하고 생활습관, 식이요법 등을 지시받으면서 질병을 사전에 예방하도록 지원해 줄 수 있다. 직장생활과 관련된 것 뿐 아니라 평소의 운동량, 식사습관, 흡연과 음주, 치아 관리 등에 관해 조언을 해준다면 훨씬 건강한 삶을 누릴 수 있을 것이다. 신체적 조건을 미리 분석하여 점차 건강체로 만들어 가도록 운동방식과 식사유형까지 지도해 주는 종합건강상담은 결국 종업원의 질병으로 인한 비용지출을 사전에 제거하는 셈이 된다.

5) 정신상담 치유

현대인 질병의 많은 원인이 정신적 스트레스에서 유발되기 때문에 종업원의 직장문제, 가정문제, 사회생활문제 등에 대한 조언과 지원을 해준다면 상당한 예방책이 된다. 상담활동을 통하여 스트레스 문제를 해결하든지 수용하도록 능력을 길러줄 수 있으며 직무능력 부족 혹은 직장에서의 인간관계에서 오는 스트레스는 직접 해결해 줄 수도 있다.

제11장 학습문제

1. 우리나라 안전보건관리 실태 및 문제점을 살펴보고, 개선방안을 논의하시오.

2. 산업재해의 발생원인을 요인별로 살펴보고 그 예방책을 논의하시오.

3. 보건관리대상으로서 직업병의 종류를 열거하고, 보건위생관리 차원에서 이에 대한 대책을 논의하시오.

4. 기업 종업원들이 받고 있는 스트레스의 원인을 살펴보고, 이에 대한 조직차원의 대응방안을 논의하시오.

5. 종업원들의 보건위생관리를 위해서 기업차원에서 운영할 수 있는 제도와 방안에 대하여 설명하시오.

참고문헌

1) 최종태(2004). 현대 인사관리론, 서울: 박영사, p. 559.
2) 이진규(2001). 전략적 인적자원관리, 서울: 박영사, p. 484.
3) 이학종 · 양혁승(2006). 전략적 인적자원관리, 서울: 박영사, pp. 513 – 514.
4) 이재규외(2005). 디지털시대의 인적자원관리, 서울: 문영사, p. 406.
5) 최종태(2004). 현대 인사관리론, 서울: 박영사, p. 559.
6) 이학종 · 양혁승(2006). 전게서, pp. 515 – 517.
7) 정재훈(2005) 인적자원관리, 서울: 학현사. p. 541.
8) Anthony, W. P., Perrewe, P. L. & Kacmar, K. M.(1999). *Human resource management*, The Dryden Press. p. 541.
9) 정재훈(2005). 전게서, pp. 542 – 543.
10) 임창희(2003). 신인적자원관리, 서울: 명경사. pp. 309 – 310.

Human Resource Management

CHAPTER **12**

노사관계관리

제1절 노사관계의 의의와 발전과정
  1. 노사관계와 고용관계
  2. 노사관계의 당사자
  3. 노사관계의 발전과정

제2절 노동조합의 기능과 유형
  1. 노동조합이란?
  2. 노동조합의 기능
  3. 노동조합의 유형
  4. 숍 제 도
  5. 노동조합과 관련된 주요 제도변화

제3절 단체교섭과 단체협약
  1. 단체교섭의 개념과 기능
  2. 단체교섭의 유형
  3. 단체협약의 체결

제4절 노동쟁의와 쟁의행위
  1. 노동쟁의란?
  2. 우리나라의 쟁의조정제도
  3. 쟁의행위
  4. 부당노동행위

제5절 경영참가
  1. 경영참가란?
  2. 경영참가의 유형

이번 장에서는 노사관계에 대하여 알아본다. 기업조직 내에서 종업원은 종업원이자 노동조합원으로서 두 가지의 신분을 동시에 지니는 경우가 많다. 따라서 사용자와 개별적인 고용계약을 통해 형성되는 관계 측면에서는 종업원의 위치가 경영목적달성을 위한 경영자의 지휘·명령·통제를 받는 수직적 관계로서 인식될 수 있다면, 노동조합과 사용자 간의 관계는 수직적 관계가 아닌 수평적 관계, 즉 대립과 협력의 관계로서 양자 간의 관계가 형성된다.

최근 우리나라뿐만 아니라, 전 세계적으로 노동조합의 조직률이 점차 감소하는 추세를 보이고 있다. 이는 산업구조의 변화와 노동시장 특성의 변화에 따라 나타나는 일반적인 현상으로 보이지만 역사적으로 보았을 때 노동조합은 사용자와의 관계에서 열세에 놓일 수밖에 없는 근로자의 권익을 보호하고 증진시키는 데 큰 기여를 하여 왔다.

단체교섭은 오늘날 노동조합의 형태를 가리지 않고 노동조합이 근로자와 관련된 여러 조건 향상을 위해 사용자와 교섭하는 제도로 정착되고 있다. 우리나라에서는 기업별 노동조합이 주류를 이루어온 까닭에 단체교섭에 있어서도 기업별 교섭이 중심이 되어 왔지만 최근에 와서는 노동조합 조직형태의 다양화에 따라 대각선교섭, 집단교섭, 통일교섭 등 여러 가지 교섭의 형태가 점차 활성화되고 있다. 단체교섭은 단체협약을 체결하기 위한 과정인 만큼 상호 간의 신뢰와 장기적 차원에서 파이를 키우고자 하는 공감대 형성이 무엇보다 중요하다.

노동쟁의는 근로조건의 결정에 관한 주장의 불일치로 인하여 발생한 분쟁상태를 의미하며, 우리나라에서는 조정 및 중재제도를 통하여 쟁의의 사전적·평화적 해결을 도모하고 있다. 그럼에도 불구하고 노사 양측이 합의에 이르지 못할 경우 쟁의행위에 돌입할 수 있다. 여러 쟁의수단 중에서 노사 쌍방이 각각 동원하는 방법은 상황에 따라 다를 수밖에 없지만, 쟁의행위는 노사쌍방이 서로의 중요성을 인식하고 공동의 목표를 발견하게 되는 계기가 되기도 한다.

따라서 최근에는 과거 경영자의 전권으로 인식되어 오던 경영과 관련된 문제에 노동조합 및 근로자의 제도적 참여를 가능토록 하는 경영참가의 중요성에 대한 인식이 높아지고 있다.

CHAPTER 12

노사관계관리

제1절 노사관계의 의의와 발전과정

1 노사관계와 고용관계

기업조직 내에서 종업원은 두 가지의 신분을 동시에 지니는 경우가 많다. 즉, 고용계약에 기초하여 형성되는 종업원으로서의 신분과 함께 노동조합이 조직되어 있는 기업의 경우 노동조합원으로서의 신분을 동시에 지니게 된다. 따라서 사용자와 개별적인 고용계약을 통해 형성되는 관계 측면에서는 종업원의 위치가 경영목적달성을 위한 경영자의 지휘·명령·통제를 받는 수직적 관계로서 인식될 수 있지만, 노동조합과 사용자 간의 관계는 수직적 관계가 아닌 수평적 관계, 즉 대립과 협력의 관계로서 양자 간의 관계가 형성된다.

이와 같이 종업원과 사용자 간의 관계를 두 가지 측면에서 파악할 때 좁은 의미의 노사관계는 근로자 및 근로자의 집단조직인 노동조합과 사용자 간의 집단적 노사관계를 의미하지만, 넓은 의미의 노사관계는 개별 종업원과 사용자 간의 고용계약에 기초를 두고 형성되는 개별적 노사관계까지 포함하는 개념이라고 할 수 있다.

그러나 최근에는 노조조직률의 하락과 함께 과거 제조업과 육체노동자를 중심으로 하였던 노사관계에 많은 변화가 이루어지고 있다. 즉, 사무직, 관리직, 전문직, 교사와 공무원 등 공공부문 피고용인, 비정규직에서의 노동운동이 더욱 중요시되는 추세를 보이고 있으며, 노동조합조직률이 하락하는 일부 국가들에서는 노조없는 비노조 고용관계를 주장하는 움직임도 일어나고 있다. 따라서 이러한 추세 하에서 육체노동자와 노동조합을 중심으로 하는 노사관계라는 용어보다는 앞서의 상황을 포괄하는 의미를 지닌 고용관계 (employment relations)라는 용어의 사용이 늘어나고 있다.[1]

2 노사관계의 당사자

앞서와 같이 좁은 의미에서 현대 노사관계의 주체는 노동조합과 사용자 사이의 관계로 인식하는 것이 일반적이다. 그런데 오늘날에는 이와 같은 두 가지 주체와 아울러 노사관계의 당사자로서 정부의 존재를 매우 중요시하고 있다.

정부의 역할이 양자 간의 관계에 있어 중요시된 것은 무엇보다도 노사관계가 국가경제에 미치는 영향이 점차 커져가고 있기 때문이다. 경우에 따라 양자 간에 불공정성의 문제가 개입할 경우 정부는 어떠한 형태로든 노사관계에 개입할 필요성이 높아졌기 때문이다. 따라서 노사관계 당사자의 범위에는 노동조합과 사용자 뿐만 아니라, 정부가 포함되며, 정부는 양자 간의 관계를 조율하고 조정하는 역할을 수행한다.

3 노사관계의 발전과정

노사관계는 역사와 함께 변화·발전되어 왔다. 기업과 노동자의 출현은 산업혁명 이후부터라고 볼 수 있으나 자본주의의 발전과정을 거치면서 과거 전제적 노사관계에서 민주적 노사관계에 이르기까지 다양한 형태로 발전되어 왔다.

1) 전제적 노사관계

이는 자본이 아직도 인격과 결합된 상태여서 자유로운 자본시장이 형성되지 못하고 있던 시기에 나타난 노사관계 형태이다. 대체로 19세기 중반까지 존재하였다. 이 시기는 소유와 경영이 분리되지 않은 소유경영의 단계로 경영은 전제적 또는 독재적 성격을 갖는 것이 일반적이었다.

한편, 노동력은 아직 농촌에서 완전히 분리되지 않았고, 근대적 노동시장 역시 확립되지 않았다. 노동과 자본의 결합인 고용은 주로 연고모집이나 가난한 사람을 위주로 이루어졌다. 이러한 역사적 조건 하에서의 고용조건의 결정은 자연히 자본의 일방적·전제적 방법에 의해서 결정되었다.

2) 온정적 노사관계

자본재 생산의 발달에 따라 정착노동이 증대하는 한편, 자본과 노동은 여전히 전제적 관계에 있었음에도 불구하고 어느 정도 인간적 접촉을 통하여 가족주의적인 노사관계가 성립되었다. 그 결과 노사 간에는 전제와 충성, 그리고 비자립성이라는 노사의 온정주의적·은혜주의적 관계가 특징으로 나타나게 된 것이다.

이는 19세기 초 영국에서 고임금의 경제론을 주장하면서 실제 기업경영에 이를 실현한 오웬(Robert Owen)에서 비롯되었다. 이는 거의 1세기에 걸쳐 유행했던 노사관계의 유형으로 친권적 노사관계라고도 하며 종래 서독 및 일본에서 흔히 볼 수 있다.[2]

3) 근대적 노사관계

산업혁명이 일단 종료된 19세기 후에는 자본이 집중되어 가고 기업형태도 유한회사와 근대적 주식회사가 보편적으로 보급되는 단계에 이르렀다. 한편 노동에 있어서는 노동의 정착, 전문화, 사회화가 실현되고 이러한 노동력의 집중과 사회화의 진전에 따라 횡단적인 직업별 노동조합 또는 초기공장위원회의 출현 등 근대적인 노동시장의 형성을 보게 되었다.

이러한 특성을 지닌 자본과 노동의 관계는 종래 자본의 일방적 지배를 어느 정도 제약하기에 이르렀다. 그러나 아직 노동의 조직력이 자본과 대등한 위치에까지 이르지는 못했으므로 자본의 전제를 완화하는 정도에 그쳤다. 이러한 형태의 노사관계는 합리주의를 지향하면서도 온정주의적 관리가 잔존하는 상태의 노사관계이다.

4) 항쟁적 노사관계

이는 사회주의 혁명에 직면한 시기, 즉 소련에서는 1917년 2~11월, 독일에서는 1918년부터 1919년 바이마르 헌법 제정까지, 제2차 세계대전 후 프랑스·이탈리아에서는 경영위원회의 성립시기까지가 여기에 해당된다. 이 시기에는 격화된 계급투쟁이 개별경영에서 전개되고, 고용조건의 결정은 실력행사에 의하여 결정되었다. 이 때의 노사관계는 대립적이며 항쟁적 성격을 띠고 있다.

5) 민주적 노사관계

1929년 세계대공황 이후 자본의 집중·독점화는 계속해서 더욱 심화되었고, 경영규모도 더욱 확대되었다. 그 결과 소유와 경영이 분리되고 전문경영자를 중심으로 하는 경영자 단체가 조직됨으로써 노동력의 활용형태가 달라지게 되었다. 또한 노동조합의 조직 면에서도 직업별 조직으로부터 산업별 조직으로 변천하게 되었다. 노동의 성격도 종래의 개개 기업의 종업원이었던 성격에서 계급 연대적인 성격을 강하게 띠게 되었다.

이상에서 노사관계의 발전과정을 역사적 과정에 따라 다섯 가지 유형으로 구분하여 보았지만 노사관계의 형태가 현실적으로 각각 따로 존재하는 것이 아니며, 어느 것이든 조금씩 다른 형태의 것과 혼합된 것이 일반적이라고 할 수 있다.

제2절 노동조합의 기능과 유형

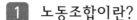

1 노동조합이란?

역사적으로 보았을 때 노동력이라는 상품시장을 두고 벌어지는 노동력의 구매자인 사용자와 판매자인 근로자 간의 관계는 대부분 노동력의 공급자인 근로자들이 불리한 위치에 놓이게 됨으로써 불공정한 고용관계를 형성하게 되는 원인이 되었다. 이는 무엇보다도 사용자의 경우에는 노동력의 부족에 대하여 기계화, 자동화 등에 의해 노동력에 대한 필요를 장기적으로 대처할 수 있지만, 근로자들의 경우에는 노동력이라는 상품이 지닌 특성상 노동력을 유보하고 지속적으로 보유한다는 것이 불가능하였기 때문이다.

따라서 산업혁명 이후 이와 같은 불평등한 관계가 노동시장에서 형성되는 것이 일반적이었으며, 이와 같은 불평등관계에 따른 노동력거래상의 불이익을 근로자들 스스로 해결하고자 하는 노력이 존재하게 되는데, 그것이 근로자들의 단결을 통한 노동운동이며, 이와 같은 운동의 중심에 노동조합이 있다.

우리나라의 노동조합 및 노동관계조정법 제2조에 의하면 노동조합이란 "근로자의 자주적인 단결권, 단체교섭권, 단체행동권 등 노동3권을 보장하며, 근로자의 근로조건을 유지·개선하고 근로자의 복지를 증진함으로써 그 경제적·사회적 지위의 향상과 산업평화의 유지와 국민경제의 발전에 기여하기 위해서 계속적이고 항구적 노력을 하는 근로자단체(4항)"라고 규정하고 있다.

이와 같은 법적 정의에서 알 수 있듯이 우리나라의 경우 경제적 노동조합주의(business unionism)를 지지하고 있다. 경제적 노동조합주의는 노동조합을 통한 노동운동의 기본적인 목적으로 사회개혁이나 정치력 배양에 두는 혁명적 노동조합주의(revolutionary unionism) 대신 임금이나 근로조건 등과 실리의 확보에 목적을 두는 것을 의미한다.

우리나라의 노조조직률은 1989년 19.8%를 정점으로 하락세로 반전하였으나 최근에는 다시 증가세를 보이고 있다. 1997~2001년 12%대, 2002~2003년 11%, 2005년 10.3%, 2009년 10.1% 그리고 2010년에는 9.8%까지 하락하였으나 2021년 현재에는 14.2%로 증가하였다. 2021년 현재 전체 노동조합 조합원 수는 노조 조직대상 노동자 20,586천명 중 2,932천명으로 2020년(2,804천명)에 비해 128천명(4.6%) 증가한 것으로 나타났다.

그림 12-1   우리나라의 노조조직화 추이

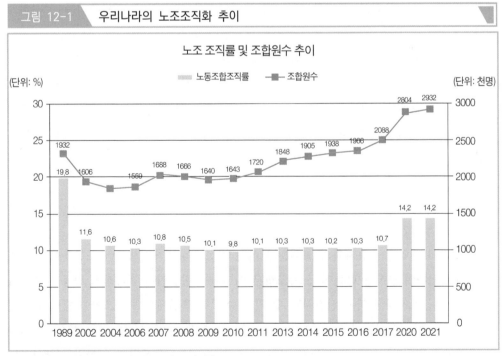

〈자료〉 노동고용부, 2021년 노동조합 조직현황.

2 노동조합의 기능

노동조합은 그 목적달성을 위하여 조직력을 바탕으로 일정한 정책 하에 행동함으로써 기능을 발휘하게 된다. 노동조합의 기능은 경제사회의 발전에 따라 점차 다양화해지고 있는데 역사적 발전과정에서 정리하여 보면 경제적 기능, 정치적 기능, 공제적 기능, 경영참가 기능으로 요약할 수 있다.

1) 경제적 기능

노동조합이 조합원들의 경제적 이익을 위해 추구하는 내용은 주로 노동자들의 전체 임금수준을 높이고, 작업시간을 줄이며, 고용의 지속성과 안정성을 제고시키고, 작업환경을 향상시키며, 기타 노동자에게 불리한 채용·고용 등의 인사를 방지하는 데 있다. 이러한 경제적 이해를 해결함에 있어서 사용자는 경영성과를 제고시키기 위해 차별화와 능률주의를 주장하는 반면, 노동조합은 표준화와 연공주의를 주장하게 된다.[3]

노동조합이 경제적 기능을 추구하는 방법으로는 두 가지가 있는데 하나는 영·미식의 단체교섭제이며, 다른 하나는 일본, 독일 등에서 제도화된 경영참가제 또는 노사협의제가 그것이다. 우리나라는 1980년 12월 노사협의회법을 제정(1997년 근로자 참여 및 협력증진에 관한 법으로 바뀜)하였으나 여전히 단체교섭에 의한 경제적 기능의 수행이 주류를 이루고 있다.

2) 정치적 기능

근로자의 권익은 사용자와의 교섭뿐만 아니라 정부의 경제정책이나 노동조합에 대한 태도 등에 의하여 영향을 받는데, 노동조합은 이러한 영향요인에 적극적인 활동을 통해서 궁극적으로 근로자의 권익을 신장시킬 수 있다. 이러한 측면에서 노동조합이 담당하는 일체의 기능을 정치적 기능이라 부른다. 여기서 정치적이라 함은 사용자 또는 사용자단체와의 교섭이나 협의가 아닌, 국가 또는 사회 전체에 대하여 노동조합이 영향력을 행사하는 일체의 활동을 의미한다.

3) 공제적 기능

노동조합이 조합원의 생활을 안정시키기 위하여 수행하는 활동 중에서 중요한 것은 공제활동이다. 근로자는 예기치 못한 질병이나 재난을 당하기도 하고, 직장을 잃고 실업자가 되기도 하며, 불시에 노동능력을 잃게 되는 경우가 있다.

노동조합은 연금보험, 건강보험, 고용보험, 산재보험 등 사회보장제도에 대해 입법활동을 하고, 동시에 단체교섭을 통한 공제·복지적 급여를 경영진으로부터 확보하는 등 노동조합의 공제적 기능을 수행해 가고 있다.

4) 경영참가 기능

노동조합이 노동시장에서 노동력 통제기능으로 발전시켜온 단체교섭제도는 노동조합의 사회적 지위가 향상되어 감에 따라 점차 교섭내용을 경영참가까지 확대해 가게 된다. 우리나라의 단체협약에서도 인사사항으로서 조합간부가 인사에 참여할 권리를 인정한 예가 적지 않다. 이외에도 고충처리기구를 통하거나 노사협의제를 통하여 노동조합이 경영문제에 참여하게 되는 기회는 늘어가고 있다.

3 노동조합의 유형

노동조합의 조직형태는 크게 조합원인 근로자의 자격과 결합방식에 따라 나누어볼 수 있다.

1) 근로자의 자격에 따른 조직형태

(1) 직업별조합

초기 서구사회에 있어 대부분의 노동조합은 특정 기능에 대한 높은 숙련도를 지닌 숙련노동자들의 조합 형태로 출발하였다. 즉, 직업별조합(craft union)은 동일한 직능을 지닌 숙련노동자들이 자신들의 경제적 이익을 확보하기 위하여 만든 노동조합형태로서 역사적으로 가장 오래된 것이다. 직업별조합의 가장 큰 힘은 노동력의 가치를 높이기 쉽다는 것인데, 이는 노동시장에서 노동력의 공급을 제한함으로써 가능했던 일이다.

그러나 기계제생산이 급속히 진전됨에 따라서 기술이 단순화되고, 노동에 있어서의 숙련도와 미숙련도의 차이가 좁혀지는 한편 새로운 생산시설의 등장으로 인하여 직종구분도 재편성되어 직업별조합의 주도적 지위는 점차 약화되었다. 현재 우리나라의 직업별 노동조합은 초중등학교의 교원들로만 구성된 한국교원노동조합과 전국교직원노동조합 등을 들 수 있다.[4]

(2) 일반조합

일반조합(general union)은 직업이나 직종, 산업에 관계없이 모든 노동자에 의하여 조직되는 단일 노동조합을 말한다. 앞서 살펴본 것과 같이 산업화 이후 비숙련 노동자들의 경우에는 숙련노동자들처럼 노동조합을 만든다는 것이 매우 어려운 일이라 할 수 있었다. 이는 노동력의 가치를 높이기 위해서는 노동력을 공급하는 모든 노동자들을 조직 내에 포함시킬 수 있어야 했음에도 현실적으로 그것이 불가능하였을 뿐만 아니라, 저임금으로 인하여 상호부조를 위한 기금을 모으기도 어려웠기 때문이다.

따라서 직업별노조와는 다른 원리에 바탕을 둔 조합결성을 꾀할 수밖에 없었으며, 그것이 노동자이면 누구나 가입할 수 있도록 함으로써 가능한 한 많은 조합원을 조직하고 다수의 힘을 바탕으로 사용자로부터 양보를 이끌어내고자 하는 방식으로 나타났다.

(3) 산업별조합

직업별조합과는 달리 산업별조합(industrial union)은 조합원의 범위를 확장하여 동일산업 내의 모든 노동자들로 구성되는 조합형태이다. 이는 기업이 대규모화되고 자본이 집중화됨에 따라 과거의 직업별조합으로서는 노동자의 권익확보라는 조합의 역할을 다할 수 없게 되어 태동한 조합형태라 할 수 있다.

산업별조합의 경우 기업과 직종을 초월한 조직이기 때문에 조합원 수에 있어서 거대한 조직이며, 따라서 단결력을 강화시켜 커다란 압력단체로서의 지위를 확보할 수 있으며, 산업의 발전에 따른 자본집중화의 진행에 대응하여 근로조건의 산업별 통일화를 유지할 수 있다는 장점이 있다. 반면 각 산업별조직의 내부에서 직종 간의 이해대립과 반목이 초래될 우려가 있으며, 이와 관련하여 조직이 형식적인 단결에 그칠 경우 큰 힘을 발휘하기 어렵다는 단점도 있다.[5]

우리나라는 1980년 12월 노동관계법 개정당시 기업별조합만이 강제되었으나 현재는 조직유형에 대한 강제조항을 두지 않고 있어 기업별·산업별·직종별·지역별 어느 유형이로든지 조합의 결성이 가능하다. 대표적인 산업별조합으로는 전국보건의료산업노동조합, 전국금속노동조합, 전국전력노동조합, 전국철도노동조합 등이 있다.

(4) 기업별조합

기업별 노동조합은 동일기업에 종사하는 노동자에 의하여 조직되는 노동조합으로서 개별기업을 그 존립기반으로 한다. 기업별 노동조합은 일반적으로 노동자의 의식이 아직 횡단적 연대의식을 뚜렷이 갖지 못하는 단계에서 조직되거나 동종산업 또는 동일직종이라 하더라도 그 단위기업 간의 시설규모나 지불능력의 차이로 말미암아 기업격차가 큰

표 12-1 기업별조합과 산업별조합의 비교		
	기업별 노조	산업별 노조
조합원 범위	• 특정 기업에 고용 중인 정규직 중심 • 기본조직단위는 개별사업장	• 동일산업에 소속된 근로자 • 전국단일조직
단결력	• 기업별 이기주의, 종업원의식 • 기업단위의 단결 • 고립분산적, 개별약진식	• 근로자 연대의식 고려 • 산별로 인한 강한 단결력 • 단결력 발휘
임금 및 근로조건	• 임금, 근로조건의 격차 심화 • 총자본에 맞선 근로조건유지에 어려움	• 투쟁력을 바탕으로 높은 임금 및 근로조건의 확보와 수호 • 임금, 근로조건 개선실현
고용안정 및 능력개발	• 법·제도개선 역량 취약 • 기업차원의 능력개발훈련 • 소속기업에서만의 경력인정	• 고용안정 관련법, 제도 강화 • 사회적 차원의 직업능력개발 • 동종산업에서 경력인정
단체교섭	• 무교섭, 백지위임의 가능성	• 통일교섭, 통일타결 • 임금, 단협을 업종, 지역단위로 타결
자주성과 민주성	• 정부와 자본의 지배개입 용이 • 현장요구 반영 용이	• 정부와 자본의 개입배제 • 민주집중의 원칙이 무너지면 관료화 가능성(1960~70년대 산별)
노사관계의 대등성	• 개별자본에 대한 대등성조차도 어려움	• 정부·총자본에 대한 대응성
조합간부의 성격	• 회사와 간부의 밀착, 관계단절 시 간부지위 상실우려	• 노동운동전문가를 양성배치
정치, 정책투쟁	• 기업 내 경제투쟁에만 안주 • 정치세력화에 어려움	• 제도개혁, 민주화 투쟁가능 • 정치세력화 용이
노동운동탄압대응	• 대응력이 약함	• 노동운동탄압에 효과적 대응
인사, 경영참가	• 어려움	• 강한 교섭력으로 실현가능
조합의 수준	• 모든 통제는 기업노조가 장악 • 자체조직 운영, 완전한 자치	• 기업노조조직에 대한 실질적 지원과 통제력 발휘

〈자료〉 문무기·이승욱(2004). 노조조직형태의 다양화와 노동법의 과제, 한국노동연구원, p. 7.

곳에서 많이 나타난다. 기업별조합은 우리나라의 경우 가장 대표적이며 전통적인 노동조합조직화의 형태이다.

최근 우리나라에서 양대노총을 중심으로 기존의 기업별조합의 틀을 벗어나 산업별조직화의 움직임이 활발하게 이루어지고 있다는 점에서 두 가지 조합형태가 지닌 주요 특징을 비교하면 〈표 12−1〉과 같다.[6]

2) 결합방식에 따른 조직형태

(1) 단일조직

근로자가 개인가입의 형식을 취하는 조합으로서 지부, 분회 등 하부기구를 갖는 것을 통상 단일조합 또는 단일조직(unaffiliated union, independent union)이라고 한다. 이 때의 지부나 분회 등은 하부조직에 그치고 상부단체의 구성원이 되는 것은 아니다. 구성원은 지부나 분회에 있어서 개인으로서의 근로자이다.

(2) 연합조직

노동조합이 단체로서의 자격을 가지고 구성원이 되는 조직형태를 말한다. 따라서 연합체조직(affiliated union)에는 개인가입이 인정되지 않으며, 그 구성원이 되는 조합을 통상 단위조합이라고 부른다. 우리나라의 연합체조직은 기업별조합을 구성원으로 갖는 각 산업별노동조합연맹과 또 이러한 각 산업별노동조합연맹을 구성원으로 갖는 한국노동조합총연맹(한국노총)과 전국민주노동조합총연맹(민주노총)이 있으며, 미국의 AFL−CIO, 영국의 TUC 등은 모두 전국적 규모의 연합체조직인 것이다.

2021년을 기준으로 우리나라 상급단체별 조직 현황을 보면 한국노총 소속 조합원이 42.2%(1,237,878명)로 가장 큰 비중을 차지하고 다음은 민주노총 41.3%(1,212,539명)이며, 전국노총 0.2%(4,638명), 대한노총 0.0%(631명), 미가맹 노조 소속이 16.3%(476,986명)를 차지

표 12-2	상급단체별 노동조합 및 조합원 수			(단위: 개, 천명, %)
구 분	계	한국노총	민주노총	미가맹
노동조합 수	7,105 (100.0)	2,701 (38.0%)	381 (5.4%)	3,992 (56.2)
조합원 수	2,932천명 (100.0)	1,237천명 (42.2)	1,212천명 (41.3)	476천명 (16.3)

〈자료〉 고용노동부, 2021년도 노동조합 조직현황.

하고 있다. 노조수는 한국노총 2,701개(38.0%), 민주노총 381개(5.4%), 전국노총 24개 (0.3%), 대한노총 7개(0.1%), 기타 미가맹 노조 3,992개(56.2%)이다.

4 숍 제 도

노동조합이 사용자와의 관계에서 강한 교섭력을 지니기 위해서는 다양한 조건이 필요하지만, 무엇보다도 조합원의 확보는 필수적인 요인이라고 할 수 있다. 이와 관련하여 숍(shop)제도란 노동조합에 대한 근로자의 가입방법과 관련된 제도로서 어떻게 운영되는가에 따라 노동조합의 규모와 통제력에 많은 영향을 미치게 된다. 대표적인 제도로는 다음과 같은 유형이 있다.

1) 클로즈드숍

클로즈드숍(closed shop)은 조합원 자격이 있는 근로자만 채용하고 일단 채용된 근로자도 조합원의 자격을 상실하면 종업원이 될 수 없도록 하는 제도이다. 따라서 노동조합은 노동력의 공급권을 장악할 수 있기 때문에 가장 강력한 교섭력을 지닐 수 있으며 미국에서는 이를 법으로 금지하고 있다. 일반적으로 기업별 노동조합을 중심으로 하고 있는 우리나라에서는 클로즈드숍의 실례는 거의 찾기 어렵다.

2) 유니온숍

유니온숍(union shop)은 기업이 근로자를 채용할 때 조합원이 아닌 자를 근로자로 채용할 수는 있지만 일단 채용된 이후에는 일정기간 내에 자동적으로 노조에 가입하게 되는 제도이다. 클로즈드숍제도에 비하여 약간 약한 제도라 할 수 있으나 이 제도가 실시되면 노조가입대상이 되는 모든 근로자를 노조에 가입시킬 수 있기 때문에 노조의 교섭력과 재정기반이 튼튼해진다는 장점이 있다. 다만 유니업숍은 근로자의 선택자유를 침해할 수도 있으므로 근로자의 3분의 2 이상을 대표하고 있는 노동조합이 있을 경우에만 이 협정을 둘 수 있도록 노동조합 및 노동관계조정법에서 정하고 있다.

3) 오픈숍

오픈숍(open shop)은 노동조합의 가입여부에 관계없이 채용할 수 있으며, 피고용인은 조합원이 될 의무가 없는 제도이다. 따라서 노조가 노동력의 공급을 독점할 수도 없고, 조합기반을 확보하기 어렵기 때문에 가장 약한 조직화 형태라 할 수 있다. 따라서 오픈숍은 노조가입 및 탈퇴의 자유가 보장된다는 점에서 가장 민주적인 숍제도라 할 수 있으나 비노조원의 경우 노조의 단체교섭에 의한 성과를 같이 향유하는 무임승차(free-riding)의 문제를 발생시킨다. 따라서 경우에 따라서는 단체협약안에 단체협약의 효력이 노동조합원에게만 미치도록 하는 규정을 두기도 한다.

4) 기타의 제도

이와 같은 세 가지 유형 이외에 노조의 가입과 관련된 제도로 조합원이 아니더라도 모든 종업원에게 조합비를 징수하는 에이젼시숍(agency shop), 기업에서 근로자를 채용 시 노동조합원에게 우선순위를 주는 프리퍼렌셜숍(preferential shop), 일단 조합원이 되면 일정기간 동안 조합원의 탈퇴를 금지하는 메인테넌스 오브 멤버쉽 숍(maintenance of membership shop)제도도 있다.

이상에서 다양한 숍제도에 대하여 살펴보았으나 일반적으로 사용자의 경우에는 오픈숍을, 노조는 클로즈드숍이나 유니온숍을 선호하게 된다. 우리나라에서 최근 609개 사업장을 대상으로 단체협약안에 대한 분석결과에 따를 경우 오픈숍 56.0%, 유니온숍 36.9% 순으로 오픈숍의 규정비율이 높은 것으로 나타나고 있다.[7]

5 노동조합과 관련된 주요 제도변화

1) 복수노조 허용

그동안 우리나라에서 복수노조는 노조상급단체에만 허용되어 왔으며 사업장단위에서는 기존에 노동조합이 설립되어 있으면 조직대상이 중복되는 또 다른 노동조합의 설립은 제한되었다. 그러나 2010년 1월에 개정된 노동조합 및 노동관계조정법에 따르면 2011년 7월 1일부터 사업장단위에서도 복수노조의 설립이 가능해짐에 따라 근로자들의 결사의 자유와 선택권이 일정정도 제도적으로 보장되었다.

그러나 복수노조는 허용되었지만 여전히 하나의 사업장단위에서 1교섭체계는 원칙적으로 유지되고 있다. 즉, 여러 개의 노조가 설립될 수 있으나 교섭은 교섭대표노조를 통해 원칙적으로 이루어진다. 교섭대표노조(교섭창구단일화) 결정절차는 다음과 같다. 첫째, 노조 간 자율적으로 교섭대표노조를 결정할 수 있다. 둘째, 자율적으로 단일화되지 않을 경우 "과반수노조"가 교섭대표노조로 결정된다. 셋째, 과반수노조가 없을 경우 창구단일화 과정에 참여한 모든 노조들로 공동교섭대표단을 구성해야 한다. 다만, 그 구성에 합의하지 못하면 노동위원회에서 공동교섭대표단을 결정할 수 있다.

한편, 교섭대표노조는 모든 노조와 조합원에 대해 합리적인 이유 없이 차별하지 않고 공정하게 대표할 의무를 지게 된다.

2) 노조전임자 임금지급 금지

노조전임자는 근로자의 지위를 유지하면서 근로계약상의 노무를 제공하지 않으며 노동조합의 업무만을 전담하는 자를 의미한다. 그간 우리나라에서는 관행적으로 사용자가 노조전임자의 임금을 부담하여 왔다. 그러나 2010년 1월에 개정된 노동조합 및 노동관계조정법에 따르면 2010년 7월부터 전임자의 임금지급이 원칙적으로 금지되었다. 다만 근로시간 면제제도(time-off)를 도입하여 전임자의 활동 중 일정부분은 근무시간으로 인정하여 사용자가 임금을 지급하도록 하였다. 근로시간 면제제도 대상활동으로는 단체교섭, 협의, 고충처리, 산업재해예방, 건전한 노사관계발전을 위한 노동조합의 유지 관리업무가 있다.

근로시간을 면제받을 수 있는 상한선은 사업장의 전체 조합원 수 규모를 고려하여 근로시간면제심의위원회에서 결정한다. 근로시간면제심의위원회는 노동계와 경영계가 추천하는 위원 각 5명과 정부가 추천하는 공익위원 5명으로 구성되며 근로시간 면제한도는 위원회가 심의·의결한 내용에 따라 노동부 장관이 고시하며, 3년마다 그 적정성 여부를 재심의하여 결정할 수 있다.

3) 직장내 괴롭힘 관련 법제도 도입

2019년 개정 시행한 근로기준법은 직장 내 괴롭힘을 "사용자 또는 근로자가 직장에서의 지위 또는 관계의 우위 등을 이용하여 업무상 적정범위를 넘어 다른 근로자에게 신체적·정신적 고통을 주거나 근무환경을 악화시키는 행위"로 정의하고 이를 금지하며, 괴롭힘 발생 시 사용자의 조사 및 가해자와 피해자에 대한 적절한 조치의무 부과, 피해근로자 등에 대한 불리한 처우 금지, 직장 내 괴롭힘의 예방 및 발생 시 조치사항을 취업규칙에 필수로 기재하도록 하는 내용을 담고 있다.

또한 2019년 개정 시행한 산업재해보상보험법은 직장 내 괴롭힘으로 인한 질병을 업무상 질병에 포함하도록 하였고, 개정 산업안전보건법은 직장 내 괴롭힘 예방을 위한 조치기준 마련, 지도 및 지원을 정부의 책무로 규정하였고, 동법 시행규칙을 개정하여 직장 내 괴롭힘 관련 '직무스트레스 예방 및 관리에 관한 사항'을 안전보건교육 내용에 포함하였다.

이후 직장 내 괴롭힘 피해근로자에 대한 사용자의 조치의무를 강화하는 내용의근로기준법 개정안이 2021년 3월 24일에 국회 본회의에서 의결되었고, 2021년 10월 14일에 시행되었다.

제3절   단체교섭과 단체협약

1 단체교섭의 개념과 기능

1) 단체교섭이란?

단체교섭(collective bargaining)이란 노동조합과 사용자 또는 사용자단체가 임금·근로시간·근로조건 등에 관한 협약의 체결을 위해 대표자를 통해 집단적으로 타협을 모색하고 협약을 관리하는 절차를 의미한다. 역사적으로 보았을 때 단체교섭은 노동력의 공급권을 바탕으로 한 직업별노조의 교섭력이 약화된 후 산업별조합이 사용자와의 집단적 근로계약의 형식을 빌어 조합원의 임금 및 근로조건을 향상시켜 가는 방향으로 운동방향을 바꿈에 따라 출현한데 기인한다. 그러나 오늘날에는 노동조합의 형태를 가리지 않고 노동조합이 노동자의 제조건 향상을 위해 사용자와 교섭하는 제도로 정착되고 있다.

우리나라에서 단체교섭은 주로 기업별노조와 개별 사용자 간의 기업별교섭의 형태로 이루어져 왔으며, 노동조합 및 노동관계조정법 제32조에 따를 경우 유효기간은 2년을 초과할 수 없도록 되어 있다. 그러나 일반적으로 임금교섭은 매년 이루어지며, 임금교섭을 제외한 단체교섭은 2년을 주기로 이루어지는 것이 일반적이다.

2) 단체교섭의 기능

단체교섭은 오늘날 노사관계제도에 있어서 다음과 같은 세 가지 중요한 기능을 지니고 있다.[8]

첫째, 단체교섭은 작업장의 많은 규칙을 제정하고, 수정하고 또한 관리하는 절차로서의 기능을 갖는다.

둘째, 단체교섭은 근로자의 보상의 양을 결정하는 과정으로서의 기능을 갖는다.

셋째, 단체교섭은 협약기간 중 그리고 단체협약의 만료 시 또는 재연장 시 제기되는 분규를 해결하는 방법으로서의 기능을 갖는다.

2 단체교섭의 유형

현행 노동조합 및 노동관계조정법에서는 단체교섭 방식에 대한 규정은 두고 있지 않으나 대체로 기업별교섭, 통일교섭, 대각선교섭, 공동교섭, 집단교섭 등과 같이 5가지 유형으로 분류할 수 있다.

1) 기업별교섭

기업별교섭은 1사업장 또는 기업을 단위로 1사용자와 1노조가 교섭하는 형태로서 우리나라 및 일본과 같이 기업별노조가 전형적인 노동조합형태를 보이는 경우 가장 대표적인 교섭유형이다. 이러한 방식은 기업 간의 격차가 크고 교섭의 대상자인 사용자단체가 구성되어 있지 않거나, 기업별노조가 형성되어 있을 때 활용된다.

기업별교섭을 취할 경우 기업의 경영실적, 지불능력, 근로조건의 특수성 반영이 용이하다는 장점이 있는 반면, 타결내용이 각 기업의 실정에 영향을 받으므로 산업 내의 통일된 노동조건의 유지 및 노동자 간의 연대가 곤란하며, 타결내용이 좋지 않을 경우 노조의 어용화 매도 가능성 때문에 지불능력이 약한 기업의 경우 타결상의 어려움이 있다는 단점이 있다.

2) 통일교섭

통일교섭이란 전국적·지역적인 산업별 또는 직업별 노동조합과 이에 대응하는 전국적·지역적인 사용자단체와의 교섭방식을 말하고, 이를 복수사용자교섭이라고도 하며 주로 영·미를 비롯한 유럽 각국에서 채택되고 있다.

통일교섭이 나타난 배경으로는 하나의 산별노조가 가장 용이한 사용자와 개별교섭으로 유리한 교섭결과를 이끌어낸 후 다른 사용자들에게도 그 이상의 결과를 강제하는 식으로 각개격파하는 것(whipsawing)에 대처하기 위해 사용자들이 조직화한 방식이라 할 수 있다.

우리나라의 경우 금융, 철도, 전력, 통신, 담배·인삼, 항운 등에서 그 노동조합의 조직 자체가 산별 노동조합의 성격이 강하므로 산별 중심의 통일교섭이 이루어지고 있다. 그러나 이 경우에도 기업별조합의 연합체로서 업종별 공동교섭이 아니고 사실상 하나의 노동조합과 하나의 중앙의 사용자 사이에 교섭이 이루어지고 있는 실정이다.

3) 대각선교섭

대각선교섭이란 산업별 노동조합이 개별기업과 개별적으로 교섭하는 방식을 말하는데, 이러한 형태는 산업별 노동조합에 대응할 만한 사용자단체가 없거나 또는 있다 하더라도 각 기업이 특수한 사정이 있을 때 사용하는 방식을 말한다. 즉, 대각선교섭이란 산업별 노동조합이 개별기업 사용자와 개별적으로 교섭하는 경우를 의미하며, 이의 법적 근거는 현행 노동조합 및 노동관계조정법 제29조 2항에 마련되어 있다.

4) 공동교섭

공동교섭이란 노동조합이 기업별노조로 구성되어 있는 경우 또는 산업별·직업별 노조의 경우에 기업단위의 지부가 당해 기업과 단체교섭을 하는 경우 상부단체인 전국 노동조합이 이에 참가하는 것으로 연명교섭이라고도 한다.

우리나라의 경우 현행법상 산업별 연합단체와 단위노조 산하의 지부도 단체교섭 당사자가 될 수 있으므로 단위노조가 참여하는 공동교섭이 가능하다. 우리나라에서는 단위노조가 상급단체에 교섭권을 위임한 후 상급단체의 이름으로 교섭을 행하되 실제로는 상급단체의 간부와 단위노조의 간부가 함께 교섭에 참가하는 경우가 많다.[9]

이 경우 단위노조로서는 자신의 취약한 교섭력을 연합단체의 힘을 빌려 보완할 수 있고 동시에 단위노조도 교섭에 참여하므로 단위기업의 특수한 사정을 반영하는데 어려움이 없을 뿐 아니라 단위노조의 자주성을 지킬 수 있다는 장점을 지니고 있다.

5) 집단교섭

집단교섭이란 수개의 노동조합 지부가 공동으로 수개의 기업집단과 집단적으로 교섭하는 형태이다. 일반적으로 노동조합이 상급단체에 소속되어 있지 않거나 상급단체가 없는 경우(상급단체가 있는 경우도 있음)에 기업별교섭의 취약함을 보완하기 위하여 이와 같은 교섭방식을 취한다. 통일교섭과 집단교섭의 차이점을 보면 다음과 같다. 우선 통일교섭의 경우 산별노조 및 사용자단체가 단체교섭권과 협약체결권을 지니는 반면, 집단교섭의 경우에는 노사대표자들이 모여 집단을 구성해 노사 각각 수명에게 교섭대표권을 위임하여 일정범위만을 타결하고, 이를 바탕으로 기업수준에서 기업별교섭을 통해 협약을 체결한다는 점에서 차이가 있다.[10]

지금까지 살펴본 다양한 교섭의 유형을 그림으로 나타내면 〈그림 12−2〉와 같다.

그림 12−2　단체교섭의 유형

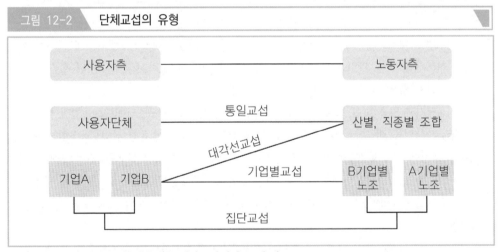

〈자료〉 신수식 · 김동원 · 이규용(2005). 현대 고용관계론, 제5판, p. 103.

3 단체협약의 체결

단체교섭의 과정을 거쳐서 노동조합과 사용자단체가 근로조건의 기준 및 기타 사항에 관하여 협정을 체결하였을 때 그 협정을 단체협약(collective agreement)이라 한다. 그러므로 단체협약은 「협약자유의 원칙」에 의하여 법규에 위반되지 않고 공공질서를 깨뜨리지 않는 한 어느 것이나 규정할 수 있다. 이를 통해 결정된 근로조건은 서면화하여 노동자 측은 협약의 유효기간 중에 정해진 근로조건의 기준에 따른 대우를 보장받게 되고, 사용자 측은 협약에 정해진 수준 이상의 근로조건을 제공할 의무를 지지 않게 된다. 이러한 점에서 단체협약은 산업평화에 기여하는 기능을 가지고 있다.

쉬어갑시다

"대리운전기사도 근로자" 첫 판결 … 노조·단체교섭 길 열리나

대리운전업체에 소속돼 일하는 대리운전기사들도 단결권(노조 결성)과 단체교섭권, 단체행동권(파업) 등 '노동 3권'을 갖는 노동조합법상 근로자에 해당한다는 첫 판결이 나왔다.

부산지법 동부지원 민사1부(재판장 서정현 부장판사는) 손오공과 친구넷 등 대리운전업체 2곳이 최모씨 등 부산 대리운전산업노조 소속 조합원 3명을 상대로 낸 근로자지위 부존재 확인소송(2019가합100867)에서 최근 원고패소 판결했다.

대리운전기사 일을 하는 최씨 등은 2017년 9~10월 손오공, 친구넷과 각각 동업계약을 맺고 대리운전 일을 해왔다. 그러다 지난해 12월 최씨는 '부산 대리운전 산업노동조합'이라는 이름으로 지역단위노동조합을 조직했고, 노조 대표자로서 노조 설립 신고를 했다. 올해 1~2월 노조는 손오공, 친구넷에 단체협약 체결을 위한 단체교섭을 두 차례 요구했으나, 업체는 "최씨 등은 노동조합법상의 근로자가 아니므로 단체교섭을 요구할 수 없다"고 주장하며 소송을 냈다.

재판부는 "노동조합법상 근로자는 타인과 사용종속관계 하에서 노무에 종사하고 그 대가로 임금 기타 수입을 받아 생활하는 자를 말하며, 이에 해당하는지는 여러 상황을 종합적으로 고려해 판단해야 한다"며 "노동조합법은 근로자의 노동 3권을 보장하기 위해 제정된 것으로 노동조합법상 근로자에 해당하는지는 노동 3권을 보장할 필요성이 있는지를 기준으로 판단해야 하고, 반드시 근로기준법상 근로자에 한정되는 것은 아니다"라고 밝혔다.

이어 "대리운전 업무 내용, 대리운전이 주로 이뤄지는 시간 등을 봤을 때 최씨 등이 겸업을 하는 것이 현실적으로 쉽지 않아 보이고 실제로 최씨 등은 업체에 소속돼 대리운전 업무만 수행하고 있어 대리운전비가 주된 소득원이었을 것으로 보인다"며 "동업계약서에 주로 대리운전 기사들의 의무사항을 정하면서 수수료 변경 권한은 업체에만 있는 점, 업체가 시행하는 정책이나 규칙 등을 대리운전 기사들이 따르도록 한 점, 특정 시간 동안 일정 횟수 이상의 대리운전을 의무적으로 수행하도록 한 점 등 어느 정도 업체가 운전기사들을 지휘·감독한 것으로 보인다"고 설명했다.

그러면서 "최씨 등과 업체 사이의 노무제공관계의 실질과 업무 수행 방식, 보수 수수 방식 등을 볼 업체 사업에 필수적인 노무를 제공하면서 업체와 경제적·조직적 종속관계를 이루고 있는 최씨 등을 노동조합법상 근로자로 인정할 필요성이 있다"고 판시했다.

<자료> 법률신문 판결큐레이션, 2019. 11. 20, 남가언 기자.

제4절 노동쟁의와 쟁의행위

1 노동쟁의란?

앞서 우리는 단체교섭과 단체협약에 대하여 살펴보았다. 이때 단체교섭이 타결되어 단체협약의 체결에 이르지 못하는 경우 서로 상대방에게 경제적 타격을 입힘으로써 상대방을 굴복시키는 일종의 세력다툼이 발생하게 되는데 이를 노동쟁의라 한다. 즉, 노동쟁의(labor disputes)는 노동조합과 사용자 또는 사용자단체 간에 임금, 근로시간, 복지, 해고, 기타 대우 등 근로조건의 결정에 관한 주장의 불일치로 인하여 발생한 분쟁상태를 말한다.

반면에 쟁의행위는 노동쟁의의 결과로 발생하는 것인데, 파업, 태업, 직장폐쇄 등 노사가 주장을 관철할 목적으로 행하는 행위를 의미한다. 즉, 쟁의행위는 노사가 주장을 관철할 목적으로 행하는 행위로 노동자의 쟁의행위(파업이나 태업 등)와 사용자의 대항행위(직장폐쇄 등)를 포함하는 개념이다.

노사 간의 분쟁은 원인에 따라 크게 두 가지로 구분된다.[11] 법적으로 보장되었거나 이미 권리로 확정된 근로자의 권리를 침해하는 경우 나타난 분쟁을 권리분쟁(예컨대, 체불임금의 청산, 해고자 복직, 단체협약 이행, 부당노동행위 구제 등)이라 하고, 새로운 권리를 설정하거나 이익을 배분하는데 따르는 분쟁을 이익분쟁(예컨대, 임금협상이나 단체협상 중 교섭이 결렬되어 일어나는 분쟁)이라고 한다. 우리나라의 노동법규는 이익분쟁만을 노동쟁의의 대상으로 한정시키고 권리분쟁을 노동쟁의의 대상에서 제외하였다.

2 우리나라의 쟁의조정제도

정부는 노동쟁의에 대하여 일정한 제한을 가하고 있으며, 노동쟁의의 조정을 위하여 관계법을 제정하는 동시에 특별기관을 설치하여 쟁의의 사전적·평화적 해결을 도모한다. 즉, 우리나라에서는 노동조합 및 노동관계조정법을 통하여 노동쟁의의 평화적 해결을 도모하는 한편 노동위원회로 하여금 그 조정을 담당하도록 하고 있다. 노동쟁의 조정에는 크게 조정, 중재, 긴급조정이 있다.

1) 조 정

조정(mediation)이란 중립적이고 공정한 제3자가 조정위원이 되어 노사당사자 간의 타협이 이루어지도록 설득하고, 필요 시 조정안을 제시하여 조속한 타결이 이루어지도록 지원하는 방법이다.[12] 사용자대표, 노동자대표, 그리고 공익대표 등 3자에 의해서 구성되는 노동위원회 내의 조정위원회는 조정안을 작성하여 이를 당사자에게 수락하도록 권고하고 또 일반에게 이를 공시함으로써 이의 해결 방안을 위한 협조를 구할 수 있다. 우리나라의 경우 조정은 원칙적으로 일반사업에 있어서는 10일, 공익사업은 15일 이내에 종료하여야 하며, 당사자 간의 합의로 각각 10일, 15일 이내에서 연장할 수 있다. 한편 긴급조정이 이루어진 경우에는 그 공표일로부터 30일 동안 쟁의행위가 금지된다.

2) 공익사업에 있어서의 쟁의조정

공익사업은 공중의 일상생활과 밀접한 관련이 있거나 국민경제에 미치는 영향이 큰 사업으로 정기노선 여객운수사업 및 항공운수사업, 수도사업, 전기사업, 가스사업, 석유정제사업 및 석유공급사업, 공중위생사업, 의료사업 및 혈액공급사업, 은행 및 조폐사업, 방송 및 통신사업이 있다. 공익사업은 당사자 일방에 의한 조정신청이 있는 때로부터 15일간 쟁의행위를 할 수 없다. 공익사업의 노동쟁의 조정을 위하여 노동위원회에 특별조정위원회를 두며 특별조정위원의 선임은 노동위원회의 공익대표를 하는 위원으로 구성된다.

공익사업장은 후술하게 될 긴급조정적용의 가능성을 갖고 있다.

한편 필수공익사업은 공익사업 중 그 업무의 정지 또는 폐지가 공중의 일상생활을 현저히 위태롭게 하거나 국민경제를 현저히 저해하고 그 업무의 대체가 용이하지 않은 사업을 의미하며 철도사업, 도시철도사업 및 항공운수사업, 수도사업, 전기사업, 가스사업, 석유정제사업 및 석유공급사업, 병원사업 및 혈액공급사업, 한국은행사업, 통신사업을 포함한다.

종전에는 필수공익사업에 노동쟁의 발생 시 노동위원회가 중재를 통하여 분쟁을 해결하는 직권중재제도를 두고 있었으나 직권중재제도는 긴급조정과의 관계에서 이중적 제약이라는 측면에서 위헌논란 등으로 인해 현행법에서는 이러한 직권중재제도를 폐지하였다(2008. 1. 1.). 필수공익사업은 특별조정위원회를 통해 15일 동안 조정을 받아야 하며 쟁의행위기간 중에도 필수유지업무를 유지 운영해야 한다. 또한 필수공익사업의 사용자는 쟁의행위기간 중에 파업참가자의 100분의 50을 초과하지 않은 범위 내에서 채용 또는 대체하거나 도급 또는 하도급을 줄 수 있다.

3) 중 재

중재(arbitration)란 가장 강력한 노동쟁의 조정방법으로 노사 양당사자는 제3자인 노동위원회의 결정안을 일단 수용할 의무가 있다. 다음과 같은 경우에는 노동위원회가 중재를 하게 되는데, 중재 중에는 쟁의행위가 금지된다.

- 관계당사자의 쌍방이 함께 중재신청을 한 때
- 관계당사자의 일방이 단체협약에 의하여 중재신청을 한 때

중재를 하게 된 때에는 지체 없이 이를 서면으로 관계당사자에게 각각 통지하여야 하며, 중재절차가 개시되면 냉각기간이 경과한 경우라도 그날로부터 15일간은 쟁의행위를 할 수 없다.

4) 긴급조정(emergency adjustment)

쟁의행위가 공익사업에 관한 것이거나 그 규모가 크거나 그 성질이 특별한 것으로서 현저히 국민경제를 해하거나 국민의 일상생활을 위태롭게 할 위험이 현존하는 때에는 노동부장관은 긴급조정 결정을 할 수 있다. 노동부장관이 중앙노동위원회 위원장의 의견을

들고 긴급조정을 발동하면 모든 쟁의행위는 공포일로부터 최소한 30일 내에는 쟁의행위를 재개할 수 없다. 긴급조정에 의해 조정안이 관계당사자에 의하여 수락되거나 또는 중재결정이 내려지면 조정안과 중재재정은 단체협약과 동일한 효력을 지니게 된다.

3 쟁의행위

노동쟁의와 달리 쟁의행위는 노사 간의 분쟁상태가 실제적 실력행사라는 실제행위로 나타난 경우를 의미한다. 노동조합 및 노동관계조정법 제2조에서는 쟁의행위를 "파업, 태업, 직장폐쇄 기타 노동관계당사자가 그 주장을 관철할 목적으로 행하는 행위와 이에 대항하는 행위로서 업무의 정상적 운영을 저해하는 행위를 말한다"고 규정하고 있다.

노동조합 측의 쟁의행위에는 파업, 태업, 불매운동, 준법투쟁 등이 있고, 이에 대항하는 기업 측의 행위로는 직장폐쇄 등이 있다. 이와 같은 쟁의수단 중에서 노사 쌍방이 각각 어떠한 방법에 의거할 것이냐 함은 그때그때의 여건에 따라 다르다.

1) 파 업

파업(strike)은 근로자가 단결하여 근로조건의 유지 또는 개선을 목적으로 집단으로 노무의 제공을 거부하는 행위를 의미한다. 우리나라의 경우에 있어서도 최근에 무노동·무임금의 원칙이 사업장에서 일반화되어 있기 때문에 파업에 앞서 노조는 파업에 따른 손익을 면밀히 검토할 필요가 있다. 그러나 파업은 집단적으로 노무의 제공을 거부한다는 측면에서 사용자에게 있어서도 매출손실과 그에 따른 이익감소 및 기업이미지 손실을 감수하지 않으면 안 되도록 한다는 점에서 가장 강력한 쟁의행위의 수단으로 활용된다.

2) 태 업

태업은 근로자들이 집단적으로 그리고 고의적으로 작업능률을 저하시킴으로써 사용자에게 경제적 손실을 발생시키도록 하는 쟁의행위를 말한다. 작업속도를 늦추거나 불량품을 생산하는 것과 같은 행위가 이에 포함된다. 한편 단순히 사용자의 지시와 명령을 따르지 않는 것에서 벗어나 의식적으로 폭력이나 파괴행위 또는 생산 기타 주요 업무에 관련되는 시설을 점거하는 폭력행위는 노동조합 및 노동관계조정법 제42조를 통해 금지하고 있다.

3) 불매운동

일명 보이콧(boycott)이라 불리우는 불매운동은 파업의 대상이 되는 회사의 제품이나 서비스의 구매 또는 사용을 거부함으로써 사용자에게 압력을 가하는 것을 뜻한다(일차적 보이콧). 한편 더 나아가 사용자와 거래관계에 있는 제3자에게 사용자와의 거래관계를 중단하도록 요구하고 이에 응하지 않을 경우 소비자로 하여금 제3자의 제품구입이나 시설이용, 또는 노동력 공급을 중단하도록 유도하는 2차적 보이콧도 있다. 즉, 대상이 되는 회사의 공급자 내지 고객들에게 회사에 물품을 공급하거나 구매하지 못하도록 하는 경우가 이에 해당한다.

4) 피 케 팅

피케팅(picketing)은 파업을 효과적으로 수행하기 위하여 근로희망자들의 사업장 또는 공장의 출입을 저지하고 파업참여에 협력할 것을 호소하는 행위이다. 피케팅은 원래 파업이나 보이콧 등 주된 쟁의행위의 보조수단으로 사용하기 때문에 파업이나 보이콧 등 주된 쟁의행위가 위법하지 않은 경우에 적법성을 지닌다.[13]

5) 준법투쟁

준법투쟁은 일반적으로 준수하게 되어 있는 안전규정 등을 필요 이상으로 준수하거나 평소와는 다른 양태의 권리행사를 하여 기업운영의 능률을 떨어뜨리는 행위이다. 집단 연가의 실시, 초과근무의 거부, 정시출근·정시퇴근, 안전운행을 핑계로 한 운행속도의 지나친 서행 등이 이에 해당한다.

6) 직장폐쇄

직장폐쇄는 사용자의 입장에서 취할 수 있는 거의 유일한 쟁의행위라 할 수 있다. 근로자 또는 노동조합이 중심이 되어 집단으로 노무의 제공을 거부하는 파업과는 달리 직장폐쇄는 사용자의 입장에서 노조의 쟁의행위에 대응하기 위하여 근로자의 노무수령을 집단적으로 거부하고 임금을 지급하지 않는 것을 의미한다. 직장폐쇄는 반드시 노조가 쟁의행위를 개시한 이후에만 방어적으로 사용할 수 있다.

4 부당노동행위

1) 부당노동행위란?

부당노동행위(unfair labor practice)는 사용자가 노동조합의 정당한 권리를 침해하거나 반대로 노동조합이 사용자의 정당한 권리를 침해할 때 나타나는 일체의 행위를 말한다. 사용자가 노조의 단체교섭행위를 방해한다거나 노조가 회사의 재산을 파괴하는 폭력행사 등이 그 예가 된다. 그러나 우리나라의 경우 현행 노동조합 및 노동관계조정법을 통하여 사용자의 부당노동행위만을 규율하고 있다.

2) 부당노동행위의 유형

노동조합 및 노동관계조정법 제6장에서는 부당노동행위에 대하여 별도로 규정하고 부당노동행위에 해당하는 노동행위에 대하여 다음과 같은 5가지를 열거하고 있다.

(1) 불이익대우

불이익대우의 원인이 되는 요건으로는 노동조합 및 노동관계조정법 제81조의 1항에서는 "근로자가 노동조합에 가입 또는 가입하려고 하였거나 노동조합을 조직하려고 하였거나 기타 노동조합의 업무를 위한 정당한 행위를 한 것을 이유로 그 근로자를 해고하거나 그 근로자에게 불이익을 주는 행위"를 들고 있다. 불이익대우의 대표적인 사례는 해고, 전근, 배치전환, 출근정지, 휴직, 복직거부, 계약갱신 거부, 감봉 등이 있다.

(2) 황견계약

노동조합 및 노동관계조정법 제81조 2항에서는 "근로자가 노동조합에 가입하지 아니할 것 또는 탈퇴할 것을 고용조건으로 하거나 특정 노동조합의 조합원이 될 것을 고용조건으로 하는 행위"를 부당노동행위로 금지하고 있다. 이와 같은 행위를 황견계약(yellow dog contract)이라고 한다.

한편 동항의 단서조항을 보면 "노동조합이 당해 사업장에 종사하는 근로자의 3분의 2 이상을 대표하고 있을 때에서는 근로자가 그 노동조합의 조합원이 될 것을 고용조건으로 하는 단체협약의 체결을 예외로 하며, 이 경우 사용자는 근로자가 당해 노동조합에서 제명된 것을 이유로 신분상 불이익한 행위를 할 수 없다"는 규정을 두고 있다. 이는 단체협약으로 근로자가 그 노동조합에 가입할 것을 고용조건으로 하는 근로계약을 체결할 수 있다는 것으로 유니온숍의 허용을 고려한 것이다.

(3) 단체교섭의 거부

노동조합 및 노동관계조정법 제81조 3항에서는 "노동조합의 대표자 또는 노동조합으로부터 위임을 받은 자와의 단체교섭체결, 기타의 단체교섭을 정당한 이유 없이 거부하거나 해태하는 행위"를 부당노동행위로 규정하고 이를 금지하고 있다. 단체교섭은 노동조합의 본래적이고 핵심적인 기능이기 때문에 사용자에게 성실교섭의무를 부담시키는 것이다.

쉬어갑시다 **황견계약**

영국에서는 비굴한(또는 비열한) 사람을 yellow-dog이라고 불렀는데, 고용계약에 있어서 조합에의 불가입·탈퇴, 어용조합에의 가입을 고용인이 시키는 대로 응낙하는 자를 말하고 그러한 계약을 yellow-dog contract라고 하고, 같은 의미로 비열계약이라고도 한다.

(4) 지배·개입 및 경비원조

노동조합 및 노동관계조정법 제81조 4항에서는 "근로자가 노동조합을 조직 또는 운영하는 것을 지배하거나 이에 개입하는 행위와 노동조합의 운영비를 원조하는 행위"를 부당노동행위라 하여 이를 금지하고 있다. 이 규정은 노동조합의 자주성과 독립성을 보호하기 위하여 마련된 것이다.

한편 경비원조에는 노조전임자에 대한 임금지급도 포함되는데, 이 경우 관행적으로 이루어져 오던 전임자에 대한 임금지급이 불법화되는데 따르는 문제를 고려하여 계속적으로 법적용이 유예되었다. 그러나 2010년 7월 1일부터 노동조합 전임자에 대한 급여지급은 원칙적으로 금지되었으며, 다만 근로시간 면제제도(time-off)를 도입하여 일정정도 노조활동은 보장하도록 하였다. 근로시간 면제제도 대상활동으로는 단체교섭, 협의, 고충처리, 산업재해 예방, 건전한 노사관계발전을 위한 노동조합의 관리유지 업무를 포함한다.

(5) 정당한 단체행동참가에 대한 해고 및 불이익대우

노동조합 및 노동관계조정법 제81조 5항에서 "근로자가 정당한 단체행위에 참가한 것을 이유로 하거나 또는 노동위원회에 대하여 사용자가 이 조의 규정에 위반한 것을 신고하거나 그에 관한 증언을 하거나 기타 행정관청에 증거를 제출한 것을 이유로 그 근로자를 해고하거나 그 근로자에게 불이익을 주는 행위"를 부당노동행위로 규정하고 있다.

3) 부당노동행위의 구제

부당노동행위로 인하여 권리를 침해당한 근로자 또는 노동조합은 노동위원회에 구제신청을 할 수 있도록 법제화되어 있다(노동조합 및 노동관계조정법 제82~86조). 우선 구제의 신청은 부당노동행위가 있은 날로부터 3개월 이내에 노동위원회에 할 수 있도록 되어 있으며, 구제신청을 받은 노동위원회에서는 심사를 통하여 부당노동행위가 성립한다고 판정한 때에는 사용자에게 구제명령을 내리게 된다. 만약 구제명령이나 기각결정에 관계당사자가 불복할 경우 중앙노동위원회에 재심을 신청할 수 있으며, 이에도 불복할 경우에는 행정소송을 제기할 수 있다.

제5절 경영참가

1 경영참가란?

노동자의 경영참가에 대한 개념을 일반화하기 어렵지만, 일반적으로 언급되는 개념은 1967년 국제노동기구(ILO)가 "노동조합의 대표권 및 노동자의 경영 내의 의사결정에 참가하는 데 관한 전문회의"에서 규정한 정의이다.

이에 따르면, 경영참가(management participation)란 노동자가 경영의 의사결정에 영향을 미치는 것이다. 따라서 노동자의 경영참가는 종래 경영자의 권한이라고 생각되어온 이른바 경영권에 대하여 종업원이나 근로자를 대표해서 그들의 이익을 유지하거나 증진시킴을 목적으로 노사 간에 공동으로 경영관리기능을 수행함을 말한다.

근로자의 경영참가는 대체로 제1차 세계대전 이후에 유럽을 중심으로 나타난 것으로 경영민주주의 내지는 산업민주주의의 등장으로 인하여 노사협조의 필요성이 증대된데 따른 것이라고 할 수 있다. 뿐만 아니라 서구에서 일어난 노동의 인간화운동과 고도로 발전된 노동조합활동 등이 근로자의 경영참가를 촉진시키는 계기가 되었다.[14]

2 경영참가의 유형

근로자의 참가는 다차원적인 개념이므로 유형을 분류하는데는 여러 가지 방법이 있다. 그러나 일반적으로 경영참가제도는 노동자가 경영에 직접적으로 참가하느냐 또는 간접적으로 참가하느냐 하는 것과 노동자가 수행하는 역할에 따라서 〈그림 12-3〉과 같이 구분된다.

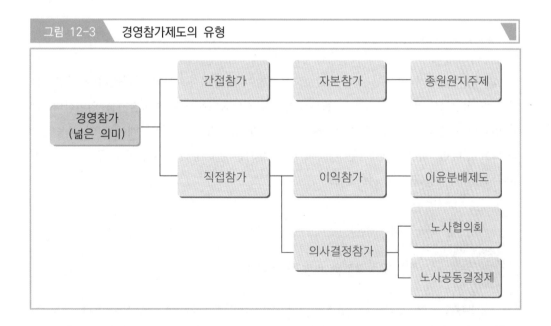

그림 12-3 경영참가제도의 유형

1) 자본참가

이는 근로자들로 하여금 자본의 출자자로서 기업경영에 참여시키고자 하는 제도이며, 주된 형태로는 종업원지주제도가 있다. 종업원지주제도는 노동자가 유상 또는 무상으로 주식을 인수하게 되고, 이로 인해 주주로서 기업에 대하여 발언권을 갖게 된다. 그러나 종업원들이 보유한 주식의 수가 충분히 크지 않을 경우에는 발언권의 효과가 크지 않다는 점에서 발언권 측면보다는 기업에 대한 주인의식과 애사심을 높이고, 나아가 기업 가치라고 할 수 있는 주가의 상승을 위하여 종업원들의 협력과 관심을 보다 더 이끌어내는 효과가 있다.

2) 이익참가

이는 노사가 사전에 합의하여 결정해 놓은 표준목표와 실적을 비교하여 표준목표를 초과하는 부분을 근로자와 사용자가 일정한 비율로 분배하는 제도로서 경영의 능률증진에 노동자 또는 노동조합을 적극적으로 참여시켜 그들의 협력을 유도하는 방식이다. 이러한 방식으로는 스캔론 플랜(Scanlon plan), 럭커 플랜(Rucker Plan), 임프로쉐어(Improshare)가 대표적인 형태이다.

3) 의사결정참가

의사결정참가라 함은 노동자 또는 노동조합이 경영의사결정에 참가하거나 경영기능에 대해 영향력을 미치는 것으로 좁은 의미에서 경영참가는 의사결정참가를 의미한다. 앞서 언급한 자본참가와 이익참가는 노사가 소유와 경영결과의 성과분배에 있어 공동참여를 하고 있다면, 의사결정참가는 경영의 내용이 되는 관리상의 의사결정에 공동으로 참여하여 협조하는 형태라 할 수 있다.

Post-Case 장시간 근로개선을 위한 법개정 추진

우리나라는 그간 산업구조의 변화와 함께 근로시간이 국제 기준에 부합해야 한다는 요구 등에 따라 법정 근로시간을 주 48시간에서 1989년에 주 44시간으로 단축하였으며, 2004년부터 기업규모에 따라 단계적으로 주 40시간제를 도입, 2011년 7월부터 5인 이상 20인 미만 사업장까지 적용하였다.

그러나 법정 근로시간의 단축에도 불구하고 현장에서는 연장근로와 휴일근로에 의존함으로써 임금근로자의 실 근로시간은 2016년 2,052시간으로 OECD 국가 평균인 1,707 시간보다 연간 345시간이 더 많다. 이에 노사정은 장시간근로의 문제점에 공감하고 노사정위원회 '근로시간·임금제도 개선위원회'에서 1년간의 논의를 거친 끝에 2010년 6월 8일에 장시간근로 관행의 해소와 생산적 근로문화의 조성을 위하여 2020년까지 연간 근로시간을 1,800시간대로 단축하기로 합의한 바 있으며, 문재인 정부에서도 2022년까지 연평균 근로시간을 1,800시간대로 단축하는 내용을 국정과제에 포함시켰다.

2015년 노사정위원회는 휴일근로를 연장근로에 포함하여 주당 근로시간 한도를 기존 68시간에서 52시간으로 줄이고, 근로시간 한도의 적용을 받지 않는 특례업종을 26개에서 10개로 줄이는 등 근로시간 단축 제도개선을 위한 노사정 대타협('15.9.15.)하였다. 이러한 대타협을 토대로 근로기준법 개정안이 발의('15.9.16)되었고, 근로시간 단축 등에 대한 토론회 및 공청회, 현장방문을 통한 노사 간담회 등 법안처리를 위해 적극적으로 노력하였으나 입법에 대한 여야 이견으로 입법까지 이르지 못하고 19대 국회 회기 종료로 자동 폐기되었다.

20대 국회 개원 이후 더불어민주당 등이 근로기준법 개정안을 재발의하였으며, 정부에서도 개정안 통과를 위한 국회 설명 등 적극적인 노력으로 2017년 8차례의 환노위 법안소위를 개최하여 논의하고, 2018년 2차례 논의를 통해 환노위 법안소위를 통과(2.27)하고 2월 28일 국회 본회의를 통과하였다. 근로시간을 주 52시간으로 단축하는 개정 근로기준법은 최종적으로 3월 20일 공포되었으며, 7월부터 300인 이상 기업 및 공공부문을 시작으로 기업 규모별로 단계적으로 근로시간 단축이 시작되었다.

<자료> 고용노동부, 2019년 고용노동백서.

제12장　학습문제

1. 노사관계의 성공과 실패사례를 찾아 노사협력의 중요성을 제시하시오.

2. 최근 주요 국가에서 나타나고 있는 노동조합 조직률 저하의 원인을 설명하시오.

3. 노동조합과 관련한 최근의 중요한 제도변화를 설명하시오.

4. 단체교섭이 이루어지는 과정과 관련된 실사례를 찾아 단체교섭의 현장에 대한 느낌들을 토론하시오.

5. 우리나라 기업현장에서 이루어지는 단체교섭의 유형을 찾아 각 유형별로 장·단점에 대하여 설명하시오.

6. 우리나라에서 실시 중인 노동쟁의조정제도의 유형과 절차에 대하여 사례별로 제시하시오.

7. 경영참가가 활성화된 기업의 사례를 찾아 제도의 특징과 효과에 대하여 제시하시오.

8. 우리나라에서 대립적인 노사관계가 한국경제의 성장을 저해하는 하나의 요인이라는 주장에 대하여 여러분의 생각을 정리하시오.

참고문헌
1) 신수식·김동원·이규용(2012). 현대고용관계론, 제5판, 서울: 박영사, pp. 9－10.

2) 강석인(1982). 노사관계관리론, 서울: 일조각, pp. 8－9.

3) 김종재·박성수·정중부(2004). 인적자원관리, 서울: 법문사, p. 730.

4) 신수식·김동원·이규용(2012). 전게서, p. 124.

5) 상게서, p. 126.

6) 문무기·이승욱(2004). 노조조직형태의 다양화와 노동법의 과제, 한국노동연구원.

7) 김정한·문무기·윤문희(2003). 단체협약분석, 노동부, pp. 61－62.

8) 이준범(1997). 현대노사관계론, 제2전정판, 서울: 박영사, pp. 303－304.

9) 김정한·문무기·윤문희(2003). 전게서, pp. 53－54.

10) 상게서, p. 52.

11) 박경규(2006). 신인사관리, 제3판, 서울: 홍문각, p. 535.

12) 고용노동부(2014). 고용노동정책, 고용노동부, pp. 185－186.

13) 신수식·김동원·이규용(2012). 전게서, pp. 246－247.

14) 박경규(2006). 전게서, p. 540.

제6부

>>>

인적자원관리의 과제

제13장 국제화시대의 인적자원관리
제14장 인적자원관리의 최근 이슈

Human Resource Management

CHAPTER 13

국제화시대의 인적자원관리

제1절 국제인적자원관리의 과제

제2절 국제인적자원관리의 영역
  1. 국제인적자원관리의 접근방법
  2. 국제인적자원의 관리대상
  3. 국제인적자원의 관리활동
  4. 국제인적자원관리와 문화

오늘날의 운송과 정보기술의 발달은 국가 간 수많은 경계를 허물고 있다. 과거에는 선진공업국과 거대기업의 전유물로만 여겨졌던 글로벌 경영은 상품과 인력의 국제적 이동이 자유로워지면서 이제는 어느 국가, 어느 기업을 막론하고 의지와 선택의 문제로 바뀌게 된 것이다. 제품과 서비스의 판매뿐만 아니라 원재료 구입, 생산, 연구개발, 인력채용 등 경영활동이 한 나라에 국한되지 않고 국경을 초월하여 이루어지고 있다. 글로벌화 된 다국적 기업들은 여러 국가에 공장이 위치하고 여러 국가의 인적자원이 참여하게 된다. 외국의 시장은 백만, 천만의 새로운 고객들이 있는 새로운 시장기회를 제공한다. 또한 WTO, NAFTA, FTA와 같은 국가 간의 무역협정으로 인해 국제적 거래가 보다 활성화되었으며, 이러한 협정들은 인적자원관리의 수요를 향상시키고 변화시키고 있다.

기업에 참여하는 인력도 본국인, 현지인, 제3국인 등 다양하다. 국가 간 경계가 무너진 오늘날의 상황을 고려해 볼 때, 국제경영의 성공은 유능한 국제경영자의 육성 및 국제적 인적자원관리의 성공에 있다고 해도 과언이 아니다. GE의 전 회장인 J. Welch는 GE의 세계화의 성공을 위한 가장 핵심적인 조건은 국제적인 경쟁에서 이길 수 있는 역량 있는 인재의 육성이라고 강조한 바 있다. 국제경영활동을 이끌고 있는 다국적기업의 경우, 다양한 국가에서 경영경험과 지식을 습득한 경쟁력 있는 인재의 확보는 국제경영의 성공에 결정적인 영향을 미치는 요인일 것이다. 이들 인력의 채용, 교육훈련 및 개발, 평가 보상, 유지라는 인적자원관리가 뒷받침되어야 하며, 이것이 국제인적자원관리(international human resource management)이다.

세계화로 인한 경쟁적인 기업환경 속에서 이에 성공적으로 대처해 나가는 기업이 있는가 하면, 어떤 기업은 그러한 변화에 경쟁우위를 상실하기도 한다. 세계화의 변화에 대응하는 데 실패하는 원인은 기술혁신상의 문제, 조직구조의 문제 등에서 찾을 수 있을 것이다. 하지만 결국은 전략을 수립하고 실행할 뿐 아니라, 조직구조를 구성하고 인력을 배치하는 것은 사람이기 때문에 사람이 세계화의 대응에 성패를 결정하는 핵심이 된다. 그러므로 세계화 속의 기업이 가장 신경을 쓰고 관심을 가져야 할 핵심과제는 인적자원과 관련된 이슈일 것이다. 이는 특히 세계화와 정보화 시대에 글로벌 경영을 수행해야 하는 다국적기업에게 매우 중요한 문제로 대두되고 있다.

CHAPTER 13

국제화시대의 인적자원관리

제1절 국제인적자원관리의 과제

　　기업의 국제화와 글로벌화가 진행될수록 인적자원관리의 중요성은 더욱 증가하고 있지만, 국가를 초월한 인적자원관리는 여전히 다음과 같은 이유들로 인해 어려움에 직면하기도 한다. 첫째, 각 국가마다 조직구성원의 고용과 해고, 교육, 훈련, 승진 등에 관한 정부규제가 상이하다. 둘째, 각 국가마다 노사관계, 특히 노동조합, 단체교섭에 관한 내용이 다르다. 셋째, 조세정책 및 임금가이드라인 등을 포함한 경제적 하부구조 역시 국가마다 상이하기 때문에 부가임금, 임금구조, 퇴직절차 등에 관한 국가별 상황을 이해하는 것이 필요하다. 넷째, 관리스타일이 국가별 문화에 따라 상이하다. 예를 들어 일부 문화에서는 가부장적 관리스타일을 선호하기도 하고 다른 지역에서는 직무 및 능력을 기준으로 한 관리스타일을 선호하기도 한다.[1]

　　비슷한 관점에서 다국적기업들은 내·외국인을 막론하고 자사의 전 세계 임직원들을 '글로벌 자원'으로 인식하고 이들을 통한 글로벌 경영 역량을 창출하기 위해 인적자원관리 측면에서 다음의 세 가지 도전 과제를 극복해 나가야 한다. 우선 고민해야 할 과제는 문화적 차원의 도전 과제(cultural challenge)이다. 전 세계의 다양한 인력들로 구성되어 사업이 영위되다 보면 하나의 기업으로서의 문화적 정체성을 유지하기가 쉽지 않고 언어나 가치관 등의 차이로 인해 의사소통의 이슈가 주요 문제로 부상한다. 둘째, 인적자원 측면의 도전 과제(human resource challenge)이다. 시장 확대 및 사업 성장에 요구되는 적절한

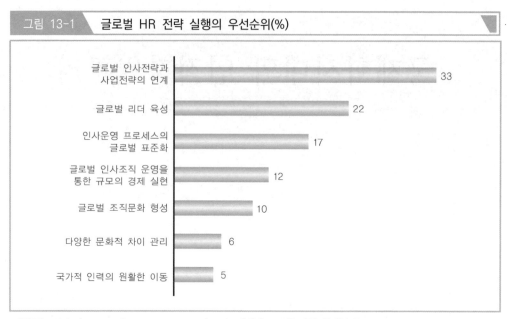

〈자료〉 Globailzation of HR, CLC, Survey(2004, 전세계 203개 기업 참여).

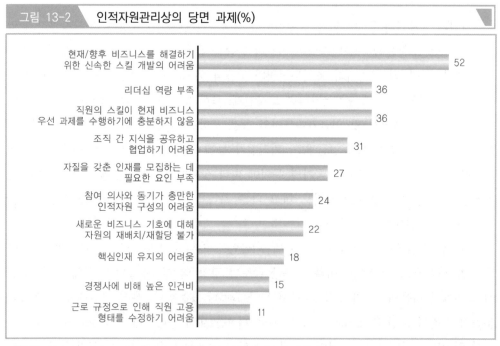

〈자료〉 IBM, Gloal Human Capital Study(2008, 전세계 400개 기업 참여).

인적자원 및 역량을 적시에 확보해야 하나 이를 위해서는 체계적인 준비와 노력이 필요하다. 사업 전략의 실행 및 성과에 직결되는 핵심 요인과 관련된 프로세스의 전문 인력도 그렇거니와, 사업 성장과 현지 사업을 책임지고 이끌어갈 글로벌 사업 리더와 그 후계자를 육성·확보하는 것도 시간을 들여 준비해 나가야 하는 과제이다. 〈그림 13-1〉 및 〈그림 13-2〉에서 보는 바와 같이 이 문제는 글로벌 사업을 지향하는 선진 기업들에 있어 가장 높은 우선순위가 부여된 핵심 도전 과제라 할 수 있다.

끝으로 인적자원기능 강화를 위한 도전 과제(HR function capability challenge)이다. 기업 조직이 글로벌 경영 역량을 갖추고 위의 두 가지 도전 과제를 효과적으로 극복해 나가기 위해서는 인적자원 운영역량이 글로벌화되어야 한다는 것이다.[2]

따라서, 국제인적자원관리는 각 국가가 가지고 있는 정치, 경제, 문화적인 다양한 요소들이 반영되어야 할 뿐만 아니라 현지인, 파견인, 제3국인 간의 협조, 커뮤니케이션, 급여차이, 법 적용 등에서 신중을 기해야 한다. 국제인적자원관리(IHRM)는 일반적으로 국내인적자원관리(Domestic HRM)에 비해 ① 훨씬 더 많은 기능들을 포함하고, ② 이질적 기능을 더 많이 가지고 있고, ③ 끊임없이 변화하는 시각을 필요로 하고, ④ 종업원의 개인적인 삶에 더 많은 몰입이 요구되고, ⑤ 더 많은 외부적 요인에 의해 영향을 받고, ⑥ 더 큰 위험들을 가지고 있다.[3]

또한 국제인적자원관리는 통합과 차별화 간에 균형을 이루어야 한다. 본사와 협력하거나 통제하는 것이 통합이며, 현지국 수준에 맞는 정책들과 실행들이 유연성 있게 행해지는 것이 차별화이다. 이를 위해 국제인적자원관리는 훨씬 더 폭넓은 시각을 요구하고 있다. 국제인적자원관리 전략도 개발하여야 하고 인적자원관리의 문화적 환경(가치관, 상징, 믿음, 언어, 행동 등)도 이해하여야 하며 정책과 법(정부의 안정성, 무역의 인센티브, 무역통제, 경제단체 등)에 대한 환경도 이해하여야 한다.[4]

국제인적자원관리 전략에 따라 본국 중심으로 인적자원을 관리할 것인지, 지역 중심, 현지 중심, 세계 중심으로 할 것인지에 대한 접근방법도 세워야 하며, 문화와 제도 등을 이해하기 위해서 현지국의 언어뿐만 아니라 민족성까지 이해해야 한다. 따라서 국제인적자원관리란 조직의 목표를 달성하기 위해서 현지국의 환경적 요인을 고려하여 현지인, 파견인, 제3국인을 효과적으로 채용, 교육훈련 및 개발, 보상, 유지시키는 과정이다.

 **"AI·클라우드 등 4차 산업 이끌 글로벌 인재 본격 지원"**

정부가 4차 산업혁명 분야 글로벌 핵심인재 양성에 본격 나선다.

과학기술정보통신부는 4차 산업혁명 기술 고급 인재를 육성하는 '글로벌 핵심인재 양성지원 사업'의 과제 수행기관 및 학생을 선발하고, 본격 지원한다고 9일 밝혔다.

과기정통부는 인공지능, 클라우드, 빅데이터 등 정보통신·방송 유망기술 분야 석·박사급 인재를 연 160명씩, 총 800명을 집중 양성하기 위해 연구 및 교육 목표에 따라 사업 내 3개 유형을 기획했다.

해외 산·학·연과의 공동연구를 위한 '협력프로젝트형'와 '인턴십형'은 국내 석·박사생의 연구 및 실무역량을 함양하는 과정이다. 선발된 학생들은 6~12개월 간 현지 연구 및 인턴십에 참여한다. 지난 2월부터 4월까지 과제수행 희망기관의 신청을 받아 평가위원회를 거쳐 32개 과제를 선정했다.

과기정통부와 산업통상자원부, 보건복지부 등 3개 부처는 5년간 핵심 인재 2,250명을 육성할 예정이다. 올해는 20개 대학, 총 93명의 석·박사생을 미국 카네기멜론대, 조지아공대, 퍼듀대, 캐나다 워털루대학, 독일 막스플랑크연구소, 중국 마이크로소프트 아시아 연구소 등 42개 해외 기관에 파견할 예정이다.

'위탁교육형'은 해외 유수대학에 4차 산업혁명 기술분야 맞춤형 교육과정을 개설, 파견 교육을 지원하는 사업이다. 올해는 인공지능 분야 세계 1위 대학인 미국 카네기멜론 대학(CMU)과 공동으로 글로벌 핵심인재 양성을 위해 협력한다.

교육과정은 인공지능, 머신러닝, 자연어처리, 컴퓨터비전 등 이론 교육과 실제 적용하는 프로젝트 수업을 포함하고 있다. CMU의 소프트웨어연구소를 중심으로 컴퓨터학과, 머신러닝학과, 언어기술연구소 등 소속 교수·연구진이 참여한다. 선발된 33명의 석·박사생은 8월 중순부터 6개월간 미국 피츠버그에서 교육에 참여한다.

용홍택 정보통신산업정책관은 "이번 사업을 통해 양성된 고급인재들이 5G, 사물인터넷 등 정보통신·방송 신산업 선도를 위한 마중물 역할을 할 수 있을 것"이라고 말했다.

<자료> 트렌드메이커(http://www.trendmaker.co.kr). 2019.6.30.

제2절 국제인적자원관리의 영역

국제인적자원관리는 일반적인 인적자원관리와 같이 조직에 필요한 인력을 채용, 교육훈련 및 개발, 보상, 유지시키는 과정이지만 다국가, 다인종, 다경영, 다문화와 같이 다 (multi)의 개념을 고려해야 한다. 따라서 국제인적자원관리에 있어서 고려해야 할 영역은 ① 국제인적자원관리의 접근방법, ② 국제인적자원의 관리대상, ③ 국제인적자원의 관리활동, ④ 현지국의 국가문화와 기업문화 등으로 나누어진다(〈그림 13-3〉 참조). 이러한 영역들을 기업의 특성에 맞게 실행한다면 가장 적합한 국제인적자원관리가 될 것이다.

1 국제인적자원관리의 접근방법

다국적 기업이나 해외지사를 둔 기업들이 종업원들을 관리할 때 국제인적자원의 접근방법은 본국 중심, 현지 중심, 지역 중심, 세계 중심으로 나누어진다. 다국적 기업의 경우 국제인적자원관리의 접근방법에 영향을 미치는 요인으로는 현지국의 정책과 법적 규

그림 13-3 국제인적자원관리의 영역

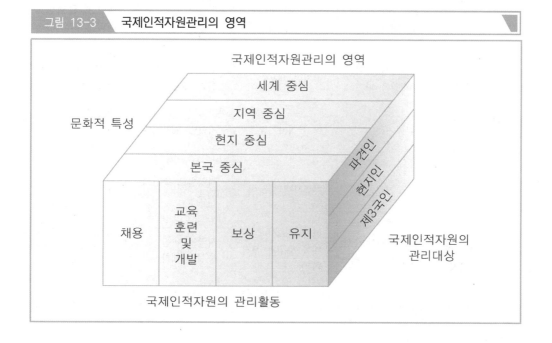

제, 현지국의 관리·교육·기술의 발달정도, 본국과 현지국의 문화, 기업의 국제경험, 자회
사 설립방법, 제품의 기술력과 특성, 조직문화, 조직의 라이프 사이클 등을 들 수 있다.[5]

　　이러한 영향요인들을 고려하여 국제인적자원관리의 접근방법들을 선택하고 배합하여
야 한다. 국제인적자원관리의 접근방법에 따라 조직 및 인적자원관리상 특성을 간단히 살
펴보면 〈표 13-1〉과 같다.

표 13-1　　국제인적자원관리의 접근방법

구 분		본국 중심	현지 중심	지역 중심	세계 중심
조직 특성	조직 구조	• 본사는 복잡, 현지는 단순	• 본사는 독립적, 현지 자회사는 다양	• 자회사는 지역을 중심으로 높은 상호의존성	• 복잡하고 조직 간 높은 상호의존성
	의사 결정 권한	• 본사에 집중	• 현지 자회사에 집중 • 본사는 상대적으로 약함	• 지역본부에 집중	• 본사와 현지 자회사 간 협력적 의사결정
	의사 소통	• 주로 본사에서 현지 자회사로	• 본사와 현지 자회사 간, 현지 자회사들 간 의사소통이 적음	• 본사와 지역 간 의사소통이 많으나 현지 자회사 간 의사소통이 적음	• 현지 자회사 간 쌍방향 의사소통
인적 자원 관리 특성	인적 자원 전략	• 현지 자회사 간 통일된 전략	• 현지 자회사 간 다양한 전략	• 지역 내는 통합 전략, 지역 간은 차별화 전략	• 법인이슈는 우선 적으로 글로벌화 전략, 지역이슈는 차별화 전략
	인력 채용	• 본사에서 해외 주재원을 파견	• 현지인 채용	• 지역에서 필요한 인력 채용	• 국제적 인재선발, 최적 지역에 배치
	성과 평가	• 본사 기준	• 현지 평가기준	• 지역별 평가기준	• 범세계적으로 보편적이고 지역적 평가기준
	성과 보상	• 본사 기준	• 자회사별로 상이	• 지역별로 독자적 기준	• 지역과 세계적 기준을 토대로 국제적인 보상
	사회화 과정의 목적	• 본사에 대한 충성, 애착, 이해를 획득	• 현지 자회사에 대한 충성과 애착 획득	• 지역에 대한 충성과 애착 획득	• 전사차원과 각 현지 자회사에 대한 충성과 애착 획득

〈자료〉 Fisher, C. D., Schoenfeldt, L. F. & Shaw, J. B.(2003). *Human resource management*, 5th ed.,
　　　New York: Hourhton Mifflin Co., p. 803 수정보완.

1) 본국 중심(본사파견)

본국 중심(ethnocentric) 인적자원관리는 조직이 새로운 사업을 해외에서 시작하거나 주로 국제화 초기에 있을 때 혹은 선진기업이 후진국에 지점을 설치했을 때 종업원들에 대한 인적자원관리는 본국에서 쓰고 있는 관리방식을 따르는 것이 보통이다. 최고경영자를 비롯해 본국 파견인에 의해서 해외지사나 자회사를 운영하며 이들에게 현지인보다 급여나 처우를 우대하는 방법이다.

따라서 본국 중심은 후진국의 경우에는 자질을 갖춘 현지인의 부족으로 본국에서 파견할 수밖에 없는 경우에 활용된다. 본국과의 원만한 의사소통이 가능하며 본국의 전사적 국제경영활동과 통합시킬 수 있어 적절한 통제와 관리가 용이하다. 그리고 본국의 핵심역량을 자회사에 이전시키기가 용이하다는 장점이 있다. 반면에 현지인들의 승진기회를 제한하고 현격한 임금격차로 현지 관리자의 불만이 커져 생산성을 감소시키고 이직을 증가시킬 수 있다. 파견인들에게 현지국의 문화적 충격과 익숙하지 않은 사회적 환경으로 인한 적응시간이 필요하며 파견인들은 가족과 오래 떨어져 생활하기를 꺼려하기도 한다. 그리고 현지인의 문화를 고려하지 않은 본국 위주의 경영방식은 현지인과의 갈등을 유발시킬 수 있다는 단점이 있다.

2) 현지 중심

현지 중심(policentric)은 현지에서 채용한 인력이 현지 자회사를 경영하도록 하는 관리방식이다. 본사의 개입을 최소화하며 현지 상황에 적합한 인적자원 정책과 관행을 개발하여 활용하는 이문화 인적자원관리방법이다. 이는 국가별 고유한 문화와 관습을 인정하는 현장경영의 일환이며 현지국의 법, 문화, 관습에 따른 제도를 만들어 실시하고 보상과 승진도 현지국의 다른 기업들과 유사하게 한다. 현지 자회사의 경영활동이 매우 위험한 상황이 아닌 이상 본사의 개입을 최소화 하게 된다.

따라서 현지 중심은 현지 종업원을 고용, 관리하는데 필요한 언어장벽의 문제를 피할 수 있고 파견인에 비해 인건비가 절감된다. 시장 확대가 용이하고 소비자, 정부기관, 근로자들과 우호적인 관계를 유지할 수 있으며, 본사 위주의 사고방식에서 발생하는 문제들을 완화시킬 수 있다는 장점이 있다. 반면에 현지국 자회사 관리자와 본사에 있는 본국 관리자 간 격차를 해소하는 과정에 문제가 있으며, 본사에서 추구하는 국제경영전략이 왜곡될 수 있다는 단점이 있다.

3) 지역 중심

지역 중심(regiocentric)은 전 세계를 몇 개의 지역(유럽, 북미, 아프리카, 동남아 등)으로 구분하고 한 지역을 관리하도록 하는 방법이다. 이는 국가별로는 차이가 있지만 인근지역이 가지고 있는 유사한 문화를 활용한 방식이다. 한 나라의 국경을 넘어 한 지역 내에서 합리화하는 데 초점을 두고 있다. 문제는 지역본부장을 본사에서 파견할 것인지, 지역국가 중의 현지인을 임명할 것인지, 제3국인을 임명할 것인지의 문제이다. 본사에서 파견할 경우 본사의 의사소통은 잘 이루어지지만 지역특성을 살리기 어렵다는 점이 있기 때문에 그 지역에서 전문가를 선발하여 임명하는 것이 바람직하다. 따라서 지역 중심은 각각의 지역 내부의 의사소통과 조정이 활발하다는 장점은 있으나 지역과 본사 간의 의사소통과 조정은 미흡하다는 단점이 있다.

4) 세계 중심

세계 중심(geocentric)은 조직의 주요 직책 관리자나 모든 종업원을 자국인, 현지인, 제3국인 등 국적에 상관없이 필요 인력이라면 채용하여 경영하도록 하는 방법이다. 인적자원관리 정책도 오직 하나의 틀에 의해 전 세계 지사를 똑같이 관리한다. 하나의 거대한 기업처럼 운영된다. 이를 위해서는 자사 맨(man)인 국제관리자를 육성하는 것이 중요하다. 하지만 현지국의 사정에 따라 어느 정도는 관리기준을 다르게 하는 것이 보통이다.

표 13-2	국제인적자원관리의 접근방법에 따른 장단점			
구분	본국 중심	현지 중심	지역 중심	세계 중심
장점	• 자질 갖춘 현지인 부족에 대응 • 본사와 원만한 의사소통 • 본사 핵심역량 이전	• 언어장벽 문제 해소 • 인건비 절감 • 현지인끼리 우호관계 유지	• 지역내부의 의사소통과 조정은 활발	• 글로벌 간부 개발 • 강력한 기업문화 형성 • 비공식 네트워크 구성 가능
단점	• 현지인 승진기회 제한 • 임금격차 • 문화충격 • 가족과의 이별 • 현지인과 갈등	• 본사관리자와 자회사 관리자 간의 격차 • 본사 국제경영전략 왜곡	• 지역과 본사 간의 의사소통과 조정은 미흡	• 현지국가의 고용압력 • 높은 임금 등 비용이 많이 듦 • 국가 간 이동 시 장애요인이 많음

〈자료〉 인적자원개발 사례연구, 국제인적자원관리, http://cafe.naver.com/hanyanghrd 수정보안.

따라서 세계 중심은 다국적 기업으로 하여금 국제적 관리직 간부를 개발하는 데 용이하며, 전체 조직 관리자 간의 국가적 정체성에 대한 충돌을 줄여 준다. 따라서 강력한 기업문화와 비공식적인 관리 네트워크 구성이 가능하다는 장점이 있다. 반면에 현지 국가의 정부가 자신의 국민들을 다국적 기업의 현지 자회사에서 고용하도록 요구하여 현지 국가와의 갈등이 유발될 가능성이 있다. 또한 외국계 기업이라는 부정적 인식을 없애기 위해 현지 국가의 평균임금 수준보다 높은 임금을 지급해야 함은 물론 표준화된 국제적 보상구조가 필요하게 됨에 따라 비용이 많이 든다. 그리고 국가 간 인력을 이동하는 데 장애요인이 많다는 단점이 있다.

쉬어갑시다

AI에 밀려나는 인간 직장인...공존 위한 미래 조직은? 구글, 직원 행동 분석해 인사·조직 의사 결정

AI(인공지능) 영향이 하루가 다르게 커지며 AI와 인간이 공존하는 일터를 고민해야 되는 시대가 됐다. 생성형 AI는 직원들의 일하는 모습마저 바꾸고 있으며, 머잖아 인간이 수행하는 직무의 많은 부분을 AI가 담당하며 AI와 인간이 함께하는 사무실 풍경이 자연스러워질 것으로 전망되고 있다. 생성형AI 원조격인 미국의 경우 이미 AI에 대체돼 해고되는 사례가 속출하고 있다.

20일 LG경영연구원에 따르면 이 연구소 박태준·강진구 연구원은 최근 발표한 'AI와 공존시대, HR(인적자원관리)의 역할' 보고서에서 AI와 인간이 공존하게 될 미래 조직에 대비해야 한다며 구체적인 HR 포인트를 제시했다.

▲AI 활용이 가능한 업무를 미리 파악해 둘 것 ▲AI에게 일을 잘 시키는 역량 중심으로 교육훈련 체계를 점검할 것 ▲회사의 핵심가치가 반영된 AI활용 원칙과 가이드라인 활용 등이다.

연구원은 "부서별 업무 중 향후 AI가 할 수 있는 일을 선제적으로 파악하고 필요한 역할 조정 계획을 수립해 둔다면 언제든 필요할 때 AI활용이 용이하게 된다"며 "동시에 인간이 반드시 해야 하는 역할도 미리 정하고 AI 기술의 발전과 조직 역량 수준을 고려해 지속적으로 역할을 조정해 나갈 필요가 있다"고 했다.

이어 "기존의 역량 개발 체계를 점검해 문제 진단, 분해, 재구성, 제약조건 설계 등 논리적 사고력 기반의 능력을 키우는 프로그램이 강화되도록 보완할 필요가 있다"고 있다.

또 "우리나라에서는 아직 생소하지만, 미국은 AI활용이 활발한 IT 기업을 중심으로 AI 사용

원칙이나 세부 가이드라인을 만들어 활용하고 있다"고 했다.

구글은 '세상의 정보를 체계화해 모든 사람이 더 쉽고 유용하게 이용할 수 있게 한다'는 미션이 AI 활용시에도 그대로 적용될 수 있도록 'AI Principle'을 만들었다. 또 사회과학자, 윤리학자, 인권 전문가, 정책·개인 정보보호 전문가, 법률 전문가들을 포함하는 혁신팀을 만들고 다양한 관점에서 AI에 대한 관리체계와 기준을 점검하고 있다.IBM은 회사의 AI 활용 결과가 내부 기준이나 조직의 추구 가치에 위배되지 않는지 검토하는 'AI Ethics Board'를 운영중이다.

◆ AI와 공존을 위한 조직

미국 HR컨설팅 회사 CG&G에 따르면 5월 미국에서 해고된 8만 89명 중 3,900명의 해고 사유가 'AI 대체'였다. AI가 인간의 일자리를 위협하는 형국인데 결국 공존가능성은 인간이 AI를 활용하는 방법에 달려 있다고 할 수 있다.

선도 기업들이 시도하는 다양한 방식의 조직 형태 사례를 통해 AI와 공존하는 미래의 조직 운영방식을 가늠해 볼 수 있다.

연구원은 대표적인 AI활용 조직의 모습으로 ▲COE(Center of Excellence) 지원 구조 ▲매트릭스 구조 ▲허브 앤 스포크((Hub & Spoke) 구조 ▲현업주도형 구조 등을 제시했다.

COE 지원 구조는 AI 전문가 숫자가 많지 않은 기업에서 AI COE라는 전사 조직을 구성하고 AI 전문가를 모아 다양한 프로젝트를 수행하게 하는 것이다.

매트릭스 구조는 각 조직별 AI 전문가 배기차 어느 정도 가능해진 경우, AI 적용이 필요한 특정 조직에 도메인 전문가, AI 전문가가 모여 일하며 각 사업·기능 조직과 AI 기술조직에 듀얼 리포팅을 하는 체제로 운영하는 것이다.

협업주도형은 조직내 AI 전문가 비중이 높거나 상대적으로 미국 IT 기업이 많이 활용하는 허브 앤 포그(Hub & Spoke)구조다.

'Hub'팀은 시너지를 내는 중심 조직으로 기술적, 인프라적으로 각 부서들을 연결하거나 필요 요소기술을 연구해 사업팀에 제공한다. 'Spoke'에 해당하는 사업팀은 해당 사업 운영을 위한 도메인 전문가, AI 전문가로 통합 구성되며, 독립적 의사 결정과 사업 추진을 담당한다. 하나의 사업팀이 다른 사업팀과 서비스나 기술적 시너지가 있다면 Hub팀 주도하에 통합사업 Task를 운영하기도 한다.

현업주도형 구조는 많은 전문가들이 예상하는 미래형 조직 형태다. 대부분의 부서에서 AI 활용 역량을 갖춘 도메인 전문가와 AI가 협력해 업무를 처리하는 구조다. 자체적으로 AI 모델을 구축하고 배포할 수 있는 역량을 보유한 개별 부서들은 중앙 조직으로부터 최소한의 통제만 받으며 완결적으로 AI를 활용할 수 있게 된다.

출처: LG경영연구원 정리

◆ 여전히 중요한 '인간의 역할'

AI시대 인간의 역할은 줄어들다 마침내 없어지는 것일까. LG연구원은 많은 전문가들은 AI 기술이 발전할수록 AI를 올바른 방향으로 더 잘 활용하기 위한 인간의 역할도 함께 커질 것으로 보고 있다고 했다.

▲AI가 무엇을 얼마나 해야 할지 업무의 방향과 범위를 지정해주는 일 ▲AI학습효과를 높여주는 일 ▲AI활용 결과물의 윤리성, 법적 문제 등의 최종 판단과 책임 ▲창의성 측면에서의 인간의 역할 등은 더욱 중요해질 것이라고 했다.

연구원은 대규모 언어 모델의 발전과 생성형 AI 툴 다양화로 적절한 단어, 문장구조, 구문 등을 잘 인식하도록 하는 프롬프트 스킬의 중요성은 덜해지는 반면 문제의 포괄적 이해 능력에 기반한 분석, 구조화, 논리력에 대한 필요성이 커질 것으로 전망했다.

또 알고리즘을 통해 목표 달성의 최적화에 집중해 행동하는 AI의 판단은 언제든 인간에게 해를 끼칠 수 있음을 보여준다며 인간은 AI 활용 결과물이 인간의 가치관을 충분히 반영하고 있는지, 도덕적 윤리적으로 적합한지, 법적으로 문제가 없는지 등을 최종적으로 판단하고 책임질 수 있어야 한다고 했다. 과거 데이터 학습 기반의 최적화라는 한계를 벗어나기 어려운 AI의 특성에 따른 창의성 측면에서의 인간의 역할도 여전히 중요할 것으로 전망됐다.

보스턴 컨설팅 그룹의 마케팅&테크놀로지 수석컨설턴트인 실베인 듀란튼은 미국의 비영리

재단에서 운영하는 TED 강연에서 "인간의 통제를 벗어난 AI는 최적화라는 목표만 추구하기에 무자비하고 가혹한 결정을 아무렇지 않게 내리고 '규칙만을 따르는 바보'가 될 수 있다는 점을 지적, 인간과 AI의 조화로운 협업을 강조했다.

LG경영연구원은 "인간만이 발휘할 수 있는 창의성을 개발하고 상상력이 지닌 가치를 더 크게 만드는 것이 향후 HR의 중요 과제가 될 수 있다"고 했다.

<자료> 포쓰저널. http://4th.kr. 2023.10.20.

2 국제인적자원의 관리대상

국제인적자원의 관리대상은 본사의 국제사업 요원을 비롯해 파견인, 현지인, 제3국인 등이 있다. 본사 국제사업 요원들은 본사의 직원들과 처리하는 업무만 다를 뿐 인적자원관리 정책의 적용은 동일하기 때문에 국제인적자원관리의 영역에서는 제외시켰다. 따라서 국제인적자원관리의 대상인 파견인, 현지인, 제3국인을 채용할 경우 각각의 특성과 장단점(<표 13-3> 참조)에 따라 기업의 정책에 맞도록 선택하거나 연계하는 것이 바람직하다.

1) 파 견 인

파견인은 본사에서 현지 자회사로 파견하는 자국인 사원을 말한다. 어느 대기업에서는 '외국주재 경험이 없으면 이사 승진은 논하지도 말라'는 격언이 있을 정도로 직원의 국제화를 도모하고 있다. 본사의 파견인력을 활용하는 목적은 기업입장에서 보면, 크게 다음과 같은 세 가지 측면을 고려하기 때문이다. 첫째, 글로벌 경영감각을 갖춘 차세대 리더를 육성하기 위함이다. 성장잠재력이 높은 핵심인재에게 해외에서 생산이나 영업들의 업무를 직접 경험할 수 있는 기회를 제공함으로써 글로벌 인재를 육성하겠다는 취지이다. 둘째, 현지시장과 산업에 대한 지식, 기술동향, 경쟁사 현황, 사회·문화적 특성 등 국제경영에 필요한 중요한 정보를 확보하기 위함이다. 셋째, 현지법인 혹은 자회사를 효과적으로 관리하기 위함이다. 본사의 해외파견인은 본사의 경영방식을 현지에 전파하고, 본사와의 커뮤니케이션을 통해 주요 사업현황과 정보를 지속적으로 교환하는 등의 임무를 수행하게 된다.

현지자회사 파견 이유

① 현지국의 기술수준 저하로 본사의 기술을 외국생산지에 파급시키고자 할 경우, 이를 통해 자사제품과 본사제품의 품질수준을 맞출 수 있음

② 본사의 기업정책을 일관되게 추진하고 수행하고자 할 경우

③ 현지 노동시장의 빈약으로 유능한 기술자 및 관리자가 부족한 경우

④ 모기업이 글로벌 지향의 경영을 하기 위하여 경영자의 해외파견을 하나의 훈련과정으로 간주하는 경우

⑤ 모기업에 감당할 수 없을 정도의 고급인력이 남아도는 경우

⑥ 모기업에 외국사정에 정통한 인재가 없어 지역전문가를 양성해야 할 필요성이 있는 경우

⑦ 현지기업을 중심으로 하여 사업을 타 지역으로 확장해야 할 필요성이 있는 경우

⑧ 최고경영자가 보유하고 있는 고급기술과 기능이 법적으로 보장되어 있지 않은 경우

⑨ 현지기업이 시효가 있는 계약에 의하여 단명할 것으로 예견되는 경우

⑩ 현지국이 다종족 또는 다종교의 사회이기 때문에 이들 중의 한 종족 또는 특정 종교 출신의 현지인 경영자가 정치적 문제를 야기하거나 경제적으로 배척될 가능성이 있는 경우(*)

⑪ 현지기업이 어떠한 경우에도 '외국인투자기업'이라는 인상을 유지해야 할 필요가 있는 경우

⑫ 현지국 내에 오래 전부터 모기업과 관계를 맺어온 현지인에게는 경영을 맡기기 어려운 사정이 있고, 또 다른 현지인에게 경영을 맡기면 이들과 적대적인 관계로 발전할 수 있는 경우(*)

⑬ 현지인은 다른 지역으로 전보하기가 어렵게 되어 있는 경우(*)

⑭ 모든 사정을 고려한 결과 특정 직무에 대해서는 본국인이 가장 적합하다는 판단을 내린 경우(*)

⑮ 현지인이 민족주의적인 색채가 강하여 기업의 이익보다는 자기 국가의 이익에 더욱 민감하게 반응할 경우(*)

(*) 표시항목은 제3국인을 채용해도 무관한 상황

<자료> 박영배(2011). 에센셜 인적자원관리, 도서출판 청람, p. 312.

아직까지는 다국적 기업이 상급관리자의 직위에 본사로부터 파견된 인력을 활용하는 비중이 높은 것으로 나타나고 있는데, 이러한 본사인력의 해외파견에 대한 필요성을 분석하는데 있어서는 특히 다음의 사항들을 고려해야 한다.

첫째, 기업이 범세계적인 네트워크를 구축하여 해외자회사가 본사와의 강한 유대감을 가질 필요가 있을 경우, 본사와 해외자회사를 연결하는 역할을 원활하게 수행할 수 있는 본국인을 파견하는 것이 바람직하다. 특히 현지에서 기업운영에 적합한 인력을 확보하기

가 어려운 경우에는 현지인의 관리능력이 일정 수준에 이르기까지 본국인이 관리자의 역할을 맡는 것이 더 효과적이다. 그러나 현지국이 본사와의 상호작용 정도가 높아 현지국에서의 사회적 네트워크가 기업의 성과에 큰 영향을 미칠 경우 현지인을 적극적으로 활용해야 할 것이다.

둘째, 본국과 현지국 간의 문화적 차이도 고려해야 한다. 양국 간의 문화가 매우 상이할 경우에는 본국파견인의 문화적응에 필요한 훈련에 많은 노력과 비용이 소요된다. 많은 비용을 들여 파견을 했음에도 불구하고 본국파견인이 현지국 문화에 적응하지 못할 수 있기 때문에, 일반적으로 현지인 채용이 바람직하다. 물론 본국파견인이 양국 간의 문화적 격차를 줄이는 조정자로서의 역할을 할 수도 있으므로, 기업은 대안에 따른 비용과 효익을 면밀하게 검토해 볼 필요가 있다.

셋째, 현지의 정치적 요인을 고려해야 한다. 예를 들어 현지국이 본국파견인의 수를 제한하는 경우가 있다. 이러한 경우가 아니더라도 사회적 정서와 공중관계를 고려하여 특정 직위나 구성원의 일정 비율을 현지인으로 충당하는 것이 바람직할 수도 있다.

넷째, 비용 측면도 고려되어야 한다. 일반적으로 본국인을 파견하는 것보다는 현지인을 채용하는 것이 훨씬 비용이 적게 든다. 만일 본국파견인을 활용하는 경우 기본적인 급여 외에도 해외에서 근무하는 데 필요한 추가적인 부대비용이 많이 소요되므로 적정수준을 유지하는 것이 중요하다.[6]

하지만 파견인은 가족들의 반대, 취학아동의 교육문제, 상이한 생활습관에 대한 두려움, 언어에 대한 두려움, 승진기회 상실에 대한 불안 등으로 인하여 파견을 기피하기도 한다. 이러한 문제를 해결해 주기 위해서는 문화적 충격을 완화시키고 언어적 장벽을 줄이기 위한 사전교육을 실시하거나 현지자회사에 단기 출장 및 근무를 시킴으로써 사전에 경험하도록 하는 것이 바람직하다. 또한 본사의 모기업 사원과 동등하게 승진기회를 주거나 우대해 주어야 하며 파견을 마치고 본사로 재진입 시 본사에서의 안정된 보장책이 마련되어야 한다.

2) 현 지 인

현지인은 자회사가 위치한 국가의 현지국민인 사원을 말한다. 단순히 수출만을 하는 기업들은 현지요원을 반드시 채용할 필요는 없다. 그러나 스스로 설립한 현지지사들로 하여금 현지거래선을 알선케 하거나, 스스로 설립한 해외 마케팅 자회사들을 통하여 현지국 및 제3국 마케팅을 전개할 때는 현지의 외국인 판매인력이 필요하게 된다. 이에 판매요원뿐만 아닌 최고경영자에 이르기까지 거의 모든 직책에 현지인으로 채용하기도 한다.

최근 들어 다국적 기업이 해외자회사의 관리자로 파견인보다는 현지인을 채용하는 추세가 늘어나고 있다. 이같은 현상은 현지인력의 가용성이 증대되었기에 가능해졌다. 또한, 현지국의 언어와 문화에 익숙한 현지인을 채용함으로써 현지여건에 맞는 기업운영이 가능하며, 현지인 채용이 인건비 측면에서도 효율적이기 때문이다. 다국적 기업은 현지인을 채용함으로써 증대되고 있는 현지화를 보다 쉽고 효율화할 수 있다. 효율적 관리자에게 승진에 대한 동기부여도 제공할 수 있다. 하지만 현지인 채용방식에 있어 장점만 존재하는 것은 아니다. 만일 현지기업이 본사의 글로벌 사고나 정책을 따르지 않을 경우, 또는 본사의 기업목표와 업무수행방식을 제대로 숙지하고 있지 못한 경우에는 기업운영에 있어서 본사와는 다른 관점을 지닐 수 있고 기업 전체의 이익보다는 현지기업의 이익이 우선시 될 수 있다. 그 결과 기업의 범세계적인 전사적 통제 및 조정이 제대로 작동되지 않을 가능성도 존재한다.[7]

3) 제3국인

제3국인은 자국인도, 현지인도 아닌 직원을 말한다. 제3국인은 직무수행능력이나 경제적 비용에 초점을 맞추어 채용하게 된다. 예들 들어 중국에 자회사를 두었을 때 최고경영자는 한국인도 중국인도 아닌 중국에 대한 이해도가 높고 국제적 능력을 갖춘 대만인

표 13-3	국제인적관리의 관리대상의 장단점		
구 분	파견인	현지인	제3국인
장점	• 충성심이 높음 • 국제인 양성 기회 • 국내 본사 승진 체증 해소 • 본사와 의사소통 수월 • 제품지식이 많음	• 현지 적응 수월 • 정보수집 및 판매 수월 • 현지인 승진기회 부여 • 비용(체제비) 절감 • 현지 정부, 고객의 이미지 제고	• 전문가적 능력을 가진 인력 채용 • 저임금 근로자 활용 가능 • 글로벌화 이미지 제고
단점	• 단기 귀국 • 문화차이로 인한 문화충격 • 외국체재비용 추가 부담 • 현지인 사기 저하 • 현지 정부, 고객의 이미지 저하	• 현지 국가 우선 행위 • 이직 가능 • 본사와 의사소통 곤란 • 본사 정책이나 전략 이해 부족 • 자격있는 전문인 채용의 어려움	• 현지인이나 파견인 간 의사소통의 어려움 • 급여차이로 인한 갈등 • 갈등 유발 시 해소에 어려움

을 채용하고 공장은 인건비가 저렴한 동남아인을 채용한다. 관리직 일부는 현지인과 파견인이 맡을 수 있다. 다문화의 특성을 가진 다국적인들이 모여 있기 때문에 의사소통, 갈등해소방법 차이, 급여차이 등의 문제가 유발될 수 있다.

3 국제인적자원의 관리활동

1) 파견인 인적자원관리활동

(1) 파견인 채용

파견인은 본사의 기업목표달성과 현지국의 이익을 동시에 고려해야 하고 이질적인 문화에서 적응해 나갈 수 있어야 한다. 이외에도 본사에서는 자신에게 주어진 업무만을 열심히 수행해도 되었지만 해외로 파견될 경우에는 자신의 일을 스스로 찾아서 하거나 스스로 의사결정을 내려야 할 때도 많다. 따라서 파견인을 선정함에 있어서 이문화에 대한 현지적응능력, 어학능력, 업무수행능력, 개인적 특성 등을 고려해야 한다.

한편 파견인의 실패(expatriate failure) 문제가 나타나기도 한다. 파견인의 실패란 예정된 해외근무임무를 달성하지 못하고 중도에서 귀국하는 경우를 말한다. 파견의 실패에는 여러 가지 원인이 있으나 인적자원의 선발 실수가 가장 큰 이유이다. 현지파견자의 선발기준으로 주로 활용되는 자질들은 국제적 감각, 이문화 적응능력, 현지인들과 의사소통과 원만한 인간관계, 국제적 업무수행능력, 현지국 변화에 대한 감지력, 자신감과 정신적 건강 등을 들 수 있다.

파견인 선발에 있어서 추가적으로 고려해야 할 사항은 파견인의 가족, 특히 배우자

표 13-4 **해외파견인력 선발기준**

역량 요인	적응성 요인	개인 특성
• 기술적 지식 • 리더십 능력 • 경험, 과거 실적 • 지역에 대한 전문 지식 • 언어능력	• 해외업무에 대한 관심 • 대인관계능력 • 문화적 공감 • 새로운 경영스타일에 대한 이해 • 환경적 제약에 대한 이해 • 가족의 적응성	• 나이 • 교육 • 성별 • 건강 • 결혼 여부 • 사회적 수용성

〈자료〉 Czinkota, M. R. et al.(2005). International Business Thomson, p. 483(김광수 외, 재인용).

문제, 자녀교육 문제 등이 있다. 성공적인 해외근무를 위해서는 가족의 협조가 무엇보다 중요하기 때문이다. 그럼에도 불구하고 아직 우리나라 기업들은 가족의 현지적응을 지원하기 위한 제도적 지원이 미흡한 실정이다.

(2) 파견인 교육훈련

교육시기는 파견 이전과 이후로 나누어 실시하는 것이 좋다. 파견인의 교육훈련은 문화충격을 줄이기 위한 이문화 습득훈련, 현지적응훈련, 그리고 현지어학훈련을 비롯해 실무능력에 대한 추가적 훈련 등을 내용으로 한다. 그런데 파견 시 주요 고려사항 중 하나는 가족 및 배우자들이다. 이에 파견자 가족을 위한 어학교육 및 이문화 교육도 이루어져야 한다.

교육훈련은 단계별로 나누어보면 1단계에서는 문화적 충격을 줄일 수 있는 교육훈련(현지국에 대한 오리엔테이션, 언어교육 등)을 실시하고 2단계에서는 업무적인 능력과 관련된 교육(국제경영, 현지국의 경제·법률·경영교육, 현지국의 경영계획과 본사의 전략연계교육, 현지국 인접국가들의 환경교육, 현직인과의 대인관계, 이국문화 이해교육 등)을 실시한다.

다국적 기업이 훈련과 개발 프로그램을 계획할 때 고려해야 할 첫 과제는 표준화된 프로그램에 의존할지 아니면 자체적인 맞춤 프로그램을 개발할지에 관한 것이다. '표준형 프로그램(standardized program)'은 세계 어디서나 관리자를 위해 사용될 수 있는 일반화된 프로그램을 말한다. 그 예로서 보편적으로 활용될 수 있는 계량분석 혹은 기술적 전문지식을 향상시키기 위한 프로그램이 이러한 범주에 속한다. 이러한 표준형 프로그램에는 행동지향적인 성격의 훈련도 포함될 수 있다. 예를 들어 의사소통과 동기부여 및 리더십 등에 대한 기본적인 기법의 학습이나 글로벌 규모에서의 문화적 차이를 이해하는데 도움을 주기 위한 학습 프로그램 등이다.

표준형 프로그램과는 달리 '맞춤형(customized) 훈련 프로그램'은 교육참가자의 특정 욕구에 맞도록 설계되며, 대부분 문화와 관련된 문제들을 다루고 있다. 기업이 글로벌 경영을 수행하기 위해서는 다양한 형태의 전문적인 지식과 능력을 지닌 인재를 필요로 한다. 따라서 국제적 관리자들을 양성하기 위한 프로그램은 특정 개인과 상황에 맞아야 할 것이다. 그리고 이러한 프로그램의 개발에는 일반적으로 다음과 같은 세 가지 조건이 필요하다. 첫째, 관리자는 특정 국가에 대한 편견이 없는 글로벌 사고를 지녀야 한다. 그들은 또한 글로벌 미션을 수행하기 위한 리더십을 발휘하기 위해 글로벌 환경을 이해할 수 있어야 한다. 둘째, 직접 해외사업에 대한 책임을 맡고 있는 관리자는 본사와 현지사업단위 간에 적절한 균형과 조화를 이끌어 낼 줄 알아야 한다. 셋째. 해외사업에 대한 책임을 직접적으로 맡고 있지 않는 관리자는 기업과 관련된 국제경쟁의 중요성을 이해해야 한다.

해외에 직접 파견되는 인력을 위해 가장 일반적으로 포함되는 훈련 프로그램의 내용과 방법을 구체적으로 살펴보면 다음과 같다.

- 환경브리핑: 현지국의 지리, 기후, 주거방식, 학교, 기업관행, 경쟁상태, 시장기회 등에 대한 정보의 제공은 현지에서의 생활과 효과적인 업무수행을 위해 필요하다.
- 문화강좌: 현지국의 풍속, 관습, 독특한 국민성, 규범, 가치체계 등에 관한 교육은 현지인을 이해하고 그들과 원활한 관계유지를 하는 데 도움을 준다.
- 언어교육: 언어는 그 나라를 이해하는 데 가장 효과적인 방법이 될 수 있고, 현지인과의 의사소통을 위한 가장 좋은 방법이므로 현지국의 언어를 숙달하는 것은 매우 중요하다.
- 감수성 훈련: 감수성 훈련을 통하여 자기 나라와 다른 나라의 문화에 대한 이해를

표 13-5	해외체류기간별로 적합한 교육훈련방법	
해외체류기간	교육훈련 기간 및 수준	교육훈련방법
1~3년	1~2개월 이상/높은 수준	몰입식 접근방법 • 평가센터 • 현지경험 • 시뮬레이션 • 감수성훈련 • 집중적인 언어훈련
2~12개월	1~4주/중간 수준	정서적 접근방법 • 문화적 동질화 훈련 • 언어훈련 • 역할연기 • 중요사건법 • 사례분석 • 스트레스 감소훈련 • 중간수준의 언어훈련
2개월 이하	1주일 이하/낮은 수준	정보제공 접근방법 • 지역소개 • 문화소개 • 영상/서적 • 통역자 활용 • 최소한의 언어훈련

〈자료〉 M. Mendenhall, B. J. Punnett, & D. A. Ricks(1995). Global Management, Cambridge, Mass, BAsil Blackwell; 장동운·최병우(2011). 인적자원관리, 청람, p. 283 재인용.

증진시켜 현지국의 이질적 문화환경에 대한 적응력을 개발할 필요가 있다.

- 문화동화 교육: 상이한 문화권에서 생활하다가 돌아온 직원이나 외부인사의 경험담을 들려줌으로써 이질적인 문화에 대한 두려움을 감소시킬 수 있으며 현지국의 문화에 대하여 보다 친근감을 갖게 된다.
- 현장실습: 파견될 대상국에 대한 단기간의 해외연수를 통하여 그 나라에 대한 이해를 증진시킬 수 있다.[8]

특히, 현장실습훈련의 경우, 현지국 방문, 복잡한 역할연기, 이문화 시뮬레이션 등을 통해 현지국에 대한 실질적 경험을 갖도록 하는 것이 효과적이다. 〈표 13-5〉는 해외체류기간별로 적합한 교육훈련방법을 보여주고 있다.

(3) 파견인 보상

본사 직원을 해외자회사에 파견하는 데는 상당한 비용이 든다. 보수체계는 파견자가 해외로 이전 시 재산상 이득도 손실도 보게 해서는 안 되며, 모두가 납득할 수 있는 일관성과 논리적인 관계가 수립되어야 한다. 모든 경쟁업체들과 비교할 때 무리가 없어야 하며 동기부여에 기여할 수 있어야 한다. 특히 본국과는 달리 현지국에서의 생활여건이 다르기 때문에 파견인과 가족에 대한 추가적인 복리후생이 불가피하다. 대표적인 것을 들자면, 현지 주택구입 지원금, 본국으로의 휴가 시 항공요금 지원, 해외에서의 자녀 교육비 지원, 이사비용 등 파견인 및 가족을 위한 기본적인 복리후생 혜택으로 간주될 수 있다.

복리후생 혜택 이외에도 파견인의 임금에도 본사에 있을 때에 비해 차이가 난다. 기업에 따라 나라에 따라 차이가 있지만 일반적으로 본국에서 받는 임금의 150~200%가 된다. 임금을 결정하는 방법은 크게 본국에서의 구매력 수준을 기준으로 하는 방법(home-based approach)과 현지국의 임금수준을 기준으로 하는 방법(host-country-based approach)이 있다. 전자의 방법은 현지파견인에게 본국의 생활수준을 유지할 수 있도록 보장함으로써 인적자원의 현지파견과 본국으로의 귀환을 용이하게 할 수 있다는 장점이 있으나, 본국 출신과 현지인들 사이에 불공정한 임금격차를 초래할 수 있다. 후자의 방법은 현지파견인과 현지인 사이의 임금에서의 불공정성과 임금관리에 드는 비용을 줄일 수 있다는 장점이 있으나, 개개인의 파견인들과 임금에 대한 교섭을 벌여야 한다는 점과 환율의 변동에 따라 모국의 임금수준과 비교한 해외파견인의 임금수준이 변한다는 단점이 있다.

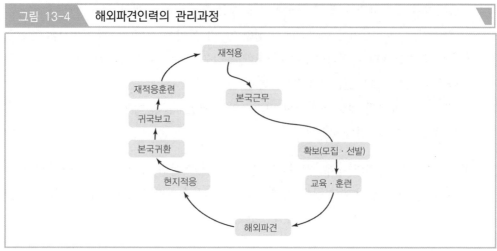

| 그림 13-4 | 해외파견인력의 관리과정 |

〈자료〉 장동운·최병우(2011). 인적자원관리, 청람, p. 310.

2) 현지인 인적자원관리활동

(1) 현지인 채용

현지인의 채용에 있어 주지해야 할 사항은 각국의 노동시장에 부합되는 채용절차를 반드시 따라야 한다는 것이다. 현지국의 남녀평등고용법, 장애인고용의무, 제3국인 채용 제한 등의 제도적 조항을 위반해서는 안 된다. 뿐만 아니라 현지인을 고용하는 경우 선발 도구에 의사소통능력을 비롯해 문화적 차이를 고려하여야 하며 외국기업의 호의성 여부, 자질, 기술수준 등을 고려해야 한다. 채용을 위한 기준도 선진국과 후진국 간에는 차이가 있다. 후진국일수록 선진국에 비해 학력을 고졸에서 대졸로, 자격증 소지 여부 등 채용기 준을 높여도 된다.

(2) 현지인 교육훈련

본국에서 사용하는 훈련 프로그램은 현지국의 문화적 가치와 부합하지 않을 수 있다. 따라서 각국의 문화적 가치와 규범에 부합되는 훈련이 중요하다. 현지인들에 대한 교육훈 련은 업무적인 측면에서 뿐만 아니라 본사 기업을 이해하는 데 많은 도움이 된다. 따라서 현지인을 본사로 불러서 교육훈련을 실시하는 것도 매우 중요하다. 이는 기업문화를 이해 하는 데 매우 중요할 뿐만 아니라 본사에서 교육을 받았다는 자체가 현지직원의 자부심 을 높여줄 수 있다.

(3) 현지인 보상

보상관리는 현지국의 임금수준과 법적 규제, 노동조합의 영향력, 문화적 선호를 고려해서 이루어져야 한다. 해외에 있는 모든 자회사를 동일하게 처리한다거나 본국의 기준으로만 처리하게 되면 문제 발생의 소지가 크다. 수직적 권위주의가 강한 문화권에서는 임금도 계층별로 격차를 두는 것이 바람직하고 수평적 평등주의가 강한 문화권에서는 보다 평등한 임금시스템을 적용하는 것이 바람직하다. 이처럼 그 나라의 문화를 비롯해 노동시장의 유연성, 노동법규, 노조의 영향력 등을 고려하여 결정하여야 한다.

(4) 현지인 고용유지

현지인의 이직률이 높으면 현지자회사의 손실이 높아갈 뿐만 아니라 기업 이미지도 나빠진다. 이에 현지인의 유지관리를 위해서 사기유발 프로그램을 적극적으로 개발하고 실행하여야 한다. 이는 노사분규와도 연계가 된다.

3) 귀임자의 관리활동[9]

(1) 귀임자가 직면하는 문제

파견인들이 다른 문화권에 진입할 때 새로운 환경과 문화에 대한 적응이 문제가 되듯이, 이들의 본사 복귀에 있어서도 유사한 문제가 발생한다. 하지만 지금까지 상당기간을 외국에서 생활한 후 종전의 익숙한 환경으로 돌아오는 해외파견자들의 귀임(repatriation) 문제에 대해서는 기업들이 크게 관심을 가지고 있지 않았던 것이 사실이다. 이러한 현상은 해외에서 활동하던 인력이 본국으로 돌아와서 적응하는 데는 큰 어려움이 없을 것이라는 가정에 기인한다. 하지만 현실에서는 귀임과 관련된 다양한 문제들이 발생하고 있기 때문에 귀임문제에 대한 기업의 새로운 대응이 요구되고 있다.

보통 해외파견인은 다양한 문화적 충격을 경험하면서 익숙하지 않은 새로운 환경에 서서히 적응하게 된다. 상당기간의 외국생활을 통해 대부분의 해외파견인들은 현지환경에 적합한 언어와 행동을 익히고 새로운 사고방식과 행동양식을 지니게 된다. 문제는 해외파견인이 해외에서 적응과 변화를 경험하는 동안, 본국 역시 정치 및 경제적 상황뿐만 아니라 기업 내부의 상황도 많이 변한다는 것이다. 이러한 이유로 본국으로 돌아온 관리자들은 본국이 낯설다고 느끼게 되어 귀임과정이 또 다른 해외파견처럼 느낄 수도 있는 것이다. 그러므로 본사의 업무복귀는 귀임자에게 종종 생활에 대한 적응보다 더 어려운데 특히 해외근무 경험이 크게 인정을 받지 못하는 회사의 경우 더욱 그러하다. 실제로 한 연구결과에 의하면 전체 해외파견 귀임자의 75% 이상은 외국에 나가있는 동안 자신이 본사의 관심에서 멀어지고 있다고 생각하는 것으로 조사됐으며, 이들 중 절반은 귀환 후에 해외에서 근무할 때에 비하여 낮은 지위를 부여 받고 있다고 응답했다. 이러한 귀환과정에서 귀임자가 흔히 겪게 되는 문제점들은 다음과 같다.

첫째, 해외근무가 경력단절로 이어질 수 있다는 것이다. 이는 복귀 후 귀임자가 본사에 적정한 직위로 배치를 받지 못하거나, 해외경험과 노하우를 활용할 만한 기회나 업무가 주어지지 않는 등 귀임자의 경력이 제대로 관리되지 않고 있기 때문이다. 이러한 현상으로 인해 해외에 나갈 경우 이들이 본사에서 잊혀질 뿐만 아니라 본사의 동료들이 경력단계를 밟는 동안 본인은 승진에서 제외되고 있다는 인식이 일반화되어 있다.

둘째, 해외에서의 경험에 대한 경시현상이다. 이는 해외파견근무에서 익힌 가치 있는 기술과 축적된 정보에 대해 본사의 동료와 상사가 무관심하거나 인정하지 않음으로써 귀임한 해외파견인이 좌절감을 느끼게 될 가능성이 높은 데서 기인한다.

셋째, 귀임 후의 직무에 대한 불분명한 계획이다. 기업은 종종 해외파견요원이 귀임 후 본사에서 어떠한 직무 또는 직위를 부여할 것인가에 대한 명확한 계획 없이 귀임시키는 경우가 있다. 이와 같이 새로운 직무 또는 직위에 대한 불명확한 계획은 귀임한 해외파견인에게 많은 문제를 안겨준다. 특히 본사 조직에 변화가 생겼을 경우, 이에 대한 적응의 어려움은 매우 크고, 파견기간 동안 구조조정이나 새로운 사업전략 및 운영방식 등으로 인해 변해 있는 조직에 적응하기 쉽지 않기 때문이다.

넷째, 대부분의 기업에서는 해외파견을 마치고 귀임한 구성원이 모국의 생활에 전반적으로 만족할 것이라고 생각한다. 그러나 해외파견 기간이 오래된 귀임자일수록 그렇지 못한 경우가 더 많다. 해외파견 기간이 오래될수록 이들은 우선 복귀 후 자신을 알지 못하는 많은 동료들로 인해 정신적 스트레스를 받게 된다. 더욱이 장기간에 걸친 타 문화권에서의 생활은 자신도 모르는 사이에 현지의 문화를 내면화하기 때문에 모국으로 돌아와서 겪는 역문화 충격이 심각한 수준에 이를 수 있다. 내면화의 상당 부분은 잠재의식에서 일어나기 때문에 해외파견을 마치고 돌아온 귀임자는 자신이 심리적으로나 정신적으로 얼마나 많이 변했는지를 의식하지 못하고 있을 수 있다.

(2) 귀임자를 위한 관리방안

2005년 대한무역투자진흥공사의 연구결과에 의하면 조사대상 대기업의 평균퇴직률이 10%인 반면, 해외파견 중의 퇴직률은 8%, 귀임 후 1~2년 이내의 평균퇴직률은 15~20%에 달하는 것으로 나타났다.[10] 다시 말해 해외파견 귀임 이후의 퇴직률이 평균 퇴직률보다 높게 나타나고 있는 것이다. 하지만 여전히 기업들은 귀임 적응 문제에 크게 관심을 가지고 있지 않다. 몇몇 기업들은 국내에서 계속 근무한 관리자보다 해외에서 파견근무 후에 돌아온 관리자들 가운데 직무 불만족과 이직률이 증가하는 원인을 찾기 위해 노력 하기도 하지만 여전히 다수의 기업들이 이 문제에 대해 등한시하고 있다. 귀임자 관리방 안에 대한 고민이 필요한 이유가 여기에 있다.

귀임자가 제 역할을 완벽히 그리고 효율적으로 수행하기 위해서는 대게 6개월 내지 1년여의 시간이 걸린다고 한다. 그 효율성이 중간 단계에 이르기까지는 두 세달 정도 걸 리며, 귀임자가 점차 본국에서의 삶에 적응하게 됨에 따라 효율성이 시간이 지날수록 증 대된다. 따라서 기업은 해외파견인이 귀국 후 직면하게 되는 여러 가지 어려운 문제들을 해결하는 데 도움을 주도록 노력하고, 이들이 본국 및 기업조직의 환경에 빨리 재적응하 여 해외에서 습득한 경험 및 기술, 지식 등을 본사에 활용할 수 있도록 해야 할 것이다.

귀임자가 복귀 후 본사 생활에 대한 적응력을 높이기 위해서는 무엇보다 기업 차원 에서 다음과 같은 조치를 취해야 한다.

첫째, 해외파견인이 귀임 후 신속히 조직에 적응할 수 있는 제도적 장치를 마련해야 한다. 해외근무를 마치고 돌아오는 사람들은 본사의 여러 상황들을 제대로 알지 못하기 때문에 심적으로 불안감을 느낄 수 있다. 따라서 본국으로의 귀임이 확정된 경우 적어도 6개월 전에 대상자에게 귀임 사실을 미리 통보하고, 회사의 상황이나 복귀 후 감당해야 할 업무 등에 대한 정보를 제공해 주어 본인이 심적인 안정감을 갖도록 해 주어야 한다. 예를 들어, Monsanto와 Intel은 파견근무경험이 있는 사람을 조언자로 활용하여 파견귀임 자의 신속한 적응을 도와주고 있다. 또한 귀임자에게 해외에서 가졌던 권한과 보상에 버 금가는 업무를 약속함으로써, 회사가 이들을 잊지 않고 복귀 후 자리를 제공한다는 믿음 을 주는 것이 중요하다.

둘째, 복귀 후에 담당하게 될 업무를 미리 마련하는 등 귀임자의 경력개발계획도 수 립해 놓아야 한다. 귀임자가 돌아왔을 때 해외근무경험을 활용할 수 있는 업무를 부여하 여 이들의 지식과 노하우를 활용함과 동시에 귀임자의 경력개발을 촉진하도록 해야 한다. 예컨대, Royal Dutch Shell은 해외귀임자를 전담하여 관리하는 'Resource Planner'라는 제 도를 운영하고 있다. 이들은 귀임자들과 지속적으로 접촉하면서 본사에 대한 소속감을 유 지할 수 있게 하고, 최소한 귀임 3~6개월 전에는 귀임자들이 복귀 후에 담당해야 할 직 무에 대해 통보해 주는 등 본사 복귀 후에 공백 기간 없이 즉시 해외경험을 살려서 일할 수 있도록 도와주고 있다. 또한 '대부(Godfather)'라고 불리는 기술고문이 장기간 해외에 나가 있는 동안 쓸모없는 것이 되어버렸을 수도 있을 귀임자의 전문기술이나 지식을 향상시키는 교육을 담당하는 업무를 맡고 있다.

셋째, 본사의 조직구조상 해외근무를 승진을 위한 필수조건으로 인정함으로써 조직구성원들이 해외근무를 긍정적으로 보게 해야 한다. Exxon은 해외파견근무를 중간관리자급 이상으로 승진하기 위한 필수요건으로 정하여 회사가 파견근무자의 경험과 노하우를 중시한다는 점을 구성원들에게 주지시키고 있다.

넷째, 해외파견근무자의 본국 주거문제와 관련한 지원정책을 마련함으로써 귀임 후 집값 상승 등으로 인한 경제적 부담을 최소화하는 방안도 고려할 수 있다. Union Carbide 나 Aluminum Company of America는 해외파견인의 집을 세놓거나 유지·관리하는 제도를 운영하고 있다.

다섯째, 해외파견인과의 지속적인 커뮤니케이션을 유지함으로써 이들이 본사에서 일어나는 일들을 인지하도록 한다. 또한, 해외파견자가 일정기간 이상 본국을 방문하는 경우에는 본사의 프로젝트에 참여시키고 동료들과의 관계도 유지하도록 한다. 이러한 방법을 통해 해외파견인들이 본사에 알려질 수 있고, 본사의 정규적인 구성원으로 인정받을 수도 있다. 실질적으로 기업에서 발생하는 다양한 변화를 인식하는 해외파견자는 대부분 본국에 귀환하여 보다 효과적으로 직무수행하는 것을 알 수 있다.

4 국제인적자원관리와 문화

국제인적자원관리를 전개하는 과정에서 무엇보다 중요하게 고려해야 하는 것이 해당 국가의 문화이다. 사람이 다른 지역이나 문화권으로 들어갈 때 언어, 국민성, 기후, 생활습관, 가치관 등 문화차이에 따른 충격과 변화를 겪게 되며, 이전에 경험하지 못한 환경의 변화에 민감하게 반응한다. 따라서 기업경영이 글로벌화하면서 발생하는 가장 중요한 문제는 태어나면서부터 동질적 문화의 생활패턴과 의식으로 살아온 사람을 새로운 문화환경에 무난히 적응하면서 주어진 과업을 성공적으로 수행할 수 있게 하는 일이다. 잘못된 문화인식과 오해로 인하여, 그리고 상대방의 문화를 배려하지 못하는 문화중심주의에 빠져 국제거래에서 실패한 사례들도 종종 발견된다.

과거에 비해 국가문화는 이질적이면서도 그 벽이 낮아져 공통적인 세계문화가 형성되고 있다. 이는 정보기술의 발달과 교통의 발달로 국가 간 이질문화의 폭이 줄어들고 있기 때문이다. 하지만 아직도 그 나라만이 깊은 뿌리를 내리고 있는 문화가 존재하므로 이는 국제인적자원관리에서는 고려해야 할 중요한 요인이다. 예들 들어 팀제나 연봉제만 하더라

표 13-6	종업원 의식의 동서양 차이	
직장 의식	서양(미국)	동양(한국, 일본)
회사의 의미	스포츠경기	마을의 한 가정
기업목표	승리	유지
종업원	스포츠팀 선수	가정의 자녀
직장 인간관계	기능·역할 중심	감정관계
경쟁 여부	끝까지 경쟁	협조·우애
자아정체성	직무인(업무위주)	회사인(인집단 위주)
근무동기	소득, 능력개발	회사분위기
생산노력	경제성, 이해관계	노력, 땀, 훈련
승진기준	성과, 업적기준	연공기준
보상시기	즉각 보상	장기 보상

〈자료〉 임창희(2014). 신인적자원관리, 비엔엠북스, p. 521.

도 한국형 팀제니 한국형 연봉제니 하는 말이 나온 것은 문화적 차이에 따른 결과이다.

문화의 특성은 개인주의와 집단주의, 권위주의와 평등주의, 모험선호와 모험회피, 물질주의와 정신주의, 미래 중심과 현재 중심 등 이분법으로 나누어 볼 수 있다. 이는 동양과 서양 간 차이를 보이기도 하지만 국가 간의 차이를 보이기도 한다. 예컨대, 서양과 동양 간의 종업원 의식 차이를 살펴보면 〈표 13-6〉과 같다.[11]

예를 들어 인사고과의 평가요소 및 평가방법을 결정하는 데 있어서도 문화적 차이를 고려해야 한다. 개인주의가 강한 나라는 개인의 성과를 기준으로 평가해 주면 좋아하지만 집단주의가 강한 나라에서는 개인보다는 집단의 성과를 기준으로 평가받는 것을 선호한다.

쉬어갑시다 — "혁신 원천은 사람" 글로벌 기업들 '인재경영' 적극 나서 핵심 인력 채용·훈련 강화 … 도전하는 조직문화도 구축

"경영자 역할은 최고의 직원 수혈하는 것"

글로벌 컨설팅 업체 딜로이트는 흥미로운 그래프를 내놓았다. 미래 산업을 연구하는 구글 연구소 '구글X'의 아스트로 텔러 소장의 이론을 기반으로 만들어진 이 그래프에 따르면 기술은 폭발적으로 발전하고 있지만, 기업 생산성은 이를 따라가지 못하고 있다. 딜로이트는 기술 발

인재경영 5대 뉴트렌드

AI활용·젊은 리더 발탁

일과 삶의 균형 추구

상대평가 대신 절대평가

창의적 조직문화 조성

글로벌 인재 다양성 확보

기술 발전 과정에서 인재경영의 역할

변화의 정도

기술 발전 속도

기술 발전 속도와
기업 생산성 증가 속도의
격차를 줄이는 것이
'인재경영'

기업 생산성 증가 속도

시간

〈자료: 딜로이트 컨설팅〉

전 속도와 기업 생산성 증가 속도의 격차를 줄이는 것이 바로 '사람'이라고 강조한다. 빠르게 발전하는 기술에 적응하고 이 기술을 활용할 수 있는 인재를 많이 보유한 기업이 다른 기업보다 생산성을 높일 수 있다는 의미다. 애플 창업자 고(故) 스티브 잡스는 "혁신은 기업이 얼마나 연구·개발(R&D)에 돈을 투자하는지와 관련이 없다"며 "애플이 '매킨토시'를 개발했을 때 IBM은 R&D에 100배 더 많은 돈을 투자했지만, 돈으로 혁신을 이룰 수는 없었다"고 말했다. 그는 오히려 혁신은 "기업이 가진 사람들, 기업이 좋은 사람을 얼마나 많이 가졌는지, 경영진이 이들을 어떻게 이끄는지에 따라 결정된다"고 말했다.

인재경영에서 기업이 가장 집중하는 부분은 핵심 인력을 채용하는 것이다. 대부분의 직원이 단순 업무를 수행하던 과거에는 기업이 각 부서의 모자란 인력을 파악하고 필요한 수만큼 직원을 한꺼번에 채용했다. 그리고 인력이 필요한 각 부서에 직원을 배치했다. 하지만 이런 전통적인 채용 방식은 더는 유효하지 않다. 훈련비용을 줄이고 업무 성과를 높이는 데 필요한 능력을 갖춘 인재를 선별 채용하는 경우가 늘어나고 있다. 세계적인 경영학자 짐 콜린스는 "모든 직원이 기업의 중요한 자산은 아니다. 직무에 적합한 능력을 갖춘 직원이야말로 중요한 자산이다"라고 말했다.

10년 전까지만 해도 최고인재책임자(CTO· chief talent officer)를 둔 기업은 많지 않았지만, 요즘은 많은 기업에서 CTO들이 활동하고 있다. 핵심 인재를 타깃으로 인재경영의 효율성을 높이기 위한 것이다. 넷플릭스 CTO를 지낸 패티 맥코드는 "직원들을 위해 경영자가 할 수 있는 가장 중요한 일은 그들과 함께 일할 수 있는 최고의 직원을 수혈하는 것"이라고 말했다.

채용한 인력을 유지하려는 노력도 인재경영의 새로운 트렌드로 자리 잡았다. 많은 기업이 직원들이 다니기 좋은 직장을 만들기 위해 다양한 사내 복지 제도를 확충하는 이유가 이 때문이다. 예전에는 직원이 최대한 오랜 시간을 업무에 투자하도록 하는 것이 기업의 전략이었다. 최근에는 직원이 일과 생활의 균형을 맞출 수 있도록 지원하는 기업이 늘고 있다. 그래야 직원의 만족도와 생산성이 높아진다는 인식이 확산된 결과다. 기업들은 직원의 자기계발과 학습을 지원하기 위해 교육 프로그램을 운영하는가 하면, 가사를 위해 출퇴근 시간을 조절할 수 있는 유연근무제를 도입하고 있다.

기업의 활동 영역이 국경을 넘어 세계로 확대되면서 각 지역에 있는 직원들을 대상으로 하는 글로벌 시스템을 구축하고 직원 간 교류를 활성화하는 것도 기업들에 주어진 중요한 과제다. 회사 가치와 목표를 전 세계 직원에게 전달하는 글로벌 표준은 유지하면서 지역 문화와 특수성을 고려해야 하는 것이 글로벌 인재경영의 핵심이다. 글로벌 기업 IBM은 전 세계 38만 명의 직원을 관리하기 위해 디지털 인사 시스템을 도입했다. 전통적인 글로벌 학습 프로그램도 디지털 플랫폼으로 교체했다. IBM은 또 '비하이브'라는 사내 소셜네트워크서비스를 운영해 글로벌 직원들이 자유롭게 아이디어를 공유하고 교류할 수 있도록 했다.

<자료> 인재경영뉴트렌드, 197호, http://economychosun.com. 2017.4.24.

제13장 학습문제

1. 국제인적자원관리의 중요성과 개념에 대해 정의하시오.

2. 국제인적자원관리의 영역과 그 내용을 구체적으로 제시하시오.

3. 국제인적자원관리의 본국 중심, 현지 중심, 지역 중심 접근방법에 대해서 설명하시오.

4. 국제인적자원의 대상인 파견인, 현지인, 제3국인을 채용할 경우 장단점을 제시하시오.

5. 본사에서 현지자회사로 종업원을 파견하는 이유에 대해 설명하시오.

6. 해외에 직접 파견되는 인력을 위해 가장 일반적으로 포함되는 훈련 프로그램의 내용과 방법을 구체적으로 제시하시오.

7. 파견인의 현지적응 사이클에 대해서 설명하시오.

8. 파견인의 귀환과정에서 흔히 겪게 되는 문제점에 대해 논의하시오.

9. 국제인적자원관리와 문화 간의 관계를 기술하고 동서양 간에 어떠한 문화적 차이를 보이고 있는지에 대해 설명하시오.

참고문헌

1) 김광수·정동섭·이수형·이수진(2010). 국제경영, 박영사, pp. 382－383.
2) 신원무(2010). 한국기업의 글로벌 HR 과제, *LG Business Insight*, 3, p. 11.
3) Fisher, C. D., Schoenfeldt, L. F. & Shaw, J. B.(2003). *Human resource management*, 5th ed., New York: Hourhton Mifflin Co., p. 800.
4) DeNisi, A. S. & Griffin, R. W.(2001). *Human resource management*, New York: Houghton Mifflin Co., p. 108.
5) Fisher, C. D., Schoenfeldt, L. F. & Shaw, J. B.(2003). *op. cit.*, pp. 804－808.
6) 김광수·정동섭·이수형·이수진(2010). 전게서, pp. 390－391.
7) 상게서, pp. 389－390.
8) 장동운·최병우(2011). 인적자원관리, 청람, p. 314.
9) 김광수·정동섭·이수형·이수진(2010), 전게서.
10) 김정진·박경규·임효창(2010). 해외파견 귀임자의 효과적인 귀임적응에 관한 연구, 산업과 조직, 23(2), pp. 251－273.
11) 임창희(2014). 신인적자원관리, 비엔엠북스, pp. 520－521.

Human Resource Management

CHAPTER 14

인적자원관리의 최근 이슈

제1절 비정규직의 인적자원관리
1. 비정규직 근로자의 정의
2. 우리나라 비정규직 근로자의 고용
   형태
3. 비정규직 고용의 효과
4. 비정규직 문제해결을 위한 정책적
   대응방향

제2절 다문화 사회에서의 인적자원관리
1. 외국인 근로자의 활용과 현황
2. 우수 외국인 인력 유치 필요성
3. 외국인 근로자 고용상의 문제점

4. 외국인 근로자 고용과 인적자원관리

제3절 고령화시대의 인적자원관리
1. 고령사회의 도래
2. 고령화로 인한 사회·경제적 변화
3. 중고령자 인적자원관리의 요건

제4절 AI·빅데이터 시대의 인적자원관리
1. 4차 산업혁명과 동인
2. 4차 산업혁명과 노동환경의 변화
3. 4차 산업혁명과 인적자원관리

비정규직·정규직 월급 격차 167만 원 '역대 최대'

올해 비정규직 근로자와 정규직 근로자 간에 임금 격차가 역대 최대로 벌어진 것으로 나타났다. 다만 비정규직 근로자는 3년 만에 감소세로 돌아섰다. 감소 폭은 작지만 지속된 증가세가 멈췄다는 데 의미가 있다는 평가다.

통계청이 24일 발표한 '2023년 8월 경제활동인구조사 근로 형태별 부가조사 결과'에 따르면 올해 6~8월 월평균 임금이 정규직 근로자는 362만 3,000원으로 1년 전보다 14만 3,000원 올랐다. 비정규직 근로자의 월평균 임금은 195만 7,000원으로 7만 6,000원 증가했다. 전체 임금 근로자의 월평균 임금은 300만 7,000원으로 통계 작성 이래 처음으로 300만 원을 넘어섰다.

정규직 근로자와 비정규직 근로자 간 임금 격차는 약 167만 원이었다. 2003년 관련 통계가 작성된 이후 가장 높은 수준이다. 2016년 기준 약 130만 원이던 이들 간 임금 격차가 2018년(137만 원), 2020년(152만 원), 2022년(160만 원) 등으로 해마다 커진 셈이다.

다만 비정규직 근로자는 감소했다. 올해 8월 비정규직 근로자는 812만 2,000명으로 지난해 같은 달보다 3만 4,000명 감소했다. 감소 폭은 0.5%를 밑돌지만 지속된 증가세가 멈췄다는 데 의미가 있다. 비정규직이 감소한 것은 2019년 748만 1,000명에서 2020년 742만 6,000명으로 줄어든 이후로 3년 만이다. 비정규직은 2021년 806만 6,000명, 지난해 815만 6,000명으로 2년 연속 증가하면서 역대 최대치를 기록한 바 있다. 임금 근로자 중 비정규직 비중은 37.0%로 0.5%포인트 낮아졌다.

비정규직 근로자를 성별로 살펴보면 남성이 355만 7,000명으로 전년 동월 대비 9만 6,000명 감소했으나 여성은 465만 5,000명으로 6만 2,000명이 증가했다. 연령별로는 60세 이상이 261만 9,000명으로 비정규직 근로자가 가장 많았고 50대(162만 7,000명), 29세 이하(157만 7,000명) 등이 뒤를 이었다.

기재부는 향후 대응 방향과 관련해선 "민간과 시장 중심 일자리 창출을 지속 지원하고 비정규직의 불합리한 차별 근절 및 법적 사각지대 해소 등을 추진하겠다"고 밝혔다.

<자료> 문화일보, 비정규직·정규직 월급격차 167만 원 '역대 최대', 2023.10.5.

CHAPTER 14

인적자원관리의 최근 이슈

제1절 비정규직의 인적자원관리

지난 1997년 외환위기를 겪은 이후 우리나라 기업들은 기업환경의 급변과 해고가 쉽지 않은 우리나라의 현실을 고려하여 고용을 최소화하려 하거나 아니면 인력관리의 유연성을 확보하기 위해 임시직과 일용직의 비중을 높여 왔다.

그 결과 1996년 이후 임시직과 일용직의 비중이 매우 높아지게 되었다. 통계청의 조사에 따를 경우 2023년 상반기에 우리나라 전체 임금근로자 약 21,954천명 가운데 비정규직 근로자가 차지하는 비중은 37%에 이르는 것으로 나타나고 있으며,[1] 더욱이 최근 기간제근로자 및 단시간근로자 보호 등에 관한 법률이 제정됨에 따라 비정규직의 정규직 전환과 그에 따른 처우와 관련된 문제로 또 다른 갈등이 발생하면서 인적자원의 유연성을 확보하고자 하는 기업들에게 새로운 과제를 안겨주고 있다.

1 비정규직 근로자의 정의

비정규직 근로자에 대한 정의는 아직도 완벽하게 정리되어 사용되지 않고 있다. 통계청과 노동부 등 부처에 따라 고용형태별 분류도 다르며, 같은 명칭의 근로자라고 하더라도 통계적 정의가 달라 통계적 자료에 의해 비정규직 근로자를 명확하게 판단하기는 쉽지 않다. 따라서 상대적으로 보다 명확하게 제시되어 있는 정규직 근로자에 대한 정의와 비교하여 비정규직을 이해하는 것이 도움이 된다.

정규직 근로자란 "노동관계와 사용관계가 동일하고, 고용기간을 정하지 않은 고용관계를 맺으며 법정 근로시간 내의 전일제 노동을 하며 근로제공자가 근로기준법 등의 법적 보호 대상이 되는 경우"를 지칭한다.[2] 이를 좀 더 구체적으로 설명하면 정규직 근로자(regular worker)는 근로계약기간이 정해져 있지 않아서 근로계약의 해제사유가 발생하지 않는 한 정년까지 고용이 보장되고, 특정한 사용주와 소정근로일, 소정근로시간을 정하게 되면 그 날과 그 시간에 대해 근로제공 의무와 임금을 받을 권리가 생기며 또한 소정근로일에 결근을 하게 되면 징계대상이 되고, 법과 단체교섭에 의해서 임금과 신분을 보장받을 수 있는 자이다.

이러한 개념을 세분화하면 정규직 근로자는 다음과 같은 조건 하에서 근로를 제공한다.[3]

- 피고용자의 지위가 고용주와의 관계 속에서 종속적(dependent)이다.
- 고용계약은 특별한 사유가 없는 한 기간을 정하지 않은 상용고용이다.
- 근로시간은 전일제(full-time)이다.
- 노동일수는 통상 노동일에 준한다.
- 임금은 원칙적으로 월급으로 지급된다.
- 법과 단체교섭에 의해 임금을 보장받을 수 있고, 해고 등으로부터 고용관계의 안정성을 보장받을 수 있는 장치(노동조합, 노사협의회 등)가 있다.
- 임금의 수준은 기술과 기업 내 근속연수에 의한다.
- 피용자의 이해관계는 대표체제에 의하여 집단적으로 보호 받을 수 있다.

이러한 정규직 근로자의 특성과 비교하여 비정규직의 속성을 정리하면 〈표 14-1〉과 같다.

이 자료에서 보는 바와 같이 비정규직 근로자는 다수의 사용자와 고용계약을 할 수 있으며, 계약기간은 정해져 있고, 근로시간은 전일제(full-time) 혹은 단시간 근로가 가능하며, 경력과 개발은 자기 스스로 경로를 설정하고 개발에 투자하며, 특정 기업보다는 자신의 업무에 결속되며 고용자로부터 사내복지나 보험혜택을 제대로 받지 못한다는 특징을 갖는 것으로 해석할 수 있다.

표 14-1	정규직 근로자와 비정규직 근로자의 구분	
기 준	정규직	비정규직
고용계약	특정 사용자	다수 사용자
계약기간	정해져 있지 않음	정해져 있음
근로시간	전일제 근무	단시간 또는 전일제 근무
경력경로	특정 기업 내	개인적 수행
결속대상	특정 기업	특정 직무
인적자원투자	기업 내 수행	개인적 수행
사내복지	기업 내 혜택	혜택결여
사회보험	기업내외 수혜	기업 외 수혜

〈자료〉 박준성(2000). 비정규직 고용 실태와 관리방안, 경영논집, 3호, 서울대학교 경영연구소, pp. 189-223.

　한편 노사정위원회는 비정규직 근로자에 대한 정의가 명확하지 않음에 따라 발생하는 문제를 막기 위해서 2002년 7월, 비정규직 근로자를 고용형태에 따라 ① 한시적 근로자 또는 기간제 근로자, ② 단시간 근로자, ③ 파견·용역·호출(일일) 등의 형태로 종사하는 근로자로 정의하였으며, 이 범주에는 포함되지 않으나 고용이 불안정하고 사회적 보호가 필요한 근로계층을 '취약 근로자'로 분류하였다.[4]

　한편 미국 노동부가 제시하고 있는 비정규직 근로자의 개념은 네 가지 기준에 의하여 구분하는데, 먼저 계약기간에 준하여 정의할 경우 특정 기간을 정하고 그 기한 내만 고용하는 계약직, 1월 이상 1년 이하를 계약하여 근로케 하는 임시직, 1개월 미만을 근로하도록 계약하는 일용직이 해당된다.

　두 번째 고용관계 기준에서 보면 고용계약은 파견회사가 하지만 근로자의 사용은 근무지 회사가 통제하는 파견근로, 고용계약은 도급 및 용역회사가 하나 작업의 통제는 근무지 회사가 하는 도급/용역근로, 그리고 개인사업자 성격의 캐디, 학습지교사, 보험설계사 등의 특수 고용관계 등 간접고용이 해당된다.

　세 번째 근로시간 기준에 의할 경우 주 36시간 이하인 단시간 근로 혹은 시간제 근로가 해당된다. 그리고 네 번째 근로장소 기준에서 볼 경우 근무장소가 공간적으로 기업과 분리되어 있고 컴퓨터 및 통신 등을 사용하여 근무통제되는 재택근로, 원격근로, 텔레워크와 본사에 고용되어 있으나 협력회사에서 근무하는 본사직원 등을 비정규직 근로자로 구분하고 있다. 우리나라의 경우 이러한 4가지 구분기준 중 계약기간, 직접고용 여부, 근로시간 등이 주요 기준이 되고 있으며, 근로장소는 주요 기준으로 분류하지 않는 실정이다.

비정규직 근로자에 대한 구분이 명확하지 않다하더라도 지금까지 살펴본 바에 의하면 비정규직 근로자는 계약기간이 통상근로자에 비하여 짧거나 정년까지 포함되지 않거나, 고용관계와 사용관계가 일치하지 않거나, 계약된 근로시간이 짧은 근로자로 볼 수 있다.

2 우리나라 비정규직 근로자의 고용형태

앞에서 살펴본 바와 같이 비정규직에 대한 정의가 명확하지 않기 때문에 비정규직을 유형화하는 것도 쉽지 않다. 비정규직의 유형은 분류의 기준을 어떻게 설정하는가에 따라 그리고 각국의 노동시장의 관행과 특성에 따라 달라질 수 있다. 따라서 비정규직 근로자의 고용형태를 분류하기 위해서는 관행이나 명칭보다는 기준을 정하여 구분하는 것이 바람직하다.

비정규직 근로자의 개념정의 부분에서 살펴본 바와 같이 비정규직 근로자의 특성은 고용계약기간이 짧거나, 계약근로시간이 통상근로자에 비하여 짧거나, 혹은 고용관계와 사용관계가 다른 근로자가 해당된다. 이러한 세 가지 개념을 기준으로 하고 기타 유형까지 포함할 경우 네 가지 유형으로 구분할 수 있다.

첫 번째 유형은 기간을 정하여 근로계약을 맺는 경우이다. '기간제 고용'의 가장 중요한 특성은 고용의 '임시성'에 있으며 이러한 형태의 비정규직 고용을 '임시고용'이라고 한다. 임시고용에는 임시직, 계약직, 일용직, 촉탁사원, 인턴사원 등이 해당된다.

두 번째 유형은 소정시간보다 짧은 노동시간이 적용되는 경우로서 단시간(파트타임), 아르바이트 등이 해당된다.

세 번째 유형은 고용관계에 있어서 고용주와 사용사업주가 다른 간접고용 근로자들이 있는가 하면, 사용자와 명시적인 고용계약을 체결하지는 않았지만 특정한 사용자의 지휘·명령에 따르며 근로자의 재량권이 허용되지 않는 특수고용 근로자가 있다. 전자에는 파견,[5] 사내하청,[6] 용역[7] 등이 해당되며 후자에는 독립사업자 형태의 개인도급과 재택근로, 가내근로 등이 해당된다. 그리고 마지막 유형으로 일정기간 동안 우리나라에 산업연수생으로 파견되어 근무하는 외국인 근로자가 해당된다.

이처럼 비정규직 근로자의 고용형태는 매우 다양하고, 산업사회의 변화와 함께 계속해서 새로운 유형의 비정규 근로자들이 발생하고 있는 실정이다.

3 비정규직 고용의 효과

위에서 살펴본 것과 같이 비정규직 근로자가 급격하게 늘어난 이유에는 비정규직 고용이 내포하는 한계도 있지만 기업인적자원의 유연성과 비용절감효과 등 기업에게 여러 가지 효과를 가져다주기 때문이다.

1) 기업에 대한 긍정적 효과

(1) 인건비의 절감

기업이 비정규직의 근로자를 활용하게 되면 각 기업의 복리후생비용이나 퇴직금 비중에 따라 달라지기는 하지만 인건비는 일반적으로 절감되게 된다.[8] 정규직의 경우 모집, 채용, 교육훈련 등에서 많은 비용이 발생할 뿐만 아니라 복리후생, 퇴직금 등 간접비용도 많이 발생한다. 또한 장기근로로 인해 임금수준은 지속적으로 상승하는 등 기업차원에서 부담요인이 된다. 우리나라의 경우 2023년 기준으로 정규직의 월평균 임금이 3,623천원인데 비하여 비정규직은 1,957천원으로 정규직의 54%에 그치며, 국민연금이나 건강보험, 고용보험 등 주요 사회보험적용비율도 각각 38.4%, 52.6%, 54.2% 수준인 것으로 조사되었다.[9]

(2) 조직구조의 유연성 확보

노동조합과의 관계, 정리해고에 대한 법률적 제약 등으로 인하여 기업이 정규직을 대상으로 조직의 인력구조의 유연성을 확보하는 것은 용이하지 않다. 반면에 정규직 외에 비정규직을 고용할 경우에는 인력구조의 유연성을 확보하기가 용이하다. 즉, 비정규직 근로자의 경우에는 계약기간을 명시하거나 혹은 임시적으로 고용한 것이기 때문에 기업의 여건에 따라 언제든지 해당 비정규직 근로자와 계약을 취소할 수 있기 때문이다.

(3) 정규직 근로자의 보호

급변하는 경영환경 속에서 각 기업들은 부가가치를 최대로 창출하는 핵심부서의 핵심기술을 보유한 인력은 정예화하고 그들에 대해서는 투자를 아끼지 않는 반면에, 부차적으로 부가가치를 창출하는 업무를 수행하는 인력에 대해서는 비용을 최소화하는 경향이 있다. 즉, 기업의 인력구조를 이원화 혹은 다원화하여 관리하고 있다. 핵심업무를 수행하는 핵심인력으로 분류된 근로자에 대해서는 정규직으로 고용하는 반면에 나머지 직무를 수행하는 근로자에 대해서는 비정규직으로 고용하는 경향이 나타나고 있다.

실제로 많은 기업들이 기업의 핵심인력은 기업유지에 필요한 만큼 정예위주로 최소한만 보유하되, 기타인력은 단시간근로자, 임시직을 고용하거나 외부에서 인력을 파견 받아 사용하는 등 노동력 활용의 이원화 전략을 추구하고 있다.[10]

(4) 노동조합 세력의 약화

노동조합의 힘은 단체행동 시 직무현장 총투입인력 중 단체행동에 참여하는 근로자의 비율이 높을수록 커지며, 단체행동을 유지하는 데 사용되는 파업기금(주로 조합원의 회비에 의해서 구성됨)의 규모가 많을수록 크다고 할 수 있다. 그러나 기업 내 비정규직 근로자의 비중이 커질 경우 기업 내 조합가입률이 낮아지고, 노조가 사용할 수 있는 기금의 규모도 줄어들며, 단체행동 시 단체행동에 참여하는 근로자의 비율도 축소되게 되어 결국 노동조합의 힘이 약화되게 된다. 이처럼 기업 내 비정규직 근로자의 비중이 높아질수록 노동조합의 교섭력과 단체행동의 규모는 줄어들기 때문에 노동조합의 세력은 약화되게 된다.

(5) 전문 기술인력의 확보

기업에서 일시적으로 필요한 전문 기술인력을 정규직으로 고용할 경우 해당 업무가 한시적으로 마감될 경우 장기적인 입장에서 볼 때는 불필요한 인력을 고용하는 상황에 빠지게 되며 또한 이미 고용한 해당 인력을 해고하기도 용이하지 않다. 특별 프로젝트를 시행해야 하는 경우처럼 일시적으로 고급 전문 기술인력이 필요할 경우 기업은 일시적으로 정규직에 비하여 더 큰 비용을 지불하더라도 이들을 비정규직으로 고용하여 사용하는 경향이 있다. 이러한 경향은 빠른 기술변화나 기술전략의 변화로 인해 기업이 필요로 하는 전문 기술인력의 종류가 바뀌는 경우가 많을 경우에 더욱 그러하다. 그러한 지식과 기술은 기업내부의 단기 인력양성 프로그램에 의해서 가능한 것이 아니기 때문이다. 다시 말해서 기업들은 급변하는 기술환경 속에서 원하는 전문 기술인력의 공급이 부족할 경우 필요한 전문 기술지식을 갖춘 비정규직을 활용하게 된다.[11]

(6) 단시간근로 선호계층의 존재

기업만 비정규직을 선호하는 것이 아니라 근로자 스스로도 정규직보다는 비정규직을 선호하는 경우도 있다. 기혼여성 근로자의 경우 능력은 있다 할지라도 직장 외에도 육아·자녀양육 등의 제약조건 때문에 종일 근로를 하기 어려운 경우가 있으며, 이러한 여성근로자들은 시간제 혹은 재택근무와 같은 비정규직을 선호하게 된다. 또한 약간의 육체적 한계를 느끼지만 기술과 지식을 가지고 있는 고령자들은 자신들의 삶의 보람을 느끼기 위해 자신이 가지고 있는 지식과 기술을 사용하길 원하며, 그 방법으로서 정규직보다는 육체적 피로가 적은 단시간노동을 선호한다.

그 외에도 평생직장개념이 퇴색되기 시작하면서 직장에서의 삶보다는 자기 자신의 개인적 삶을 중시하는 가치관을 갖는 사람들의 경우에도 비교적 근로여건이 자유로운 비정규직을 선호하는 경향을 보이고 있다.

2) 기업에 대한 부정적 효과

(1) 교육훈련 비용 및 사고율 증가

비정규직의 경우 평균임금이나 복리후생비 혹은 퇴직금 등에서 기업에게 이익을 가져다주지만 또 다른 차원에서는 기업에게 비용을 지불하도록 하기도 한다. 예컨대, 비정규직에게 부여하는 과업이 매우 단순하여 1인당 교육훈련비가 매우 낮은 경우에는 큰 문제가 없지만, 만일 해당 기업의 작업체계나 기술이 특수한 경우에는 많은 훈련비용을 지출하게 만들 수 있다. 왜냐하면 비정규직은 정규직에 비하여 상대적으로 이직빈도가 높기 때문에 기간당 교육훈련 횟수가 증가하게 되며, 결국 기술교육훈련에 많은 비용이 지불되게 된다. 그런가하면 특정 업무에 대해 빈번하게 교체되는 비정규직은 작업장에서의 훈련과 직무경험이 부족하며, 조직과 직무에 대한 동기가 부족하기 때문에[12] 업무에서 상대적으로 높은 비율의 사고율을 보이게 되고, 결국 기업으로 하여금 또 다른 형태의 비용을 초래하게 만든다고 할 수 있다.

(2) 낮은 생산성

일반적으로 비정규직은 정규직과 다른 처우를 받으며, 정규직 역시 비정규직은 일정 기간이 지나면 조직을 나가게 될 사람으로 여기게 되기 때문에 비정규직과 정규직 간에 상호 작용빈도는 상대적으로 높지 않다고 할 수 있다. 따라서 비정규직의 경우 부서원들과의 팀워크가 부족하기 때문에 결과적으로 팀성과가 떨어질 우려가 있다. 외국의 연구에서도 비정규직을 고용하는 경우 팀원들 간에 상호 작용을 위한 투자가 적기 때문에 팀 성과가 떨어질 수 있으며, 돌발적인 상황에 대한 위기대처능력이 떨어질 수 있다고 제시한 바 있다.[13] 또한 비정규직의 경우 일정기간 동안 해당 업무만을 수행할 것을 계약하여 근무하는 경우가 많기 때문에 조직몰입이 낮으며 따라서 조직에 추가적으로 해결해야 할 문제 또는 긴급상황이 발생할 경우에 문제를 해결하는 데 상대적으로 헌신적이지 않을 가능성이 존재한다.

(3) 불공정성 지각과 갈등

비정규직 근로자와 정규직 근로자 간에는 임금, 복지후생, 퇴직금, 과업내용 등 근로조건상 일정한 차이가 존재한다. 비정규직은 정규직과 실질적으로 동일한 노동을 수행하면서 낮은 대우를 받고 있다고 생각하게 되고, 정규직은 비정규직과 다른 업무를 수행하고 그들로 인해 추가적인 업무를 감수해야 한다고 생각한다. 즉, 양 집단 모두 서로를 비교하며 불공정성을 지각하고, 두 집단 간에는 긴장 및 적개심도 만들어질 수 있다. 즉, 비정규직의 고용으로 인해 기업 전체 근로자들의 조직 및 직무에 대한 몰입도 떨어질 수 있다.[14]

또한 근로조건상의 차별성으로 인해 지각된 불공정성은 비정규직 근로자로 하여금 이를 회복시키는 여러 가지 행동을 유발하게 되며, 때로는 기업으로부터의 차별대우를 받았다는 법적 문제로까지 비화될 수 있기 때문에 주의할 필요가 있다.

이처럼 비정규직을 고용하여 활용하는 경우 문제점이 존재한다. 따라서 비정규직을 활용하는 데는 잦은 이직으로 인한 교육훈련 비용의 증가, 기업특유의 기술축적의 장애, 낮은 생산성, 정규직과 비교한 불공정의 문제와 이로 인한 갈등 등을 감수해야 한다. 눈앞에 보이는 효과에만 관심을 둔 나머지 비정규직 인력활용에 대한 비용을 제대로 평가하지 못하는 오류를 범하지 않도록 비정규직 활용에 대한 사전에 정확한 평가가 있어야 할 것이다.

4 비정규직 문제해결을 위한 정책적 대응방향

1) 종합적인 고용개선 프로그램

비정규직 문제해결을 위한 정책적 대응방향은 무엇보다 법의 테두리를 넘어선 종합적인 고용개선 대책이자 노동 패러다임의 전환, 즉 노동시장, 노동법, 노사관계, 산업정책까지를 포괄하는 종합적인 프로그램의 구축이라는 장기적 관점에서 이루어져야 한다. 특히 EU 및 유럽 각국에서 녹서(Green Paper) 등의 형태로 수십 개의 구체적인 질문을 던지며 중장기적인 계획을 확립하고 있고, 특히 비정규직뿐만 아니라 정규직까지 포함한 노동시장, 노동법, 산업정책이 결합된 새로운 노동 패러다임을 추구하는 경향이 있다는 사실에 주목해야 한다.

종합적인 고용개선 프로그램은 첫째, 유연안정화 전략에 기초하여 적절한 고용보호 및 사회보장과 유연성 강화의 조화, 많은 일자리 창출과 좋은 일자리 창출의 조화, 노동시장과 노사관계의 조화를 이룰 수 있는 핵심적인 방법과 단계적인 대책을 담고 있어야 한다.

둘째, 종합적인 고용개선 프로그램에는 직무급의 도입을 통한 임금체계의 개편이 중장기적으로 고려되어야 한다.

셋째, 기존의 공공부문 비정규직 대책, 비정규직 고용개선 대책, 특수고용근로자에 대한 대책, 비정규직 입법의 보완 혹은 재개정뿐만 아니라 관련 법·제도, 사회보장책 등이 종합적인 노동시장 고용개선 프로그램 속에서 재평가되고 재규정되며 통합될 필요가 있다. 이 속에서 비정규 입법의 재개정도 하위정책으로 다루어져야 할 것이다.

넷째, 고용개선 프로그램 전체를 주도할 별도의 단위를 만들고 여기서 비정규 입법 및 공공부문 비정규 대책까지를 보다 종합적으로 추진하고 조율하는 것도 고려해 볼 필요가 있다. 특히 공식 혹은 비공식적인 틀, 노사와 시민단체의 참여 등에 대한 보다 열린 시도가 결합된다면 바람직할 것이다.

2) 비정규 실태조사의 확대

현재 시행되는 통계청의 경제활동인구 부가조사만으로는 다양한 형태의 불안정 고용 실태를 파악하기 어렵다. 예를 들어 정규직으로 간주하나 고용형태가 매우 불안정하며 임금 및 근로조건 역시 취약한 간접고용, 또한 간접고용 중에서도 최근 사회적 문제가 되고 있는 사내하도급을 확인하기 어렵다. 따라서 문제가 되는 특정 고용형태에 집중한 사업체 수준의 조사가 결합되어야 한다. 더불어 당분간 비정규입법의 효과를 확인하기 위한 심층 면접 역시 병행되어야 할 것이다.

이와 같은 조사를 통해 ① 정규직 전환의 경우 전환 조건 및 전환 모델을 분석하여 적용가능성을 확대하며, ② 외주화의 경우 기업의 회피 조건 및 원인을 파악하여 가급적 외주화를 축소시킬 방안을 모색하기 위한 근거자료를 구축해야 한다.

또한 비정규 실태조사는 노사정의 합의에 의해 이루어지는 것이 가장 좋은 방법이며 그것이 어려울 경우 정부 주도 혹은 공익 등에서 비공식적 노사의 지원을 받아 설문조사 와 심층면접을 진행하는 것도 한 가지 방법이다.

3) 사내하도급에 대한 대응방향 모색

간접고용 중에서도 가장 문제가 되는 사내하도급에 대한 대응방향이 특별히 모색되어야 하며 그것은 크게 네 가지로 나뉜다. 하나는 정부의 행정지도 강화 등 현행법이나 제도의 차원에서 가능한 방식으로 사내하도급 문제를 해결하는 것이며, 다른 하나는 법·제도적 측면의 새로운 대응방안을 모색하는 것이고, 세 번째로는 노사자율적인 해결을 추진하는 방법이며, 마지막으로는 적극적 노동시장정책의 일환으로 비정규직을 비롯한 사회적 취약계층에 대한 사회정책을 실시하는 것이다. 이 중의 하나를 중점적으로 선택하는 것도 가능하지만 몇 가지를 혼합한 정책적 패키지를 고려하되 단기적 대응방향과 중장기적 대응방향으로 나누어 보는 것도 바람직할 것이다.

4) 직무급 임금체계로의 개편

동일가치 노동에 대한 평가, 즉 직무평가가 실질적으로 이루어진다면 고용형태별 격차뿐만 아니라 규모별 격차 역시 부분적으로 완화될 수 있다. 비정규직 입법에서는 동일가치 동일노동 조항이 빠져 있지만 남녀고용평등법 제8조(임금)는 "① 사업주는 동일한 사업 내의 동일가치의 노동에 대해서는 동일한 임금을 지급해야 한다. ② 동일가치 노동의 기준은 직무수행에서 요구되는 기술, 노력, 책임 및 작업조건 등으로 하고, 사업주가 그 기준을 정할 때는 제25조에 따른 노사협의회의 근로자를 대표하는 위원의 의견을 들어야 한다. ③ 사업주가 임금차별을 목적으로 설립한 별개의 사업은 동일한 사업으로 본다"고 규정하고 있다. 따라서 이 조항을 확대 적용할 뿐만 아니라 그 실효성을 확보하기 위한 직무분석이 필요하다.

이는 우리 사회의 임금체계가 동일직무에 기초한 것이라기보다는 해당 기업에서의 경력 및 연령에 따른 연공급에 기초하고 있기 때문에 발생하는 현상이기도 하다. 연공급 체계는 취약한 사회복지를 대체하는 기업복지체계와 밀접하게 연관되어 노동자들의 생애를 보장하고 기업의 생산성을 높여 온 긍정성이 있으나, 최근 연공급체계가 무너지고 있을 뿐만 아니라 고비용의 주범으로 지적되기도 한다. 특히 기업에서의 지속적인 근속이 불가능한 비정규직이나 경력단절을 경험하는 여성들의 경우 매우 불리하게 작용할 수 있다. 때문에 중장기적으로 직무에 기초한 임금체계로의 개편을 지향하면서 적용 가능한 직무 혹은 사업장을 대상으로 단계적으로 직무분석 및 임금체계 개편을 실행할 필요가 있다.

5) 근로빈곤층에 대한 지원대책

한국의 비정규직 등 사회적 취약계층은 100인 미만 사업장에 집중되어 있으며 이들 사업장의 경우 사용자 측이 고용의 질을 개선하기 어렵다. 또한 이들 사업장의 근로자들의 상당수가 사회보험의 혜택을 받지 못한다는 것이 이들의 노동과 생활의 질을 떨어뜨릴 뿐만 아니라 고용을 개선시키는 데 있어서도 중요한 장애요인이다.

따라서 비정규직 및 사회적 취약계층의 임금 및 소득보전을 위하여 사회보험 면세혜택 등 사회보험을 통한 소득안정 및 이들을 적극적 노동시장 대책의 대상으로 끌어들이는 것이 기본 방침이어야 할 것이다. 또한 기업별 고용안정 이상으로 직업별 혹은 업종별 고용안정시스템이 모색되어야 한다. 이를 위해 비정규직의 안정적 이동을 위한 직업정보 제공, 직업상담, 취업알선, 직업이동 시의 일시적 실직상태에 대한 생활보장 등의 업종별 고용안정시스템과 이를 위한 세원확보가 요구된다. 더불어 고용유지지원금, 훈련연장급여제, 전직지원장려금제도 등의 효과를 평가하고 비정규직에게까지 충분히 확대될 수 있도록 개선 혹은 보완책을 마련하는 것도 검토할 수 있을 것이다.[15]

6) 공공부문 비정규직의 정규직화 정책

공공부문 비정규직 정규직화 사업은 문재인정부의 핵심 노동정책으로 2017년부터 추진되어 왔다. 당시 정부는 정규직 전환 가이드라인을 만들어 3단계로 정규직 전환을 추진하였다. 1단계 사업(2017년~2018년)은 중앙행정기관, 지방자치단체, 공공기관, 지방공기업, 교육기관 등 852개 기관을, 2단계 사업(2018년~2019년)은 835개 기관의 자회사나 출연출자기관이 대상이었으며 3단계 사업(2019년~2020년)은 민간위탁 기관이 대상이었다. 문재인 정부의 공공부문 정규직화 사업은 역대 어느 정부보다 양적인 전환 규모뿐 아니라 사업 내용에 있어 진전된 성과를 보여주었다.

먼저, 고용노동부는 2017년 7월부터 2021년 12월 말까지 공공부문 853개 기관에서 20만 3,199명의 정규직 전환이 결정했고, 이 중 19만 7,866명은 채용 절차 등을 거쳐 정규직 전환이 완료됐다고 밝혔다. 이는 2021년 정책 목표인 20만 4,935명을 기준으로 하면 99.15%에 달한다. 지금까지 진행된 공공부문 정규직화 사업은 전환 규모뿐 아니라 생명·안전 업무의 직접고용, 상시·지속적 판단기준 완화, 전환 예외 사유 축소, 전환 결정시 노조 및 당사자 참여, 간접고용 비정규직 문제 해결 등 그 내용에서 과거 정부들보다 전향적이었다.

다음으로 공공부문 정규직화 추진과정에서 제기된 쟁점과 문제점은 다음과 같다. 첫째, 정규직 전환 대상 기준이다. 상시·지속적 업무의 정규직화 원칙에도 타 법령에서 예외사유를 폭넓게 인정했고, 정규직 전환이 기존 정규직과 동일 신분이 아닌 '무기계약직' 신분으로 전환된 사례가 많았다. 둘째, 자회사 설립의 남용이다. 꼭 필요한 경우에 제한적으로 설립하여 정규직화를 꾀한 것이 아니라 자회사 설립이 남발되었다. 고용노동부가

2021년 12월 말 기준으로 20만 3,199명이 정규직으로 전환했고 이중 자회사 방식으로 전환된 근로자는 5만 1752명이었다. 전체 전환자 대비 자회사 전환자 비율은 26.2%이고 공공기관 전환자만 놓고 보면 해당 비율은 50%에 달한다.[16] 구체적으로 한국전력공사와 5대 발전 공기업 등 11개 발전 공공기관의 경우, 총 1만 3,063명의 전환 대상자 중 1만 2,228명을 자회사 형식으로 고용하였으며, 이는 93%를 상회하는 수준이다.[17] 셋째, 표준임금체계 도입이다. 표준임금체계는 동일·유사 업무에 종사하는 노동자들에게 동일임금을 지급한다는 원칙을 확립한 것으로 타당하다. 다만, 직무급 도입을 위해서는 노사 공동의 직무평가위원회 설치와 업종별 교섭을 실시해야 한다. 넷째, 경쟁채용의 확대로 기존 노동자의 고용불안이 발생하였다.

향후, 공공부문 정규직화 사업의 성공적인 마무리를 위한 과제는 다음과 같다.

첫째, 정책 추진과정에 논란이 되었던 사안에 대한 종합적인 진단과 과정 관리가 필요하다. 상시·지속적 일자리 임에도 불구하고 전환이 이루어지지 않았던 사례에 대한종합 진단과 대안 마련이 요구되며, 정규직화 부진 기관에 대한 엄정 관리가 필요하다. 둘째, 상시·지속적 일자리의 정규직 채용 원칙을 확립하여 요요 현상이 발생하지 않도록 해야 한다. 셋째, 민간부문 정규직화 대책이다. 공공부문의 적극적인 정규직화 사업과는 거꾸로 민간부문의 비정규직을 축소하기 위한 법제도적 개선 방안은 마련되지 않고 있다. 공공부문 정규직화 기준에 걸맞은 비정규직 관련 법 제정으로 상시·지속적 일자리의 정규직화를 꾀하고 차별을 최소화하는 대책이 시급히 마련되어야 한다.[18]

제2절   다문화 사회에서의 인적자원관리

1 외국인 근로자의 활용과 현황

「외국인 근로자의 고용 등에 관한 법률」에 따를 경우 외국인 근로자는 대한민국의 국적을 가지지 아니한 사람으로서 국내에 소재하고 있는 사업 또는 사업장에서 임금을 목적으로 근로를 제공하고 있거나 제공하려는 사람으로 정의된다. 우리나라는 1960년대부터 1980년대 초까지 인력 수출국이었으나 1990년을 전후로 인력 수출국에서 수입국으로 위치가 바뀌면서 자국의 빈곤과 가난에서 벗어나려는 외국인 근로자들이 한국 사회로 대거 유입되었다. 1990년대 후반부터 시작된 국내 경제사정의 악화로 인해 일시적으로 외국인 노동력의 유입이 줄었으나 2000년대 이후부터 경기가 회복되기 시작하자 외국인 노동력의 수는 다시 급격하게 증가하기 시작하였다. 이러한 외국인 근로자들이 국내 고용시장에 유입된 배경은 크게 네 가지로 설명할 수 있다.[19]

- 1988년 올림픽을 통해 대한민국이라는 나라가 제3세계에 부유한 국가로 알려진 것이다. 이때는 주로 필리핀 여성들이 가정부나 자녀들의 영어교사로 들어왔다.
- 1990년을 기점으로 중국에 거주하는 한국교포(조선족)들의 모국방문이다. 1992년의 한중수교 이후 1998년 모국을 방문한 조선족 중 일부가 모국에 남아 취업을 하면서 고용시장에 유입되었다.
- 우리나라의 왜곡된 산업구조가 낳은 3D업종의 심각한 인력난이다. 많은 젊은이들이 힘들고, 어렵고, 더러운 직종의 업무를 기피함으로써 노동력 부족현상이 나타났다. 정부는 이러한 노동력 부족을 해결하기 위해 외국인 인력수입을 허용하게 되었고, 이 때 동남아의 저임금 노동자들이 대거 입국하게 되었다.
- 정부의 느슨한 출입국 관리정책이다. 기업들의 입장을 감안하여 정부는 출입국 정책을 엄격하게 실시하지 않고, 불법 체류자에 대한 단속도 극히 필요한 경우에 한하여 선택적으로 실시하였다. 기업들은 이런 상황을 유리하게 활용하고 있는 셈이다.

2022년 5월을 기준으로 국내에 상주하는 15세 이상 외국인은 130만 2천명이고 최근 5년 이내 귀화허가자는 5만 2천명이다. 그 중에서 외국인 취업자는 84만 3천명(고용률 64.8%)이고, 최근 5년 이내 귀화허가자는 3만 4천명(고용률 65.3%)이다. 우리나라에 체류하는 15세 이상 외국인은 2022년 기준 전년 대비 각각 3만명(2.2%)이 감소하였다. 또한 외

표 14-2	외국인의 경제활동상태					(단위: 천명, %)	
구 분	15세이상 인구	경제활동 인구	취업자	실업자	비경제활동 인구	경제활동 참가율 (%)	고용률 (%)
	1,301	879.9	843	36.8	422.1	67.6	64.8
남자 (구성비)	717.3 (55.1)	576.4 (65.5)	558.6 (66.7)	17.9 (48.6)	140.9 (33.3)	80.4	77.9
여자 (구성비)	584.6 (44.9)	303.4 (34.5)	284.5 (33.7)	19.0 (51.6)	281.2 (66.6)	51.9	48.7

〈자료〉 통계청, 2022 이민자체류실태및고용조사 결과.

국인 경제활동인구는 88만명으로 전년대비 3만명(3.3%)가 증가한 것으로 나타나고 있다.

한편 외국인 취업자의 체류자격별 분포를 살펴보면 재외동포(29.6%)이 가장 높은 비중을 차지하고 있으며, 그 다음으로 비전문취업(23.8%), 영주(10.9%), 방문취업(8.5%), 결혼이민(8.2%) 등으로 나타나고 있으며, 전문인력의 비중은 4.7% 수준인 것으로 조사되었다. 따라서 연구나 기술지도, 전문직업 등으로 구성되는 전문인력이 차지하는 비중은 상대적으로 낮은 반면 비전문취업과 방문취업[20]의 상대적 비중은 높은 것으로 나타나고 있다.

표 14-3 체류자격별 외국인 취업자 (단위: 천명, %)

구 분	외국인 취업자	비전문 취업 (E-9)	방문 취업 (H-2)	전문 인력 (E-1~ E-7)	유학생 (D-2, D-4-1)	재외 동포 (F-4)	영주 (F-5)	결혼이민 (F-2-1, F-6)	기타1)
합계	879.9	209.2	75.1	41.1	35	245.8	95.8	72.5	90.8
구성비	(100.0)	(23.8)	(8.5)	(4.7)	(4.0)	(27.9)	(10.9)	(8.2)	(10.3)

1) 기타 체류자격은 왼쪽의 체류자격을 제외한 방문동거(F-1), 거주(F-2), 동반(F-3) 등.
〈자료〉 통계청, 2022 이민자체류실태및고용조사 결과.

산업별 취업현황조사에 따를 경우 광·제조업이 43.9%로 가장 높은 비중을 차지하고 있으며, 다음으로 도소매 및 숙박·음식점업(18.7%), 사업·개인·공공서비스업(16.7%) 건설업(12.2%)의 순으로 나타나고 있다.

표 14-4 산업별 외국인 취업자 (단위: 천명, %)

구 분	외국인 취업자	농림 어업	광·제조업	건설업	도소매 및 숙박·음식점업	전기·운수·통신·금융	사업·개인·공공서비스
합계	843	45.8	370.3	102.6	157.3	25.8	141.2
(구성비)	(100.0)	(5.4)	(43.9)	(12.2)	(18.7)	(3.1)	(16.7)

〈자료〉 통계청, 2022 이민자체류실태및고용조사 결과..

취업자의 종사상 지위별 취업자는 상용임금근로자가 가장 높은 비중을 차지하고 있으며(57.3%), 임시·일용근로자(36.7%), 비임금근로자(6.0%) 순으로 많음을 알 수 있다. 전년대비 자영업자(46.6%), 비임금근로자가(14.3%), 무급가족종사자(4.4%)로 각각 증가한 것으로 확인되고 있다.

표 14-5	종사상 지위별 취업자					(단위: 천명, %)	
구 분	외국인 취업자	임금근로자	상용근로자	임시·일용 근로자	비임금근로자	자영업자	무근가족 종사자
합계	843	792.7	483.1	309.6	50.3	43.2	7.1
(구성비)	(100.0)	(94)	(57.3)	(36.7)	(6.0)	(5.1)	(0.8)

〈자료〉 통계청, 2022 이민자체류실태및고용조사 결과.

마지막으로 사업체의 종사자 규모별 취업자 현황을 살펴보면 10~29인이 24만 명 (28.5%)으로 가장 높은 비중을 차지하고 있으며, 그 다음으로 1~4인이 21.9%, 5~9인이 19%로, 전체 취업자 가운데 69.4%가 30인 미만의 사업장에 근무하는 것으로 나타나고 있으며, 300인 이상 사업장에서 근무하는 비율은 매우 낮은 것으로 확인되고 있다.

표 14-6	사업체의 종사자 규모별 외국인 취업자					(단위: 천명, %)	
구 분	외국인 취업자	1~4인	5~9인	10~29인	30~49인	50~299인	300인 이상
합계	843	184.3	159.8	240	85.2	148.5	25.2
(구성비)	(100.0)	(21.9)	(19)	(28.5)	(10.1)	(17.6)	(3.0)

〈자료〉 통계청, 2022 이민자체류실태및고용조사 결과.

2 우수 외국인 인력 유치 필요성

국가 간 교역규모의 확대와 세계화로 인해 전 세계적으로 노동력의 국제이동이 급격히 확대되어 왔으며 앞으로 더욱 가속화될 전망이다. '1년 이상 의도적 체류를 동반하는 인구이동'으로 정의되는(UN 정의) 이주자(migrants)는 2005년 약 191백만명으로 세계 인구 6,470백만명의 3%를 차지하고 있으며 2050년에는 230백만명에 이를 전망이다. 2005년 전체 이주자의 약 60%인 115백만명이 유럽과 미국 등 선진국에 집중되어 있다.

이주의 원인은 다양하지만 무엇보다도 일자리를 찾아서, 그리고 보다 높은 소득을 찾아서 이동하는 경제적 요인이 가장 크다고 볼 수 있다. 외국인 인력을 받아들이는 국가의 입장에서 보면 외국인 인력의 유입에 따른 사회경제적 편익이 높은 인력을 선호한다. 이런 점에서 저숙련 외국인 인력과 달리 전문 외국인 인력의 유입에 대해서는 대부분의 국가가 호의적인 정책을 실시하고 있다.

글로벌 경쟁력을 가지는 기술혁신 역량과 국제화 역량 등 기업들의 핵심 역량 확보가 기업 성장에 핵심적 관건이 되고 있기 때문에 글로벌 경쟁력을 가지는 전문 인력의 유입에 대해서는 긍정적인 정책을 실시하고 있는 것이다. 전문 외국인 인력의 유입은 국제적 수준의 선진기술 확보와 외국 현지에 적합한 제품개발과 비즈니스 모형의 창출을 위한 중요한 방안 중 하나가 될 수 있다.

이에 따라 우수 외국인 인력의 유치를 위해 많은 나라들이 Green Card제, Gold Card제 등 전문 외국인 인력의 자유로운 출입국과 취업을 보장하는 비자제도를 도입하고 해외로부터 양질의 지식근로자를 선별적으로 도입하기 위해 Point System(캐나다, 영국, 호주, 뉴질랜드 등), Preference System(미국) 등 이민자 선별 메커니즘을 발전시키고 있다.

이제 우리나라의 현실을 돌아보자. 우리나라도 우수 인재 유치를 위한 다양한 노력을 기울여 왔다. IT, BT 등 과학기술 분야의 글로벌 인재 유치를 위해 다양한 노력을 하고 있으며 관련 지원제도로는 IT카드, 골드카드, 사이언스카드, 브레인풀제도, 해외고급기술인력 도입지원제도, 외국인과학기술자 국내초청 연수사업 등이 있다. 또한 'Contact Korea'를 통한 고급인력 유치 지원활동, 비자제도 개선, 취업 및 체류활동을 지원하고 있다. 이러한 지원제도를 통해 어느 정도 성과를 거두고는 있지만 현실은 만족스럽지 않다.

10년마다 발표되고 있는 세계은행의 자료에 따르면 OECD 평균 고급인력의 순두뇌 유입 비율은 1990년 1.0%에서 2000년 1.6%로 증가한 데 비해 한국은 같은 기간에 −1.3%에서 −1.4%로 두뇌 유출이 더 늘어났다. 이는 우리나라가 우수 인재 유치뿐만 아니라 두뇌 유출 문제도 함께 고민해야 함을 보여주고 있다.

우수 외국인 인력의 유치는 저출산 고령화라는 중장기 관점에서의 인구변동에 따른 정책대안으로서 뿐만 아니라 두뇌 획득(Brain gain)이라는 전략적 관점에서 접근이 이루어져야 한다. 외국인 체류 환경이나 비자체계 개선, 우수 인재 발굴 및 채용지원 등과 같은 노력과 더불어 국가 간 인력 이동 활성화를 촉진하기 위한 전략적 접근이 필요하다. 이런 점에서 통상 협상에서 인력 이동 이슈에 대한 보다 적극적인 접근이 요구된다. 우수 인력의 유입 촉진과 우리 인력의 해외진출 방안이 함께 모색되어져야 하며, 양성형 우수 외국인 인력정책이라는 관점에서 유학생 활용 전략도 재검토가 필요하다. 인력 이동 활성화를 촉진하는 방향으로 노동이동정책이 진행되고 있는 추세에서 이러한 환경 변화를 적극적으로 수용하는 것이 국제 노동 이동에 따른 경제사회적 비용을 최소화하는 대응방안이 될 수 있음을 인식할 필요가 있다.[21]

3 외국인 근로자 고용상의 문제점

우리나라 기업들이 주로 활용하는 외국인 노동자는 고급인력보다는 산업연수생, 연수취업자 등의 일정 체류자격을 부여받은 '합법취업자'와 산업연수생 등의 자격으로 고용되었다가 근무현장 이탈, 체류기간 만기 후에도 출국하지 않는 '불법취업자'로 나눌 수 있다. 이러한 외국인 근로자들을 고용한 기업들이 직면한 문제점을 살펴보면 다음과 같다.[22]

1) 낮은 임금수준과 임금체불

2022년 통계청 이민자 체류 실태 및 고용조사 결과에 따르면, 외국인 임금근로자 79만 3천명 중에, 300만원 이상은 30%, 200-300만원은 51.1%, 100-200만원은 15%, 100만원 미만은 3.8%로 나타났다. 한 연구에 따르면 외국인 노동자들의 임금수준은 내국인 노동자의 43.3% 수준이고 산업연수생의 평균임금은 그보다도 훨씬 못 미친다. 또한, 많은 사업주들이 경영난보다 이직을 방지한다는 목적으로 고의로 임금을 체불하거나 불법체류자라는 신분적 한계를 이용한다. 대부분의 불법체류자들은 각종 수당을 제대로 받지 못하고 있으며, 수당도 지급되지 않는 잔업과 휴일근무가 강요되기도 한다.

2) 산업재해와 의료문제

불법체류 노동자에게도 산재보험이 적용되지만 규모가 작은 사업장의 경우 업주들의 무관심과 비인도적 태도에 의해 실행되지 않는 경우도 있고, 실행되는 경우 산재가 발생하여 치료비가 많이 나오는 경우에나 사후에 적용을 받는다. 그리고 의료보험이 없기 때문에 질병의 예방이나 정기검진 같은 것은 기대할 수 없다.

3) 불합리한 관리

이것은 연수생에게도 나타나는 문제로서, 업주들이 이탈을 방지한다는 이유로 불법적으로 여권을 보관하고 안 주는 경우가 많다. 종교상의 차이와 언어상의 차이로 이루어지는 폭력의 심각성은 이미 잘 알려진 문제이다. 욕설, 폭언, 폭력적 관리 등 외국인 근로자를 대하는 우리나라 기업의 현실이 전 세계로 전달되고 있다.

4) 출입국 문제

한국에서 임금체불과 사기, 산재를 당하고도 돌아갈 때는 출입국 관리소에서 매기는 벌금을 내야 한다. 출입국관리법 위반 사범이기 때문이다. 제도적 모순으로 불법체류자로 일하게 된 사람들에게 벌금을 부과하는 것은 도의상으로도 올바르지 않고 또 벌금을 두려워하여 출국을 하지 못하는 사람들도 많아 실제로 귀국희망자의 족쇄가 되기도 한다.

4 외국인 근로자 고용과 인적자원관리

외국인 근로자의 수요가 갈수록 커지고 있는 가운데 외국인 고용의 문제도 심각성이 더해가고 있다. 이러한 상황에서 외국인 근로자문제를 합리적으로 해결하기 위해 다음과 같은 몇 가지 방안을 검토할 필요가 있다.

1) 외국인력 정책상 고려사항[23]

(1) 외국인 고용에 대한 원칙과 비전의 명확화

외국인의 고용이 불가피한 상황이라면 외국인을 합리적이고 투명한 원칙과 절차에 따라 합법적으로 고용하고 효과적으로 관리할 수 있는 사회적 합의가 필요하다. 단순기능 외국인력의 도입은 3D업종의 인력난을 해소시켜 주는 순기능이 있는 반면, 사회적 비용을 발생시키므로 단순기능 외국인 고용의 수요를 최대한 억제할 수 있는 산업정책과 인력정책을 추진한다.

(2) 외국인 고용의 합법성과 투명성 유지

단순기능 외국인력의 유입이 국내 근로자의 고용을 잠식하지 않도록 단순 미숙련 외국인 고용은 필요한 인력을 국내에서 구할 수 없는 경우에 한해 개별적·한시적으로 허용하되 합법적이고 투명하게 고용하도록 한다. 또한 합법적인 외국인 근로자에 대해서는 국제적인 표준을 존중하여 노동관계법의 적용에 있어서 내국인과 동일한 보호를 한다.

(3) 외국인 근로자의 관리체계 확립

단순 미숙련 외국인력이 국내에 정착하지 못하도록 순환원칙을 철저히 준수하고, 외국인 근로자에 대한 효율적인 관리체계를 확립하여 불법취업자를 철저히 색출하며, 불법

취업 외국인 근로자와 그 고용주 및 소개자에 대해서는 엄중히 처벌함으로써 단순기능 외국인 고용 도입에 따른 사회적 비용을 최소화한다.

(4) 근로조건의 개선

열악한 근로조건의 개선을 서둘러야 한다. 외국인 근로자의 처우에 대한 문제는 외부 세계에 한국 도덕성의 한 지표로 떠오를 만큼 심각한 수준에 이르렀다. 외국인을 채용하는 사업장의 경우 복지후생시설의 강화와 작업환경의 개선을 위해 정부의 적극적인 세제·금융상의 지원이 필요하다.

(5) 한국문화 적응노력 강화

외국인 근로자의 한국문화 적응이다. 이를 위해서는 다음과 같은 사항들을 고려할 필요가 있다. 외국인 근로자들이 우리나라에서 생활할 수 있도록 언어적인 문제와 문화적응 문제를 해결하기 위해서 '한국어 교육 및 한국문화 적응프로그램'을 실시해야 한다. 외국인 근로자를 채용하고 있는 경우에는 기업의 직원교육에 대한 지원을 해야 한다. 그리고 외국인 근로자들이 고향에 대한 향수를 달랠 수 있고 그들의 정서를 표현할 수 있는 문화 프로그램에 참여시켜 문화욕구를 충족시킬 필요가 있다. 아울러 지역문화와 정서에 동화 될 수 있는 계기를 마련해 주는 지역민, 지역사회복지기관, 지자체 등의 노력 또한 함께 이루어져야 할 것이다.

2) 기업의 관리대책[24]

(1) 작업환경의 변화

노동자들이 노동과정에서 만족과 보람을 느끼면서 살 수 있도록 보수나 대우의 측면 뿐 아니라, 현장의 작업 내용과 작업장의 인간적 상호관계를 보다 바람직하게 재편하는 움직임이 필요하다. 그러기 위해서는 우선 지나치게 분화된 직무를 확대하거나 충실화하고 직무순환 프로그램을 만들어서 외국인 단순 노동자들도 여러 직무를 돌아가면서 할 뿐 아니라 보다 안락한 조건에서 인간관계를 가지며 작업할 수 있도록 해야 한다. 또한 근로자의 희생을 대가로 이익을 얻기보다는 근로자 만족과 능력개발을 통한 조직목표의 달성이라는 경영이념을 가져야 할 것이다.

(2) 세계시민으로서 인식의 전환

경영자들의 외국인 노동자에 대한 인식의 전환이 필요하다. 노동에 합당한 임금을 지급하고 생산성 향상을 통한 수익성 확보에 관리목표를 두어야 한다. 또한 인종과 국적에

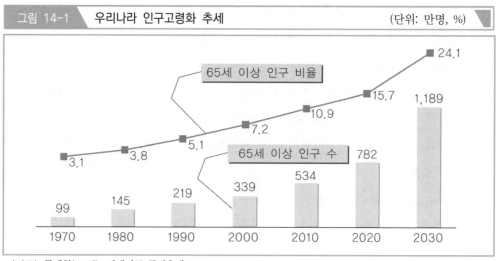

| 그림 14-1 | 우리나라 인구고령화 추세 | (단위: 만명, %) |

〈자료〉 통계청(2006). 장래인구 특별추계.

따른 차별의식을 폐지하고 회사 내에도 외국인 노동자를 이해하고 교류하는 프로그램을 만들어 교육훈련시킨다면 그들의 공헌과 노력은 저절로 상승될 것이다.

(3) 산업재해 보상과 보험 가입

산업재해는 한 사람을 불구로 만들고 노동능력을 상실케 하는 매우 심각한 문제이다. 따라서 만약 산업재해를 당하고 불법 근로가 적발되어 쫓겨날 위기에 처한 불법 근로자들이 있으면 회사 차원에서 이들에 대한 치료와 소정의 보상을 해 주어서 당사자뿐만 아니라 다른 노동자들의 헌신도 이끌어 내야 한다.

제3절 고령화시대의 인적자원관리

1 고령사회의 도래

우리나라는 전체 인구에서 65세 이상 노인이 차지하는 비율이 1980년 3.8% 수준이었으나 2000년에 7.2%인 노년인구국[25]으로, 유엔이 규정한 '고령화사회(aging society)'에 진입하였다. 또한, '2023년 고령자 통계' 조사 결과에서는 18.4%로 나타나 공식적인 고령사회(aged society)가 되었으며, 2025년에 20.6%로 초고령사회(super-aged society)에 진입할

표 14-7		65세 이상 인구 증가속도에 대한 국제 비교						
구 분		한국	일본	미국	영국	프랑스	독일	이탈리아
도달 시기	7%(고령화사회)	2000	1969	1942	1929	1864	1932	1927
	14%(고령사회)	2018	1994	2014	1975	1979	1972	1988
	20%(초고령사회)	2025	2004	2029	2025	2018	2008	2007
증가 소요 연수	7% → 14%	18년	25년	72년	46년	115년	40년	61년
	14% → 20%	7년	10년	15년	50년	39년	36년	19년
65세 이상 비중(2021년)		16.6	29.8	16.7	18.9	21.3	22.2	23.7

※ 7%, 14%, 20%는 각각 전체 인구 중에서 65세 이상 인구가 차지하는 비중임.
〈자료〉 통계청(2023. 9). 2023 고령자통계.

전망이다.[26] 그리고 2050년에는 노령인구 비중이 39.8%에 이르고, 2060년 46.5%까지 지속적으로 증가할 것으로 전망되고 있다

그런데 선진국의 경우 고령화사회에서 고령사회에 도달하는 데 프랑스는 115년, 미국 72년, 이탈리아 61년, 독일 40년, 영국 46년, 일본 25년이 소요되었는데, 한국은 18년으로 가장 빠른 속도로 '고령화사회'에서 '고령사회'로 이행하였을 뿐 아니라, 고령사회 이후 초고령사회에 도달하는 데도 7년 정도 밖에 걸리지 않을 것으로 예상되고 있다. 이와 같은 속도는 OECD회원국과 비교하여 비록 상대적인 고령화율은 낮을지라도 진행속도 면에서는 가장 빠른 것이다.

고령화의 원인은 출산율의 하락과 의학문명의 발달로 인한 인간의 평균수명이 지속적으로 상승했기 때문이다. 우리나라의 합계출산율은 1970~1974년 4.21명으로 세계에서 73번째로 낮은 수준이었으나, 2010~2014년에는 1.23명으로 세계에서 4번째로 낮은 수준을 기록하더니 급기야 2018년에는 0.98로 경제협력개발기구(OECD) 회원국 중 유일하게 1 이하가 되었다. 2022년에는 합계출산율이 0.78명을 기록하며 OECD 국가 중 압도적으로 꼴찌인 상황이 되었다.[27] 참고로 세계의 합계출산율은 2021년 2.32명으로 1970년 4.83명에 비해 2.51명 감소한 수준이다.[28]

반면 한국인은 1960년 52.4세에 불과했던 평균수명이 1995년 73.5세, 2005년 77.9세로 증가하였고, 2030년 81.9세, 2050년 83.3세로 증가할 것으로 추정되고 있다.[29] 최근 발표된 자료에 따르더라도 2021년 출생아의 기대수명은 남자 80.6년, 여자 86.6년으로 남녀

평균 83.6세에 달한다.[30]

노년인구의 증가와 함께 유년인구의 감소로 노령화는 더욱 가속화된다. 14세 이하의 유·소년 인구가 1970년 42.5%에서 2000년에는 21%로 감소하였고, 2030년 8.5%, 2070년 7.5%로 급감할 것으로 예상된다. 이에 따라 유소년인구(14세 이하) 100명당 고령인구(65세 이상)의 비율을 나타내는 노령화지수가 2000년 34.1 수준에서 2016년 100.1을 돌파하였으며, 2020년 129.3, 2025년에는 201.5, 2055년 502.7로 급증할 전망이다.[31]

수명 이야기

모든 동물은 성장의 기간에서 곱하기 5를 하면 수명이 나온다. 개는 성장기간이 3년이고, 3×5=15년이 개의 수명이다. 소는 성장기간이 4년이니 20년이 수명이고. 사람의 성장기간은 25년이니 수명은 125년이다. 현재 인간의 수명을 연구하는 학자들 중에는 인간의 최대수명을 120세, 평균수명을 85세로 보는 견해가 다수를 차지하고 있는데, 인간 세포의 수명이 약 120년이므로 이 이상으로 인간의 수명을 늘리기는 불가능하다고 보고 있다. 성경에도 인간의 최대수명과 평균수명을 알려 주는 구절이 나오는데, 창세기에 '나의 신이 영원히 사람과 함께 하지 아니 하리니 이는 그들이 육체가 됨이라. 그러나 그들의 날은 1백 20년이 되리라 하시니라'라는 구절이 있고, 시편에는 '우리의 연수가 칠십이요 건강하면 팔십이라도'라는 구절이 나온다.

2 고령화로 인한 사회·경제적 변화

인구의 고령화는 노인 개인의 문제이자 사회 전체의 문제이다. 즉, 고령화사회는 단순히 노인이 많다는 의미를 넘어 퇴직자를 대체할 젊은 노동력의 공급감소로 이어지고, 평균수명의 증가는 젊은층이 보다 많은 노년층을 부양해야 하는 문제를 야기한다. 이는 사회적·경제적인 측면에서 많은 변화를 수반한다.[32] 즉, 고령화사회의 변화들은 노인부양에 대한 부담의 증가, 노인시설 인프라의 부족, 경제활동참가율의 하락과 생산성 둔화, 일자리의 부족, 의료·사회보장 등의 증가, 노인문제(빈곤, 질병, 소외)의 발생 등이다.

1) 노인부양에 대한 부담증가

출산율 하락은 젊은 노동력의 감소를 뜻하며 이는 젊은 노동력의 노인부담부양이 커짐을 뜻한다. 2021년을 기준으로 가장 고령화된 OECD 국가인 일본의 부양비는 52이었다(20~64세의 생산가능인구 100명이 65세 이상 노인 47명을 부양한다는 것을 의미). 핀란드, 이탈리아의 부양비도 약 40으로 높은 편이다. 2050년에 부양비는 한국이 78.8, 일본이 80.7, 포르투갈이 71.4, 그리스가 75에 이를 전망이다.[33]

2) 노인시설 인프라 부족

고령노인을 위한 인프라시설의 부족이다. 지속적인 평균수명의 상승은 요양시설을 필요로 하는 인구의 증가를 뜻하고, 또한 노인부양비, 노인요양비, 노인의료비 등의 문제가 발생한다. 전체 의료비 중에서 노인의료비의 비중이 1985년 4.7%에서 2002년에는 21.3%, 2016년 40.9%(28조 3,247억원), 2021년 43.4%(41조 3,829)로 크게 증가하였다. 노인은 유병률이 평균치보다 훨씬 높고 만성질환 환자가 많아 인당 의료비가 비노인층에 비해 3~5배에 이르고 있는 실정이다. 특히 장기 입원 및 사회적인 입원[34]이 노인병원비 상승의 주요 요인이다. 향후 노인 요양시설 및 재가서비스를 위해 부담해야 할 투자비용도 막대하다. 따라서 노인에 대한 부양비용은 어린아이를 키우고 교육시키는 비용보다 더 클 것으로 예상된다.

3) 경제성장률의 감소

고령인구의 증가는 경제활동 측면에서의 성장률 둔화를 야기한다. 취업인구 중 고령자의 수가 증가하면서 상대적으로 젊은층의 취업자 비중이 줄어들어 전체 취업구조가 고령화되고 있다. 연구결과에 따르면 우리나라의 경제성장률은 인구고령화의 영향으로 2000~2016년 중 연평균 3.9%에서 2016~2025년 중 1.9%, 2026~2035년 중 0.4%까지 하락할 것으로 추정되고 있다.[35] 따라서 인구고령화의 속도를 늦추면서 인구고령화에 따른 부정적 효과를 완화하기 위한 정책의 실시가 매우 중요한 문제이다.

4) 일자리 부족현상

고령인구의 수가 늘어나고 경제활동 욕구는 점차 증가하고 있으나, 일자리 증가는 이에 미치지 못하고 있다. 즉, 건강하게 장수하는 노인이 늘어나고 일할 능력과 의욕을 가진 고령자가 많아지면서 일자리의 경쟁이 발생한다. 또한 취업이 되더라도 서비스업에 치중되어 있으며 비정규직인 경우가 대다수이다.

경기가 호황일 경우는 별 문제가 없으나 경기가 불황일 경우 기업이 고령자에 대한 관심과 대우를 해 줄 여유가 없다. 또한 외환위기 이후 기존직원들도 감원해야 하는 상황에서 고령직원의 퇴직을 연장하거나 재취업시키거나 할 여건이 안 된다. 세밀하고 전문적인 기술이나 집중적인 노동 등이 필요한 직종 외에는 아무래도 노령층보다 젊은층을 선호하는 게 현실이다.

5) 사회와 가족으로부터의 소외

경제적인 빈곤과 육체적인 질병보다 더욱 참기 힘든 것이 바로 마음의 질병인 고독과 소외이다. 핵가족화와 급격한 사회변화 등으로 인해 사회와 가정에서 느끼는 노인들의 소외감은 커지고 있다. 또한 노인들 스스로가 자식과의 동거를 거부하고, 독신 거주 노인들이 모여 사는 새로운 가구 형태의 비중이 늘어나고 있다.

평균수명의 연장으로 은퇴 후 시간이 늘어남으로써 새로운 제2의 인생이 길어지는 노인들에게 은퇴 후 할 수 있는 여가활동을 위한 시설과 프로그램이 필요하다. 그러나 노인들에게 만족스러운 여가생활을 뒷받침할 여건이 부족한 상황이다. 따라서 고령화에 따른 노인문화의 형성과 여가시설 및 여가 프로그램 등의 개발 지원이 필요하다.

3 중고령자 인적자원관리의 요건

앞서 살펴본 바와 같이 이제 본격적으로 고령화사회에 진입하는 우리나라의 경우 조만간 중고령자의 고용안정과 고용촉진은 더 이상 미룰 수 없는 주요 현안이 될 것으로 보인다. 고령자의 고용안정과 고용촉진은 고령근로자 자신을 위해서 뿐만 아니라 사회·경제적으로 그리고 국가적인 차원에서, 특히 기업차원에서도 중요한 의미를 지니고 있다. 예컨대, 기업차원에서는 중장기적으로 예측되는 노동력 부족의 문제에 대처하고, 숙련·

전문인력의 안정적 활용, 조직충성심이 강한 근로자의 지속적 유지, 젊은층들이 일하기를 꺼려하는 분야에서의 고령인력 활동 등과 같은 다양한 효과를 거둘 수 있다.

그럼에도 불구하고 현실적으로 기업현장에서 고령인력의 적극적인 활용은 미진한 상태이며, 고용효과가 높은 대기업보다는 중소기업에서 고령자 고용의 비중이 상대적으로 높게 나타나고 있다. 이는 무엇보다 고령자에 대한 편견과 아울러 연공급 위주의 임금체계, 경직된 정년제 운용, 고령자에 적합한 직무와 직종의 부족, 고령자 고용을 위한 고용방법 및 형태의 미개발 등 다양한 문제들이 잠재하고 있기 때문이다.

세계에서 가장 빠른 속도로 고령화가 진행되고 있는 우리나라에서 고령화 문제는 이제 노년층의 문제에 한정되지 않는다. 기업, 정부 그리고 일반 국민들 모두가 고령화 문제에 관심을 갖고 이의 심각성을 인식해야 한다. 이와 같은 차원에서 산업현장에서 중고령자의 효율적 활용을 위해서는 다음과 같은 문제에 많은 관심을 기울여야 할 것으로 보인다.[36]

1) 직무재설계 및 중고령자 능력개발

고령자 고용유지와 확대를 위하여 직무재설계는 기업차원에서 매우 중요한 과제라 할 수 있다. 직무재설계는 고령자의 능력이나 특성에 맞추어서 공정이나 직무를 개편하거나 작업방법을 개선하는 것이 주요 초점이라 할 수 있으며, 특히 생산현장에서의 노동력 고령화의 문제해소차원에서 필수적인 부분이다.[37]

고령근로자의 고용문제와 관련해서 기업현장에서 고령친화적인 직무환경이 선행되지 않으면 고령근로자 고용의 실제적 증가에는 한계가 있을 수밖에 없다. 일본의 경우에도 중소기업으로 갈수록 젊은 노동력의 확보에 어려움이 존재함에 따라 고령인력의 활용이 중요한 문제로 부각되고 있으며, 그에 따라 재고용 또는 계속고용이 가능한 업무의 선정과 개발, 종업원의 능력개발이 재고용 시의 보상제도의 개편과 함께 주요한 현안으로 나타나고 있다.[38] 즉, 고령인력의 고용초기의 단계에서는 자격제도나 연공임금의 축소, 재고용제도의 도입 등과 같은 처우 면에서의 제도개선에 초점이 맞추어졌으나, 점차 전문직제도, 중고령자에 적합한 신직종의 개발, 직무재설계 등과 같은 직무나 조직 면에서의 개선이 중요한 부분으로 부각되었던 것[39]으로 나타나고 있다.

2) 고용방법 및 고용형태의 다양화

생산현장에서 숙련형성이 제대로 이루어지려면 베테랑근로자가 익힌 기술이나 기능이 청년근로자에 순조롭게 전승될 수 있어야 한다는 점을 고려할 때, 산업현장에 젊은 후임자의 유입중단으로 산업현장의 고령화와 기반기술이 사장되고 있는 상황에서 고령근로자의 축적된 기술과 노하우는 기업의 경쟁력 유지에 크게 도움이 될 수 있다. 최근 우리나라에서도 60세 정년이 법제화되었으나 이를 기업수준에서 부담스러워한다면 무조건적인 정년연장은 오히려 고용불안을 야기할 가능성도 크다. 일본의 경우 65세까지의 고용의무에 따라 65세까지의 정년연장, 계속고용제도의 도입, 정년폐지 중에 하나의 고용확보조치를 취하도록 하였으나, 조사결과에 따르면 조사대상 300인 이상 대기업 12,000여 개 사 가운데 93.6%가 계속고용제도를 선호하며, 정년연장은 5.9%, 정년폐지는 0.5%에 불과한 것으로 나타나고 있다.[40] 이와 같은 결과는 중소기업을 포함하여 이루어진 조사결과와도 큰 차이가 없다.

고용방법과 함께 고용형태에 대한 고려도 요구된다. 기본적으로 연령과 직무의 속성에 따라 다양한 고용형태의 개발과 적용이 필요하다. 특히 고령자의 경우 소위 정규직의 풀타임고용은 기업이나 근로자 측 쌍방의 필요성이나 역량을 고려할 때 현실적으로 실현가능성이 높지 않음을 고려할 때, 정년 이후의 고용은 정규직 사원에 준하는 상용, 단시간고용(파트타임고용), 촉탁 등의 다양한 형태를 고려할 수 있다. 또한 근무형태 역시 통상근무, 단시간근무, 격일근무, 교대제근무 등 고령자의 육체적·정신적 능력과 담당직무에 맞는 형태로 전개되어야 한다.

3) 정년제도의 준수를 위한 제도정비와 지원

정년이란 일반적으로 취업규칙이나 단체협약에 미리 정한 바에 따라 본인의 노동능력의 유무 및 계속노동의 의사여부에 관계없이 노동계약이 자동적으로 소멸되는 제도이다. 과거 우리나라에서는 고령자고용촉진법에서 정년을 60세로 권고하고 있었으나, 관련법(고용상 연령차별금지 및 고령자고용촉진에 관한 법률)의 개정을 통하여 2016년 1월부터 60세 정년을 의무화하도록 하였으며, 2017년부터는 상시 300명 미만의 근로자를 사용하는 사업 또는 사업장, 국가 및 지방자치단체에서도 적용이 이루어지고 있다. 특히 최근에는 저출산 고령화에 따른 노인빈곤, 생산가능인구 감소, 연금운용의 안정성제고, 고령자부양을 위한 사회적 비용완화 등 다양한 목적을 가지고 현재 만 60세 정년을 연장하는 방안에 대한 검토가 정부차원에서 이루어지고 있다.

　다만 정년연장이 실질적인 기대효과를 얻기 위해서는 기업현장에서 느끼는 생산성 대비 인건비 부담이나 고용감소, 세대 간 일자리 다툼 등 고용시장에서의 부정적 효과발생 가능성을 완화시키는 노력이 같이 이루어질 필요가 있다. 최근 정년연장과 고용과의 관계를 분석한 연구에서도 정년연장법의 시행이 고용에 부정적인 영향을 미친 것으로 보고하고 있다.[41]

　참고로 일본의 경우 이미 지난 1994년 고연령자고용안정법을 개정하여 60세 정년을 의무화한 바 있으나 최근 2006년(平成 18年) 4월부터는 근로자를 고용하는 사업주는 65세까지의 고용을 의무화하도록 하였다. 따라서 고연령자의 안정적인 고용확보를 위하여 기업은 65세까지 정년을 연장하거나, 계속고용제도의 도입, 정년의 폐지 등과 같은 고용확보조치를 요구받고 있다. 또한 단계적인 정년연장을 통하여 2013년(平成 25年)부터는 기업규모에 상관없이 65세까지의 고용의무화가 강제규정으로 설치되었다.

　4) 임금체계의 개편

　중고령자 고용촉진과 효율적 활용을 위하여 정년제, 직무체계, 고용방법 및 형태의 차원에서 노력도 중요하지만, 특히 임금체계의 개편이 중요한 문제이다. 즉, 정년제, 직무체계 개편, 고용방법 및 형태의 다양성 추구는 기본적으로 임금체계 개편이 수반되거나 전제되지 않으면 거의 실현가능성이 없다고 보아도 과언이 아니다. 즉, 고령자의 고용확대가 이루어지기 위해서는 무엇보다 근로자의 능력과 임금 간의 차이를 극복할 수 있어야 한다는 점에서 임금체계 개편은 불가피한 문제이다.[42]

　특히 우리나라와 같이 연공급체계가 지배적인 임금체계로 활용되고 있는 여건 하에서 이를 수정하지 않고서는 정년준수에 대한 기업의 협력을 이끌어내기란 거의 불가능하다. 이미 일본의 경우에 있어서도 직능급이 연공형 색체를 띠고 운영되는 사례가 많다는 점에서 초임금을 기초로 하여 자동적, 그리고 기계적으로 상승되어 나가는 연공형 임금구조를 개선하는 것이 60세 정년제 도입당시 기업들의 주요 대응책 가운데 하나였으며,[43] 65세까지의 고용의무에 따른 대안으로서 정년연장을 고려할 경우에도 최대과제는 급여체계의 수정문제였던 것으로 나타나고 있다.[44]

　따라서 정년을 연장하는 대신 일정 시점에 이르면 임금이 체감하는 임금피크제는 피할 수 없는 문제이다. 또한 정년 후의 재고용이 이루어지더라도 어떠한 고용형태를 취하는가에 따라 임금체계나 형태는 달라질 수 있을 것이다. 예컨대, 퇴직자 고용의 목적이

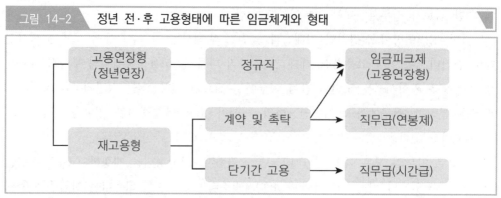

〈자료〉 박성수·이경근·최광신(2008). 고령친화적 중소기업의 임금직무체계와 과제, 한국인사관리학회(편), 한국
　　　노동연구원부설 뉴패러다임센터, p. 251.

퇴직자의 경험과 숙련의 가치를 중시할 필요가 있을 경우에는 계약사원이나 촉탁사원의
형태로 고용이 이루어지는 경우가 많다는 점에서 직무급에 기초한 연봉제가 적절한 대안
일 수 있다. 그러나 중소기업수준의 생산현장에서 단순반복적이고 크게 숙련이 필요치 않
는 영역에서의 고용이 이루어질 경우에는 인건비의 절감에 주 목적이 있다는 점에서 동
일한 직무급의 원리를 적용할지라도 시간급이 적용될 수 있을 것이다. 이상에서 제시한
내용을 요약하면 〈그림 14-2〉와 같이 나타낼 수 있다.

제4절　AI·빅데이터 시대의 인적자원관리

1　4차 산업혁명과 동인

　　21세기의 시작과 동시에 출현한 4차 혁명은 디지털 혁명을 기반으로 하며, 유비쿼터
스 모바일 인터넷, 더 저렴하면서 작고 강력해진 센서, 인공지능과 기계학습을 특징으로
한다. 과거 1차, 2차 그리고 3차 산업혁명 역시 인류의 발전에 엄청난 기여와 변화를 가
져왔지만, 4차 산업혁명 또한 인류가 경험하지 못한 새로운 시대를 가져올 것으로 기대되
고 있다.

　　2016년 1월 개최된 다보스 포럼(WEF; World Economic Forum)에서는 「The Future of

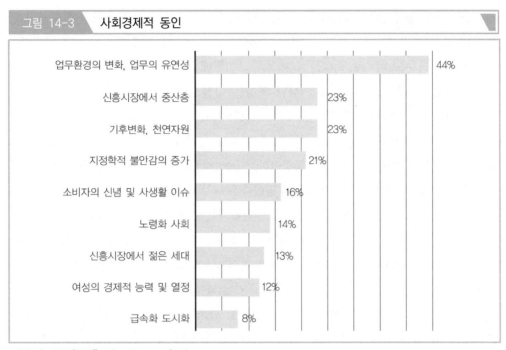

그림 14-3　사회경제적 동인

〈자료〉 WEF(2016), The Future of Jobs.

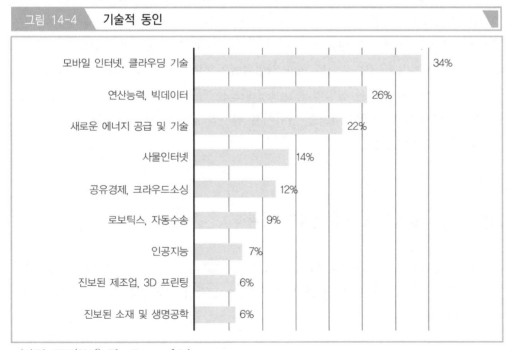

그림 14-4　기술적 동인

〈자료〉 WEF(2016), The Future of Jobs.

Jobs」보고서를 통해 제4차 산업혁명을 '디지털 혁명(제3차 산업혁명)에 기반하여 물리적 공간, 디지털적 공간 및 생물학적 공간의 경계가 희석되는 기술융합의 시대'라고 정의하면서, 사이버물리 시스템(CPS; Cyber-Physical System)[45]에 기반한 제4차 산업혁명은 전 세계의 산업구조 및 시장경제 모델에 커다란 영향을 미칠 것으로 전망하였다.[46]

다보스 세계경제포럼 회장인 클라우스 슈밥(Klaus Schwab)에 의하면 4차 산업혁명이란 유전자, 나노, 컴퓨팅 등 모든 기술이 융합하여 물리학, 디지털, 생물학 분야가 상호교류하여 파괴적 혁신을 일으키는 혁명이다.[47] 즉, 컴퓨터나 인터넷 등장과는 차원이 다른 종류의 기술이 산업계에 일으키는 혁명이다.[48] 4차 산업혁명을 일으키는 동인은 여러 가지가 있지만, 크게 인구 및 사회경제적 동인과 기술적 동인 두 가지 체계로 구분된다. 〈그림 14-3, 그림 14-4〉는 「The Future of Jobs」에서 제시된 동인들을 정리한 것이다.

특히, 세계경제포럼은 2016년 '일자리의 미래' 첫 보고서 이후 2018년, 2021년, 2023년까지 4차례의 보고서를 통해, 지속적으로 신기술(모바일 인터넷, 인공지능, 빅데이터, 클라우드 기술)의 진보가 일자리 변화의 중요한 동인임을 강조해왔다. 4차 산업혁명을 이끄는 기술적 동인 중 그 핵심 기술이 무엇이냐에 따라 일자리에 미치는 영향의 양상은 달라질 수 있다. 2023년 현재 챗GPT를 비롯한 생성형 인공지능(Generative AI)은 이전의 학습한 데이터를 토대로 새로운 콘텐츠를 생성하는 능력을 바탕으로 이전의 산업혁명이 해결하지 못한 창의적이고 불가능할 것으로 여겨졌던 노동 작업까지 자동화할 수 있게 되면서 산업조직과 업무를 근본적으로 새롭게 재편하고 있다. 실제로 AI 중심의 산업혁명, 혹은 'AI 산업혁명'이라고 불릴 정도로 AI는 4차 산업혁명의 선두주자가 되어 과거의 철도, 송전 네트워크, 통신망처럼 모든 산업의 근간에 스며드는 범용기술(General Purpose Technology)로 자리 잡으면서 전세계의 다양한 영역에서 일자리 감소와 일자리 창출이라는 기대와 우려를 동시에 낳고 있다.

2 4차 산업혁명과 노동환경의 변화

이와 같이 역사적으로 노동환경에 근본적 변화를 가져오는 새로운 범용기술의 출현과 이를 기반으로 하는 4차산업혁명의 결과는 일자리와 고용에 큰 변화를 미칠 것으로 예측된다.[49]

1) 새로운 범용 기술 등장과 일자리 대체

생성형 AI와 같이 새로운 범용 기술의 출현이 가져 올 가장 우선적인 문제 중의 하나는 그것이 생각보다는 빠른 속도로 인간의 노동을 대체하기 시작할 것이라는 우려이다. 물론 그와 같은 문제에 대한 의견은 비관론만 존재하는 것은 아니다. 그러나 단순반복적으로 이루어지고 정교한 노동이 필요로 하지 않는 분야에서 일차적으로 일자리의 대체는 이미 상당부분 진행되고 있다.

또한 영국 옥스퍼드대학 연구팀의 연구결과에 따르면 향후 20년 동안 영국 내 현재 직업의 약 35%가 컴퓨터화될 수 있는 고위험군에 속하는 것으로 나타나고 있다.[50] 오스본(Osborne) 교수를 중심으로 한 연구팀의 연구결과에 따를 경우 은행 및 우체국사무직의 경우 대상이 된 360여 개의 직업 가운데 자동화 가능성이 97%로 11번째 순위에 놓이는 것으로 나타나고 있다. 연구팀의 연구결과에 따르면 단순조립작업, 소부품의 조작, 그리고 사람의 정신노동에 의존할지라도 은행사무직이나 텔레마케터와 같이 높은 수준의 사회적 지능이 요구되지 않는 과업들은 쉽게 자동화되어질 수 있다. 또한 정교화된 알고리즘이 사무 및 관리지원업무를 대신할 수 있으며, 이는 법률이나 재무서비스부문에도 예외가 아니다.[51] 반면에 사회복지사, 간호사, 치료전문가, 심리학자 등과 같이 타인을 지원하고 보살피는 직무는 감정이입이 절대적 요소라는 점에서 자동화가 어려운 직업 중의 하나로 예측된다.[52] 또한 아티스트, 디자이너 또는 엔지니어와 같이 자신의 발상에서 사고하고 창의적이고 독창적인 아이디어를 내놓을 필요가 있는 역할은 자동화 측면에서 큰 이점을 가지고 있으며, 관리 직책과 같이 높은 수준의 사회적 지능과 협상 능력이 요구되는 직무는 이 연구에 따르면 기계로 인해 위험에 덜 노출되어 있다. 비록 영국의 사례를 중심으로 기술적 관점에 초점을 두고 연구한 결과이지만, 관심이 있는 학생들은 자신의 관심있는 직업분야가 어떠한 위치에서 평가되어지고 있는지를 알아보는 것도 필요할 것이다.

또한 4차 산업혁명이 단기적으로는 현존하는 일부 일자리에 위협이 되겠지만 기존 일자리의 특성변화와 함께 새로운 일자리들을 만들어낼 가능성도 높다. 독일의 인더스트리 4.0과 주요 기술 변화를 예측한 보스턴컨설팅그룹의 Industry 4.0 보고서에 따르면, 2025년까지 독일에서 로봇과 컴퓨터 활용이 증가함에 따라 조립 및 생산 관련 일자리는 61만 개가 감소하는 반면에 IT나 데이터 과학 분야에서 96만 개 일자리가 창출될 것으로 예상하고 있다.[53] 2023년 다보스포럼에서 전 세계 27개 산업클러스터와 45개국에 걸쳐 총 1,130만명 이상의 근로자를 고용하고 있는 803개 글로벌 기업을 대상으로 설문 조사한 '일자리의 미래 보고서'에 따르면 기술혁신, 저성장, 공급망 재편, 녹색경제 및 에너지 전환 등의 영향으로 2023년부터 2027년까지 5년간 총 6,900만 개의 새로운 일자리가 창출되고 8,300만 개의 일자리가 사라질 것으로 예상했다. 구체적인 직업별로 보면, AI 및 기계학습 전문가, 지속가능성 전문가, 비즈니스 인텔리전스 분석가, 정보보안, 전문가, 핀테크 엔지니어, 데이터 분석가 등 기술 관련 직업에서 빠르게 일자리가 성장하는 반면, 사무직, 비서, 은행원 및 관련 사무원, 우편서비스 사무원, 출납원 및 매표원, 데이터 입력원 등의 일자리는 디지털화 및 자동화에 의해 빠르게 감소할 것으로 전망된다.[54]

2) 숙련 및 지식근로자의 일자리와 특성의 변화

제4차 산업혁명이 인간의 노동에 미치는 중요한 영향력 중의 하나는 단순반복적이고 육체중심적인 노동의 필요성을 줄이고 대체할 뿐 아니라, 인간의 고유한 역량이라고 여겨졌던 고도의 판단력과 직관, 논리적 사고가 요구되는 정신노동에까지 영향을 미칠 것이라는 점이다. 이 부분은 과거의 자동화나 생력화(省力化)와는 전혀 다른 방식으로 기술이 영향을 미칠 수 있다는 것을 의미한다. 이세돌 9단과 알파고와의 바둑대결에서 4승을 거둔 알파고의 인공지능의 영향력은 그 대표적인 사례가 될 수 있다. 특히, '챗GPT와 같은 생성형 인공지능은 이미 우리 일상에 광범위하게 스며들고 있다. 단순 육체노동을 대신하는 수준에서 벗어나 빅데이터를 바탕으로 학습과 추론을 하며 고도의 정신노동까지 대체하는 추세다. 의료 분야 전문가들은 가까운 미래에 방대한 의학 데이터를 기반으로 인공지능이 간단한 진료는 할 수 있을 것으로 본다.

금융 분야에선 사람보다 인공지능이 더 나은 성과를 낸다. 다양한 자료와 숫자를 받아들여 분석하는 알고리즘으로 무장한 인공지능은 사람보다 정확하게 현상을 판단한다. 심리적으로 흔들리지도 않고, 주저하지도 않기에 투자수익률 측면에서 더 나은 실적을 거두기도 한다. 보험업계에선 위험률 산정 등에 인공지능을 적용하고 있다.[55] 최근 금융산업에서 나타나고 있는 고용인원축소와 점포수의 감소 등의 현상도 이와 무관하지 않다. 또한 과거에 전문직으로 인정받았던 대표적인 직종, 예컨대 항공기조종사나 변호사, 의사, 펀드매니저와 같은 경우에도 인공지능 기술의 영향을 피해할 수 없게 되고 있다.

한편 근로자의 숙련도와 관련하여 한 연구에서는 기술 진보에 따른 근로자의 숙련도는 재숙련화, 탈숙련화, 숙련의 양극화 등 3가지 방향으로 나타날 것으로 제시하고 있다.[56] 재숙련화는 새롭게 고숙련 업무가 증가하는 대신에 기존의 저숙련 단순 업무는 기계로 대체된다는 것이며, 탈숙련화는 재숙련화의 반대 개념으로 로봇, 인공지능 등 첨단

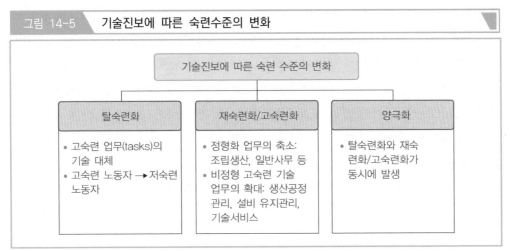

그림 14-5   기술진보에 따른 숙련수준의 변화

〈자료〉 김동규 외(2017). 4차 산업혁명 미래 일자리 전망, 한국고용정보원, p. 26.

기술로 생산과정이 자동화되고 모든 정보가 디지털화되면서 숙련기술의 필요성이 줄어들어 근로자들의 업무가 단순화되는 것을 말한다. 마지막으로 숙련의 양극화는 기술 진보로 노동의 재숙련화도 나타나겠지만 기존의 단순작업은 자동화되지 않거나 또는 새로운 저숙련 노동이 출현할 가능성도 많다는 것을 의미한다.

3) 고용형태와 노동형태의 변화

4차 산업혁명이 인간의 노동에 미치는 효과 중의 하나는 지금까지의 고용형태나 노동형태와 새로운 형태의 고용과 노동방식의 출현을 가속화시킬 것이라는 점이다. 그 가운데에서도 우리가 정규직에 익숙한 일 8시간, 주당 40시간 등과 같은 소정의 근로시간을 일하는 통상적인 근로형태는 점차 사라질 것이며, 그 대신에 재택근무, 단시간 근무, 다중의 고용주에 고용되어 일하는 것과 같은 다양한 형태의 모습이 더 보편화될 것이라는 것이다. 독일의 제조업 혁신전략이라 할 수 있는 독일의 인더스트리 4.0(industry 4.0)에서도 스마트팩토리가 노동과정에 영향을 미치는 영역을 크게 작업조직, 노동시간, 노동장소, 업무장비의 4가지 차원으로 제시하면서 전통적으로 노동자들에게 부여되었던 일과 사적 생활에 있어서의 시간과 공간이 구분되지 않는 새로운 현실에 직면하게 될 것으로 제시하고 있다. 최근 일본의 자동차회사 도요타는 무려 25,000여명의 직원에 대해 한 주에 2시간만 회사에 출근하는 파격적인 형태의 재택근무제도를 도입할 것이라고 밝혔는데, 이역시 같은 맥락에서 바라볼 수 있다.[57]특히, 코로나 이후 재택근무는 더 이상 예외적인 기업에서 시도하는 특별한 뉴스거리가 아니다. 대부분의 기업이 팬데믹 시절 시도했던 재택근무의 경험을 토대로 어떤 근무 형태가 조직과 구성원에게 최선인지에 대해 진지하게 고민하기 시작했으며 다양한 방식의 실험을 진행하고 있다.[58]

또한 이와 아울러 특정직장에 소속되지 않고 단시간 근로나 복수근로의 형태도 보편화될 것으로 보인다. 이미 우리 사회에서도 어쩔 수 없이 단시간 근로를 할 수밖에 없는 취약근로계층이 상당수 존재하지만, 자신이 가진 역량을 바탕으로 특정기업에 소속되지 않고 경제활동을 하는 자발적인 단시간 근로도 확산될 것으로 보인다. 이러한 변화는 근무시간이 아닌 성과와 결과로 평가받고 보상받는 평가 및 보상체계의 확산을 가져올 것이다.

4) 노사관계의 변화

전통적으로 노사관계는 사용자와 노동조합의 관계로 노사간의 협상과 교섭을 통하여 임금, 근로조건 등을 비롯한 노동조건과 인간다운 삶과 고용안정, 노동의 질을 유지·향상시키기 위한 다양한 이슈들이 결정된다. 하지만 앞서 살펴본 것과 같은 다양한 근로형태나 고용형태 등이 확산되면서 전통적인 노사관계도 질적 변화가 불가피하다. 또한 우버(Uber)나 메커니컬 터크(Mechanical Turk)와 같이, 또는 최근 우리나라에서도 다양한 방식으로 전개되고 있는 모바일 플랫폼 비즈니스의 발달은 전통적인 노사관계에서 나타나는 다양한 이슈의 근간을 흔들고 있다.

테스크슈머를 위한 아마존의 메커니컬 터크의 사례를 보자.[59] M-turk는 아마존의 웹 서비스 사업모델 중 하나로 업무 요구자(Requester)가 소액의 보상을 내걸고 간단한 업무를 올려놓으면 불특정 다수의 노동자(Worker)들이 이 업무를 수행하고 해당 보상을 받는 서비스이다. 아마존은 플랫폼을 구축해 놓고 요구자와 노동자를 연결시켜 주면서 일정액의 수수료를 받고 있다. 메커니컬 터크 시스템에서 과제의 수행자는 자신들이 수행할 수 있는 과제를 선택하고 그 댓가를 과제요청자로부터 받지만, 아마존은 그 가운데에서 약 10%의 수수료를 챙긴다. 이 경우 과제수행자가 과제수행의 대가로 받는 금액은 과제제공자가 지불하지만, 수많은 과제수행자가 있을 경우 과제수행의 대가를 과제제공자와 협상할 수 있는 것이 아니다. 또한 수수료를 챙겨가는 아마존이 그 역할을 대신해 주는 것도 아니다.

전통적인 노사관계에서 임금이나 근로조건이 불만족스러울 경우 노동자들은 노동조합을 만들어 사용자에게 교섭을 요구하고, 교섭을 통해서도 그것이 해결되지 않을 경우

파업 등과 같은 쟁의행위를 통하여 자신들의 요구조건을 관철시켜 왔다. 그러나 메커니컬 터크와 같은 경우 과제수행자들은 어떻게 대처할 것인가? 누가 사용자인가? 아마존인가? 과제제공자인가? 이와 유사한 문제가 우버택시의 경우에도 발생한다.

3 4차 산업혁명과 인적자원관리

과거 1760년대 영국에서 시작된 산업혁명의 물결는 그후 유럽과 미국 등 구미제국으로 퍼져 나가기 시작하였으나 그 여파는 불과 300년을 지탱하지 못하였다. 20세기의 종언과 함께 새로 불어 닥친 정보화혁명이 지식정보화사회라는 새로운 사회구조를 만들어냈을 뿐 아니라, 이제 혁신적 기술에 기반한 4차 산업혁명이 인류의 전반적인 삶의 영역에서 큰 영향을 미치고 있다. 따라서 인적자원관리분야에서도 기존의 패러다임에서 벗어나 새로운 시각과 관점에서의 접근을 요구하고 있다.

1) 직무변화에 대한 대응

앞서도 살펴본 것과 같이 혁신적 기술진보는 기업 현장에 상당한 변화를 일으킬 가능성이 크다. 우선적으로는 조직 내에서 이루어지는 다양한 직무의 수행방법이나 내용에 영향을 미칠 것이지만, 나아가서는 그 직무를 수행하는 인적자원에 대한 수요를 감소시키게 될 수 있다. 그와 같은 현상은 기술이 기업의 생산성이나 혁신을 높일 수 있는 촉매제가 될 수 있다는 인식이 지속되는 한 계속적으로 유지될 것이며, 또한 역사적으로 보더라도 기술과 노동의 관계는 상당부분 그와 같은 방향으로 움직여 왔다.

따라서 그와 같은 변화가 이루어질 경우 가장 중요한 문제 가운데 하나는 현재 해당 직무와 관련된 직무수행자가 그와 같은 변화에 효과적으로 대처할 수 있도록 하기 위한 조직차원의 지원과 제도마련이 시급하다는 점이다. 4차 산업혁명의 중심이 되는 와해성 기술은 과거 개인용 컴퓨터의 보편화에 따라 필요시 되었던 컴퓨터 활용능력 수준 이상의 전문적 지식과 역량을 요구하고 있다. 예컨대, 인공지능기술 시대의 작업방식은 인간과 네트워크, 인간과 기계 사이의 역동적 협력 형태를 포함하는 작업방식이며, 또한 네트워크 속에서 빅데이터를 생산하고 가공하며 거기서 부가가치를 만들어내는 과정에서 인간이 인공지능과 협업하는 방식으로 나타나고 있다.[60] 그러므로 그와 같은 기술이 직무의 수행방법이나 내용에 변화를 요구할 때 얼마나 작업자가 그에 효과적으로 대응할 수 있는가는 매우 중요한 문제가 될 것이다. 따라서 무엇보다도 작업현장에서 이루어지는 새로운 지식과 기술에 대한 습득, 그리고 통합적 사고능력과 같이 새로운 역량을 작업자가 갖출 수 있도록 하기 위한 교육훈련의 중요성이 높아질 수밖에 없다. 나아가 실제 해당 직무가 기술에 의해 대체되기 시작할 경우 발생할 수 있는 여유인력을 새로운 직무로 어떻게 재배치하고 또 새로운 직무에서 성과를 내기에 적합한 역량을 갖추도록 할 것인가에 대한 준비도 필요하다. 직무관리, 인적자원계획, 인사이동, 인사평가, 경력개발, 교육훈련 등 인적자원관리의 거의 대부분의 영역에서 전략적이고 체계적인 대응이 요구될 것이다.

2) 고용과 노동형태의 변화에 대한 대응

4차 산업혁명의 진전에 따라 필연적으로 나타날 수밖에 없는 고용과 노동형태를 지원할 수 있는 인적자원관리체계가 요구된다. 이미 우리 주변에서 많이 찾아볼 수 있는 것과 같이 정보통신 및 처리기술의 비약적인 발전은 기업의 경계가 불문명하거나 네트워크로 연결되는 가상조직의 모습을 가능토록 하고 있다. 그와 같은 기업들에서는 과거 전통적 기업에서 기업활동과 관련된 모든 영역에 직접 관여하지 않고 핵심영역에 기업의 역량을 집중하면서 경쟁우위를 추구하고 있다. 이와 같은 변화가 4차 산업혁명의 혁신기술의 뒷받침으로 가속화될 경우 기업은 인적자원을 직접 보유하고 역량을 높이기 위한 투자를 하기보다는, 즉 육성(making)전략보다는 구매(buying)전략을 더 선호하게 될 것이다. 따라서 기술진보가 자원의 특정성과 거래의 복잡성을 감소시킴에 따라 기업 내부에서 정규직을 통해 처리하는 것보다 외주, 임시직 등을 활용할 때의 거래비용이 더 저렴하다는 점에서 프로젝트형 고용계약이 증가하게 되고, 그에 따라 취업형태가 다양화하고 비전통적 고용계약 형태가 늘어나게 된다.[61] 이와 같은 변화는 노동과 고용에 대한 사회적 인식의 변화, 일과 삶의 균형을 추구하는 사람들의 증가와 맞물려 임시직, 파견, 파트타임 등 다양한 취업형태의 증가를 확산시키게 될 것으로 보인다. 또한 온라인근로, 재택근로, 원격근로 온라인 근로, 재택근로, 원격근로 등이 확산되어 근로시간과 여가시간의 구분이 모호해지고 근로공간과 비근로공간의 구분이 모호해짐으로서,[62] 사적 공간 및 사적 시간이 업무시간 및 업무공간과 명확히 구분되지 않는 모습으로 나타난다.[63] 따라서 이와 같은 변화는 고용주와 근로자 모두에게 고용과 노동에 대한 인식전환과 함께 이전에는 경험하지 못한 새로운 과제들을 만들어내게 될 것이다.

3) 일과 삶의 균형을 위한 노력

일과 삶의 균형(Work-life balance)은 삶을 구성하는 두 가지 큰 축인 일과 일 이외의 영역(가족, 여가, 자기개발 및 교육, 커뮤니티 활동, 인간관계) 등의 균형을 의미한다.[64] 일과 삶의 균형의 문제는 산업구조 및 사회환경의 변화에 따라, 그리고 새로운 가치관을 지닌 젊은 노동력이 노동시장에 유입되면서 오늘날 매우 중요한 이슈가 되고 있으며, 그에 따라 조직의 책임도 더욱 커지고 있다. 그러나 앞서 제시한 것과 같이 4차 산업혁명에 따른 고용과 노동형태의 변화는 점차 일과 삶의 경계를 모호하게 만들고 있으며, 그에 따라 조직 내 노동력관리에 새로운 문제를 만들고 있다. 근무장소와 근무시간이 정형적으로 정해져 있는 노동환경에서 근무장소와 근무시간의 제약을 받지 않도록 만드는 기술의 발전 덕분에 일과 가정의 갈등(work family conflict), 역할갈등, 스트레스를 더욱 많이 지각하고 그에 따라 일의 영역과 개인적 삶의 영역 간의 균형을 유지하기가 어려워질 수 있다.

연구에 따르면 기술의 발전은 종업원들로 하여금 더욱 많은 일을 하도록 요구하고 있으며, 그에 따라 3명 중 2명은 높은 스트레스와 피로를 경험하는 것으로 나타나고 있다.[65] 그러나 이와 같은 심각한 문제가 인터넷에 항시 연결된 상태로 이메일이나 문자로 보고를 하므로 별로 중시되지 않는 경우도 많다. 이에 따라 최근 연구결과에서는 연구대상자의 56%가 일과 삶의 균형을 맞추는 것이 성공적인 신분향상, 임금인상, 인정 및 자율성보장보다 중요한 것으로 지각한다고 보고하고 있으며,[66] 대학생의 경우에도 일과 삶의 균형확보가 자신의 주요 경력목표라고 생각하는 것으로 나타나고 있다.[67] 따라서 변화하는 노동환경 속에서 조직구성원들로 하여금 일과 삶의 균형을 유지할 수 있도록 하기 위한 조직의 지원체계 마련이 중요하며, 만약 그렇지 못한 조직은 구성원의 직무불만족, 낮은 조직몰입, 높은 이직, 낮은 동기부여 등으로 유능한 구성원을 확보하기가 어려워질 수 있다.

쉬어갑시다

"AI가 날 훔쳐간다" 꿈의 공장 할리우드 작가·배우 동시파업

세계 최대 영화산업 메카인 미국 할리우드가 작가와 배우 양대 노동조합의 동시 파업으로 멈춰섰다. 이들과 제작·배급사들이 갈등을 겪는 핵심 뇌관은 할리우드의 판도를 급속히 바꾸고 있는 인공지능(AI) 기술이어서, 'AI 파업'이란 말도 나온다. 세계인의 '꿈의 공장'을 효율적인 기계와 로봇이 지배하게 할 것이냐, 직업 예술인들의 존엄과 권리를 전통적 방식으로 지켜줄 수 있느냐를 두고 격론이 벌어지고 있다.

설립 90년, 16만여 명이 소속된 미 배우·방송인 노동조합(SAG-AFTRA)은 14일(현지시각) 자정을 기해 무기한 총파업에 돌입했다. 이들은 지난달부터 디즈니·유니버설·넷플릭스 등 영화·TV제작자연맹과 고용계약 협상을 벌여, 연방정부까지 개입해 막판 중재를 시도했지만 협상이 결렬됐다.

지난 5월 할리우드의 또다른 주요 노조인 작가조합(WGA)이 파업을 결정한 뒤 수만명이 LA·뉴욕 등에서 두 달째 거리 시위를 벌이고 있어, 이미 TV 프로그램과 영화 제작이 줄스톱 된 상황이다. 작가·배우조합이 동반 파업을 벌이는 것은 메릴린 먼로가 참여하고 로널드 레이건 전 대통령이 배우조합장을 지내던 1960년 이후 63년 만이다. 연 1,340억 달러(170조원) 규모 미 영화·TV 시장의 이번 파업 피해는 40억 달러(5조원)를 넘을 것이라는 추산이다.

LA타임스와 CBS·CNBC 등에 따르면, 이들이 파업까지 가게 된 핵심 문제는 바로 AI다. AI가 할리우드 장인(匠人)들의 영역을 빠르게 잠식하고 있으며, AI 윤리에 대한 명확한 기준과 규제가 확립될 때까지 이번 파업은 계속될 수 있다는 것이다. 최근 영국 배우조합도 "AI 때문에 배우들 일자리가 없어진다"며 파업을 예고했다.

배우와 성우들의 얼굴과 목소리는 딥페이크(deep fake·AI가 서로 다른 영상·이미지를 자연스럽게 합성해주는 기술)로 얼마든지 재창조되고 있다. 'AI 아바타 저작권'이란 개념도 생겨, 톰 행크스나 톰 크루즈 같은 유명배우는 막대한 저작권을 챙기게 됐다. 그런 톰 행크스조차 "내가 당장 교통사고로 죽어도 계속 연기할 수 있다는 이야기"라며 묘한 반응을 보이고 있다. 지난해 실어증으로 은퇴한 '다이하드' 배우 브루스 윌리스가 모르는 상태에서 그의 전성기 모습을 이용한 딥페이크 광고가 나와 논란이 일기도 했다.

이번 노사 협상에서 제작자연맹은 '연기자들이 하루 일당만 받고 촬영하면 그 이미지를 회사가 소유하고 이후 AI로 작업해 영원히 사용할 수 있다'는 내용을 제안했다고 한다. 배우들은 "디지털 초상권을 보호할 특단의 대책을 마련해야 한다"는 입장이다.

작가 여러 명이 달라붙어 수개월~수년씩 걸려 쓰던 TV·영화 대본도 챗GPT 같은 생성형 AI로 순식간에 그럴듯하게 만들어진다. 유명 시나리오 작가·감독 빌리 레이는 "쉽게 만든 대본은 쉽게 소비되고 버려질 것이다. 이제 '대부'나 '오즈의 마법사' 같은 명작은 못 나올 것"이라고 비판했다.

수많은 영화판 스탭들도 위기다. 80세 노배우 해리슨 포드는 '인디애나 존스'에서 AI 디에이징(de-aging) 기술로 40대 모습을 연기할 수 있었다. 이는 과거 숙련된 기술로 희소성을 인정받았던 특수분장이나 시각·음향효과 예술가, 영상편집 전문가 등의 설자리가 좁아진다는 것을 뜻한다. 또 작가·배우들은 동영상 스트리밍 시장이 급성장하면서 넷플릭스·애플·유튜브 같은 빅테크 플랫폼 기업의 수익은 급증하지만, 정작 자신들에겐 재상영분배금(residual) 같은 로열티 배분이 제대로 이뤄지지 않는다고 주장한다.

할리우드 톱스타들이 'AI파업' 참여·지지를 선언하면서 세계 팬들도 AI 시대의 각종 논란을 새롭게 받아들일 계기가 될 전망이다. 크리스토퍼 놀란 감독의 새 영화 '오펜하이머' 제작·출연진은 13일 배우조합 파업에 연대하기 위해 런던 시사회 시간을 1시간 앞당겼고, LA에서 파업이 시작되자 주연배우 맷 데이먼 등이 시사회장을 떠나기도 했다. 데이먼은 "이번 파업은 죽고사는 문제"라며 "업무 중단도 안 되지만 공정한 협상이 중요하다"고 말했다. 메릴 스트립, 제니퍼 로런스, 벤 스틸러, 마고 로비 등 유명배우 300여 명도 파업 참여를 밝혔다.

<자료> "AI가 날 훔쳐간다" 꿈의 공장 할리우드 작가·배우 동시파업
https://www.chosun.com/international/us/2023/07/14/HNUKCFSM65C7XBVPKUIGA4MASM/

제14장   학습문제

1. 정규직과 비정규직 간의 차이에 근거하여 비정규직의 개념을 정의하시오.

2. 우리나라의 비정규직 근로자의 고용형태에 대해서 설명하시오.

3. 기업들의 비정규직 선호이유를 설명하고, 비정규직 고용이 가져오는 한계와 문제에 대해서 설명하시오.

4. 노동시장에서의 외국인 근로자 활용에 관한 견해를 밝히고, 그 이유를 설명하시오.

5. 외국인 근로자 고용상 문제점을 제시하고, 그 해결방안을 논의하시오.

6. 고령화사회의 사회·경제적 문제점을 설명하고, 그 해결책을 논의하시오.

7. 중고령자 고용촉진과 효율적 활용을 위한 요건을 네 가지 차원에서 분석하고 제시하시오.

8. 4차 산업혁명과 함께 새로운 기술혁신이 노동과 고용에 어떤 영향을 미칠 수 있는지, 그리고 인적자원관리 측면에서 기업에 어떤 대응을 요구하는지 토론하여 보시오.

참고문헌

1) 통계청, 2023년 8월 경제활동인구조사 근로형태별 부가조사결과,
https://kostat.go.kr/board.es?mid=a10301010000&bid=210&act=view&list_no=42
7625

2) 조순경(2000). 비정규직노동과 노동정책의 과제, 비정규노동자 보호를 위한 정책토론회 보고
자료, 한국노총, pp. 4 – 12.

3) 오문환(1993). 파트타임 근로의 문제, 서울대학교 노동법연구회(편), 노동법연구, 제3호, 도서
출판 까치, pp. 265 – 288.

4) 비정규직의 규모를 파악하는데 있어 노동계는 비정규직 범위를 통계청의 경제활동인구 본조
사상의 임시·일용직근로자와 상용직근로자 중 부가조사상의 비정규직근로자를 합한 것으로
파악하고 있고, 이에 반해 정부는 '02.7월 노사정위원회에서 합의한 바에 따라 경제활동인구
부가조사상 고용형태에 따라 정의되는 한시적, 시간제, 비전형 근로자만을 포함하고 있어 차
이가 발생한다.

5) 파견근로자는 임금을 지급하고 고용관계가 유지되는 고용주와 업무지시를 하는 사용자가 일
치하지 않는 경우로 파견사업주가 근로자를 고용한 후 그 고용관계를 유지하면서 근로자 파
견계약의 내용에 따라 사용사업주의 사업장에서 지휘, 명령을 받아 사용사업주를 위하여 근
무하는 자를 의미한다.

6) 사내하청은 원청업체로부터 위임된 생산공정을 책임지고 수행하는 것으로 근로자의 조달과
지휘감독도 하청업체에서 맡아 진행한다.

7) 용역근로자는 용역업체에 고용되어 이 업체의 지휘 하에 이 업체와 용역계약을 맺은 다른 업
체에서 근무하는 자(예: 청소용역, 경비용역업체 등에 근무하는 자)를 의미한다.

8) Houseman, S. N.(2001). Why employers use flexible staffing arrangement: evidence
from an establishment survey, *Industrial and Labor Relations Review*, 55(1), pp. 149 –
170.

9) 통계청, 2023년 8월 경제활동인구조사 근로형태별 부가조사결과,
https://kostat.go.kr/board.es?mid=a10301010000&bid=210&act=view&list_no=427625

10) 권오현·김수복(2001). 비정규직 근로자의 고용과 노무관리, 중앙경제, pp. 36–40.

11) 박우성·노용진(2002), 전게논문.

12) Rousseau, D. M. & Libuser, C.(1997). Contingent workers in high risk environ –
ments, *California Management Review*, 39(2), pp. 103 – 123.

13) Pfeffer, J. & Baron, J. N.(1988). Tasking the workers back out: Recent trends in
the structuring of employment, In B.M. Staw & L.L. Cummings (Eds), *Research in
Organizational Behavior*, Vol.10, pp. 257 – 304, Greenwich: JAI Press.

14) Pearce, J. L.(1993). *Volunteers: The organizational behavior of unpaid works*,
People and Organizations, London, England, pp. 207 – 215.

15) 장지연·양수경·이택면·은수미(2008). 고용유연화와 비정규고용, 한국노동연구원, pp.
126 – 137.

16) 고용노동부. 공공부문 1단계 기관 정규직 전환 추진 실적자료(8차)

17) http://www.insightkorea.co.kr

18) https://www.labortoday.co.kr/news/articleView.html?idxno=202852

19) 임창희(2003). 신인적자원관리, 서울: 명경사, p. 464.

20) 외국국적동포가 국내에 방문 또는 취업을 하고자 할 때에 발급받는 체류자격이다.

21) 이규용(2011). 우수 외국인 인력 유치 필요성과 현실의 괴리, 국제노동브리프, 9(3), pp. 1−3.

22) 상계서, pp. 466−467.

23) 유길상·설동훈(2000). 외국인 고용 및 관리 효율를 위한 정책방향, 정책토론회 자료.

24) 임창희(2003). 전게서, pp. 467−468.

25) UN은 연령구조에 따라 한 국가의 인구유형을 세 가지로 분류하고 있는데, 65세 이상의 노인 인구가 전체 인구에서 차지하는 비율이 4% 미만인 국가를 유년인구국(young population), 4~7%인 국가를 성년인구국(mature population), 7% 이상인 국가를 노년인구국(aged population)이라고 한다.

26) 통계청(2023). 2023 고령자 통계.

27) 통계청(2022). 2022년 출생·사망 통계

28) 통계청(2021). 세계와 한국의 인구현황 및 전망.

29) 통계청 홈페이지 http://www.nso.go.kr

30) e−나라지표.

31) 통계청(2021). 장래인구추계: 2020−2070년

32) 삼성경제연구소(2002). 고령화사회의 도래에 따른 기회와 위협, Issue Paper, 6, pp. 1−67.

33) OECD, 한 눈에 보는 연금 2021.

34) 사회적 입원이란 치료목적이 아닌 요양상의 이유로 일반병원에 장기입원하는 것으로 병원이 치료라는 본래의 목적을 수행하는 데 장애가 된다.

35) 안병권·김기호·육승환(2017). 인구구조 고령화의 영향과 정책과제, 한국은행.

36) 박성수·이경근·최광신(2008). 고령친화적 중소기업의 임금직무체계와 과제, 한국인사관리학회(편), 한국노동연구원부설 뉴패러다임센터, pp. 201−257.

37) 居樹伸雄(1987). 定年延長の新設計, 日本生産性本部, p. 78.

38) 엄동욱(2005). 고령화·저성장시대의 기업 인적자원 관리방안, 삼성경제연구소.

39) 居樹伸雄(1987). 전게서, pp. 16−18.

40) 林 良彦(2006), 事例に学ぶ会社を潰さない賃金制度: 中小企業向け簡素で分かりやすいシステム, 北国新聞社出版局, p. 115.

41) 남재량(2018). 정년 60세 이상 의무제 시행의 고용효과 연구, 한국노동연구원.

42) 居樹伸雄(1987). 전게서.

43) 糸原 宏(2004). 中小企業のための能力·業績型賃金の設計と導入, 唯学書房.

44) 林 良彦(2006). 전게서, p. 115.

45) 사이버물리시스템(CPS)은 통신기능과 연결성이 증대된 메카트로닉 장비에서 진화하여 컴퓨터 기반의 알고리즘에 의해 서로 소통하고 자동적, 지능적으로 제어되고 모니터링되는 다양한 물리적 개체(센서, 제조장비 등)들로 구성된 시스템을 의미한다(www.wikipidia.com).

46) 김진하(2016). 제4차 산업혁명시대, 미래사회 변화에 대한 전략적 대응방안 모색, KISTEP Inl

제15호.

47) 클라우드 슈밥(2018). 제4차 산업혁명, 이민주·이엽(역), 새로운 현재.

48) 허재준(2017). 4차 산업혁명이 일자리에 미치는 변화와 대응, 노동리뷰, 3월호, pp. 62−71.

49) Brynjolfsson, Erik; Rock, Daniel; Syverson, Chad (2021). The Productivity J−Curve: How Intangibles Complement General Purpose Technologies. American Economic Journal: Macroeconomics. 13: 333-372. doi:10.1257/mac.20180386

50) 'The Future of Employment: How susceptible are jobs to automation'. Data supplied by Michael Osborne and Carl Frey, from Oxford University's Martin School.

51) https://www.forbes.com/sites/sap/2023/10/12/how−ai−is−revolutionizing−the−insurance−industry/?sh=68c7fb4fe8fc

52) http://www.bbc.com/news/technology−34066941

53) 김동규·김중진·김한준·최영순·최재현(2017). 4차 산업혁명 미래 일자리 전망, 한국고용정보원, pp. 16~20.

54) WEF(2023), The Future of Jobs Report 2023.

55) 국민일보, 2016−03−13.

56) 김동규·김중진·김한준·최영순·최재현(2017). 위의 자료, pp. 24~26.

57) 이승협(2017). 4차 산업혁명과 노동의 변화, Future Horizon, pp. 16−19.

58) https://www.bbc.com/korean/features−62025829

59) http://blog.daum.net/buzzweb/710

60) 허재준(2017). 4차 산업혁명이 일자리에 미치는 변화와 대응, 노동리뷰, 3월호, pp. 62−71.

61) 위의 자료, pp. 62−71.

62) 위의 자료, pp. 62−71.

63) 이승협(2017). 4차 산업혁명과 노동의 변화, Future Horizon, pp. 16−19.

64) 한국행정학회, 온라인 행정학 사전.

65) Hirst, E. J.(2012). Burnour on the rise, Chicago Tribune, October 19. Robbins, S. P., & Judge, T. A.(2014). Organizational Behavior, 16th ed., 김태열·박기찬·박원우·이덕로(역), 한티미디어, p. 26 재인용.

66) Mithel, M.(2013). What women want, Business Today, March 8. Robbins, S. P., & Judge, T. A.(2014). Organizational Behavior, 16th ed., 김태열·박기찬·박원우·이덕로(역), 한티미디어, p. 26 재인용.

67) Robbins, S. P., & Judge, T. A.(2014). Organizational Behavior, 16th ed., 김태열·박기찬·박원우·이덕로(역), 한티미디어, p. 26.

■ 찾아보기 ■

ㄱ

감급(감봉)　183

강임(강격, 강급)　183

개발의 정의　270

개별성과급제(individual performance)　357

개인면접　133

개인형퇴직연금제도(Individual Retirement
　　　Pension: IRP)　391

결원공지제도(vacancy announcement system)
　　　117

경고와 견책　183

경력개발과정　298

경력개발시스템　297

경력개발의 기본원칙　295

경력개발의 실천기법　313

경력관리의 목적　290

경력관리의 의의　289

경력관심의 변화　303

경력닻(career anchor)　301

경력욕구의 조정과 통합　309

경력의 유형들　291

경력지향적 인사고과제도　312

경영자 보상　369

경영참가　464

경영참가의 유형　465

고과급(merit pay)　357

고령사회　526, 534, 536, 541

고용관계　439

고용보험　389

고용알선기관(employment agencies)　120

고용연장형　367

고정급(payment for time worked)　356

고정급제　356

공개모집제도　117

공정성의 원칙　338

교육평가　265

교육훈련　251

교육훈련의 목적과 기대효과　253

교육훈련의 주체　254

교육훈련의 중요성　252

교육훈련평가의 설계　266

구조적 면접(structured interview)　132

국가직무능력표준(National Competency
　　　Standards: NCS)　147

국민건강보험　386

국민연금　387

국제인적자원관리　475

국제인적자원관리의 영역　479

국제인적자원관리의 접근방법　479

국제인적자원의 관리대상　486

귀임자의 관리활동　495

균형주의 168
근로빈곤층 516, 517
근로생활의 질(Quality of Working Life: QWL) 33
근로시간 면제제도(time-off) 451
근로자들의 겸업과 부업 318
기능목록제도 311
기술급(skill-based pay system) 348
기업가적 경력(enterpreneurial career) 294
기업문화(corporate culture) 21
기업별조합 447
기업성과급제(organizational performance) 361
기준관련 타당성(criterion-related validity) 142
기준임금(基準賃金) 333
긴급조정(emergency adjustment) 459

ㄴ

내부모집 115
내부모집방법 117
내부모집의 단점 115
내부모집의 장점 115
내용 및 구성개념 타당성(content validity and construct validity) 142
노동시장환경 19
노동쟁의 457
노동조합 442
노동조합의 기능 444
노사관계 21, 439
노사관계의 당사자 440
노사관계의 발전과정 440
노조전임자 451
능력개발시스템제도 312
능력주의(competence system or merit system) 167, 173

ㄷ

다면평가 216, 219
다양성 훈련 278
다원적 경력문화 295
단체교섭(collective bargaining) 452
단체교섭의 유형 453
단체협약 456
대기발령 184
대용(代用)승진제도 177
도제훈련제도 263
동료평가 215
동행전략 342
디지로그 선언 22
뜨거운 난로 규칙 182

ㄹ

라이프사이클 복지후생 404
라이프스타일 추구 경력 294
럭커 플랜(Rucker plan) 359

ㅁ

맞벌이 사원을 위한 경력관리 316
면접(interview) 127, 131
면접자의 주의사항 137
모듈형(modular plans) 402
모집(recruitment) 112
모집 피라미드(recruiting pyramid) 122
모집전략 113
모집평가 121
모집활동 112, 117
무자료 면접(blind interview) 134

ㅂ

반구조적 면접 133

반구조적 면접(semi structured interview)   132
배치관리   143
법정 복지후생   386
법정 외 복지후생   394
보건관리(health management)   430
보건위생   432
보좌관제   276
복수노조   450
복지후생(employee benefits and service programs)   381
복지후생의 효과   383
복지후생전략들   398
복지후생제도의 3원칙   406
복지후생제도의 설계   397
복지후생제도의 유형   385
복지후생제도의 평가   400
복지후생제도의 효율적 관리   406
부가적 임금   351
부당노동행위(unfair labor practice)   462
부당노동행위의 구제   464
부적격자의 조치   147
불매운동   461
브로드밴딩(broadbanding)   348
비공개모집제도   117
비구조적 면접(unstructured interview)   132
비디오-디지털 기록면접(video and digitally-recorded interview)   135
비자발적 이직(involuntary separation)   185
비자발적 이직의 관리   188
비정규직 고용의 효과   511
비정규직 근로자   507
비정규직원   114
비즈니스 시뮬레이션게임   279
비지시적 면접(undirected interview)   133

ㅅ

사내하도급   515

사람경쟁력   9
산업별조합   446
산업안전관리의 유의사항   428
산업안전관리의 접근방법   425
산업재해   420
산업재해보상보험   388
산업재해의 대책   423
산업재해의 원인   423
산출률(yield ratio)   122
상여   351
상황면접(situational interview)   132
생계비   341
선도전략   342
선발(selection)   123
선발결정(selection decision)   128
선발관리   123
선발도구의 오류   141
선발시험(selection tests)   127, 129
선택적 지출계정형(flexible spending accounts)   403
선택항목추가형(core plus option plans)   402
선형경력   292
성격(인성)검사(personality test)   131
성과급(piecework rate)   357
성과급제   356
성과보너스(performance bonuses)   358
성취도검사(achievement test)   130
순차경력   293
스캔론 플랜(Scanlon plan)   359
스톡옵션(stock option)   362
스트레스 면접(stress interview)   134
승진관리   171
승진방침의 기준   172
승진제도의 유형   176
시뮬레이션   262
신뢰성(reliability)   141
신원조회(reference check)   127
신체검사(physical examination)   128

심리테스트   274

ㅇ

안식년제   279
안전보건관리   419
야외훈련   279
역량면접   149
역할연기   278
연공(年功)승진제도   176
연공급   346
연공주의(seniority system)   173
연봉제   362
연봉제의 유형   364
예비면접(preliminary interview)   126
오리엔테이션   257
오픈숍   450
외국인 근로자   518
외국인력 정책상 고려사항   524
외부모집   115
외부모집방법   118
외부모집의 단점   116
외부모집의 장점   116
위원회 참여제   276
유급휴식제도   393
유니온숍   449
유리장벽   320
유리천장   320
이익배분제(profit-sharing)   361
이중경력경로   316
이직(separation)   185
이직관리   185
이직의 효과   185
인간관계훈련   277
인사관리   9
인사이동(人事異動)   159
인사이동의 구분   161
인사이동의 목적   160

인사평가   201
인사평가   275
인사평가 쟁점   204
인사평가의 목적   202
인상관리(impression management)   138
인재육성주의   168
인적자원 공급예측   84
인적자원 수요예측   80
인적자원 수요와 공급의 대응   91
인적자원개발 절차   272
인적자원계획   77
인적자원계획의 과정   78
인적자원관리의 목표   14
인적자원관리의 본질   5
인적자원관리의 체계   23
인적자원관리의 환경   15
인적자원의 개발관리   26
인적자원의 보상관리   27
인적자원의 유지관리   29
인적자원의 확보관리   25
인턴사원제도(internships)   118
인턴십   263
일반조합   446
일-삶 균형 프로그램   404
일자리 부족현상   530
임금관리   329
임금관리의 기본원칙   337
임금관리의 목표   331
임금구조   353
임금수준   339
임금수준의 결정원리   340
임금수준의 관리전략   342
임금수준전략   342
임금의 성격   336
임금이란   332
임금체계   344
임금피크제   366
임금피크제의 유형   367

임금형태   354
임시직(temporary employee)   109
임프로쉐어(Improshare)   360

ㅈ

자격(資格)승진제도   177
자기신고제도   310
자기평가   215
자발적 이직(voluntary separation)   185
자발적 이직의 관리   186
자발적 지원(unsolicited applicants, or walk-in
    applicants)   121
장기요양보험   387
재직사원훈련   259
쟁의조정제도   458
쟁의행위   460
적성검사(aptitude test)   130
적재적소 체크 리스트   145
적재적소주의   167
적정배치의 방법   143
적정성의 원칙   338
전기자료면접(biographical data interview)
    133
전문경력   292
전액불의 원칙   333
전직지원제도(outplacement program)   193
전환관리   163
전환관리의 목적   164
전환관리의 원칙   167
전환의 유형   164
정규직원   114
정기불의 원칙   333
정년보장형   367
정원계획   95
정원관리   94
정원산정의 방법   96
정직 또는 출근정지   183

제3국인   489
조정(mediation)   458
조직변화(O.C.)승진제도   177
종업원 파견(employee leasing)   121
종업원지주제(employee stock ownership plan:
    ESOP)   362
주식소유권(stock ownership)   361
준법투쟁   461
중재(arbitration)   459
지능검사(intelligence test)   130
지불능력   340
지시적 면접(directed interview)   132
지원서 작성(completion of application blank)
    126
직계(職階)승진   176
직능급   349
직능자격제도   311
직무관리   41
직무급   347
직무기술서   53
직무분석   43
직무분석의 절차와 방법   47
직무분석의 효과   45
직무순환제   276
직무에세이   150
직무의 구조   43
직무평가   55
직무평가의 방법   58
직업별조합   445
직위해제   184
직장 내 훈련(internal training)   255
직장 외 훈련(external training)   256
직장폐쇄   461
직접불의 원칙   332
집단면접   134
집단성과급제(group performance)   359
징계관리   180
징계관리의 설계   181

징계관리의 효과   181
징계의 형태   182
징계해고   183

ㅊ

창의성 면접   150
채용관리   107
채용관리의 중요성   108
채용 시 고려사항   109
초과근무(overtime)   109
추종전략   343
추천서(recommendation letters)   126

ㅋ

카페테리아식 복지후생   400
컴퓨터 가상면접(computer virtual interviews)   134
코칭   275
클로즈드숍   449

ㅌ

타당성(validity)   142
태업   460
테일러(F. W. Taylor)   12
통상임금(通常賃金)   334
통화불의 원칙   332
퇴직금   352
퇴직금제도   391

ㅍ

파견근로(employee leasing)   109
파견인   486
파견인 교육훈련   491
파견인 보상   493

파견인 채용   490
파업   460
판매수수료(sales commission)   358
패널면접   134
평가관리시스템   207, 237, 238, 239
평가기준   209
평가면담   236
평가방법   222
평가센터법   274
평가센터제도   311
평가시기   213
평가주체   213
평가표준   211
평가피드백   234
평균임금(平均賃金)   335
포드(H. Ford)   12
포트폴리오경력   293
표준시간급(standard hour plans)   357
피케팅   461
필기시험(paper-and-pencil test)   130

ㅎ

하도급(subcontract)   109
합리성의 원칙   339
행동경험훈련   263
행동기술면접(behavioral description interview)   132
헤드헌터(headhunter)   121
현지인   488
현지인 고용유지   495
현지인 교육훈련   494
현지인 보상   495
현지인 채용   494
현직종업원의 추천(employee referrals)   120
홀리스틱 복지후생   403
확정급여형퇴직연금제도(Defined Benefit: DB)   391

확정기여형퇴직연금제도(Defined Contribution: DC)   391

황견계약   462

회피가능 이직(avoidable separation)   185

회피불가능 이직(unavoidable separation)   185

흥미검사(interest test)   131

공저자 약력

이 경 근

조선대학교 경상대학 경영학과(경영학사)
전남대학교 대학원(경영학석사, 경영학박사)
University of British Columbia(Canada) 연구교수
한국인사관리학회, 한국인사·조직학회 이사
대한경영학회, 한국경영사학회 부회장
현) 순천대학교 사회과학대학 경영학과 교수

[주요저서 및 논문]

중소기업의 창업과 경영(공저, 박영사, 2005)
경영의 이해(공저, 박영사, 2006)
중고령자 인적자원관리(공저, 한국노동연구원부설 뉴패러다임센터, 2008)
상호작용적 공정성지각이 고과에 대한 태도에 미치는 영향
부하의 과업수행, 맥락수행과 상사의 주관적 평가 간의 관계와 인상관리행동의 조절효과
조직구성원의 자발적 협력행동에 대한 사회적 동기의 효과
상사의 비인격적 감독이 조직시민행동과 이직 의도에 미치는 영향: 자부심과 존중감의 역할 등 60여 편

전 명 숙

전 명 숙
이화여자대학교 행정학과(행정학사)
미국 University of Wisconsin Madison-
Industrial Relations(석사, 박사)
한국노동연구원 연구위원
최저임금위원회 공익위원
한국지역고용학회 회장
한국고용노사관계학회 편집위원장
가족친화인증위원회 위원(여성가족부)
현) 전남대학교 경영대학 경영학부 교수

[주요저서 및 논문]

여성건설근로자 취업현황과 정책방안(공저, 2020)
지역노동시장분석: 최근 지역고용동향 이슈를 중심으로(공저, 2019)
미국 공공부문노동운동과 단체교섭 및 분쟁해결방식에 관한 연구
격차축소를 위한 임금정책
Equal Employment Policies in Korea
Employment & Skills Strategies in Korea 등 다수

채 준 호

University of Warwick(영국) 국제정치학 학사
University of Manchester(영국) 경제사회학(개발학) 석사
University of Warwick(영국) 국제정치학(노동 정치 및 노사관계) 박사
행정자치부 전문위원, 삼성경제연구소(SERI) 인사조직실 수석연구원
현) 전북대학교 경영학과 교수
　　　인사혁신처 공무원보수위원회 위원
　　　행정안전부 지방공기업정책위원회 위원
　　　기획재정부 공공기관 경영평가위원
　　　중앙노동위원회 공익위원
　　　전북지방노동위원회 공익위원
　　　전북노동고용포럼 대표

[주요저서 및 논문]

국가의 제도화 수준과 노동조합의 대응에 따른 정의로운 전환의 유형화 연구(공저, 노동정책연구, 2022)
오줌인현잡기: 콜센터 노동실태와 정책대안(공저, 매일노동뉴스, 2022)
잠재 프로파일 분석을 통한 콜센터 상담원의 감정노동 유형분류와 직무만족 및 우울 수준에 관한 탐색적 연구(공저, 조직과 인사관리연구, 2021)
지역일자리와 사회적 대화 연구(공저, 경제사회노동위원회, 2020)
어서 와요 노동존중 CSR(공저, 해피스토리, 2017)
공공부문 임금체계 개선방안 연구(공저, 한국노총 중앙연구원, 2017)
The Transformation of Korean Labour Relations Since 1997
영국 공무원 단체교섭제도의 한국적 함의
영국의 경제위기 극복과 근로시간 유연화 전략: 근로시간단축제도를 중심으로 등 다수

채 연 주

이화여자대학교 경영학과(경영학사)
연세대학교 대학원(경영학석사, 경영학박사)
중앙대학교 경영학과 별정제 조교수
연세대학교 경영학과 강의전담교수
현) 전북대학교 경영학과 교수
　　전북지방노동위원회 공익위원

[주요저서 및 논문]
권위적 리더십과 변혁적 리더십이 역할내 성과에 미치는 영향: 권력거리성향과 리더근접근무시간의
　　조절효과(공저, 리더십연구, 2022)
고객의 시민성 및 비시민성과 감정노동: 다층매개모형의 구성과 검증(공저, 경영학연구, 2020)
Organizing the young precariat in South Korea: A case study of the Youth Community Union(공저,
　　Journal of Industrial Relations, 2019)
기업복지가 일과 삶의 양립에 미치는 영향: 시공간 경계관리를 중심으로(공저, 인사조직연구, 2019)
Governing through creativity: Discursive formation and neoliberal subjectivity in Korean firms(공저,
　　Organization, 2018) 등 다수

최용득

세종대학교 사회과학대학 신문방송학 전공(문학사)
서강대학교 경영전문대학원(경영학석사)
고려대학교 경영대학원 인사조직 전공(경영학박사)
한국방송통신대학교 원격교육연구소 연구원
현) 전남대학교 경영학부 부교수

[주요저서 및 논문]
매니지먼트 2.0(공저, 클라우드나인, 2019)
발언행동의 개념적 검토와 분석
청년세대의 정규직 전환 가능성 인식과 도움해동
조직 내 사회적 교환관계와 변화지향적 행동: 긍정심리자본의 매개역할을 중심으로 등 다수

제 6 판
디지로그시대의 **인적자원관리**

초판발행	2007년 8월 10일
제 2 판발행	2009년 2월 20일
제 3 판발행	2012년 3월 15일
제 4 판발행	2016년 3월 7일
제 5 판발행	2020년 3월 10일
제 6 판발행	2024년 3월 5일

지은이	이경근·전명숙·채준호·채연주·최용득
펴낸이	안종만

편 집	전채린
기획/마케팅	최동인
표지디자인	Ben Story
제 작	고철민·조영환

펴낸곳	(주) **박영사**
	서울특별시 금천구 가산디지털2로 53, 210호(가산동, 한라시그마밸리)
	등록 1959. 3. 11. 제300-1959-1호(倫)
전 화	02)733-6771
f a x	02)736-4818
e-mail	pys@pybook.co.kr
homepage	www.pybook.co.kr
ISBN	979-11-303-1927-8 93320

정 가   30,000원